中国共产党历史（地方卷）集成　社会主义革命和建设时期

中国共产党广西历史

第二卷（1949—1978）

中共广西壮族自治区委员会党史研究室 著

中共党史出版社

图书在版编目（CIP）数据

中国共产党广西历史 . 第二卷，1949—1978 / 中共广西壮族自治区委员会党史研究室著 . -- 北京：中共党史出版社，2024.5

（中国共产党历史（地方卷）集成 . 社会主义革命和建设时期）

ISBN 978-7-5098-6523-1

Ⅰ. ①中… Ⅱ. ①中… Ⅲ. ①中国共产党－地方组织－党史－广西－1949—1978 Ⅳ. ①D235.67

中国国家版本馆 CIP 数据核字（2024）第 049702 号

书　　名：中国共产党广西历史　第二卷（1949—1978）
作　　者：中共广西壮族自治区委员会党史研究室

出版发行：中共党史出版社
责任编辑：李亚平
责任校对：申宁
责任印制：段文超
社　　址：北京市海淀区芙蓉里南街 6 号院 1 号楼　邮编：100080
网　　址：www.dscbs.com
经　　销：新华书店
印　　刷：保定市中画美凯印刷有限公司
开　　本：710mm × 1000mm　1/16
字　　数：600 千字
印　　张：40　16 面插页
版　　次：2024 年 5 月第 1 版
印　　次：2024 年 5 月第 1 次印刷
书　　号：ISBN 978-7-5098-6523-1
定　　价：100.00 元

此书如有印装质量问题，请联系中共党史出版社读者服务部　电话：010-83072535

1949年12月11日，中国人民解放军占领镇南关（今友谊关），标志广西解放。

接管城市及初步建立社会新秩序，是解放初期广西省委的重要任务。1950年1月5日，桂林军管会接管合山煤矿公司，2月1日恢复生产。图为合山煤矿公司恢复生产的情景。

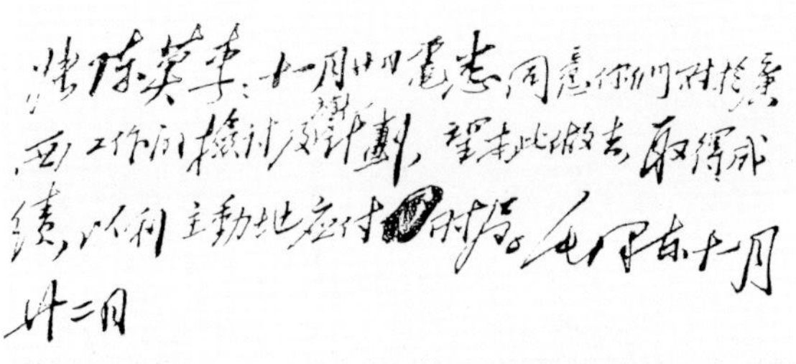

张陈莫李：十一月廿日电悉，同意你们对于广西工作的检讨及计划，望本此做去，取得成绩，以利主动地应付时局。毛泽东 十一月廿二日

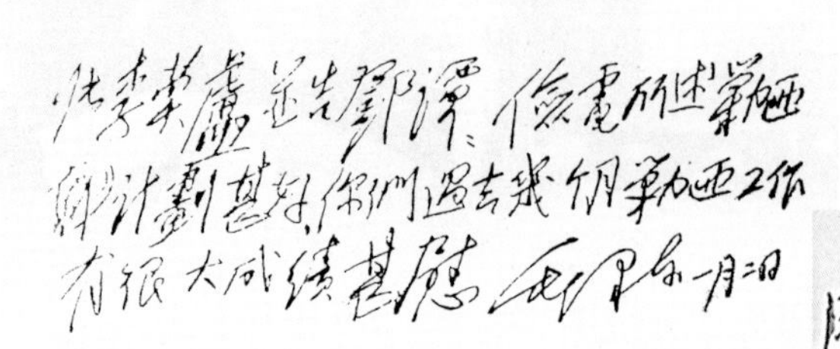

张李莫卢并告邓谭：佳电所述剿匪的计划甚好，你们过去几个月剿匪工作有很大成绩，甚慰。毛泽东 一月二日

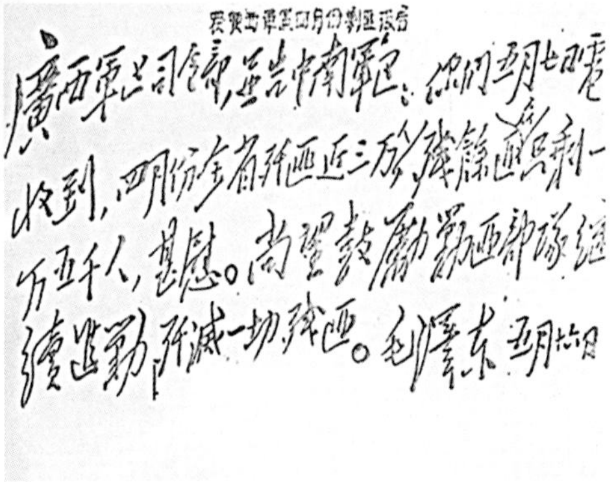

广西军区司令部，并告中南军区：你们五月七日电收到，四月份全省歼匪近三万，残余匪只剩一万五千人，甚慰。尚望鼓励剿匪部队继续进剿，歼灭一切残匪。毛泽东 五月八日

解放初期，为了保卫和巩固新生的人民政权，广西省委、广西军区开展大规模的剿匪斗争。党中央、毛泽东主席对广西剿匪工作高度重视，七次致电作出指示。图为1950年至1951年毛泽东关于广西剿匪的三份电报手稿。

人民解放军集中兵力实施剿匪作战。图为部队涉河进剿土匪。

1950年10月23日至11月2日，广西省第一届各界人民代表会议在南宁召开，会议确定全省今后的中心任务是剿匪和进行重点土地改革，会议选举产生省第一届各界人民代表会议协商委员会，选举张云逸为主席，陈漫远等为副主席。图左为会议现场，图右为张云逸向大会作报告。

1950年至1953年，广西开展抗美援朝运动。图为妇女参加抗美援朝游行示威。

在国民经济恢复时期，广西开展民主改革运动。图为1952年梧州市召开民主改革动员会的会场。

广西土地改革运动，彻底废除了封建地主土地所有制，完成了反封建的伟大历史任务，使农村发生了深刻的社会变革。图为1952年广西省土地改革展览会的会场。

党中央十分关心少数民族地区，1951年派出民族访问团到广西慰问少数民族群众。图为中央民族访问团在三江县慰问侗族群众。

在援越抗法斗争中，广西成为援越物资大通道、培养越南人才及后勤保障的重要基地。20世纪50年代，经中国政府同意，越南在广西南宁、桂林分别成立育才学校。图为南宁育才学校师生在心圩校区合影。

党中央高度重视民族教育。1952年3月，中央民族学院广西分院在南宁市成立。1953年改称广西省民族学院，系广西民族大学的前身。图为广西省民族学院正门。

全县（今全州县）两合乡蒋在球带领群众组织互助组，走农业合作化道路。图为1952年蒋在球（左二）作为全省农业劳动模范受到表彰奖励。

广西有计划、有步骤地进行农业、手工业和资本主义工商业的社会主义改造，建立社会主义基本制度。图为1956年1月30日，南宁各界群众庆祝社会主义改造胜利。

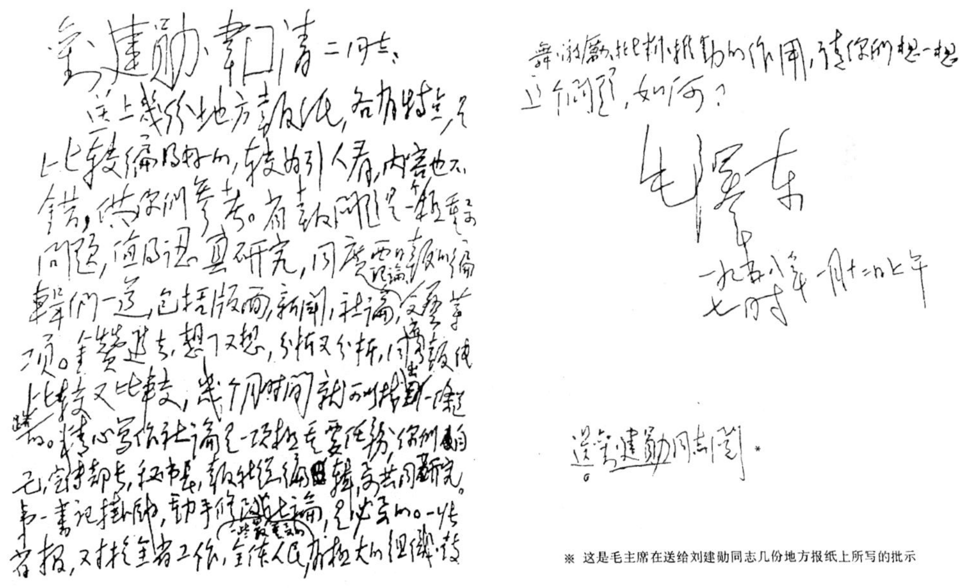
刘建勋、韦国清二同志：

送上几份地方报纸，各有特点，都比较编得好的，较为引人看，内容也不错，供你们参考。省报问题是一个极重要的问题，值得认真研究，同廣西日报编辑们一道，包括版面、新闻、社论、文艺等项，钻进去，想了又想，分析又分析，同各省报纸比较又比较，几个月时间就可以找出一条道路。精心写作社论是一项极重要任务，你们自己、宣传部长、秘书长、报社总编辑，应当共同研究，第一书记挂帅，动手修改一些最重要的社论，是必要的。一张省报，对于全省工作，对于全体人民，有极大的组织、鼓舞、激励、批判、推动的作用，请你们想一想这个问题，如何？

毛泽东

一九五八年一月十二日上午七时

送刘建勋同志阅。

※ 这是毛主席在送给刘建勋同志几份地方报纸上所写的批示

1958年1月11日至22日，毛泽东在南宁主持召开中央工作会议（史称南宁会议）。会议期间，毛泽东专门就如何办好《广西日报》、发挥省报作用给广西省委主要负责同志写信。图为信件手稿（影印件）。

1958年3月5日，广西壮族自治区第一届人民代表大会第一次会议在南宁召开，韦国清代表主席团向大会致开幕词，宣布广西壮族自治区正式成立。图为会议现场。

1958年3月13日，广西壮族自治区第一届人民代表大会第一次会议选举韦国清（壮族）为自治区政府主席，贺希明、李任仁、覃应机（壮族）、莫乃群、卢绍武（壮族）为副主席。图为当选的自治区领导接受少年儿童献花后合影。

1958年3月14日，南宁市各族群众举行盛大集会游行，庆祝广西壮族自治区成立。图为各族群众游行的情景。

为了改变落后面貌，广西掀起大规模兴修水利的群众运动。1958年10月动工兴建的西津水电站是当时全国最大的低水头径流式水电站，1964年投入发电。上图为西津水电站修建时的情景，左图为竣工后的水电站。

根据党中央协调沿海与内地、边疆地区发展的方针，在20世纪五六十年代，先后有20多家上海企业迁入广西，有力促进了广西工业的发展。图为上海如生罐头厂的迁厂动员会情景。

1956年至1966年的十年间，广西大力发展高等教育，重建了一度被撤销的广西大学，新建了广西艺术学院等八所大专院校。图为重建初期广西大学的校门。

1961年至1965年国民经济调整时期，农业生产机械化、半机械化农机具开始推广，化肥、农药普遍使用。图为农场工人正在使用机械春播。

解放以后，广西各族人民积极履行国际主义义务，为支援越南人民抗法、抗美斗争作出了重要贡献。图为20世纪60年代，柳州民兵师为抗议美国侵略越南举行游行示威的情景。

1968年8月26日，广西壮族自治区革命委员会成立。图为自治区革命委员会挂牌的情景。

1969年4月，柳州机械厂和柳州农械厂联合试制成功飞跃牌LG130型2.5吨载货汽车，1970年更名为柳江牌汽车，结束了广西不能生产汽车的历史。图为柳江牌汽车。

1968年12月毛泽东发出“知识青年到农村去”的号召，广西掀起知识青年上山下乡热潮，大批知识青年到农村插队落户。图为南宁市欢送知识青年上山下乡的情景。

1969年至1970年，天津市近2000名医生积极响应毛泽东主席“把医疗卫生工作的重点放到农村去”的指示精神，到广西支援医疗卫生事业。图为天津医生到山区少数民族村寨巡诊。

广西是20世纪六七十年代国家三线建设的重点地区，大力开展铁路、公路等交通基础设施建设。图为列车经过枝柳铁路线上的融水苗寨铁桥。

桂西地区是国家大三线建设的重点地区，先后布局建设一批工业企业。图为河池氮肥厂。

1976年10月6日，党中央执行人民的意志，采取断然措施粉碎“四人帮”。图为广西各族人民集会游行庆祝粉碎“四人帮”。

1977年6月，自治区革委会发出《关于坚决把我区糖业生产搞上去的决定》，蔗糖业逐步发展为广西的支柱产业。图为田阳县农民正在收割甘蔗。

1977年，全国恢复了高考制度，得到全国人民尤其是广大知识青年的积极响应。图为广西青年学生参加高考的情景。

自治区成立以来，民族区域自治制度在广西得到坚决贯彻落实，取得显著成就。1978年12月11日，广西各族人民以喜悦的心情，庆祝自治区20周年华诞。图为中央代表团到广西参加自治区成立20周年庆祝活动。

第二卷

目录

第一编

人民政权的建立和向社会主义过渡的实现

（1949年12月—1956年9月）

第 二 编

社会主义建设的全面展开和对社会主义道路的艰辛探索

（1956 年 9 月—1966 年 5 月）

第三编

“文化大革命”内乱及各项建设事业的曲折发展

（1966年5月—1976年10月）

第四编

在徘徊中前进和走向伟大的历史转折

（1976年10月—1978年12月）

第　一　编

人民政权的建立和向社会主义过渡的实现

（1949 年 12 月—1956 年 9 月）

从1949年10月中华人民共和国成立到1956年社会主义改造基本完成，在中共中央领导下，广西同全国一起，先后实现了从半殖民地半封建社会到民族独立、人民当家作主的新社会以及从新民主主义社会到社会主义社会两个阶段的转变。

1949年12月11日，中国人民解放军占领镇南关，标志广西全境解放。在中国共产党广西省委员会①的直接领导下，广西各族人民满怀翻身作主人的喜悦，认真贯彻落实《中国人民政治协商会议共同纲领》提出的各项任务，胜利完成城市接管，建立和巩固新生的人民政权，开展反封建的土地改革和社会民主改革，荡涤旧社会的污泥浊水，统一财经，整顿金融秩序，合理调整工商业，迅速恢复和发展遭到严重破坏的国民经济，发展教育文化卫生事业，不断改善人民生活，为向社会主义社会转变奠定了基础。

1953年，广西省委贯彻执行党的过渡时期总路线，开始实行发展国民经济的第一个五年计划。第一个五年计划期间，广西通过对生产资料私有制的社会主义改造，初步建立起社会主义基本制度，并建立了与此相适应的上层建筑，实现了有史以来最深刻的社会变革。这一时期，是广西经济社会发展比较好的历史时期，是城乡人民群众生活改善和提高较快的时期，整个社会的政治建设、经济建设、文化建设、社会建设全面展开，呈现出热火朝天、欣欣向荣的新气象。

---

① 中国共产党广西省委员会，简称广西省委或省委。1949年8月1日，中共中央决定成立中国共产党广西省委员会。9月22日，中共中央批准广西省委以张云逸为书记、陈漫远为第一副书记、莫文骅为第二副书记、何伟为第三副书记、李楚离为第四副书记。

第一章
人民政权的建立

广西战役后，广西省委坚决贯彻中共中央的战略部署，与中国人民解放军紧密配合，迅速追歼残敌，将工作重心从乡村转移到城市，建立人民政权，实行民主建政，稳定社会秩序，开始了执政的历程。

第一节　解放初期的形势和社会新秩序的初步建立

一、广西解放初期的形势

1949 年 10 月 1 日，中华人民共和国宣告成立，中国共产党开始执掌全国政权。12 月 11 日，中国人民解放军把红旗插上广西边境要隘镇南关（今友谊关），标志广西解放。广西的解放，推翻了国民党及其代理人新桂系集团在广西的统治，结束了 100 多年来帝国主义勾结反动统治者剥削压迫广西各族人民和战乱频仍、民不聊生的局面，实现了各族人民长期追求的民族解放和国家独立的梦想，为恢复发展国民经济和各项社会事业，为实现民族振兴创造了根本条件。这是当代广西历史上的重要转折点，广西开始进入社会主义革命阶段。

新民主主义革命的胜利和人民政权的建立，极大地教育和激励、激发了各族人民革命和建设的热情。长期坚持地下革命斗争的广西各级党组织经受了艰苦卓绝的革命斗争锻炼与考验，培养、造就了一批优秀干部，为广西社会主义革命和建设提供了急需的骨干力量。但是，解放初期的广西，百废待兴，面临着十分复杂严峻的形势。

军事上，在广西战役（1949 年 11 月 7 日—12 月 14 日）中，人民解放军歼敌 17.3 万余人，国民党白崇禧集团主力遭受毁灭性打击，其残部被迫退缩到远离铁路、公路交通线的山区及中越边境地区负隅顽抗。广西战役结束时，全省有 24 个县城仍为国民党残军所盘踞。同时，白崇禧集团溃败时，策划组织一批国民党正规武装、特务和行政人员潜伏下来，与地主恶霸的反动武装和惯匪相勾结，用各种方式和手段进行破坏活动，企图卷土重来。

政治上，省级人民政府还未正式成立，省以下各级人民政权也待建立和健全，民主建政工作还没有开展，新民主主义革命的任务还没有完成。在农村，土地改革还没有进行，封建地主阶级尚未被打倒，广大农民还没有从封建制度的束缚中解放出来。在南宁、柳州、桂林、梧州等城市和工矿企业中，存在着封建把头、恶霸和帮派势力，民主改革还未开展；黄、赌、毒等社会丑恶现象有待铲除。

经济上，恢复国民经济的任务十分繁重。在国民党反动统治和长期战争的摧残下，生产力受到严重破坏，农村凋敝，工业衰退，工农业生产水平大幅度下降，解放前夕广西经济濒临崩溃。1949 年底，全省工农业总产值 11.4 亿元①，人均只有 62 元，远低于抗日战争前的水平。在工农业总产值中，农业总产值 9.8 亿元，占 86%；工业总产值 1.6 亿元，占 14%。农业是经济的主体，但生产力水平低下，全省耕地面积 3665 万亩，有水利灌溉的只有 400 多万亩，大部分耕地靠天吃饭，粮食产量很低，平均亩产只有 85 公斤，粮食不能自给。工业基础薄弱，生产设备和技术极端落后，仅有屈指可数的小工厂，且以手工作坊为主，主要集中在南宁、柳州、桂林、梧州等市以及郁林（1956 年起改称玉林）、宾阳、八步等少

① 本书所用人民币单位一律为第二套人民币。1955 年 2 月 21 日，国务院发布《关于发行新的人民币和收回现行的人民币的命令》，自 3 月 1 日起，中国人民银行发行新人民币，即第二套人民币，新币 1 元等于旧币（第一套人民币）1 万元。

数县、镇，主要产品是火柴、小五金、小农具、土布、土糖、土纸、陶瓷等日用消费品。现代工业很少且设备陈旧，1949年底，全省工业总产值中，手工业产值1.45亿元，占90.6%；现代工业产值1500万元，仅占9.4%。与工农业水平低下相应的是，人民生活十分穷困。城镇工人平均工资极低，而且经常面临失业的威胁，生活十分艰难。1949年底，南宁、柳州、桂林、梧州4市，就有失业员工6.7万人。广大农民靠吃稀饭、杂粮、糠菜度日，挣扎在饥饿线上。由于连年灾荒，全省灾民达到190万。国民党政府征收苛捐杂税，滥发纸币，导致通货膨胀，物价飞涨，物资长期匮乏，造成黑市猖獗，投机盛行，市场极为混乱，财政经济面临严重困难。交通状况恶劣，铁路由于战争破坏而瘫痪，公路里程少且大多为简易公路，坎坷难行。医疗卫生条件差，疫病流行，人口死亡率高。教育事业落后，每万人口在校大学生仅1.06人，中学生仅14.73人，90%以上农村人口为文盲。

少数民族地区贫穷落后。广西是全国少数民族人口最多的省份。1949年底，全省人口1845万人，其中有壮[①]、瑶、苗、侗等少数民族约600万人，约占全省总人口的三分之一。全省99个县除12个县外，均有少数民族聚居。少数民族地区多半自然条件恶劣，交通阻塞，土地贫瘠，生产力水平低。长期以来，历代统治阶级主要实行民族歧视和民族压迫政策，对少数民族进行奴役和掠夺，导致少数民族地区经济社会十分落后。除居住在平原、丘陵或城镇郊区的壮族经济社会发展水平稍高外，在山区、边远地区的少数民族，特别是地处大石山区、边境地区的少数民族，社会生产力水平极其低下，有的甚至处于刀耕火种的原始、半原始状态，生活极端贫困。

国际形势和边境环境十分复杂。当时，与广西毗邻的越南民主共和国正在进行抗击法国殖民者的斗争。法国军队在中越边境构建军事设施，加强兵力，支持、庇护国民党军队残部和土匪在中越边境进行破坏活动。法国军队还侵入凭祥地区，打死、打伤我边境军民；法国飞机在中越

① 壮族原称“僮族”。1965年10月12日，经国务院批准改为“壮族”。本书统一用“壮族”表述。

边境上空扫射、轰炸,威胁中国的国家安全。

党的自身建设也面临新的考验。新中国成立后,党面临着由乡村进入城市、由夺取政权变为执掌政权、主要工作任务由军事战斗转为政治经济文化建设的新情况,面临着能否继续保持同人民群众血肉联系和无产阶级政党的纯洁性革命性,保持谦虚谨慎、不骄不躁和艰苦奋斗的作风的严峻考验。同时,在党的工作重心转移和艰巨的国民经济恢复与建设任务面前,各级领导干部和广大党员还普遍缺乏管理城市和领导经济建设的经验。因此,能不能尽快适应新的形势和任务的需要,尽快学会管理城市,成为经济建设的内行,对于广西党员干部来说是一个亟待解决的问题。

二、追歼残敌

广西战役胜利结束后,解放军主力立即转入追歼残敌的战斗,目标直指残余的国民党桂绥署各军政区正规武装和溃散的国民党主力部队。

在中共中央军委及中国人民解放军第四野战军前线指挥部的部署下,四野的3个师先后转为广西地方部队。1950年1月12日,广西省委、广西军区发出《整建地方武装工作的指示》,由各军分区将所在地区的游击队整编为独立团(营)、县大队,作为人民解放军的地方武装,与驻留广西的野战军一起向尚未获得解放的地区进军,坚决消灭顽抗的敌人,解放桂北、桂东、桂中、桂西北、左右江地区被国民党残军盘踞的县城。在解放军主力强大军事进剿下,残留的国民党正规武装已成惊弓之鸟,东逃西窜。广西省委、广西军区决定采取以军事压力和政治攻势相结合的办法,打击和瓦解敌人。1950年广西军区司令部、政治部发布肃清匪特布告,申明"首恶必办,胁从不问,立功受奖"的政策,同时,各地还成立了改编委员会,负责做瓦解、改编、收降工作。根据中央军委关于"凡接受改编所有的人员、枪弹、资财等无保留的交出,解放军依法保障其本人及家属之安全,凡愿回家者发给路费,愿学习者送学习,愿工作者分配工作"的对敌改编原则,各地以党政军负责人名义给敌指挥官去信,晓以大义,或利用开明的原国民党行政人员及敌军家属亲友劝降,广泛宣传共产党的宽大政策,瓦解敌人,争取和平改编。在白崇禧集团已基本就歼的有利形势下,我人民武装大力开展统战策反工作,用强大的政治、军事压力迫使国民党残部将领赖慧鹏、张光玮、周祖晃、莫树杰等率部投诚起义,接受和平改编。至 1950 年 1 月底,广西军区收降、改编残余的国民党军队及其地方武装共计 20 股,1.4 万余人,至此,新桂系集团留下的各军政区大股武装基本被消灭。对于部分拒绝改编,逃窜到边沿地区和大山区负隅顽抗的国民党残余部队,解放军实施军事进剿,坚决歼灭。1949 年 12 月 14 日,解放军在中越边境的宁明县隘店(今爱店)歼灭企图逃窜到越南的国民党正规军第九十七军残部 4000 多人;1950 年 2 月 1 日,在平而关地区围歼自越南窜入靖西(今靖西市)、镇边(现属那坡县)地区的国民党军第十七兵团残部 6700 余人,俘其兵团中将司令官刘嘉树。解放军还在大容山地区歼灭国民党正规军残部 4000 多人。同时,平乐、柳州等军分区剿匪部队也在各自辖区内对残敌进行围剿,基本把公开活动的国民党残余部队消灭。至 1950 年 2 月底,解放军共歼灭国民党新桂系军阀残余的正规武装三万多人。

在地方游击队的配合下,解放军陆续解放了桂北百寿县(现属永福县)、桂东昭平县、桂中中渡县(现属鹿寨县),桂西北的南丹县、天峨县、天河县(现属罗城仫佬族自治县),左江地区靖西、镇边、敬德(现属德保县)、天保(现属德保县)等 15 县以及右江地区的西林县、田西县(现属田林县)。1950 年 3 月 1 日,右江地区的西隆县城(现属隆林各族自治县)解放。至此,全省所有县城都获得解放。

三、接管城市及初步建立社会新秩序

解放广西的战役打响后,省委及其工作队(团)分两路进入广西,与长期坚持地下革命斗争的广西党组织及其领导的游击队胜利会师,接管国民党旧政权。在北路,1949 年 11 月,省委副书记何伟率领省委机关和中共中央华中局广西工作总队从湖北省武汉市汉口出发,随人民解放军第四野战军第十三兵团南下,进入广西,先后接管桂林、柳州、平乐、南宁等地国民党旧政权。在东路,12 月初,省委书记张云逸、省委常委雷经天率领广西工作团从广州出发,溯西江而上进入广西,接管梧州、郁林(后改为玉林)。

在刚解放的地方，为保障人民的生命财产，维护社会安定，取缔国民党反动政权机关，确立革命秩序，实施军事管制。在中心城市桂林、梧州、柳州、南宁等市及一些县先后建立过渡性政权机关——军事管制委员会（简称军管会），由中国人民解放军第四野战军总部委任军管会组成人员。桂林市军管会于1949年11月30日成立，主任陈漫远，下设四部三处，即物资部、军政部、文教部、交通接管部和秘书处、房产管理处、交际处；梧州市军管会12月1日成立，主任谢扶民（因事未到职，由张华代理），下设行政、军事、文教、交通、财经、邮电等接管委员会；柳州市军管会12月12日成立，主任刘随春，下设物资部、军政部、文教部、交通部、后勤接管部和交际处、行政处；南宁市军管会12月22日成立，主任莫文骅，下设军政部、物资部、交通部、文教接管部和秘书处、交际处以及航空接管组。军管会的成员主要由四野部队官兵、广西工作队（团）干部、地下党员组成，并从当地招录专业人员和进步青年参加接管工作。军管会的具体任务就是肃清反革命的一切残余势力，接收一切公共机关、产业和物资，恢复并维护社会秩序，收缴一切隐藏在民间的反动分子的武装及其他违禁物品，解散一切反动党团组织，逮捕罪大恶极的反动分子，没收官僚资本，建立革命政权机关，建立临时的各界代表会等。

在市军管会领导下，各市采取一系列行动，清剿匪特，安定社会秩序。打击反革命分子的破坏活动，侦破反革命案件，逮捕反革命分子。南宁市破获国民党“华中军政长官公署左右江反共别动军驻邕谍报组”等案件40起；梧州市破获匪特案件123起，惩办一批反革命分子；桂林市破获案件一批，逮捕一批土匪、恶霸、特务、反动党团骨干等反革命分子，缴获一批武器弹药；柳州市也获得一批战果。解散国民党、“三青团”、民社党、青年党及国民党政权系统下的一切反动党派和团体，收缴其反动证件，登记其各级负责人员，对登记后的少数反动分子实行管制，明令禁止反动党团组织的一切活动。加强报刊管制，查封梧州市的《钟声日报》、南宁市的《邕江晚报》等反动报刊。限期收缴各种非法武器弹药，禁止一切枪支弹药买卖。打击盗匪、倒卖银元扰乱金融的地下钱庄以及重大烟毒、赌博等犯罪活动。收容和遣散国民党军队残留的散兵游勇以及社会游民、乞丐。改善社会治安，稳定社会秩序，保障人民生命财产安全。

接管工作严格遵守中央规定,有计划、有步骤地开展。接管的对象,是国民党省、市政府及其下属机构、军事单位、文教单位以及国民党官僚资本企业等。借鉴全国先解放城市沈阳等地的接管经验,按照先后、急缓的原则采取先接后管、边接边管、先管后接等几种方式,确保整个接管工作有条不紊地进行。1949 年 12 月 13 日,桂林市军管会接管国民党广西省政府、桂林绥靖公署和省党部。各市先后接管本市的国民党政务部门、警察机构、司法机构以及军事后勤单位,取缔服务于国民党反动政权的政务、警察、司法机关。对提供服务和管理的财政、税务、工商等政务部门的人员,采取教育后留用的方式,发挥他们的作用。在接管的过程中,各市均废除国民党政府的苛捐杂税。各市军管会接管官僚资本并将其转变为国营经济的主要组成部分,没收官僚资本工业企业,按照其组织机构和生产系统,实行“保持原职、原薪、原制度”的政策,监督其生产;没收、接管官僚资本金融企业,成立中国人民银行广西省分行及各市支行,推广使用人民币。各市接管对象还包括铁路、公路及其管理机构,港口和轮船公司等城市交通运输部门,以及邮电通讯单位。此外,军管会还按照“维持现状,逐步改进”的方针,接管包括研究院(所)、图书馆、博物馆、电影院、剧团、学校等文化教育机构以及卫生、新闻出版单位。冻结了美帝国主义在梧州等地的资产,相继派出军事代表接管梧州、龙州、南宁海关,结束了帝国主义、封建主义和官僚资本主义及其代理人——外国税务司统治海关的历史,海关行政管理权、关税自主权和人事管理权回到人民手中,帝国主义控制的海关变为人民的海关。

各市在接管国民党政府机关及企事业单位的同时也接收了旧职员。根据中共中央文件精神,广西收容了多数原国民党军政公教人员,以防他们流离失所,引起社会骚乱。这些旧职员大多熟悉业务,有一技之长,是新政权所需要的专门人才,需以慎重负责的态度收留和使用。1949 年 12 月 10 日,广西省委发出《关于处理旧职员的指示》,要求对国民党各类旧职员区别不同性质,分别进行处理。对留在原企业与学校的员工基本上是原职留用,照常发薪,只对情况特殊的个别人适当调整。对国民党军政机关的旧公务人员,基本暂时留用;对少数富余的旧公务人员先进行集中短期训练，再做安置。对逃散在市内或留居家中的旧公务人员，由各部门分别发出通告，要求他们前来登记、报到，以便妥善安置。按照政策，只对三类旧职员不予留用，即有反动行为的人、靠裙带关系安插而无才能的人、有严重贪污及克扣员工薪金行为并为群众痛恨的人，至于大部分旧职员则采取留用或经培训、教育后分配安排工作的方式，使旧职员转向为人民服务。人民政府在财政十分困难的情况下，把大部分旧职员接收下来，进行妥善安置，承担了很大的压力，但在政治上，提高了人民政府的凝聚力，赢得了人心，确保了各类机构的正常运转和社会稳定。

到 1950 年 2 月，接管工作基本完成。各市军管会共接管约 500 个旧政权机关和单位，摧毁了国民党在广西统治人民的政权机构，打击了反革命分子的破坏活动，使已停顿的工商企业陆续恢复生产与经营，维持了城市的正常运转，初步建立起新的政治管理机构和社会秩序，避免了新旧政权转换时期对社会运行和群众生活的冲击，为新政权的建设和巩固奠定了基础。

随着各市人民政权的建立，各市军管会的职能逐步移交给市人民政府和警备司令部，但鉴于清匪反霸、镇压反革命和维护社会稳定的需要，军管会的机构仍暂时保留了一段时间，直到 1952 年冬至 1953 年夏，各市军管会才陆续撤销。

第二节　各级党、政、军机构的建立

一、各级党委机构的建立

广西党组织自成立以来，面对国民党新桂系集团的残酷镇压和日军入侵，长期坚持斗争，始终做到组织不散，旗帜不倒，并不断发展壮大。解放前夕，全省建立了分属中国共产党广西省农村工作委员会（简称省农委）、滇桂黔边区委员会和粤桂边区委员会领导的桂北、桂东、桂中、柳北、都宜忻、左江、右江、桂中南、十万山、粤桂南、六万山 11 个地委（地工委),70 多个县委(县工委、特支),以及中国共产党广西省城市工作委员会(简称省城工委)领导的桂林、柳州、南宁、梧州 4 个城工委。经中共中央批准的新广西省委于 1949 年 9 月 22 日在湖北省汉口正式成立,受中共中央华中局及华南分局的直接领导,随后陆续配备各地(市)、县的领导班子。其中,在湖北汉口,组建了经中共中央华中局批准的平乐地委、桂林市委、桂林地委、柳州市委、柳州地委、南宁地委;在广州,组建了经中共中央华南分局批准的郁林地委、梧州地委。广西省委随解放大军进入广西后,组建了庆远地委、南宁市委、百色地委、梧州市委、武鸣地委,并把原属滇桂黔边区委员会领导的左江地委改组为龙州地委。至 1950 年 1 月,省委共组建了 10 个地委和 4 个市委。

1950 年 3 月 9 日,省委宣布省委委员名单和工作机构。委员共 23 人,张云逸、陈漫远、莫文骅、何伟、李楚离、黄永胜、雷经天 7 人为常委,其中书记张云逸,副书记陈漫远、莫文骅、何伟、李楚离。当时的工作机构有省委办公厅、组织部、宣传部、统一战线工作委员会(6 月改为统一战线工作部)、政策研究室、社会部、外交委员会、广西日报社等。5 月,创办广西省委党校,开始培训干部。随着新省委的到来,原省农委、省城工委以及滇桂黔边区委员会和粤桂边区委员会领导下的广西地方党组织机构陆续撤销。省委决定将在汉口、广州组建的各地、市委班子与地下党原有的班子合并、广西工作队(团)干部与地下党干部结合,进一步充实增补各地、市委领导班子。与此同时,各县委班子陆续建立。在省委直属机构中,还有 1950 年 2 月 3 日经中共中央批准成立的中共桂北区委员会[①]。中共桂北区委员会辖桂林、柳州市委和桂林、柳州、平乐、宜山地委,书记由省委副书记何伟兼任。随着广西各级党委机构的建立,实现了省委在广西的统一组织和统一领导。

为加强党内监督工作,1950 年 1 月 22 日,省委成立省委纪律检查委员会,陈漫远为书记,李楚离、吴法宪为副书记,黄永胜、雷经天等四人为委员。该机构的主要任务是检查和审理省委各部门及各级党的组织、党的干部及党员违反党的纪律的行为。随后,省以下各级党委也相继建

① 1951 年 4 月 20 日,中共桂北区委员会奉命撤销,所属各地、市委归广西省委直接领导。

立了党的纪律检查机构。

二、各级人民政府和各级人民武装领导机构的建立

随着大规模军事行动的结束,党在广西面临的一项重要工作就是尽快筹建人民民主政府,巩固人民革命的胜利成果,恢复和发展国民经济。

1949年12月2日,中华人民共和国中央人民政府政务院(简称政务院)第九次政务会议通过,提经中央人民政府委员会第四次会议批准,任命张云逸为广西省人民政府主席,陈漫远、李任仁、雷经天为副主席。1950年2月8日,广西省人民政府在南宁正式成立。省人民政府主席、副主席正式就职,省会定在南宁市。在成立大会上,陈漫远发表讲话,要求干部做到廉洁奉公,确立为人民服务思想;深入群众,反对官僚主义;要以马列主义的立场、观点和方法解决工作中的问题;遵行中央指示,完成工作任务,为建设繁荣富强的新广西而奋斗。同日,省人民政府发布成立公告,宣布:"今后遵循人民政协共同纲领,团结广西全省人民,为建设人民的新广西而努力奋斗!"省人民政府成立初期,受中南军政委员会直接领导。3月24日,政务院第二十五次会议通过,并经1950年4月11日中央人民政府委员会第六次会议批准,任命广西省人民政府委员会委员31人。省人民政府下设办公厅、民政厅、公安厅、财政厅、农林厅、工商厅、交通厅、文教厅、人民监察委员会、财政经济委员会、参事室、劳动局、税务局、卫生处、新闻出版处等直属单位。

省人民政府以中国共产党为坚强领导核心,同时吸收各民主党派人士、社会贤达参政议政。在省人民政府31名委员中,中共党员占三分之二,民主党派人士、社会贤达、国民党起义将领等共占三分之一。在首届省人民政府中,中国国民党革命委员会(简称民革)中央执行委员李任仁被任命为副主席。省人民政府的人事安排,体现了团结协作、政治协商的人民民主原则。

在组建省人民政府办事机构的同时,省委也抓紧组建各级政权。省委入桂前,已在汉口、广州分别组建了桂林市人民政府以及南宁、武鸣、左江、柳州、桂林、平乐、梧州、郁林8个专员公署及部分县级政权的领导班子。入桂后,1950年1月,在桂林成立百色、庆远2个专员公署和省

辖的南宁市人民政府，2月和3月，梧州市和柳州市先后升格为省辖市。省委对解放前夕地下党组织建立的3个专署级、42个县级人民政权进行合并、调整，并从部队、广西工作队（团）等抽调人员，充实干部队伍，加强领导力量。至3月底，共建立了4个省辖市人民政府、10个专员公署以及99个县人民政府，各级政权框架基本建立。在此基础上，改革县以下基层行政组织制度，废除国民党统治时期带有封建性质的保甲制度，代之以新的组织机构。在农村，一般设区、乡（镇）、村；以行政村为单位，成立农民协会，代行基层政权的职能，或以区、乡人民代表会议代表的选区为单位，组织代表组。城市一般设区、街、居民小组。至1950年底，广西城乡基层组织机构共设立3个市辖区、463个区、1718个乡。后来，中央在广西实行民族区域自治政策，建立民族区域自治地方，中央人民政府还对广西行政区划进行多次调整，至1952年底，广西省辖1个自治区（桂西壮族自治区，行政公署级）、5个市、10个专区、76个县（自治区）。

在建立人民政权过程中，各级党委认真贯彻党的人民民主统一战线政策，注意吸收各民主党派和无党派爱国民主人士、少数民族先进分子和上层人物参加人民政权。不少起义或接受和平改编的原国民党军政人员及知名爱国人士被吸纳进各级人民政府或政协工作；原在国民党经济、文化、教育、卫生机构的人员，按照“量才录用”的方针被吸收参加政府工作及经济文化建设，既利用他们的特长为新政权服务，又通过他们广泛团结社会各阶层人士，发展党的统一战线，扩大人民政权的社会基础，充分发挥他们在稳定社会局势和恢复国民经济中的作用。

随着全省各级人民政府的成立，广西各族人民从此彻底摆脱了千百年来的封建统治，成为新国家、新社会的主人。

在各级人民政府建立的同时，各级人民武装的领导机构也陆续建立。1949年12月9日，中央人民政府人民革命军事委员会颁布命令，成立中国人民解放军广西军区（简称广西军区），隶属中南军区。张云逸任司令员兼政治委员，黄永胜任第一副司令员，李天佑任第二副司令员，彭明治任第三副司令员，莫文骅任第一副政治委员，吴法宪任第二副政治委员兼政治部主任，曾国华任参谋长。军区的任务是，在广西省委、省人民政府的统一领导下，执行军事管制，协助地方建立地、市、县区人民政权，维护革命秩序，筹粮支援前线，整编地方游击队，建立县区基本武装，协同主力部队继续追歼残敌。不久，南宁、桂林、柳州、宜山、平乐、梧州、武鸣、龙州、百色、郁林 10 个军分区和南宁、桂林、柳州、梧州 4 市警备司令部相继成立。1949 年 12 月 20 日，广西省委、广西军区发出了《关于地下党及游击队会师的指示》，月底，解放军各主力部队与游击队正式会师。1950 年 1 月，广西省委和广西军区发出整建地方武装工作的指示。随后，广西地下党领导的各游击队奉命编入各军分区独立团（营）、县大队、区中队，部分指战员转业复员到地方工作。1952 年春夏，根据中共中央、中央军委的指示，全省 92 个市（县）、285 个区建立人民武装部。

解放之初，全省只有约 4 万名党政干部，其中，老解放区南下干部 3000 名左右，军队转业干部 2740 名，第四野战军南下工作团、华北大学和中原大学的干部 1058 名，广西地下党及游击队的干部 1.8 万多名，旧政权公务人员和经济、文教机构旧职员留用约 1 万名。针对广西干部匮乏的状况，1949 年 12 月，省委在桂林创办中南军政大学广西分校和广西人民革命大学，由省委书记张云逸分别兼任两所学校的校长。数千名思想进步的学员经过半年左右的培训，学习掌握了新民主主义革命的基本理论和党的路线、方针和政策，结业后被分配到各级政府机构和军队工作，成为广西解放初期军政建设的有生力量。

三、广西省委第一次高级干部会议

面对解放初期广西的复杂形势和各种困难，广西省委在全面分析形势的基础上，制定新的工作方针，部署各项政治改革和经济恢复工作，医治战争创伤，巩固新生的人民政权。

1950 年 3 月 23 日至 24 日，省委在南宁召开第一次高级干部会议，省委委员、各地委书记等参加会议。省委副书记莫文骅传达中南军政委员会关于 1950 年的工作任务指示和 3 月中旬中南军区高级干部会议的精神，省委书记张云逸作题为《以全力发动群众剿匪、反霸，结合生产救灾双减，为创造土改条件而奋斗》的总结报告。会议指出，广西解放是一个历史性的变化，政治上由国民党新桂系的反革命统治转变为人民民主专政。但这场胜利仅仅是万里长征走完了第一步，群众的彻底解放尚有赖于我们去做长期的艰苦的群众工作。会议针对当时国民党残匪、特务勾结地主恶霸的反动武装和惯匪，利用新政权在征粮工作中的偏差、春荒灾害及农民的穷困在农村煽动暴乱的情况，确定了1950年的工作任务：肃清匪特和严惩勾结土匪的恶霸，改造乡村政权；恢复生产，节约救灾；发动群众减租减息；整理财政，统一收支；召开各界代表会议，扩大统一战线；维持教育，推动文化运动。会议分析广西各地区的不同特点和工作的不平衡性，指出地方党委和人民政府工作中存在的缺点和错误，会议强调要解决好以下几个问题：第一，必须注重团结，努力在团结的基础上，求得全省的统一与一致；第二，以剿匪反霸为中心环节，结合生产救灾双减，调动广大农民群众革命和生产的积极性，为土改创造条件；第三，必须统一财政政策和财政制度；第四，必须深入开展民主建政工作，普遍建立各级各界人民代表会议制度；第五，必须加强党的建设，严格执行党的政策，发扬党内民主，开展批评与自我批评，加强党内教育，改进党的作风，密切党与群众的血肉联系。

这次会议针对广西解放初期严峻、复杂的形势，提出一系列的任务和措施。特别是及时提出了重点剿匪、发动群众和主力部队地方化等方针，解决了剿匪初期由于策略方针不明确造成的思想和行动上的混乱，打开了剿匪、发动群众的新局面。

第三节　基层党组织的发展及群团组织的建立

一、基层党组织的发展

解放前夕，广西党组织共有党员7000多名，因广西党组织均处于秘密状态，故称“地下党”。广西战役发起后，广西省委率领南下工作团（队）与各地地下党及党领导的游击队胜利会师，进行组织整合。其中，1949年12月12日，桂林市委在市人民政府礼堂举行会师大会，南下的党(团)员和桂林地下党(团)员共200多人参加,桂林市委与桂林城工委进行了合并。12月15日,中共柳州市临时工作委员会与南下柳州的党员在原柳江县政府办公楼举行胜利会师大会。1950年1月1日,张云逸、雷经天及其所率广西工作团途经桂平县江口,与中共桂中地工委及其领导的桂中游击队(即中国人民解放军桂中支队)会合,并出席了桂中支队召开的盛大欢迎集会。地下党员与南下的党员会师后,广西全省党员增至9000多名。

1950年5月21日,中共中央发出《关于发展和巩固党的组织的指示》,同月,中共中央华南分局组织部发出《关于公开党的组织以加强党和群众联系的指示》,根据中共中央和中南局的要求,原处于秘密状态的广西党组织逐步公开。6月,桂林市、地委首先公开党的组织,柳州市、地委亦分批公开党组织。10月,梧州市、地委开始公开党支部。1951年1月18日,梧州市直属党支部举行公开大会,全体党员与会。至年底,全省党组织全部公开。与此同时,广西省委公开发展党的基层组织。党的七大通过的党章规定了发展党员和建立党支部、党总支和党委的条件和要求,遵照党的章程,凡有党员3人以上,即成立党的支部组织,不到3人的,则加入邻近党的支部组织;凡有党员超过50人的乡村,或超100人的工厂、机关、学校,可以成立党的总支部,下设党支部;凡有党员超过500人以上的乡镇、工厂、机关和学校,经省委允许,可以选举党的乡镇、工厂、机关、学校委员会,下设党支部。在发展基层党组织的方式上,遵照中共中央提出的"公开建党"要求,党组织在劳动人民中间,公开地进行党纲和党章的宣传教育,提高他们的觉悟;在考察入党对象时,不仅听取入党介绍人的报告、入党对象本人的意见及党内同志的意见,还要征求群众的意见。广西各级党组织得到新发展。1950年,全省各级机关有党支部413个,组织比较健全。在农村基层,有农村区委180个,农村党支部94个,农民党员1200多名。但是,党组织尚未实现全覆盖,党员人数不多。由于党员干部缺乏,只在部分区成立了区工委;不少乡(小乡)因党员数量少,尚无法建立党支部。工矿企业中仅有党委1个,党支部29个,工人党员240多名。学校党支部只有29个,党员人数只占全省党员总数的0.54%。1950年12月,省委发出指示,要求各地按照中央关于“积极慎重，巩固地向前发展”的建党方针，在工作中注意吸收成分纯洁的积极分子入党，发展基层党组织。经过一段时间的发展，到1951年8月，党员数量增至12695人。中国共产党是领导广西各族人民进行社会主义革命和建设的核心力量，党组织的公开及公开发展新党员，便于加强党和群众的联系，也把党组织和党员放在群众的切实帮助与监督之下，建设一个纯洁的有战斗力的无产阶级政党，更好地带领全体人民开展社会主义革命。

1951年8月，省委在南宁召开全省第二次组织工作会议，传达贯彻全国组织工作会议关于整党建党的精神，决定在土地改革已经完成的新区和工厂、矿山、企业、机关和专科以上学校中，有组织领导、有计划的，本着慎重的方针发展一部分党员。在农村，计划在土改完成前，首先在区干部及土改工作队中，吸收5%左右优秀分子入党；完成土改复查的地区，争取在1952年年内有重点地在条件较好的小乡，建立5人左右的党支部。会议明确提出建党的重点应放在城市产业工人上，要求在一年半的时间内吸收3%—5%的产业工人入党，吸收1%左右的非产业工人入党。会议要求城市党委加强对工人运动的领导，特别是要彻底搞好企业的民主改革，从中大力发现培养工人积极分子。9月，广西省第一次党代表会议再次强调要以城市产业工人为建党的重点。在地、市委以上机关，经过审查后，个别吸收有两年以上工作考验和历史完全清楚的优秀干部和团员入党。在专科以上学校着重吸收出身贫苦，历史清楚，经过考验的、有一年以上团龄的团员入党，建立精干的党支部。

1952年7月28日，省委再次召开组织工作会议，着重讨论在“三反”（即反贪污、反浪费、反官僚主义）基础上进行整党建党问题，并提出发展党员的目标任务。会后，省委实行“党委负责，组织部门具体管理”的方法，积极、谨慎地加强对积极分子的培养教育，严肃慎重地对发展对象的历史面貌和政治思想觉悟进行审查，严格履行党章和中央规定的发展党员的各项手续，加快发展党员步伐。1952年下半年共发展党员18416名，其中厂矿企业党员5279人，农村10534人，学校125人。到1952年底，全省党员总数发展到34980人，新建党支部2028个，党在各领域的领导得到加强。

省委注重在直属机构中设立党组织。1951 年 11 月,省委建立直属机关党委。1952 年,省委在省人民政府所属的民政厅、公安厅、商业厅以及高级人民法院等建立了党组,并在总工会等群众团体和企事业单位中建立党的组织;同时,陆续在所属直辖市和各地相应地设立了党的工作机构,其中,在市人民政府、专员公署及所属机构逐步建立党组。省军区在所辖军分区也相应建立了党委。这些党组织的建立与健全,保证了党的路线、方针、政策的贯彻执行,为巩固人民民主政权,完成各项革命和建设任务奠定了组织基础。

二、工会、青年团、妇联组织的建立

省总工会的成立。广西省总工会筹备处于 1949 年 11 月在湖北汉口成立,1950 年 1 月 18 日迁至南宁。1950 年 5 月,广西省首届工人代表大会在南宁召开,155 名代表出席大会,代表全省 4 个市、3 个矿区、15 个产业(行业)工会及 7 个专(分)区办事处 1.5 万多名工会会员。张云逸代表省委、省人民政府向大会致辞,陈漫远作《努力生产,克服困难》的报告。大会通过省总工会筹备处《五个月的工作及今后半年工会工作的任务》的报告及《告全省工人兄弟书》等文件,号召全省工人组织起来,努力增产节约,克服暂时困难。大会选举产生了广西省总工会筹备委员会,省委副书记李楚离兼任主任,委员 23 人。此次大会为广西各级工会组织的建立和发展奠定了基础。不久,省委职工委员会成立,李楚离任书记。8 月 27 日,省委发出《关于开展县镇工会工作的指示》,要求 9 月底以前各县和主要圩镇建立地方工会组织。此后,各级工会组织迅速发展起来。到 1951 年上半年,全省共建立 9 个地区工会办事处、5 个直辖市总工会、76 个县总工会(含筹委会)。各级工会组织围绕恢复和发展生产这个中心,在城市和工矿产业工人中放手发展会员,建立基层工会组织。至 1951 年,基层工会达到 1500 多个,工会会员 10 万多名。所建基层工会之处,工人入会率达到 54.43%。

1951 年 8 月,广西省首届工会会员代表大会在南宁召开。出席大会的正式代表 215 名,列席代表 70 名,省委代理书记陶铸和省委副书记何伟到会讲话。大会总结了工会组织一年来的工作成绩和经验,动员广大工人群众开展民主改革运动,迎接大生产热潮;通过《广西省工会章程》,选举产生了广西省总工会第一届委员会,委员39名,候补委员4名,省委副书记何伟兼任主席。至此,广西省总工会宣告成立。

省各级工会组织按照党的七届二中全会提出的要求,认真贯彻落实《中华人民共和国工会法》,全心全意依靠工人阶级,集中力量恢复和发展生产,成绩喜人。如在公营企业建立工厂管理委员会和职工代表会议,在私营企业建立劳资协商会议和增产节约委员会,依靠工人管理企业等。各级工会组织还发动广大职工开展爱国增产节约劳动竞赛,调动工人积极性,在克服经济困难、恢复国民经济的斗争中,发挥工人阶级主力军作用。

中国新民主主义青年团广西省委员会的成立。中国新民主主义青年团(简称新青团)是中国共产主义青年团[①]的前身。1949年1月1日,中共中央作出《关于建立中国新民主主义青年团的决议》,并于4月在北平召开中国新民主主义青年团第一次全国代表大会,制定了中国新民主主义青年团的章程和工作纲领,成立了团中央委员会。解放前夕,广西共有党领导的地下团员约3000人。1950年初,新青团华南分局工作委员会派干部到广西筹建新青团广西省工作委员会。3月,省团工委成立,书记李殷丹。4月18日,省委召开第一次青年工作会议,省委书记张云逸到会并发表讲话。会议决定在全省成立新青团各级组织,将解放前地下党建立的广西爱国民主青年会会员转为新青团团员,逐步建立健全各级团组织,动员青年投身剿匪、镇压反革命和民主改革等政治斗争,并在斗争中不断完善和发展团组织。会后,省团工委一方面整顿原有组织,将处于地下状态的组织公开化,把原来单线联系的团员组织起来,建立团支部,使团组织由分散走向统一。另一方面自上而下地建立起各级团组织,其中,在市、专区、县建立团工委,在机关、厂矿、农村、学校等建立团支部。

1950年5月4日,省委根据中共中央及中南局的指示,作出《关于贯彻中南局加强青年团工作的决定》,要求各级党委把建团作为群众运

---

① 1957年5月,中国新民主主义青年团改称中国共产主义青年团,简称共青团。

动的一项重要任务,把发展青年团作为重要工作来抓。同年底,在农村土改运动中开始大规模发展团员,使农村团员数量在短时间内快速增长,1952 年达到 9 万多人,到 1953 年上半年,全省建立了 1 万多个团支部,团员发展到 16.68 万人。1953 年 5 月 30 日至 6 月 6 日,中国新民主主义青年团广西省首届团员代表大会在南宁召开。出席会议代表 407 人,列席代表 30 人。会议总结了 3 年来团工委的工作,并动员全省团员、青年积极参加生产建设。会议选举产生了新青团广西省第一届委员会,委员 21 名,候补委员 11 名,常委 8 名,其中书记、副书记 4 名,书记田心。

广西解放伊始,全省各级党组织尚不健全,并且中央明文要求各地在土改前期不大量发展农村党员。在这种情况下,作为党组织助手和后备军的青年团,在党的正确领导下,做了大量有益的工作,积极动员与组织广大青年参加社会改革和生产运动,引导他们为迎接国家建设高潮而努力工作和学习,发挥了生力军和突击队的作用。

省民主妇女联合会的成立。根据中南局组织部和中南局妇委会关于广西务必在 1950 年“三八”节前成立妇联筹备机构,为建立中南妇联筹备机构做准备的指示,省委指定由副书记兼组织部部长李楚离、省人民政府副主席雷经天负责筹备事宜。1950 年 2 月 25 日至 3 月 3 日,全省妇女工作会议在南宁召开,决定成立省民主妇女联合会筹备处。之后,各市、专区和县的妇联筹备机构先后成立。截至 7 月底,全省参加各级妇联组织的妇女有 30 余万人。

1952 年 8 月 25 日至 9 月 3 日,广西省第一次妇女代表大会在南宁召开。出席会议的正式代表 280 人,特邀代表 14 人。省委副书记乔晓光出席会议并讲话,省妇联筹备处主任邓戈明作《两年半来妇女工作总结及今后任务》的工作报告。大会通过广西省民主妇女联合会组织章程和贯彻《中华人民共和国婚姻法》的决议,选举产生广西省民主妇女联合会第一届执行委员会常委 19 人,委员 49 人,候补委员 7 人,主任邓戈明。省妇联在省委领导下,发动妇女参加土地改革、爱国增产节约运动和抗美援朝运动等党的中心工作,建立健全各级妇女组织,培养妇女干部,落实妇女的各种合法权益,宣传贯彻执行《婚姻法》,开展妇女扫除文盲活动，协助政府有计划、有步骤地开展妇幼福利事业和贯彻中央人民政府关于劳动就业问题的决定。广大妇女积极参加生产建设，在国家法律和政策的支持下，通过自身努力，争取婚姻自主，努力学习文化知识，提高政治思想觉悟，维护自身权益，促进了妇女事业的发展。

新中国成立初期成立的这些人民团体，是党联系群众的桥梁和纽带，在巩固新生人民政权、恢复和发展国民经济等方面，作出了积极的贡献。

第四节　民主与法制建设的起步

一、各界人民代表会议的召开

各界人民代表会议是人民代表大会制度的雏形和准备，是人民管理政权的初级形式。1949 年 9 月 29 日，中国人民政治协商会议第一届全体会议通过《共同纲领》，明确新中国的政体，宣布中华人民共和国的国家政权属于人民，人民行使国家政权的机关为各级人民代表大会和各级人民政府，人民代表大会制度是人民管理国家政权的基本形式。鉴于新中国成立之初，各地尚不具备普选的条件，《共同纲领》规定：在普选的地方人民代表大会召开之前，由地方各界人民代表会议逐步地代行人民代表大会的职权。12 月 2 日，中央人民政府委员会第四次会议分别通过了省、市、县各界人民代表会议组织通则，规定：凡能召开省各界人民代表会议的地方，即代行省人民代表大会职权，每届任期两年；市、县各界人民代表会议经省人民政府批准，逐步代行市、县人民代表大会职权，未代行人民代表大会职权前，代表每次都要进行推选；代行人民代表大会职权后，代表每届任期一年。之后，中央人民政府又相继制定了大行政区、省、市、县、乡（行政村）人民政府组织通则，使各地的民主建政工作有了一套较完整的法规依据。

在省委的领导下，从 1949 年 12 月开始，各市、县相继召开了各界人民代表会议。代表产生的方式先后采取政府邀请和群众推举的办法。接管完成之前，各地由军管会或新成立的人民政府邀请各阶层的代表人物，成立各界代表会，就各项政策及有关施政问题征询意见，经过讨论，再作出决定，付诸实施。接管完成以后，各界人民代表会议代表从各族各界群众中推举。代表产生方式的变化，使代表的广泛性和代表性逐步提高，在各级人民代表会议中，既有各界各阶层代表，也有各少数民族代表，他们享受完全平等的政治权利，共同讨论决定重大事项。1950 年，南宁、柳州、桂林、梧州等市和全省 99 个县中的 85 个县先后召开了各界人民代表会议。其中有 1 个市 16 个县召开各界人民代表会议 3 次，有 3 个市 18 个县召开各界人民代表会议 2 次。此后，每年各市、县均召开 1—4 次各界人民代表会议。各界人民代表会议充分实行民主，调动了各阶层人民参政议政的积极性。

在各市、县召开各界人民代表会议的基础上，省委着手筹备召开省各界人民代表会议。1950 年 5 月 5 日，省人民政府邀请本省各民主党派、人民团体、军队及工商界的代表，协商召开广西省首届各界人民代表会议问题。会议推选张云逸等 36 人组成省首届各界人民代表会议筹备委员会，负责筹备工作。会议代表由推荐和民主协商产生，省首届各界人民代表会议筹备委员会依据 1949 年 12 月中央人民政府颁布的《省各界人民代表会议组织通则》的规定，结合广西省区域广、人口较少、居住分散，且是多民族地区的特点，力求照顾到广泛性、代表性，使各民主党派、人民团体、人民解放军、少数民族、爱国民主人士、荣誉军人、烈属等各方面都有适当名额。经过 5 个多月的筹备，1950 年 10 月 23 日至 11 月 2 日，全省第一届各界人民代表会议在南宁召开。会议代表共 560 名，实际到会代表 507 名，包括工人、农民、城市小资产阶级和民族资产阶级等在内的各阶级、各阶层、各党派、各人民团体的代表，其中共产党员占的比例较大，这充分体现了以工人阶级（通过共产党）领导的，以工农联盟为基础的人民民主专政的政治制度的基本原则。

会议通过了《广西省第一届各界人民代表会议组织条例》。会议把肃清匪特和重点实验土改问题列为主要议题，经过民主讨论，通过了陈漫远作的《关于广西省人民政府十个月工作的报告》、李任仁作的《关于广西省人民政府召开首届各界人民代表会议筹备经过的报告》、李天佑作的《关于军事工作报告》、李楚离作的《关于“三年内实现广西省的土地改革是广西人民的光荣任务”报告》、贺希明作的《关于财经工作报告》、陈此生作的《关于十个月的文教工作的报告》。会议选举产生了省第一届各界人民代表会议协商委员会，作为省各界人民代表会议休会期间的常设机关。张云逸当选为主席，陈漫远、莫文骅、陈此生、莫乃群、张一气为副主席，李任仁等73人当选为委员。会议共收到提案463件，经提案审查委员会审查过的418件提案中，按内容划分，有生产建设、财经、政法、军事、文教卫生以及土改类提案，其中，生产建设类和财经类提案占提案总数的近一半。9项提案提交大会讨论，提出办法与意见，获一致通过并转有关部门处理。其余提案及所附意见经提案审查委员会认真审议提出意见后，分别解答或提交政府有关部门酌情办理。

省各界人民代表会议是当时省人民政府传达中国共产党的政策，联系各界群众，加强人民民主统一战线，巩固人民民主专政的协议机关。省委、省人民政府通过各界人民代表会议，宣传解释党的路线方针政策，消除群众的各种思想疑虑，组织动员广大人民群众协助建立革命秩序，讨论政府各项重大政策措施，如肃清匪特、减租退租、合理负担、生产救灾及恢复和发展工商业等。1950年夏秋，一些民主人士在广西省会城市选址问题上存在不同意见，省委在各界人民代表会议上，坚持明晓事理、讨论协商的原则，从国际形势、基础条件和发展趋势等方面，进行全面深刻分析，开展说服教育，强调要以发展的观点看待省会问题，经过耐心细致的工作达成共识，确定仍以南宁作为省会。1950年以后，绝大多数市、县每年都召开1—4次各界人民代表会议。到1952年，全省5市81县，绝大部分都召开过各界人民代表会议。其中，南宁、柳州、桂林、梧州4市与柳江、容县等县已代行人民代表大会职权。全省除隆林县外，均已建立协商委员会或常务委员会，以此作为各界人民代表经常联系、协商与协助人民政府推动各项重要施政工作的机构。同时，各地乡村基层政权也在剿匪、反霸、土地改革与复查运动中，得到了整顿与改造。

在基本完成各项社会改革即将转入全面经济建设的形势下，1952年12月17日至24日，广西省第二届各界人民代表会议第一次会议在南宁召开。会议应出席代表875人，实际到会825人，代表来自各族各界，包括政府机关、文教卫生、军队代表以及工人、农民、少数民族、民主党派、民主人士、工商业者、青年学生、华侨、海上居民等的代表。其中，工农代表占代表总数的 47%，少数民族代表占代表总数的 20%。会议总结 1952 年来的工作和经验，讨论和确定本省 1953 年的建设方针，以及发展工农业生产、加强财经工作、加强民主建设、开展文化建设、巩固保卫地方和保护人民权利 5 项工作任务。会议审议通过《关于一年来政府工作与今后任务的决议》《关于广西省协商委员会一年来的工作报告的决议》《关于广西省土地改革基本总结的决议》《关于广西省一年来民族工作报告的决议》《关于 1952 年预算执行情况及 1953 年预算编制报告的决议》和《关于贯彻执行婚姻法的情况报告的决议》，会议代行人民代表大会职权，选举省人民政府主席、副主席和委员，组成省人民政府委员会，张云逸当选为省人民政府主席，陈漫远、李任仁、肖一舟、覃应机（壮族）、陈此生、莫乃群为副主席，委员 39 人。会议还选举产生了省第二届人民代表会议协商委员会，张云逸当选为省协商委员会主席，陈漫远、谢扶民（壮族）、陈此生、莫乃群、杨东莼为副主席。

会议共收到提案 552 件，涉及经济、文化、政权建设以及民族事务等方面。经提案审查委员会审查，除将提案中关系到广西省 1953 年经济建设、文化建设等重大问题的提案，按其性质综合为六大提案提交大会讨论外，其余提案分别送有关部门办理、研究办理或参考。

代行人民代表大会职权使各界人民代表会议在性质上发生了变化。此前，各界人民代表会议实际上是一个人民民主统一战线的组织形式，它的权利是由政府赋予的，对政府的工作没有法律上的约束力，它对政府的工作报告等只有听取、批评、建议之权，并向政府反馈人民群众的意见，对县或市里的大事提出批评与建议。此后，各界人民代表会议不仅有权审查与决定县或市政府的预决算，建议或决定县或市的各项重大事宜，而且还可选举县或市人民政府委员会正、副县长、市长。各界人民代表会议在性质上的变化，标志着其已成为人民群众行使当家作主权利的机关。

全省各界人民代表会议的召开和民主政治建设的开展，推动了各项民主革命遗留任务的完成，促进了国民经济的恢复和发展，巩固了人民民主专政,并为以后召开普选的人民代表大会奠定了基础。

二、人民司法体制的初步建立与司法改革运动

解放后,广西各级人民政府接管国民党的司法机关,筹建各级人民法院(或司法科)。1950 年 11 月 15 日,广西省人民法院正式成立。在此前后,南宁、柳州、桂林、梧州 4 个省辖市和上林、武宣、陆川等 44 个县也分别建立了人民法院,其他专区和县分别在专员公署和县人民政府设立司法科,行使国家赋予的审判权。人民法院是人民民主专政的工具,其任务是镇压反动派,保护人民,惩罚犯罪,保护善良,巩固人民民主专政制度,维护新民主主义秩序,保护人民革命的胜利成果和公民的合法权益。1951 年 9 月以后,全省司法机构逐步趋于统一,全省设立两级人民法院,即省人民法院(含分院)和县(市)人民法院。原设在专员公署和县人民政府的司法科,分别改建为省人民法院分院和县人民法院,以后又进行了调整、撤并。至 1953 年底,全省共建立人民法院 94 个,其中,省人民法院 1 个,桂西壮族自治区法院 1 个,省人民法院分院 5 个(即桂林、柳州、容县、平乐、钦州 5 个专区分院)、省辖市人民法院 5 个(即南宁、柳州、桂林、梧州、北海市人民法院)、县级人民法院 82 个。在各级党委的领导下,各级人民法院与人民解放军及公安、检察机关密切配合,在清匪反霸、镇压反革命、土地改革、“三反”“五反”运动,审判了一大批反革命分子、不法地主和不法资本家,查处了一系列破坏土地改革、贪污盗窃案件,有力地支持了各项运动的开展,保障人民当家作主。

随着“三反”运动的开展,公安、司法系统暴露出不少问题。政治上,从旧政权机关接收留用的司法人员普遍存在旧司法观点和旧司法作风,一些人思想反动,品质恶劣,贪赃枉法,包庇罪犯;一些参加革命多年的老干部,经不起资产阶级和旧司法人员的拉拢腐蚀,违法乱纪,蜕化堕落,致使一些地区的人民司法机关严重脱离群众。思想作风上,一部分司法工作者立场观点和政策思想模糊,新旧法律界限不清,敌我不分,包庇纵容犯罪分子,造成严重后果;一些司法部门不走群众路线,忽视调查研究,关门审讯、坐堂问案,偏听偏信,主观臆断,造成错案冤案;有的司法机关遇事推诿,不负责任,导致案件久拖不决。更有甚者,有的司法人

员“卖案子”,勾结讼棍,“代调解”“代执行”,造成恶劣影响。上述各种问题,破坏党和人民政府同人民群众的联系,影响党的各项方针、政策的贯彻执行,动摇人民民主专政的根基。为了从根本上改变这种状况,中共中央决定自1952年6月,在全国司法系统开展一场司法改革。

1952年8月30日,中共中央发出《关于进行司法改革工作应注意的几个问题的指示》,要求各地彻底整顿和改造各级人民法院。“从清算旧法观点入手,最后达到组织整顿之目的”。“对于法院中罪行重大且有民愤的坏分子,还须给以刑事处分,以严肃法纪教育干部和群众”[①]。10月8日至11日,省、市法院联合召开专区、市司法改革会议,部署全省司法改革。省委决定从1952年10月开始,全省各级人民法院开展一场以反对旧法观点,改造、整顿司法机关为主要内容的改革运动,扫除人民司法机关中存在的旧法观点和旧司法作风,从政治上、思想上、组织上纯洁和改造人民司法队伍,密切人民法院与人民群众的联系。省人民政府制定了《广西省司法改革计划》,要求在“三反”“五反”取得胜利的基础上,采取措施解决司法系统中存在的问题,彻底揭露旧司法人员违反人民利益的做法,向干部和群众宣传马克思列宁主义、毛泽东思想的国家观、法律观,教育、改造受旧法思想影响的干部,清除思想顽固、不接受改造的旧人员,改造、整顿各级人民法院,提高办案水平,建设人民的司法。各级司法机关必须严肃、认真地检查思想和作风,开展批评与自我批评,形成轰轰烈烈的群众运动,从政治上、组织上、思想作风上保持与提高人民司法工作的纯洁性。

省、专区、市设立司法改革办公室,在省委指导下开展司法改革运动。办公室由司法、公安、检察、民政、组织、人事、工会、农协、妇联、报社等单位抽调干部组成。运动一般分三步进行:第一步是宣传动员,号召检举,学习文件,开展检讨批判;第二步是结合发动群众,查处典型案件,调整组织;第三步是思想建设及总结人民法庭工作经验,建立各种制度。

在省人民法院直接领导下,1952年10月5日至11月10日,南宁

---

① 中共中央文献研究室编:《建国以来重要文献选编》第3册,中央文献出版社1992年版,第316—317页。

市人民法院首先开展了司法改革试点。通过试点，总结出四点经验：一是审查案件必须相信群众，依靠群众，通过群众评议处理；二是加强组织领导，防止放任自流，坚持案件分工与地区分工相结合，同一性质的案件集中研究，统一政策；三是运用代表会发动群众参与办案；四是做好案件审理的准备工作，认真研究案情，抓住关键问题开展调查，做到心中有数。南宁市的试点经验，对全省司法改革运动起到了积极推动作用。继南宁市之后，其他各专区、市、县相继开展司法改革运动。10 月中旬，省人民法院各分院集中骨干，制订计划，组织开展司法改革。12 月下旬，各县司法改革基本完成。1953 年 3 月，全省司法改革运动结束，共查处违法乱纪或旧司法观点和旧司法作风严重、不宜做人民司法工作的人员 40 人，选拔一批工农优秀分子充实到各级司法部门，并根据《中华人民共和国人民法院暂行组织条例》，逐步建立健全司法审判相关制度。

通过司法改革运动，比较系统地揭露与批判了旧司法观点、旧司法作风和各种违法乱纪行为，划清了新旧法律的界限，明确了人民司法的方向。检查出一批错判案件，并给予平反、改判；基本上纯洁了司法队伍，健全和加强了司法机构；教育了司法干部，改变了司法部门残存的旧衙门作风，建立起人民司法制度和新的工作作风，强化人民司法为人民服务的思想，奠定了人民司法建设的基础；发扬了民主，改变了人民对司法工作的认识，密切了党和政府与广大群众的血肉联系。

第二章

巩固人民政权的斗争

广西解放之初，人民政权面临着严重的匪患、反革命分子的破坏活动，以及边境安全的威胁，广西省委领导各族人民开展剿匪、镇压反革命、援越抗法及抗美援朝运动，取得重大胜利，巩固了新生的人民政权。

第一节　开展剿匪斗争

一、严重的匪患和剿匪的准备工作

广西是中南地区解放最晚、匪患最严重的地区之一。土匪的来源主要包括四个方面：一是国民党策划组织特务和军政人员潜伏。国民党新桂系集团溃败时，布置所谓“总体战”，有计划、有步骤地安排一批特务和行政人员潜伏下来，作为日后反攻大陆的内应。新桂系集团将全省划为6个“军政游击区”，组建桂林绥靖公署（以下简称桂绥署），扩大武装，组建“军政区”，在广西战役中避开解放军主力，隐蔽于边远地区，基本没有受到打击，正规武装共3万多人枪。解放后，这部分武装在解放军的政治攻势下，一部分接受了改编或投诚，但大部分仍坚持反革命立场，成为广西解放初期匪患的骨干力量。二是广西在乡的国民党旧军官。解放后，由于不能再盘剥人民，利益受到损害，他们极端仇恨共产党和解放军，一有风吹草动，就公开跳出来，拿起武器，干起反革命的勾当,与人民为敌。三是反动的地主恶霸武装。广西是新桂系集团的老巢,新桂系集团在解放前统治广西 25 年,建立了一整套严密的统治机构,推行“自卫、自治、自给”和“寓兵于团、寓将于学、寓征于募”的“三自”“三寓”政策,先后培训了 30 多万村、保、甲长以上行政人员,推行“一甲一兵一枪运动”,在各县普遍建立民团实行联防,号称“广西第二武装”。据统计,至 1940 年,新桂系共训练团兵 149 万多人,实行“全省皆兵”,并在全省设 24 万个甲,拥有大量枪支。到广西解放时,民间枪支仍有 20 余万支,且不少为土豪劣绅所掌握,这部分人枪大部分为匪特所利用。四是打家劫舍的惯匪(即经济性、职业性的)。在历代反动阶级的统治下,广西民生艰难,一些百姓沦为土匪,他们利用广西多山,而且山高林密洞深、易于藏匿的自然条件,长年为乱,危害社会,成为难以根治的匪患。新桂系集团统治广西期间,由于连年战争,社会局势动荡,秩序混乱,社会上一些不良分子以当土匪为职业或副业,打家劫舍,作恶多端,危害人民。当解放军歼灭国民党主力,但社会秩序尚未稳定时,这些惯匪在特务分子指使下四处活动,反对人民政权。

在广西战役中,人民解放军大军压境,各地土匪望风而逃,藏匿于山区边地,逃避打击。广西战役结束后,参战的野战军大部离桂,或担负解放云南、琼崖的任务,或开赴中原地区,作为全军战略预备队,驻守在广西的兵力大为减少。而广西党组织正忙于接管城市、建立政权。土匪便卷土重来,频繁活动。不甘心失败的国民党当局从台湾、香港、澳门、海南岛和越南派遣一批特务分子潜回广西,组织土匪队伍,建立所谓的“游击根据地”,配合国民党当局反攻大陆,企图推翻新生的人民政权。广西的土匪以恶霸地主为社会基础、国民党旧军官为核心、特务为军师、台湾国民党当局为后台,是一伙带着反革命政治企图的反动武装。他们集中活动于柳(州)北、瑶山、大容山、六万大山、十万大山、南宁周围地区和桂黔滇交界、中越边境等地区,与台湾国民党当局和美帝国主义遥相呼应,疯狂破坏人民革命的胜利成果,成为解放初期广西严重的匪患,对新生人民政权构成严重威胁。

清剿匪特是解放初期广西省委面临的头等任务。人民解放军在解放桂林、柳州、梧州等地过程中,同步开展清剿匪特行动。1949 年 12 月,广西省委、广西军区下发《关于肃清匪特的指示》,明确规定“搜剿匪特,迅速安定社会秩序为全省的工作重点”。解放军第四十五军、第四十九军和第三十八军、第三十九军各一部奉命担负广西境内剿匪任务。1950年1月10日,根据中南军区1949年12月12日《关于1950年上半年剿匪作战给各省、各剿匪部队的指示》,广西省委、广西军区发出《关于剿匪工作的指示》,确定以清剿匪特、巩固治安、发动群众、武装群众为全省1950年压倒一切的中心任务。《指示》指出:剿匪斗争不只是军事斗争,而且是政治斗争,是一场极尖锐复杂的阶级斗争,必须贯彻中央军事委员会制定的“军事打击、政治瓦解、发动群众”相结合的方针以及镇压与宽大相结合的政策。1950年1月24日,广西省委、广西军区发出《关于剿匪的指示》,进一步强调必须抓紧剿匪这一中心工作,并在六个月时间内求得彻底完成,强调要加强集中统一领导,规定凡参加剿匪的单位,不论部队与地方、野战军与地方军,均以党委为核心,建立统一指挥机构。

在军事准备上,建立各级人民武装领导机构、组建地方部队和整建地方武装。先后建立了广西军区、各军分区及各县人民武装部等各级军事领导机构。广西军区成立后立即配合广西省委开展以剿匪为主的各项工作。1949年12月10日,广西省委和广西军区联合发出指示,决定实行主力部队地方化,明确部队的任务是剿灭残匪,安定社会秩序。从主力部队抽调人员组成地方军队,并抽调1000多名干部,配合地方干部和当地游击队共同执行剿匪和建设广西的任务。1950年1月12日,广西省委、广西军区发出《整建地方武装指示》,决定对广西地下党组织领导的游击队进行整编。整编工作由各军分区分别进行,至2月上旬,整编工作基本结束,全省组建了7个独立团、2个独立营、1个独立大队、99个县大队,每区还有1个中队。通过整编,游击队提高了战斗力,成为一支组织严密的强大地方武装力量。这些地方武装后来在剿匪斗争中大力配合解放军主力部队作战,发挥了积极作用。

根据广西当时的匪情,广西省委和广西军区决定,投入14.26万人的固定兵力,执行剿匪的主力部队共有10个师1个团以及部分地方武装。剿匪的方针是:驻剿为主,结合筹粮发动群众。1950年1月15日,在全省范围展开剿匪作战。

二、镇压土匪反革命暴乱及桂东南剿匪

解放初期，广西省委、广西军区对土匪反革命暴乱坚决镇压。1950年1月9日，国民党“国防部”少将视察官兼政治部主任郭宏炳率“中国反共救国军粤桂边纵队”及活动于象县（今象州县）中平一带的股匪共1000多人，发动武装暴乱，包围并攻占该县中平区政府。12日，解放军一一六师三四七团在桂中支队及民兵的配合下，经过4小时激战，俘获郭宏炳以下土匪404名，毙匪300余名，缴获一批武器。

1950年春，广西遭遇严重的春荒。分散潜伏的国民党特务、军政人员以及溃散的国民党残余武装，利用政府在征粮工作中的偏差以及春荒，大肆造谣，挑动群众与人民政府、解放军对立，以“反北佬”（即反南下的北方干部）、“反征粮”“开仓”等口号，采取“参加者发给银元、粮食，不参加者杀全家”等威胁利诱手段，煽动、裹胁群众，唆使抢粮闹事，逼民为匪，组织大规模武装暴乱。1950年1月25日，在平乐专区恭城县，以国民党退役中将钟祖培为首的“恭城人民反共救国军”2800多人，裹胁群众约2000人发动武装暴乱，杀害解放军驻各乡小股部队指战员和当地干部群众，抢夺公粮，洗劫商店。郁林、柳州、宜山、南宁、桂林、梧州、龙州等专区也相继发生土匪暴乱。至2月上旬，全省公开活动的土匪共有280股，人数超过9万人。二三月间，全省较大的暴乱就有40余次。暴乱者攻打县、区、乡政府，袭击解放军，残杀干部群众，切断交通，抢劫物资，无恶不作。当时暴乱地区7200名干部群众被杀害，360万公斤公粮被劫，大部分公路和桥梁遭到破坏，水陆交通受阻，农村基层组织受到严重破坏，土匪气焰十分嚣张。

面对严峻形势，省委于1950年2月11日作出指示，要求对暴动的反动武装坚决镇压。在平乐专区，2月底，平乐军分区集中兵力，合击恭城县东北部地区股匪，歼灭其大部，迫使暴乱的“恭城人民反共救国军”总指挥、国民党退役中将钟祖培投降。3月，剿匪部队分别歼灭“桂黔边军政区”残部及六万大山“广西民众反共救国军”部分土匪，俘获“广西民众反共救国军”总司令等人，剿匪斗争取得较大的战果。但因土匪暴乱来得突然、凶猛，解放军思想准备不足，部署零乱，难以集中，加上实行

以驻剿为主的方针，将部队分散驻扎在全省各地，力量分散，作战被动，未能在军事上、政治上给土匪以致命打击。

3 月 18 日，中共中央、人民革命军事委员会发出剿匪的指示。人民解放军随即在中南、西南、华东、西北等土匪活动区域，展开大规模的剿匪行动，这实际上是人民解放战争的继续。23 日至 24 日，省委在南宁召开第一次高级干部会议，传达中南军政委员会关于 1950 年任务的指示和 3 月中旬中南军区高级干部会议精神，研究部署下一步剿匪和发动群众工作。会议总结前一阶段的剿匪斗争，决定集中力量进剿，强调在剿匪斗争中广泛发动群众，把剿匪工作与改造乡村政权、解除地主富农的武装结合起来，剿匪作战的方针是：集中兵力，重点进剿，实行“首恶必办，胁从不问，立功受奖”的政策。会议要求 7 月以前完成肃清股匪任务。

会后，剿匪工作区分轻重缓急有序开展。桂东南地区交通比较便利、物产丰富、人口众多，是广西经济条件比较好的地区，地主阶级和土匪势力较为集中，在广西战役中溃散的国民党军较多，匪情也比较严重，是全省重点剿匪区。省委、广西军区成立“广西桂东南党政军委员会”，统一领导桂东南地区的剿匪工作。5 月中旬，剿匪部队对大容山、六万大山、十万大山、天堂山等地的股匪展开军事行动，给土匪以沉重打击。此外，平乐、柳州、梧州等军分区组织进剿辖区重点区域的股匪。在省委、广西军区的领导下，至 7 月底，全省共歼匪六万余人，取得了剿匪斗争的阶段性胜利。

在镇压暴乱、剿匪的同时，省委发动农民开展减租退押（租）运动。从 1950 年 4 月开始，到 6 月结束，共完成 60 多个县、800 多万人口地区的减租退押（租）任务，获得大批粮食，缓解了这些地区农民群众的生产生活困难，粉碎了敌人利用春荒煽动暴乱的阴谋。

全省剿匪斗争初期，由于部队对匪情不清，地形不熟，没有充分发动群众，没有大力收缴分散在民间的枪支，加上战线过长，部队兵力分散，打击土匪力量不足，对俘获的一些匪首和骨干镇压不力，一些人被释放后又重新为匪，全省匪情仍很严重。

三、集中兵力重点进剿

1950年6月25日朝鲜战争爆发后，台湾国民党军扬言要在美军配合下“反攻大陆”。潜伏于广西境内的国民党特务分子以及反动恶霸地主以为复辟时机已到，利用剿匪部队夏季休整、暂停军事行动的机会，四处活动，捣乱破坏，与台湾国民党军遥相呼应，企图里应外合，扼杀新生的人民政权，广西的匪情再度恶化。据不完全统计，1950年9月底，全省有土匪7.6万多人，10月增至8万多人。土匪公开在省会南宁市附近的邕宁县成立“广西省政府”“南宁专署”“邕宁县政府”，还在百色、乐业、天峨等县成立“县政府”，在当地对民众抽税、征粮、抓壮丁，建立所谓“游击根据地”。在宜山专区，土匪控制了近一半的村庄。

1950年7月13日至8月3日，广西省委在南宁召开第二次高级干部会议，传达党的七届三中全会关于整党的决定及中南局有关整党整风的指示精神，对广西解放八个月以来的剿匪、统一战线、减租退押（租）工作及干部关系问题等进行总结和检查，并作出开展冬季重点剿匪的决定。广西军区结合整风，认真总结和检查剿匪工作，明确重点剿匪方针，并对宽大与镇压、收缴匪枪等政策作出新的规定。根据省委第二次高级干部会议关于冬季重点剿匪的决定，9月16日，广西军区制订出《冬季四个月剿匪计划》。在开展冬季重点剿匪前，9月中旬，剿匪部队先行对邕宁县境内土匪进行围剿，实行军事进剿和政治攻势相结合、发动群众和镇压匪首相结合，经过两个月的努力，基本肃清该县境内股匪，解除了匪乱对省会南宁的威胁。10月上旬，冬季重点剿匪全面展开。剿匪部队分别进剿贵县（今属贵港市）、横县（今横州市）、宾阳、来宾、迁江（今属来宾市），以及兴业、郁林、博白、北流、容县地区股匪。柳州、平乐、宜山、南宁等军分区部队也配合全省的重点剿匪行动，在本辖区内展开重点剿匪行动。

朝鲜战争爆发后，中共中央考虑到台湾国民党军有可能在美军配合下从华南地区登陆，进犯广东，实施“反攻大陆”，要求广西尽快完成剿匪任务，以便抽出兵力支援广东，加强海防，应对突发情况。但是，广西境内剿匪形势依然严峻,匪势不仅没有被压制住,反而有增大之势。中央对广西剿匪工作提出严厉批评,并调整干部,加强对剿匪工作的领导。1950年11月10日,中南军区政治部主任陶铸奉中共中央、毛泽东主席的命令,到广西主持剿匪工作。毛泽东十分重视广西剿匪工作,分别在11月14日、16日两次致电广西省委、广西军区领导人,指出广西剿匪工作的领导方法存在缺点,要求广西"总结战绩,纠正缺点""端正政策,改善干部工作作风",在六个月内肃清匪患。毛泽东指示中共中央华南分局第一书记叶剑英到广西指导剿匪工作。广西省委和广西军区召开第三次剿匪工作会议,深刻检讨剿匪工作中存在的失误,认为广西剿匪不力的原因在于没有针对广西的特点采取有效方法,没有充分整合党政军民的力量,没有严格掌握区别对待的政策,加上领导作风上的官僚主义等。会议决定调整部署,集中兵力,全力以赴,首先消灭十万大山、大容山、大瑶山地区股匪。11月20日,张云逸等以电文形式向毛泽东作了检讨,主动承担领导责任,同时汇报部队夏休以来广西开展整风运动,检查纠正剿匪工作中的缺点与错误,以及实施重点剿匪计划的情况。毛泽东在复电中同意广西省委、广西军区关于广西剿匪工作的检讨及剿匪工作计划。

11月23日至30日,省委在南宁召开第三次高级干部会议。会上,叶剑英传达毛泽东关于尽快肃清股匪,以抽出兵力支援广东应付时局的指示。陶铸作《争取在半年内消灭广西全省的土匪》的报告,张云逸代表省委作《为坚决执行毛主席的指示,在半年内肃清全省股匪的任务而斗争》的报告。会议统一了思想认识,并对广西剿匪工作进行了认真研究,提出了今后剿匪工作的方针、政策和任务,再次强调剿匪为全省压倒一切的中心工作,对原定的冬季剿匪计划进行调整。会议对全省重点剿匪工作进行如下部署:北边以金秀瑶山及其周围地区,南边以六万大山和十万大山及其周围地区,作为全省重点进剿区。北面由广西军区副司令员李天佑、省委副书记何伟负责,南面由第四十五军军长张天云、政治委员邱会作负责,分别成立指挥部和临时工作委员会,统一领导重点进剿区的一切工作。会议决定:集中优势兵力,迅速围剿土匪;为保证剿匪取得彻底胜利,将全省党、政、军、民、财力量组织起来,全力以赴;发动群众，做到剿匪与反霸相结合，纠正宽大无边的偏向，坚决镇压罪大恶极的匪首；收缴土匪及地主富农的枪支，武装群众，建立可靠的民兵和地方武装；建立区乡政权，组织农会，为土改准备条件。

广西省委第三次高级干部会议是广西剿匪过程中的一次重要会议，对剿匪的方针、任务、政策、办法均作了明确的规定，对迅速打开广西剿匪局面发挥了关键作用。会后，省委发出《为完成1951年4月底肃清全省股匪及迅速广泛发动群众的指示》，并从地方各级机关抽调1100多名干部，协助人民解放军进行剿匪。广西军区发布《关于为完成毛主席限期消灭全省股匪对部队政治工作的指示》。12月8日，省人民政府、广西军区联合颁布《剿匪十项法规》。12月中旬，中南军区将解放军第二十一兵团两个军从湖南调入广西，参与剿匪作战，使广西剿匪的兵力达到20万人左右。省委、广西军区集中优势兵力，把剿匪作战的进剿、驻剿、清剿有机结合，党、政、军、民、财五管齐下，由外围向腹地逐步歼灭桂南和大、小瑶山等重点区域的股匪，然后转移兵力逐块剿灭柳北、桂西北和百色地区的股匪。从1950年12月至1951年5月，广西军区剿匪部队经过艰苦努力，组织了桂南剿匪、瑶山大会剿、桂西北剿匪等重大军事行动，先后于大瑶山、六万大山、十万大山、灵山、永淳和钦州等重点进剿地区歼灭“粤桂边反共救国军”“两广反共救国军”“广西游击联军”等股匪33万余人，取得辉煌战果，胜利完成剿灭股匪的任务。

桂南剿匪。桂南地区包括十万大山和六万大山周边广大地区，南临大海，西南毗邻越南，横跨10多个县，人口稠密。十万大山、六万大山地形险要，公开活动的股匪有3万余人。台湾国民党当局企图把这一地区作为反攻大陆的落脚点，派遣特务到该地区进行侦探活动。1950年12月中旬，桂南剿匪开始。剿匪部队集中17个团的优势兵力，对桂南灵钦交界地区、十万大山、六万大山、钦廉①地区实施围剿。1951年2月底，桂南剿匪基本结束，共歼匪7万多人，收缴武器约7万件。

由于冬季重点剿匪以及在桂南重点剿匪中成果显著，1951年1月1日，广西剿匪部队受到中南军区暨第四野战军领导通令嘉奖。2日，毛

---

① 今分属钦州、北海、防城港三市。

泽东致电嘉勉张云逸、李天佑、莫文骅、卢绍武等人,指出:“你们过去几个月剿匪工作有很大成绩,甚慰。”24日,毛泽东致电张云逸等人,再次表扬广西剿匪工作。

瑶山大会剿。瑶山分大、小瑶山,大瑶山又称金秀瑶山,坐落在桂林、柳州、平乐、梧州4个地区交界处,主峰圣堂山是广西中部最高峰,山脉南北长200余公里,东西宽100公里;小瑶山位于大瑶山北部,荔浦县西南部,属大瑶山余脉。瑶山腹地山高谷深,地势险要,交通闭塞,为桂东北地区土匪的大本营。该地区共有互不统属的6股土匪,其番号计有8个军、13个师、3个旅、2个纵队、1个行署指挥部等,共3万多人。在台湾国民党当局直接策划和支持下,土匪企图凭借险要地形,建立“游击根据地”,等待美国援助,配合国民党军“反攻大陆”。

根据省委第三次高级干部会议决定,广西军区于1950年12月9日作出《桂北区大小瑶山重点剿匪计划》。1951年1月8日,李天佑指挥剿匪部队发起瑶山大会剿。会剿分两步进行。第一步,对大、小瑶山进行封锁、包围,歼灭其外围土匪。这次军事行动以军队为主,同时组织发动瑶山外围各县、区武装及民兵和群众,实行分段分工守备,将瑶山外围严密封锁,构成一道连延千余里,不可逾越的大包围圈。同时,集中管制沿江船只,断绝了土匪乘船渡江逃窜的去路。其余部队分别对土匪长期盘踞的据点,实行多路突袭,猛烈打击,及时收拢包围圈,把土匪分割包围在几个狭小的区域内,然后展开拉网扫荡,消灭企图偷渡过江外逃的土匪。1月下旬,瑶山外围地区大股土匪基本被歼,少数往深山逃窜。第二步,组织精锐部队挺进瑶山腹地,歼灭残余土匪。2月2日,剿匪部队进击瑶山腹地,向金秀、老山、圣堂山等地奔袭合围,经过十多天的搜剿,匪首先后被俘。对潜藏于深山密林的土匪,剿匪部队组织飞行队、飞行组,进行跟踪搜捕。

与此同时,工作队随部队深入瑶山地区配合剿匪工作。向瑶族群众宣传党的民族政策和剿匪的意义,组织农会和民兵,发动瑶族群众投入剿匪清匪斗争,公开镇压罪大恶极的匪首,帮助群众解决生产生活困难。经过广泛发动,各族群众积极配合解放军搜捕散匪,形成群众性的清匪运动。工作队还会同剿匪部队,结合军事搜剿,展开强大的政治攻势,加速股匪的瓦解。在军事打击、政治瓦解和群众清剿的强大攻势下,大批土匪弃暗投明。至1951年2月底,瑶山大会剿胜利结束。

桂西北剿匪。随着瑶山剿匪胜利结束,全省形势发生重大变化。分布在铁路、公路沿线以及广西东部的71个县基本消灭了股匪,其中45个县的散匪也基本肃清。1951年3月16日至26日,省委在南宁召开第四次高级干部会议,部署全省剿匪工作,提出“巩固桂东南剿匪胜利,扩大桂西北剿匪面”的总方针,确定东南部以清匪反霸为主,巩固剿匪胜利,西北部以军事进剿为主,争取于5月1日前全部消灭股匪。3月下旬,剿匪部队开始进剿桂西北股匪,先后歼灭柳北地区四十八弄和九万大山地区股匪以及三江、大苗山、湘桂黔交界地区股匪。桂西北重点剿匪历时两个半月,基本清除天峨、南丹以及百色等地股匪。

广西剿匪斗争捷报频传。1951年5月1日,广西军区向毛泽东、朱德以及中南、华南军区首长提交了《基本完成剿匪任务报告》。毛泽东通过电报回复广西军区:“甚慰”,表达对广西歼匪成绩的兴奋之情,指示:“尚望鼓励剿匪部队继续进剿,歼灭一切残匪”。5月1日,在省委的组织下,全省各地结合“五一”抗美援朝大示威,举行了庆祝剿匪胜利游行,数百万军民参加,充分展示了人民的力量。

随着大批股匪被歼灭,残余土匪逃窜到省与省、专区与专区、县与县接壤的结合部,分散隐藏,逃避打击。6月至7月,剿匪部队集中兵力对流窜在百色专区西部、桂滇及桂黔交界地区、钦州沿海地区、中越边境龙州等地的土匪展开军事行动。至9月,消灭了这些地区的股匪,基本肃清了散匪。至此,以军队为主对土匪的大规模军事进剿基本结束。

四、清匪反霸

土匪存在的社会基础是封建地主势力。恶霸分子是封建地主势力的代表,他们是土匪的主要支持者和滋生源。有些恶霸分子既是地主,又是土匪,是土匪暴乱的组织者和指挥者。要彻底消灭土匪,就必须根除土匪生存的社会基础。为此,省委决定将在已消灭股匪的地区,开展清匪反霸斗争。

省委第三次高级干部会议要求,在股匪基本消灭后,立即由军事进剿转入发动群众,以军事斗争结合政治斗争,清匪结合反霸,彻底铲除土匪存在的社会基础。1950 年 12 月,省委在基本肃清股匪的 30 多个县,开展了以军队为主、军地协同的清匪反霸斗争。解放军指战员入村后,开展调查,掌握情况,统一行动,抓捕通匪、窝匪和暗中支持土匪的地主、富农以及旧军官、旧保甲人员。在群众中进行反霸宣传,揭露恶霸的罪行,召开群众大会斗争恶霸,并经人民法庭判决,对罪大恶极、血债累累的恶霸处以极刑,没收其家产,由群众组成的清算委员会将没收的财产分给受害人(时称苦主)和贫苦农民;对其他恶霸则判处有期徒刑。

清匪反霸斗争安定了农村社会环境,提高了农民的阶级觉悟,培养锻炼了农村基层干部,初步改造了农村基层政权,为下一步发动农民进行减租退押斗争准备了条件。1951 年 3 月中下旬召开的省委第四次高级干部会议,决定在桂东南地区组织发动群众,深入开展清匪反霸、减租退押的斗争。4 月 2 日,省人民政府作出《关于反霸清匪退押减(退)租政策十项具体规定》,进一步明确了清匪反霸斗争的方针政策和任务。在解放军和地方武装的支持下,桂东南地区全面开展清匪反霸、减租退押斗争,逮捕了一批土匪恶霸,收缴了大量枪支,摧毁了封建势力在农村的统治,铲除了土匪赖以生存的社会基础。同时,在部队和民兵、群众中广泛开展捉匪立功运动,结合开展政治攻势,争取土匪投降自新。通过一系列行动,桂东南地区散匪基本被肃清。

1951 年 6 月上旬,清匪反霸斗争在全省铺开。在省委的统一领导下,各地成立清匪委员会,组织和发动群众,开展清匪反霸斗争。借鉴桂东南的经验,由部队发动群众,镇压地主恶霸。各地结合大规模的减租退押开展群众性清匪立功运动。各剿匪部队抽调干部和老战士,组成若干精干的“飞行”捕捉小组和便衣队,捕捉匪首、散匪,清除土匪和“地下军”。在搜捕作战中,各地民兵发挥优势,积极参加清匪反霸,作出了重要贡献。清剿散匪作战结束后,在地方党组织的统一领导下,各地普遍成立以地方武装和公安机关为骨干的“清匪治安委员会”，巩固剿匪成果。整个清匪斗争延续至1953年底结束。

广西剿匪斗争共歼匪49万人①。在这场艰苦的斗争中，人民解放军连续作战，英勇顽强，涌现出许多英雄集体和个人，有舍身炸敌堡的董存瑞式战斗英雄徐汉林②，勇堵敌人枪眼、掩护战友冲锋的“马特洛索夫式英雄”王玉山③等以及一大批英雄集体。在1951年8月广西军区第二届庆功大会上，受到表彰的立功人员有19641名，其中立小功16291名，立大功以上有3088名。广大民兵和各族群众踊跃支前，协同部队作战，参加剿匪除霸，全省共有18万多名民兵参战，涌现出赵雄武④、何东水⑤等一批民兵英雄。

剿匪斗争的胜利，摧毁了国民党反动武装残余及其在广西建立“游击根据地”的图谋，根除了他们赖以统治人民的反动乡村政权和社会基础，解决了广西历史久远、危害严重的匪患问题，巩固了新生的人民政权，支援了援越抗法斗争和抗美援朝战争，为广西土地改革顺利进行、国民经济恢复和政权建设提供了必要条件。

---

① 数据来源于中国人民解放军总政治部《关于〈广西军区军史馆布展脚本〉的批复》(2012年10月)。

② 徐汉林(1925—1950)，内蒙古阿鲁科尔沁旗人，中共党员。1947年参加中国人民解放军，任某部副班长。1950年9月22日，在盘古村(今南宁市邕宁区新江镇汉林村)剿匪战斗中，舍身炸碉堡，为战友们扫除前进的障碍，部队党委追赠徐汉林为中国共产党“模范党员”，并追记三等功。

③ 王玉山(1925—?)，辽宁省昌图县人，中共党员。1946年参加革命。1950年10月12日，在钦廉专区周屋村(今属钦州市)的剿匪战斗中，时任中国人民解放军某部班长的王玉山用背包堵住敌人的机枪射孔，掩护部队冲进敌堡，歼敌200余名。后被授予战斗英雄称号。

④ 赵雄武(1928—1999)，广西博白县人，曾任乡民兵队长，在剿匪斗争中，先后参加大小战斗16次，毙匪10余名，俘10余名。立大功2次，小功1次。1951年被广西军区授予民兵战斗英雄称号。

⑤ 何东水(1930—2003)，广西明江县(今属宁明县)人，北宁乡民兵中队长，先后多次侦察匪情，参加歼匪战斗，立大功3次、小功2次。被广西军区授予民兵战斗英雄称号。

第二节　镇压反革命

一、镇压反革命运动的开展

广西解放初期，败逃的国民党反动派留下一大批反革命分子。这些反革命分子或上山为匪，或潜伏在城乡，利用一切可能的机会，向人民和人民政府进攻，企图推翻新生的人民政权。他们进行抢劫物资、纵火、爆炸、盗窃、暗杀、投毒、窃取国家机密等各种破坏活动。同时，旧社会遗留下来的“一贯道”“归根道”等反动会道门组织也频繁活动，他们资匪、通匪，造谣诋毁党的政策，扰乱社会秩序。

针对反革命分子的破坏活动，省委采取一系列措施，坚决予以打击。解放后最初几个月，各地公安部门搜捕了一批反革命分子，查获了一批潜伏的特务组织和间谍、特务，镇压一批罪大恶极、怙恶不悛的反革命分子，同时对旧政权一般人员实行宽大政策。这些措施的实行，对稳定民心，瓦解敌人，迅速建立革命秩序和恢复发展生产，起到积极的作用。但是，这些反动势力并不甘心失败，经过一段时间隐蔽躲藏，又浮出水面，运用各种破坏手段进行颠覆活动。特别是在朝鲜战争爆发后，反革命分子的活动明显猖獗起来，他们破坏工厂、铁路、仓库，阴谋破坏抗美援朝工作和经济建设。被人民解放军击溃的暴乱土匪也重新集结，他们杀人放火，烧毁民房，抢劫粮食财物，制造大规模的社会混乱。他们甚至袭击、围攻县、区、乡人民政府，残杀革命干部和积极分子，据统计，1950 年，广西有 3000 多名干部被反革命分子杀害。反革命分子的破坏活动极大地危害着人民群众的生命财产安全，扰乱了社会秩序，对社会稳定、民主改革、国民经济恢复和人民政权的巩固造成了严重威胁。为伸张正气，巩固政权，必须大张旗鼓地进行一场镇压反革命运动。

1950 年 10 月 10 日，中共中央发出《关于镇压反革命活动的指示》，指出：为了保证土地改革和经济建设的顺利进行，必须镇压一切反革命活动，坚决肃清一切危害人民的土匪、特务、恶霸及其他反革命分子。镇压反革命的斗争在全国展开。随后，中共中央中南局指示所属各地党委，认真准确地执行中央的指示，坚决克服右倾偏向，坚决打击反革命活动。这场全国性的镇压反革命运动历时一年。

1950年11月22日至28日，省委在南宁召开第二次全省公安会议，传达贯彻中共中央的指示及全国第二次公安会议精神，对前段时间镇压反革命工作中存在过于宽大的偏向作了检查，并根据广西情况，对镇压反革命运动作具体部署。12月20日，省委发出《执行中央、中南局〈关于严厉镇压反革命活动的指示〉的指示》。根据省委要求，各级党委加强了对镇压反革命运动的领导。各专区、市、县先后成立公安委员会或肃清反革命委员会，分别由党政、公安、军事等部门负责人和群众团体负责人组成。以公安部门为骨干，配合重点剿匪，开展镇压反革命运动。广西镇压反革命运动贯彻“稳、准、狠”的指导方针，注意纠正“宽大无边”的错误倾向。到1951年1月上旬，全省共逮捕反革命分子1.5万多名，还关押和管制了一批反革命分子。

1951年1月18日，省公安厅发出《关于特务分子及反动党派团体登记与处理办法的指示》，部署全面开展对反动党团、特务分子登记工作。明令凡国民党中央执行委员会调查统计局（简称中统局，后改为中央执行委员会党员通讯局、内政部调查局）、国民政府军事委员会调查统计局（简称军统局，后改为国防部保密局）等特务组织中的特务分子，以及国民党、“三青团”等有关人员在限期内登记和交代，并号召群众检举反动党团、特务分子。全省各市和多数县的反动党团、特务分子登记工作在1951年内基本结束。经过登记，公安机关比较系统地掌握了全省反动党团、特务组织的情况及活动线索。

1951年4—6月，镇压反革命运动达到高潮。各地普遍加强发动群众工作，召开群众大会、控诉会、公审会，举办反特治安展览会等，揭露反革命分子的罪行，用事实教育和动员群众。各阶层群众广泛发动起来，积极参加镇反运动，纷纷检举揭发，协助政府搜捕潜伏的特务、“地下军”。在农村，结合清匪反霸和减租退押运动，清查出了一大批反革命分子，处决了一批罪大恶极的地主、旧军官和旧政权人员。在城市，各市大张旗鼓开展镇压反革命。4月,柳州市驻军配合市公安局开展全城大搜捕,抓获一批“地下军”成员、匪首、特务及其他罪犯;南宁市军管会两次举行审判大会,由市军管会军事法庭公开宣判反革命分子。5月,南宁市成立肃清反革命委员会,组织发动群众检举、揭发反革命分子。桂林市逮捕了一批反革命分子。梧州市公安机关两次逮捕、审讯反革命罪犯,对数起重大反革命案件依法作出判决。

由于一些地方部署工作不够具体明确,干部普遍缺乏经验,司法体制和审判程序不够健全,这一时期的镇压反革命运动出现了一些失误和偏差,一些地方发生乱捕、乱斗、乱没收的现象以及乱杀人事件。对镇反产生的偏差,省委及时采取措施予以纠正。5月29日至6月4日,省委召开第四次全省公安会议,根据中央关于实行谨慎收缩的方针和集中力量处理积案的决定,要求各地严格遵守中央规定,严格控制死刑核准权,纠正乱捕、乱斗、乱没收现象。会议通过《关于大力清理积存案犯的决定》。从6月起,全省各级政府成立清理案犯委员会,专门负责清案工作,组织力量对在押反革命罪犯进行清查处理。中央、中南局和省、各专区分别派出视察组和工作组,帮助各地进行清案工作。省委抽调干部组成工作组,分赴各专区、县协助清案。针对一些地方清案工作方法简单粗糙,没有充分宣传发动群众等问题,8月5日,省委发出《关于贯彻清理积案深入镇反的工作指示》,要求及时纠正工作中存在的问题。各地按照省委指示精神,开展清理积案工作。全省清案工作于1951年10月底基本结束。

二、巩固和扩大镇反成果

全国性的镇压反革命运动基本结束后,广西按中央的部署,继续开展重点打击隐蔽和外逃反革命分子的工作,巩固和扩大镇反成果。1951年11月至1952年7月,追捕了一批外逃的反革命分子,并协助抓捕逃来广西的外省案犯。1952年12月开始,广西着重在水网地区、边境地区及边沿结合部开展镇反,肃清隐蔽在水网地区、边境地区及边沿结合部的反革命分子。有水上镇反任务的专区、市、县,公安机关先组织力量,摸清辖区水上敌情,然后结合民船民主改革,采取先行试点、取得经验、稳步铺开的方法,开展水上镇反。全省水上镇反从 1953 年 2 月中旬开始试点,5 月中旬全面铺开,8 月结束,基本肃清了水网地区的反革命分子。

根据 1952 年 10 月第五次全国公安会议要求,1953 年,全省开展群众性的全面取缔反动会道门工作。会道门指旧中国统治集团和帝国主义所掌握、利用的反动封建迷信组织。有“一贯道”“圣贤道”“九宫道”“龙华会”“新世界佛教会”等,其首领多是地主、恶霸、特务、汉奸、土匪头子和流氓头子，其道徒多系受蒙骗的群众。这些组织以烧香、拜佛、念咒、传经等封建迷信手段，诈骗钱财，奸污妇女，毒害人民，扰乱治安。解放前,有的会道门组织投靠反动政府，在革命根据地从事刺探情报、破坏交通、暗杀干部、组织暴乱等反革命活动。解放后,这些反动的会道门资匪、通匪,造谣诋毁党的政策,扰乱社会秩序,是人民政府打击的对象。1953 年 3 月 22 日,省委发出关于取缔反动会道门的指示。4 月 1 日,南宁、柳州、桂林、梧州等 5 个市、灌阳等 55 个县的公安机关统一行动,取缔“一贯道”“同善社”“归根道”等 13 种反动会道门,到 5 月中旬,基本完成取缔反动会道门工作。10 月,百色专区 7 个县也开展取缔反动会道门斗争,12 月基本结束。在斗争中,各地广泛宣传教育群众,揭露反动会道门的本质和罪行,阐明人民政府对反动会道门的政策,贯彻安定多数、孤立少数的原则,打击首恶,改造中小道首,团结教育道徒。经过这次全面取缔,基本摧垮了反动会道门组织,大大削弱了其思想基础和社会基础。

从 1950 年 11 月至 1953 年 10 月,广西镇压反革命运动取得重大胜利,全省逮捕、处理的各种反革命分子共 28.57 万名,另有 2.6 万名向人民政府登记自新。通过镇压反革命运动,严厉镇压了恶霸匪首,摧毁了黑社会组织,基本扫除了国民党在广西的残余势力和各种暗藏的反革命分子,瓦解了反革命的社会基础,有效地保卫了新生的人民政权,巩固和加强了人民民主专政。全省城乡社会秩序出现前所未有的安定局面,人民群众安居乐业,党和政府的威信大大提高。镇压反革命运动的胜利,为土地改革及各项民主改革扫除了障碍,为国民经济恢复创造了稳定的社会环境。

第三节 援越抗法

一、中共中央作出援越抗法的决策及援越抗法斗争的胜利

中国和越南是山水相连的邻邦,两国人民有着世代相传的友谊。1885 年中法战争后,越南沦为法国殖民地。第二次世界大战期间,日本侵占了越南。日本战败后,1945 年 9 月 2 日,越南民主共和国宣告成立。不久,法国为恢复其在越南的殖民统治发动了侵越战争。以胡志明为首的越南民主共和国政府动员全民奋起抵抗。越南人民在印度支那共产党(1952 年 2 月改称越南劳动党,1976 年 12 月改称越南共产党)和胡志明主席的领导下开展抗法斗争,并把领导机关从首都河内迁移到邻近广西的越北山区。法国军队凭借军事上的优势,对越北山区抗战根据地实行包围、进攻和狂轰滥炸。1950 年春,法国军队逼近中越边境,构建军事设施,加强兵力部署,封锁中越边境,庇护溃逃到越南的国民党残军,把战火烧到中国境内,给中国边疆安全和稳定造成严重威胁。

1950 年 1 月 18 日,中越两国正式建立外交关系。但此时越南人民的抗法斗争正处于十分困难的时期。1950 年 1 月,胡志明经广西到北京,秘密访问新成立的中华人民共和国,以印度支那共产党中央的名义向中国共产党提出支援越南抗法斗争的请求。为了支援兄弟党和友好邻邦争取国家独立和民族解放,在新中国的经济尚未恢复,战争创伤亟须医治的情况下,中共中央和毛泽东毅然作出了援越抗法的重大决策,明确表示将尽全力向越南人民提供抗法斗争所需要的一切援助。1950 年 1 月中旬,中共中央派遣罗贵波作为中共中央联络代表常驻越南,与印度支那共产党协商援越抗法的重大事宜。

中国援越军事顾问团协助越南人民军指挥抗法作战。1950 年 4 月,经过认真的考虑,中共中央同意印度支那共产党中央提出的向越南派出中国军事顾问团的请求。7 月下旬,以韦国清(广西籍)为团长的中国赴越军事顾问团在广西南宁正式组成,包括军事顾问及其他工作人

员共 281 人，任务是协助越南人民军进行军队建设和作战指挥。同时，中共中央决定派西南军区副司令员兼云南军区司令员陈赓作为中央代表赴越，在军事顾问团的配合下，协助越南人民军进行边界战役的组织指挥。11 月，以罗贵波为团长的政治顾问团成立，与军事顾问团在工作上互通情况、密切配合。中国援越军事顾问团根据中共中央、中央军委的指示和越南斗争的实际，把协助越南人民军组织指挥作战、打败法国侵略者作为中心任务。从 1950 年 8 月赴越，到 1954 年越南抗法战争结束，先后协助越南人民军组织指挥边界战役、红河中游战役、东北（18 号公路）战役、宁平战役、西北战役、上寮战役、奠边府战役等七次较大规模战役。这些战役，从决策到具体组织实施，都是在中国援越军事顾问团帮助下进行的。特别是边界战役、西北战役和奠边府战役三次大捷，军事顾问团适时提出战略性建议，帮助拟定周密的作战计划和实施灵活机动的组织指挥，对夺取战役的胜利起到决定性的作用①。在日内瓦会议之前，1954 年 3 月，越南人民军发动奠边府战役，中国援越军事顾问团团长韦国清和越军大将武元甲一同赴前线指挥。经过一个多月的激战，全歼法军 1.6 万人，取得抗法战争以来最大的一次胜利，有力地配合了日内瓦会议上的外交斗争。

中越领导人柳州会谈促成《日内瓦会议最后宣言》。1954 年 4 月 26 日至 7 月 21 日，美、苏、英、法、中五国外交会议在瑞士的日内瓦举行，主要讨论如何和平解决朝鲜问题和恢复印度支那和平问题，中央人民政府政务院总理兼外交部长周恩来率中国代表团参加会议。从 5 月 8 日起进入讨论印度支那问题的议题，越南民主共和国外长范文同及老挝、柬埔寨和越南傀儡政权的代表也参加了会议。奠边府战役前后，法国国内要求停战的呼声日益高涨，八年的印支战争耗费了法国大量的人力物力和青年人的生命，然而取胜的希望却越来越渺茫，再加上朝鲜战争已实现了停战，法国民众的厌战心理与日俱增。6 月 12 日，法国政局发生变化，顽固主张武装侵占印度支那的拉尼埃内阁下台，主张和平解决印度支那问题的孟戴斯·弗朗斯上台，并亲自率领法国代表团出席日

① 《中国人民解放军军史》第四卷，军事科学出版社 2010 年版，第 166 页。

内瓦会议。周恩来在与孟戴斯·弗朗斯会晤中感觉到,只有越法双方各让一步,才可能达成和平协议。周恩来决定利用日内瓦会议休会时间与越南劳动党中央领导协调一致方针,争取在日内瓦达成印支和平协议。中共中央迅速通知越南劳动党,并特别电示广西省委代理第一书记、省人委代主席陈漫远负责在广西布置会场,要求所在地离边境不远、交通方便,并要求严格保密。最终选定会晤地点在柳州市。从7月3日至5日,周恩来和胡志明在柳州饭店会晤,双方共举行了八次会谈,最后通过了《关于日内瓦会议的方案和谈判问题》的文件。7月8日,《人民日报》发表《关于中越会谈的公报》。《公报》写道:“中华人民共和国总理周恩来和越南民主共和国主席胡志明,于一九五四年七月三日至五日在中越边境举行了会谈,周恩来总理和胡志明主席就日内瓦会议关于恢复印度支那和平问题及其他有关问题,充分地交换了意见。”10日,《人民日报》和越南《人民报》就中越两国领导人柳州会谈分别发表了社论。越南《人民报》的社论写道:“胡志明主席和周恩来总理的会谈,再一次加强了越南人民和中国人民之间的团结和友谊,并且更清楚地表明了两国人民的和平愿望。”7月21日,关于恢复印度支那和平问题,日内瓦会议达成了《日内瓦会议最后宣言》。《宣言》的主要内容是交战双方在印度支那停战,恢复印度支那的和平,法国武装部队全部撤出印度支那,尊重越南、老挝、柬埔寨的独立、主权、统一和领土完整;双方军事集结区的临时军事分界线划在北纬17度附近的边海河上;越南将于1956年7月在国际委员会的监督下举行全国普选,实现国家统一。会议的结果达到了越方的要求。日内瓦会议结束后,法国按《宣言》要求从北纬17度线以北地区撤出全部军队,越南北方获得解放,越南人民赢得了抗法战争的胜利。

援越抗法期间,中国援越军事顾问团多方面帮助越南人民军进行军队建设。在军事工作方面,有计划地帮助越南人民军在作战和建军指导思想上实现由游击战向运动战的转变、由小规模攻坚战到大规模攻坚战的转变、由战争时期建设向和平时期建设的转变。在思想政治建设方面,帮助越南人民军建立起一整套政治工作制度和业务机构,并协助开展政治整军。在后勤建设方面,帮助越南人民军建立健全各级后勤组织，完善各项规章制度，提高保障能力，使后勤工作走上正轨。

在越南人民抗法战争期间，中国人民解放军在中国境内帮助训练越南人民军，培训军事、技术干部，援助越南人民军各种枪械 15.5 万余支(挺)，枪弹 5785 万余发，炮 3600 余门，炮弹 108 万余发，手榴弹 84 万余枚，汽车 1200 余辆，军服 140 万余套，粮食和副食品 1.4 万余吨，油料 2.6 万余吨，以及大批的医药和其他军用物资，有力地保证了越南人民军抗法战争的需要。

二、广西对援越抗法斗争的贡献

广西与越南山水相连，有上思、宁明、凭祥、龙州、大新、靖西、那坡等边境县(市)与越南谅山、广宁、高平、河江四省接壤，其中越南(印度支那)共产党在越北的老根据地之一的高平省与广西的靖西、龙州接壤，是通往中国的便捷通道。毛泽东主席在接见即将赴越南的中国军事顾问团成员时曾指出：云南、广西可以作为后方。中央为统筹广西一侧陆地和海上援越抗法工作，1951 年 5 月，决定广东省钦廉专区(含合浦、钦县、灵山、防城四县)及北海市由广西托管，第二年划入广西。

根据中共中央和毛泽东的指示精神，毗邻越南的广西承担支援越南人民抗击法国侵略者的任务。为了协助中央有关部门做好援越工作，同时也负责处理中越边境有关问题，1950 年 3 月省委外交委员会成立；同年 12 月省委外交委员会改称省委外事委员会，省委第一副书记陈漫远兼任主任。在省委领导下，广西各族人民大力支援越南人民抗法斗争。在援越抗法斗争中，广西成为援越物资大通道、培养越南人才及后勤保障的重要基地，为援越抗法战争胜利作出了重要贡献。

接送中越两国往来人员。中越两国人员往来一般都经广西中转。在抗法战争初期，越南把领导机关从首都河内迁移到邻近广西的越北山区，靖西、龙州等地是越方人员出入中国的通道之一。当时连接中越两国的交通十分落后，广西通往中越边境的公路断断续续，铁路也只通到广西中部，尚未开通航空交通。加上广西的匪患严重，许多道路交通受到匪乱的威胁。中共中央和中央军委责成广西省委和广西军区负责这些人员在广西境内的接送、食宿等，并做到绝对保密和安全。1950 年

1月胡志明访问中国时,广西军区奉命派人前往龙州县水口镇把胡志明秘密接到南宁,然后从南宁安全送到来宾改乘火车赴北京,广西方面圆满地完成了这项任务。同年7月下旬,中国援越军事顾问团(代号“华南工作团”)在南宁正式成立,并进行入越前的集训,广西省委和广西军区领导亲自安排食宿,保证了顾问团不受匪乱影响,顺利完成集训任务。随后,在广西军区安排下,顾问团人员8月9日从南宁出发,途经田东、百色、靖西,顺利进入越南前线。以韦国清为团长的中国军事顾问团抵达越南后,于1950年秋与陈赓一起帮助越南人民军取得边界战役的胜利。此役攻克和收复了中越边界地区的高平、东溪、七溪、那岑、同登、谅山、禄平等重要据点和城市,收复了老街等地,从而打通了中越边界线,使抗法战争中越南军民有了可靠的后方。援越抗法期间,中越两国有关人员来往途经广西的不计其数,尽管当时广西刚解放不久,社会治安形势不稳定,但都能做到安全接送,顺利完成中央交给的任务。

协助培训越南党政军干部。为加速越南人民军从游击队向野战军、从游击战向攻坚战的转变,根据中越双方商定,广西军区在靖西设立训练基地,帮助培训越南人民军高中级指挥员和专业技术干部。从1950年4月起,越南人民军8000余人先后进驻靖西换装及受训,所需日常生活用品全部由中方提供。为保证训练正常进行,广西设立兵站,专门负责后勤保障,还组织当地群众为越南受训部队腾房、筑路、养猪、种菜。在援越抗法期间,省委组织力量,协助完成了在广西中越边境地区培训上万名越南党政军干部的任务,边境地区各级党委、政府和群众为此作出了很大贡献。

运送援越物资。在越南抗法斗争中,中国向越南提供大量无偿援助,所提供的物资包括武器、弹药、装备、车辆、医药用品以及生活日用品等,大部分从广西运送出境。中国军事顾问团和中国人民解放军后勤部在广西南宁设立办事处,对外称“华南工作团驻南宁办事处”,作为中国援越抗法总后勤部,负责运输事宜。广西承担了境内援越物资的运送任务,仅1950年7月,省人民政府就调集366辆汽车分赴南宁、靖西、田东、柳州等地转运军粮,完成了运输援越军粮任务1533吨。在1954年越南奠边府战役中,中国军事顾问团团长韦国清3月15日晚电告中央军委，请求于 3 月 25 日前急送一批炮弹和汽油到凭祥。这批援越物资通过来镇段铁路按时运送到广西凭祥，对奠边府战役胜利起到了重要作用。在通往中越边境的公路上，最多时有近 1000 辆汽车日夜穿梭，源源不断地将援越物资运送到抗法前线。

组织抢修交通。修复交通是援越物资运输的关键。援越抗法之初，铁路方面，湘桂铁路只通到桂中南的来宾县境，距离南宁还有 100 多公里，距离中越边界数百公里；公路方面，通往越南边境的公路尚未全线贯通。这样的交通状况严重地影响了援越物资的运输。1950 年初，中央决定动工兴修湘桂铁路来（来宾）镇（镇南关，后改称睦南关、友谊关）段。同年 8 月，衡阳铁路管理局在柳州成立来镇铁路工程处，负责施工。省委成立筑路委员会，组织领导来镇段铁路建设工作，先后从全省 37 个县、市组织近 12 万民工参加修路大会战。筑路工人在缺乏机械设备的条件下，用锄头挖、肩膀挑，日夜奋战 8 个月，共完成土石方 400 多万立方米，筑成 400 多公里路基，为专业施工队铺轨建桥创造了条件。当时没有铁轨，宜山军分区在剿匪任务繁重的情况下抽出兵力，将黔桂线贵州都匀到广西金城江段的铁轨拆除，运送到来镇段铺设，解决运送援越物资之急。在各方共同努力下，1951 年 10 月 30 日，全长 405 公里的来镇段铁路宣告建成，11 月 7 日正式通车。该段铁路修通后，援越物资源源不断地运送到越南，有力支援了越南抗法斗争。柳州经南宁至岳圩（靖西县中越边境口岸）公路，北接湘桂铁路，南穿桂中腹地，中经南宁市、田东县、德保县至靖西县岳圩，与越南高平省重庆府公路相接，全长 600 多公里，是广西到越南边境的一条主要通道，也是广西南北交通的主动脉之一和国防干线。但是，这条公路在日军两度入侵广西以及 1949 年国民党军溃退时遭到破坏，损毁严重。为了确保援越物资及时运输到越南前线，中央军委命令广西首先抢修平马（田东县城）至岳圩路段。1950 年 3 月初起，靖西县委、县人民政府组织三万多民工，与解放军官兵一起抢修岳圩公路。与此同时，德保、田东两县也组织力量抢修县境路段。经过三县军民一个多月的奋战，至 4 月下旬，平马至岳圩路段通车。5 月起，柳州至岳圩全线投入抢修，到 1951 年上半年，大部分路段完工，援越物资公路通道全部贯通。此外，广西还抢修了来宾经南宁到龙州段公路。

支援越南土改。应越南劳动党中央的请求，1953年，中共中央决定，派出土改顾问团协助越南进行土改。中国土改顾问团成员主要从广西抽调，省委副书记乔晓光任团长，同时调广西两名地委书记担任顾问。从1953年秋到1955年秋，土改顾问团积极协助越南开展土改工作。中国土改顾问团根据越南的实际情况，向越南方面建议实行比中国更为宽松的土改政策，均被越南方面接受。通过土改，越南群众迅速被发动起来，巩固了越南党和政府的执政基础，极大地增强了越南抗法斗争力量。

协助办好育才学校。应越南方面的请求，中国政府同意越南在中国境内开办育才学校，培养越南急需的人才和革命后代。1951年7月，经中国政府同意，越南将部分学校迁至广西和江西办学。1951年10月起，一批越南学校陆续迁到南宁市郊的心圩，成立南宁育才学校（越方称为越南中央学舍区）；同年，越南中央学舍区的普通学校迁至桂林甲山办学，即桂林育才学校；1954年，在江西的庐山育才学校迁至桂林，与桂林育才学校合并。南宁育才学校和桂林育才学校均由越南党和政府直接领导，中国政府无偿提供校舍，提供顾问、师资和后勤保障，承担学校所有开支。为了搞好育才学校的后勤保障工作，省委和省人民政府指示各有关单位，凡是育才学校提出的要求，务必想方设法帮助解决。在筹建学校过程中，急需使用劳动力时广西方面尽量满足；学校急需借房、用地，在当地政府动员下，群众纷纷让出自己的住房和建房用地。在副食品供应方面，广西有关部门也优先给予安排。1956年7月至1958年夏，育才学校陆续停办或迁回越南国内，广西协助越南办学的任务圆满完成。7年间，育才学校共培养学生7000多人。育才学校学生结束学习回国后，成长为越南党政军和各条战线的骨干，其中一些学生后来成为越南党、国家和军队的领导人。

在援越抗法斗争中，省委、广西军区坚决贯彻执行中央的战略决策，服从国家大局，在经济十分困难以及剿匪任务十分艰巨的情况下，领导各族人民承担起国际主义义务，广西成为越南抗法的大后方、援越抗法斗争的前沿以及国家外交的重要舞台，为支援越南人民抗击法国侵略斗争胜利作出重要贡献。

第四节　抗美援朝运动

一、抗美援朝运动的兴起

1950 年 6 月 25 日，朝鲜内战爆发。27 日，美国政府决定对朝鲜实行武装干涉，扩大朝鲜战争，并命令其海军第七舰队侵入台湾海峡，以武力阻止中国人民解放台湾。为此，中国政府发表严正声明，强烈谴责美国侵略朝鲜、台湾以及干涉亚洲事务的行径。但是，美国不顾中国政府的一再警告，把战火烧到中国东北边境，严重威胁中国的安全。10 月上旬，中共中央根据朝鲜党和政府的请求，作出抗美援朝、保家卫国的战略决策。10 月 19 日，中国人民志愿军跨过鸭绿江，进入朝鲜战场。25 日，打响了震惊世界的中国人民志愿军抗美援朝战争的第一仗，揭开了抗美援朝战争的序幕。

抗美援朝是一个牵动全局的大事，意味着刚从战火中获得新生的人民共和国要与世界上头号帝国主义国家对决，再次面临血与火的考验。中美两国国力相差悬殊，美国经济实力强大，还拥有原子弹和世界上最先进的武器装备，具有最强的军工生产能力，而中国刚刚结束战争，经济十分困难，亟待恢复；我军的武器装备远远落后于美军，更没有制空权和制海权；一些干部和战士中间存在和平厌战思想，革命队伍中还存在各种疑虑。同时，由于旧中国沦为半殖民地半封建国家，封建社会和殖民地社会的思想意识对民众影响很深，封建思想、宿命论、崇洋媚外等根深蒂固，不少民众存在“亲美”“崇美”“恐美”的心理。有的群众从唯心观点出发，以“天命”判断是非，害怕国民党“天数未尽”，担心共产党“天下不稳”，“国民党反攻大陆”“第三次世界大战爆发”等谣言在社会上流传。为夺取抗美援朝战争的胜利，团结起全国的力量，在中国人民志愿军入朝参战的同时，在国内，中共中央领导了声势浩大的抗美援朝运动。1950 年 10 月 26 日，中国人民保卫世界和平反对美国侵略委员会（简称保和会，1951 年 3 月后称抗美援朝总会）宣告成立。11 月 4 日，中共和各民主党派、人民团体发表联合宣言,支持全国人民抗美援朝的正义要求和行为。11月18日,中国人民保卫世界和平反对美国侵略委员会广西分会(简称保和会广西分会,后改称抗美援朝广西分会)成立,由省人民政府副主席李任仁任会长。随后,各市、专区和县成立分会,成为宣传动员群众抗美援朝的机构。总工会筹备委员会、广西军民欢送抗美援朝部队北上农民协会、民主妇女联合会筹备处、新青团工作委员会以及各文化艺术团体等紧密配合,协调行动,推动抗美援朝运动的开展。在省委的领导下,从1950年10月下旬开始,省城各界和各市、专区的厂矿工人、学校师生、单位员工举行座谈会、集会,愤怒声讨美军的侵略暴行。有的学校组织了学生宣传队,奔赴农村、厂矿开展宣传活动。广西抗美援朝运动日益高涨和深入,逐步发展为全省性的群众爱国运动。

二、声势浩大的宣传教育活动

1950年10月26日,中共中央发出《关于在全国进行时事宣传的指示》,明确了宣传的基本内容。根据这一指示,省委组织开展抗美援朝宣传教育工作,以此推动各项工作的深入开展。

从1950年10月下旬开始,省城各界和各市、专区的厂矿工人、学校师生、单位员工自发地举行座谈会、集会,愤怒声讨美军的侵略暴行。一些学校组织了学生宣传队,奔赴农村、厂矿开展宣传活动。11月6日,《广西日报》发表题为《抗美、援朝、保家、卫国!》的社论。11月23日,保和会广西分会发出《关于学习目前时事展开抗美援朝保家卫国运动的号召》。抗美援朝宣传教育工作按照先干部后群众、由城市到农村的基本步骤进行,有组织地开展了时事学习、宣传教育和思想发动工作,并有计划地把群众的爱国热情引导到本职工作中去,形成社会大宣传网。在时事宣传内容上,主要是揭露以美国为首的帝国主义阵营的侵略面目,宣传美帝国主义的纸老虎本质;宣传世界两大阵营的力量对比,社会主义阵营力量的不断壮大;宣传中国人民革命胜利的道路;宣传正确看待第三次世界大战能否爆发的问题,正确看待原子弹等,使人民看到自己的力量。各地在宣传教育活动中,采用组织宣传队、集会演讲、示威游行等形式,召开群众大会、座谈会,或在街头宣传等,向各界人士说明中国抗美援朝的正义性和必要性，强烈表明反对美国侵略台湾、朝鲜的态度，声援朝鲜人民抗击美国侵略斗争。宣传运动深入到街道、乡村、家庭，党和国家的意志迅速地变为人民群众的自觉行动，许多热血青年报名上军校，志愿参军，抗美援朝，保家卫国。

由于当时全省剿匪任务非常繁重，在 1951 年 4 月以前，抗美援朝运动主要在南宁、柳州、桂林、梧州 4 市和 7 个专区城镇中开展。随着广西重点剿匪取得重大胜利，社会环境趋于稳定，省委决定在全省范围开展大规模的抗美援朝运动。4 月 14 日，省委发出《关于开展抗美援朝运动与准备五一示威游行工作指示》，要求普遍开展抗美援朝运动，在五一国际劳动节前后进行一次全省抗美援朝宣传，并在 5 月 1 日举行抗美援朝的示威游行。按照省委的指示，各地把五一抗美援朝大示威游行作为一次战斗行动来组织，在五一国际劳动节前后，全省各地普遍召开了控诉美国、日本帝国主义及国民党反动派罪行的会议。省党政军领导人张云逸、陶铸、陈漫远、莫文骅以及各专区、市、县的领导人分赴各地参加时事报告会，向广大干部、群众作抗美援朝形势报告；李任仁等民主党派负责人先后到省人民广播电台发表广播演说；省及各专区、市报纸杂志刊登大量评论、消息和文艺作品，列数美帝国主义侵华的罪行，说明抗美援朝即是保家卫国，两者密不可分，分析敌对双方军事方面的优势与劣势，揭示美帝国主义既是“真老虎”又是“纸老虎” 的本质，发扬敢于伸张正义敢打敢胜的革命英雄主义精神，帮助一些干部群众清理、纠正“亲美”“崇美”“恐美”等错误思想，树立必胜的信心。在大规模的抗美援朝运动中，党的宣传网充分发挥了作用。工人、农民、学生、知识分子、各民主党派及工商界人士纷纷表态，反对美国侵略，支持抗美援朝。5 月 1 日这一天，各地分别举行庆祝全省剿匪胜利大会和声势浩大的抗美援朝示威游行，参加游行的群众达 543 万多人，投票反对美国武装日本的有 648 万多人，签名拥护缔结五大国和平公约的有 673 万多人，广西的抗美援朝运动形成高潮。

随着中朝两国人民军队在朝鲜战场上的胜利，抗美援朝运动更加深入开展。1951 年 6 月 1 日，全国抗美援朝总会发出普遍开展爱国公约运动、捐献飞机运动和做好优抚工作的三大号召。为配合宣传，推动运动,6月和7月,中国人民志愿军归国代表团柴川若、董乐辅、窦少毅和赴朝慰问团工作组先后来广西作报告,分别在南宁、柳州、桂林、梧州等市以及郁林等专区举办多场报告会,讲述志愿军与朝鲜人民军并肩反抗美国侵略军的英雄事迹,报告充满国际主义和爱国主义激情,感人至深。

1951年7月14日,中共中央发出《反对美国侵略台湾、朝鲜运动周》的指示。7月22日,广西组成"反对美国侵略台湾、朝鲜运动委员会",同时开展宣传周活动,向人民群众宣传"国际形势和力量对比"。南宁、柳州、桂林、梧州等市举行群众游行大示威。9月以后,宣传运动扩展到全省农村,达到全民宣传动员的效果。

随着广大群众爱国主义热情的日益高涨,帝国主义势力利用教会干涉中国内政、破坏安定团结的阴谋也被彻底揭露。解放前夕,帝国主义势力纷纷采取"应变措施",在教徒中对共产党进行妖魔化宣传,将大批物资分发给教徒,以开展社会"救济"的名义,极力收买人心,部分教徒和群众因此受到蒙蔽。一些西方国家传教士还散布谣言,煽动教徒敌视共产党和人民政府,成为人民政权的一大隐患。朝鲜战争爆发后,教会四处散布"变天"思想,不准教徒参军,迫害参政、参加社会运动和爱国运动的教徒。教会的罪恶行径引起群众的极大愤慨,大部分教徒看清了教会的政治面目,纷纷起来控诉帝国主义利用教会侵略中国的罪行,自觉割断与帝国主义和梵蒂冈教廷的联系。1950年9月23日,《人民日报》发表了基督教爱国人士吴耀宗先生等以《中国基督教在新中国建设中努力的途径》为题的"三自"(即自治、自养、自传)革新宣言,很快得到全国基督徒的响应,桂林的基督教徒、天主教徒积极开展签名活动,拥护"三自"革新运动,举行"三自"革新集会和游行。12月31日,基督教各团体负责人沈明燧等九人为首发表了《桂林各教会对"三自"运动及抗美援朝保家卫国宣言》,号召各宗教团体开展"三自"爱国运动,积极支持抗美援朝保家卫国运动,同日,各教派举行支持"三自"爱国运动签名活动,一致通过《广泛开展"三自"爱国运动支持抗美援朝爱国公约》。1950年底到1951年初,基督教各派及有关团体先后发表拒绝接受外国教会津贴及捐助的声明。1951年3月、4月,桂林基督教团体联合会、天主教"三自"革新运动委员会先后成立,接管教会工作,在爱国的前提下进行教会活动。在党委、政府的正确引导下,各地执行党的宗教政策,广泛发动教友群众,基督教、天主教“三自”革新运动得到很大发展,外国传教士陷于孤立,不得不先后离开广西。1952年4月,天主教桂林教区美国神甫青培德因犯造谣、通匪、济匪等罪被省人民法院平乐分院宣判驱逐出境。同年,因进行反共活动而被人民政府驱逐出境的还有法国籍天主教南宁总主教区主教沈士杰、神甫纪百禄,北海教区代主教古右道、神甫白理爱因等。广西基督教、天主教的教务逐渐摆脱外国势力的控制,拒绝外国教会的资助,信徒完全实现了自治、自养、自传。

三、广泛开展拥军优属活动

在抗美援朝运动中,拥军优属活动广泛开展,并形成优良传统。广西各界曾两次派代表参加全国人民赴朝慰问团到朝鲜慰问人民志愿军,人民群众踊跃捐款捐物慰劳志愿军和救济朝鲜人民,全省共捐集了13.6万多元,写了大量的慰问信分寄给志愿军和朝鲜人民军。根据抗美援朝总会关于优抚烈军属工作的指示,各地人民政府成立优抚烈军属委员会,积极扶助烈军属、革命残废军人、复员军人发展生产。对缺乏劳动力的优抚对象,发动群众给他们代耕土地,发给优抚款、补助费,保障广大优抚对象的生产和生活。在城市,平时组织烈军属生产,保障生活需求,在节日和纪念日开展慰问烈军属活动,包括组织访问团、召开烈军属座谈会、为烈军属挂光荣匾等。在农村,对缺乏劳动力的烈军属,组织民兵和群众给予帮工、代耕。对生活困难的烈军属,发放优抚金,组织助耕。在分配反霸斗争的胜利果实时优先照顾烈军属;在土改中把好田、好地、好屋、好家具分给烈军属,逢年过节,组织秧歌队、舞狮队给烈军属拜年,送慰问品、挂光荣匾等,全社会形成了志愿军是最可爱的人、抗美援朝保家卫国最光荣的良好氛围。

四、全民支援保家卫国

广西各阶层人民踊跃参军参战,捐献飞机大炮,慰问志愿军,订立爱国公约,开展增产节约运动,从人力、物力、财力上有力地支援抗美援朝保家卫国。

全省各地普遍开展订立爱国公约活动。爱国公约把人们抗美援朝、保家卫国的热情同实际行动结合起来,用公约的形式固定下来,基本内容有"拥护毛主席、拥护共产党、拥护人民解放军、拥护人民政府、拥护共同纲领"等。各行各业结合工作实际,开展爱国增产的劳动竞赛,工人提出"提高生产,提高技术,节约原料"的口号,农民提出"积极投入减租退押清匪反霸斗争,彻底完成土地改革,多耙多锄多施肥,争取丰收"的口号,努力发展生产,增加收入,增强经济实力,购置飞机、大炮等武器,捐献给中国人民志愿军。各机关团体以及工商界、宗教界等社会各界人士也纷纷表达要认真做好本职工作,以实际行动支援抗美援朝的决心。

1951 年 6 月 17 日,省协商委员会、省抗美援朝分会联合发出号召,要求全省爱国人民、各民主党派、各机关团体为争取超额完成全省捐献钱款购买苏联米格 -15 战斗机 26 架的任务而努力。全省人民响应党和政府的号召,积极开展爱国捐献。南宁市工商联倡议全省工商界捐献"广西工商号"飞机,广西省建筑工程公司柳州分公司积极捐款并向全中南区建筑工人建议捐献"中南建筑工人号"飞机,铁路局柳州站发起了捐献"铁路工人号"飞机,柳州市搬运工人响应捐献"搬运工人号"飞机。各城市多次举办义演、义卖活动,工人、农民、街道居民慷慨解囊,捐钱捐物。许多女工、家庭妇女,甚至七八十岁的老太太都把她们的首饰等珍贵物品、积蓄都捐献出来。在少数民族地区,尽管政府考虑到少数民族群众生活较困难,一般不要求进行捐献,只强调开展爱国丰产运动。但是,不少少数民族同胞在听了抗美援朝宣传报告后,也加入捐献行列,捐献出丰产收入,支援前线。至 7 月初,全省捐款达到购买 26 架米格 -15 战斗机的数额。到 1951 年底,全省捐款可购买米格 -15 战斗机 51 架,高射炮 6 门,超过原定指标近 1 倍。捐献运动历时 1 年,到 1952 年 5 月底,全省捐款共 1279.9 万多元,按当时价格计算,可买米格 -15 战斗机 85 架。

在抗美援朝运动中思想觉悟日益提高的广西各族人民,保家卫国的积极性空前高涨,掀起参军参战热潮。青年学生提出"好好学习各种科学知识,积极参加社会活动,加强体育锻炼,随时响应祖国召唤"的口号。1951年6月,政务院发布关于招收各种军事干部学校学生的命令后,全省各大中学校学生积极响应,踊跃报名。据不完全统计,全省青年学生报名上军校的达2.8万多人,超过原定招收名额的12倍。广大爱国青年纷纷自愿报名参军,出现父送子、妻送夫上前线的感人场面。据统计,到1951年9月底,全省有13.75万多名青年被批准参军。除充实各区中队、县大队和军区独立团、暂编团外,其余全部补给抗美援朝志愿军、野战军和各特种兵。1952年,为保证入朝志愿军部队的满员和质量,中央要求广西从1951年转业回乡的复员军人中动员7500人归队。1952年9月,省委发出指示,由广西军区召开县以上人民武装部干部会议布置任务。各级领导十分重视,进行广泛的动员宣传工作,许多富有作战经验的退伍老兵争相报名参加志愿军并获得批准,使这项任务不到1个月就完成了。

在抗美援朝期间,全省各地组织铁路工人、汽车司机等参加抗美援朝志愿队到朝鲜前线工作,其中,汽车司机赴朝服务者有71人,桂林市1951年先后组织了10批183人赴朝志愿服务。1951年1月19日,广西医务工作者成立中南区医务工作者抗美援朝行动委员会广西分会,先后有5批志愿援朝医疗手术队,分赴哈尔滨及朝鲜战场救治中国人民志愿军伤病员。广西桂剧团等文艺团体也前往朝鲜战地演出,慰问子弟兵。

在抗美援朝战争前线,广西籍志愿军指战员浴血奋战,立下了赫赫战功。在上甘岭等重大战役以及开城、大和岛等战场上,留下了他们不怕牺牲,英勇顽强、可歌可泣的英雄事迹。中共党员农廷秋①,在1952年10月15日上甘岭战斗中,身上多处负伤,仍然坚持战斗,在敌人第五次反扑时,阵地上只剩下他一人,在子弹全部打光的危急时刻,他拉响了最后一颗手榴弹,壮烈牺牲。在广西抗美援朝英名录中,除了特等功获得者、二级战斗英雄农廷秋外,还有一等功获得者梁封、谢坤、李文臣等,李文臣还荣获朝鲜民主主义人民共和国二级战士荣誉勋章。许多广西籍志愿军指战员献出了宝贵生命,长眠在异国的土地上。据统计,在抗美

---

① 农廷秋(1930—1952),广西德保县人,原名农光华,壮族。1949年10月参加中国人民解放军。1950年参加中国人民志愿军,担任某机枪班班长,曾荣立三等功2次。牺牲后,被志愿军总部追记特等功1次,并授予二级战斗英雄称号。

援朝战争中,牺牲的广西籍志愿军指战员共有 3000 多名。

1953 年 7 月,长达两年零九个月的抗美援朝战争实现停战。抗美援朝战争的胜利,打破了美帝国主义不可战胜的神话,创造了以弱胜强势的范例,遏制了美国侵略扩张的势头,维护了亚洲和世界的和平,为我国的经济建设和社会发展赢得了一个相对稳定的和平环境。抗美援朝运动,是一场深入持久、规模空前的群众性爱国运动,有力地支持了中朝两国军队的抗美斗争,极大地提高了中国共产党在全国人民心目中的威望,提高了中国人民的民族自信心和民族自豪感,进一步增强了社会各阶层群众的凝聚力。广西各族人民积极参加抗美援朝运动,受到了深刻的爱国主义和国际主义教育,在人力、物力、财力上积极支援抗美援朝战争,为抗美援朝战争的胜利作出了重要贡献。抗美斗争前线的不断胜利和抗美援朝运动在广西的广泛开展,也有力地促进了广西剿匪斗争、镇压反革命运动和土地改革运动的开展,极大振奋和提高了人民的民族自尊心、自信心,凝聚了民心,极大地激发了他们的革命热情和生产劳动积极性,成为恢复和发展国民经济、推动各项社会改革的巨大动力。

第三章

农村土地改革和社会民主改革运动

在巩固人民政权的过程中,省委领导各族人民有计划有步骤地开展废除封建土地制度的土地改革运动,极大解放了农村生产力,促进了农村经济的发展。与此同时,广泛开展了社会民主改革运动,继续完成新民主主义革命任务,为广西由新民主主义社会向社会主义社会过渡奠定了基础。

第一节 彻底废除封建土地制度

一、土地改革前农村的状况

土地改革以前,广西农村原有的土地制度是封建土地制度,封建生产关系占据统治地位,土地是最主要的农业生产资料。土改前广西农村土地制度极不合理,农村各阶级、阶层土地占有情况极不平衡, 土地大多集中在地主阶级手里。根据土地改革前省委组织对省内土地占有情况的调查,在所抽样调查的22个乡中,1949年共有地主535户,占总户数的5.13%,共有田地41816.02亩,占田地总面积的38.95%;而贫雇农共5422户,占总户数的52.01%,仅有田地14251.53亩,占田地总面积的13.27%。这种不合理的土地占有状况,在平原地区更为突出,郁林、北流、平南、柳江等县7个村中,占人口3.54%的地主家庭,就占有田地50.99%,而且地主所占土地大多是好地,农民的土地大多是差地。

在土地占有集中而使用分散基础上形成的残酷的封建剥削，造成了地主与广大贫苦农民尖锐的阶级对立。解放前广西农村主要实行封建的租佃制。由于土地大部分集中在少数人手中，农村存在着不少无地和少地的贫苦农民，他们为了谋生，不得不向地主租地耕种，遭受地主的残酷剥削。地主阶级凭借占有大量的土地，向无地或少地的农民出租土地、收取高额租金。封建地租是地主剥削农民最基本的方式，在土地改革以前，农村中占支配地位的是实物地租，广西地租率平均约占农民收获物的50%以上，有些地方甚至高达70%—80%。地主还与商人、高利贷者相勾结，控制了农村市场，通过贱买贵卖牟取暴利，并以极其苛刻的条件，向农民放债，进行盘剥。农民在开始承佃田地之时就要向地主交纳一定数量押金，其形式有佃押、加押、变交押、人质押等。还有一种叫黑押，即变相的押金，所交的押金相当于一年的租额，实际上是佃农给地主的卖身保证金。不少农民在未进行生产前就落入高利贷者的圈套中。地主放高利贷的形式与内容种类繁多，利率很高。据1933年调查，桂林借钱月利率为16.6%，借粮平均月利率为10.9%，借贷方式有借钱还钱、借谷还谷、借钱还谷（卖青苗、禾花谷）、做工抵债等。在这种高利贷沉重剥削下，不少农民陷入了赤贫的境地。田赋是政府的主要收入，农民要向政府交纳田赋，以及种种苛捐杂税。农民还遭受政府强迫借款、通货膨胀等变相盘剥。农民负担沉重，生活十分困苦。

封建的土地所有制和落后的土地经营方式，造成了近代以来农村经济发展缓慢。广西农业生产水平低，农民种地全部是靠体力和畜力，耕作粗放，桂西许多山区仍停留在刀耕火种和休耕地“三年一换”的原始农业阶段。全省有水利灌溉的耕地面积很少，大部分靠天吃饭。由于封建地主的压迫和剥削，农民缺乏生产积极性，各种农作物产量很低。全省90%以上人口从事农业，但粮食仍不能自给。

由于封建土地所有制占据统治地位，地主在经济上占据垄断地位。在此基础上，地主阶级在农村建立了封建的政权、族权、神权，以及种种封建传统意识形态，进一步对佃户和贫苦农民实施统治和压迫。实际上各级政权为地主阶级所操纵和控制，是代表地主阶级利益的。广西地主阶级的势力在国民党新桂系集团统治时期得到进一步发展，地主往往集民团首领、官僚于一身。国民党政府的保甲制度规定了地主与佃户之间的连坐关系,地主有监督管束佃户的责任和权利。各地的地主利用保甲制度,派乡兵催租催债,关押交不起租还不清债的农民。封建大地主横行乡里,欺诈霸占农民的土地、房屋、财产,有的大恶霸地主不仅密切勾结官府,而且拥有武装,私设公堂。地主阶级不仅在经济上对农民进行残酷剥削,而且在政治上利用政权、军队、警察、民团等对农民进行反动统治。

旧中国农村的封建土地制度是生产力发展的障碍,是近代以来农村以至整个国家贫穷、落后的基本根源,是中华民族被侵略、被压迫的症结所在,也是中国民主化、工业化的桎梏。实行土地改革,彻底打破封建剥削制度,破除地主对土地的垄断,把封建地主土地所有制改变为农民土地所有制,推翻地主控制的乡村政权,改造乡村的各种旧的社会经济秩序,是继续完成新民主主义革命任务的需要,也是实现农民经济翻身、解放农村生产力、发展经济,为实现工业化开辟道路的需要。在中国共产党的领导下,广大农村掀起了一场废除封建土地制度的伟大斗争。

二、土地改革的准备

土地改革是一场十分尖锐、激烈的阶级斗争。国民党反动政权被推翻后,地主阶级与国民党潜伏下来的反革命势力相勾结,发动暴乱,烧杀抢掠,向人民政权和革命群众疯狂反扑。解放初期的广西形势错综复杂,革命和国民经济恢复任务十分繁重。省委做了大量工作,为开展土地改革创造条件。

1950 年 2 月 28 日,中央人民政府政务院发出《关于新解放区土地改革和征收公粮的指示》。《指示》指出,所有新解放区,“由于准备工作及群众的觉悟与组织还未达到应有的程度,决定在一九五〇年秋收以前,一律不实行分配土地的改革”。《指示》要求,“某些地方土匪尚未肃清者,应迅速肃清土匪,尚未减租者,应即进行减租”。根据这一指示,中南局于 3 月 1 日发出《开展减租退押运动,克服春荒,准备生产》的指示和布告。广西省委结合广西实际,为开展土地改革做准备工作。3 月 23 日至 24 日在南宁召开的第一次高级干部会议提出,用大力剿匪反霸、减租退押等办法发动群众，及时镇压恶霸地主的叛乱，有步骤有策略地粉碎封建势力的反攻，有计划有组织地发动农民、武装农民，在干部准备上、在群众组织与觉悟程度提高上为土改准备条件。在实际工作中，省委将剿匪作为上半年的中心任务，镇压了反革命在全省的暴乱，为缓解春荒发动数百万农民开展了减租退押运动，并取得了剿匪斗争的初步胜利，为土改的开展提供了必备条件。

6月，党的七届三中全会提出三年内完成土地改革的任务。同月30日，中央人民政府颁布《中华人民共和国土地改革法》（简称《土地改革法》），规定没收地主阶级的土地、耕畜等生产资料及多余的粮食、房屋、家具等生活资料，分配给无地或少地的贫雇农；所有没收的土地，除规定收归国有外，都统一地、公平地分配给无地或少地的农民；对地主也分配给一份土地，使他们也能自食其力，并在劳动中改造自己。规定保护中农的土地及其他财产，保护小土地出租者，保护农村工商业，以及保护富农经济等一系列政策。土改的基本方针，是依靠贫农、雇农，团结中农，中立富农，有步骤有分别地消灭封建剥削制度，发展农业生产。

实行土地改革成为新解放区的重大任务。9月，中南军政委员会召开了第二次全会，以土改为中心议题，讨论和通过了《中南军政委员会关于土地改革法实施办法的若干规定》，审议和确认了1950年冬1951年春中南区土改的大体计划，实行土改的区域，包括广西400万人的地区。9月24日，省委作出《关于积极进行土改具体准备工作的指示》，要求各地加紧进行土地改革准备工作，在继续开展剿匪斗争的同时，做好土地改革的宣传教育、干部的调配、训练以及农会和民兵组织的整顿等工作。

10月23日至11月2日，广西首届各界人民代表会议在南宁召开，会议按照省委的提议，通过了全省三年内基本完成土改任务的决议。根据中南军政委员会关于建立省、专区、县土地改革委员会及其工作机构的指示，12月9日，广西省土地改革委员会（简称省土改委）成立，委员27人，陈漫远任主任委员，何伟、乔晓光为副主任委员，设立具体组织指导全省土地改革运动的办事机构。同日，省土改委举行第一次会议。鉴于当时全省不少地方还有股匪活动，广西冬季重点剿匪计划刚开始实施，反革命分子还在进行破坏活动，社会秩序不够安定，未进行过减租退押（租）运动的农村，群众还没有发动起来，群众基础比较薄弱，绝大部分干部缺少土改工作经验，少数曾在北方搞过土改的干部，对广西农村的状况还不十分了解，也面临广西土改的新问题等情况，会议决定在部分县进行土改试点后分批铺开，至 1952 年基本完成全省土改任务。广西是多民族聚居地区，人口最多的汉族和壮族占全省人口总数的 95%，壮族与汉族历史上长期杂居，社会经济发展水平、阶级分化程度与汉族大体相同，因此在制订土改计划时，省委决定，壮族地区基本采取与汉族地区相同的土地改革政策。全省土改运动分两批进行，汉族、壮族聚居地区列为第一批进行，侗、瑶、苗等少数民族地区列为第二批进行。

为保证《土地改革法》的实施，省委采取了四项措施。一是广泛开展学习宣传《土地改革法》活动，宣传解释党和政府的政策法令，召开各级各界人民代表会议、农民代表会、群众团体代表会，举办干部学习班等，广泛宣传土地改革的正义性、必要性和目的性，以及土地改革的政策和土地改革的做法。采取先城市后农村的办法，动员城市支援农村。先在有组织的群众中，“教育教育者”“宣传宣传者”，而后经过他们把政策法令的宣传解释进一步扩大到广大群众中去。大力动员工人阶级、小资产阶级和民族资产阶级积极帮助和赞助土改，组成强大的反封建统一战线。二是认真训练土改干部。省委抽调了大批干部组成土改工作队，并吸收城市青年和学生参加。中共中央和中南局也调派工作队支持广西的土改运动。省委注意抓住提高干部的政策水平，整顿干部的工作作风这一关键问题，在 1950 年下半年的整风运动中，纠正干部中存在的官僚主义和命令主义的作风，克服某些干部骄傲自满情绪及无组织无纪律的现象，使干部学会团结群众、走群众路线的工作方法。对参加土地改革的干部进行普遍的训练，主要是学习党和政府有关土改政策法令和土改试点经验，使他们认识在新形势下新区土地改革的基本任务和基本要求，了解中央规定的有关土改政策法令及广西制定的具体实施办法。三是建立人民法庭。其任务是运用司法程序，惩治危害人民与国家利益、阴谋暴乱、破坏社会治安的恶霸、土匪、特务、反革命分子及违抗土地改革法令的罪犯。四是为防止不法地主的破坏和保证农业生产的正常进行，由省人民政府发出布告。9月29日发布的《严禁破坏社会财富及不法地主转移或分散财产的布告》，规定严禁破坏山林，严禁屠宰残害耕畜，严禁不法地主转移或分散财产，违犯者依法惩处。

12月6日发出的《关于今冬明春土改地区应该密切结合生产的布告》规定，凡土改地区，在未分田之前，所有田地原耕者应积极耕种，不得荒芜；1950年冬进行土改的地区，所有冬耕生产，保证谁种谁收；1951年春进行土改的地区，佃户租种的田地，在分田前已下种插秧，而土地所有权转移时，仍保证谁种谁收。为了不影响农业生产，土改工作都在冬春农闲时节进行。

正当省委按照中共中央、中南局的部署，为进行土地改革积极创造条件之际，朝鲜战争爆发，中共中央1950年10月上旬作出抗美援朝，保家卫国的战略决策，全国各地掀起了轰轰烈烈的抗美援朝运动。11月22日，毛泽东电告中南局、华南分局、广西省委等：在时局紧张的情况下，必须限期剿灭股匪，加速进行土改，发展地方武装和坚决镇压反革命活动。在这样的情况下，广西全省的土地改革便与剿匪、镇压反革命和抗美援朝运动相结合，互相促进。

三、汉、壮族聚居地区的土地改革

汉、壮族聚居地区的土地改革历时三年，约1600万农业人口参加，先后分三期进行。

第一期土改。1950年冬至1951年5月，第一期土改在条件较好的17个县2507个乡进行。这些县包括桂林、平乐、容县、柳州、宾阳5专区的全县（今全州县）、兴安、灵川、临桂（今属桂林市临桂区）、灌阳、义宁（今属桂林市临桂区）、贺县（今属贺州市）、信都（今属贺州市）、苍梧、郁林、贵县、兴业、武宣、邕宁（现分属南宁市邕宁、兴宁、良庆等区）、宾阳、永淳（后分属宾阳、横县、邕宁）、横县等，人口409万。共抽调2.5万名机关干部和知识分子组成土改工作队，到农村指导土改改革。

鉴于土地改革区域大，各地发展不平衡，干部不足，而有群众工作经验与土改经验的干部更少的特点，第一期土改采取了由点到面、点面结合，然后向面上发展的方法。在普遍进行土地改革前，首先集中力量，由有经验的领导干部直接领导，选择少数区、乡、村进行典型试验，取得直接经验，以教育土改干部和群众，并从群众中挑选优秀积极分子培养成土改干部。然后点面结合，逐步扩展到其他区、乡、村，依靠试点向四周扩展。1951 年 1 月 4 日，省委发出《关于土改试点工作的指示》，试点工作在各专区开始。文件要求进行土改的地区必须做到依靠贫雇农，团结中农，加强贫雇农在农会中的领导；打倒地主阶级，首先集中力量把匪霸与恶霸分子打倒；培训土改干部队伍；加强领导，加强调查研究。各地在典型试验阶段，发现部分试点乡有脱离群众的“和平土改”倾向，把土改这样激烈而复杂的阶级斗争当作单纯、技术性的分田工作，出现群众埋怨，地主反抗，似改未改，不生不熟的“夹生饭”现象。针对这些现象，中共中央中南局和中南军政委员会提出有领导地放手发动群众的方针。2 月 16 日，省委发出《关于充分发动群众进行土改的指示》，再次强调土改全过程必须依靠贫雇农，团结中农，发动群众，斗倒地主阶级。此后，情况得到改善。在土地改革由典型试验阶段进入重点突破阶段时，在工作中又出现“急性土改”的倾向，发生了“大轰大嗡”的做法，主要是没有从实际出发，不讲步骤、策略，没有充分发动群众，只求运动表面上的轰轰烈烈，提倡“一锅煮”“全面动手”。这样就助长了少数激进分子的盲目行动，模糊了必须遵循的政策界限，发生了侵犯中农、工商业者和小土地出租者利益的问题，以及对地主不加区别、吊人打人和逼挖底财等错误做法，同样造成土改的“夹生饭”现象。针对这一情况，省委根据中共中央中南局和中南军政委员会的指示，进行了纠偏。进一步强调正确执行有领导地放手发动群众的方针，既放手给群众向地主进行坚决斗争，又放手把政策交给群众在斗争中讲政策、讲步骤、讲策略。同时，召开“战地会议”，特别是召开县的土改工作会议和区、乡农民代表会议，结合实践，总结经验，发扬成绩，克服缺点，分清政策上和做法上的是非界限，树立正确的认识和做法，及时纠正了当时“急性土改”的偏向。

1951 年春，随着土地改革在土改地区全面展开，有些地方一度发生草率求成、先紧后松、放松深入发动群众工作的情况，忽视了地主的破坏和反抗，以及农民进城追退欠租欠押、直接捉人捕人，甚至发生个别查封地主兼营的商店、作坊事件，造成城市部分工商业者、居民的波动与不安。省委根据中共中央中南局和中南军政委员会的指示,强调要深入发动群众、争取团结大多数,要重视划阶级、没收征收分配果实。强调土改期间处理城乡关系要本着城乡互助原则,划清政策界限,既要保护工商业,又要依法满足农民的合理要求。一方面,规定工商业者兼地主应主动解决自己的问题,坚持割断其与封建制度的联系,过好土改这一关;对逃匿城市的恶霸地主与不法地主,应认真检举,交当地政府依法治罪;对一般地主则督促其回乡,听候处理。另一方面,规定农民必须按照一定手续进城办事,如遇纠纷应经城乡联络处负责调处;无法调处者则交人民法院判处。由于采取了上述措施,各地土改中的问题较快地得到解决。

在第一期土改中,大体上经过扎根串连、划分阶级、没收征收和分配土地等阶段,农民每人可分到田地 1 亩 3 分到 2 亩多,以及耕畜、农具等生产资料和房屋等,基本上解决了无地和少地农民的土地及生产生活困难问题。第一期土地改革的完成,为全省更大规模的土地改革提供了经验,提高了领导干部的工作能力和政策水平,也训练和壮大了土改干部队伍,为第二期土地改革培养了骨干。由于当时主客观条件的限制,土改出现了运动粗糙与不彻底现象,主要表现在群众发动不够充分,对地主阶级打击不够彻底等方面。

第二期土改。从 1951 年 10 月开始到 1952 年 6 月结束,是全省规模最大的一期土改。

当时全省股匪已被消灭,散匪基本肃清,镇压反革命运动和抗美援朝运动也取得很大胜利,农村 400 多万人口地区完成了土改。1951 年 5 月至 10 月,省委再次组织减租退押(租)运动,普遍建立了农民协会,基本上摧毁了地主阶级在农村的军事、政治统治,建立了农民政治优势,城市开展了民主改革,全省城乡社会秩序比较稳定,阶级力量对比发生了根本的变化,人民民主专政在全省范围强有力地建立起来。广西各阶层群众,特别是广大农民热烈拥护中国共产党、人民政府和人民解放军,积极增产捐献,参干参军,支援抗美援朝,保家卫国。这些都为第二期土改创造了良好的条件。

1951 年 9 月 11 日至 26 日,中共广西省第一次代表会议在南宁召开，主要议题是研究部署土地改革问题。会上，省委代理书记陶铸作题为《在胜利的基础上争取于1952年完成全省的土地改革》的报告，省委副书记、省土改委主任陈漫远作题为《广西基本情况与今冬明年的任务》的报告，省委副书记、省土改委副主任何伟作题为《关于贯彻土地改革的具体步骤与方法》的报告。会议通过《中共广西省第一次代表会议关于今冬明年工作任务的决议》，提出搞好土地改革是全党压倒一切的中心任务，要求动员全省党政军民一切可能动员的力量投入土改运动，争取在1952年内完成土改任务。会议还明确提出“搞好、搞透”的方针以及土改的具体步骤与方法，要求对已经完成土改的县、区，开展土改复查，为生产运动做准备。

根据省委的部署，1951年10月，汉、壮族聚居地区的第二期土改在桂林、平乐、邕宁、钦州等专区的46个县展开，近4万名干部和学生组成土改工作队参加本期土改。

这期土改规模大，地区分散，交通不便，原来群众工作基础比较薄弱，面临不少具体情况与问题。由于大势所趋，受农村各种斗争特别是前期土改斗争的影响，地主阶级内部出现新的分化，一部分表示支持土改，另有一部分则采用明的或暗的方法反抗土改。地主中的顽固分子用各种方法控制群众，不让群众起来斗争，或蒙蔽、欺骗群众搞假斗争，设立圈套，向群众转移财产，利用同宗、同族、同村、老佃户和老雇工关系等旧观念，笼络农协干部和群众，制造假组织、假分配，麻痹群众斗争意志，妄图达到破坏土改、保护自己封建财产的目的。而群众在前期土改胜利的鼓舞下，增强了土改的信心，但因缺乏斗争经验，对地主的反抗缺少警惕，容易被其狡诈的手法所蒙蔽、软化和离间。

面对这些情况，不少干部不仅缺乏充分认识，相反在不同程度上存在着盲目自满、松懈麻痹的思想情绪，官僚主义、命令主义、个人主义作风亦有所滋长。为了充分放手发动群众，搞好这一期土改，省委根据中共中央中南局和中南军政委员会关于“深入工作、深入斗争”的指导方针，整顿干部的思想作风，整编干部队伍，在工作队中组织开展了“提倡艰苦深入，反对自满松懈；提倡群众路线，反对包办代替；提倡实事求是，反对形式主义”的“三反”运动，举办训练班，进行“战地练兵”。通过学习文件、总结工作、对比分析和开展批评、自我批评等方法，批判部分干部的骄傲自满、松懈麻痹情绪和官僚主义、命令主义、个人主义的思想作风，学习土改经验，汲取过去工作教训，分析土改工作的有利、不利条件，提高了干部的政策策略水平和工作能力。同时，陈漫远、何伟、乔晓光等省委领导以及土改地区各级主要领导人都亲自参加土改工作，亲自动手，抓好重点乡的工作，指导运动。各级检查组巡回检查，帮助解决问题，推广成功经验。由于工作到位，偏差一经发生即迅速得到纠正。这一期土改从总体来说，比前期土改有明显的进步，发动群众比较广泛，特别对一时受地主蒙蔽的群众发动较为突出，对地主的斗争也比较彻底。

这期土改同样采取试点的办法，取得经验后向面上铺开。具体方法分为发动群众、开展斗争，整顿队伍、划分阶级，没收征收和分配土地，总结工作、健全组织、庆祝胜利、布置生产四个步骤。这几个步骤互相衔接，互相渗透，上一步骤为下一步骤准备条件。

土改工作队进村后，首先放手发动群众，争取群众的大多数，把敌人孤立起来，为运动的顺利开展创造条件。通过调查研究，摸清情况；宣传共产党的土改政策，解除农民的思想顾虑；开展访贫问苦，扎根串连，提高农民的思想觉悟；打击和制止地主的破坏活动，鼓舞农民的斗志等方法，向地主阶级展开斗争。其次，开展建立和健全农民协会的工作。把成分纯洁、斗争勇敢、作风民主、为人正派的农民带头人和各方面的代表人物吸收到农协组织中来，并使农协成为乡村的真正领导核心。第三，划分农村阶级。根据中央人民政府政务院颁布的《关于划分农村阶级成份的决定》及《关于划分农村阶级成份的补充规定（草案）》，按照讲阶级、评阶级、通过阶级、批准阶级等程序，完成阶级划分。在划分阶级时，注意掌握关于小土地出租者与地主的分界、关于半地主富农与地主的分界、关于中农与富农的区别，贯彻党的团结中农和中立富农的政策。按照土地改革法，没收地主阶级的土地、耕畜、农具、多余粮食及其在农村中的多余房屋，征收半地主富农的出租土地。没收征收工作是在乡农民协会的统一领导下，成立没收征收委员会，由乡农协主席担任主任。先没收地主土地和其他四大财产（耕畜、农具、多余粮食和房屋），后征收富农的出租土地和公地。对地主，先没收大地主、恶霸地主，再没收一般地主。并采取自报公议、反复讨论、民主评定、三榜定案的方法，做好土改果实的分配工作。由于党组织的教育，多数干部基本上能做到公平公正、团结互让。最后，总结工作、健全组织、庆祝胜利、布置生产。

中央对广西土改工作给予大力支持，从全国政协、政务院选派一批民主党派、文化界著名人士，以及从北京大学、清华大学、辅仁大学、燕京大学 4 所大学抽调师生共 800 多人，组成中央土改工作团，分别到邕宁、柳城两县参加土改，其中有田汉、胡绳、阳翰笙、李可染、艾青、安娥、王铁崖、赵乃抟、赵九章、张钰哲、曹孟君、于立群等著名科学家、艺术家、作家、医生、教授等。

到 1952 年 6 月，第二期土改基本结束，共完成 3736 个乡、773 万人口地区的土改任务。这期土改发动群众比较充分，工作比较扎实，按照法令彻底没收地主阶级应没收的财产，农民得到赖以生存的土地及一定的生活资料与生产资料，果实分配基本公平合理。与此同时，对地主阶级打击比较彻底，农民的阶级觉悟和政治觉悟得到提高，他们纷纷组织起来，踊跃参加农会，建立起可靠的民主组织，参与管理农村，制止地主阶级的破坏和反攻。第二期土改基本上达到了“搞好、搞透”的要求。

第三期土改。1952 年 7 月至 10 月，第三期土改在百色专区和宜山、邕宁专区部分县进行，整个土改地区人口约 397 万。7 月 23 日，省委发出《关于完成第三期土地改革任务的指示》，强调要总结经验教训，坚持土地改革与生产相结合、个别发动与集体发动相结合、发动与斗争相结合、自下而上的发动斗争与自上而下的政治攻势相结合。重点把握好三个方面的要求：对大、中、小地主采用不同斗争方式；地主土地没收要彻底，分配土地要公平合理，满足贫雇农的合理要求；在农会中培养一批骨干分子。

各专署在土改前均召开了干部扩大会议，强调深入放手发动群众搞好土改的要求，着重集训干部，总结工作，整顿队伍。为推动土改的不断深入，每告一段落均召开干部扩大会议，交流经验，总结工作，及时提出土改运动每个步骤存在的主要问题和应对措施，不断提高土改干部的素质和战斗力。

本期土改伊始，强调集中力量进行试点，用“战地练兵”的办法，培养、提高干部领导土改的能力，以解决干部缺乏经验问题；强调土改与生产的结合，做到土改、生产两不误。强调对地主实行自下而上的群众斗争和自上而下的政策攻势相结合。土改全面铺开后，针对有的地方干部的自满、急躁情绪和运动中逐渐出现的群众发动不够充分、斗争面过宽等现象，又突出强调深入放手发动群众、端正政策和适当收缩土改的规模，并在划分阶级、追缴余粮等方面作出一系列的明确规定，保证土改运动深入、健康地发展。

由于前两期土改积累了丰富经验，第三期土改指导思想比较正确，具体指导比较及时，加上农民亲眼看到前两期土改的胜利成果，积极投入土改，仅用三个月时间就完成了本期土改任务。但是，仍有 15% 左右的乡工作质量达不到要求，问题只能留待土改复查时解决。

土改复查分为两期进行。第一期复查工作和第二期土改同时进行，主要是解决第一期土改存在的群众发动不够充分，对地主阶级打击不够彻底等遗留问题。在 1951 年 9 月召开的中共广西省第一次代表会议上，省委除了部署开展全省范围的土改任务外，还提出对第一期土改进行复查的任务。复查的基本任务是：深入发动群众，彻底斗垮地主阶级。复查工作分为三大步骤，即查田、查阶级，查民主团结，查田发证、深入教育。通过复查，遗留问题得到解决，使土改成果在原有的基础上得到巩固。

第二期复查工作于 1952 年下半年至 1953 年上半年进行。1952 年 8 月至 9 月间，进行试点和集训干部，10 月全面铺开。当时全省即将开始第一个五年计划经济建设，为适应新形势要求，鉴于第二期和第三期土改比较彻底，省委提出第二期复查工作“稳步加快”“又快又好”的方针，决定划分两种地区，采取两种不同的做法。在农民占优势和基本占优势的地区（一、二类地区），以开展民主运动为重点，主要工作是调整干群关系，健全乡村基层组织，巩固农民的政治优势，增强内部团结，压服敌人，解决遗留问题，发好土地证；在农民优势未确立的地区（三类地区），以查田、查阶级为重点，充分发动群众打击不法地主，彻底打倒地主阶级，解决农民的政治经济要求，确立农民优势，完成农村组织建设，颁发土地证，保证农民迅速转入生产。1953 年 4 月，全省土改复查结束。

四、瑶、苗、侗等少数民族地区的土地改革

在汉、壮族聚居地区轰轰烈烈进行土地改革的时候，政治、经济和社会发展较为落后的瑶、苗、侗等少数民族地区开展了土改前的准备工作。

1951 年到 1952 年，全省开展大规模的民族政策宣传活动，帮助少数民族恢复生产，建立民族自治地方。中央和广西省委、省人民政府以及各专区、县都分别派出访问团、慰问团、工作队到民族地区进行慰问，发放农业贷款和救济物品，帮助解决种子、肥料等生产资料的困难，发动少数民族群众造林，组织生产，安定人民生活。同时，大力推行民主建政，帮助少数民族建立各级民族自治机关，促进少数民族党员和干部队伍逐步成长。随着一系列革命和政治运动的完成，党的民族政策的实行，广西瑶、苗、侗族地区社会秩序安定，平等团结的民族关系基本建立。而汉、壮族聚居区土地改革的胜利完成，使瑶、苗、侗等少数民族地区广大农民看到土改的好处，大多数要求土改，民族上层人物意识到社会发展的趋势，也基本同意进行土改。大体上来说，广西瑶、苗、侗族地区实行土改的条件已基本具备。

1953 年秋，省委、省人民政府发出指示，瑶、苗、侗等少数民族地区的土地改革，从调查研究、拟订方案到具体实施，由中共桂西壮族自治区委员会、自治区人民政府具体负责组织指导。根据这一指示，中共桂西区委、区人民政府组织力量，对都安、三江、隆林 3 县少数民族地区的社会经济情况进行调查研究。同年 12 月至 1954 年 1 月，先后在都安县以及其他县（县级自治区）的 151 个乡进行少数民族地区土改试点。1 月 11 日至 15 日，受省委委托，桂西壮族自治区召开少数民族地区土改工作会议，总结试点经验，研究制订少数民族地区土改方案，报经中共中央中南局和广西省委批准。

1954 年 1 月 30 日，省委发布《广西省少数民族地区土地改革实施方案（草案）》，根据中央关于少数民族土改的方针政策、广西少数民族地区的实际情况以及都安县土改试点经验，提出广西少数民族地区土改运动的总方针、总任务，即“坚决采取慎重的、温和的、曲折的阶级斗争方式，依靠贫雇农，巩固地团结中农；提高阶级觉悟，贯彻民族政策，加强

民族团结；有步骤、有区别地消灭地主阶级封建土地所有制，实现农民土地所有制，发挥各民族生产积极性，逐步改善和提高各族人民的生活；巩固少数民族地区的人民民主专政”。省委制定对少数民族地区土改的若干具体政策，包括：一是对上层人物的政策。加强对少数民族上层人物和宗教人士的统战工作，尽量争取他们赞同土改，至少保持中立。注意照顾与人民群众有联系的上层人物和宗教人物，凡需要团结的人，在土改中必须保护。对表现较好的上层人物和宗教人物，亦可以吸收参加一些区、县土改协商委员会。对少数民族宗教、寺院的土地、房屋以及其他有关宗教信仰和风俗习惯的公共土地、房屋，原则不动。如果多数群众要求，上层人物与宗教人物同意，可酌情处理。二是对地主阶级的政策。政治上，土改中对一般地主不进行斗争，对个别在解放前一贯反动，解放后仍继续危害人民，为当地本民族多数所痛恨并要求斗争，非斗争不足以平民愤的恶霸地主，可经县委批准开展斗争。在经济上，主要没收地主的土地、山林，但应留给其数量大体相当于全乡总土地人均数的一份，一般先留后分。在生活上给予出路。对房屋、耕牛、农具一般不予没收，一些地主占有较多者，经区工委批准后没收其多余部分。对地主不追余粮，不追底财。其分散给农民代藏的财物，可宣布归收藏农民所有。个别地主粮食和浮财较多的，可给农民留下同等数量，多余的可予没收，但须经区人民委员会批准执行。三是对富农的政策。争取富农中立，不斗争富农。富农出租土地，可适当征收一部分或全部，交农民分配。出租的耕牛一律不征收。富农所欠税租不追不退，过去的一些霸占行为，一般不再清算霸占农民的土地、山林、房屋，如农民要求退回，可交法院依法处理。四是划分阶级政策。划分阶级坚持“就低不就高”的原则，尽量缩小打击面，防止“矮子里挑高个”，提高阶级成分。五是土地、财产分配政策。土改中分配地主土地和财产，应以村为单位进行，以乡为单位进行民族间的调剂。民族间的调剂，应经过动员，以相互赠送的方式进行。在分配中不提“满足贫雇农要求”的口号，只能根据实际情况适当解决贫雇农部分生产生活的困难。

1954 年 3 月 18 日，省委发出《关于少数民族地区土改全面铺开的指示》，要求在尚未土改的少数民族地区展开土地改革。组织有 5400 多人的土改工作队，分赴瑶、苗、侗族等少数民族地区，全面开展土地改革。参加这批土改的地方包括隆林（今隆林各族自治县）、大苗山（今融水苗族自治县）、三江（今三江侗族自治县）和大瑶山（今金秀瑶族自治县）4个县级民族自治区以及都安（今都安瑶族自治县）、东兰、宜山（今河池市的宜州市）、天峨、南丹、河池（今河池市金城江区）、凤山、平果、凌云、乐业、靖西、德保、田林、百色（今百色市右江区）、防城（今防城港市）15个县的部分少数民族聚居或杂居的地区，共716个乡的瑶、苗、侗、壮、水、仡佬等民族，总人口85万余人。由于路线、方针、政策正确和具体措施有力，瑶、苗、侗族等少数民族地区土改工作于1954年5月顺利完成，共征收没收封建地主田地18万亩，山林4.5万多亩，杉木271万多株，粮食87万公斤，分配了山地、山林，确定了地权，颁发了土地证，解决了少数民族群众缺地少地、缺乏生产和生活资料问题。

五、土地改革的伟大成就

1954年夏，广西全省完成了农村的土地改革。土地改革彻底废除了封建地主土地所有制，从根本上铲除了封建制度的根基，完成了反封建的伟大历史任务，使广西农村发生了深刻的社会变革，土地改革取得了伟大成就。

第一，彻底消灭了地主阶级和封建剥削制度，摧毁了两千多年封建统治的经济基础，从根本上改变了农村封建剥削的生产关系，实行农民土地所有制，真正做到“耕者有其田”。通过土改，使物质财富从地主阶级手里转移到广大农民手中。全省在土改中共征收、没收地主的土地1005.26万亩，约占当时全省耕地面积的27.4%，占土改地区耕地面积的40%；没收耕畜33.2万头、主要农具178.4万件；没收地主余粮7.65亿公斤（包括减租退押果实1.75亿公斤）、房屋103.6万多间。没收的土地和生产、生活资料分配给贫苦农民与其他劳动人民，无地少地农民按人口平均每人分得耕地2亩左右，对地主则给予了生活出路。广大农村土地占有关系发生了根本变化。根据对邕宁县陈村、平乐县金山、容县冠堂等10个典型乡的调查，土改后，人均占有土地面积为贫雇农2.26亩，中农2.68亩，地主2.13亩，富农3.6亩。若以当地每人平均占有土地为100，土改前地主人均占有650%，土改后为76.8%；土改前贫雇农人均占有27.4%，土改后为90.25%。土改后中农人均占有土地107.23%，比土改前稍增；富农占144.99%，比土改前减少10%；小土地出租者占132.6%。原来严重缺少耕畜的贫雇农，多者每户分得1头耕畜，少者2—3户共同分得1头。原来无房或严重缺房的贫雇农，分得一定数量的房屋。这样，延续了两千多年的封建统治的经济基础被彻底摧毁了，地主阶级作为一个剥削阶级被消灭了，土改使千百年来广大农民"耕者有其田"的理想变为现实。

第二，解放了农村生产力，极大地调动了农民的生产积极性，促进了农村经济较快恢复和发展。农村中建立了新的生产关系，农民有了土地和生产资料，在经济上翻了身，生产积极性大大提高。在1952年开展的爱国丰产运动中，各地农民纷纷组织起来，走互助合作的道路。农民积极兴修水利，共修建小型农田水利5.15万余处，受益面积达370余万亩。许多农民购买农具、耕牛，积极改进耕作方法，提高生产技术，广西农业生产快速发展。1952年全省土改地区粮食普遍增产15%以上。1954年粮食总产600.5万吨，比1952年的529.3万吨增长13.45%；农业总产值（按当年价计算）13.45亿元，比1952年的11.49亿元增长17.06%。

第三，农民成为农村真正主人。通过土改，废除了地主阶级的一切特权，彻底摧毁了反动的保甲制度，挖掉了国民党反动统治在农村的社会基础。锻炼、培养了大批干部。农民的政治热情空前高涨，积极参加农会、民兵、青年团、妇联等群团组织，农民代表大会威信大增，乡以上政权和一些村逐步建立了党的基层组织，农村中的党群组织得到巩固和发展。据1952年底统计，全省农民协会会员达547.34万人，占已土改地区农业人口的40%以上。通过民主选举产生了乡村政权，实行人民民主专政，农民真正在政治上翻身做了主人。通过土改，农民建立了自己的武装，全省有民兵53.89万人，约占已土改地区人口的3.78%。农村群众组织也逐步建立和覆盖，全省共有妇女会会员273万人，新青团团员6.3万余人。农村普遍成立了以贫雇农为骨干的农民协会，确立了贫雇农在农村的优势地位，巩固了工农联盟，为引导千万农民逐步走上集体化道路创造了条件。

第四,农村社会风气焕然一新。党的领导得到广大农民的衷心拥护和支持,党在农村中的各项工作得以顺利推进。共产党和人民政府在农民中的威信进一步提高,在农村的阵地进一步巩固。翻身农民由衷感谢和热爱党、政府和人民解放军,踊跃缴纳公粮,出售余粮,支持国家经济建设。在抗美援朝运动中,许多农民送子参军,保家卫国,保卫胜利果实。广大农村出现学习文化热潮,农民夜校、读报组等纷纷建立。经过土改,妇女翻了身,积极参加政治活动和农业生产。封建思想受到极大冲击,陋风弊俗初步得到改革,赌博、偷盗情况基本消除。农村出现了积极、健康、向上的新气象。

第二节　社会民主改革运动

一、城镇及工矿企业的民主改革

民主改革是在工矿企业中进行清除封建势力和废除压迫工人制度,树立工人阶级领导权的城市社会改革运动。从1951年8月开始至1953年11月,在广西省委领导下,全省城市开始了民主改革运动,发动工人群众,扫除城市中的封建残余势力和封建剥削制度,纯洁工人队伍,加强工人团结,发挥工人的生产积极性,让工人当家作主。

解放前,广西工人除受资本家的压迫剥削之外,还深受封建反动势力的控制。厂矿、交通、建筑、搬运等行业中的封建把头、工头、帮会首领、反动会道门头子,以及街道恶霸分子等封建势力,勾结统治当局,垄断雇佣劳动,克扣工人工资,野蛮盘剥、打骂工人,甚至蹂躏女工及工人妻女。解放后,人民政府和平接管了城市的厂矿、交通、建筑、搬运等行业。但是,旧的管理制度在接收后残留下来,封建把头、恶霸、帮会反动头子等封建残余势力仍然存在。随着各级人民政权的不断巩固,这些反动分子暂时收敛其罪恶活动,有的伪装进步,混入革命队伍,甚至混入工会或街道委员会等基层组织;有的勾结土匪、特务,破坏生产,散布谣言,破坏工人团结，扰乱社会治安。广大工人迫切要求废除不合理的规章制度，清除封建残余势力。

1951年8月1日，中共中央中南局发出《关于放手发动群众开展民主改革运动的指示》，要求各城镇"全面地、有计划有步骤地发动一个民主运动，打垮封建残余势力"。同年9月11日至26日召开的中共广西省第一次代表会议，对城市民主改革运动作了部署。1951年下半年，民主改革运动首先在桂林、柳州、南宁、梧州、北海五个城市开展。后来，又在各个县城、圩镇铺开。各级党组织组织工作队深入工矿企业开展工作。广西民主改革运动分民主斗争、民主团结、民主建设三个阶段进行。

在民主斗争阶段，主要任务是发动群众，提高工人阶级觉悟，清除隐藏在企业、街道和各行业的反革命分子和封建残余势力，斗争的重点对象是国民党特务、地方恶霸、封建把头、反动会道门头子、流氓打手、反动旧街（镇）长、反动旧警察和旧军官等残余势力。在斗争中放手发动群众，对封建把头等反动分子进行揭发、控诉和斗争，让广大工人认识了遭受苦难的原因，认识到要真正在政治上翻身、经济上改善，必须肃清封建势力。对原来那些压迫、奴役工人的制度，包括工头特权、搜身、私刑、不合理的罚规等一律废除，建立起劳动保护制度。在这一阶段，南宁市共召开各种控诉大会58次，有8万多人次参加，受害的苦主在会上与封建把头等坏分子作面对面的揭发斗争；桂林市共召开22次控诉会，到会群众3.3万多人，斗争封建把头、恶霸、特务及旧街长，苦主上台控诉了反动分子的罪行，经审判并判处2名罪大恶极的封建把头死刑；柳州市召开批斗会133次，挖出一批特务、恶霸和匪霸、帮会头子和"一贯道"道首、封建把头，各地揭露出来的反革命分子和封建残余势力，由政法机关审核处理。

在民主团结阶段，主要是解决企业工人内部矛盾，树立工人阶级主人翁地位。其中主要是处理好领导与群众、工人与职员和技术人员、工人与工人的三大关系。处理领导与群众的关系问题，主要是解决领导干部的官僚主义和命令主义作风问题，在领导干部中强化依靠工人阶级、相信工人阶级的意识，摆正谁是企业主人的问题。处理工人与职员和技术人员的关系问题，着重解决职员、技术人员的旧思想、旧观念和旧做法，通过民主改革运动，使他们改变鄙视工人的观念，克服雇佣思想。处理工人与工人的关系问题，主要解决长期以来工人阶级内部存在的封建帮派问题，树立工人阶级团结和主人翁意识。

在民主建设阶段，主要是在企业确立新的劳动制度，实行民主管理制度。废除了工头特权、搜身、私刑、不合理的罚规等压迫、奴役工人的制度，建立劳动保护制度；改革企业的领导机构，建立有工人代表参加的工厂管理委员会和职工代表大会，整顿工会组织，清洗混进工会的反动分子，提拔工人群众中有威信的先进分子参加民主管理。到 1951 年 12 月，全省有工会会员 10.2 万人，从优秀工人中提拔为干部和技术人员的有 2098 人。建立工厂管理委员会和职代会的国营企业共 40 个，私营企业建立劳资协商会的 119 个，签订公私劳资合同的 106 个。一批企业实行劳动保险，享受保险的职工 1 万多人。

1952 年 12 月，全省工矿企业民主改革运动基本结束。有的城市在 1953 年对一些行业进行运动的“补课”，在城镇街道开展民主建政，取缔反动会道门和封建帮会组织，废除旧街（镇）保甲制度，建立镇和镇公所、居民委员会和居民小组。1953 年 10 月，桂林、北海等市进一步开展街道民主建政工作，在肃清反革命分子、反动会道门和封建残余势力后，改造街道政权和各类组织，选举居民委员会和街道委员会。

这场运动，通过发动城镇群众，沉重打击封建残余势力，摧毁国民党遗留在城市中的下层统治基础；取缔反动会道门和封建帮会组织；废除企业原有的把头制、工头制、包工制等压迫工人的管理制度，初步建立一系列新的管理制度；清洗混入工人队伍的反动分子，纯洁工会等群众组织；伸张正气，舒慰民心，确立起工人群众在企业中的主人翁地位。1953 年 11 月，广西城镇和工矿企业的民主改革运动结束。广西城市民主改革运动的胜利，彻底摧毁了全省城镇中的封建残余势力，清理出各种欺压工人的反革命分子和恶霸工贼，改革了行业、企业解放前遗留下来的不合理制度，使工人摆脱了羁绊和束缚，激发了工人们的生产积极性。同时，城市民主改革运动也改善了劳资关系，促进了生产力的发展。这些都为后来的资本主义工商业的社会主义改造打下了基础。

二、改革旧婚姻制度和移风易俗

旧中国封建桎梏的一个重要方面，就是沿袭以夫权为中心、压迫妇女并剥夺男女婚姻自由的封建主义婚姻制度。它束缚和摧残人性、人权，酿成许多人间悲剧。同时它还与社会观念、伦理道德、宗法习俗等问题相关，对社会风俗产生深刻影响。在旧社会，广西劳动妇女长期处于受压迫、受屈辱、受摧残的悲惨境地。特别是农村妇女被排斥在政治生活之外，没有财产所有权和继承权，没有独立的经济来源，没有独立人格和身份，被剥夺了接受文化教育和参加社会活动的权利。包办买卖婚姻、男尊女卑、干涉寡妇改嫁、养童养媳、蓄婢、纳妾等现象普遍，妇女没有婚姻自主权，生活在社会最底层。

1950 年 5 月 1 日，中央人民政府颁布新中国第一部法律《中华人民共和国婚姻法》（以下简称《婚姻法》）。其中规定："废除包办强迫、男尊女卑、漠视子女利益的封建主义婚姻制度。实行男女婚姻自由、一夫一妻、男女权利平等、保护妇女和子女合法利益的新民主主义婚姻制度"；"禁止重婚、纳妾，禁止童养媳，禁止干涉寡妇婚姻自由，禁止任何人借婚姻关系问题索取财物"，这是对旧婚姻制度的彻底否定。《婚姻法》的颁布实行，是肃清封建残余和建立新的社会生活的一项重大社会改革，为广大妇女从封建婚姻制度的压迫束缚下解放出来，投入革命和生产建设，提供了法律上的保障。同年，南宁、桂林、武鸣、马山、全县等地开始实施婚姻登记。1955 年内务部发布《婚姻登记办法》后，广西各地普遍开展婚姻登记工作。

《婚姻法》颁布时，剿匪是全省的中心工作，因此，《婚姻法》的宣传贯彻工作，主要由省民主妇联筹备处进行。贯彻《婚姻法》，首先是解除地主恶霸强占、强买、强卖妇女等不合理的婚姻关系，这一主张得到了广大人民群众特别是广大妇女的拥护。在不少地方，人们纷纷要求摆脱旧婚姻旧习俗的束缚，青年要求婚姻自由，寡妇要求再嫁，童养媳要求回娘家，受丈夫、婆婆虐待的妇女要求离婚等。到 1951 年 8 月，据不完全统计，全省共受理婚姻案 14467 件，其中离婚案 11666 件。离婚案中原告以妇女居多,有的县受理婚姻案由女方主动提出的占 90% 以上,反映了广大妇女对婚姻自由的强烈愿望。但是,各地的情况并不平衡,一些地方在贯彻执行《婚姻法》过程中也遇到很大阻力。由于几千年来的封建统治,封建宗法礼教在人们头脑中根深蒂固;一些地区还存在虐待打骂妇女、干涉妇女婚姻自由的现象,甚至出现妇女被迫害致死的严重案件。1951 年 11 月 19 日,省委根据政务院关于检查《婚姻法》执行情况的指示,发出《关于检查婚姻法执行情况的通知》,由省人民法院、民政厅、民主妇联筹备处、公安厅和检察署等单位联合成立“广西省检查婚姻法执行工作委员会”。随后,该委员会从省人民法院、省民主妇联筹备处等单位抽调干部,组成工作组,分别对来宾、永淳、上林 3 县及南宁市进行重点检查。各专区、县也以法院、妇联为主,组织检查组深入检查。在检查中,对因包办买卖婚姻和封建思想造成的家庭纠纷,采取说服教育的方法解决。对那些虐待、残害妇女和干涉婚姻自由造成严重后果、引起民愤的犯罪分子,则依法严厉惩办。检查组在来宾县召开公审大会,公开审理因夫家虐待造成 3 名妇女集体投河自杀的典型事件,对虐待妇女的主犯就地枪决,在全省引起很大震动,有力推动了《婚姻法》的学习宣传和贯彻执行。据 1952 年 9 月不完全统计,全省有 3.6 万多名深受封建婚姻折磨的妇女提出离婚并获准。

1953 年 1 月,根据中央关于开展贯彻《婚姻法》运动的指示精神,省委成立了贯彻《婚姻法》委员会,省委副书记陈漫远兼任主任。各专区、市、县也分别成立贯彻《婚姻法》委员会办公室。2 月 8 日,省委发出指示,要求干部带头学习贯彻《婚姻法》。9 日,省人民政府作出《关于开展贯彻婚姻法运动的指示》,决定把 3 月作为全省贯彻《婚姻法》月,宣传运动主要在南宁、柳州、桂林、梧州、北海五个市和各专区的 24 个县进行。各地普遍设立宣传服务站,经过训练的八万多名区、乡干部以及宣传员、积极分子,深入城乡,深入家庭,通过举办巡回展览、墙报、演戏、放幻灯、广播等形式,向广大群众宣传《婚姻法》,批判旧婚姻制度,支持青年男女争取婚姻自由的权利,为受压迫、受迫害的妇女伸张正义。同时,针对一些干部进城后喜新厌旧、抛弃农村妻子的现象,在报刊上及时组织开展讨论,严厉批评错误思想,造成强大的舆论声势,使不少濒于破裂的家庭重新和好。对旧社会遗留的一夫多妻现象也进行彻底清理,通过耐心的动员和说服,多妻的男子只留下一位妻子,其余女子另行择偶。群众普遍接受《婚姻法》的教育,城市教育面达成年人口的80%以上,户数达90%;农村重点乡教育面达80%—95%。

经过广泛学习宣传以及贯彻《婚姻法》运动,全省广大群众自觉划清了新旧婚姻制度的界限,逐步形成新的婚姻思想和风气。封建婚姻制度受到沉重打击,自主婚姻明显增多,包办、买卖婚姻和其他干涉婚姻自主的现象大为减少;婚姻自主、一夫一妻、男女平等、家庭民主和睦等新型婚姻制度逐步建立。广大妇女从封建桎梏中解放出来,不少妇女参加政府和农协等机构的工作,有的担任了领导职务。不少童养媳在解除封建婚约后参加革命工作,有的成为革命队伍中的骨干。

三、扫除旧社会痼疾

旧社会遗留下来大量痼疾,特别是贩毒吸毒、卖淫嫖娼、设庄赌博等,严重毒化社会环境和人民的身心,扰乱了社会秩序。省委、省人民政府遵照中央的决策部署,发动全社会的力量,坚决予以取缔,荡涤旧社会的污泥浊水,取得显著成效。

禁毒。近代以来,中国深受毒品祸害,其中以鸦片为害最烈。广西是云、贵、川鸦片烟土贸易的主要通道和集散地之一。新桂系统治时期,鸦片贸易成为其重要税源。鸦片烟馆要交纳营业费、执照费、戒烟费、枪捐、红灯捐等税,数额巨大,以至鸦片烟越禁越多。桂林、梧州、柳州、南宁等城市以及百色城是鸦片运销的集散中心,设有大量鸦片烟馆,吸食者众多。据统计,解放前南宁有烟馆100家,其中大烟馆9家,梧州市有烟馆近100家,桂林市有烟馆30多家。一些地方种植罂粟以获取高额利润。

1950年2月4日,政务院向全国下达《严禁鸦片商品》的通令,规定凡继续贩运、制造、销售毒品者,要从严治罪,吸毒烟民限期向有关部门登记,定期戒除。2月24日,政务院颁布《关于严禁鸦片烟毒的通令》。要求各地迅速禁绝种烟,严惩制售烟土毒品。4月21日,中央发出《关于肃清毒品流行的指示》,要求在全国范围内有重点地大张旗鼓地发动一次群众性的运动，彻底扫除毒品。5月5日，省人民政府发出《关于严禁鸦片烟毒的布告》，规定自布告之日起，禁绝烟毒。11月15日，省人民政府颁布《广西省禁烟禁毒实施办法》。

在各级党委、人民政府领导下，各地公安机关依靠和发动群众，开展禁毒工作，严厉打击毒品犯罪活动。1950年2月，政务院通令发出后，百色专区成立百色城禁烟委员会，召开干部大会，进行动员和宣传，禁烟禁毒。5月，郁林专署转发省人民政府布告，明令规定禁止种植、制造及售卖烟土；散存民间的烟土毒品，限期报缴处理；吸食烟毒者，限期登记与戒绝，违者视情节轻重予以严惩。次年3月，郁林专署提出当年内基本禁绝种鸦片，要求各级政府重申禁令，制定禁烟公约，鼓励群众自行铲除所种鸦片，经劝导抗拒不肯铲除者交司法机关处理，严惩制售的重大毒犯，当众焚毁查获的烟土、烟具，鼓励社会有威望人士协助禁毒工作。从1950年初至1951年2月，郁林专区破获烟毒案200多宗，缴获一批烟土，对一些鸦片种植和吸食重点区进行反复铲除。

1952年4月和6月，中央又两次发出关于肃清毒品的指示。7月，省人民政府成立禁毒委员会，由副主席李任仁任主任，民政、公安、财经委、交通、邮电、法院、税务、民委（少数民族委员会）、省委宣传部及军区等部门为成员单位，下设办事机构。8月，发动了一场大规模的群众性禁毒运动，在全省5个省辖市64个县99个圩镇及柳州铁路管理局辖区，广泛宣传烟毒的危害，发动群众检举揭发制毒、贩毒的犯罪分子，帮助吸毒者治病戒毒。经过4个多月的努力，全省共查出烟毒犯24137名，逮捕毒犯4476名，缴获和销毁大批鸦片、吗啡、海洛因等毒品，并帮助大批吸毒者戒除了毒瘾。在桂西北偏远地区，当地党政部门组织力量，坚决铲除种植的罂粟，对相关农户给予物资帮助，指导他们种植粮食。由于全省各级党委、政府高度重视和精心组织，广大干部群众积极参与，禁毒运动在较短的时间内取得重大成绩，到1952年底，全省所有烟馆、烟行等全部被摧毁，肆虐全省百余年的鸦片烟毒基本上被禁绝了。

禁赌。赌博是旧社会遗留下来的恶习。解放前，广西赌风盛行，新桂系集团统治时期，赌馆受到当局保护，广西各城市都开有赌博公司。桂林市有公开赌馆10余处，赌徒在茶楼、酒馆、大街小巷公开聚赌；南宁市最大的赌场建宁公司为了招徕赌客,从境外招来青年女子摇骰子和开盖唱赌。一些人因赌博而荒时废业、倾家荡产、偷盗抢劫的大有人在,影响生产、生活和社会秩序。匪特也借赌掩护和组织特务活动,借赌收集资金支持反革命活动。解放后,省委、省人民政府动员人民开展了严禁赌博活动的斗争,捣毁赌窝、没收赌具、惩戒赌徒,向人民反复宣讲赌博对身心、家庭、社会、国家的危害,明令严禁赌博,违者依法惩处。梧州市军管会于1949年12月发出布告,禁止各种赌博,明令再有开赌聚赌者,一经查获,定予严办。到1950年底,共查获聚赌案754起。南宁市警备司令部于1950年1月3日颁发《取缔赌场、禁止赌博的命令》,在全市开展禁赌,到1950年底,共破获赌博案351起,处理赌徒791人。在农村,结合土改运动,通过农会对群众施行教育和劝导,帮助他们自觉戒赌。从1953年起,各地公安机关相继发布禁赌通告,广泛发动群众,反复进行集中查禁工作,结合日常治安管理,开展经常性的查禁,对屡教不改的赌头、赌棍和惯赌人员采取收容教养,对一般赌徒则进行法规教育,动员其家属劝赌。经过广泛的社会动员,在各界群众的积极配合下,旧社会十分盛行的赌博陋习基本被扫除。

禁赌运动消除了群众投机取巧、不劳而获的思想,也禁绝了敌对分子以聚赌为掩护所进行的反革命活动,保证了社会稳定,促使治安得到明显好转,社会不良风尚明显改变,人民群众一心一意地将自己的精力投入到生产和学习中去,发展生产,建设国家。

禁娼。娼妓制度是剥削阶级社会的产物,是最野蛮残酷地摧残妇女的腐朽制度。在旧中国,娼妓现象的存在有着深刻的社会历史根源。妓院娼馆是淫乱的活动场所,是偷盗抢劫、吸毒贩毒、拐卖人口、敲诈勒索等犯罪活动的藏污纳垢之地。广西解放后不久,各地政府采取有力措施,封闭妓院,取缔嫖娼,改造妓女。

1951年,根据中央内务部关于“封闭妓院、没收其财产,逮捕审判老板与领家,集中收容妓女,改造其思想,医治其性病,然后有家的送其回家,有对象的助其结婚”的指示精神,省人民政府在各城市开展取缔妓院、铲除娼妓制度的行动,采取打击首恶、改造一片、逐步缩小、最后消灭的方针,封闭妓院,管制老板,拘查嫖客,改造妓女。各地公安机关经过深入调查，会同民政、卫生、妇联等有关部门，查封妓院，禁止娼妓活动。对把妇女拉入火坑的封建恶霸、黑社会的流氓首恶及民愤极大的老板依法予以制裁。对以剥削妓女为生的老板、领家，视其罪恶轻重实行劳动改造或处以有期徒刑。没收妓院全部财产，充作改造妓女的费用。对嫖客进行教育、罚款直至收审。对于受害的妓女则主要进行教育与改造，分别安排她们从良、就业。南宁、柳州、桂林等地开办妓女教养院或妓女学习班。省、市妇联组织积极配合政府行动，组织妓女学习和劳动，为她们治病，使其成为自食其力的劳动者。据南宁、柳州、桂林、梧州 4 市统计，1950 年至 1952 年共查封妓院 263 家，惩处老鸨 24 人，收容妓女 633 人，其中遣送回乡 419 人，安置就业 214 人。各地成立妓女教养所，将妓女集中进行教育改造和治疗疾病，原有的妓女经过教育改造，大多数都安排到工厂、企业做工，成为自食其力的劳动者。有的还结了婚，组成了家庭，过上正常人的生活。有的妓女事后感慨地说：旧社会把人变成鬼，新社会把鬼变成人，感谢共产党，感谢毛主席。广西通过查禁妓院、取缔卖淫嫖娼的斗争，使卖淫嫖娼在短短的几年时间里就得到有效禁止，性病逐渐绝迹。这一重要社会变革深得民心，符合人民的意愿，这是社会进步的表现，为党和政府树立起正面的社会形象。

广西解放初期，党和政府领导的扫除各种社会弊病的斗争，开展的禁毒、禁赌、禁娼等运动，荡涤了各种社会丑恶现象，树立了新的社会风尚，受到全省人民群众和社会各界人士的热烈拥护和普遍好评。这些曾在旧社会屡禁不绝、在西方各国家也被视为不治之症的社会顽疾，在党和人民政府领导下被基本禁绝。这是建立新的道德文明的丰硕成果。

第四章

国民经济的全面恢复

恢复国民经济，医治战争创伤，争取财政经济状况的基本好转，是新中国成立之初党面临的迫切任务。广西省委坚决贯彻党的七届三中全会提出的恢复国民经济的任务、方针和策略，整治货币市场，稳定物价，统一财经，努力恢复和发展农业、工商业和交通业，开展 “三反”“五反”运动。经过三年的努力，完成了恢复国民经济的任务，实现了全省财政经济的根本好转，为社会主义改造和建设打下了基础。

第一节　整顿经济秩序

一、稳定物价

解放初期，广西的经济状况十分困难。在接管城市过程中，人民政府对国民党政权留下来的旧职员采取“包下来”的政策，需要大批经费。连年的战争和自然灾害，造成1950年广西农村严重的春荒，赈灾、修复残破的铁路和公路交通以及恢复企业生产也需要大量资金和物资。由于国民党政府的反动统治与长期战争的破坏，全省工农业生产萎缩，物资短缺，市场供应紧张，加上匪患严重，造成交通受阻，影响物资供应和市场流通，导致供求失衡。当时，人民解放战争还没有全面结束，军费开支浩大，国家财政十分紧张，货币发行量过多，通货膨胀现象仍然存在。人民币一时得不到群众完全信任,流通受阻,银元黑市交易猖狂,物价一度大幅上涨。国营商业和合作社商业力量还很薄弱,难以控制市场,投机商人趁机兴风作浪,抢购物资,囤积居奇,扰乱金融,哄抬物价,牟取暴利。这些状况严重影响人民群众生活和社会安定。能否稳定物价,是对新生人民政权的重大考验。省委根据中共中央关于稳定物价的方针,调动商业、财政、金融、税收、市场管理等方面力量,采取一系列经济措施和必要的行政手段,在大力恢复生产的同时,同投机资本展开了斗争。

解放初期,广西经历了两次涨价风波。第一次从 1950 年 1 月起,南宁、柳州、桂林、梧州 4 市的大米、食油、食盐、棉纱、棉布、棉花、煤油等主要商品价格不断上涨,春节前后,骤涨 5—6 倍。市场出现抢购风潮,并波及一部分县城、圩镇,一时间人心恐慌。国营商业在工商行政管理部门配合下,开展了一场平抑涨价风波的斗争。国营贸易公司从省外调进大批粮食、棉纱、棉布及一批日用工业品,价值共 72 万多元,在市场抛售,缓和供求关系。工商行政管理部门加强市场管理,成立商品交易所或指定固定交易场地,规定主要商品和大宗商品必须进场交易,接受监督检查,打击转手倒卖、买空卖空、哄抬价格等投机违法活动,从而制止了物价上涨。4 月,广西贯彻中央人民政府政务院关于统一财经的决定,实行现金管理,紧缩金融,虚假购买力逐步消失。5 月,4 个省辖市粮油、食盐、棉纱、棉布等主要商品价格下跌 33%—43%。第二次涨价风波发生在 1950 年下半年,由于美国等帝国主义国家对我国进行经济封锁,一部分进口工业原料和战略物资被禁运进口。不法资本家和投机商人又乘机哄抬棉纱、棉布、汽油、煤油等主要商品的销售价格,囤积拒售,同时压价收购土特产品,造成工业品价格持续上升,农副产品价格下降。10—12 月,煤油价格上涨 52%,汽油价格上涨 27%,桐油价格下跌 42%,茴油、八角价格分别下跌 16% 和 20%。省人民政府根据中央的部署,对涨价风波进行综合整治,对美国封锁禁运的汽油、煤油采取细水长流的办法供应市场,以稳定物价。针对人民购买力增长的情况,加强市场管理,促进物资交流:工商行政管理部门进一步加强监督检查,国营商业部门大力组织货源供应市场;国家发行公债,举办保值储蓄,加强税收,回笼货币,涨价风波很快平息,12月,全省市场物价恢复稳定。之后,市场疲软,囤积居奇的投机商不堪资金占压的利息负担,竞相脱售存货,出现公私竞销,卖得越多亏损越大的局面。不法资本家和投机商人受到沉重打击,有的被挤垮,有的不得不暂时收敛。从此,人民政府取得了调控市场物价的主动权。从1951年起,市场物价基本稳定,市场秩序恢复正常,自抗日战争以来严重威胁广西人民生活的物价长期波动的局面得到扭转。

二、整顿金融秩序

解放前夕,由于国民党政府滥发纸币,加上连年战乱,造成通货恶性膨胀,物价飞涨。以省会桂林为例,购买50公斤大米,在1945年7月需法币(国民政府货币)2000元;到1949年4月28日则需法币54000亿元,米价是1945年7月的27亿倍。纸币形同废纸,民众对纸币完全失去信心。在农村地区,交易多以谷米计价结算,城市则流通银元、黄金等。解放初期,市场流通的货币主要有银元、美钞、港币和西贡纸(法国在越南发行的纸币),在南宁和中越边境地区流通"法光"(即法国银行发行的银元),货币混乱,严重影响国计民生。

在接管城市后,首先确立人民币为唯一合法货币。1949年12月1日,中国人民银行广西分行在桂林成立,宣布收兑金银、外币,发行人民币。各市军管会陆续接管国民党政府的中央银行、中国银行、交通银行、中国农民银行、广西省银行等,开展推广人民币工作。12月18日,桂林市军管会宣布:人民银行钞票为中华人民共和国唯一的和统一的合法货币;金、银、外币为非法货币;银元限期禁用。同时,中国人民银行广西分行公布收兑外币、白银牌价,邮电、交通部门拒用银元,各项邮资及路费均以人民币计算。桂林市军管会召开各界座谈会,宣传有关金融政策,大力推广人民币。梧州、柳州等市也开展禁用银元、推广人民币的工作,各国营单位积极配合,拒收银元、外币,开展"拒银(元)拥(人民)币"运动,扩大了人民币的影响。但是,一些投机违法的商人无视法令,集结据点,黑市倒买倒卖银元、黄金和外币,牵动物价上涨,棉纱、棉布、大米、生油、食盐等主要商品价格平均上涨16%。人民政府采取措施,严厉打击金融投机活动。1950 年 2 月 6 日,省公安厅逮捕了南宁市数家非法进行金银、外币炒买炒卖活动,以及从事金融投机的金店和经纪行经理人员。3 月,工商行政管理部门配合金融部门在军事管制委员会的领导下,开展打击金融投机的斗争,查封金融黑市据点,逮捕一批情节严重的经理人员,并处以徒刑,没收一批白银、黄金和外币,捣毁地下钱庄。同时,强化市场管理,发现使用银元、黄金和外币,拒用人民币者,一律查处,严厉打击,确立了人民币在流通市场的地位。到 3 月底,人民币占领了南宁、柳州、桂林、梧州 4 市的流通市场。随着剿匪不断取得胜利,1950 年 11 月以后,人民币逐渐流入农村。在贺县、郁林、贵县等较大的县城,一切交易均以人民币计价,物价起落已摆脱银元黑市影响。沿交通线的兴安、荔浦、靖西等 46 个县城及较大集镇,人民币在市场上已普遍流通,仅有少数边远地区、大瑶山和土匪盘踞区仍拒用人民币。在清匪反霸、减租退押和土改运动中,银行工作人员深入农村,宣传使用人民币及收兑金银。至 1951 年 8 月,人民币已经完全占领农村市场,信誉和地位得到确立。人民币作为本位币,结束了国民党统治下币制混乱的历史,为物价稳定和财经统一创造了条件。

三、统一财经管理

为了集中有限财力、物力,支援解放战争的最后胜利,进行重点恢复和建设,1950 年 2 月 13 日至 25 日,中央财经委员会召开新中国成立后的第一次全国财经会议,决定节约支出,整顿收入,统一全国财政经济,以实现国家财政收支平衡、物资供求平衡和金融物价稳定。3 月 3 日,中央人民政府政务院作出《关于统一国家财政经济工作的决定》,要求改变战争年代人民政权在财政经济管理上各自为政、分散经营的体制,统一全国财政收入,统一全国主要物资调配,统一全国现金管理,厉行节约。

4 月 6 日,为了贯彻政务院的关于统一财政经济的决定,全省财经工作会议在南宁召开。会议强调预决算制度,制定各级政府人员编制数额和薪金标准;大力整顿税收,统一税法,贯彻合理负担;加强现金管理,制止通货膨胀，禁用银元；大力推销折实公债、折实储蓄；组织物资供应，回笼货币，平抑物价。14日，省人民政府决定成立编制、仓库物资清理调配、胜利公债推销、救灾等委员会，负责相关事宜。23日，省人民政府举行第五次行政会议，作出《关于执行中央统一国家财政经济工作决定及中南军政委员会指示的规定》。

省人民政府遵照中央的要求，采取加强征粮工作，实行新税制，整顿税源，增加税收，以及大力推销公债等措施，取得明显效果。在征粮工作方面，实行“粮多多出，粮少少出，无粮不出”的政策，通过民主评议，力求公平合理。经过各地政府和当地驻军的共同努力，在人民群众的支持以及各界开明人士的帮助下，到1950年9月底，稻谷入库2.25亿公斤，完成任务的70%。这些粮食确保了1950年度全省大部分财政开支，为支援前线、救灾赈济、恢复生产等提供了有力保证。征税方面，1950年4月1日，广西开始实行中央人民政府颁布的新税法，废除国民党政府旧税法。在农村，废除旧田赋制度，实施《新解放地区农业税暂行条例》，以农户为单位，按农业人口人均农业收入，以常年产量为标准，采用全额累进税制计征。根据该条例，农业税的税率降低，各阶层的负担比例更趋于公平合理。各地从查田定产开始，弄清计税产量，执行依率计税，依法减免，从而使征收面积逐步扩大，征收数额逐年增加。在城市，对奸商造假账、拖欠缴税及逃税走私行为开展斗争，整顿税源，严密稽查和严防偷税漏税。到1950年9月底，收税额折实大米9389万公斤，超过任务的23.4%。

4月10日，省公债推销委员会在南宁成立，由省人民政府副主席李任仁任主任委员，省财委副主任任副主任委员。各市、县相继成立公债推销委员会，具体办理公债推销事宜。各级政府积极宣传，推销公债，广大群众及工商业者响应号召，踊跃购买。截至1950年8月底，广西发行人民胜利折实公债债券106万元，超额完成任务。人民银行还推出折实储蓄，到1950年6月底，共吸收存款余额达1471万元，超过全年存款任务的2.27倍。

统一财政收支、统一现金管理、统一物资调度。4月22日，省人民政府成立广西省编制委员会和广西仓库物资清理调配委员会。各专区、市、县及大企业部门（邮政、电讯、贸易、银行）也成立编制委员会，各机关单位成立编制小组。部队军分区以上单位，各专署、地委及企业系统，成立清理物资分会，下设清理小组。

统一财政收支。根据省委和省政府的规定，各地普遍建立仓库、金库和各种收支制度，严格规定一切归库，一切收支从库；不按概算编制和支付命令的，一律不得动用。省对专署实行包给制，按包给数预付，按统一编制范围实有人数与供给报销。广西地方除规定留用部分外，均按国家统一规定的税则、税率征收公粮、税收，按期缴解中央，国营企业按期纳税，并将利润折旧基金一部分，按其隶属的关系如期分别交给中央或地方金库，集中使用于国家的主要开支。厉行节约，提倡朴素，严禁机关干部请客送礼，严格执行预决算制度及供给标准。能缓办的事尽量缓办，严格审核开支，缩小“机动”范围。整缩编制，妥善处理编余人员。大部分干部实行供给制，实行薪给制的干部采取低薪制，尽量为国家节约开支，并分别对省级干部专署以下薪给人员每年的平均数作了限额规定。各机关和部队开展业余生产，自力更生解决部分物资供应上的困难。统一财政收支，使国家和地方财政有了稳固的基础。

统一现金管理。1950 年 4 月 25 日，省财经委员会颁布管理现金暂行办法，要求机关部队和公营企业的现金一律存入银行。中国人民银行广西分行采取“收存款、建金库、灵活调拨”的措施，大力组织资金，实行现金管理，普遍建立中央金库和发行库，灵活调拨资金，积极开展存款业务。5 月 1 日，南宁、柳州、桂林、梧州 4 市开始实行现金管理，4 市各机关公营企业要向银行开户，将现金集中银行，使用转账支票进行结算。6 月 1 日起，将现金管理办法推广到各专区。

统一物资调度。广西仓库物资清理调配委员会组织检查团分赴各地检查清仓工作情况，切实查明库存物资种类、数量和保存情况，以便统一调拨，保证城乡供应和物价的稳定。

通过上述措施，逐步平衡了财政和现金，为制止通货膨胀，稳定物价创造了良好条件。1950 年 10 月以后，全省财政经济情况开始好转，基本保证了各项事业正常开支，有力促进了国民经济的恢复和发展。这是广西解放后在财经工作中取得的重大胜利,有利于人民政权的巩固。

第二节 调整城市工商业

一、扶持私营工商业

解放前,广西的资本主义工业主要是官办和官商合办的官僚资本主义企业,私人企业所占比例很小。在帝国主义和封建主义双重压迫下,民族工业底子薄,发展困难,力量弱小。据《广西通志》记载,在解放前夕广西主要工业企业中,私营企业 23 家,官私合营 2 家,分布于印刷、机械制造、火柴、制烟、化工、制药、纺织等行业。而私营商业在商业系统中占有不小的比重,广泛分布于城乡各地,拥有广大的销售网和广泛的贸易联系,其中饮食服务业全部为私人经营。

解放后,人民政权没收官僚资本,建立国营经济,规定在官僚资本企业中的私人股份不在没收之列,把恢复和发展工商业作为当时的任务之一。1950 年 1 月 18 日,广西召开第一次财经会议,确定全省财经工作的基本方针:努力恢复和发展生产,繁荣经济,逐步地改善人民生活。基本任务是完成征粮及税收,发展城乡贸易。工商行政管理部门大力宣传党和政府保护私营工商业的政策,动员和扶持私营工商业恢复和发展生产经营。为保障商人的合法利益,沟通城乡及内外交流,促进工商业的发展,3 月,省工商厅颁布《广西省商业登记暂行办法》《广西省粮商管理暂行办法》《广西省经纪行商暂行办法》等法规,明确“凡遵守政府法令经营,促进城乡内外物资交流,对恢复发展生产及对广大人民生活有利者,应视为正当商业,政府应加以保护扶助”。在省委和省人民政府的号召和扶持下,南宁、柳州、桂林、梧州四市的工厂、商店逐步复工复业。可以说,新中国成立初期,在我国经济基础薄弱的情况下,私营工商业在为国家提供部分急需产品,活跃城乡经济,提供部分资金积累,维持和吸收部分职工就业方面具有积极作用。

二、合理调整工商业

国家实行统一财经政策，平抑物价，紧缩银根，消除了通货膨胀。同时也使得社会资金紧张，正常的工商业经营活动资金周转不灵，运转困难。而当时政府部门在处理公私关系时出现了一些偏差，对私营经济排挤、限制的步子过快，影响了私营工商业的发展。广西也出现类似情况，银根吃紧，农村货币奇缺，公私交易清淡，生产缩减，城乡物资交流减少，市场物资供应不足。当时国营商业建立不久，未能在市场上占据优势，许多重要物资仍为私商掌握经营，此时部分私商等待观望，停工停产，有的倒闭、歇业，工人失业增加，劳资纠纷增多。

1950 年三四月间，中共中央多次召开有各大区负责人参加的工作会议和政治局会议，决定将财经工作的重心从财政方面转到调整工商业方面来，确定调整工作必须在“公私兼顾、劳资两利”的基本方针下进行，纠正党内存在的想挤垮私营工商业的错误倾向。对私营工商业应限制和排挤的是那些不利于国计民生的工商业，即投机商业、奢侈品和迷信工商业，而不是正当的有利于国计民生的工商业，对这些工商业当它们困难时应给以扶助使之发展。6 月，在中共中央七届三中全会上，毛泽东作了《为争取国家财政经济状况的基本好转而斗争》的报告和《不要四面出击》的重要讲话，论述了调整工商业的必要性和重要性，强调要切实而稳妥地改善公私关系和劳资关系，以促进整个社会的恢复和发展。陈云在会上阐明了调整工商业的有关内容和政策。

1950 年 5 月，省人民政府根据中南军政委员会的决议，明确规定：在恢复生产中我们尤应重视城市工作，必须根据公私兼顾、劳资两利、城乡互助、内外交流的方针，加强工人群众工作，正确处理劳资关系，保护水陆交通，加强市场管理，调整公私营业关系。开始对私营工商业进行有计划、有步骤、有重点的全面调整。调整的重点是公私关系、劳资关系和产销关系。调整的原则，在工业方面采取“分清货物，分别进行订货、收购、委托加工、包销，帮助其改善经营办法”。在商业方面，“分别其正当与不当。正当的可委托代购代销，或贷款扶持，国营贸易要适当掌握牌价与市价，将批发与差额重新调整”，政府对遵守政府法令经营的，对恢复生产及改善广大人民生活有利的,视为正当商业,加以保护扶助。7月至8月,南宁、柳州、桂林、梧州四市先后成立工商业调整委员会,各市进入有组织有步骤调整阶段。

1950年下半年,广西对工商业调整的措施主要有:

第一,扩大加工订货和产品收购,使私营工业原料来源、产品销售纳入国家计划,扶持私营企业。至8月底,在大米加工行业,全省委托各私营碾米厂加工大米1096.2万公斤。大部分私营企业依赖委托加工而得以继续维持生产。第二,调整经营范围和价格。国营商业对经营范围适当收缩,国营商业经营的工业品,以批发为主,零售为辅,零售商品主要是人民生活必需品,以能制止投机为限。国营商业收购的农产品,主要是粮食、重要土特产品和出口物资,其余让给私商经营;在价格上,适当提高农产品价格,扩大批零、地区、季节差价,既照顾农民利益,又使私商经营有利可图。省财委于6月19日发出指示,所有各机关公车一律交省公路局,除粮食局、专业贸易公司允许有运输车,生产用车不许参加民营运输服务社经营。桂林市驻军将市内的合作社全部撤销,梧州市也撤销了国营贸易公司代销店30多家,让出市场给私营商业经营。第三,发放贷款,连续两次降低利率。1950年下半年银行发放工商贷款1173万元,帮助私营工商业解决资金不足的困难。第四,在巩固财政收支平衡的原则下简化税制,取消重复,合并减少了700余种税目,并适当降低税率,减轻人民负担,促进工商业的恢复和发展。第五,救济安置失业工人。1950年6月,为贯彻中央人民政府政务院《救济失业工人暂行办法》,广西省成立失业工人救济委员会,同时在南宁、柳州、桂林、梧州等市及平乐矿区先后成立市、矿区工人救济委员会,专门办理失业工人救济工作。把中南军政委员会拨来的救济米250万公斤、全国总工会拨来的救济款1.7万元用于以工代赈,组织生产合作社及遣送回乡等方式,使4个省辖市失业半失业工人13200人获得了救济。第六,开展城乡物资交流和内外交流。省人民政府针对城市工业品滞销、农副产品供应不足,农村农副土特产品积压、工业品缺乏、市场萧条的状况,打破城乡阻隔,促进工商业的恢复和发展。从5月下旬起,桂林、柳州、平乐等地组织工商业者先后赴武汉、北京、南京、上海以及东北参观,加深对党和人民政府方针政策的了解,提高积极经营的信心。省人民政府还组织商人收购土特产与供给农村所需要的物品，至10月，从省外运入纱布、粮、盐等物资950万元，在省内收购农副土特产品总值570万元，运出外销土产320万元，在省内推销物资580万元。1951年5月，梧州市组织贸易考察团到华北、东北、华东等地考察，并与上述地区签订了70万元的贸易合同。

通过调整税收、贷款、物价、零售、批发与劳资，扶助私营工商业，工商业者复业逐渐增多，以柳州市为例，1950年6月开业116户，至9月开业增至165户。私营工商业者纷纷开厂设店，原来停店停产歇业的也恢复了生产和经营。1950年1月至9月，南宁等4市增加商业347户，生产行业增加1511户，商业资金增加38%，工业资金增加51%，工商业得以逐渐恢复与发展。1950年9月召开省第二届贸易会议，确定调整组织机构，以适应扩大城乡物资交流，先后成立粮食、土产、纱布、百货、油脂等国营公司，在4个省辖市设专业分支公司。国营经济和私营经济不断发展，推动了生产的发展和市场的繁荣。1950年全省私营商业达到12.5万户，从业人员16万人，流动资金2594万元，全年销售额42900万元。全省工业私营户数为588户，产值1808.6万元，至1951年私营户数增至722户，产值2289万元，产值比上年增长26.5%。经过合理调整城市工商业，私人资本主义工商业得到较快的恢复和发展。但是，在当时的经济工作中也存在一些问题，主要是在调整商业中，国营企业曾退却过多，削弱了对市场的领导和对不法私商的斗争。

第三节　工农业和交通的恢复和发展

一、农业的恢复和发展

广西是农业省份，农业的恢复是整个国民经济恢复的基础。1950年2月，全省第一次财经会议在南宁召开。会议确定全年财经基本方针：恢复与发展生产，主要是农业生产，保证供给，繁荣经济，逐步地改善人民生活。省委和省人民政府把农业生产的恢复与发展作为广西经济工作的主要任务，召开区、乡农民代表会议，把发动群众减租退租作为生产救灾克服困难的中心环节，开展调整负担以及发放农贷等工作，开始恢复和发展农业。为调动农民的生产积极性，1951 年 3 月下旬，省委第四次高级干部会议作出关于广泛宣传春耕生产十大政策的决定，省人民政府于同月 31 日发出命令，号召全省人民贯彻中南军政委员会颁布的 1951 年春耕生产十大政策，全力搞好生产。省委和省人民政府组织减租退押运动，减轻民负，平衡负担，减免农业税，发放农业贷款，发展互助合作，奖励丰产模范，推广农业科技，促进城乡物资交流，兴修农田水利等，对恢复和发展农业起到积极作用。

救灾赈济。广西是水旱灾害频发的省份。仅 1949 年，水旱灾害就造成 72 个县 5206 个行政村受灾，受灾耕地面积 700 余万亩，灾民 190 余万人。严重的自然灾害，使本来极其贫困的农村雪上加霜，有的灾民因饥饿染病、饿死，有的被迫逃荒讨饭。加上国民党溃败前夕的大肆抢劫掠夺，解放初期的反革命暴乱破坏，1950 年春季，农村发生严重春荒，出现 200 多万灾民。农民普遍缺粮缺种，难以进行春耕生产。加上解放不久，许多地主、富农不了解人民政府发展生产的政策，不敢放债雇工，不愿积极生产，而少数恶霸地主又故意抽地逼债，勾结残余匪特，煽动部分较落后的群众，进行抢粮暴乱，春耕生产难以开展。在人民解放军镇压土匪暴乱的同时，省委积极领导救灾，组织春耕生产。3 月 30 日，省委发出《关于厉行节约克服灾荒，保证春耕生产顺利进行的指示》，要求全省各级党组织必须把生产救灾作为一个重要的政治任务，各级政府建立救灾委员会，保证春耕生产顺利进行，全体党员干部必须以对人民高度负责的态度，与灾民共甘苦、共患难。4 月 6 日，省人民政府决定成立救灾委员会，具体负责救灾工作。5 月 5 日，省人民政府发出《关于生产救灾工作指示》，提出 6 点措施：一是清理公产、庙宇、祠堂积谷，调整合理负担，积谷借给灾民及烈军属、贫穷群众，秋收后交还。二是在机关和部队开展节约救灾运动，规定机关、部队节约粮食定额。三是发展副业生产。四是多种早熟作物，缩短春荒。五是以工代赈及银行贸易机关的低利借贷，要密切结合救灾。六是有重点地适时地使用救荒粮。省委和省人民政府争取到中南军政委员会拨给救济粮 1150 万公斤、中央人民政府各机关节约赈款4000万元,用以解决灾民的燃眉之急。与此同时,发动社会互助,节约救灾。全省党政机关节约开支,严格执行预算、决算制度和供给标准,适当降低工作人员的生活待遇。1950年共节约开支折实大米约25万公斤,部分用于生产建设,部分作为救灾粮。全省发放农贷粮115万公斤、农业贷款60万元。各地组织开展以工代赈等。通过以上措施,解决了农民的生产生活困难,度过了春荒。1951年3月,全省共有48个县再度发生旱灾,灾民达144万多人。1952年6月,全省有52个县共200多万亩农田遭受旱灾。面对接连发生的灾害,省委和省人民政府及时采取措施,组织和帮助农民抗灾救灾,包括拨粮救济、发放贷款、组织生产自救等。连续3年,全省累计有数百万灾民获得赈济,没有发生大量逃荒的现象。

减租退押(租)。为度过春荒,广大贫苦农民急需口粮、种子,普遍要求减租、退租。省人民政府贯彻1950年3月中南军政委员会的指示,开展减租退押(租)运动,加紧生产救灾工作。4月7日,张云逸签署《关于减租退租生产救灾布告》,中南军政委员会号召各地人民政府与人民团体,利用农闲空隙,推行减租运动,将1949年秋季租粮,依照二五减租规定进行减租,未减者立即退租。省人民政府根据中南军政委员会的指示,把减租退租作为施行政令的中心环节,把救灾与社会改革结合起来,把开展退租与春耕生产结合起来。4月至5月,减租退租工作在局势相对稳定的地区开展,获得斗争果实2750万公斤粮食,农民基本解决了种子、口粮、肥料等困难。1951年3月16日至26日,省委在南宁召开第四次高级干部会议,确定除正在重点剿匪的地区外,全省工作重心是继续发动群众,深入清匪反霸,减租退押,巩固人民民主政权。4月2日,省人民政府发布《关于反霸清匪减租退押政策十项具体规定》,对减租退押政策作出明确的规定,主要是1949年与1950年两年度均须进行减租,押金必须全部退还农民,反霸与减租退押所得果实应很好用于生产等。随着重点剿匪的不断胜利,1951年4月底,消灭全省股匪的任务基本完成,各地也开展大张旗鼓镇压反革命活动,广大农村地区秩序趋于稳定。6月1日,省各界人民代表会议协商委员会第二次会议决定,在全省开展一个大规模的退租退押、清匪反霸的群众运动。6月5日,运动在全省铺开，至7月初，已有5000个行政村完成和接近完成退租退押。但是，全省退租退押运动发展不平衡，存在发动群众面不够广等问题。为此，省委发出《关于继续深入退租退押斗争的指示》，各地认真贯彻执行，运动很快形成高潮。5月至10月，全省共有1.1万多个行政村、近千万农民完成了退租退押，获得斗争果实1.75亿公斤粮食。退租退押，削弱了地主阶级的经济实力，减轻了农民的负担，有利于农业生产的恢复。

合理负担。国民党新桂系集团统治时期，广西军政机构庞大，财政开支大增。据统计，民国二十一年（1932年），各县田赋附加税最低为正赋五成，最高为正赋的5—6倍，附加税的种类有18种之多，各类杂税及其他附加税总计达204种，各区乡村则有各种捐税76种，农民负担沉重。解放后，人民政府把“田赋” 改为“农业税”，以征实物为主，征收公粮，废除了苛捐杂税。针对国民党统治时期在征收田赋时存在的田多粮多的地主可以不征或少征，而贫苦农民田少反而负担重赋的不合理现象，省人民政府在征收公粮时，贯彻了合理负担政策，规定了各阶层不同的负担比例。1949年秋征，实际征粮数不及国民党统治时期征收数的60%，仅占全省粮食总产量的7.5%；在1950年夏征中，征收税率由原定的17%减低为13%。根据《中南区土地改革地区1951年农业税暂行条例》及省人民政府颁布的实施细则，广西农业税征收继续采用累进税制，实行20级缓进的全额累进税制，“提高起征点，降低累进，减少税率等级，缩小税级差额”。税级差额，未土地改革地区税收差额分为20公斤、30公斤、40公斤、50公斤、70公斤；已土地改革地区分为25公斤、35公斤、50公斤。各阶层负担也发生了变化，土地改革完成地区地主负担14.2%，富农20.9%，中农16.7%，贫农13.6%。

人民政府还实行农业税减免政策。对遭受水、旱、风、病、雹、虫、兽等自然灾害而歉收的，按照“轻灾少减，重灾多减，特重全免”的原则进行减免。少数民族聚居地区，少数民族应负担农业税，依其人口、土地、产量依率计算后，减半征收，以示照顾。对在农村的烈、军属，残疾、荣誉军人，复员军人，归国华侨以及老、弱、孤、寡、残等缺乏劳动力、生活困难农户，给予减免农业税；对遭受战争创伤特重，生产生活确有困难的革命老区的贫苦农民应纳的农业税也给予减免。合理负担，有利于调动农民的生产积极性，促进农业生产的恢复和发展。

变革生产关系，引导互助合作，奖励农耕。1950 年冬至 1952 年底，广西在汉、壮族聚居地区开展土改改革，变封建的地主土地所有制为农民土地所有制，生产关系发生了巨大变革。土地改革后的农民，有两种积极性。一种是发展个体经济的积极性。他们在自己的土地上劳动，渴望摆脱贫困，发家致富，这种积极性有利于农业生产的恢复和发展，受到党和政府的保护和鼓励。土改刚结束，省委即宣布稳定生产关系，实行买卖、借贷、雇工、租佃四大自由，保护广大农民发展个体经济的积极性。另一种是要求互助合作的积极性。这是农民为了解决劳力不足，缺乏耕畜和生产工具，要求在生产领域、商品领域或资金通融领域，组织起来，互助合作，走共同富裕道路的积极性，党和国家也给予保护、支持和引导。土改后，广西约有 50% 的贫雇农在不同程度上缺少耕牛、农具及资金，他们迫切要求互助生产。在中农中也有 15% 的农户存在困难，非互助不能解决生活、生产中碰到的问题。生产条件较好的农民，为抢农时，解决人手不足的困难，也有互助的要求。新中国成立前夕，党的七届二中全会决议和《共同纲领》明确规定，在一切彻底实现土地改革的地区，必须谨慎地、逐步地而又积极地引导个体农业向着社会化、集体化方向发展，引导农民按照自愿互利的原则，组织各种形式的劳动互助和生产合作。1951 年 12 月 15 日，中共中央以草案形式发给各级党委试行《关于农业生产互助合作的决议》，提出党对于发展互助合作运动的方针是根据生产发展的需要和可能，稳步前进。要求在新区和互助运动薄弱的地区，大量发展临时性的、季节性的互助组；在有初步运动基础的地区，逐步推广常年互助组；在条件比较成熟地区，有领导、有重点地发展以土地入股的初级农业生产合作社（简称初级社）。

根据中央精神，省委在农村工作中提倡农民“组织起来”，按照自愿和互利原则，在农村开展互助合作，引导农民走集体化道路。通过“耐心说服，典型示范”方法和政府帮助，广西稳步发展农业生产互助组。1951 年，省委曾在春耕生产中号召组织起来度春荒、防夏荒，农村互助组织开始萌芽。同年下半年第一期土改结束，省委即在这些地区提出

“组织起来，发展生产”的号召，重点扶持了一些互助组的典型。全县蒋在球互助组和罗述珍互助组、贺县缪隆恩互助组、宾阳县杨祖露互助组、岑溪县莫寿全互助组等，就是在此时建立起来的。1952 年，汉、壮族聚居地区第二期土改开展与第一期土改复查试点结束后，省委要求每个乡搞好 1 个常年互助组，全省互助合作运动在土改已结束的地区逐步发展起来，1952 年底，全省已组织农业常年互助组 7100 个，临时互助组 8.47 万个，组织起来的农业人口占全省农业人口的 10% 以上。

互助组是以农民个体经济为基础的、初级的互助合作形式。一般由三五户或十几户农民组成，其成员各自占有土地和其他生产资料，只是在劳动过程中换工互助，实行某些技术上的分工。互助组在生产中能发挥简单协作的优点，劳动者还可以互相竞赛和监督，便于合理使用畜力农具，采取先进耕作方法，因而能提高劳动生产率，使组员增加收入。互助组的建立，有利于农业生产，在农忙时节，各地互助组可以调剂劳动力、畜力的余缺，确保农业生产抢上季节，还可以共同抵抗自然灾害。在推广科学种田活动中，许多互助组开始实行新式选种、疏播育秧、合理施肥等简易的农业增产技术。少数常年互助组逐步发展副业生产，拓宽生产门路，增加收入。一大批互助组还发挥组织起来的劳动力优势，兴修了一批小型农田水利设施，改善农业生产条件。

为了充分调动广大农民的生产积极性，激励他们勤劳致富，繁荣农村经济，党和人民政府还采取奖励的措施。1951 年 2 月，政务院发布《关于 1951 年农林生产的决定》，把群众性的奖励劳模和生产竞赛作为发展农林生产的十项措施之一。省人民政府颁布的十大政策中也有奖励多种棉、麻、烟、柚，奖励养牛，奖励植树以及奖励勤劳，争取丰收等规定。在爱国丰产运动中，农民群众以高涨的爱国热情，积极制订爱国丰产计划，学习丰产经验，在选用培育良种、使用新式农具、增施肥料、改良土壤、防治病虫害和发展副业等方面开展竞赛。在农业战线涌现一批努力生产、互助合作、改良技术等方面成绩卓著的“生产模范”“技术能手”“劳动英雄”，并获得人民政府授予光荣称号或物质奖励。1951 年春，全县农民蒋在球带领村民进行生产互助，农业生产获得增长，村民生活逐步改善。同年 9 月，由于工作上的突出表现，蒋在球获邀到北京参加国庆观礼,还受到毛泽东、周恩来等党和国家领导人的亲切接见。蒋在球于 1952 年 2 月加入中国共产党,被评为省级劳动模范,并作为中国农民代表团成员访问苏联。

修复和新建水利工程,开荒扩种。广西水利基础极其薄弱,到 1949 年,全省耕地的有效灌溉面积仅 400.6 万亩,旱涝保收面积 292.7 万亩,防洪方面,只在一些河流(如湘江上游)的部分河段修建堤防,工程标准很低,保护的耕地面积很少。针对这种情况,省委提出修复旧有工程和继续完成以前尚未竣工的工程,选择条件较好的地方,新建一些重点工程。在各级党组织和人民政府的领导下,采取以工代赈的形式,发动群众掀起兴修水利的热潮。对南宁埌堤、良凤江,以及永福县金鸡河、灵川县甘棠河、恭城县势江等处较大的水利工程进行修复,新建工程以小型引水工程和塘坝为主,修建了一些小型水库。这一时期,尽管国家的财力有限,但广西在 3 年时间里仍完成水利投资额 1428.31 万元。到 1952 年底,全省有效灌溉面积达到 461.33 万亩,旱涝保收面积达到 325.56 万亩。这一时期水利建设的特点是:以农田灌溉抗御旱灾为主,在少数洪涝灾害严重的江河沿岸修复、续建或新建了部分防洪堤、闸。尽管建设的项目不多,但广大群众从中认识到水利设施在抗御水旱灾害中的重要作用,积极响应政府的号召,在水利建设中发挥积极的作用。

省人民政府提出“开垦生荒,消灭熟荒,扩大耕地面积”的号召,并于 1950 年 2 月 27 日发出《关于保障佃权、保障牛马租用权、保障开荒权的布告》,对佃权、牛马租用权、开荒权作了规定。农民解除了思想顾虑,掀起了群众性的开荒生产热潮。从 1950 年到 1952 年,由于农民积极开荒,全省耕地面积从 3690.75 万亩增加到 3859.05 万亩,增加了 168.3 万亩,主要粮食作物面积均有不同程度扩大。

二、工矿企业的恢复和发展

解放前,广西工业基础薄弱,全省 40% 的县没有工业。1949 年只有 709 家以手工操作为主的小厂、作坊和矿场,21 家小电厂,以及 8.19 万户个体手工业。主要从事纺织、碾米、榨油、造纸、制糖、瓷器和有色金属矿产品锡和锑的生产。解放后,没收官僚资本归国家所有,并将官僚资本转变为全民所有制企业，一批工矿企业为人民政府所掌握。没收官僚资本企业的范围，根据中国人民解放军渡江作战后颁发的布告规定，凡属国民党反动分子和大官僚分子所经营的工厂、商店、仓库、船舶、码头、铁路、邮政、电报、电灯、电话、自来水和农场、牧场等，均由人民政府接管。据此，广西没收官僚资本企业，主要是没收国民党中央政府、省政府、县市政府在广西经营的企业，以及国民党大官僚和新桂系军阀所经营的企业，其中有合山煤矿、平桂锡矿，南宁、柳州、桂林、梧州等市的电厂、水厂，柳州农械公司，以及银行、铁路、邮电等，官僚资本企业中的私股不在没收之列。按照中央"原封不动，整套接收，团结职工，清点资财，恢复生产，逐步改造"的指示，迅速接收了官僚资本的工矿企业。完成接管后，将企业、工厂和物资，分别交给有关经济部门和市政府进行管理。许多企业边接管边生产，如各市的电厂、水厂，在城市解放的当天晚上就恢复了水电供应。接着，邮政、电报、电话等相继复业。

省委把恢复工矿企业作为城市工作的重点，对新接收的国营工业企业进行整顿和改造，改变其官僚机构与作风，实行工厂管理民主化与经营企业化。对私营工业，根据需要给予适当扶助，并切实贯彻劳资两利政策，要求必须遵循有利于国计民生的方向，生产人民所需要的生产资料与生活资料。对手工业，分别情况，凡有出路而且机器工业还不能代替的，给予适当扶助；无出路的尽可能帮助其转业。在发展工业生产的实践中，对新接收的工厂矿山，逐步进行民主改革、生产改革，不断提高企业的经营管理水平。在民主改革和生产改革的基础上，作为企业主人的工人阶级，积极参加企业管理，在生产中发挥积极性和创造性，广泛参加劳动竞赛，促进了工业的迅速恢复。

全省拨出大量资金支持工业生产。省人民政府首先投入大米 300 万公斤，恢复了 17 个工矿企业。随后，有重点地扶助关系国计民生的私营企业。一方面，有计划地收购这些企业的产品；另一方面，扶助一些自身无力恢复生产的私营企业，组织联营和拨给专项贷款。1950 年上半年，平桂矿务局、合山煤矿、田东炼锑厂等较大的工矿企业恢复生产。1951 年，开始对部分私营工业企业实行公私合营，由政府投资入股，资本家领取定息。从 1950 年到 1952 年，国家对工业投资共 1567 万元，增加固定资产，扩大生产能力。

各市在接收官僚资本企业后，普遍进行民主改革和生产改革。1951年下半年，南宁、柳州、桂林、梧州、北海等市进行民主改革，依靠工人阶级，打倒工矿企业中封建把头等反动势力，废除压迫奴役工人的旧制度，实行企业民主管理，在企业中建立党组织，加强对企业的领导，组成党委领导、工人参加的工厂管理委员会，成立工会，贯彻“劳资两利”的方针，签订劳资合同。

在恢复国民经济时期，党和政府在全国开展爱国增产节约运动，实行奖励生产发明、技术改进及合理化建议的政策。广大企业职工响应党和政府的号召，积极参加爱国增产节约运动，为纪念重要节日如五一国际劳动节等而进行突击性的生产竞赛和立功创模活动。由省总工会（筹委会）主持自下而上进行评选，由人民政府命名劳动模范和先进生产（工作）者。柳州市骨粉厂技术员尹绩成，先后研制碎骨机、滚碾机、筛粉机、蒸骨机，节约劳动力80%，骨粉生产成倍增长，被评为全国劳动模范。1950年9月，尹绩成与同样有突出贡献的省农业试验场场长吴启增、柳州铁路局柳州机务段的张万兴一起出席了全国工农兵劳动模范代表大会。

在抗美援朝运动中，增产节约运动与爱国主义劳动竞赛紧密结合，形成了爱国增产节约运动新高潮，并迅速由城市发展到县、镇，由国营工厂发展到私营工厂。1951年2月，齐齐哈尔第一机床厂马恒昌小组向全国工人发出开展爱国主义劳动竞赛倡议，广西省总工会筹委会立即号召全省工人应战。柳州市农械公司潘礼荣小组等70个小组首先响应。8月，全省开展爱国主义劳动竞赛的厂矿已有111个，公、私营企业均有参加。南宁、柳州、桂林、梧州4市职工共提合理化建议602件，全省评出各级劳动模范1717名。

1951年10月23日，为了继续和加强抗美援朝工作，毛泽东在全国政协一届三次会议上向全国各民族、各阶层人民发出开展“增加生产，厉行节约，以支持中国人民志愿军”的号召。11月下旬，《人民日报》发表社论，强调开展增产节约运动是国家当前的中心任务，并提出增产节约运动的十项内容，其中包括清产核资、加速流动资金的周转、杜绝基本建设中的浪费、提高设备利用率和产品合格率、降低成本等五项工业方面的内容。12 月 1 日,中央正式作出决定,要求中央和军委各部门、各省、市、自治区开展爱国增产节约运动,使这个运动成为真正全体人民的运动。12 月 5 日,省委召开第五次扩大会议,决定结合土地改革和城市民主改革运动,开展反对贪污、反对浪费、反对官僚主义和增产节约运动;18 日至 22 日,省人民政府、省协商委员会在南宁召开联席会议,对增产节约任务作了具体安排,成立省增产节约委员会,由陈漫远兼任主任,有组织有领导地开展增产节约运动。1952 年 10 月,省委召开全省城市工矿工作会议,决定抓紧开展爱国增产节约运动,工矿企业以生产改革为基本内容。会后,爱国增产节约劳动竞赛更加广泛深入地开展。

省委、省人民政府采取的这一系列的措施,促进了工矿企业的恢复和发展。

三、铁路、公路交通的恢复和发展

省委、省人民政府组织力量,大力抢修遭战争破坏的湘桂铁路广西段。1950 年 1 月 12 日,桂(林)柳(州)段修复通车;8 月 30 日,连贯湘桂黔铁路的柳江铁桥修复通车;10 月,全长 405 公里的湘桂铁路来(宾)镇(南关)段动工建设,次年 10 月完成全线铺轨。

与此同时,省委和省人民政府抓紧公路的修复和建设,整修改善原有公路,重点兴建一批新公路。先后抢修了南宁到百色、柳州,桂林至全县黄沙河,宾阳至郁林,郁林至苍梧县戎圩等主要公路干线,以及柳州(经南宁、田东)至靖西县岳圩、南宁至凭祥镇南关、龙州至边境水口关等主要国防公路。到 1952 年底,除桂林至青龙界、田州(今田阳县城)至南丹县车河两条公路因被毁多年、工程艰巨尚未修复外,基本完成了全省公路的修复任务。全长 149 公里的梧州至信都公路,国民党政府早在 1927 年就宣布修建,历经 22 年都没有建成,人民政府仅用半年多时间便全线建成。

水路交通也得到恢复和发展。1950 年 4 月,恢复了梧州至广东省中山、江门、广州,梧州至贵县、桂平,南宁、柳州至广州,南宁至百色等水上航线。同年 12 月,又增开贵县至广州航线。1952 年,为适应经济发展需求,航运部门开辟了一批长途水上航线,主要有梧州至香港,梧州、贵县至广州,南宁至梧州等。

交通业的迅速恢复和发展,为保障城乡供给、恢复国民经济、巩固新生人民政权作出了贡献。尤其是来镇铁路的修通,对巩固边防、援越抗法起到了重要作用。

第四节　开展“三反”“五反”运动

一、“三反”运动

新中国成立初期,党和国家对资本主义工商业采取了“限制、利用、改造”的方针,利用并扶持发展其对国计民生有利的一面,限制和反对其不利的一面。在合理调整城市工商业之后,随着农村土地改革和农业互助合作运动的发展,国家经济建设规模的扩大和市场购买力的提高,资本主义工商业得到一定的恢复和发展。但是,一些唯利是图的资本家不满足于用正常方式获得一般利润,试图用行贿、偷税漏税、偷工减料等不法手段,摆脱国营经济的领导和国家政策、法令的约束,并采用各种非法手段拉拢腐蚀、贿赂干部,获得高额利润。在资产阶级糖衣炮弹袭击和旧社会流毒影响下,一些国家工作人员的贪污、浪费现象和官僚主义作风日益突出。

1951 年冬季,随着增产节约运动的深入开展,全国各级党政机关揭发出大量的贪污浪费现象及一些令人震惊的案件,如中共天津地委书记兼行署专员张子善和前任地委书记刘青山利用职权,盗用公款,盘剥民工,贪污挪用专区地方粮、救济粮,任意挥霍,腐化堕落等。12 月 1 日,中共中央正式作出《关于实行精兵简政、增产节约、反对贪污、反对浪费和反对官僚主义的决定》,决定在全国党、政、军机关和人民团体内开展一场反贪污、反浪费、反官僚主义的“三反”运动。文件向全党发出警告:一切从事国家工作、党务工作和人民团体工作的党员,利用职权贪污和浪费,都是严重的犯罪行为。中央将颁布惩治贪污的条例和惩治浪费的条例，要求各级领导机关要大张旗鼓地发动一切工作人员和有关群众，号召坦白和检举。主要负责同志亲自督促和检查，揭发一切贪污行为，按贪污情节轻重，分别给予警告、调职、撤职、开除党籍、判处各种徒刑，直至枪决，典型的贪污分子，必须动员群众进行公审，依法治罪。浪费和贪污在性质上虽有若干不同，但浪费的损失大于贪污，其结果又常与侵吞、盗窃和骗取国家财物或收受他人贿赂的行为相接近，严惩浪费必须与严惩贪污同时进行。文件还指出，官僚主义和自由主义的工作作风是浪费和贪污得以存在和发展的根本原因，在反浪费和贪污的同时展开反对官僚主义的斗争。8 日，中共中央又发出《关于“三反”斗争必须大张旗鼓进行的指示》。“三反”运动在全国展开。

广西各级机关不同程度存在着贪污、浪费行为。在对省直机关和 7 个专区、市和 26 个县的机关调查中，浪费多达 1085.69 万元，可购大米 100 万担。在进行基本建设中，因设计不周、偷工减料、返工拆盖、库存物资损坏、积压资金等造成国家财产的浪费现象突出。某专区税务局干部竟串通邮局、法院、贸易公司以及不法商人共 19 人进行集体贪污，某县税务局 24 名干部中就有 22 人有贪污行为。党员中也存在贪污腐化和违法乱纪的情况。

广西的“三反”运动从 1951 年 12 月开始。12 月 5 日至 13 日，省委召开第五次扩大会议，传达中央政治局和中南局会议精神，决定结合土地改革和城市民主改革开展反贪污、反浪费、反官僚主义运动和增产节约运动。18 日至 22 日，省人民政府、省协商委员会召开联席会议，对全省开展“三反”运动和增产节约运动作出具体部署。20 日，省增产节约委员会成立，统一领导全省“三反”和增产节约运动，省委副书记、省人民政府副主席陈漫远兼任委员会主任，省人民政府副主席李任仁等任副主任。22 日，会议向全省发出了开展增产节约运动的通知。随后，各专区、市、县也成立相应机构。“三反”运动采取群众运动的方式，按照思想动员、检举揭发、复查核实和定案处理等几个步骤展开。在运动的过程中，贯彻加强领导又充分发扬民主，发动群众与依靠群众，除恶务尽而又实事求是，以及严查实办的精神，有领导、有步骤地进行，使运动正常地发展。

“三反”运动首先在省直属机关进行，1952年1月在全省4个省辖市、9个专区同时铺开。第一阶段是学习文件，民主检查。首先由单位领导进行动员教育，解除干部职工的思想疑虑；然后领导带头，开展民主检查，有错误的主动交代，同时发动群众检举揭发。在民主检查中，各地发现不少贪污现象，有的数额较大，大多数贪污行为都源于不法资本家的行贿。1952年2月初，“三反”运动转入第二阶段，即反贪污斗争（也称打“虎”阶段）。2月3日至5日，省委在南宁召开各专区、市“三反”运动会议，针对前段时间存在的问题，提出下一步开展“三反”运动的方针、步骤和做法。会议决定在全省开展“打老虎”（即追查贪污分子）运动。强调城市应以“三反”运动作为压倒一切的工作，专区和县的工作仍以土改为主，但所有机关及财经部门都要参加“三反”运动。会后，打“虎”运动在全省各地开展。至2月23日，全省查获有贪污行为的353人，其中贪污1万元以上的有72人。在省、专区、市声势浩大的“三反”运动影响下，二三月后，有些县也自动开展起来。当时，省、专区、市的运动正处在打“虎”的紧张阶段，领导力量不足，根据中南局的指示，省委停止了县、区的“三反”运动。打“虎”阶段基本结束后，“三反”运动转入第三阶段，主要是进行复查比对、核实、定案、退赃与处理。3月14日，政务院批准了中央节约检查委员会《关于处理贪污、浪费及克服官僚主义错误的若干规定》，对违法分子处理的方针、办法、步骤及批准权限问题作了具体规定。接着，中共中央发布《关于对待“三反”运动中被撤职或撤职查办的干部待遇问题的指示》。3月下旬，广西开展对证追赃、甄别处理、定案处理等工作，追赃的重点在大、中贪污分子特别是大贪污分子身上，也不放松对小贪污分子的追赃工作。到5月下旬，全省总共追回贪污款158万元，占核实后贪污总款的33%。在处理中，贯彻严查宽办的原则，给予刑事处分的占6.6%，行政处分的占23.3%，免予处分的占70.1%。6月上中旬，运动转入第四阶段，主要是进行思想、组织和制度建设，评功给奖。各地普遍开展思想批判斗争，划清工人阶级与资产阶级的思想界线，由个人交代与资产阶级、地主阶级、帝国主义分子及反动派的关系，据不完全统计，在运动中坦白交代与帝国主义有关系或参加过各种反动组织的人有3990人（以上数字缺宜山、百色、崇左等5个专区、北海市和省直5个单位的数字)。这一阶段,全省各级党、政、人民团体的领导机关,结合民主补课和整风运动,严肃批判与纠正了官僚主义作风,揭发出一些长期积压的人民群众检举、控诉的来信,以及拖拉推诿、不解决问题的官僚主义现象,对犯有严重官僚主义错误、违法乱纪给国家造成损失的人,给予必要的纪律处理和组织调整,精减、整顿机构,提拔、调配干部,总结、改进工作,恢复正常业务,修订健全财政、基建等各种制度,从思想上、组织上、制度上巩固“三反”运动的成果,以防止贪污、浪费和官僚主义现象的重新滋生。在评功给奖活动中,经过群众评选,把“三反”运动中斗争积极、思想进步、立场坚定、艰苦朴素、工作表现好的积极分子,评选为功臣模范,给予表扬。省直属机关在评功中,总共选出功臣370人。

至1952年8月,广西“三反”运动基本结束。经过“三反”运动,铺张浪费、讲排场之风受到遏制,爱惜国家财产的观念大为增强,各项工作及工程设计精打细算,减少了不必要的开支。机关、企业气象焕然一新。省人民政府行政费用开支平均每月节省5万元,占“三反”运动前开支计划的四分之一。柳州专区山河灌溉工程,原设计需工程费12.2万元,在“三反”运动后进行施工时,精打细算,估价只用4.6万元,比原设计费用减少了近三分之二。南宁、桂林等市的汽车运输公司,汽车原来大修一次只能行车6000公里,“三反”运动后已普遍提高到1万公里,并创造了1.6万公里的新纪录。在工矿企业中,“三反”运动结合民主改革,进一步组织发动工人,锻炼骨干,工人生产热情和生产效率普遍提高。平桂矿务局把“三反”运动同生产竞赛结合起来,5月完成生产任务超过原定计划的62.3%,该矿炼锡厂工人开动脑筋,改进了波浪式熔炼法,每年可增产180吨粗锡。

由于缺乏经验和急于求成,“三反”运动一度也存在工作方法简单粗暴的问题;有些部门和单位为完成上级分配的“老虎”指标,没有严格掌握政策,出现了摊派抓“老虎”指标等偏差。1952年8月6日,省委发出指示,对“三反”运动案件进行复查,检查和纠正对一些犯错误党员干部处理过重等问题。省委设立省复查委员会,省委第二副书记、省纪律检查委员会副书记谢扶民为主任,各专区、市也分别组织复查处理委员会,实事求是地开展复查工作。1953 年 1 月初,全省复查工作基本结束。经过复查,纠正了工作中的偏差,落实政策,撤销对一些党员的错误处分。

“三反”运动是新中国成立后党内开展的首次大规模的反腐败斗争。通过这场运动,有效地抵制了旧社会遗留的恶习和资产阶级思想的腐蚀,深刻教育了广大党员干部,挽救了一批犯错误的同志,清除了党和国家干部队伍中的贪污腐化分子,对于树立廉洁、朴素、为人民服务的工作作风,逐步形成厉行节约、艰苦奋斗、爱护国家财产等新的社会风尚,起到了积极作用。

二、“五反”运动

新中国成立之初,多数资本家遵守政府法令,进行合法经营活动,在恢复国民经济中发挥了积极作用。但也有一些资本家不满足于用正常方式获得利润,采用行贿、偷税漏税、盗骗国家财产、偷工减料、盗窃国家经济情报等“五毒”手段,来摆脱国营经济的领导和国家政策、法令的约束,获取高额利润。他们腐蚀国家工作人员,把某些腐化分子“拉过去”,又从外面“派进来”,在国家机关、工厂企业中安插暗探及代理人,从中牟取暴利。从“三反”运动中揭发出来的一些重大违法案件,多数与资产阶级的“五毒”行为密切相连,每一个受贿者背后总有一个行贿人,这些人大多是不法资本家。从全国各地揭发出来的贪污案件中,显示出一切重大贪污案件的共同特点,是私营工商业者和干部中的蜕化分子互相勾结,共同盗窃国家财产;党政机关内部的贪污往往是与不法私营工商业者在外部相勾结而造成的。

在广西,大部分私营工商业者是守法经营的,但也有为数不少的不法资本家不同程度地存在“五毒”行为。根据当时对全省工商界的调查,在 52 个行业中有 400 多个工商户有偷税漏税行为,而且数额不少。以酒业为例,不法资本家解放后两年来偷税漏税达 56 万元以上。在 33 个行业中发现有盗骗国家财产的情况,南宁、柳州、桂林、梧州 4 市不法资本家盗骗国家资财达 1236 万元。在 11 个专区(市)的调查表明,盗卖经济情报的有 207 人,其中钦州一私营贸易公司经理盗窃情报竟达

61份,使国家损失达10.3万元。在南宁市的42个行业中,行贿案件4229件,行贿金额达41.07万元,受贿干部2226人。其中有党、团员,有新参加工作的年青干部,也有经历长期革命斗争的老干部。这些干部受贿后,成了资本家的代理人,帮助不法资本家偷工减料、偷税漏税、盗窃国家财产。开展"五反"斗争,打退不法资本家的猖狂进攻,已成为维护经济秩序、巩固新生的人民政权的一项重要任务。

针对经济领域存在的"五毒"问题,中央决定,在党政机关中开展"三反"斗争的同时,在工商业界开展一场反对行贿、偷税漏税、盗骗国家财产、偷工减料、盗窃国家经济情报的"五反"运动。1952年1月5日,中央发出《关于在"三反"斗争中惩办犯法的私人工商业者和坚决击退资产阶级猖狂进攻的指示》,转发中共北京市委关于"三反"斗争的报告,要求大力发动"五反"斗争,"对资产阶级三年来在此问题上的猖狂进攻给予坚决的反击和重大打击"。同月26日,中共中央发出《关于首先在大中城市开展"五反"斗争的指示》(简称"五反"指示),要求在全国一切城市,首先在大城市和中等城市,依靠工人阶级、团结守法的资本家及其他市民,向着违法的资本家开展一个大规模的坚决彻底的"五反"斗争。

1952年1月19日,省人民政府发布公告,号召工商界配合各机关、企业开展的"三反""五反"运动。2月初,省委根据中央"五反"指示精神,部署全省工商界开展"五反"运动,在南宁、柳州、桂林、梧州四市同时开展。后来,根据中南局的指示,省委决定第一批先在南宁市试点,取得经验后才在其余三市铺开。"五反"运动是一场规模大和复杂的群众运动,南宁市作为试点由省委直接掌握领导,柳州、桂林、梧州三市派干部来南宁参加试点,学习取经。南宁市"五反"运动从3月开始到5月底结束,历时三个月。南宁市"五反"运动分四个步骤进行。一是发动工人、店员,宣传政策,确定打击面,结合生产,重点突破;二是开展坦白检举,排队通过,发动斗争,帮助一部分错误较小的人过关;三是斗争严重的不法商人,开展补退运动,分别处理;四是总结工作,进行思想建设,整顿劳资关系,计划生产。

南宁市"五反"运动结束后,省委将南宁市的做法和经验转发各市参考。6月初,柳州、桂林、梧州三市相继开展“五反”运动。在学习借鉴南宁市试点经验基础上,结合各市实际,进一步探索完善工作方法。首先,召开各界代表会、工人代表会及各种座谈会,讲明运动的意义和政策,揭发不法资本家的“五毒”行为,并深入工人和店员中扎根串连,诉苦算账,提高他们的思想觉悟,与资产阶级划清界限;摸清情况,号召坦白检举,抓好重点,把运动引向深入。其次,组织工人队伍,开展“背靠背”和“面对面”的斗争,并通过工商户互相检查,突破拒不坦白的严重违法户和完全违法户。再次,对坦白检举材料进行复查核实,计算工商户违法所得,确定退补数目,进行定案处理。最后,总结工作,进行思想建设,教育工人树立当家作主的思想,调整基层工会组织,改善劳资关系,组织开展生产。

在“五反”运动中,各市坚持“依靠工人,发动工人去进行斗争”的原则,深入发动工人群众,提高工人觉悟,树立工人当家作主的思想,以工人积极分子作为斗争的骨干力量。同时,注意掌握政策,进行分化资产阶级的工作,争取可以争取的对象,形成“五反”运动统一战线。坚持“五反”运动与促进生产相结合的方针,严禁资本家关店停业、抗拒运动。由于各项工作准备充分,柳州、桂林、梧州三市的“五反”运动开展顺利,仅用一个多月时间,于7月中旬基本结束。

由于领导工作不够具体深入,“五反”运动中曾发生过逼迫交代的现象,省委及时发现并予纠正,以后又经过核实改正,使问题基本得到解决。

全省4市参加“五反”运动的工商户共14999户,店员24214人,发动面达80%,其中被评为积极分子的占24%。在“五反”运动处理上,根据毛泽东为中共中央起草的《关于在“五反”运动中对工商户处理问题所作的重要指示》和中共中央《关于在“五反”运动中对工商户分类处理的标准和办法》,对全省工商户进行核实定案,分为守法户、基本守法户、半守法半违法户、严重违法户、完全违法户5类,加以区别对待。定案结果为:守法户3995户,占总户数的26.64%;基本守法户8363户,占总户数55.76%;半守法半违法户2539户,占总户数的16.93%;严重违法户75户,占总户数的0.5%;完全违法户27户,占总户数的0.18%。

清理私营工商业的违法情况后，根据中共中央规定的“斗争从严，处理从宽”的原则，重点打击极少数反动资本家，对基本守法户不予处分；对半守法半违法户，让其补交税款，不罚；对严重违法户，退出违法所得，并酌情处以罚金；对完全违法户，除退出违法所得、处以罚金外，移交人民法庭判处徒刑直至死刑。4市工商户违法总金额共1284万元，核实补退金额473万元，占全部违法所得的37%。罚款户共74户，占总户数的0.5%。

“五反”运动有力打击了不法资本家的“五毒”行为，在工商业者中普遍进行了一次深刻的守法经营教育，巩固了工人阶级和国营经济的领导地位，推动了在私营企业中建立工人监督和民主改革的进程。这是党在新中国成立初期为确保经济恢复和发展国民经济，回击资产阶级的反限制斗争取得的一个重要胜利。

三、对工商业的再次调整

对不法资本家进行斗争的“五反”运动发动起来后，不可避免地给社会经济生活带来冲击。“五反”运动后，由于退赃补税，部分私营企业开支多于收入，资金流转不畅，营业一度陷于停滞，不少地方再次出现公私关系和劳资关系紧张，失业人员增加，市场萧条情况。其中，南宁、柳州、桂林、梧州、北海五市的私营商业营业额，第二季比第一季度减少了20%。针对这些情况，从1952年下半年开始，省委根据中央的安排，在经营范围、劳资关系、税收、贷款、行政管理等方面作了适当调整。

1952年7月20日至24日，省委在南宁召开城市工作会议，会议针对“五反”运动后市场出现萧条、营业额下降的情况，提出有效解决办法，包括开展城乡物资交流，搞好增产节约工作等具体措施。号召工人主动团结资方，建立新的劳资关系，积极搞好生产。10月下旬，省委召开全省城市工矿工作会议，再次明确城市工作要抓紧物资交流工作，物资交流的重点放在圩镇。7月，梧州等市成立贷款加工定货收购委员会，指导帮助工商户解决各种困难。10月，桂林、梧州等市成立劳动就业委员会，对失业人员进行登记和解决就业问题。

各国营公司对私商扩大加工定货收购工作，为私营商业产品打开了销路,鼓舞他们的经营信心。人民银行扩大对私营工商业的贷款,帮助他们解决资金周转的困难,在7月下旬全省城市工作会议结束后,省人民银行就发放了210万元的紧急贷款。“五反”运动结束后3个月贷款额达1579万元,占1952年全年贷款总额1775万元的89%,其中用于土特产运销与推动工业品下乡的贷款占全部贷款额的68%。

8月5日至16日,省物资交流大会在南宁举行,会上成交金额达3832万元。至11月底,各级人民政府共举办物资交流会104次,成交额累计达1.2亿元,逐步改变了因一些资本家持观望态度而造成的市场呆滞情况,活跃了城乡经济。

在调整市场方面,12月初,省委按照中央《关于调整商业的指示》,贯彻中南局《关于活跃初级市场六项措施》。一方面国营批发企业扩大了对私营企业的加工订货,适当提高城乡批零差价和地区差价,加强对价格的研究和掌握;另一方面紧缩机构,减少零售,再次减少国营商业部门零售业务,适当扩大私人经营零售和贩运业务的范围,仅国营百货公司就停止704种商品的零售业务和12种商品的批发业务,零售公司也停止全部百货经营,给私营商业让出市场,扩大私营商业的经营范围,保证私营商业应得的合理利润。在税收方面,采取先活后收、先税后补的方式,以减轻资本家在“五反”运动后退补违法所得等带来的经营困难。通过这些举措,基本扭转了“五反”运动后公私关系紧张的局面。

在这次调整中,经过各级人民政府与国营经济的领导扶助以及私营工商业者积极经营,使私营工业中国家资本主义初级形式得到较大发展,私营商业的零售额明显回升。1952年下半年,城乡交流的局面打开,第三季度私营商业的营业额恢复到第一季度的水平,新的繁荣景象重新出现。调整缓和了公私关系和劳资关系,维持了工人和职员的就业。私营企业普遍成立了增产节约委员会,建立健全了对资本家生产和经营的监督制度,使不法经营在企业内部受到了限制,为资本主义工商业的社会主义改造创造了条件。

第五节 国民经济恢复任务的完成

一、国民经济的全面恢复

1950年至1952年,省委和省人民政府领导全省各族人民,经过艰苦奋斗,战胜严重困难,在工业、农业、水利建设、交通运输、国内外贸易、改善人民生活等方面都取得了巨大成就,财政状况实现根本好转,国民经济已经全面恢复。

农业得到较快恢复和发展。1952年,农业总产值达11.49亿元,与1950年相比,增长24.9%,年平均增长11.8%;粮食产量达529.3万吨,增长22.4%,年均增长10.6%,全省粮食自给水平提高。一些经济作物增长更快,甘蔗总产量87.53万吨,增长1倍多;油料总产量11.16万吨,增长59.4%;甘蔗、油料等主要农产品产量,大部分达到或超过民国时期最好年份1936年的水平。其他经济作物以及畜牧业、水产业也有较大发展。

水利是农业的命脉。3年中,不仅修复了原有的水利工程,而且新建了一批水利工程。1950年和1951年,全省共完成较大水利工程17处,1952年兴建工程16处,完成和基本完成7处,加上群众性小型水利,改善和增加了灌溉面积。

工业生产能力有较大提升。在国民经济恢复时期,省委和省人民政府通过企业民主改革、“三反”“五反”运动、抗美援朝运动,广泛地开展了爱国节约运动和爱国主义劳动竞赛,调动广大工人的劳动热情,使劳动生产率大为提高,有力促进了工业生产的恢复和发展。1950年至1952年,国家投资新建了一批厂矿企业,增加了固定资产,扩大了生产能力,主要产品产量全面增加。1952年末,全省工业总产值达4.05亿元,比1950年增长75.3%,年均增长32.4%,整个工业生产比农业恢复和发展的速度更快。工业在工农业总产值中的比重由1950年的20.1%上升到1952年的26%。1952年主要工业品产量:棉布0.29亿米,生铁

0.24 万吨,发电量 0.35 亿度,木材 50.08 万立方米,糖 3.54 万吨,均超过解放前的最高水平。

交通建设得到恢复和发展。交通运输业是国民经济的大动脉,在国民经济三年恢复时期,全省完成经济建设投资总额 1.03 亿元,其中用于交通建设投资占近 60%。解放前广西铁路有湘桂(湖南衡阳至广西来宾)、黔桂(广西柳州至贵州清泰坡)和来合(来宾至合山)铁路,通车里程 613 公里。解放后,省人民政府组织对原有残破的铁路进行抢修,不到 1 年就恢复了通车;修建湘桂线来宾至镇南关铁路,1951 年 10 月通车,新建铁路 400 多公里。省人民政府对原有公路进行修复,全面恢复通车,新建公路 2100 多公里,通车里程到 1952 年底达到 5068 公里,客运量大幅增长,1951 年已超过历史最高水平。广西的民用航空事业也受到国家重视,1952 年成立中国民航南宁站,同年 10 月,第一条往返于广州—南宁—昆明的航线通航,民用航空里程达到 1211 公里。

国内外贸易的恢复。国内贸易方面,一是建立以国营商业为领导的新型贸易网,国营商业(含合作社商业)零售额占社会零售总额比重已达 18.5%。二是发挥私营商业有利于国计民生的积极作用。社会消费品零售总额由 1950 年的 3.31 亿元增至 1952 年的 5.01 亿元。对外贸易方面,主要是利用私营进出口商的业务专长和经验,开展对港澳市场的出口业务,同时逐步筹建国营贸易公司,以推动对外贸易的发展。在中越边境以民间交易为主,各个边境县也分别建立国营贸易公司或土产公司,开展边境贸易。1952 年 1 月,实施《广西中越边境地方国营贸易进出口货物验放办法》。放开中越边境小额贸易。1950 年,广西出口商品金额为 428 万美元,其中私营占 91.59%,国营占 8.41%。1952 年增至 916 万美元,私营厂商出口所占的比重下降为 77.6%,国营出口所占的比重相应上升。出口的商品主要是粮油食品、农副土特产品和大锡。

财政状况实现根本好转。广西的财政收入主要来源于农业税,其次为工商税和企业收入。随着国民经济的恢复和发展,财政收入逐年增加,1950 年财政收入 6650 万元,1951 年增至 17434 万元,1952 年达到 21878 万元,比 1950 年增加 15228 万元,增长 229%。1950 年至 1952 年广西的财政支出分别为 4526 万元、9343 万元、16856 万元,财政支出重点支持剿匪、建政、稳定金融、平抑市场物价，统一财政管理、支持社会改革和国民经济的恢复。由于财政收入的增加，各项建设事业费也有较大增加，从而促进了生产发展，提高了人民物质文化生活水平。这3年财政收支相抵后，均有节余，全省财政状况实现了根本好转。

二、形成新民主主义的经济结构

随着国民经济的迅速恢复和发展，全省经济的所有制结构发生了深刻变化。帝国主义、官僚资本主义、封建主义经济成分基本被消灭，形成了国营经济及其领导下的私人资本主义经济、个体经济、国家资本主义经济和合作经济等五种经济成分并存的新民主主义经济。

第一，国营经济。主要是对没收的官僚资本进行改造而建立起来的全民所有制经济和国家投资新办的企业。解放后，国家没收了原国民党各级政府机构在广西经营的企业，以及国民党大官僚和新桂系军阀所经营的企业。1950年初，南宁、柳州、桂林、梧州4市共没收官僚资本工业企业46家、金融企业35家。省委和省人民政府对这些旧企业进行民主改革和生产改革，建立了新型的所有制关系和经营方式，实现了企业民主管理和群众监督，这些企业成为解放初期全省国营经济的组成部分。与此同时，国家投资新建国营企业。工业方面，从1950年到1952年，国家投资1567万元，建成投产了一批新企业，国营企业增至199家。经过三年经济恢复，国营经济迅速增长，国营工业的产值在全省工业总产值中所占的比重，由1950年底的16.7%提高到1952年的29.9%。水电、原煤、生铁、有色金属、水泥等产品，全部或主要是由国营工业企业生产经营。国营经济还掌握着铁路、银行和对外贸易，掌握了国民经济的命脉。在交通运输中，国营企业在水运、公路运输中占很大比重。在国内贸易中，到1952年，省、地、市、县建立了国营粮食、油脂、石油、贸易、百货、盐业、花纱布等全民所有制商业机构537个，职工1.19万人，初步形成了从批发到零售比较完整的国营商业系统。它和农村的供销合作社、城市及工矿区的消费合作社一起，形成以国营商业为领导的、以合作社为助手的全省性的商业网，掌握了各种重要物资，控制了很大部分商品流通过程，基本上掌握了市场价格。国营商业（含合作社商业）零售额占社会零售总额比重已达18.5%。资本主义企业和个体经济的生产也被国家通过加工定货和价格政策所调节。在金融方面,国家银行成为现金、短期信贷结算中心,在金融业务中占绝对优势。国营企业上缴税利占地方财政收入的比重,从1950年的3%上升到1952年的18%。社会主义国营经济的建立和发展,对于维护国计民生,抑制物价上涨,促进私营工商业的社会主义改造,都起到了重要作用。随着国营经济的不断壮大,它在国民经济中的领导地位日益加强。

第二,私人资本主义经济。即私营资本主义工商业。在国民经济恢复时期,国家鼓励私人资本主义经济朝有利于国计民生方面发展,全省私营资本主义工商业得到了恢复,并有新的发展,私营工商业户数、从业人员、工业产值和商业营业额都有所增加。1950年,全省工业私营户数为588户,产值1808.6万元;到1952年增加到843户,产值3087万元,户数和产值分别增长43.37%和70.68%。1950年全省私营商业共12.5万户,从业人员18万人,流动资金2594万元,全年销售额4.29亿元;到1952年,私营商业批零总额达4.4832亿元,占全省商业批零总额的70.45%。私营资本主义工商业的恢复和发展对恢复生产、繁荣经济、解决城市就业问题具有积极作用。但私营资本主义工商业在国民经济中的比重,由于国营经济增长较快而相对下降。以私营工业(不含手工业)为例,它在全省工业总产值中占的比重,由1950年的83%下降到1952年的38%。同时,在资本主义工商业中各个行业的具体情况不同,有利于国计民生的行业如国家经济建设急需的重工业、满足人民生活需要的日用消费工业、从事商品零售业务的商业、饮食服务业等都得到恢复和发展;不利于国计民生的行业则受到限制,趋于衰落或淘汰,如从事囤积居奇、买空卖空的投机商号、银号、股票、房地产等,以及奢侈消费性行业、迷信行业被削弱或淘汰。与国计民生有重大关系的私营商业,特别是花纱布、粮食、盐、煤以及进出口贸易逐步由国营商业所替代。

第三,个体经济。由个体农民、个体手工业者和城乡小商贩构成,是解放初期全省经济主要组成部分。1950年至1952年,广西实行土地改革,全省近1600万农业人口参加了土地改革运动,在农村中废除了封建土地制度,建立了以个体农民为主体的农民土地所有制,从事农业生产的绝大部分是个体农民，国营农场只占很小的比重。在工业生产中，在国民经济恢复时期，编织、小工艺、小食品、修理等个体手工业得到较大发展，1952 年手工业生产占工业总产值的 55.2%，从事手工业的主要是个体手工业者。此外，在城乡还有人数众多的小商小贩，他们足迹遍布城镇街巷、穷乡僻壤，促进了城乡物资交流，方便群众生活，补充国营经济和合作社经济的不足，发挥积极作用。1952 年，广西个体经济产值占工农业总产值的 80% 左右，比全国城乡个体经济占 71.8% 高出 9.2 个百分点。这种状况的形成明显是受到广西农业生产力落后、近代工业极为薄弱等因素的影响。

第四，国家资本主义经济。即公私合营经济。对资本主义经济的改组，出现了国家资本主义的经济形式。在金融领域，全省各级人民银行自 1950 年下半年起，开展对私营资本主义工商业的存款业务，组织私人钱庄与人民银行联营。在工商业方面，则从 1950 年开始对私营企业实行加工订货，将其逐步纳入国家计划轨道。1952 年“三反”“五反”运动后，由于私人钱庄经营困难，由国家对其实行全面公私合营，代为人民银行办理指定业务。另外，国家通过加工订货（包括统购、包销、收购）的形式，将其纳入国家计划的轨道，而成为公私合营的工商企业。公私合营企业的出现，使资本主义内部关系发生了一定程度的变化。资本家对企业有经济行政权，但这些权力要受到工人群众的监督，其分配权力也受到一定的限制。

第五，合作社经济。指生产、流通、金融等领域出现的互助合作组织，主要是生产互助组以及各类供销合作社等。

农业生产中，在省委积极引导下，农民走互助合作道路。农业生产互助组是个体农民在生产资料私有的基础上组织起来的互助合作组织，目的在于克服生产中的困难，增加产量。1951 年春，广西第一个互助组——全县两合乡蒋在球互助组成立。同年上半年，第一期土改结束，完成土改的农民陆续办起互助组。12 月，中共中央发布了给各地试行的《关于农业生产互助合作的决议》。在这个决议规定的方针政策指导下，互助合作运动的步伐加快。到 1952 年夏第二期土改结束时，互助组发展到 2.2048 万个，大部分是季节性的互助组，少数是常年互助组。到

1952年底，互助组已达9.18万个，其中常年互助组7100多个，组织起来的农业人口占全省农业人口10%以上。随着互助组的增加，关于互助组中领导、分配、生产计划安排、多种经营和急于过渡到集体化等方面的问题有所显现。

个体手工业者的合作组织形式，先是组织生产小组和手工业供销合作社，然后向手工业生产合作社过渡。通过接收改造旧社会遗留下来的合作社，组织部分失业工人参加合作社，1950年全省有手工业生产合作社3个，社员78人；至1952年9月，全省手工业生产合作社增至14个，社员人数也大为增加。

供销合作社是个体农民在流通领域里的合作组织。供销社代为国家收购工业原料，收购个体农民、手工业者各种农副产品和手工业品，供应农民需要的农业生产资料和日用工业品，起到促进城乡物资交流、工农业互助的作用。供销社所得利润除用于扩大生产经营外，还按入股资金进行分红，使农民和手工业者免除私商的中间剥削的同时增加了收益，因而深受群众欢迎。1950年，广西省人民政府结合清匪反霸、减租退押和国民经济恢复，着手建立供销合作社组织。1951年，根据中共中央和中南军政委员会关于在土地改革地区放手发展供销合作社以适应农民迫切推销土特产要求的指示，省人民政府组织一批干部分别到邕宁、全县、灌阳、平乐等10个县建立供销合作社。及时总结办供销合作社的经验，推动全省合作事业运动。这年4月，广西省合作事业管理局成立。9月，全省第一个县级合作社——苍梧县合作总社成立。省委、省人民政府对供销合作社采取扶助的方针，在货物批发、贷款利率、税收等方面都给予优惠，推动供销合作社较快发展。1952年6月，广西省委扩大会议对发展供销合作社工作作出部署，派出大批干部充实供销合作社领导，地、县、区党委都派一名委员或常委担任供销合作社主任。当年9月，全省第一次合作工作会议召开，广西省委第二书记兼省人民政府副主席陈漫远在大会上作报告，再次对全省合作事业的发展进行部署。到1952年，全省供销合作社的基层社发展到418个，入社社员253万人，占全省农村人口近15%，零售店854个，股金258万元。此外，在国家银行的支持下，由农民自愿联合组成的信用合作社、信用部、信用互助组也在农村建立起来。它们组织调剂农民自有的资金,接受国家银行和国家保险事业的委托,构成一个国家银行和信用合作社组织相结合的农村金融网,开展农村金融工作。1951 年,广西开始试办农村信用合作社。1952 年 4 月,全省有重点地建立了 32 个信用合作社,吸收社员 11612 人,股金 13307 元,组织存款 42102 元,发放贷款 83276 元。信用合作社对帮助农民解决急需资金困难,避免高利贷剥削起了重要作用。

在国营经济领导下五种经济成分并存、共同发展的新民主主义经济结构,适合广西解放初期的生产力水平,有力推动了广西国民经济的恢复和发展,为此后进行社会主义改造,实现向社会主义过渡创造了有利条件。

三、人民物质文化生活的初步改善

随着国民经济的恢复和发展,人民的物质文化生活得到改善。1950 年 12 月以后,全省物价基本保持稳定,特别是粮食、肉禽、棉布、日用品等保持价格稳定,使老百姓从国民党统治后期“一天三个价,心惊胆又怕”的物价飞涨恐慌中解脱出来,基本生活得到可靠保证。

农民生活有了改善。在农村,随着土地改革胜利完成,农民获得了生产资料,生产热情空前高涨,在党的领导下逐步走上互助合作道路,农业连年增产。农民免除了沉重的地租负担和各种苛捐杂税的盘剥,生活普遍得到改善。从 1950 年至 1952 年,全省人均粮食逐年增加。1950 年为 230.5 公斤,1951 年为 251 公斤,1952 年为 272.5 公斤。由于收入增加,农村购买力也有了提高,据调查,农村每人平均购买力 1949 年为 19.67 元,1951 年为 34.16 元,增长 73.66%。1951 年农民每人所消耗的布匹比 1949 年增加 46% 以上,食油也增加 18% 以上,各种日用品在农村需求普遍增加,细布、搪瓷面盆、暖水瓶等开始进入农民家庭,为工业品打开销路。1952 年,全省社会商品零售总额比 1950 年增长 51%。

城市就业人员增加,职工生活水平有了提高。解放初期,南宁、桂林、柳州、梧州 4 市共有城市贫民 13 万余人,占 4 市总人口数 50 万人的 26.3%,其中失业人员达 6.7 万人。各市通过采取发放紧急救济、组织生产自救、发展生产、安排就业等措施,失业人员基本得到安置。到 1952

年底，全省国营和集体企业职工从1950年末的54万人增加到73万人，增长35.2%。

工资收入增加，安全、劳动保护和福利设施得到改进。解放初期，广西对接管的企业、事业单位和原国民党政府的职工，采取“原职原薪”的政策，按照当时物价折合大米发放工资。党政机关、事业单位的工作人员有的实行供给制，有的实行薪金制，据1952年统计，实行供给制的人数占这些单位职工总数的59.14%。1952年进行工资改革，国家机关干部实行职务等级制，定级定薪；工矿企业实行8级工资制，按工人技术等级标准确定工资级别。1952年，全省国营、公私合营、合作社营企业年人均工资为450元，比1951年的382元增长17.8%。1951年广西在国营工业、交通、基本建设部门实行了劳动保险条例，后来又扩大到财贸系统，使这部分部门的职工及家属享受了劳动保险待遇。1952年6月起，国家还实行了公费医疗制度，使国家机关工作人员医疗保健得到保障。厂矿企业的安全卫生也有显著改善，女工的特殊困难得到适当照顾。1950年至1952年，国家还新建了一批职工宿舍。

文化生活水平也有了提高。1952年，全省在校学生人数达209.38万人，比1950年增加156万人。其中在校大学生1143人，中专生9599人，中学生83014人，小学生200万人。国家还设立助学金，开办工农速成中学与中等技术学校，让工农群众享受教育的权利，为他们的成长深造提供方便条件。医疗卫生条件得到改善，1952年拥有病床4720张，比1950年增加112.5%；霍乱、鼠疫等传染病基本得到控制，人民健康水平逐步提高。

国民经济的全面恢复，为实行有计划的经济建设打下基础，为进行生产资料私有制的社会主义改造提供了条件。

第五章

政治建设和社会事业的改革

在努力恢复和发展国民经济、构建新民主主义经济的过程中，广西省委加强党的自身建设，广西党组织在政治上、思想上、组织上和作风方面得到加强。在民族地区进行了民主改革，实施民族区域自治制度；在全省建设新型的、人民大众的新民主主义社会事业。

第一节　党的自身建设

一、执政初期广西党组织状况

在广西解放前夕，大部分地区已建立起地委（地工委）和县委（县工委）。解放后，广西地方党组织与南下党组织会合，实现了统一领导。广西党组织具有光荣的革命历史，经过长期的革命战争和复杂环境的考验与锻炼，组织上基本纯洁，始终坚持斗争。解放后，党的地位发生根本变化，由革命党变成执政党，各级党的领导机构逐步建立健全，党的任务由战争转向建设，由担负较为单纯的政治和军事任务，转为更加广泛复杂的经济、社会、文化建设；方式由地下转为公开，工作重点由乡村转向城市。党员队伍也随之不断发展。1949 年 12 月，广西全省党员有 9000 多人。1951 年 8 月，党员增至 12695 人，其中，1948 年以后入党的新党员占大部分。

多数党员能够在党的教育下,牢记毛泽东在党的七届二中全会上的告诫,刻苦学习,努力工作,认真执行党的路线、方针、政策,密切联系群众,自觉保持谦虚谨慎、不骄不躁和艰苦奋斗的作风,以身作则,发挥先锋模范作用。但是,由于党员队伍大部分来自农民,党又长期处于落后的农村和紧张的战争环境之中,对党员的系统教育不够,特别是解放战争后期由于中国革命胜利来得很快,对广大新党员还来不及进行教育。这样,党内存在的,特别是一些农民党员身上存在的小生产者的狭隘自私思想与组织上的散漫性,有待改造与克服;在革命胜利后,有相当一部分党员干部跟不上或不能完全适应新形势、新任务和党的工作重心的大变化,经受不住执政地位与和平环境的考验,政治上迷失了方向,思想上、作风上滋长了各种各样的消极情绪和不良倾向,有的甚至堕落成为腐败变质分子。广西解放后,面对新的形势和任务,党组织暴露出不少弱点和问题。

政治上,一些党员干部存在敌我界限不清现象,在剿匪斗争“民匪不分”;在执行党的镇反政策上把握不准;对党的财政经济政策认识不到位,存在轻视工商财经和城市工作倾向;有的地方存在外地干部和本地干部不团结问题。思想上,随着广西解放及各项工作成绩的取得,少数党员干部以功臣自居,追求名利地位;极少数人不思进取,丧失了往日的革命热情。工作作风上,一些领导机关和干部存在官僚主义和命令主义作风,脱离群众。组织上,在发展党员过程中,存在审查不细,把关不严现象;有的基层党组织松懈、涣散,战斗力不强。虽然这些问题不是党的主流,但这些问题的发生,尤其是以功臣自居、违法乱纪、贪污腐化、自私自利的行为,影响党和政府在群众中的威信。加强党的建设,使党的队伍能够更好地适应新形势新任务的需要,担当起执政的重任,领导广大人民群众顺利进行社会主义革命和社会主义建设,已经成为省委的迫切任务。

二、加强党员干部培训与教育工作

解放初期,广西的干部来自“五湖四海”。党员之间在文化程度、政策水平及工作经验等方面存在差别,南下的党员一般政策水平较高,有一定的政权建设经验，但对当地的情况不大熟悉，语言也不通；部队转业的党员组织纪律性较强，有一定的对敌斗争经验，但工作作风较粗，不习惯地方工作；原地下党的党员熟悉当地情况，与群众有密切联系，但对党的政策不熟悉，缺乏政权建设经验。当时一些干部中存在“以谁为主”的错误思想，会师后有些地区存在不够团结的现象。省委及时地进行思想教育，对错误思想进行了严肃的批评教育，提倡互相学习，取长补短，强调在马克思列宁主义、毛泽东思想的基础上加强团结，统一认识，统一思想，为建设新广西而搞好革命团结。

省委按照中共华南分局关于“以两个月时间整顿干部思想，一个月时间学习共同纲领，以扫清思想障碍，学习当前最需要的政策知识，打下学习马列主义与毛泽东思想的基础”的要求，部署政治学习活动。1950 年 2 月 27 日，省委发出关于在职干部学习的指示。决定从 3 月中旬至 6 月中旬开展政治学习活动，要求通过学习活动，南下干部安心在广西工作，新干部努力提高政策水平，旧政权机构留用人员提高政治思想觉悟，老老实实为人民服务。为加强对学习的领导，省委决定从省到县在各级党委领导下成立总学习委员会、学习委员会总分会、学习委员会分会。3 月，省学习委员会成立，省委书记张云逸兼任主任委员。各地、市、县委也相继成立学习委员会。此后，在全省机关干部中掀起学习热潮。在学习活动中，根据政策水平和文化水平实行分类编组，甲组在学完《政治经济学》《帝国主义论》以后，着重学习研究苏联经济建设经验，解决中国经济建设问题。乙组学习《政治经济学》《列宁主义基础》《论人民民主专政》《中国革命与中国共产党》等著作。丙组学习《社会发展史》《中国革命与中国共产党》《新民主主义论》《共同纲领》等。丁组主要学文化和时事政策。通过学习，理论联系实际，达到克服非无产阶级思想意识，巩固革命人生观，加强党性锻炼，加强团结，达到思想上和行动上的一致，为建设新广西打下理论基础和思想基础。

1950 年 3 月，省委遵照中共中央指示，为巩固政权和发展胜利形势，培训党的干部，决定在南宁市开办中国共产党广西省委员会党校（简称广西省委党校），对外称“广西省革命干部学校”。广西省委党校是省委直接领导的训练党员干部的机构，它执行省委指示，配合中心工作并为中心工作服务。省委还决定：省委党校的工作是党的组织工作的一部分，训练党员提高思想水平，增强党性锻炼。省委党校担负轮训与培养党员领导干部，培养党的理论队伍，学习、研究、坚持和发展马列主义、毛泽东思想，加强领导干部修养的任务。5月25日，省委党校第一期轮训班正式开学上课，至10月结束，学员167人，均为担任县、区领导职务的原地下党党员，省委党校以理论联系实际为教学指导方针，针对地下党员的政策水平状况和在解放后担任县、区领导职务的表现，组织学习党的各项方针、政策。在此基础上，按照理论联系实际、密切联系群众、批评与自我批评的学风要求，每个学员对照检查工作中的主观主义和命令主义，学习党的团结统一原则，反对山头主义和宗派主义，增强本地干部与南下干部之间、本地干部相互之间的团结。还对学员进行劳动观点教育，学以致用，发动学员和干部积极参加建校劳动。从1950年至1952年秋，为配合剿匪、清匪反霸、减租退押和土地改革等中心工作，省委党校共开办3期轮训班，为全省培训县、区主要领导骨干465名，为增强全省党员干部修养，提高政治理论和政策水平，确保解放初期各项艰巨繁重的革命斗争和建设任务的完成，发挥了重要作用。

1950年6月，省委根据中央关于清理中层（一般机关）、内层（要害部门、机要部门）干部队伍的指示，在省直属机关进行清理工作，对机关基层党组织进行纯洁组织工作。在省总学习委员会的领导下，以机关为单位建立学习委员会，通过边学习提高边暴露问题的方法进行。至1951年8月，参加学习人数4000多人（其中党员400多人）。省委通过报纸、刊物对党和人民政府及经济部门、群众团体工作中的错误和缺点开展批评和自我批评。1952年1月，省委纪委印发《纪律检查工作手册》，收编了中共中央、中南局、华南分局及省委纪委关于纪律检查工作的决定、指示。在"三反"运动中，各级纪委严查各级党组织和党员违反党纪行为，审理了一批违纪案件，并加强了对党员的党纪教育。

三、整党整风运动的开展

县区以上干部整风运动。新中国成立后，随着党组织的发展和党员队伍的扩大，一些新党员思想作风不纯，一些老党员骄傲自满，滋长官僚主义、命令主义等不良作风，影响了党的形象。1950 年 5 月 1 日，中共中央发出指示，决定在全党全军进行一次大规模的以各级领导干部为重点的整风运动。要求各级党组织结合总结工作，开展批评与自我批评，克服党内尤其是领导干部中的居功自傲情绪、命令主义作风，以及少数领导干部贪污腐化、堕落颓废、违法乱纪等问题，加强执政党的建设，密切党和人民群众的联系。根据中共中央的指示，6 月 11 日，省委发出《关于整党的指示》，全面部署整党整干工作，决定采取由省委召开地委书记联席会议、地委召开县级干部和区委书记会议、县委召开区乡干部会议以及举办党校轮训班等形式，用 2—3 周时间，通过阅读文件，总结工作，分析情况，开展批评与自我批评，进行一次大规模的整风运动。7 月 13 日至 8 月 3 日，省委首先在南宁召开整风会议（也称省委第二次高级干部会议），传达党的七届三中全会关于整党的决定及中南局有关整党整风的指示精神，总结和检查广西解放八个月以来的工作，研究部署下一步工作。与会同志认真开展批评与自我批评，特别是对减租退押（租）工作作了全面检查和总结。8 月 1 日，省委又发出《关于整党的补充指示》，进一步明确这次整风的目的、意义、方法和应注意的问题，强调整风必须首先学习好毛泽东在党的七届三中全会上的报告，武装思想，把整风运动与全省复杂繁重的剿匪、反霸、减租退押和争取国家经济财政状况根本好转的任务紧密结合起来。整风的重点是县以上领导机关和领导干部，主要内容是整顿政策思想、官僚主义、命令主义和党内团结问题，全面提高各级党组织的战斗力。8 月下旬，从省委、广西军区党委到各地、市、县委及军分区、师、团党委先后召开党委扩大会议，全面开展整风运动。1950 年冬，整风运动基本结束。

通过整风运动，一方面，广大党员开展了批评与自我批评，检查在剿匪工作中有的地方存在的“宽大无边”及“乱打乱捕乱杀”等违反政策的错误偏向，清算了官僚主义、命令主义、个人英雄主义及享乐主义等不良作风，并提出了整改的办法和措施，为广泛发动群众，进行重点剿匪创造了有利条件。另一方面，通过自上而下大规模的整风运动，有效地提高了全省各级干部的政策水平，较好地克服了工作中的官僚主义作风和简单粗暴的工作方法，密切了党委、政府与人民群众的关系，加强了各方面的团结，为推动各项工作提供了坚强的组织保障。

整党运动。1950 年下半年的整风运动初步解决县、区以上领导机关和干部的工作作风方面的问题。针对全党在新中国成立后思想上、作风上、组织上存在的某些不纯问题和松懈涣散现象，1951 年 2 月中旬，中共中央政治局扩大会议决定进行整党建党工作。3 月 28 日至 4 月 9 日，中共中央在北京召开第一次全国组织工作会议，具体贯彻政治局会议关于整党建党的决议。刘少奇在报告中指出，必须对党的基层组织进行一次普遍的整顿，并提出了共产党员标准八项条件，要求“为更高的共产党员的条件而斗争”。关于共产党员标准的八项基本条件内容为：中国共产党是中国工人阶级的政党，是中国工人阶级的先进的有组织的部队；党的最终目的，是要在中国实现共产主义制度，它现在为巩固新民主主义制度而斗争，将来要为转变到社会主义制度而斗争，最后要为实现共产主义制度而斗争；共产党员必须下定决心，终身英勇地坚持革命斗争；党员的斗争和工作必须在党的统一领导下进行；党员必须把人民群众的公共利益，即党的利益，摆在自己私人的利益之上；党员应经常地用批评和自我批评的方法，检讨自己工作中的错误和缺点，并及时地加以纠正；党员必须全心全意为人民服务；党员必须努力学习马克思列宁主义、毛泽东思想。上述内容是教育和考察每个共产党员的标准，也是党员所必须坚持的条件。会议通过《关于整顿党的基层组织的决议》和《关于发展新党员的决议》，全面系统地部署全国的整党和建党工作。

8 月，省委召开全省组织工作会议，中共中央中南局组织部部长钱瑛传达了全国第一次组织工作会议精神，提出要严肃慎重地整顿党的组织，加强党的建设；省委代理书记陶铸在会上作总结发言。会议明确了整党的基本方针和大体步骤。决定用 3 年时间完成整党。整党的具体步骤是：教育和讨论；登记；审查；处理。会后，省委以进行共产党员标准教育为中心，开展整顿党的基层组织工作，强调分清敌我，不仅要从组织上纯洁党的队伍，而且要从思想上政治上提高党员素质，更好地加强党的团结与巩固党的组织,把广西党组织建设成为与广西人民血肉相连的真正代表广大人民群众利益的党。省委组织全省党员进行党的基本知识及共产党员标准八项条件学习,在此基础上,组织布置各级机关的审干工作,对每一个党员进行认真的审查和鉴定,对犯有严重错误和不够党员条件的党员进行组织处理。9月至10月,有6个专区、1个市、12个县机关进行了干部审查学习,参加人数1.2万多人(其中党员1000多人)。通过清理,发现并处理存在的一些问题,划清了敌我界限,清除少数坏分子,纯洁了机关党组织,教育提高全体工作人员为人民服务的自觉性和党、团员的阶级觉悟,提高为国家、为人民、为党工作的热情与积极性。

全面整党开始不久,全国开展了反贪污、反浪费、反官僚主义的“三反”运动。1951年12月26日,中共中央发出指示,要求全力转入反贪污、反浪费、反官僚主义的整风运动。1952年2月和5月,中共中央先后发出《关于“三反”运动和整党运动结合进行的指示》《关于在“三反”运动的基础上进行整党建党工作的指示》,强调“三反”运动对于党员是一次严格的考验,对于党的组织是一次有效的清理,必须将两者结合起来。据此,6月28日,省委发出《关于整党、建党的指示与计划》,修订了整党方案,明确要求整党工作必须与“三反”运动相结合。7月28日,省委召开全省组织工作会议,研究如何在“三反”运动的基础上搞好整党的问题,进一步明确整党目的、所要解决的重点问题、整党的具体方法和实施步骤、组织处理的政策界限。各级党委及时调整了原定的整党建党的内容、方法和步骤,以适应运动发展的新情况。9月,整党运动在全省范围逐步展开。

全省整党运动分三批进行。省直属机关及南宁、柳州、桂林、梧州、北海五市直属机关和工矿企业为第一批;各地直属机关及县区机关支部和完成土改复查的区为第二批;第三批包括因各种原因未整党的地区和部门。整党过程分为思想教育、党员登记、审查鉴定、组织处理四个阶段。在思想教育阶段,各级党委组织党员学习了中央的整党文件和共产党员的八项标准,在党内普遍开展了共产主义和党的基本知识教育,使每一个党员真正从思想上明确党的性质、党的宗旨、党的奋斗目标和党的指导思想，以及党的组织原则、党的纪律、党的群众路线、批评与自我批评的武器等，懂得如何做一个共产党员，明确自己努力的方向。在党员登记阶段，各级党委发动每个党员自觉自愿地向党表明是否有决心按照党员所必须具备的条件继续做一个共产党员，如有决心的则主动登记，详细坦诚地说明自己的历史、政治经历及思想作风情况；如果没有提高或改造自己的决心或其他原因而退党者，则不进行登记。在对党员进行审查鉴定阶段，各级党委采取批评与自我批评的方法，组织党员进行对照检查，并对每一个党员的历史和政治经历进行审查，根据党员的八项条件检查其表现，作出实事求是的书面结论。在组织处理阶段，各级党委根据审查和鉴定，按照“与人为善，治病救人”“思想检查从严、组织处理从宽”的原则，经党员讨论，分四种情况作出处理并报上级党委批准。对符合标准的党员，要求他们继续努力，不断提高自己；对不具备条件，或有较严重毛病的党员，经批评教育后，只要愿意改正，保留其党籍，等待一个时期，帮助其改造提高；对不可救药的消极落后分子，则劝其退党或撤销其党籍；对混入党内的阶级异己分子、叛变分子、投机分子、蜕化变质分子，则一律清除出党。

通过上述具体步骤，弄清了党员在每个历史时期的政治、思想表现以及政治面貌、阶级立场，解决了“三反”运动尚未解决的问题。整党后期，与建党相结合，与考察、培养、提拔干部相结合，清除混入党内的坏分子，撤换那些严重官僚主义分子和不称职的领导干部，发展了一批新党员，大胆提拔一批德才兼备的优秀分子到领导岗位上来。到 1953 年 6 月，全省参加整党的党员共 10995 名，党支部 780 个。被清除出党的共 534 名，占参加整党人数的 4.86%；受其他党纪处分的共 542 名，占 4.93%。在“三反”运动中，曾出现斗争扩大化现象，在定案处理时一般都得到了纠正。通过整党运动，加强了各级党组织的思想建设、组织建设和作风建设，广大党员受到深刻的教育，防止了资产阶级思想的侵蚀，纯洁了党员队伍，改进了党的作风，密切党与人民群众的血肉联系，提高了党在人民群众中的威信。

第二节　统一战线工作的开展

一、统一战线进入新的发展时期

新中国的成立,党领导的人民民主统一战线发生了历史性重大转变。中国共产党成为领导人民掌握全国政权的执政党,各民主党派、无党派民主人士明确宣布接受中国共产党的领导,中共同各民主党派、无党派民主人士建立起新型的亲密合作共事关系。《共同纲领》成为统一战线各方面团结合作的共同政治基础和行为准则,人民民主统一战线内部团结更加巩固。《共同纲领》规定,人民民主专政是中国工人阶级、农民阶级、小资产阶级、民族资产阶级及其他爱国分子的人民民主统一战线的政权,共产党同各民主党派及一切爱国民主人士一道参加人民政府,共同管理国家事务。在组织形式上,建立了由中国共产党、各民主党派、各人民团体、各地区、人民解放军、各少数民族、国外华侨及其他爱国民主分子的代表所组成的最广泛的统一战线——中国人民政治协商会议。人民民主统一战线的主要任务由服务新民主主义革命向社会主义过渡。人民政府组成人员的构成充分体现了它的工人阶级领导的、以工农联盟为基础、团结各民主阶级的统一战线的联合政府的性质和民主、合作、协商、团结的原则。

1950 年 3 月,第一次全国统战工作会议在北京召开,中共中央研究制定了新中国成立初期统战工作的方针任务和各方面统战政策。确定各级人民政权机关和协商机关是统一战线工作的中心环节,工会、农会、青联、妇联等各种人民团体都负有统一战线工作的任务。

1950 年 1 月,省委统战委员会成立,6 月,改称省委统战部。接着,各地委、省辖市委及其下属区委和大多数县委的统战工作机构也相继建立健全,对全省各级统战工作的开展起了推动和保证作用。1950 年 3 月,中共中央召开第一次全国统战工作会议,确定了统一战线工作的方针、政策和任务,明确了共产党同民主党派关系的基本原则。之后,党的统战思想教育和统战组织、统战工作不断得到加强，广西省委和人民政府对各民主党派、各民主人士、技术人员、知识分子和旧职员、新干部的团结工作日益重视，并注意吸收他们参加新政权的各项建设工作，充分发挥他们的作用。对这些专业人员，省委、省人民政府既注重发挥其业务专长，调动其工作积极性，又重视对他们进行积极的思想改造，努力帮助他们适应国家各项建设的需要。

在建立和巩固政权、恢复国民经济的同时，党领导人民开展了抗美援朝、土地改革和镇压反革命三大运动。三大运动的矛头指向帝国主义、封建主义及国民党统治的残余势力，是彻底完成新民主主义革命和实现《共同纲领》的需要。省委积极争取知识分子、工商界、宗教界、各民主党派、少数民族上层人士参加三大运动和适当工作，在运动中使他们受到教育，并通过运动，推动和扩大统一战线。党对知识分子实行团结、教育、改造的方针，把知识分子团结在党和政府周围，充分发挥他们在科技教育文化知识方面的作用，省委开展知识分子思想改造的学习运动，肃清知识分子中存在的封建买办思想，以《共同纲领》作为思想认识和行动的准则，初步解决大多数知识分子为谁服务的问题。实行在新民主主义时期提出并实行的宗教信仰自由政策和对宗教界爱国民主人士的统一战线政策，邀请宗教界爱国人士代表参政议政，参加新中国建设和抗美援朝、土地改革和镇压反革命三大运动；另一方面，实行积极慎重的工作方针，针对各种宗教的实际情况制定具体政策，支持、引导桂林等地基督教、天主教割断与帝国主义的联系，肃清其影响，使宗教真正成为信教群众自办的宗教事业；推动各宗教实行民主改革，走上正常发展道路，使宗教界逐渐与新社会相适应。

二、支持民主党派的发展

新民主主义革命时期，党长期与各民主党派积极合作，在争取中间力量，壮大人民阵营，孤立敌对势力等方面起过重要作用。新中国成立后，中国共产党在工农联盟的基础上，保持了在民主革命时期建立的同民族资产阶级的联盟。广西省委根据中央的部署继续巩固和发展同各民主党派的合作关系。

1949年12月广西解放时,各民主党派只有少数成员。在中国共产党的协助下,各民主党派整理党务,建立和发展组织,民革、民盟、农工党和致公党等民主党派对其成员重新进行登记,严格审查,从政治上进行组织整顿。经过整党,民主党派组织得到纯洁和巩固。至1950年12月,广西各民主党派共有成员151人,但人数依然偏少,与新中国赋予它们的政治地位和历史任务极不相称。1950年12月,全国各民主党派整理党务结束后,中共中央提出1951年集中力量就现有基础,发展民主党派的方针。1951年1月16日至25日,第二次全国统战会议召开,会议的中心议题之一,就是帮助民主党派发展组织问题。会后,党中央向全党发出《关于进一步加强统战工作的指示》。广西省委统战部根据中共中央的决定,于1951年初草拟了《协助本省民主党派发展组织计划》,并于5月召开全省统战工作会议,讨论通过了这个《计划》。《计划》提出发展新成员的基本条件是:必须拥护中国人民政治协商会议共同纲领,并愿为之实现而奋斗。经广西省委统战部与各民主党派协商,确定1951年民革、民盟、农工党、致公党等民主党派发展的指标。各民主党派根据《计划》分别制定出自己的发展计划,明确发展成员的目标及重点。解放后,民革的发展对象是同原中国国民党有关系的人士、同民革有历史联系的人士、同台湾各界有联系的人士和其他中上层人士;农工党主要发展对象是从事医药卫生以及科技、教育和其他工作的知识分子;致公党的主要发展对象是国内的归侨、侨眷中的中上层人士;民进党的主要发展对象是从事教育文化出版以及科技和其他工作的知识分子;民建的主要发展对象是经济界人士以及有关专家学者,并于1953年开始在广西工商界中上层发展会员。广西省委积极协助民主党派以中下层为基础,以进步分子为骨干,发展了一批政治素质较好的成员。在中共的协助下,民主党派组织很快得到发展。至1951年底,全省民主党派共有成员353人,1953年底发展到772人。

为加强组织建设,提高成员素质,民主党派要求中共派一些中共党员加入其组织,以充实骨干力量,影响和改造其组织的生活和作风,推动工作。中共中央根据全国各民主党派的普遍要求,于1951年发出通知,要求各级党委输送一批党员和团员到民主党派中去。广西省委统战部根据中共中央的指示，具体制定了输送党团员计划，经与有关的民主党派协商，于 1951 年向民主党派输送了一批中共党员和新青团员，分别加入民革、民盟和农工党。

广西的民主党派多数是解放后才建立组织机构的，干部比较缺乏。针对这些情况，适应形势发展的需要，广西省委采取积极措施，帮助它们培训干部。首先是保送民主党派成员到华北革命大学、中原大学、广西人民革命大学培训，或组织参加省、市举办的民主党派干部讲习班学习。据不完全统计，解放初期被保送培训的民主党派干部共 134 人。经过学习，民主党派成员提高了政治理论水平，掌握了中共统一战线的基本政策，明确民主党派的地位、作用和前途，树立做好民主党派工作的信心。其次是组织民主党派干部参加土地改革、镇压反革命运动和工作队等实际工作。据不完全统计，1951 年民革、民盟、农工党、致公党等党派参加土地改革、镇压反革命、民主改革、工作队的干部共 157 人次。这些都使民主党派成员通过参加实际工作，提高了参政议政的能力和水平。

广西各民主党派组织作为中国共产党领导下的多党合作和爱国统一战线的成员，在新中国成立后，通过参加人民政权的建设和国家政治生活，推动自己的成员和所联系的群众参加抗美援朝、土地改革、镇压反革命、思想改造、“三反”“五反”等运动，积极为社会主义革命服务；通过各届人民代表会议、政治协商会议和各种座谈会等形式，参政议政；代表他们的成员和所联系群众的合法权益和合理要求，向中国共产党和人民政府反映情况，提出意见和建议；通过统一战线内部开展批评与自我批评，对共产党和人民政府实行监督；通过组织自己的成员和所联系的人群学习马列主义、毛泽东思想，进行自我教育和自我改造。这些都对巩固人民民主专政，加强广西各族人民的团结，促进革命事业的发展，起到了重要的作用。

第三节　民族工作的开展及民族区域自治政策的实施

一、民族工作的开展

广西是我国少数民族人口最多的地区，解放初期，除汉族外，广西有壮、瑶、苗、侗、回、伶（苗）、倮倮（彝）、水家（水）、越南（京）、仫佬、仡佬等少数民族。历史上各少数民族深受封建王朝和统治阶级的歧视和压迫，大多数居住于崇山峻岭之间，过着落后与贫困的生活。

1949年9月29日中国人民政治协商会议通过的《共同纲领》规定，国境内各民族一律平等，实行团结互助，在各少数民族聚居地区，应实行民族的区域自治，各少数民族均有发展其语言文字、保持或改革其风俗习惯及宗教信仰的自由。因此，如何在少数民族区域贯彻党和中央人民政府的民族政策，团结全省各民族，消除少数民族历来所受的痛苦，逐步发展其政治、经济、文化事业，成为省委和省人民政府的重要任务。

广西的解放，为全省各族人民实现平等互助、团结合作、共同繁荣开辟了广阔前景。在解放前夕，省委在《告广西人民书》中就明确提出“实行国内民族自治、民族平等、团结互助”的政策。1950年5月，省委统战部、省民政厅等邀请柳州专区的壮、瑶、苗、侗等少数民族79名代表到南宁参观和举行座谈会，商讨少数民族的有关问题，历时10天。1951年，省人民政府颁布《关于少数民族工作的指示》，指出在一切少数民族居住的区域，都要实行平等互助、友爱团结的民族政策，实现少数民族政治上真正的解放，使少数民族自己起来当家作主。同年6月2日，广西省人民政府邀请列席省第一届各界人民代表会议协商委员会第二次会议的少数民族代表举行民族工作会议。省委副书记陈漫远在会上指出，开展民族工作的方针是实行民族区域自治，合理执行贸易政策，发展民族地区的文教卫生事业，使用和提拔民族干部。10月，成立省民族事务委员会（简称省民委），作为党委和政府负责民族工作的职能部门。其后桂林、平乐、宜山、百色、钦州等专区分别设立了民族事务委员会，同时在少数民族人口比较多、民族关系比较复杂的40多个县设立民族工作组，其他县在民政部门中配备民族工作专职干部。

党中央高度重视民族工作，派出中央民族访问团分别到中南、西北、西南等民族地区进行慰问。1951年6月20日至10月7日，中央民族访问团中南团在团长李德全，副团长曹孟君、马杰、熊寿琪、费孝通（兼广西分团团长）率领下代表党中央、政务院、毛泽东主席到广西慰问各族人民。中央民族访问团深入少数民族地区，发放慰问品，并赠送毛泽东亲自题词的“中华人民共和国各民族团结起来”的锦旗。通过召开群众大会和群众代表座谈会，举办文艺演出，放映电影以及给群众看病治病等形式，传达党中央、毛泽东对各族人民的亲切关怀，送去党和政府的关怀和温暖。

1951年和1952年，省委先后召开三次全省民族工作会议，研究部署民族工作。这一阶段省委主要开展民族识别、消除历史遗留的民族歧视痕迹、促进民族间互相了解和团结、扶助少数民族地区经济社会发展、培养少数民族干部、实行民族区域自治政策等工作。

开展民族调查和识别工作。新中国成立前，由于历代统治者实行民族压迫政策，广西境内大部分少数民族事实上得不到承认，其中人数最多的壮族在国民党统治时期被当作汉族的一个宗支，没有被承认为一个民族。新中国成立后，国家实行各民族一律平等的政策，许多在历史上被湮没了的民族获得了承认，但由于历史的原因和其他条件的限制，仍有一些人们共同体的民族成分未能确定，还有不少人不能正确认识自己的民族成分。1951年中央民族访问团在广西期间，也开展对少数民族社会历史情况的初步调查，完成《广西少数民族历史资料提要》及部分地区少数民族情况的调查报告，掌握了壮、瑶、苗、彝等民族的名称、支系、姓氏、分布状况及历史活动等情况，为确定广西境内部分人们共同体的民族成分提供了依据。省委、省人民政府也组织了大批力量进行民族识别工作。这项从1951年开始的广西民族识别考察工作，从历史和现实情况出发，按照科学认定与本民族意愿相结合的原则，对具有构成单一民族条件的人们共同体进行辨别。经过调查和专家论证，到1952年，确定为单独民族的少数民族有壮、瑶、苗、侗、回、倮倮（彝）等民族。民族识别工作使那些不被旧中国统治者承认的少数民族获得了应有的承认，并与其他民族一样享有平等权利。

同年11月，广西省委、省人民政府根据中南军政委员会第四次会议《关于开展少数民族工作的决议》，在全省开展批判大汉族主义和地主民族主义，实行民族平等的教育，使一些原来不敢承认自己是少数民族的群众承认自己的民族成分，一些原来为了得到照顾或为了实行民族区域自治而要求改为瑶、苗、侗等民族成分的群众，也主动把乱报的民族成分改正过来。

消除历史遗留的民族歧视痕迹，促进民族间互相了解和团结。1951年5月，政务院发出《关于处理带有歧视或侮辱少数民族性质的称谓、地名、碑碣、匾联的指示》，省委、省人民政府按照政务院的要求，着手进行消除历史遗留的民族歧视痕迹工作。一方面，教育各族干部群众正确使用民族称谓，尊重少数民族；另一方面，在一切文件、书刊、报纸中，一律为少数民族正名，把历史上对一些少数民族族称带有侮辱性的“犭”旁改为“亻”旁，根据群众意愿，把“傜族”改为“瑶族”，取消国民党统治时期在大瑶山地区设立的“化瑶局”“同化乡”“化瑶村”等带侮辱性的地名称谓，以群众乐意接受的称谓代替。1951年，省人民政府发出《关于少数民族工作的指示》，明确要求尊重少数民族的生活习惯、风俗和宗教信仰，反对汉化少数民族的倾向。1953年3月30日，省委在《广西省民族政策执行情况检查总结报告》中，针对一些不尊重少数民族风俗习惯的现象提出严厉批评，强调要加强对干部群众的教育，正确执行党的民族政策。

为融洽民族感情，加强民族团结，1951年下半年，省委、省人民政府组织少数民族参观团，到南宁、柳州、桂林等城市以及省外参观访问。1952年九十月间，选派少数民族代表110人到汉口、北京、上海、天津、南京等城市参观，其中有25名代表参加当年首都国庆节观礼活动。派出参观的少数民族代表前后共有560人之多。通过参观学习，少数民族代表亲身体会到祖国的伟大、各民族间的友爱，增进了各民族的互相了解,增强了各民族团结合作意识。

《大瑶山团结公约》的订立是党的民族团结政策的典范。大瑶山一带住着盘瑶、山子瑶、茶山瑶、坳瑶、花蓝瑶 5 个瑶族支系,各个瑶族支系的语言、来源甚至风俗习惯各不相同,由于迁徙进入大瑶山的时间不同,各个瑶族支系还存在诸多不平等。茶山瑶、花蓝瑶、坳瑶进山较早,占有大瑶山的绝大部分山林土地而成为“山主”;盘瑶、山子瑶进山较迟,只能租赁“山主”的土地耕种而成为“山丁”。历史原因形成的这种关系,使瑶族内部存在着政治、经济上的不平等,严重影响了民族的团结,阻碍了经济的发展。解放后,省委采取措施,着手改变这种状况。1951 年,分管瑶区的各县人民政府派出大批工作队,深入瑶族村寨,宣传中国共产党各民族一律平等政策,帮助瑶族解决历史上形成的矛盾和问题。3 月 26 日,象县东北乡(今金秀瑶族自治县长垌乡)召开乡代表会,经过协商,运用瑶族传统的石碑形式,订出以团结、生产为主要内容的 8 项决议。在决议中,茶山瑶“山主”主动放弃对荒山的特权,允许各民族农民自由开荒,森林可以自由培植土特产品,不收租,谁种谁收。同年 6 月 19 日,修仁县(今属荔浦市)金秀瑶民自治区召开各界人民代表会议,订立团结公约 12 条,明确规定“开荒自由”“谁种谁收”以及通过民主协商解决纠纷等,鼓励各民族群众大力发展生产。这些决议和公约,树立了解决少数民族内部问题的榜样,有关工作为订立整个大瑶山区的团结公约奠定了基础。1951 年 8 月 20 日,在中央民族访问团的帮助下,大瑶山各族代表会议在金秀召开,来自平乐、梧州、柳州 3 个专区所辖瑶区 5 个支系的瑶族代表及汉族代表参加。会议制定了《大瑶山团结公约》,并运用瑶族传统形式,把公约刻在石碑上。代表们在石碑前饮鸡血酒,谨誓遵守不渝。此后,其他兄弟民族也纷纷效仿,相继制定民族团结公约。民族团结公约的制定,增进了少数民族间的友好往来,消除了长期以来的民族隔阂,促进了各民族之间和民族内部的团结。在团结公约的推动下,从 1952 年到 1953 年,大瑶山地区就解决大小纠纷 1637 起。

扶助民族地区经济社会发展。在国民经济恢复时期,广西省委在少数民族地区的经济工作指导方针是以发展生产为中心。1951 年 11 月 9 日,省委、省人民政府发布《关于今冬明春开展少数民族地区工作的指示》,明确少数民族地区经济工作的方针:以恢复民主建政与恢复发展生产为中心,组织生产救荒,收购土特产,发展贸易,改进卫生文教等工作,以提高少数民族政治地位,改善其生活。在恢复和发展生产方面,到1952年12月,中央人民政府、中南军政委员会和广西省人民政府支持广西少数民族地区生产资金共823万元拨发到少数民族地区,购置耕牛、农具、种子、猪羊以及工业生产设备,解决民族地区生产资料缺乏的困难。据到1952年底的不完全统计,全省除壮族外的其他少数民族聚居地区共开垦荒地150.8万亩。由于政府发放大批救灾粮食,组织群众生产自救,过去山区少数民族群众每年因缺粮闹饥荒的状况基本上得到解决。移民补助费用于生产生活条件恶劣的石山区少数民族群众下山搬迁安置,解决他们的生产生活困难。到1952年底,百色专区移民已超过原定计划5000人,其他专区移民工作也取得较大进展。移民得到当地汉族和壮族人民的帮助,很快盖起房子,开垦土地,购买农具,发展生产。在贸易方面,实行照顾各地少数民族负担的办法,免征大瑶山区域,全县的东山乡、万冈县(今属巴马瑶族自治县)的西山乡等少数民族地区的农业税,对瑶、苗、侗少数民族的货物税、公粮,根据实际情况减征或不征,大力收购其土产,供给生活资料,有步骤地在少数民族聚居地建立国营贸易机构。在剿匪期间,各级贸易公司先后组织了随军流动贸易小组,配合军事行动,开展民族贸易工作。在民族贸易中,低价供应少数民族日用品,以合理价格收购少数民族土特产,帮助打开少数民族地区土特产的销路,消除过去不等价交换的现象。据1952年不完全统计,全省少数民族地区建立贸易机构263个,主要县城、圩镇都建立了贸易公司或购销小组。民族贸易政策的实施,方便了少数民族的商品交易,提高了少数民族发展生产的积极性,有效改善了少数民族人民的生活。在交通方面,在少数民族地区修复公路300多公里,新修公路200多公里,桥梁62座,涵管471处,增开柳州至长安(今融安县长安镇)、柳州至迁江等短途水运航线,适当降低土特产品运价,为少数民族运输土特产品等物资400多万吨,修筑了来宾到镇南关铁路,极大地促进了少数民族地区交通和经济文化的发展。

省委重视发展民族地区的教育卫生等社会事业。1952年,省人民政府拨付教育事业补助费 20 万元,有计划地开办新学校,扩大桂林民族师范学校招生。民族地区小学由 1950 年的 230 所,增至 1952 年上半年的 639 所,增加了近 2 倍;在校学生由 1950 年的 18339 人,增至 1952 年上半年的 32638 人。受中等教育的少数民族子弟,1952 年比 1951 年增加 3.1 倍。1952 年 3 月,中央民族学院(今中央民族大学)广西分院成立,1953 年更名为广西省民族学院(今广西民族大学),民族高等教育开始起步。卫生事业方面,1952 年,省人民政府拨付少数民族卫生事业补助费 72 万余万元,重点充实县卫生院;组织民族卫生工作队深入少数民族地区巡回医疗,扑灭各种流行病疫,广泛开展爱国卫生运动。通过这些努力,少数民族地区医疗卫生条件得到明显改善,人口死亡率大大降低。

培养少数民族干部。1951 年,省人民政府颁布的《关于少数民族工作的指示》指出,要大量培养和提拔少数民族工作干部。一是从革命战争年代涌现的少数民族干部中选拔和培养并使他们在实际工作中成为骨干;二是对在剿匪中表现坚决的并和群众有联系的劳动青年,有计划的帮助他们提高政治与文化水平;三是各少数民族中原有知识分子经过选拔培训改造成为本民族人民服务的干部。至 1952 年底,通过选送少数民族子弟到中央民族学院广西分院与华南、华中、中央民族学院学习、培训,以及在实际工作中教育培养,全省共培养、选拔壮族干部约 3 万人,其他少数民族干部约 4000 人。

二、民族区域自治政策的实施及桂西壮族自治区的成立

民族区域自治制度是新中国一项基本政治制度,是中国特色解决民族问题的正确道路的重要内容和制度保障。1949 年 9 月《共同纲领》规定,各少数民族聚居地区应实行民族区域自治,即在国家的统一领导下,各少数民族聚居地方实行区域自治,设立自治机关,行使自治权。这标志着民族区域自治制度已在我国确立。

省委根据《共同纲领》有关规定,逐步开展民族区域自治工作,在少数民族聚居或散杂居的地方,逐步建立民族自治地方、民族乡或民族民主联合政府。

乡、区[1]、县级民族区域自治。1951年1月，蒙山县股匪基本肃清，该县人民政府宣布成立乡一级的岭祖（今属金秀）瑶民自治区人民政府，委任瑶民为区长。接着，大瑶山东南乡等乡级瑶族自治区人民政府先后成立。在乡、区级实行民族民主建政的基础上，1951年下半年，省委、省人民政府即开始进行民族区域自治工作。桂北的龙胜县少数民族干部有100多人，为建立民族区域自治制度准备了较好的干部基础。在中央民族访问团的指导帮助下，1951年8月，建立了龙胜各族联合自治区，这是全省第一个县级民族自治地方。同年8月，全县东山瑶族自治区成立。1951年11月12日，省委、省人民政府发布《关于今冬明春开展少数民族地区工作的指示》，提出了争取在1952年春之前在少数民族集中的地区完成3个县的区域自治及20多个区、乡的区域自治，并作出了具体布置。1951年12月1日，省委、省人民政府召开首次省民族工作干部会议，明确以民族区域自治为少数民族地区总的工作方针。在建立民族区域自治的方法上，明确必须依靠占全人口70%的贫雇农，团结约25%的中农，争取进步的上层分子，达到团结95%以上的少数民族人民。12月10日，省委、省人民政府发出关于大瑶山民族区域自治工作的指示，随后派出省民族工作队到大瑶山指导建立民族区域自治工作。1952年夏秋间，省委、省人民政府根据省第二届民族工作会议的决定，调整实行民族区域自治工作计划，决定下半年先行在三江、大苗山、隆林3县地区建立3个等于县一级的民族自治区，在防城、上思、镇边3县各成立区一级民族自治区，共约55万人口。为如期开展并及时完成上述地区民族区域自治工作，省委、省人民政府强调，区域自治是为今后进行少数民族地区社会改革的重要步骤，必须充分发动群众，从下而上建设政权。1952年8月，《中华人民共和国民族区域自治实施纲要》公布施行，9月，省委统战部召开有关民族工作会议，研究贯彻落实《民族区域自治实施纲要》，调整端正民族区域自治的做法，广西民族区域自治工作步伐加快。至1953年1月，先后建立了大苗山、三江、隆林等县级自治区（这些自治区于1955年9月按《中华人民共和国宪法》的规定改为自治

① 此时的区，是比县低一级，比乡高一级的行政区划。

县),十万山偏族(壮族)瑶族自治区(今属防城区)、镇边县六十蓬各族联合自治区等7个区级自治区以及40个乡级自治区。民族区域自治的实施,改善了民族关系,巩固和发展了民族地区民主建政的成果,保障了少数民族当家作主的权利。

桂西壮族自治区的成立。壮族是全国人口最多的少数民族,主要聚居在桂西地区,部分散居在桂中、桂东南和桂北地区。1952年8月,《中华人民共和国民族区域自治实施纲要》公布施行后,省委、省人民政府把筹备成立桂西壮族自治区列入议事日程,9月下旬,召开桂西地区各专区、县负责干部工作会议,统一思想,制订工作方案,组成了包括各民族代表人物参加的筹备工作委员会。1952年12月6日至9日,桂西壮族自治区首届各族各界人民代表会议在南宁举行。会议选举覃应机(壮族)为桂西壮族自治区人民委员会主席,委员29人。选举桂西壮族自治区第一届各族各界人民代表会议协商委员会主席、副主席、委员,通过《桂西壮族自治区人民政府施政纲要》(简称《施政纲要》)和《桂西壮族自治区人民政府暂行组织条例》(简称《组织条例》)等文件。《施政纲要》提出把巩固和加强民族团结作为壮族自治区施政的首要任务,规定在自治区内各民族一律平等和互相帮助、亲密团结,尊重各民族和语言文字、风俗习惯及宗教信仰自由,教育人民克服大民族主义和狭隘的民族主义思想,禁止一切民族间的歧视、压迫、报复和分裂各民族团结的行为。《组织条例》规定,桂西壮族自治区以壮族为主体,在中央人民政府的统一领导和省人民政府的直接领导下,根据民族特点,开展政治、经济、文化教育等各项建设事业。同年12月9日,桂西壮族自治区人民政府在南宁隆重举行成立大会。桂西壮族自治区是相当于行政公署一级的地方行政区,下辖宜山、邕宁、百色3个专区34个县,面积约11.17万平方公里,总人口为626万,有壮、汉、瑶、苗、侗、彝、毛难(今称毛南)、仫佬、仡佬、回等民族。少数民族人口489万,占总人口的78%,其中,壮族420万,占总人口的67%。

桂西壮族自治区是在中央人民政府统一领导下,遵循《共同纲领》的有关规定,以壮族聚居区为基础实行区域自治而建立起来的,由壮族管理本民族内部事务,加强了壮族和各民族的团结,保障了少数民族当家作主的权利,激发了少数民族群众的爱国热情。桂西壮族自治区的成立,有利于广西经济文化事业的发展,为省级广西壮族自治区的成立奠定了基础。

第四节　教育文化卫生事业的改革和发展

一、教育制度的改革

解放前,广西的教育事业十分落后,文盲人口众多。解放后,旧的学校教育远远不能适应新社会的需要,迫切要求大力发展人民教育。《共同纲领》明确规定了新中国教育的性质和任务是:民族的、科学的、大众的文化教育。省委围绕提高人民文化水平、培养国家建设人才的根本任务,改革和发展教育事业。

省委按照中央“维持现状,逐步改造”的方针,有计划有步骤地对旧的教育事业进行改革。坚持理论与实际相结合,改革旧的教育制度、教育内容和教育方法。实行普及教育,加强中等教育和高等教育,注重技术教育,加强劳动者的业余教育和在职干部教育,给青年知识分子和旧知识分子以革命的政治教育,以适应革命工作和国家建设的需要。同时提倡爱祖国、爱人民、爱劳动、爱科学、爱护公共财物等“五爱”为中华人民共和国全体国民的公德,培养新社会需要的新人。在接管原国民党政府开办的各类公立学校后,废除了国民党政府实行的反动训导制度,实行教导合一的民主管理制度,建立以校长为首,有教员、学生、工友代表参加的校务委员会;取消“公民”“党义”“军训”等课程,增设新的政治课程,进行马列主义、毛泽东思想教育。从1950年起,广西参照教育部颁布的《中学暂行教育计划草案》和《小学课程标准初步意见》,调整了学校的科目和教科用书,实行统一的教学计划,使用统一的教材和教学方法。在教学方法上,引导教师运用“理论与实际一致”的教学原则和“以个人学习为主,结合集体学习”的学习方式。各中等以上学校成立了学科研究指导的组织,改进各科的教学方法。转变办学方针,“教育向工农开门”,由所谓“精英教育”转向“工农教育”,发动工农子女入学,有重点地在山区和少数民族聚居地开办中小学、设立教学点。

二、改革和发展文化事业

省委对文化建设十分重视。早在1949年9月,省委文艺工作团在汉口成立,后随人民解放军南下进入广西。解放后,各市军管会接管了文化艺术工作,全省共接管民间职业剧团34个1200余人,私营电影院14家,公共图书馆2家,博物馆1家。1950年3月,省人民政府文教厅成立,内设文化处。1952年11月,省人民政府设文化事业管理局。全省文化艺术事业在省委的领导下逐步发展。

开展戏曲改革运动。1950年11月,全国戏曲工作会议在北京举行,决定开展戏曲改革。1951年3月,广西成立省戏曲改进委员会(简称省戏改会),其后在柳州、桂林、梧州设立分会。同月,省戏改会在南宁召开会议,研究部署全省戏曲改革工作。5月5日,政务院发布《关于戏曲改革工作的指示》,强调“百花齐放,推陈出新”的方针,实行“改人、改戏、改制”的政策。此后,全省有计划、有组织地开展戏曲改革运动。

“改人”方面,对原来的艺术表演团体从业人员进行思想改造,组织他们学习马列主义、毛泽东思想,学习党的文艺方针政策,树立文艺为人民服务的思想,增强从事艺术表演的自尊心、自信心。省戏改会组织发动艺人积极参加一系列政治运动,各剧团把宣传内容编成演唱材料演出,在教育广大观众的同时,也教育了艺人自己。1952年,举办了两期艺人训练班,组织学习毛泽东《在延安文艺座谈会上的讲话》等文章,提高艺人的政治思想觉悟、政策水平和业务技能,探索地方戏曲改革道路。在镇压反革命运动中,各剧团开展反霸斗争,斗倒了封建把头,清除了潜伏特务。

“改戏”方面,对艺术表演团体演出剧目加强管理。解放初期,广西有桂剧、邕剧、粤剧、彩调剧共30多个地方职业剧团,这些剧种和职业剧团有一批自己的传统剧目。根据政务院戏改的指示精神,按剧种成立剧目审查组,对剧目进行审查。对思想内容不健康,表演形式不严肃的剧目,通过审查组民主讨论,在自愿的原则下进行改进。凡宣传野蛮、恐怖、猥亵、奴化、民族歧视、诋毁爱国主义的内容,都予以删去。各剧团还成立剧目修改小组,对演出计划进行审查,并向戏改会汇报演出剧目。各地整理、改编和提升了一批剧目,演出质量大为提高,演出场次逐步增多。

"改制"方面,对原有的表演团体体制进行民主改革。解放初期,全省艺术表演团体有两类:一类是由新文艺工作者组成的文工团(队)、话剧团以及南下野战军留下的京剧团;另一类是由旧班社转过来的表演团、队,多称戏班或剧社。这些戏班和剧社有的原为官绅出资组建,有的由商贾玩友、耍家(即戏剧爱好者)经营或兴办。改制就是对那些由资本家控制或把持的戏班和剧团进行改组,通过民主选举产生新的领导人员,即后来所称的"共和班"。

经过改革,全省戏剧界面貌发生了新的变化。1952 年,经整理的《拾玉镯》《抢伞》《拦马》等传统剧目选送北京参加第一届全国戏曲观摩会演,分别获表演一等奖、二等奖和三等奖,其中《拾玉镯》被东北电影制片厂摄制为舞台艺术片。

群众文化事业的发展。解放前,全省群众文化机构和设施几乎空白。解放后,省委、省人民政府重视群众文化建设,推动全省新兴的群众文化事业快速发展。1950 年 8 月 19 日,省人民政府第 21 次行政会议通过了《广西省建立人民文化馆站暂行办法》,提出"各市、各专署所在较大之县城与个别区、乡、圩镇应有重点、有计划地建立人民文化馆和人民文化站,吸取经验,以便将来普遍建立人民文化馆、站"。当年,共有 19 个市、县以及 26 个圩镇建立了文化站。到 1952 年底,全省建立文化馆 80 所,文化站 119 所,农村阅览室 600 多所。这些文化场馆和设施,在提高群众文化水平、丰富群众精神生活、普及科学文化知识等方面起到很大的作用。

三、大力发展卫生事业

解放前,广西医疗卫生事业十分落后,群众普遍缺医少药,疫病流行。解放后,省委、省人民政府采取有力措施,大力发展卫生事业,努力提高各族人民的健康水平。

1950年2月,省人民政府设立卫生处(后改为卫生厅),主管全省卫生工作。1950年8月,第一届全国卫生工作会议提出的“面向工农兵”“预防为主”“团结中西医”方针,以及后来提出的“卫生工作与群众运动相结合”,成为新中国卫生工作的四大方针。这四大方针为新中国卫生事业的发展指明了方向。省委、省人民政府按照这四大方针大力发展广西卫生事业。

1950年至1952年,省人民政府对接收下来的国民党旧公立卫生机构进行调整、合并,投入基本建设资金221.8万元,大量吸收社会上的医务人员进行短期训练,充实、扩大卫生技术人员队伍。同时,成立广西防疫大队、广西少数民族卫生工作队,建立疟疾、鼠疫防治站、交通检疫所以及妇幼保健所(站)等。到1952年,全省培训了大量中级医务人员,新建和改建了33家医院。全省74个县(县级自治区)都建立了卫生院或卫生所,共有病床4720张,比1950年增加112.5%。建立妇幼保健院53处,训练接生员4500多人。在农村广泛推行新接生法,普遍降低婴儿死亡率。在医疗预防方面,重点开展天花等烈性传染病及多发传染病的防治。经过3年努力,1953年6月以后,全省未发现天花病例,并有效控制了霍乱流行。

1952年1月,侵朝美军违背国际公约,在朝鲜北部和中国东北地区使用细菌武器。同年,美军飞机侵扰广西,散发反动传单,空投带菌昆虫、药物,对人民生命健康造成严重危害。为反对美国的细菌战争,广西与全国各地一道,掀起爱国卫生运动热潮。4月10日,省委、省人民政府成立省防疫委员会(1953年改为省爱国卫生运动委员会),负责反细菌战和组织发动爱国卫生运动。省委第一副书记、省人民政府副主席陈漫远任主任委员,下设办事机构。之后,全省各个专区、市、县先后建立防疫委员会及防疫机构。各地运用各种形式开展宣传,提高群众对反细菌战的认识,树立粉碎细菌战的决心。在敌机骚扰过的地方,组织群众参与搜索,发现可疑虫物立即予以消灭。同时做好防空监视、疫情报告,饮水消毒和大扫除。不少地方建立经常性的卫生制度,开展水源保护、捕灭害虫等工作。在此基础上,进一步宣传和普及医疗卫生知识,开展移风易俗、破除迷信活动,预防和减少疾病,为期一年多的群众性爱国卫生运动取得明显成效,粉碎了美帝国主义实行细菌战的阴谋,城乡卫生面貌大为改观,人民健康水平普遍提高。

四、知识分子的思想改造运动

省委对旧社会知识分子采取包下来的政策,让他们继续从事文化、教育工作,用其所长。这些从旧社会过来的知识分子绝大多数受过帝国主义、封建主义和官僚资本主义“三座大山”的压迫,有不同程度的革命性,他们中间与人民为敌的反动分子只是极少数。由于他们过去接受的主要是封建和资产阶级的教育,长期受国民党反动统治思想的影响,又刚从旧社会进入新社会不久,资本主义、封建主义思想对他们还有很大影响,许多人对党的政策、对新的社会事物不了解、不熟悉、不适应,这不仅阻碍着他们自身的成长进步,也不利于人民教育事业的发展。1951年11月30日,中共中央发出指示,要求有计划、有领导、有步骤地在大中小学的教职员和高中以上的学生中,普遍进行初步的思想改造工作,在整个教育系统开展思想改造学习运动。省委按照中央关于对知识分子教育、团结、改造的方针,对全省教育系统教职员工进行思想政治教育。在平时工作和学习中引导、帮助教职员工进行自我改造,并举办寒暑假教职员工讲习班,组织教职员工学习时事政策,学习社会发展史、历史唯物主义、新民主主义论等理论,引导他们认识中国革命和中国共产党,了解马列主义基本原理,树立革命的人生观。从1952年6月开始,省委按照中央有关要求,在全省大中小学教职员工中分批开展思想改造的学习运动,全省中等学校教师思想改造运动首先在南宁高中试点,取得经验后向面上铺开。运动分四阶段进行:一是动员学习;二是思想检查与思想批判;三是进行组织清理;四是思想总结与组织调整。此外,组织教职员工投入土地改革、抗美援朝、“三反”“五反”等运动,在斗争实践中经受锻炼,接受教育。思想改造运动着重肃清教职员工中的帝国主义、封建主义、买办思想影响,帮助他们分清革命与反革命的界限,树立为人民服务的观点。

1952年1月5日,政协全国委员会常务委员会作出《关于开展各界人士思想改造的学习运动的决定》,号召各民主党派、各级政府机关、各人民团体以及宗教界积极参加思想改造学习运动。后来，中央批准下发6月第三次全国统战工作会议通过的《关于继续加强各界民主人士思想改造学习运动的意见》，对民主党派、无党派民主人士、政府机关和企业中的专家、工商界人士、宗教界人士等不同界别人士的思想改造分别提出不同的具体要求、教育内容及学习方式。同年7月至8月，全省各民主党派和民主人士在省人民政协领导下进行思想改造运动。

全省范围的思想改造运动于1953年2月结束。通过这次学习运动，广大知识分子认真学习马列主义基本理论，学习时事政治和社会发展史；经过土地改革、镇压反革命和抗美援朝三大运动，思想政治觉悟有很大提高，初步树立了为人民服务的思想，基本上划清了敌我界限，《共同纲领》成为大家思想和行动的准则。虽然在思想改造的学习运动中，也存在一些“左”的偏差，主要是一些地方和单位的领导在指导思想上存在急于求成的倾向，方法过于简单，有些地方在批评中混淆是非界限。但从总体上看，运动效果是良好的。

第六章

有计划的经济建设的开展

1953年，中共中央提出过渡时期总路线，中国开始进入有计划的经济建设和全面实行社会主义改造的时期。省委按照总路线的要求，结合广西实际，领导开展有计划的经济建设。

第一节　党在过渡时期总路线的宣传和贯彻

一、党在过渡时期总路线的学习宣传

实现社会主义，是中国共产党创立时就确定的奋斗目标。随着国民经济的恢复，进行有计划的经济建设，逐步实现国家的社会主义工业化和对生产资料私有制进行社会主义改造，完成从新民主主义社会向社会主义社会的过渡，历史地提到中国人民面前。

1953年6月，中共中央政治局会议讨论和制定了党在过渡时期的总路线，明确提出向社会主义过渡的任务。9月24日，中共中央在庆祝新中国成立4周年的口号中，向全党和全国人民公布了总路线，即："从中华人民共和国成立，到社会主义改造基本完成，这是一个过渡时期。党在这一过渡时期的总路线和总任务，是要在一个相当长的时期内，逐

步实现国家的社会主义工业化,并逐步实现国家对农业、手工业和对资本主义工商业的社会主义改造”。这是一条社会主义工业化与社会主义改造同时并举的方针,是“一化三改”“一体两翼”的总路线。“一体”和“一化”是指社会主义工业化,“两翼”或“三改”是指对农业、手工业和资本主义工商业的社会主义改造。二者互相联系,互相促进,体现了发展生产力和改革生产关系的辩证统一。它的提出,在新中国历史上具有转折性的意义。1954 年 9 月,第一届全国人民代表大会第一次会议通过的《中华人民共和国宪法》,以根本大法的形式把这条总路线作为国家在过渡时期的总任务确定下来,成为团结和动员全国人民共同为建设一个伟大的社会主义国家而奋斗的新的纲领。

根据这一过渡时期的总任务,广西各族人民在这个时期要把落后的传统农业经济变为具有现代先进工业基础的经济,把多种经济成分并存的新民主主义经济改造成为生产资料公有制为基础的社会主义经济。经过国民经济恢复时期,广西在政治上、经济上具备了完成这个总任务的有利条件。首先,在政治上,经过清匪反霸、减租退押、土地改革、城市民主改革等运动,消灭了土匪和封建地主阶级,全省阶级力量对比发生了根本的变化,人民民主专政在全省范围内已建立起来,社会秩序基本稳定。组织起来的人民群众政治觉悟和阶级觉悟不断提高,各少数民族和各民主党派已团结在党的周围,全省安定团结的政治局面已经形成。这是广西开展社会主义改造和社会主义建设的根本保证。其次,在经济上,经过三年恢复,广西的生产力有了一定的发展,初步具备了由新民主主义社会向社会主义社会过渡的物质基础。到 1952 年,广西的主要工业品产量:原煤 9.7 万吨,发电量 3470 万度,棉布 2896 万米,糖 3.54 万吨。当时,广西国营企业不仅拥有这一部分社会化生产力,而且还控制着关系国计民生的铁路、公路,航运、邮政等经济命脉。以已有的国营经济做基础,有计划有步骤地进行社会主义改造,逐步建立社会主义生产关系是完全可能的。

过渡时期的总路线公布后,省委及各级党组织向各界群众进行广泛深入的宣传,动员全省人民为实现总路线规定的任务而奋斗。1953 年 11 月 11 日至 23 日,中共广西省第二次代表会议在南宁召开,传达贯彻国家在过渡时期的总路线和总任务。会议听取了省委第一副书记郝中士《在贯彻国家的总路线中广西明年的几项主要任务》的报告,省委代理第一书记陈漫远《1954年的工作方针和任务》的报告。中共中央华南分局代书记陶铸参加会议并作了指示。会议宣布1953年是全省转向以生产建设为主要任务的第一年,开始执行发展国民经济第一个五年计划。明确提出对广西农业、手工业和资本主义工商业进行社会主义改造。会议决定在全体党员干部和各族人民中,深入开展总路线的学习宣传教育工作,号召党员干部认真学习党在过渡时期的总路线,深切领会其精神实质,并贯彻于各项实际工作中。

12月上旬,省委发出《关于学习国家在过渡时期总路线和总任务的计划》,要求各级党委按照规定的时间、内容、重点、方法组织学习,强调各级党委负责人必须亲自在本地区、本部门作集中的传达报告,解答人们提出的各种问题。全省干部从12月上旬起用两个月时间进行学习。12月5日,在省直属机关学习动员大会上,郝中士作学习动员报告;8日,陈漫远对全体干部作学习报告。省委宣传部制定《关于开展国家在过渡时期总路线总任务的宣传工作计划》,印发中央宣传部编写的《为动员一切力量把我国建设成为一个伟大的社会主义国家而奋斗——关于党在过渡时期总路线的学习和宣传提纲》(简称《宣传提纲》),为基层提供培训教材。《广西日报》和广西人民广播电台用群众喜闻乐见的形式、通俗易懂的语言,大力宣传过渡时期总路线,宣传广西国民经济第一个五年计划,报道各条战线干部群众学习贯彻总路线的做法和经验。各市、地委和县委也相继召开直属机关学习动员大会,各县相继召开县委扩大会议、党员会议或党的代表会议,不少市、县还召开各界人民代表会议,组织机关干部学习党在过渡时期总路线,至12月中旬,全省在干部中形成学习总路线和总任务高潮。各地着重开展以学习文件、打通思想为主要内容的正面教育,采用历史对比和典型对比的方法,运用以会代训的方式,对党的基层干部和积极分子进行总路线教育。至12月底,全省约有50万农村干部、积极分子接受总路线的教育。

在农村,大力宣传和积极推行互助合作运动,用总路线精神教育引导农民走互助合作的道路。省委宣传部在《宣传提纲》中积极推行互助合作运动,提倡“组织起来”。当时,报纸上普遍开展对土改后农村出现的农民埋头生产不问政治及乡村干部松气退坡的现象进行讨论,对农民狭隘自私的思想进行批评,批判“好了伤疤忘了痛”的忘本现象,用总路线的精神教育引导农民走互助合作道路。宣传互助合作,主要用典型引路,以榜样教育群众。广西最早出现的一批互助组为南宁专区的杨祖露互助组、桂林专区的蒋在球互助组、梧州专区的莫寿全互助组等,这些都是当时报纸经常宣传的典型。各地领导也经常组织农民进行对比参观,宣传互助合作的优越性,宣传“自愿互利”政策。通过对合作化的宣传,使农民普遍认识到互助合作比单干好。互助合作是农民组织起来,发展生产,走向社会主义康庄大道的必由之路。

在城市的宣传教育活动中,省委有意识地对私营工商业者进行接受社会主义改造的思想教育工作。党的过渡时期总路线提出后,给不少工商业人士带来震动,他们抱有怀疑和顾虑,有的消极经营,甚至准备转移资金,或关门歇业。省委、省政府以及各市、专区、县先后召开工商界代表座谈会、代表大会,针对工商业者的模糊认识和悲观消极情绪,重点进行社会主义前途的学习教育,使他们认清形势,纠正误解和曲解党的政策的倾向。12月,广西实行粮食统购统销,取缔粮食自由市场。同时,省委、省人民政府对在拥护粮食统购统销、认购国家经济建设公债等方面涌现出来的先进分子进行表扬。私营工商业者逐步提高对国家资本主义形式优越性的认识,在大势所趋的情况下,已开始考虑接受社会主义改造的问题。1954年1月,经中共中央中南局批准,广西有15家工厂进行公私合营,这是在党的过渡时期总路线提出以后第一批被批准合营的企业。宣传学习活动还扩展到社会的其他方面,3月上旬,省委宣传部发出通知,决定组织全省中小学教师上半年系统深入地学习党在过渡时期的总路线,教育系统的教师普遍地接受了党在过渡时期的总路线教育。

在国民经济恢复时期,随着国家经济的发展和民主政治建设的需要,中国共产党从“把民族工商业组织起来比不组织起来有利,把个体工商户管起来比散着好”来考虑,决定建立以私营工商业者为主体、国营企业和合作社、公私合营企业等各类工商业者参加的,为中国共产党进行统一战线工作的人民团体——工商业联合会。1952 年 8 月,政务院公布《工商业联合会组织通则》。根据中共中央和广西省委的指示,先后有一些市县在改组改造旧商会、旧工会、旧同业公会的基础上,成立了工商联组织。至 1953 年底,全省已有 77 个市、县成立了工商联组织,为下一步建立省级组织奠定了基础。1954 年 5 月 17 日至 28 日,广西省工商联第一届会员代表大会在南宁召开。出席会议的代表 289 人,列席 67 人。大会作出《关于资本主义工商业应逐步实现社会主义改造,走向国家资本主义的光明大道》的决议。全省工商界表示拥护与接受国家过渡时期的总路线、总任务和对私营工商业所采取的利用、限制和改造的政策,愿意根据国家需要与企业可能条件向国家资本主义发展。

1953 年冬到 1954 年春夏,在全省掀起的过渡时期总路线的宣传教育运动高潮,是一次比较系统的社会主义思想教育运动。它通过具体生动、形式多样的方式,在全省广大党员和各族群众中普及了社会主义观念,促进了由新民主主义逐步过渡到社会主义的思想转变,初步树立社会主义的思想,基本上把党内外的思想认识统一到过渡时期总路线上来,增强了走社会主义道路的信心。

党的过渡时期总路线的宣传教育活动激发了人们投身社会主义革命和建设的积极性,促进了生产的发展。在农村,许多农民自愿要求加入互助组、合作社,响应爱国丰产运动,踊跃向国家售卖余粮,支援国家建设。工矿和基建企业的广大职工积极投入以增产节约为中心的劳动竞赛,企业管理得到加强,劳动生产率进一步提高,广大手工业者要求组织起来,扩大生产。不少私营工商业者表示爱国守法,走国家资本主义的道路。在学习和宣传教育中,各地教育、批判和纠正了部分农村党员干部中存在的热衷于个人雇工放债、买卖出租土地和参与商业投机等错误的思想和行为,整顿了少数组织生活不健全、对生产和农业合作化工作放任自流的落后农村党支部,提高了农村党组织的战斗力和农村党员的政治思想水平。

党的过渡时期总路线宣传教育运动的广泛开展,对于总路线和总任务在广西的贯彻执行,对于社会主义经济制度在广西的建立,坚定人民群众走工业化道路的信心,发挥了重要作用。

二、第一个五年计划的制定

随着新民主主义革命任务的基本完成,有计划的、大规模的经济建设即将开始。1953 年 1 月 1 日,《人民日报》发表《迎接 1953 年的伟大任务》的社论,提出开始执行国家建设的第一个五年计划的任务。编制发展国民经济五年计划是有计划地发展国民经济,推进国家社会主义工业化和社会主义改造事业的需要,是实现党在过渡时期总路线和总任务的重要步骤。从 1953 年开始,根据过渡时期总路线的要求,借鉴苏联的经验,中共中央制定和实施了发展国民经济的第一个五年(1953 年至 1957 年)计划(简称"一五"计划)。"一五"计划的基本任务,概括地说就是:集中主要力量进行以苏联帮助中国设计的以 156 个建设项目为中心的、由限额以上的 694 个建设项目组成的工业建设,建立中国的社会主义工业化的初步基础;发展部分集体所有制的农业合作社,并发展手工业合作社,建立对于农业和手工业的社会主义改造的基础;基本上把资本主义工商业分别纳入各种形式的国家资本主义轨道,建立对于私营工商业的社会主义改造的基础。国家在制定"一五"计划时,正值广西处于援越抗法前线,中央从全国统一经济布局出发,没有将广西列入经济建设的重点省份,全国"一五"计划时期 156 个重点建设项目,没有一个项目布局在广西,694 项限额以上项目安排在广西的也仅有 9 项,即贵县糖厂、南宁电厂、西江机械化农场、鹿寨拖拉机站、来宾拖拉机站、老虎岭水库、都安至九圩公路、金城江至环江公路、东兰至凤城公路;安排给广西的基本建设投资仅有 1.69 亿元(不包括在广西的中央直属基建项目投资)。

根据中央确定的"统一计划,分级管理"的原则,计划编制在 1953 年至 1958 年实行单轨制,计划的编制和下达,分别按中央各部和各省、市、自治区两个系统进行。中央各部的计划,不包括同行业的地方所属企业、事业计划;广西地方计划则不包括中央直属企业、事业的计划。计划的编制程序和方法,基本上是自上而下和自下而上相结合。计划的内容,包括中长期计划和年度计划两种。1952 年 6 月,省委、省人民政府按照中央的部署,开始酝酿、编制广西发展国民经济计划的工作。1952年12月,省财委编制了《广西省1953年国民经济计划(工、农、交、粮部分)》,这是广西年度计划编制工作的开始。1953年11月,省委在南宁召开全省工业计划会议,贯彻中央提出的计划管理要求,组织编制广西省1954年工业计划草案。次年,根据中共中央批转的国家计委关于1955年国民经济计划控制数字的报告,省委继续组织编制全省1955年工业计划。逐步形成了编制年度计划的模式。1955年7月,广西综合中央的要求及几年来的实践,拟订《广西国民经济计划年度计划编制办法实施细则(初稿)》,明确"上下结合、条块结合、分工归口、分步进行、统一审核汇总"的编制方法。1956年中央对年度计划编制规定进行修改,国家给地方有适当调整计划指标权限,同时,国家只下达年度计划,季度计划和月度计划由则广西自行安排。

1953年5月,国家计委正式颁布"一五"计划表格,8月初,广西按照国家计委颁发的表格,在省财委的具体指导下,上下结合,以省厅、局为主进行编制。参加"一五"计划编制的单位共有31个,计划内容包括工业、农业、林业、贸易、文化、教育、卫生、城市公用事业、基建、劳动工资、干部培养、成本、财务、物资供应等14个方面,编制时平行作业,齐头并进。当年9月,各单位即完成计划草案的编制和上报。该草案即广西的中长期计划《广西省1953年至1957年国民经济五年计划纲要(草案)》(简称《计划纲要(草案)》)。1954年11月,根据政务院建立和健全地方各级计划机构的指示,省人民政府计划委员会成立,吸收党委、政府和财经、文教等部门负责同志参加,业务上同时受上级计划机关和国家计委的指导,此后,又陆续成立各地、市、县计委,各地计委的基本任务是负责本地区国民经济和社会发展计划工作。从上到下计划部门的建立和健全,进一步加强了国民经济计划性和国家对经济活动的领导。

从广西的情况来看,"一五"计划开始时,广西虽然完成了恢复国民经济的任务,但全省经济基础还十分薄弱。从生产关系结构来说,社会主义经济的比重有所上升,但个体的手工业、农业在国民经济中仍占绝对优势,个体经济产值约占全省工农业总产值的80%;资本主义经济的比重亦不小。当时并存的五种经济成分,主要是个体经济成分,社会主义和社会主义性质的经济成分在全部国民经济中所占的比重甚小,低于10%。对非社会主义经济成分进行社会主义改造,实现由新民主主义社会向社会主义社会转变,任务十分艰巨。从生产力水平看,广西生产力十分落后,以现代工业在工农业总产值中的比重来衡量经济发展水平,广西的工业水平比全国平均水平低,到1952年,全省工业总产值在全省工农业总产值中的比重,只相当于全国平均水平(43%)的一半。按人口平均的工业产品产量计算,广西也落后于全国平均水平:全国人均钢产量为2.37公斤,广西为零;全国人均发电量2.76度,广西为1.8度;全国棉布产量人均5.4米,广西为1.5米。广西工业的落后还表现在这时的工业主要是一些加工业、原材料工业、轻工业、食品工业,没有钢铁工业,不能制造汽车、拖拉机,许多工业部门还是空白。

12月25日,广西在南宁召开全省第一次计划会议,讨论《广西省1953年至1957年国民经济五年计划纲要(草案)》(简称《计划纲要(草案)》)。根据中共中央关于进一步编制地方经济五年计划纲要工作的指示精神和国家"一五"计划草案(初稿)主要指标,结合本地特点和具体情况,会议明确了发展本省工农业生产的基本方针和原则。农业生产方面:一是扩大复种面积,将一造变二造;二是发展互助合作组织,改变生产关系;三是加强技术指导,改进耕作方法。地方工业生产方面,必须贯彻为农业生产服务,为当地人民服务的方针,一要考虑在全国平衡的基础上发展,使之与全国生产相适应,避免盲目发展以致和其他地区发生矛盾;二要考虑与资金积累相适应,不能不顾财力而贪大求快;三要考虑与技术力量和干部条件相适应。

1955年6月,广西在国家"一五"计划指导下,总结1953年度和1954年度经济计划的执行经验,进一步修改和完善地方经济"一五"计划。6月1日至12日,中共广西省第四次代表会议在南宁举行,会议讨论《广西省1953年至1957年国民经济五年计划纲要(草案)》,通过《中国共产党广西省第四次代表会议关于广西省第一个五年计划和今年下半年工作任务的决议》,决定将《计划纲要(草案)》提交省人民代表大会审议和通过。

《计划纲要(草案)》提出,广西贯彻党在过渡时期的总路线和执行国家的第一个五年计划的方针是：以互助合作为中心的农业生产运动作为中心环节，同时逐步地加强对工业的领导，发展工业生产；相应地进行对手工业和资本主义工商业的社会主义改造。基本任务是：发展生产，以配合全国社会主义工业化建设，特别是要用很大力量去搞好农村工作，发展农业和手工业生产，同时加强对城市、工矿和财经工作的领导，紧密结合生产，逐步实现对农业、手工业和私营工商业的社会主义改造，以便和全国一道过渡到社会主义。五项具体任务：第一，以领导农业为工作重点，大力开展以互助合作为中心的农业生产运动，贯彻以粮为主，因地制宜，从事多种经营，全面地发展农业生产。第二，加强对工业的领导，搞好现有厂矿生产，有计划地积极发展地方工业，发展交通运输事业，切实加强基本建设工作，积极稳步地对手工业和资本主义工商业进行社会主义改造。第三，重视并加强商业工作，以活跃城乡交流，促进生产，稳定市场物价，巩固工农联盟。第四，在发展工农业生产的基础上，相应地发展文教卫生事业。第五，合理地开辟财源，增加收入，厉行节约，反对浪费，积累资金，以保证国家重点建设。

《计划纲要（草案）》提出了“一五”时期广西农业、工业、商业、文化教育等领域的主要指标：

第一，发展互助合作，促进农业生产。要求到1957年农业合作社发展到8万—8.5万个，农村人口半数以上参加。粮食生产5年平均亩产增长13.7%，到1957年，粮食作物播种面积达到5601.61万亩，总产量69.45亿公斤，平均每年增长6.4%。1957年农业生产总值17.47亿元，比1952年增加34.45%。为了发展农业生产，计划5年内建设一批农业基建项目，其中国家限额以上的建设项目有3个，即新建西江机械化农场、鹿寨拖拉机站和来宾拖拉机站。建设一批限额以下的建设单位，包括机械农场、农业试验站、园艺场、县农场、气象站、农具站、畜牧场及奶牛场等。水利方面，计划新建老虎岭水库以及一批灌溉工程，5年内兴修水利共增加灌溉面积575万亩，其中国家投资直接举办的水利灌溉面积85.5万亩，国家补助及群众兴办的小型水利灌溉面积472.5万亩。

第二，有计划地发展地方工业。贯彻为国家建设服务、为农业生产服务及满足人民需要的方针。5 年内广西从国家财政拨款及动员地方财政经济部门内部资金投资基本建设共计 1.69 亿元,其中地方工业投资 6674.2 万元(其中公私合营 398.6 万元),占全省基建总投资的 39.49%,包括限额以上单位 2 个,即贵县糖厂、南宁电厂,限额以下单位 92 个,着重发展制糖、采煤及榨油工业。1957 年,地方工业总产值计划达到 2.99 亿元,较 1952 年增加 405.36%,平均每年增长 38.3%;手工业生产总值计划达到 3.58 亿元。1957 年,广西地方工业的主要产品产量要求是:发电量 3751 万千瓦时,原煤 41.47 万吨,糖 4.68 万吨,食用植物油 5.18 万吨,锰矿 8.45 万吨,内燃机 4500 台,卷烟 2.56 万箱。

第三,对资本主义工商业和手工业进行社会主义改造。计划规定到 1957 年底,符合公私合营条件的职工 10 人以上的私营工业,基本上完成合营工作。对私营商业,区别资本主义商业和小商贩,逐行逐业对私营批发和零售商分别进行改造。计划规定 1957 年私营零售商业占全社会零售总额的 48.82%,其中纯私营商业只占 11.17%。对手工业的社会主义改造,计划规定 1957 年组织起来的人数,占手工业从业人员(不包括农民兼营手工业人数)的 57%,其中手工业生产合作社社员 7.71 万人。

第四,发展商业。计划规定 1957 年广西社会商品零售总额达 11.38 亿元,国营和合作社商业零售额在社会商品零售总额中的比重计划由 1952 年的 14.3% 上升到 1957 年的 51.18%。对粮食实行定产、定购、定销,强调只购余粮,不购口粮,增产不增购,任务 3 年不变;在供应方面,强调杜绝浪费,压缩不合理的销量。对食油、棉布实行计划收购和计划供应,对生猪实行派购派养。

第五,发展交通运输业。"一五"交通运输基建计划投资 1355.1 万元,其中汽车运输量 670.8 万元,公路建设 587.2 万元,其中限额以上建设项目 3 个,即都安至九圩公路、金城江至环江公路、东兰至凤城公路;新建公路共 290 公里,均在少数民族地区;恢复改建公路 1010 公里,其中少数民族地区占 861 公里。计划规定,1957 年货运量 107.96 万吨,货运周转量 7988.77 万吨 / 公里,客运量 147.22 万人,旅客周转量 11390.94 万人 / 公里。

第六,发展教育、文化、卫生事业,提高人民物质生活水平。计划规定,1957年初学生数达到:高等师范学校1889人,中等师范学校6905人,普通中学11.74万人,小学221.44万人。5年内建成一批电影院、图书馆、文化馆。医院病床总数6155张,县以下区卫生所536所,妇幼保健所(站)98个。5年内广西社会文化教育卫生事业拨款共3.09亿元,其中教育事业费1.98亿元,卫生保健事业费5251.9万元。1957年,全省城乡人民购买力总额达1.77亿元,职工平均工资1957年较1952年增加86.1%,农民收入增加1倍以上。

广西发展国民经济第一个五年计划的编制,坚持了实事求是原则,紧密结合实际,经过了多方面的反复论证,不仅注意从实际的人力、物力和财力出发,而且注意研究有关比例的平衡,总体上是一个适合当时广西省情的国民经济中长期发展计划。1955年10月,广西省第一届人民代表大会第三次会议正式通过《广西省1953年至1957年国民经济五年计划纲要》。1956年春,以块为主结合条的方式,下达至厅、局和各专区、市,逐级下达至基层。

《计划纲要》是省委领导全省人民为实现党在过渡时期的总路线和总任务的行动纲领,是一个引导广西沿着社会主义道路走向繁荣昌盛和人民幸福的宏伟计划,它代表了全省各阶层人民的根本利益,反映了广西人民迫切要求改变落后面貌的强烈愿望。它的制定和公布,调动了全省人民为社会主义美好未来而奋斗的积极性和创造性,在广西工业化建设的起步阶段发挥了重要作用。围绕"一五"计划的各项指标,各行各业掀起了建设热潮。

第二节　重点发展农业生产

一、稳定新生产关系,发展互助合作

1952年底,广西大部分地区完成了土地改革。土地改革的完成,使农民摆脱了封建的压迫和剥削,实现了"耕者有其田",解放了农村生产力,为大规模经济建设提供了前提条件。但是,随着土地改革基本结束,

新民主主义革命任务的基本完成，在整个社会准备向社会主义转变的关键时期，农民中存在许多模糊认识。根据调查，有的群众认为“财产归公，吹哨吃饭，站队生产，起大仓库，盖大洋楼”等，就是社会主义；对于什么时候进入社会主义，有的认为一二年可达到，也有的说五年计划三年可完成；还有的群众认为，政府一道命令就进入社会主义。省委认为，群众对社会主义的各种模糊认识，其核心是怕强迫命令，怕私有财产得不到保障。

省委、省人民政府多次重申保护私有财产、稳定新生产关系、发展生产的政策。1953 年 1 月 22 日至 23 日，省委召开干部扩大会议，研究农业生产的发展方向、政策与计划。会议认为，要发展农业生产，必须贯彻保护私有财产等政策，保障各阶层人民享有雇佣自由、借贷自由；必须贯彻“查田定产、依率计征、依法减免，逐步实行统一累进，并取消一切附加”的方针，整顿乡村财政，严格控制农民负担；不准随便使用民兵、民夫等。3 月 10 日，省人民政府发出布告，规定实行土地买卖、借贷、雇佣、租佃四大自由，保护广大农民发展个体经济的积极性。5 月 1 日，省委在南宁召开农业生产座谈会，针对土改后农民怕改变生产关系的思想，会议明确全省农村工作的任务主要是全力解决好三个关系，即生产关系、工农关系、干群关系，中心是稳定生产关系。并明确：在未正式宣布土改结束的地区，应尽快宣布土改已经结束，在已结束土改复查地区，要制止乱追余粮、乱抽机动田地的现象，确定土地所有权，确保私有财产不受侵犯；发放土地证，分配好土改遗留果实，彻底解决山林、水利分配和纠纷问题；适当处理旧债，保证借贷自由；固定农民负担，严禁违反政策和强迫命令。5 月 3 日，省委就《关于当前农村生产中宣传政策的指示》问题，向中共中央华南分局、中南局提出保护私有财产政策等意见，诸如在完成土改尚未宣布结束的地区，迅速宣布土改结束，在一切结束土改复查地区，坚决停止追余粮、抽动土地等现象；迅速发好土地证，彻底分配遗留果实，彻底解决山林、水利的分配和纠纷；适当处理旧债务；无论解放前后，中贫雇农之间的债务关系，一律承认有效，采取重点清理，分期偿还；保证借贷自由，严禁用行政命令集体借贷；克服怕社会主义思想；等等，这些意见均获得同意。同年 7 月，省委第一副书记郝中士在省委宣传工作会议上，又提出山林分配、水利使用等补充措施。此前发放土地证，固定土地所有权，无疑是稳定新生产关系的一项重要工作。过去结合土改复查、查田评产及秋征工作，全省大部分地区完成颁发土地证工作，已有约4530个乡的农民领到土地证。1953年11月20日，省人民政府发出《关于颁发土地证的指示》，要求已完成土改地区普丈土地或自报田地面积，填发土地证；对山林、牧场、菜园等特殊土地，也一律发给土地证。此项工作在年底完成。以上保护私有财产政策的制定和贯彻，稳定了土地改革后的农村新生产关系，巩固了土地改革的胜利成果，利于团结农村各阶层，安定生产秩序，对调动农村各阶层发展生产的积极性起到了重要作用，推动了农业生产和农村商品经济的恢复和发展。

国家"一五"计划大规模经济建设展开后，党为避免农村中出现两极分化，让农民共同富裕起来，引导农民走互助合作的道路。全省农村普遍开展以互助合作为中心的生产运动，按照自愿互利、典型示范和国家帮助的原则，逐步引导农民走互助合作的道路，到1956年底，全省完成了从初级社向高级社的过渡。发展互助合作，建立集体经济，"一五"期间的广西农业发生了历史性的变革，广大农民摆脱了小块土地私有制的束缚，走上了合作发展道路，促进了农村生产力的发展。在集体经济的基础上，办了许多单家独户的农民根本办不了的事情，在抵御自然灾害中显示出力量，特别是普遍进行的各种规模的农田水利基本建设，为以后的农业发展提供了长期发挥效益的重要物质条件，为实行机械耕作、机械排灌和科学种田，创造了有利条件。

二、扶持农业生产

广西是个以农业经济为主的省份，农业在国民经济中举足轻重。"一五"期间，省委、省人民政府实施了一系列扶持农业发展的经济政策，加大对农业的投入。全省用于农林和水利建设的投资共1.04亿元，占同期总投资的16.8%。5年中，全省发放农业贷款3.28亿元，扶助广大农民发展生产。

大力兴修水利。1953年2月11日，省人民政府发布《关于水利工作的指示》，要求把水利工作作为农业生产的中心环节，掌握兴修水利的季节性,以兴修水库为中心,大力兴修小型水利工程,扩大农田灌溉面积,并注意防洪防涝。

1953 年后,广西水利建设在农业合作化运动中得到较快发展,在广大农村普遍开展了多种形式的水利建设。根据广西降水季节和地区分配不均、水旱灾害频发等气候特点,为进一步提高农业抗拒自然灾害能力,"一五"期间,广西投资 4874 万元用于水利建设,组织广大农民兴办水利。水利建设是这一时期投资较高的领域之一。从 1953 年开始,全省农村每年冬春都有数十万乃至上百万人投入水利建设。1955 年以后,伴随着农业合作化运动的高潮,各地掀起了更大规模的水利建设高潮,每年冬春季节上水利工地的劳动大军达到 300 万至 400 万人,占农村劳动力 40% 左右,出现了乡乡、社社办水利的景象。共完成中型水库 9 座、小型水库 1006 座、小山塘 2685 处、小引水工程 2013 处,新增灌溉面积 302 万亩,完成防洪排涝面积 152 万亩等。贵县三渌水库是这一时期广西兴建的库容达 1000 万立方米以上的中型水库,使国营西江机械化农场 8 万亩农田得到灌溉,常年丰收。在兴修水利的热潮中,培养造就了一大批水利技术骨干。到 1955 年,全省共培训水利技术干部 655 人,农民施工员 1.5 万人。

奖励垦荒,推广先进耕作技术。针对土地的利用和开发不足的情况,在抓好水利建设的同时,积极组织农民开垦荒地。省人民政府制定了"生荒五年,熟荒三年,免征农业税"的政策,鼓励农民开荒,增加耕地面积,以弥补经济建设中占用的耕地,对连片宜农荒地则由国家投资创办国营农场进行垦殖。1953 年 11 月 1 日,由国家投资兴建的广西第一个社会主义性质的农业企业——国营西江机械化农场成立,垦殖荒地 10 万余亩。此外,合浦、明阳等 3 个机械化农场也在这个时候创办。5 年中,全省共增加耕地面积 296 万多亩。新建国营林场 60 个,使国营林场总面积达到 950 万亩,职工 4000 多人。广西耕地的利用率在解放前很低,解放后,主要是 1953 年以后,在改善农田水利条件的基础上,改革耕作制度,主要采取复种、间(混)套作以及轮作、连作等各种方式提高复种指数,实行单改双,积极发展双季稻。1957 年与 1952 年相比,广西农作物播种面积增长了 24.47%;复种指数提高了 24.8 个百分点。扩大复种面积对农业增产起了一定的作用。“一五”期间,全省农村广泛开展以增加农家肥为主的积肥运动,并扩大了种植面积,初步改变了过去不施肥或施肥很少的情况。全省加强农业科技的推广应用,大力推广选育良种、培育壮秧、合理密植等先进农业科学技术。这些措施使粮食产量有了较大增长。

提倡多种经营。在1956年春季实现农业合作化以后,省委在指导农业生产中,主张“实行多种经营,全面发展农业生产”,坚持农业首要任务是抓紧增产粮食,增产的途径主要是依靠提高单位面积产量和增加耕地复种指数,不能靠废林开荒来扩大粮食种植面积;在抓紧粮食增产的同时,必须按照广西的地区特点,充分利用当地的优越自然条件来发展经济作物,扩大经济作物的种植面积,达到全面发展农业的目的。在全面发展农业生产中,省委对副业生产作出指示。要求合作社与社员在经营副业上应合理分工,利于集体经营的副业由社统一经营,利于分散经营的副业由社员家庭各自经营;利于双方经营的,社经营的同时也帮助社员家庭经营,可以社和社员联合经营的,亦可采取联合经营的办法。1956年5月23日,省委发出《关于发展副业的指示》,对合作社和社员养殖家禽和牲畜作了具体规定,并要求省、县、乡和社指定有关机构和专门人员,负责指导副业生产。

三、开展爱国丰产运动

在全国大规模经济建设时期,农村的根本任务就是多打粮食,支援国家经济建设。“一五”期间,省委、省人民政府在1952年爱国丰产互助合作运动的基础上,组织广大农民开展了以互助组合作为基础、以技术改革为内容、以增产丰收为目的的群众性爱国丰产竞赛运动,奖励爱国增产模范。

在农业丰产运动的过程中,各级政府自上而下通过各种形式提倡和发动,使农业中的劳动竞赛由局部的自发性的运动逐渐扩展为大规模的自觉运动。在竞赛中,以订立爱国丰产计划为主线,各地分别制定增产计划,互相发起挑战赛、应战连环赛,通过比生产、比技术、比爱国、比贡献、比领导等方式来开展增产竞赛,并在竞赛中奖励各类劳动模范、推广先进经验和各种创新耕作技术，极大地丰富了丰产运动的内容。爱国丰产运动不仅提高了农民的生产积极性，而且大大促进了农业生产的发展。

四、《广西省1956年到1967年全省农业发展规划（草案）》的制定

1956年1月23日，中共中央政治局讨论通过我国第一个农业中长期发展规划《1956年到1967年全国农业发展纲要（草案）》。为了进一步推动全省农业生产的发展，省委根据中央要求，结合实际提出编制广西农业中长期规划的意见。2月25日，省委的意见在省人民委员会[①]（简称“省人委”）第十二次会议上获得支持和通过。会后，省计委着手编制农业发展规划，并形成《广西省1956年到1967年全省农业发展规划（草案初稿）》。5月间，省委代理第一书记陈漫远到广州向毛泽东汇报《规划（草案初稿）》的编制情况。6月20日至7月3日召开的中共广西省第一次代表大会第一次会议对该《规划（草案初稿）》进行了讨论和修改。1957年10月24日，将《规划（草案）》发给全省有关部门研究并征求意见，1958年1月30日印发给第五次省委（扩大）会议作为参考文件。

《规划（草案）》主要对1956年到1967年广西农业发展进行规划，其中，进行农业社会主义改造，1956年完成高级形式的农业合作化。农业主要经济指标：粮食总产量1957年达到96亿公斤，1962年150亿公斤，1967年206.5亿公斤。甘蔗1957年85万亩，1962年200万亩，1967年400万亩。猪，1957年683万头，1962年1250万头，1967年2000万头。淡水鱼产量1957年3.12万吨，1962年8万吨，1967年20万吨。农田水利建设方面：3年内基本消灭普通的水灾灾害，灌溉面积新增2100万亩，1957年解决山区少数民族和特灾地区的吃水困难。变一造水稻为二造，1958年凡可改为双造田的要全部改完，达到2500万

① 1955年2月2日至6日召开的省第一届人民代表大会第二次会议通过决议，将广西省人民政府改为广西省人民委员会。

亩。在科学种田方面：建立良种繁育制度，增积肥料，改进耕作方法，推广新式农具，逐步建立拖拉机站，消灭农作物病虫害。采取正规学校和短期训练的方法，两三年内每一农业社培养一个农业技术员和各种技术员，健全全（省）区农业技术推广站。不断改进合作社经营管理，最大限度提高劳动生产率。在文化和卫生方面：从 1956 年起，5 年内基本扫除文盲。7 年内，全省所有的乡和合作社都能装置收听有线广播或无线广播。从 1956 年起 4 年至 10 年内基本上消灭疟疾、血吸虫病、血丝虫病、钩虫病、脑炎、性病；1956 年实现每区有卫生所，一两年内社内有卫生室，逐步建立乡村医疗站。逐步改善居住卫生条件。在其他方面的规划：从 1956 年起，7 年内修成全省道路网；3 年内完成乡和社的电话网和邮政网。自 1958 年起，7 年内实现全省绿化。

《规划（草案）》是一个鼓舞人心的规划，体现了省委对农业、农村和农民问题的高度重视，以及改变广西农业和农村落后面貌的雄心壮志。但是，这一《规划（草案）》中有些目标脱离了实际，在当时的条件下还难以实现，如 12 年内全省粮食产量要达到 206.5 亿公斤，3 年内基本消灭普通的水灾灾害，1957 年解决山区少数民族和特灾地区的吃水困难等，超出广西当时的生产力水平和实际能力。随着“大跃进”运动的兴起，这一《规划（草案）》的执行受到影响。

第三节　量力而行地发展地方工业

一、从实际出发发展地方工业

“一五”计划期间广西工业的主要任务就是实施工业经济的第一个五年计划，建设社会主义工业化的基础。按照我国基本建设体制的规定，绝大部分基建项目均由中央各部门实行集中统一管理，投资和建设任务由中央各部门直接安排。当时，国家从全国统一的经济布局出发，对非国家投资建设重点的广西，安排的基本建设投资只有 1.03 亿元，按人均基本建设投资总额只相当于全国的 35.4%，占比很小。在全国

“一五”计划给广西投资的工业项目仅有南宁电厂、贵县糖厂等。因此，1954年12月全省第一次计划会议在讨论广西国民经济第一个五年计划时,明确了工业生产的基本方针和原则:地方工业生产,必须贯彻为农业生产服务,为当地人民需要服务的方针,一要考虑在全国平衡的基础上发展,使之与全国生产相适应,不能不顾财力而贪大;二要考虑与技术力量和干部条件相适应。省委还认为,从资源情况看,广西自然条件极适宜于大量种植甘蔗、花生、麻类等经济作物,地下矿藏也相当丰富,发展工业有着优良条件,“一五”期间,广西地方工业着重发展制糖、榨油及原煤开采。至于磷灰石、硫黄矿开采及生铁冶炼等工业,在积极摸清资源情况,条件具备时,亦可发展。

“一五”期间,广西从实际出发,立足于发展农业和手工业,发挥原有工业企业的作用,量力而行地进行工业化建设。在有限的投资中,没有像全国一样优先发展重工业,而是发挥广西亚热带经济作物的资源优势,在发展农业的基础上,重点发展以农副产品加工为主的轻工业和相应的能源工业。建设一大批中小型糖厂、化工厂(松脂厂)、木材加工厂、肉联厂、面粉厂、榨油厂以及新建和扩建机械、电力、煤炭、冶矿、化工、建材、食品工业等。全省投资工业建设400多个,绝大多数是投资少、见效快的中小型项目。其中谢圩、伶俐、明阳小型糖厂(均在邕宁县)和桂林化工厂(松脂厂)、省建工木材加工厂、南宁肉联加工厂、面粉厂以及桂林、柳州榨油厂等,都是以广西亚热带经济作物和农林产品为原料,能发挥本省资源优势的项目。

在机械工业方面,由修配走向制造,开始生产历史上从未生产过的小型汽油机、空压机、水轮机、金属切削机床和农业机械。电力工业方面,在南宁、桂林等地增装一些小型电力发电机组;同时,在“一五”计划期间,由珠江水利工程总局、珠江流域办公室、广州水电勘测设计院、广西水利局、广西水电勘测处等单位组织力量,对红水河、柳江、郁江、桂江等流域进行调查、勘测、规划和设计工作,为发展水电做准备。陆续建立一批煤矿,对煤炭产业的投资逐年增加;在优势产业有色金属工业,重点对锡工业进行技术改造,新建立一些较大型的矿山、选矿厂、冶炼厂和辅助性企业,装备采掘、运输、提升等机械设备,等等。1953年12月,国家石油管理局派人考察百色盆地的石油地质构造情况，认为曾发现的油苗有勘测价值。1954 年 4 月，该局组建了广西 101 地质队，对百色盆地开展石油地质普查与勘探，揭开了广西石油工业的序幕。

“一五”期间，广西开始形成现代化的制糖、食品、化工、机械、电力、矿冶等工业，先后建起贵县、横县、桂平、田阳和邕宁县伶俐等 11 座较大的糖厂，并开始成为全国主要产糖基地之一。工业产品，如汽油机、黄金、锡、锰、锌氧粉和松香，已在国内占有一定的地位。

1953 年，针对全省工业中手工业占很大比重的实际情况，省人民政府专门设置手工业管理局，负责管理手工业的生产和经营。1955 年，省人委又从资金、原材料等方面扶持手工业发展，帮助解决生产经营中遇到的困难，促进了全省手工业生产持续发展。

二、逐步实行企业全面计划管理

在国民经济恢复时期，广西通过对厂矿进行民主改革，建立新的民主管理制度，通过生产改革，建立新的管理组织和制度，企业管理工作得到发展。

随着大规模有计划经济建设的全面展开，省委在企业管理方面，学习苏联经验，借鉴其经济和行政部门的重要管理原则和领导方法，推行全面计划管理，包括计划管理、技术管理和财务管理。按照中南局的指示，省委以计划管理为中心，抓好三个管理环节工作。从 1954 年 6 月到 11 月，全省推行计划管理的单位由 25 个增加到 103 个，超过总数的一半。这些厂矿均不同程度地克服了生产管理上的混乱状态，开始建立起按计划、按制度管理生产的正常秩序，提高了生产的均衡率。

1954 年 7 月以后，根据省委的指示，在计划管理还没有很好建立的厂矿继续贯彻计划管理；在计划管理已打下初步基础的先进厂矿，则逐步转移到以技术管理为中心环节，解决技术管理问题。至 1955 年上半年，经过不断总结提高，取得经验，以解决质量、安全为主，推进技术管理，建立健全一系列技术管理制度，保证了产品质量，减少了生产事故的发生。

在建立和完善计划管理与技术管理的基础上，为切实加强经营管理,降低生产成本,省委于1955年9月召开城市工作会议,解决厂矿工作从以技术管理转向财务管理为中心的问题,加强财务管理工作。此后,广西在企业仿效苏联工业企业的管理方法,进一步推行班组经济核算制,制定定额领料、固定资产保管,不少厂矿建立财务定期检查制度,清查仓库,处理呆滞材料,积极控制费用支出,加速资金周转,降低成本。1956年至1957年,广西工交系统建立重点企业督察(巡视)员制度,个别企业还建立成本分析制度,及时公布成本升降的原因,发挥成本分析指导生产的作用。

经过改革,广西国营和地方国营厂矿基本建立起全面计划管理的制度。一般在厂职能科室、车间实行岗位责任制,车间建立健全班组生产原始记录,设立五大员,即车间生产计划统计员、材料成本核算员、劳动工资管理员、生产技术安全员、设备管理员。在计划管理工作上,从主管厅局到企业和车间,建立计划编制、下达和检查分析的一整套制度。在技术管理工作上,主要是从上到下建立技术责任制。财务管理,主要是建立财务、会计制度,加强财务、成本管理,资金管理,健全财务会计报表制度,开展经济活动分析,严格物资采购、供应,建立定额管理,开展劳动竞赛等。

在企业领导体制方面,省委从1953年开始推行厂长负责制与管理民主化相结合的制度,一方面加强工厂行政领导,一方面通过职工代表大会和工厂管理委员会贯彻执行群众路线的管理制度。可以说,党在国营厂矿中进行一系列的工作,使生产的管理日益进步,并开始走上正轨;培养了一批新的管理人员和技术人员,一般厂矿已由党员干部担任厂长。但是,由于现代工业的组织庞大,部门繁多,生产具有高度连续性和集中性,需要有高度集中的领导。而当时工矿企业内部仍存在多头领导或无人负责、工作秩序混乱的现象。1954年,国家有计划的建设已进入第二个年度,中央各工业部和各地区对国营厂矿的领导亦日益加强,针对全国国营厂矿管理上存在的问题,5月28日,中共中央转发华北局《关于在国营工矿企业中实行厂长负责制的决定》。《决定》明确改变企业的领导体制,借鉴苏联“一长制”,实行厂长负责制和生产区域管理制。同年6月,省委召开城市工作会议,部署实行厂长负责制。7月2

日，省委发出《关于在国营、地方国营厂矿中坚决地全面地加强计划管理，实行一长制的指示》，在企业中推行厂长负责制和总工程师技术负责制。厂长负责制，即厂长受国家委派对企业的生产行政工作进行专责管理的制度。厂长对完成国家计划，对企业经营管理和生产技术、财务工作，均负全责。企业的党组织则对企业的思想政治工作负有完全责任，对行政生产工作负有保证和监督的责任。到 1954 年末，广西实行计划管理和"一长制"的企业 179 个，占工业系统全部国营厂矿的 83.6%。

在实行企业"一长制"改革中，省委一再强调加强厂矿政治工作。1955 年 3 月下旬，省委召开第一次工业会议，讨论进一步加强厂矿政治工作等问题，要求继续贯彻中南局关于加强党的政治工作的决议和省第三次党代表会议精神，进一步发挥党的监督作用，向职工不断地进行总路线的教育，深入思想发动，以保证全面、均衡地完成国家计划。各级党组织要根据党的政策、国家法令、上级行政部门的计划和上级党委的指示，用加强党的政治思想领导的方法，以实现国家经济计划为中心来统一思想，保证党、政、工、团思想上和行动上的一致，发挥党对行政管理的监督保证作用，保证厂长负责制的正确实行。

企业"一长制"的推行，克服了无组织、无纪律的现象和党组织对行政业务包办的偏向，但也出现了另外的问题。部分厂矿过分强调一长权威，强调命令，片面强调集中统一和发展生产，形成个人专断，忽视集体领导和依靠群众，违反了党的集体领导原则，也弱化了走群众路线的优良作风，削弱了党的领导作用。有的厂矿甚至误解"一长制"就是取消党的领导，不受党委的约束，出现了拒绝执行党委会决议，不愿把生产计划提到党委会讨论的现象。加上某些厂矿领导干部思想作风上的问题，造成若干厂矿领导干部之间不团结，工作上各搞一套，互不配合，使工作受到不应有的损失，挫伤了企业职工的积极性和主动性。1956 年 6 月之后，省委和各级党组织逐步认识并开始调查和纠正"一长制"实行中的偏差。中共广西省第一次代表大会提出关于改进领导方法的要求，强调厂矿干部要克服会议多、任务多的困难，深入实际，虚心听取群众意见，关心职工生活，加强思想工作，做好工作安排，改进工作作风。

三、开展劳动竞赛和先进工作者运动

开展以增产节约为中心的劳动竞赛，是新中国恢复和发展国民经济，成为社会主义工业化建设的基本方法之一，其目的是充分发挥企业的潜力和全体职工的积极性、创造性，不断提高劳动生产率，保证全面、均衡、安全地完成或超额完成国家的生产计划，并大力降低生产和建设成本，堵塞浪费，为社会主义工业化建设积累更多资金。

在 1951 年和 1952 年全省开展爱国增产节约竞赛运动的基础上，1953 年，省委根据中央关于“增加生产、增加收入、厉行节约、紧缩开支、超额完成国家计划”的号召，把开展以增产节约为核心内容的社会主义劳动竞赛作为发展工业生产的一项重要任务进行了部署。4 月 19 日至 21 日，省委在南宁召开市委书记会议，提出要在厂矿中推广先进经验，开展生产竞赛，大力支持新创造，及时总结奖励。工会组织职工群众广泛开展了以提高改进技术和学习、掌握新技术为主要内容的劳动竞赛。10 月，省总工会发出了《关于深入开展增产节约劳动竞赛，保证完成国家计划》的通知，全省各地职工纷纷制订了第四季度增产节约的计划和措施，掀起了劳动竞赛的热潮。柳州机械厂工人为了支援农业，经过数十次的试验和改进，制造成功新式“五三型水田犁”投入批量生产，受到农民的欢迎。同月，省工业厅发出通报，表扬柳州电厂、机械厂共八项重大创造改进成果，鼓舞和促进了群众技术革新活动。

1954 年 3 月，省总工会召开第二次工会基层工作会议，学习推广五三工厂工会的经验。在会上总结交流了梧州水电厂、柳州水厂工会开展劳动竞赛的做法，进一步明确了在国民经济进入有计划建设时期，工会转向生产的关键就是组织劳动竞赛，“有生产，就可以组织竞赛”。10 月，省工会根据广西的情况，作出在全省开展以技术革新为主要内容的劳动竞赛的决定。并根据同年 4 月全国总工会关于“在全国范围内开展技术革新运动”的决定，以及 5 月政务院通过的《有关生产的发明、技术改进及合理化建议的奖励暂行条例》等文件精神，规范全省企业劳动竞赛运动的竞赛条件、评比和奖励规定等，竞赛的形式和内容也有了新的发展。广西在技术革新运动中,从解决生产上的关键问题、笨重的手工操作和恶劣的劳动环境入手,发动群众提出合理化建议和进行发明创造,改进原有生产设备、生产工具和操作方法,改善劳动条件,发挥职工的集体智慧和首创精神,改进生产技术和劳动组织,提高设备效能,提高劳动生产力。全省职工迅速掀起了提高技术、改进技术,学习和掌握新技术的热潮。技术表演、技术观摩等技术交流活动和以领导、技术人员、工人“三结合”的各种技术革新小组、攻关小组不断出现。平桂矿务局新路分矿推广小型水力磁选机后,比人工手选提高工效11倍。该局第一矿技术人员大胆采用爆破法开采砂锡成功,仅人工一项,从1954年3月至12月底就可节约14.3万个工作日。

1955年3月,全国总工会提出在劳动竞赛中要贯彻提高技术,改进技术,学习和掌握新技术的方针。广西各级工会在开展劳动竞赛中,针对生产中的关键和薄弱环节,发动职工提合理化建议,开展技术革新,推广先进经验。上半年全省开展劳动竞赛的单位发展到802个。至10月,省各地开展劳动竞赛的面更广泛,以厂矿企业为例,195个省辖4市、6专区和省属厂矿中,参加竞赛的职工占职工总数的81%。

1956年3月12日,中共中央发出《关于积极领导先进生产者运动的通知》。4月11日,省工业交通运输先进生产者代表会议全体代表向全省职工发出《关于在全省范围内广泛开展先进生产者运动的倡议》。7月6日,省工会联合会党组向省委作《关于在全省广泛深入持久地开展先进生产者运动的意见》的报告;14日,省委同意并批转了该报告,推动全省先进生产者运动进一步开展。1956年底,有1114个单位开展了社会主义劳动竞赛和先进生产者运动,有289个厂矿开展了厂际竞赛和同工种、同业务的科室竞赛。这一年,全省在工业、交通运输、商业、文教卫生等行业和系统中,普遍进行了评选表彰先进生产(工作)者、先进集体的活动,共评选出先进生产(工作)者14574名,其中42人出席了全国先进生产者代表大会。

1954年国家颁布的《有关生产的发明、技术改进及合理化建议的奖励暂行条例》,有力地推动了群众性合理化建议活动的开展。广西建立和健全合理化建议的登记、审查、处理、奖励四个程序。1956年7月全国总工会制订《群众发明与合理化建议工作委员会工作条例(修正草案)》,广西群众合理化建议工作进一步加强,合理化建议委员会经常结合生产中的关键问题,给职工提出课题,发动职工进行攻关,使合理化建议活动与解决生产中的实际问题更好地结合起来。仅1956年,全省职工就推广先进经验2098项,提出合理化建议2万多项,提高了企业技术水平和经济效益。

四、抽调干部从事工业建设

随着大规模经济建设的开展,为工业战线配备、培养大量急需人才,成为摆在省委面前的一项重要任务。1953年11月至12月,中共中央发出《关于分期分批调配工业干部的通知》《关于调配干部,团结、改造原有技术人员及大量培训干部的决定》《关于加强干部管理工作的决定》及《关于加强干部文化教育工作的指示》精神,要求像战争年代选派大批干部到军队中去一样,下决心抽调地委级以上优秀干部到工业战线上去,培养他们成为工业建设的领导骨干。11月下旬结束的中共广西省第二次代表会议提出,“必须抽调一部分较强的干部去加强对城市、工矿和其他财经工作的领导,以配合全国工业化的建设”。1954年7月25日,省委在南宁召开组织工作会议,安排抽调一批干部到工业战线工作事宜,其中有地处级以上干部72名,县级44名。省委在对地委以上党政机关和各厂矿企业进行全面调查的基础上,根据统一调整、重点配备的原则,保证国家重点建设的需要。1953年至1954年,为保证国家重点工业建设的需要,上调工业干部850人;为实行干部大转移,加强城市和经济、工矿部门,在省内调配5000人,接收、调配、安置军队转业干部2504人,充实省级机关干部603人。这批干部总体素质较高,有较高的政治水平和实际工作经验,经过一段时间的学习和实践,基本熟悉了工业管理,逐步由外行变成了内行。

省委还根据德才兼备的标准,大胆地、大量地从先进工人和青年知识分子中,提拔一批文化程度较高、年龄较轻、有培养前途的新干部。1955年下半年,省委从机关和农村土改工作队中选调一批有理工科学历的干部和一些年纪较轻、具有一定文化水平的县处级干部充实工交企业的领导力量；从各企业选拔一批优秀工人到领导岗位上来，在组织上为满足大规模经济建设和国家各项事业发展的需要提供了人才保证。

为了适应经济建设任务对进一步提高领导干部素质的要求，根据中央加强干部文化教育工作的指示，省委强调要大量培养和提拔工农干部，有计划地提高他们的政治、文化和业务水平，特别是要使文化水平较低的干部逐步提高到相当于高小以至于初中文化程度，以便有效地学习政治理论，掌握业务知识。强调贯彻党对技术人员的政策，进一步团结、改造原有技术人员，发挥他们的作用，并培养、训练新的技术工人和技术专家，从事工业工作的干部要努力钻研业务和技术，尽快成为工业建设部门的内行。

省委重视加强在职干部的学习，提高干部文化素质和业务能力。各城市开办了夜大学和文化补习学校，鼓励在职干部利用业余时间学习文化，学习期满，经考试成绩合格者，发给相应的学历文凭。省委对干部学习作出规定，要求各级机关在职干部学习马克思主义政治经济学理论，领导干部要亲自主持学习活动，上课辅导。各级党校举办各类轮训班，加强对党员干部的学习培训。这些措施的实行，使干部队伍的文化水平和理论水平得到提高，对广西国民经济发展和社会进步，具有重要的战略意义。

增加教育经费，加速人才培养。“一五”计划期间，广西安排了 4884 万元经费用于发展教育事业，充实高等院校，新建、扩建中等专业学校 11 所，普通中学 126 所。1957 年与 1952 年相比，全省高等学校在校学生增加 2.4 倍，中等专业学校在校学生增加 70%。1953 年到 1957 年，高等学校和中等专业学校毕业学生分别为 2100 人、1.4 万人，为各部门输送了急需的技术人才和业务人员。1956 年，为适应工业生产发展的需要，广西建立各类技术学校，培养技术人才，广西省劳动局技术工人学校、柳州铁路局工人技术学校、南宁水电技术工人学校等陆续开办。这些专门学校培养了既有文化专业理论知识，又有实际操作技能的新型技术工人。

第四节 统购统销政策的实行

一、开始实行统购统销

对粮食实行计划收购和计划供应，是中共中央为贯彻过渡时期总路线在农业战线上采取的一项基本政策。

国民经济恢复时期，实行粮食自由贸易政策。将田赋改为农业税，对农户征收公粮。组建了国营粮食公司参与市场粮食收购和供应工作，委托供销合作社在县以下初级市场代购代销粮食，保证粮食供应。农民上缴农业税后，粮食可以自由上市。当时经营粮食的，除了国营粮食公司和供销合作社外，还有私人粮商。这样多种经济成分并存、自由购销的流通方式，在当时对促进粮食生产，恢复国民经济起了一定作用，使粮食的供销关系保持平衡，粮食市场相当稳定。随着国家大规模经济建设的开展，城乡人民在积极参加和支援国家工业化建设的同时，职工人数和非农业户口迅速增加，粮食和农副产品的需求量越来越大。同时，工业的发展，要求农业提供更多原料；种植经济作物地区扩大又需要增加商品粮的供应；农民的生活改善了，消费的粮食、棉花也增加。但在产需矛盾尚未得到根本缓解的情况下，农民留粮增多，上市量相对减少，市场供应得不到保证；上市粮食中，国营粮食公司和供销合作社收购的只占一半左右，导致国家收购粮油计划难以完成，在粮食市场上的主导地位脆弱。与此同时，部分不法私营粮商囤积居奇，投机倒把，而国营粮食公司和供销合作社受到机构、人员、设施、经营经验等多方面条件的限制，只能在主要城镇开展吞吐业务，调节供求，无法在大范围内与之进行有效的经济斗争。因而，不少地方出现粮食供应偏紧甚至抢购现象，加剧了粮食供应上的困难，使得粮食问题更加严重。从 1953 年下半年开始，广西粮食供应日渐紧张，供求矛盾加剧。7 月至 10 月粮食收购 13612 万公斤，比上年增加 28.8%，但粮食销售达 12568.5 万公斤，比上年增加 141%；而 10 月的收购则比上年减少了 4.3%，销售的增幅远远大于收购的增幅。

在这种形势下，1953 年 10 月 16 日，中共中央政治局扩大会议通过了《关于实行粮食的计划收购和计划供应的决议》。11 月 23 日，政务院发布了《关于实行粮食的计划收购和计划供应的命令》和《粮食市场管理暂行办法》，对农村余粮户实行计划收购，对城市人口和农村缺粮人口实行计划供应，严格控制粮食市场，严禁私商自由经营粮食，实行在中央统一领导下，由中央和地方分工负责的粮食管理体制。

11 月 11 日至 23 日，省委在南宁召开中共广西省第二次代表会议，着重研究解决粮食征购等问题。会议认为实行粮食计划收购和计划供应，是解决粮食问题的有效办法，也是改造小农经济的一个重大步骤，是党在过渡时期总路线的一个不可缺少的组成部分。做好这项工作，不但可以配合全国解决粮食供求矛盾的严重问题，而且可以促进农民向互助合作的道路前进，有利于农业的社会主义改造。会议决定除一部分少数民族地区外对全省粮食实行统购统销。粮食购销由国营粮食企业经营，通过干预分配，控制市场，以保障必不可少的粮食供应。会议还确定当年全省的粮食统购指标。会议分析了广西的情况，认为广西正处在改革转向生产的过渡环节，工作基础薄弱，粮食计划收购任务是相当艰巨的，但又是有条件可以完成的。会议提出在 1953 年 12 月至 1954 年 1 月间以粮食计划收购和计划供应为中心任务，全党动员，充分做好对群众的宣传教育工作，完成粮食计划收购和计划供应的任务。

省、市（专区）、县（区）逐级成立了粮食购销指挥部，在当地党委直接领导下，由政府、粮食、供销、商业、银行、税务、交通、公安、农会等有关部门共同组成，由当地党委、政府负责人担任总指挥。建立收购组织，乡成立粮食统购统销委员会。省粮食购销指挥部制定《关于粮食计划收购计划供应中若干具体问题的规定》，规定了计划收购（统购）和计划供应（统销）的原则方针、组织领导、工作步骤和管理方法，拟订收购办法、调配余粮缺粮情况、确定收购计划方案及解决仓库等问题。各级负责同志深入农村，调查研究，掌握政策，创造并及时推广经验，加强领导。全省派出 10 万多名国家干部、60 多万名乡村积极分子，结合党的过渡时期总路线的宣传，大张旗鼓地宣传粮食统购统销政策，动员群众向国家交售余粮。国营贸易和供销合作社加强农村的物资供应，银行吸收存款与掌握货币的投放与回笼，公安部门积极地维护秩序，等等。粮食统购任务由上而下逐级下达。农户交售粮数在1953年度采取自报和民主评议的办法，核定农户交售粮食数量，动员、组织群众送粮入库。具体要求是：结合秋征，摸清农户的粮食产量，在扣除按当地消费水平留下的口粮、种子、饲料粮和缴纳公粮后，余下的粮食国家购80%。到1954年1月23日，全省征购贸易粮12.375亿公斤，超额8.6%完成征购入库任务，统购工作基本完成。

粮食计划供应即粮食统销工作，是关系人民生活的复杂工作，同时也是一项没有经验的新工作。必须经过反复调查研究，找出可行办法。当时，统销首先从南宁、柳州、桂林、梧州、北海5市开始；圩镇及农村与粮食统购同时推行。1953年12月15日，省委发出《关于进一步加强粮食市场管理，取缔粮食自由市场的指示》，为此，各地取缔粮食自由市场，在城市和圩镇配置供应粮食的国营粮店、合作社或代销店，农村根据缺粮户的需要，留下一部分粮食在乡政府掌握供应，在缺粮区和灾区加强粮食供应机构，保证人民必需的粮食供应。在工作中进行充分的宣传教育工作，避免群众发生不必要的疑虑和人为恐慌。执行中，在对余粮户实行计划收购的同时，对缺粮户给予计划返销，返销面一般占到农村总户数的25%—30%，一些山区和经济作物产区占到35%。

1954年春季，省人民政府下达关于建立国家粮食市场的通知。从5月下旬开始，各地先后进行建立国家粮食市场的试点。1954年6月16日，广西省委发出《关于迅速建设国家领导的农村粮食市场的指示》，各地在原来已是粮食集散点的圩镇上，迅速建立起国家领导的粮食市场，至7月上旬，全省已建立由国家领导而没有私商参加的、主要是农民互通有无、生产者与消费者交换的粮食市场712个；到9月底止发展到970个，占全省原有大小市场（1472个）的66%。政府对粮食市场实行比较严格的管理，规定：允许完成征购任务的农民出售余粮，允许缺粮农民和职工、城镇居民上市购买自食的粮食，但不准城镇商户、机关、团体、学校和企事业单位上市出售和购买，粮食复制业、熟食业、农村副业加工户须先经批准才可入场购买；购买超过25公斤以上者需携带购粮证或临时证明；购买粮食要收取1%或1.5%手续费，手续费由买方负担；上市粮食无人购买，卖者可按统购价卖给粮食部门或供销合作社。建立粮食市场以后，粮食上市的成交量比建立粮食市场前有所增加，粮食上市量一般都比粮食市场建立前增加一倍到数倍。国家对粮食市场的控制，扭转了国营粮食商业购少销多的局面，平抑了粮价，促进了生产，缓和了供求矛盾。

由于刚刚经过土改，党组织与农民群众建立了密切的联系，在购粮中党组织又重视对农民的思想发动工作，粮食价格合理，粮食统购统销工作比较顺利，广大农民群众踊跃卖粮给国家，有的还把几年留存下来的余粮大量卖给国家。农业生产合作社和互助组在售粮中也发挥了带头作用。贵县谭国齐互助组就卖出5000多公斤。通过统购统销，政府掌握了粮源，稳定了粮价，保证了城市、工矿区和农村缺粮农民的粮食供应，初步解决了粮食供应紧张问题。

二、随征带购的统购统销

1953年到1954年粮食年度购粮工作结束后，为进一步改进工作，全省结合农业互助合作和春耕生产，认真总结了前一阶段统购统销工作情况，查找问题和不足。由于采用民主评议进行统购统销时间过长、评议过宽，工作量很大，不利于实际操作，而且在实际执行中，还出现有的地方把动员、自报、评议变成了“思想斗争”“强迫命令”；又因为所征购的贸易粮约占全省当年粮食总产量的31%，除征购外，全省农业人口每人有粮仅221公斤，该粮食年度调出省外粮食为3.71亿公斤，显然过多，有的地方就出现了收购部分农民口粮的现象，影响到农民生活。粮食统购统销工作亟须摸索一套简便易行、公正合理的办法。1954年夏，省委、省人民政府在布置夏粮征购工作时，通过在部分乡进行试点取得经验后，决定在全省推行随征带购的统购统销办法。即按照“余粮多者多购，余粮少者少购，无余粮者不购”的原则，在征收农业税的同时，依据农业税负担等级，规定一个起征点，逐级规定不同的带购比例，计算出农民应出售的余粮，辅以民主评议的办法，进行统购。

7月上旬，省委批转省财政经济委员会《关于随征带购工作的意见》。省、市（专区）、县相继成立了粮食工作指挥部，由党政负责同志亲自掌握，统一指挥随征带购工作。省委领导分赴各地指导工作，加强督促检查。各级党政负责人也纷纷实行分片包干，深入基层，调查研究，总结推广各地成功做法和有益经验。省直属机关、各市（专区）和县机关还抽调一批干部，到农村参加夏粮征购工作。至8月上旬，夏粮随征带购工作在全省铺开。

随征带购办法基本贯彻了保证国家任务完成而又不购农民口粮的要求。全省当年征购入库贸易粮13.425亿公斤，占中央下达指标的97.70%，占省下达指标的95.93%。在实际执行中，有的地方急躁图快，简单从事，单纯从任务出发，按公粮与购粮任务比例逐级平均摊派，以任务套购率，有的按公粮100公斤带购粮食145公斤；有的把夏粮实收产量一律提高5成或7成；有的下达任务未扣除经济作物的产量；有的该多购的未多购，有的则购了一部分“过头粮”；有的地方对城镇粮食供应控制不严、浪费粮食严重。当年全省征购入库量占总产量的比例达31.9%，比上年增加1亿多公斤，超过了群众负担能力；调出省外粮食4.23亿公斤，是解放以来广西调出粮食最高水平，带来粮食紧张局面。这些现象既造成了政府与农民关系的紧张，也影响了农民的生产积极性。随征带购办法实际执行一年即告终止。

三、“三定”的统购统销

1955年春，粮食供应再度紧张，农民情绪动荡不安，在农村出现不同程度的闹统销情况。为改进、完善粮食统购统销，缓解粮食供应紧张局面，3月3日，中共中央和国务院发出紧急指示，强调必须在粮食统购统销工作中，进一步采取定产、定购、定销的措施，使农民对自己的交售任务心中有数。3月9日至18日，省委召开扩大会议，部署以互助合作为中心的春耕生产运动和粮食“三定”工作，将当年的购销任务分配到各专区、县，要求各地务必在春耕前按规定把任务分配到各乡，不得层层扣留机动数。统销遗留问题严重的地区应进行补课。3月25日，省人委发出《关于实行粮食定产、定购、定销的指示》，要求在春耕前，按照各乡粮食生产及消费的实际情况，把全乡的计划产量及统购统销数字确定下来,向农民宣布。依据省委、省人委的决定和指示,各县相继召开三级干部会议,传达上级政策,作出相应部署,有效地稳定了农民情绪,“不缺叫缺”现象明显减少,农民的生产积极性得到提高。8月20日,省人委颁布《关于粮食定产、定购、定销分配到户的布告》,规定,国家对余粮户进行统购,对缺粮户进行统销,对自足户不进行统购统销;国家核定广西征购粮为10.5亿公斤,从1955年起3年不变,并分配各县各乡,分户核定余粮户交售任务,在正常年景下,亦3年不变;在城市中采取必要的严格措施,切实整顿粮食统购统销工作,压缩一切不应销的粮食,同时保证城市居民必要的消费。

根据1955年8月25日国务院公布的《农村粮食统购统销暂行办法》和《市镇粮食定量供应暂行办法》的精神,省人委于9月9日发布《广西省农村粮食统购统销实施细则》和《广西省市、镇粮食定量供应实施细则》,对农村定产、定购、定销事宜以及粮食定量供应,作出具体规定。定产,以1954年各户粮田的实际产量为根据,经民主评议,三榜定案。定购,执行“只购余粮,不购口粮”的方针,对余粮户从定产数量中扣除规定的种子、口粮、饲料粮等项和实交公粮后所剩余的粮食,国家统购90%;对富农的余粮则购95%。同时规定居住在山区的少数民族留用粮食标准应予适当放宽。定销,采取一年定一次,根据何时缺粮何时供应,当地有什么粮食品种就供应什么的原则,由粮食部门填发农村缺粮户粮食供应证,指定地点供应粮食。定量供应:从1955年10月1日起对南宁、柳州、桂林、梧州4市实行粮食定量供应,其他市镇于11月1日起实行粮食定量供应。这些政策法规的出台,进一步规范了粮食“三定”工作,推动了统购统销政策制度化,健全了市、镇粮食供应制度,保证粮食合理分配。

实施“三定”政策,解除农民“购销无底”“增产无益”等思想疑虑,体现了兼顾国家需要和农民利益的原则。1955年,全省粮食征购占总产量的比例由上年的31.9%降为26.5%,农业人均净征购由上年的71.5公斤降为57.5公斤,农业人均占有的粮食较上年有所增加。

根据1956年7月13日国务院通过的《关于农业生产合作社粮食统购统销的规定》,省人委于8月31日作出《关于农业生产合作社粮食统购统销的规定》。《规定》共12条,主要内容是:国家对农业社的粮食统购数量和统销数量,一般以社为单位统一计算和核定,粮食有余的为余粮社,粮食不余不缺的为自足社,粮食不足的为缺粮社;在“三定”留粮的基础上,原则上全年每人留够原粮250公斤,最低225公斤;农业社因交纳公粮而影响留粮时,其差额部分,可以改征代金或经济作物;国家向农业社统购的粮食,在核实产量的基础上继续执行1955年核定的定购数字,增产不增购。各地严格贯彻执行省委、省人委的相关规定,确保了向农业社统购统销顺利进行。直接向农业社统购统销粮食的做法,使国家不再与农民发生直接粮食购销关系,加快了粮食收购的进度,简化了购销手续,减少了人力物力的消耗,取得良好的效果。同年12月5日,全省征购粮入库占原计划的70%左右。粮食销量亦开始下降,全省11月比10月下降23%。

在对粮食实行统购统销后,省委又发出指示,决定由国营商业部门和供销合作社对食油、油料和棉花、棉布实行统购统销。食油统购实际执行时间从1954年开始。1月,省粮食购销指挥部制定实行食油统购工作方案。食油统购主要在油料集中产区实行,对隆林、凤山、大苗山等非集中产区或少数民族聚居的边远山区,不实行统购,只动员农民出售食油给国家。其方式是“余油全购”,即产油农户和生产单位除留种子、口油外,余油全部由国家统购。全省当年食油收购量达4072万公斤,比上年增加91.04%。食油统销范围为省辖市、专署所在地县城、已实行食油统购县的县城和人口在5000人以上的圩镇。到1956年,全省农村开始全面实行食油统购。1954年9月9日,政务院第224次会议通过《关于棉布计划收购和计划供应的命令》和《关于实行棉花计划收购的命令》,决定从当年9月15日开始,在全国范围内实行棉布的计划收购和计划供应。省委决定南宁等5市必须于9月15日实施棉布供应计划,农村最迟不晚于9月20日实行。省人民政府商业厅公布了《关于棉布计划供应措施的说明》,向社会各界广泛宣传有关政策,提高群众的认识。此后,农副产品统购范围逐步扩大,1955年,实行生猪派购;1956年对烤烟、黄麻、甘蔗、茶叶、蚕茧、羊毛、牛皮等10多种重要农产品实行统一收购。到1957年,派购、统一收购的农副产品扩大到数十种。

实行统购统销政策，催生了各种票证。1954年5月起，广西开始实行对城市居民、机关工作人员和企事业单位职工粮、油、棉按计划供应。其中的粮食票证从1955年10月陆续开始使用，包括粮票、粮卡、粮食供应证等多种，城镇居民和城乡流动人口凭票按照国家规定的价格和数量购买粮食。随着粮、油、棉等主要农产品纳入国家计划管理轨道，广西对主要农产品逐步形成了高度统一的计划经济管理体制。

统购统销政策在实施中经历不断完善的过程。在这个过程中出现了一些问题，如对农民粮食统购中征“过头粮”，农民手中粮食存储不多；另一方面对农民的粮食统销工作不到位，若遇到灾年，很容易发生缺粮情况，造成农民生活困难。这些潜在的问题没有引起当时省委及以下各级党委的注意，加上一些领导干部工作中的官僚主义作风，最后造成了严重损失。1955年，广西遭受了严重的水灾和旱灾，受灾耕地1256万亩，约占全省耕地面积1/3，成灾耕地628万亩，粮食减产5亿公斤，导致1956年发生严重的春荒。但是，农民统购任务没有及时调减，统销工作不到位，农民本就余粮不多，加上春雨连绵，早熟作物减收50%左右，春粮接续不上，不少农民缺粮，在平乐、荔浦、横县等地出现逃荒和非正常死亡事件，也称平乐事件。在党中央和国务院的严厉批评和督促下，省委检查统购统销工作，削减灾区粮食征购任务，调拨粮食救济灾区群众，加强粮食供应工作，解决灾区群众的粮食问题。1956年下半年，广西又开始遇到长达7个月的干旱，1957年发生更严重的春荒。但是，由于广西采取有效措施，发挥了统购统销中统筹调动粮食职能，基本上安全度过1957年春荒。

统购统销是在特定的历史条件下较快解决粮、油和棉等供需矛盾、保证供应的有效办法。通过统购（包括派购）统销，一方面，国家集中了重要的农副产品商品中的绝大部分，保证了城镇人口、农村缺粮户、工业原料和出口的需要，在经济还不发达的情况下，对于保障人民群众衣食等基本生活资料合理供应，稳定市场物价，安定人民生活有重要作用；另一方面，通过价格政策，将农民的部分积累转化为国家的积累，保证了国家集中物力、财力进行大规模经济建设的需要，支援了国家工业化建设，对保证“一五”计划的顺利实施起了重要作用，也为国家对农业、手工业和资本主义工商业进行社会主义改造做了准备。总之,在当时的历史条件下,统购统销不仅稳定了市场,在不高的水准上保证了人民生活的基本供应,而且基本满足了国家工业化建设对大宗粮食和农产原料的需要。当然,也应看到,统购统销制度在客观上割断了农民历来同市场的联系,限制了商品生产的发展,这在当时的历史条件下是难以避免的。

第七章

社会主义改造的基本完成和社会主义经济制度的建立

党在过渡时期总路线提出,要逐步实现国家对农业、手工业和资本主义工商业的社会主义改造。省委按照这一过渡时期总路线的要求,全面开展对农业、手工业和资本主义工商业的社会主义改造。这一任务的基本完成,实现了对生产资料所有制的深刻变革,使得全民所有制和劳动群众集体所有制这两种社会主义公有制形式,在国民经济中占据绝对优势地位,这一生产关系上的深刻变革,标志着社会主义基本制度在广西建立起来。

第一节　对农业的社会主义改造

一、从互助组到初级农业生产合作社

从 1953 年开始,广西开展了对生产资料私有制的社会主义改造。对农业的社会主义改造,是这场变革的重要组成部分。

1953 年 2 月 15 日,中共中央把 1951 年 12 月 15 日以草案形式发给各级党委试行的《关于农业生产互助合作的决议》做了部分修改后正式公布,以进一步推动互助合作运动的发展。《决议》指出,党对于发展

互助合作运动的方针是:根据生产发展的需要和可能,稳步前进。同时各级组织应教育自己的党员积极地分别参加不同的农业互助组织。《决议》要求,以土地入股的初级农业生产合作社(简称初级社),是“走向社会主义的过渡形式又正是富有生命力的有前途的形式”,强调全党要把农业互助合作“当作一件大事去做”,党的政策必须是谨慎而又积极地在逐步发展的基础上,引导这种形式进一步前进。4月3日,中共中央农村工作部召开第一次全国农村工作会议,传达了毛泽东关于在10年至15年或更长一些时间在全国基本完成农业社会主义改造的方针的指示,会议确定了互助合作采取稳步前进的方针。

中央的方针对广西是适合的。根据中央精神,在土改基本完成后的广西,省委一方面注意发挥农民发展个体经济的积极性,同时在农民中提倡“组织起来”,按照自愿和互利原则,在农村开展互助合作,引导农民走集体化道路。1953年1月下旬,省委在南宁召开扩大会议。省委副书记乔晓光作《农业生产的发展方向、政策与计划》,省委第二书记陈漫远作会议总结。会议确定全省农村工作中心由社会改革转向生产建设,普遍开展爱国丰产运动和积极稳步发展互助合作运动。根据《中共中央关于农业生产互助合作的决议(草案)》的精神,省委提出“大量发展季节性的临时互助组,重点发展常年互助组,试办农业生产合作社”的方针。按照广西农业生产互助合作运动的初步规划,广西发展农业生产互助合作拟分三个时期和三种组织形式:第一个时期是克服农民生产困难,组织临时性、季节性的互助组,并普遍发展供销合作和信用合作。要求当年参加临时性、季节性互助组的农户要达到总农户的40%。第二个时期是解决剩余劳力问题,提高技术发展生产,大量发展常年互助组。第三个时期是突破小农个体经济经营限制,发展农业生产合作社,在三年内(到1955年)试办,争取五年内全省发展一万个农业生产合作社。要求在组织互助合作中贯彻落实自愿互利政策和民主管理制度,强调既要克服保守思想,又要反对强迫命令,各地应通过典型示范,逐步推开,帮助原有的互助组进行整顿,然后再发展。1953年3月,省委农村工作部成立,其任务就是协助省委组织与领导全省农村工作,重点抓互助合作运动。

1953年广西农业互助运动主要是发展和整顿,根据省委的指示,广西各地在夏收夏种中大力组织季节性、临时性的互助组,领导个体农民组织起来,并有选择地培养常年互助组。经过宣传政策,解除农民思想疑虑,在农民自愿的基础上,自由串连组合,并以一批办得较好的互助组为示范,农民对互助组的优越性看得比较清楚,因而互助组发展很快。到1953年底,全省已有农业生产互助组21.46万个,入组农户89.7万户,占全省农户总数的22.36%。其中,常年互助组有1.42万个,占互助组总数的6.6%;入组农户6.4万户,占所有参加互助组农户总数的7.13%。

1953年2月,省委在大力发展互助组的同时,决定试办初级农业生产合作社,即初级社。选择全县、贺县、岑溪县的蒋在球、罗述珍、缪隆恩、莫寿全4个较好的常年互助组为试点。从省、专区直属单位抽调有农村工作经验的干部和县级干部参加培训,学习建立初级社的方针政策与具体方法步骤。培训结束以后,组成4个工作组,分赴试点开展工作。试点中,初级社实行土地入股,统一经营,纯收入在提留公积金、公益金后,按照土地占40%,劳动占60%的比例分红。社员保持本户入社土地、耕畜的私有权(入社役畜由社统一使用,付给合理报酬)。其收益分配兼顾了占有土地多少、土地肥瘦不同、家庭劳动力强弱不同的社员的利益,因而比较容易为农民所接受。试办工作取得显著效果,蒋在球初级社等4个试点社建成后,全力以赴抓生产,注意发挥统一经营的优势,推广农业增产技术,修建小型水利设施,安排剩余劳动力发展养猪、种果、农副产品加工等副业生产,因而在建社当年就实现了较大幅度增产增收,4个试点社水稻平均每亩比当地个体农户增产35%,比互助组增产22.3%。社员收入显著增加,41户社员,有32户增收幅度在30%左右,有5户增幅在80%以上。

1953年10月下旬至11月间,中央农村工作部召开全国第三次互助合作会议,制定了全国互助合作运动的发展计划。12月16日,中共中央通过《关于发展农业生产合作社的决议》。这是中央关于农业互助合作运动的第二个《决议》。《决议》总结了新中国成立以来开展互助合作运动的历史经验,分析了在农业经济发展中存在并制约国民经济发展的主要障碍,规定了中国农业社会主义改造的道路。这就是,经过简单的共同劳动的临时互助组和在共同劳动的基础上实行某些分工分业而有些少量公共财产的常年互助组，到实行土地入股、统一经营而有较多公共财产的农业生产合作社，到实行完全的社会主义的集体农民公有制的更高级的农业生产合作社（也就是集体农庄）。这种由具有社会主义萌芽的互助组，到半社会主义性质的初级农业生产合作社，到完全社会主义性质的高级农业生产合作社的发展道路，是农业合作化的必由之路，也就是我们党所指出的对农业逐步实现社会主义改造的道路。《决议》指出，初级农业生产合作社日益成为领导互助合作运动继续前进的重要的环节，要根据生产发展的需要和可能，按照积极发展、稳步前进的方针和自愿互利、典型示范、国家帮助的原则，逐步推广的方法，把农业互助合作当作一件大事去做。

根据中共中央决议精神，广西省委对建立和发展初级农业生产合作社工作进行研究和部署。1953 年 11 月召开的中共广西省第二次代表会议，根据党在过渡时期总路线总任务的精神，明确提出对农业、手工业和资本主义工商业进行社会主义改造。会议分析了广西农村的情况，认为从一系列的社会改革斗争和生产运动中，已大大提高了农民的政治觉悟，密切了党与群众的联系，党在群众中树立了威信，并培养锻炼了大批与群众有联系的坚强骨干分子，部分乡有了党的堡垒组织，各地的互助组和农业生产合作社，一般都起了带头搞好生产的作用，并且增产成绩一般都超过单干农民，显示了组织起来的优越性。同时，在 1953 年的生产运动中，又基本解决了土地改革遗留问题，稳定了农民的生产情绪，战胜了灾荒，取得了全省增产 7% 的成绩，更大大地鼓励了农民生产的积极性。所有这些，都是党领导农民逐步地走上合作化道路的有利条件。会议指出，在土地改革后，随着生产的发展，部分贫雇农上升为中农，而部分贫雇农则仍存在着困难，农村中的阶级分化已开始萌芽，加以整个农村经济还受着商业资本主义自由市场很大的影响，因此，小农经济盲目、自发的资本主义倾向逐渐生长起来，如果不抓紧互助合作运动，逐步把农民组织到农业生产合作社中来，就不能有效防止和克服这种倾向，会对实现小农经济的社会主义改造造成更多困难。会议统一了认识，决定以办好合作社带动互助组大发展，确定 1954 年互助合作运动的方针是：

重点建立、办好农业生产合作社，发展、提高常年互助组和临时、季节互助组，积极地贯彻对农业的社会主义改造。会议对来年互助合作的发展提出了新指标：季节性、临时性互助组发展到 30 万个，达到占总户数的 32%；常年互助组发展到 3 万个，达到占总户数的 8%；农业生产合作社，除大瑶山、隆林外，每县办 2—3 个，全省共建社 175 个。会后，省委就关于重点建立农业生产合作社问题向华南分局、中南局并中央农村工作部报告，中南局同意这一计划并转发中南各省参考。1953 年 12 月 8 日至 15 日，省委举行全省第二次农业生产合作社会议，交流办社经验，部署广西 1953 年冬 1954 年春建立农业生产合作社工作。会议确定全省建社数为 211 个，突破了 175 个的控制指标。从主、客观条件来看，这一新指标还是可行的，省委予以批准。1954 年 1 月 26 日，省委发出《关于切实办好农业生产合作社的指示》。

此后，全省农业合作化运动进入新的发展阶段。各级党委加强领导，总结试点经验，培训干部。省委由 1 名常委负责，地委、县委也指定正、副书记 1 人或常委 1 人负责，每个社由区主要干部带队协助建社。建社工作稳步开展，进展顺利，至 2 月中旬，全省建立起土地入股形式的第一批农业生产合作社 211 个，这些社分布在全省 72 个县（隆林、大瑶山 2 县未办）、4 个市（北海市主要办渔业合作社，未计在内）的 180 个区、199 个乡内，入社农户 4200 多户，平均每社 20 户左右。经过党在过渡时期总路线的宣传教育，农民互助合作热情高涨，全省当年统购统销工作结束后，在条件具备、有领导力量、不会影响生产的原则下，又新建了 76 个社，使农业生产合作社增至 287 个；上一年 4 个老社也进行扩建，其中全县蒋在球社由 14 户发展到 206 户。2 月 26 日至 3 月 4 日，省委在南宁召开第三次农业生产合作社会议，总结第一批重点建设工作，研究农业生产合作社和经营管理工作。会议决定全省 1954 年夏收以前，再建 150—200 个农业生产合作社。会后，建社工作进展较快，至 4 月，全省已建成农业生产合作社 484 个，互助组在大部分地区组织面占农户 40% 左右。到 6 月底，全省农业生产合作社发展到 620 个，组织常年互助组 98920 个，季节性、临时性互助组 30 多万个，组织面达全省总农户的 52%。

因农业互助合作运动在广西起步较晚,互助合作基础弱,领导和干部经验不足,工作中思想发动不够,政策贯彻不力,以及农业合作社普遍存在不懂经营管理的状况,很多社出现缺乏责任制和计划性,盲目投资、窝工、不善排工,闹不团结现象以及财务制度混乱状况。互助组中也存在类似问题。这反映出要把分散的个体经营的农民组织到合作经营的轨道上,建立起新的生产秩序,需要一定的时间和过程。在互助合作组织分期分批不断发展的过程中,需要把已经建立的一批互助合作组织巩固起来,为下一步发展建立稳固阵地。针对存在的问题,1954 年 4 月,省委召开第四次扩大会议,提出将工作中心从以大量发展为主迅速转到以巩固为主,认真办好现有的农业生产合作社,实现增产增收,以树立榜样,培养骨干,为下一步互助合作的大发展创造条件。4 月和 6 月,省委先后发出《关于巩固互助合作组织,全力推动春耕生产的指示》《关于继续巩固提高互助合作组织,全力争取早稻增产的指示》等文件。6 月 25 日至 7 月 4 日,省委举行第四次农业生产合作会议,传达第二次全国农村工作会议精神,提出要不断巩固提高互助组,加强农民政治思想工作,积极努力把各项工作做好,在秋季前集中力量进一步提高 620 个农业社,并办好 5 万个常年互助组,以迎接合作化运动的高涨。11 月 6 日,《广西日报》发表社论《加强对新建农业社的领导》,强调“发展一批,巩固一批”,稳步前进。经过巩固和提高,基本克服了办社初期的乱象,改善大多数农业生产合作社和互助组生产经营状况。在整顿和巩固农业社的过程中,岑溪县莫寿全合作社创造了开展合理化建议活动的经验。该社委会采取社员代表大会的形式发动社员提合理化建议,收集到关于社委领导、经营管理、副业生产、财务工作及其他方面的问题 86 条,经过分析研究,在 6 个方面进行改进:一是调整社的领导班子,改选不称职干部;二是加强思想政治工作,奖惩分明;三是改进经营管理,大田生产均实行包工、包产、包投资,并按副业的不同工种,修订劳动定额;四是健全财务管理制度,严格审批手续;五是修订生产计划和措施;六是扩大副业生产。这一民主办社形式成为莫寿全合作社的一项制度。由毛泽东亲自编辑、1956 年 1 月正式出版的《中国农村的社会主义高潮》一书,收录了《岑溪县莫寿全农业生产合作社开展合理化建议的经验》,对这一做法给予充分肯定,毛泽东在按语中说:这是一个创造性的经验,希望读者注意。

“发展一批,巩固一批”,使广西互助合作运动稳步前进。在制定1954年冬和1955年春广西农业合作化工作计划时,省委采取比较务实的态度,一再压缩农业社的发展指标。1953年11月10日至22日召开的中共广西省第三次代表会议对农业合作化工作进行总结,提出1955年工作重点放在以互助合作为中心的农业生产运动,要在巩固的基础上继续前进。会前,各地委报的指标为2.15万个。鉴于任务繁重,时间紧迫,干部经验不足,会议将计划指标减至1.8万个。会后,经过一段时间的实践及情况反馈,指标仍显得偏高,省委从“保证质量,保证办好,打下坚固基础”角度出发,再次压缩指标,减少1200个,压减到1.65万个。压缩指标的地区也包括已完成民主改革的少数民族地区。1955年1月,省委发出《关于迅速转向以合作化运动为中心的指示》,强调要高度集中力量,加强党的领导,贯彻“书记动手,全党办社”的方针,切实抓好、建好农业社,同时结合搞好冬季生产和春耕备耕工作。同月23日,省委再次发出指示,要求已经建成或即将建成的农业社要及时转入生产,结合春耕生产解决遗留问题,以巩固建社成果。3月,省委批转有关文件,提出在农业社内部加强生产管理、劳动管理、账务管理的一系列措施,作为巩固提高农业社的重要保证。省委多次发出指示和采取具体措施,在全省范围内掀起第一个发展农业合作社高潮。到3月底,全省共建成17094个农业生产合作社,参加的农户达393344户,占全省总农户数的9.46%,平均每社23户。

省委在少数民族地区的互助合作运动中,坚持贯彻中央关于民族地区工作“慎重稳进”的方针,在有利民族团结、有利生产的原则下,重点试办农业社,积极发展互助组,防止盲目硬赶汉族地区与放任自流等倾向。广西省委统战部民族工作组根据广西工作形成的《关于三江侗族自治县目前互助合作运动情况与今后工作意见》及省委的批语受到中共中央的重视,2月25日,中共中央在少数民族地区进行农业社会主义改造问题的指示中,向新疆、华南、内蒙分局及西康等十个省(自治区)党委转发了广西的报告及批语。

这一阶段农业社的发展基本上是健康、正常的,但也存在不少问题。遗留问题较多的三类社约占总数10%，思想发动不充分、入社不够自愿的农户约占入社农户的15%。1955年春，针对全国农业合作化工作过粗过快等缺点，中共中央对不同地区分别采取“停、缩、发”方针，对合作社进行了必要的整顿和压缩。4月21日至5月6日，中共中央农村工作部召开第三次全国农村工作会议，明确农业生产合作社总的方针是，停止发展，全力巩固，秋后看情况再定；对数量大问题多，超出主观力量的，要适当收缩一部分。5月，省委发出《关于抽调一批干部下乡参加巩固农业生产合作社工作的指示》。决定从省、地、县委机关抽调干部1500—1800人，下乡开展整顿工作。6月，中共广西省第四次代表会议决定，用3个月时间进行农业生产合作社的整顿巩固工作。全省共有8323名干部参加整社工作。整社内容包括组织整顿、经济整顿以及加强劳动管理，对农业生产合作社，区分三种情况：在完成发展计划的地区，停止发展，全力转向整顿；计划未完成的地区，有准备地在巩固中继续发展；计划过高的地区要适当收缩。根据贫农和中农互利的原则，确定土地报酬的数量或比例，在一定时间内稳定下来。在处理牲畜入社的问题上，采取私养公喂公用以及合理评定牲畜工分报酬的办法，待条件成熟后才将牲畜作价入社，其价格应稍高于不正常的市价（合作化时期，大批农民变卖牲畜，市场畜价猛跌）。在劳动管理上实行包工的办法，以增强社员劳动的责任心，克服劳动管理混乱的现象。省委还根据少数民族地区特点和自愿互利原则，充分照顾民族特殊需要，在民族聚居或杂居的地方，建立各民族联社，在少数民族从事林业或经济作物生产的地方，成立林业社或技术作物社。在少数民族合作社中，少数民族同胞担任了社、队、组各级领导工作。在各种类型的农业生产合作社里，各族社员共同劳动，互相学习，取长补短，在发展生产的同时增进了民族团结。农业生产合作社整顿巩固工作收到了明显效果，至8月，一类社占34%，二类社占57%，三类社降到9%。1955年虽遇到严重的旱、虫灾害，仍有83%的社比上年同期增产，不如上年的只有16%，但仍比个体农民增产，这些生产不如上年的农业社的农户仅占入社农户的1%。广西农业合作化运动根据中央的方针和本省的实际，调整步伐，继续保持了发展、巩固、再发展、再巩固的“稳步前进”态势。

由于互助合作运动的发展,调动了农民的生产积极性,促进了农业的发展,1953 年全省农业总产值 12.34 亿元,比上年增长 7%;粮食产量 564.3 万吨(56.43 亿公斤),比上年增长 6.6%。互助组一般比单干户增产 15% 左右,以自己的增产成果,吸引组外农民一批又一批地组织起来。到 1954 年底,全省组织起来的农民占总户数的 62.1%,农业生产合作社由 1953 年初的 4 个发展到 3690 个。互助组增至 43 万个,入组农户 245 万户;其中常年互助组 18.5 万个,入组农户 122 万户,占全部入组农户的 49.79%。1954 年全省农业总产值比上年增长 7.4%,粮食总产量比上年增长 6.4%。搞好互助合作,办好互助组、农业生产合作社,使农民进一步看到"块块能增产,户户不吃亏,人人有好处"的增产增收的优越性,农村党组织成为合作社的领导和骨干力量,农村的阶级关系也发生有利于社会主义改造的变化,贫农更加积极地走社会主义道路,中农要求入组入社逐渐增多。农村走社会主义道路已经成为广大农民的人心所向。

二、农业生产合作社的急速发展

随着"一五"计划的实施,大规模进行工业建设,需要的粮食和农副产品日益增多,而传统的个体农业增长缓慢,农副产品不能满足大规模工业化建设的需要。对农业实行大规模技术改造,国家还没有能力提供大批农业机械、化肥等农业生产资料,希望通过发展农业社来迅速提高农业生产力,以解决农业不适应工业化的矛盾。1955 年夏,党内围绕农业合作化发展速度问题发生了争论。7 月 31 日至 8 月 1 日,中央在北京召开各省、市、自治区党委书记会议。会上,毛泽东作了《关于农业合作化问题》的报告,系统阐明农业合作化的必要性和可能性,提出发展合作社必须注重质量,反对盲目追求数量,重申了自愿互利、逐步推广的原则,要求合作社要全面规划,有计划地发展。但报告对中共中央农村工作部部分领导的正确意见进行了批评,错误地否定了合作社的整顿工作,批评了农业合作化中的"右倾保守思想",把按照典型示范、循序渐进发展农业合作化,指责为"像小脚女人走路",结果助长了合作化运动中的"左"倾错误的发展。10 月 4 日至 11 日召开的中共七届六中全会

（扩大）根据毛泽东的报告精神，讨论通过了《关于农业合作化问题的决议》。《决议》把党内在合作化速度问题上的不同意见当作右倾机会主义来批判，对农业合作化的发展做了全面规划。这两次会议对所谓右倾问题的尖锐批判，实际上改变了农业合作化循序渐进、稳步前进的正确方针。随之，“关于发展社会主义或发展资本主义的两条路线斗争”，成为当时农业生产合作化运动乃至全部农村工作的主题。在批判“右倾保守思想”的政治氛围下，各地党组织纷纷检查“保守”，反对“右倾”，再次修订加快合作化步伐的规划，全国范围内骤然形成了农业生产合作化运动急速发展的浪潮。

在全国形势影响下，广西加快合作化的步伐，掀起发展农业生产合作社的第二个高潮。有些领导干部在合作化问题上的指导思想逐渐偏离了实事求是的思想路线，在“反右倾”的压力下，未能坚持“稳步前进”的原则，急躁图快。1955 年 8 月下旬，省委在南宁召开全省区委书记以上干部会议，传达中央召开的省、市、自治区党委书记会议精神以及毛泽东《关于农业合作化问题》的指示，陈漫远作了《迎接社会主义群众运动大风暴》的报告。会议围绕解决所谓右倾保守思想问题，错误地开展了对所谓右倾思想的批判，“左”的急躁冒进情绪抬头。这次会议对广西农村的形势作出脱离实际的估计，夸大了当时农民走合作化道路的积极性，认为“目前农村社会改革的大风暴就要到来”；同时，对办好当时 1 万多个新建社的艰巨性估计不足，特别是对三类社的情况认识不足。三类社建社时普遍存在思想发动不充分，处理生产资料入社遗留问题多，经营管理混乱，生产搞不上去等问题，导致一些社员要求退社。省委根据中央“全面规划，加强领导”的方针，规划建立 8 万个社。其中，1955 年冬至 1956 年春发展 4 万多个社，130 万户（连同扩建），达到总农户 35%；1956 年冬至 1957 年春，再发展 2.5 万个社，220 万户（连同扩建），约占总农户 60%；到 1957 年冬第一个五年计划结束时，全省平均每乡建立 9 个社，每社约 50 户左右。每县试办 2—3 个百户以上的大社。从实际来说，这是一个指标偏高的规划。9 月 25 日，省委发出《关于迅速做好建社准备工作的指示》。按省委的指示，全省开展大张旗鼓的宣传运动，统一全体干部和广大农民的思想，重点做好乡的合作化规划和普遍进行互助组的评比排队，培训建社干部，抽调大批干部到农村建社。10 月初，第一批建社工作全面铺开。至 11 月上旬，全省建立或正在建立的合作社 54704 个，入社农户 622417 户，占全省总农户的 43.93%；百户以上的大社 103 个。

党的七届六中全会后，省委于 11 月中旬召开有各地委书记、农村部部长和省各部门负责同志参加的省委扩大会议，传达七届六中全会精神，进一步批判所谓右倾保守思想，并对广西农业社的发展规划做了修改，将 1955 年冬至 1956 年春发展 4 万多个社改为 5.5 万—6 万个，将“1956 年冬至 1957 年春达到 8 万个社”的指标改为 8 万—8.5 万个，入社农户占全省总农户的 70%。到 1957 年冬第一个五年计划结束时，参加农户占 90%，年内再办百户以上的大社 472 个。这个规划重新确定了全省半社会主义性质的农业合作化的进程和目标，使原本已经脱离实际的高速度再次提速。全省各地相继召开扩大干部会议，并运用各种形式向乡以上干部和农村党员、团员、宣传员及合作社干部，传达毛泽东《关于农业合作化问题》的报告和党的七届六中全会精神以及广西省农业合作化新的全面规划，全省先后培训干部 20 多万人，并依靠这支队伍，将相关内容传达到广大农民群众中。由此，全省农业合作化运动以超常的速度和空前的规模猛烈地向前发展，到 1955 年底，全省农业生产合作社由 1 万多个猛增到 7.3 万个，加入初级农业生产合作社的农户占总农户数比例由 9.46% 增加到 86.2%，广西基本实现了半社会主义性质的农业生产合作化。

在农业生产合作社急速发展的态势下，为保证质量，1955 年底，省委扩大会议作出决定，全省各级领导的工作重心要及时转到对新社、老社的整顿上来，整党整团，抓紧解决三类社问题，限期巩固。贯彻推行包工制，改善经营管理。抓紧搞好当前生产，拟出明年的生产规划；老社必须做好秋收分配工作。此后，整顿巩固工作在全省开展。但在开展 1 个月后，到 1956 年 1 月，快速建立高级农业生产合作社的浪潮席卷而来，广西和全国一样，进入迅猛发展阶段。

三、高级农业生产合作社的急促发展

在农村办高级农业生产合作社，即高级社，早在1951年中共中央作出的《关于农业生产互助合作的决议（草案）》中就已提出。当时，把它同苏联的集体农庄相提并论，认为都是“完全的社会主义”。一些省陆续办起一批示范性的集体农庄。1955年，初级社迅猛发展的形势，极大地鼓舞了发展高级社的热情。党的七届六中全会提出，在有条件的地方，有重点地试办高级社，分段分批地把初级社转为高级社，为以后几年的并社升级工作创造条件。据此，省委在11月中旬召开的扩大会议上，对试办完全社会主义性质的农业合作化问题，提出试办高级社的要求和初步设想。12月上旬，省委农村部召开全省试办高级社会议，提出，由半社会主义性质的农业社过渡到完全的社会主义性质的农业社，时间不宜过长。报告肯定了半社会主义性质的农业社有许多优越性，也存在许多矛盾，要求各县积极试办高级社。根据省委的初步意见，1955年试办高级社，要求每县试办1—3个社，全省约150个；1956年在各区试办，全省约办2000个；1957年达到乡乡有高级社，约1万个；1958年、1959年完成高级社规划，实现全省完全社会主义性质的农业合作化。会后，广西各地一方面继续大办初级社，另一方面大张旗鼓地进行发展高级社的准备工作。通过广泛宣传高级社的优越性，推广办高级社的经验，培训高级合作化建社骨干等，推动高级社的发展。各地普遍制定发展规划，并根据高级合作化发展的趋势，不断批判党员、干部中的“右倾保守思想”，原定计划指标也有所增加，年底全省就试办了200个高级社。

1956年1月，毛泽东主编并亲自写了两篇序言和按语的《中国农村的社会主义高潮》一书公开出版。省委组织广西城乡尤其是从事农村工作的干部、党员认真学习。1月23日，中共中央政治局讨论通过了《1956年至1967年全国农业发展纲要（草案）》（简称“农业四十条”），大力提倡办高级社和办大社，强调对于一切条件成熟的初级社，应当分批分期地使它们转为高级社。要求合作基础较好并且已办了一批高级社的地区，在1957年基本完成高级形式的合作化，其余地区，则要求在1958年基本上完成。随着形势的发展，建社指标一再修改，不断提高。

1956年1月21日，省委代理第一书记陈漫远在省第五次党代表会议上提出：根据客观形势发展的需要，并鉴于广大农民社会主义积极性空前高涨，还留在社外的农民迫切要求参加合作社的情况，我省的农业合作化运动，已经有可能和必要进一步加快速度。会议要求在1956年春耕以前完成半社会主义性质的农业合作化，基本上完成小社并大社的工作，并把其中占总农户40%左右的农户提高到完全社会主义性质的高级合作社，全省高级社的布局，初步拟定为1.5万个至1.7万个，原则上是一乡一社或一乡二至三社。在1956年秋收后转为高级社的农户达到总农户的80%，争取在1957年完成全省的社会主义农业合作化。会议期间，“农业四十条”出台。受到“农业四十条”的鼓舞，会议修改了合作化运动的具体规划，要求1956年春耕后把其中70%以上入社农户的初级社提高到完全社会主义性质的高级合作社，秋收前完成全省的社会主义农业合作化，比原计划提前了一年。

从1956年1月开始，全省各地出现了初级社转为高级社，取消土地报酬，举办高级农业生产合作社的热潮。这是广西农业合作化运动发展的第三次高潮。毛泽东和中共中央的指示精神在广大党员干部和农民群众中广泛宣传学习，各地普遍开展对“右倾保守思想”的批判。省委研究分析形势，认为社会主义新的高潮已经出现，应该积极地加以引导，使之正常发展。经反复研究，省委决定采用“扩（大）、并（合并）、升（级）”三合一方法，加快建社步伐，对转高级社的步骤，转社、并大社的政策以及如何紧密结合生产等作了研究和部署。1月31日，省委制定《关于建立高级农业生产合作社若干具体政策问题的处理办法》，就土地、山林、耕牛、农具等转为集体所有问题，以及筹集股份基金和公共积累与社员福利问题作了规定。各级党委、人民委员会修订了农业合作化发展规划，培训建社骨干，并派出大批干部下乡，推动农业合作化运动由初级向高级发展，使高级农业生产合作社很快成为合作化的主要形式。1月下旬，高级农业生产合作社以空前未有的速度和规模在全省各地普遍建立起来。到2月11日，全省7.3万个小型的合作社合并为10370个大社，并将9987个大社升为高级社，初级社383个。参加高级社的有366.43万户，占全省农户总数的96.88%，加入初级社的2万多户，占全省农户总数的0.53%。还未入社的农户9.78万户,占全省农户总数的2.59%。合并起来的大社,平均每社367户,其中最大的千余户,最小的50余户,一乡一社的占86.84%。至此,广西提前完成了以单一公有制和集体经营为特点的农业社会主义改造任务,使本来就比较冒进的三年基本完成高级形式合作化的计划在不到半年的时间就完成了。

1956年初农业合作化运动发展过急,合作社的规模过大,干部缺乏领导大社的经验,产生了不少遗留问题。如怎样处理生产资料公有和股份基金问题,怎样使生产管理、劳动管理、财务管理等工作赶上发展生产的需要等。另外,先进与落后之间、个人与集体之间、贫农与中农之间的矛盾也逐渐显现出来。2月至6月,省委召开会议,发出一系列指示、通报、通知,力图予以解决。2月下旬,省委开始布置整社运动。25日,省委、省人委发布《关于开展春耕生产"六查"运动的指示》,决定以乡和农业生产合作社为单位开展春耕生产"六查"运动,即查劳动管理、水利、肥料、种子和播种插秧工作、耕牛农具、副业生产和多种经营,主要解决经营管理问题,做好"三固定"、劳动定额、定资、包产和超产奖励等工作,使劳动生产进入正常轨道。3月3日,省委发出《关于当前整社工作与春耕生产中的几个问题的通报》,强调各地要以春耕生产为中心,普遍进行农业社的整顿工作,整社要以抓劳动管理为中心环节,克服生产中的混乱现象。3月5日,省委在南宁召开农业生产合作社经营管理会议,研究如何采取最有效、最快的办法使当前大量的农业社建立正规的生产秩序,以保证增产计划的实现。会议要求在所有合作社中推选分季、分等的劳动定额管理、个人按件计酬和包工包产的超产奖励制度。3月20日,发出《关于农业生产合作社组织问题几项规定(草案)》,要求健全大社组织,加强农业社对农、林、牧、副、渔全面生产的领导,高级农业社一般采用两级制,即管理委员会和生产队(副业场),规模较大的社可设若干大队长,分别负责领导若干生产队。4月14日,省委在南宁召开扩大会议,讨论通过《关于夏季整顿农业生产合作社的指示》,要求根据中央勤俭办社的方针,在五六月以整社为中心做好夏季生产工作。5月,省委批转农村部《关于林业社座谈会报告》和《关于农业社生产队工作条例试行草案》,以解决林木入社的问题和明确农业生产合作社基层组织(生产队)的任务。之后,省委和省人委联合发出《关于贯彻执行中共中央、国务院〈关于勤俭办社的联合指示〉的几项具体规定》,省委发出《关于发展副业生产的指示》《关于社员与社的关系问题的通知》,强调要按照中央、国务院联合指示精神,坚决克服铺张浪费现象,认真贯彻勤俭办社、民主办社方针,积极发展副业生产,是保证社员增产增收的重要措施;社员与社的关系的中心问题是分配问题,必须保证90%的社员增加收入,10%的社员收入不增不减或少减。在6月20日至7月3日召开的中共广西省第一次代表大会上,陈漫远提出要解决全面发展生产问题、合理分配问题、合作社与社员关系问题,继续做好合作社经营管理工作,改进领导作风和加强民主管理等。

根据省委的安排,3—4月,各地结合春耕生产,加强经营管理,建立新的生产秩序,开展以巩固和提高农业生产合作社为目的的整社工作,取得了初步成效,至6月,80%以上的社已经推行了"三固定"、定资包产和超产奖励制、短安排、劳动定额管理和个人计件制等。各地在整顿合作社,加强劳动管理的过程中,试行过一些包产的办法,如环江县推行小杂粮包产到户,平乐专区一些地方推行"三包"(包工、包产、包投资)到户等,收到较好的效果。

四、农村供销合作和信用合作的发展

在农业生产互助组建立和全面发展之际,农村的供销合作和信用合作事业也同步发展起来。

1953年冬及1954年春,全省开展党在过渡时期总路线和贯彻粮食统购统销政策宣传教育,农民觉悟大大提高,走互助合作道路成为农村舆论中心,农业生产互助合作运动迅速发展。在广大农民的要求下,供销合作社也获得迅速发展。1954年全省新发展社员200万人,扩大股金322.64万元,新建立3104个零售网与分销店,建立区社143个,全省社员已达514.99万人,比1953年增加64.3%,占全省入社人数49.7%,零售网7506个,比1953年增加28.7%。全省已达区区有社(有18个区是2个区1社),大小圩镇都有门市部,全省共有职工23221人。至1954年,纯商业零售比重为:国营占24%,供销合作社占49.4%,私商占

26.6%。这表明,由于供销合作社的大发展,供销社在初级市场占领了阵地,社会主义经济初步形成了领导力量。为了促进供销合作社的发展,经省委和省人民政府同意,1955 年 8 月,在全省供销合作社首届社员代表大会上正式通过成立广西省供销合作社,会上民主选举产生了理事会和监事会等省社领导机构,并通过《广西省供销合作社章程》。《章程》规定:供销合作社是社会主义性质的合作社经济,在广西省委和广西省人民政府的领导下,坚持社会主义经营方向,贯彻“促进生产、引导生产、保障供应、繁荣经济”的方针,为工农业生产服务,为人民生活服务。凡是贫下中农、劳苦群众,除被剥夺公民权者外,不分性别、职业、民族、宗教信仰,自愿申请,承认章程,缴纳股金,经过批准,均可加入合作社社员。供销合作社的基本任务是:组织农村商品流通,承担国家计划产品的购销任务,为农村经济提供供销、信息、储藏、加工、运输、技术等综合服务,促进农村商品生产的发展。到年底,广西全省基层供销合作社发展到 713 个,社员 509.39 万人,占农业人员的 31.69%,社员股金共 775.56 万元。

1956 年 1 月,省供销合作社印发《广西农村私营商业进行社会主义改造的全面规划(草案)》,指出本省现有农村私营商业 51346 户、73718 人,资金 623 万元。根据中央和省的指示,针对全省农村私营商业的主要情况,研究制定改造的办法,如对夫妻店和小商贩的照顾安排,合作商店调整组织、工资、股金分红,合作商店遗留的清产核资、定息(不含地区、行业统一为年息 5%)、福利待遇,调整农村商业网(全面规划、商业网下伸),加强对农村私营商业改造工作的领导等。到年底,全省训练了私营商业积极分子 1.4 万多人,全省农村私营商业全部实行了全行业的公私合营,小商小贩全部加入合作商店或合作小组,基层供销合作社下伸到小圩场设分社、分销店,并有步骤地在农村建立代购代销店(简称“双代店”)。此后,农村集镇的合作店、组划归当地供销合作社统一领导和管理。至此,广西省对农村私营商业的社会主义改造基本完成,从而结束了农村市场上社会主义商业同资本主义商业并存的局面,农村中统一的社会主义市场形成。

各级党委根据“积极领导,稳步前进”的方针,统一领导,训练建社干部,分批铺开,信用合作社取得前所未有的发展。同时,为了更好地促进信用合作工作的健康发展,经省委农村工作部审核同意,省人民银行于 1954 年 1 月印发《农村信用社章程准则试行草案》《供销合作信用部组织条例草案》及《农村信用互助小组公约》,作为组织信用合作的依据。4 月,广西省第一届信用合作代表会议通过《广西省农村信用合作社章程准则》。《准则》规定:信用合作社,为社会主义性质的合作社经济,是农民和农村其他劳动人民,在中国共产党领导下,根据自愿原则,联合组成的资金互助组织。凡居住在本乡内,年满 16 周岁的男女劳动人民,除被剥夺政治权利者外,均可自愿申请加入本社为社员,地主、富农、商人不得参加本社。信用社的任务是:办理储蓄存款,发放低利贷款,为社员为生产服务,促进农业(林、渔、牧)、手工业生产互助合作的发展,与高利贷作经济斗争。随后,省人民银行又根据中央农村工作部部长邓子恢关于发展信用社要“积极领导,大步前进,限期完成”的指示,于 11 月发出《关于发展信用合作社的指示》,确定 1955 年 3 月前全省除少数民族聚居的山区外要基本上实现乡乡都有信用合作社。到 1954 年底,全省已组建信用合作社 7740 个,信用部 2 个,信用组 122 个,合计 7864 个,比 1953 年增加 40 倍。建立信用合作组织的乡占总乡数 78.6%。全省有社员 362 万余人,积聚资金 1053 万元,其中股金 735 万元,存款余额 318 万元。全年贷款 945 万元,相当于同期国家银行农贷的三分之一强。可以看出,以国家银行为领导,信用合作社为基地的社会主义金融网已经建立起来。1955 年,广西省的农业合作化运动取得决定性的胜利。信用合作工作在农业合作化的影响和推动下,得到进一步的发展。经过普遍整顿,已经建立的社不但没有一个垮掉,而且在质量上和数量上也有相应的提高和发展。至 1955 年底,全省 92% 以上的乡建立了信用合作社,共计 8184 个,参加信用社的农民达到 271 万户,占全省总农户的 72%,当年吸收存款 4500 万元,年底余额 1260 万元,发放贷款 2303 万元,相当于同期国家农贷的 76.4%。1956 年 2 月,广西召开第二届信用合作、信用社模范工作者代表会议,会议明确提出:没有建社的空白乡,要求在 1956 年第一季度全部建立起来。到 1956 年 3 月,全省乡乡都建立了信用合作社。同时,由于农业合作化的迅速发展,要求凡是几个乡已并为1个农业社的,为了便于农业社与信用社管理统一,原信用社社委会可以合并到农业社管理委员会,但不要把信用社账务与农业社合并。这种由农业社主任兼任信用社主任的做法,削弱了信用社的领导,出现了有些农业社强迫社员向信用社存款,把信用社当成自己小钱柜,随意挪用信用社资金等情况,这种现象后来得到整顿,并恢复了社务委员会,扭转了“官办”倾向。

农业合作社、供销合作社、信用合作社是农村经济中的三种最主要组织形式,它们既相互分工而又相互联系,相互补充又相互促进。农业合作社的发展,有力地推动供销合作社和信用合作社的发展,而供销合作社和信用合作社的发展,又大力支援了农业合作社的发展。1954年,全省供销合作社代国家收购和自营价值11990万元,5.24万个农业生产合作社和2913个互助组签订了结合合同,并优先供应组织起来的农民生产生活资料,大力支援农业互助合作运动。从1953年至1955年上半年,全省供销合作社供应农民商品肥料达13.522万吨,旧式农具322万件,新式农具3455架,农药、农药械总值13.29万元,推销纱布、百货等工业品总值1.53亿元,收购农副土特产品总值1.88亿元,1955年上半年全省供销社还与58870个农业社签订购销结合合同,为农民推销农产品,供应农民395万元生产资料,有力地促进了农业合作化的进一步发展。

发展供销合作社,在打击中间剥削、改造农村私商中起到关键作用。广西供销合作社组建之初,就密切配合国营公司抓好粮、油、棉、纱、盐等供应,组织城乡互助,内外交流,及时吞吐物资,打击私商投机倒把活动。随着供销合作社的迅速发展,到1956年底,广西省基本上完成了农村私营商业的社会主义改造,结束了社会主义商业同资本主义商业并存的局面,形成农村中统一的社会主义市场。供销合作社所占的比重逐年上升,1952年合作社占2.92%,私商占72.95%,国营占24.12%;到1954年,合作社占49.4%;私商占26.06%,国营占24%。1956年底,全省3.97万户农村私营商业全部实行了全行业公私合营,小商小贩全部加入合作商店或合作小组,对农村私营工商业的社会主义改造基本完成。

对农业进行社会主义改造,是一场空前广泛、深刻而复杂的社会大变革。广西的农业合作化运动,从 1951 年春组织第一个季节性农业互助组开始,到 1956 年春完成对农业社会主义改造的历史任务。在从互助组到初级社发展阶段(即 1953 年至 1955 年夏),同当时农民的觉悟程度和农业生产力水平是相适应的,农业合作化进程是健康的,农业生产是持续发展的。广大农民创造了许多好的经验,涌现出一大批农业生产的先进典型和劳动模范。《岑溪县莫寿全农业生产合作社开展合理化建议的经验》《蒋在球农业生产合作社改进耕畜管理、饲养和使用的办法》《岑溪县昙容乡红星农业生产合作社制定了一个财务收支计划》《临桂县池头农业生产合作社 1954 年的年终决算分配》等广西四个典型材料由毛泽东亲自编辑的《中国农村的社会主义高潮》一书收录。1954 年 9 月,蒋在球、莫寿全当选为第一届全国人民代表大会代表,继蒋在球之后,莫寿全 1954 年被评为广西劳动模范;蒋在球于 1955 年 9 月作为代表参加了在北京召开的第一次全国青年社会主义建设积极分子大会,他们都为广西的农业合作化运动作出了贡献。1955 年夏季以后,由于不符合实际地批判"右倾机会主义"错误,广西的农业合作化运动出现要求过急、工作过粗、改变过快、形式过于简单划一等偏差和问题,尤其是由初级社向高级社的超高速转变表现更为突出。运动过后,虽然进行了纠偏整顿工作,但由于当时生产关系的急剧变化超越了大多数农民的觉悟程度和经营管理能力,加上领导上的主观主义和官僚主义,分配方式上的平均主义,等等,一度挫伤了农民的生产积极性。

尽管如此,农业合作化的完成,实现了土地的公有化,使延续几千年的农民个体经济比较顺利地改造成社会主义的集体经济,使广大农民彻底摆脱了小块土地私有制的束缚,走上了社会主义合作经济的发展道路,在农村建立起了社会主义集体所有制。这是一个伟大的胜利。在集体经济的基础上,农业合作社办了许多个体农民根本办不了的事情,在抵御自然灾害、普遍开展农田水利基本建设等方面显示出组织起来的力量,为以后农业和整个国民经济的发展提供了重要的物质条件,为实行机械耕作和科学种田创造了条件。农业合作化运动把广大农民群众组织动员起来,通过互助合作形成了强大的集体力量。1955 年冬至 1956 年春,全省新增加水利灌溉面积 494 万亩,几乎等于解放初期所增加水利灌溉面积的总和,造林面积670多万亩,相当于解放初期造林面积的1.7倍。1956年上半年,全省粮食获得大丰收,粮食产量比1955年上半年增加26%。1956年下半年,全省发生了几十年罕见的大旱灾,受旱面积达1800多万亩,但依靠集体力量和农业社的优越性,战胜了严重旱灾,当年粮食产量仍达59.01亿公斤,百色专区1079个农业生产合作社中有835个社在大旱之年仍然获得增产。农业合作化的完成,正如毛泽东所说的,是土地制度改革后在农村实行的“第二个革命”,对解放农村生产力、促进农业发展具有重大而深远的历史意义。

第二节　对手工业的社会主义改造

一、引导个体手工业者走合作化道路

新中国成立后,党和人民政府对手工业采取扶持、资助、鼓励的政策,统筹兼顾,全面安排,通过供应原料,委托加工,计划订货,收购包销,低息贷款的办法,促使手工业生产获得新的发展。手工业的队伍不断扩大,产值不断提高,工人生活不断改善。1952年全省手工业达102381户,203606人。产品有制革、皮鞋、棉布、土布、袜、毛巾、手帕、蚕丝、丝绸、麻袋、土纸、陶瓷、服装、鞋帽、五金制品、竹木器、编织品、植物油、糖、原煤、生铁、粉丝、肥皂、牙刷、布伞、纸伞、毛笔、石灰、砖瓦、硫黄、土硝、农具、炊具、席子、原盐等,工业总产值12643万元。

手工业生产在国民经济中占有很重要的地位,是解决城乡人民生产和生活资料的一支重要的经济力量。但手工业是个体的、小私有的独立劳动,其生产经营分散,规模狭小,工具落后,技术保守,劳动生产率很低,这种个体的、私有制的生产关系限制了手工业生产力的发展和新式技术的采用。同时,手工业经济是小商品经济,比个体农民更加依靠市场,手工业的两极分化更为激烈,它不能克服生产上和产品销售上的困难,不能避免商业资本和高利贷的控制和剥削,也不能适应国家经济建设计划性的要求和人民不断增长的物质文化生活的需要。实现对手工

业的社会主义改造,也是党在过渡时期总任务的一个重要组成部分。因此,必须对个体手工业进行社会主义改造,这一改造也和对农业一样,引导它们走上合作化道路。

在国民经济恢复时期,国家从供销入手,通过供应原材料,收购产品,曾试办过手工业合作小组。合作小组是国家对手工业进行社会主义改造的初级形式,是个体手工业者通过向国营商业和代销合作社购买原料、推销成品或接受加工订货而组织起来的,这种组织使个体手工业者在代销方面开展互助合作,发生了经济联系,避免了遭受商业交换的中间剥削,但它改变不了手工业者生产资料私有制,维持了原来独立生产、分散经营、自负盈亏的生产形式。

广西手工业的社会主义改造,是从 1953 年试办合作小组开始的。先在针棉织、铁木等行业试办了手工业供销合作小组和手工业供销合作社。这一类型的合作社就是手工业合作化从供销合作到生产合作的过渡形式,它是由手工业生产合作小组或独立手工业户在自愿互利的基础上联合组成。最初,生产工具都归社员所有,分散生产,只是统一领取原料,交付成品,后来随着生产的发展,手工业供销社就从购料销货的贸易机构逐渐变为生产机构,合作社统一组织集体生产劳动,统一计算盈亏。1953 年底,参加手工业合作小组、手工业供销合作社的手工业者有 1924 人,占手工业从业人员总数的 1.02%。其中手工业供销合作社 14 个,这些合作社包括柳州市制革工人生产合作社、南宁市制皮工人生产合作社、南宁市革履工人生产合作社、柳州市车缝工业生产合作社等,分布的区域除了南宁、柳州、桂林等市,还包括宜山、贺县、永福、宾阳等县。

二、手工业合作化运动高潮的掀起

1953 年 11 月 20 日到 12 月 17 日,中华全国合作社联合总社召开了第三次全国手工业生产合作会议,确定对手工业进行社会主义改造的方针是积极领导、稳步前进;组织形式是由手工业生产合作小组、手工业供销合作社到手工业生产合作社,改造的方法和步骤从供销入手,从小到大、由低级到高级逐步过渡。根据这次会议精神,1954 年上半年,广西试办了手工业生产合作社20个,它们是社会主义性质的集体经济组织,是手工业合作组织的最高形式。手工业者入社必须将自己全部的生产工具、设备折价入社;社员直接参加集体生产劳动,根据按劳分配的原则,取得劳动报酬。合作社的纯收入,一部分以所得税的形式向国家交纳,剩余部分作为合作社各种基金和公共积累。在手工业改造的过程中,采取从低级到高级的三种组织形式,对手工业合作组织的发展起了很好的作用。

1954年6月,省委召开城市工作会议,讨论和研究对手工业的社会主义改造等问题,决定以手工业合作社为中心,开展手工业的合作化运动。当时,全省共有手工业8.6万多户,从业人员18.94万余人,其中城镇7万多人,乡村11万多人。手工业行业有制革及革制品、纺织品、土纸纸浆、日用陶瓷、服装鞋帽、五金制品及农具、家具、特种工艺品、炮竹、竹藤棕草制品、食品、文教用品、日用杂品、化学加工、印刷工业、建筑材料、煤炭开采、修理服务等18个主要大行业,103个自然行业,产品达3000多种。1954年7月底至8月初,省委召开全省第一次手工业合作会议,贯彻落实城市工作会议精神,进一步明确对手工业进行社会主义改造的方针是积极领导,稳步前进。工作步骤是积极建立手工业生产合作社,大力发展生产小组和供销生产合作社,并以手工业生产合作社为中心,帮助和带动手工业生产小组、手工业供销生产社,将它们逐步提高和引导到手工业生产合作社这种高级的组织形式。8月,省人民政府手工业管理局及各地手工业管理机构相继成立。手工业的社会主义改造运动在全省范围铺开,合作化运动进入全面发展的新阶段。

这一阶段广西手工业生产合作社的发展经历由试点、总结经验后向面上铺开的过程。建社试点工作选择在宾阳、龙津(今龙州县)、马山、都安、武鸣、镇都(今属天等县)、横县、邕宁8个县的陶、瓷、铁等6个行业,分两批进行,共建立了17个生产合作社。接着,在桂林、柳州、南宁、梧州4市及鹿寨、全县、临桂、柳城、容县、桂平、贵县、郁林、宾阳、浦北、永福、百色、宜山、平乐、贺县、钦州、龙津、大苗山18个县(自治区)的铁器、车缝、陶瓷等12个行业进行了建社试点,建立了32个手工业生产合作社。到1954年底,全省已建立手工业合作组织2155个社、组，社、组员 39962 人，占从业人员总数的 21.1%。其中，手工业生产合作社 162 个，社员 6718 人，占手工业合作组织社员总数的 16.81%；供销生产社 61 个，社员 2074 人，占 5.19%；生产小组 1932 个，组员 31170 人，占 78%。

1955 年，由于大规模经济建设和社会主义改造的全面展开，手工业与国营工业在产供销方面矛盾突出，不少手工业合作社买不到原料，陷于停工半停工状态，个体手工业者尤为困难。2 月下旬至 3 月初，省委召开全省第二次手工业合作会议，贯彻落实 1954 年 12 月召开的第四次全国手工业生产合作会议精神，提出对手工业采取“统筹兼顾，全面安排，积极领导，稳步前进”的改造方针，将手工业的产、供、销纳入地方工业计划之内，综合平衡，统筹兼顾，全面安排，密切手工业与国营、合作社商业的联系。手工业合作化以巩固为主，提高现有社（组）、搞好生产、重点发展，使手工业合作化稳步前进。要求手工业本身努力提高产品质量，打开产品销路。会后，各地手工业管理部门帮助合作社加强计划管理，建立月（旬）作业计划，实行定量、定质、定员、定料管理和按劳分配制度，建立健全理事会和监事会的集体领导和分工负责制，特别建立社员大会或社员代表大会制，实行民主管理、财务公开、定期公布，建立班组长生产责任制和民主生活、生产会议制度。合作社把思想政治工作与经济工作结合起来做，奖惩结合，使合作社的生产管理逐步走上制度化、条理化健康发展的道路。在做好合作社的整顿巩固的同时，合作组织的发展工作也进一步加强。手工业合作社得到进一步的发展，1955 年底，广西手工业合作社达到 563 个，入社人数 1.79 万人，加上手工业生产合作小组组员、手工业供销合作社社员共 5.27 万人，占当时手工业从业人员总数的 47%。

三、手工业社会主义改造的基本实现

1955 年夏季之后，全国批判农业合作化问题上的“小脚女人”“右倾”思想，对手工业的社会主义改造产生强烈的影响，各地手工业合作化速度有所加快。1955 年 10 月上旬，在省人大一届三次会议上审议正式通过的广西省第一个五年计划规定，对手工业的社会主义改造，1957

年组织起来的人数，占手工业从业人员（不包括农民兼营手工业人数）的 57%，其中手工业生产合作社社员 7.71 万人。应当说，“一五”计划规定的全省手工业合作化发展速度是较为稳妥的。

同年 11 月 29 日，中央手工业管理局等单位发出《关于对手工业改造工作进行全面规划的通知》指出，各地手工业管理部门的领导干部对手工业者要求走社会主义道路的积极性估计不足，相当多的干部存在着不敢大胆发展手工业生产合作社的“保守思想”，这种领导落后于群众运动的状况必须改变，手工业的社会主义改造必须加快。12 月 21 日至 28 日召开的第五次全国手工业生产合作会议，再次批判了合作化中“保守落后思想”，要求手工业合作化的发展速度，必须与国家对农业和资本主义工商业的社会主义改造相适应，并研究制订了“一五”计划期间基本上完成手工业社会主义改造的全面规划，要在 1956 年至 1957 年两年内基本上完成手工业合作化的任务。12 月 27 日，毛泽东在为《中国农村的社会主义高潮》一书写的序言中提出：中国手工业的社会主义改造，应当争取提早一些时候去完成，才能适应农业发展的需要。上述精神在广西传达贯彻之后，广西各地建社的步伐急剧加速。

1956 年 1 月 6 日，省委召开第一次全省手工业生产合作社代表大会，批判所谓缩手缩脚的“右倾保守”思想，提出“全面规划，加强领导”的方针，作出全省手工业社会主义改造的全面规划，决定 1956 年基本完成手工业合作化任务。会后，各地积极训练干部，做好思想发动，迎接手工业社会主义改造高潮的到来。1 月 11 日，北京市在批准全市工商业实现公私合营的同时，宣布手工业也全部实现了合作化。1 月 19 日至 26 日召开的广西省委第五次党代表会议提出，1956 年组织起来的手工业者人数达到 94%，这是一个急躁冒进的高指标，它偏离了“稳步前进”的方针。手工业合作化急速发展的新高潮骤然而起。广西学习北京的经验，改变原来以区为单位、按行业分期分批分片改造的办法，采取按行业将手工业全部组织起来的方式。1 月下旬到 2 月初，南宁、柳州、桂林、梧州 4 市及 27 个县相继基本完成了手工业合作化任务。3 月中旬，全省基本完成了手工业社会主义改造任务。到 3 月底统计，全省已建立手工业社（组）2380 个，社（组）员 98568 人，占当时从业总人数的 95%。

其中手工业生产合作社 2151 个，94735 人；供销生产合作社 28 个，789 人；供销生产小组 201 个，3044 人。至此，广西手工业基本上实现了从个体经济到集体经济的历史性转变，初步建立起了新型的社会主义集体手工业经济。

但是，在 1955 年夏季以后的社会主义改造高潮中，手工业合作化运动也出现了一些偏差。改造中存在急于求成的思想，要求过急，工作过粗，改变过快；同时手工业所有制和经营形式趋向单一。为了迅速完成改造任务，不顾某些手工业适宜于分散生产、经营的特点，过早地把个体所有制改变为集体所有制，忽视手工业供销合作社这种组织形式具有的适应性，一味追求公有化程度更高的生产合作社，盲目把小社并入大社，集中生产，集中经营，统一核算，统一分配。由于经营管理跟不上，加上分配制度不够完善，影响了部分手工业者的生产积极性，造成产品成本提高，质量下降。由于盲目采取统一核算，统负盈亏，在合作社内部滋长了平均主义、“吃大锅饭”的思想，影响社员的积极性，使市场上适应人民需要的商品品种减少，服务质量下降，给人民生活带来诸多不便。如南宁市在合作化前，有各种门市部（服务网点）816 个，合作化后只有 168 个，群众感到十分不便。农村和圩镇的手工业者，在粮食统购统销和社会主义改造中，一般都被划入农业人口，参加农业生产合作社，从事农业劳动。这不但不利于调动手工业者的积极性，导致了农村手工业的萎缩，也不利于农业的发展。这些都是手工业所有制和经营形式单一带来的后果，其影响带有长期性。

合作化后的 1956 年第二季度，广西各级手工业管理部门进行了以处理遗留问题为主的整社工作。一方面恢复和理顺手工业合作组织与各方面的协作关系，实行按行业归口管理，疏通原料供应和产品销售渠道；另一方面解决合作组织内部的各种关系，规定了合理的经营管理制度和办法，对组织规模过大、行业过杂、不适当地集中生产、不便于领导和不方便顾客的合作社，进行必要的调整。加强干部培训，提高合作社干部政治与业务素质。1955 年 6 月成立的广西省手工业管理局干部学校担负起培训干部的工作。到 1957 年 10 月止，连续办了 8 期短训班，共培训基层理事主任（即合作社主任）、会计、统计员共 2493 人，为手工业合作社的巩固和发展，提供了有一定素质的管理干部。经过调整、整顿，一度出现的过分集中、过多合并大社、生产单调、失去经营特点、花色品种减少、质量降低、布点不合理等现象有所改变。生产布局、经营方式、按劳分配等问题得到初步解决，开始出现大社、小社、小组和独立经营者并存，统一核算和分散核算并存的局面，调动了广大手工业者的劳动热情，促进了手工业生产的发展。

手工业合作组织建立起来后，得到国家的扶持和资助，加强了管理，提高了技术，增添了设备，发展了生产力。随着生产的发展，手工业的积累不断扩大，合作社生产设备和生产条件的改进有了物质保证，许多行业由手工生产逐步过渡到机械化和半机械化生产，为以后的二轻工业（在手工业基础上发展起来的工业部门）奠定了基础。有 99 个合作社实现半机械化生产，初步改变了靠手工操作的落后面貌。南宁、柳州、桂林、梧州 4 市及玉林、八步等地的铁器社能制造小型车床、印刷机、牛头刨床、打谷机、切蔓机、双轮双铧犁等。南宁、梧州牙刷社能生产各种塑胶制品、尼龙牙刷。贺县、桂林市的织布社能生产各种斜布、被单等产品。具有民族特色的和悠久历史的靖西、忻城、宾阳等县生产壮锦的手工业合作社，在国家的帮助下，逐步从手工生产过渡到机械化、半机械化生产，壮锦的花色品种由原来的 20 多种增加到 80 多种。个体手工者多年来使用机器的愿望终于变成了现实。手工业劳动者的收入也不断增加，物质和文化生活相应改善。不少合作社还发放医疗补贴、因公负伤和产假补贴等，社员的生老病死有了初步保障。1956 年全省手工业完成总产值 17135 万元，比 1952 年增长 35%，手工业集体经济的优越性初步显现。

第三节　对资本主义工商业的社会主义改造

一、初级形式国家资本主义的发展

1953 年后，在农业和手工业合作化运动发展的同时，省委按照资本主义工商业不同性质、类型及国家需要,逐步对资本主义工商业进行了社会主义改造。对资本主义工商业的社会主义改造,采取“和平赎买”的方针,通过加工订货、统购包销、经销代销和公私合营等一系列由初级到高级的国家资本主义形式,将资本主义私有制经济逐步改造成为社会主义公有制经济。

国民经济恢复时期,省委根据中共七届二中全会决议精神和《共同纲领》的规定,对资本主义工商业主要实行利用和限制的方针,扶持资本主义工商业有利于国计民生的积极方面,限制其不利于国计民生的消极方面,采用国家资本主义形式改造资本主义工商业。通过在私营工业中“加工订货”等办法,加强了国营经济对资本主义工业的领导,使私营工业生产经营逐步纳入国家计划间接控制的轨道。在零售商业中通过批购、经销、代销等办法,在一定程度上限制了资本主义剥削和经营的盲目性,使私商在货源上进一步依赖国营经济,加强了国营经济的领导地位。特别是经过 1952 年的“五反”运动,以及在私营企业中普遍成立增产节约委员会,建立健全生产经营监督制度,对资本主义工商业在经营作风上存在的种种弊端进行了有效的整治,使许多私营工商业者受到切实的爱国守法教育,并使不法经营在企业内部受到限制,为全面开展对资本主义工商业的改造创造了条件。到 1953 年,以加工订货、统购包销及收购、经销为特征的初级形式的国家资本主义在广西得到发展。其中,桂林市烟酒业的酒类 89 户,从业人员 171 人,改造为经销户,这是该市最早纳入国家资本主义初级形式的私营商业;柳州市的机器铸造、化工等 15 个行业,接受国家加工、订货、包销,走上初级形式的国家资本主义道路。到党在过渡时期的总路线提出前,广西已经实行公私合营的资本主义工商业 33 户(其中工业 27 户)。

1953 年底,全省私营工业共 1672 户,产值 5954.31 万元,占工业总产值的 39.12%;公私合营企业产值 494.64 万元,占工业总产值的 3.25%。由国家加工订货、统购包销及收购的比重占 114 户大型私营工业企业总产值的 65.3%,占 1558 户小型私营工业企业总产值的 26.63%。私营商业(不包括服务、建筑、运输、饮食部门)共 140031 户,从业人数 22.97 万人,资本额 3594.2 万元销售额,占总额的 54.11%,

80%以上是小商贩；公私合营商业所占比重，批发的占总额的2.11%；零售的占总额的0.09%。这一年，国家开始实行计划经济，而这些企业所有制没有转变，公私矛盾、劳资矛盾和其他许多由此而产生的矛盾仍没有得到有效解决，资本主义工商业在生产经营中唯利是图的投机性和盲目性，同国家生产计划间存在着尖锐矛盾。

二、对资本主义工商业改造工作的部署

1953年6月，中共中央两次召开政治局会议，确定经过国家资本主义完成对私营工商业的社会主义改造，对资本主义工商业实行利用、限制、改造的方针。9月，中央公布党在过渡时期的总路线，逐步实现国家对资本主义工商业的社会主义改造，是过渡时期总路线总体布局的重要内容。1953年11月召开的第二次省党代表会议，传达并讨论了党在过渡时期的总路线和总任务，明确提出在全省开展对农业、手工业和资本主义工商业社会主义改造运动。这次会议明确了对资本主义工商业社会主义改造的方针、政策及具体方法步骤。同年12月，为加强党对资本主义工商业社会主义改造的统一领导，省委决定在省财委设立办公室，办公室对内同时为省委统战部的组成部分，在省委领导下，负责联系和协助有关部门，执行中央利用、限制、改造资本主义工商业和团结、教育、改造资产阶级分子的政策。全省的对资本主义工商业的社会主义改造在该办公室的具体组织下进行。随后，各市也相应成立办公室。1954年5月又成立了省工商行政管理局，商业厅成立市场科，在省财委的统一领导下，协调税务、统战、银行、劳动等部门有计划地安排对私营工商业的改造。1955年2月，省人大一届二次会议选举省工商业联合会主委莫乃群为副省长，成立广西省人民政府委员会对资改造办公室，具体负责全省的对资本主义工商业社会主义改造工作。

广西的私营工业具有自己的特点。就数量来说，大型的企业少，小型的企业多；就产值来说，大型的企业占的比重相当大；就生产产品来说，生产生产资料的企业少，生产消费资料的企业多。普遍存在的问题是，资金不足，设备陈旧，劳资关系不正常，经营管理不善，对国家的依赖性较大。资本家既想走国家资本主义道路，以解决自身难题；又怕利润

低，怕失掉原来的自由市场。私营商业经过几年的改造，花纱、粮食的批发商已全部排除，布匹、土产、五金的大批发商已基本排除，还保留百货、干鲜杂货、中新药、小五金、小土产等批发商。私营商业一般留恋过去的自由市场，大买大卖，不甘心于合法经营，投机偷漏税现象仍然严重；大批发商、进出口商及土产商面临转业困难，惶惶不安，零售商则空喊货源困难，不甘心向国营批购按牌价出售，个别县城的私营商业甚至月余不进货，消极抵抗。总的来看，广西资本主义工商业中，工业相对落后，商多于工，户数和从业人数均比工业多，改造私营商业的任务相当艰巨。

省委在调查研究的基础上，贯彻中央利用、限制、改造的方针政策，明确国家对资本主义工商业的社会主义改造分为两个基本步骤。第一步是将资本主义工商业基本纳入国家资本主义的轨道；第二步把国家资本主义改造成社会主义。省委制定了 1954 年引导资本主义工商业走向国家资本主义的计划。决定把对资本主义工业改造的主要力量放在南宁、柳州、桂林、梧州、平桂矿务局五个地方，在碾米、机器、化学、榨油、卷烟、染织、橡胶、运输八个行业中，选择部分规模较大、技术设备较为先进、条件相对成熟的实行公私合营。积极扩大初级形式的国家资本主义加工订货、统购包销及收购、经销的范围。对规模较小、设备简陋的私营工业，采取先联营后合营的办法；对小型的、生产性质相类似的国营工厂，采取合并或并入公私合营的工厂内，作为国家大型工厂附属性质的工厂等办法。国家投资坚持从节约出发，要求投资少、作用大，又能解决问题的原则。组织力量、选派干部，加强工人工作，开展增产节约运动，改善经营管理，搞好生产，造成声势。整顿完善现有的公私合营企业，显示其优越性；建立健全供产销及贷款税收方面的制度，加强对资本家的教育，做好统战工作。省委还确定了重点试办，吸取经验，待各种条件充分具备后再逐渐扩展的工作思路。对资本主义商业，关键在于控制资本主义工业的产品，逐步使资本主义商业在政府的管理和国家贸易的控制下从事有益活动，对批发商有分别地逐步地扩大排除和限制范围；对零售商给予一定的限制，同时试行批购，逐步将其纳入国家计划的轨道，对一些资金雄厚，与国计民生关系很大，经营管理现代化的零售商大户，采取公私合营的方式；对私营进出口商采取代购、供销的方式加以利用。

在贯彻总路线的过程中，省委、省人民政府深入开展总路线的宣传教育和爱国守法教育，对私营工商业者进行接受社会主义改造的思想教育工作。省、市（专区）、县先后召开工商界代表座谈会、代表大会，针对私营工商业者的模糊认识和悲观消极情绪，重点进行社会主义前途的学习教育，使他们认清形势，纠正误解和曲解党的政策的倾向。1953 年 12 月，广西实行粮食统购统销，取缔粮食自由市场，全省 576 户粮商、9000 多户粮贩，被安排转业经营其他商品，许多小户并为大户，实行分区按计划供应。党和人民政府对在拥护粮食统购统销、认购国家经济建设公债等方面涌现出来的先进分子进行表扬，有些私营工商业者在市、县基层选举中得到群众的信任而光荣当选为人民代表。在党的教育和政策引导下，许多工商业者消除了顾虑，提高了认识，表示愿意接受国家资本主义形式的社会主义改造，愿意服从国家法令，遵守国家的价格政策，树立新的商业道德。

在成立于 1952 年 8 月的广西省工商联筹备委员会的积极推动下，到 1953 年底，全省已有 77 个市、县成立了工商联组织，为下一步建立省级组织奠定了基础。经过充分的准备，1954 年 5 月 17 日至 28 日，省工商业联合会会员代表大会在南宁召开，正式成立省工商业联合会。来自各市、县、圩镇的工商界代表 290 人出席会议，省人民政府副主席李任仁参加了会议。代表们听取《全省资本主义工商业者动员起来，为逐步纳入国家资本主义的轨道而努力》和《关于资本主义工商业改造问题》的报告，讨论了国家在过渡时期的总路线和资本主义工商业逐步实现社会主义改造问题，一致拥护过渡时期总路线，拥护国家对资本主义工商业所采取的利用、限制、改造的政策，决心积极经营，爱国守法，创造条件，逐步纳入国家资本主义轨道。会议选举产生了以莫乃群为主任委员的第一届执行委员会。广西工商业界从此有了代表自己合法权益，团结、引导大家搞好生产经营，参加国家经济建设的省级组织。在党和人民政府的领导下，省工商联组织工商业者继续开展学习国家在过渡时期的总路线及利用、限制、改造的政策，联系实际，解决思想问题和实际问题，进一步提高社会主义改造的自觉性和积极性。

1954 年 6 月 22 日，省委召开城市工作会议，强调下半年对资本主义工商业进行社会主义改造的工作方针仍是积极领导,稳步前进。首先集中力量完成中南局批准扩展的15个公私合营企业。其次是整顿好原有的公私合营企业,同时加强对资本主义工业中的加工订货、包销、收购工作的领导和通过国家管理,国营经济领导,工人阶级监督,对资产阶级分子进行教育改造。随后,全省按照“积极领导,稳步前进”的工作方针,有组织、有计划、有步骤地开展了对资本主义工商业的社会主义改造。

三、私营工业的公私合营和对私营商业的社会主义改造

公私合营工业企业在国民经济恢复时期已经出现,到1953年底,广西有公私合营工业企业27户,产值占全部私营工业总产值的3.25%。合营经过大体分为四类:一是没收地主、反革命分子、官僚资本的股份合营的;二是解放后由人民政府及私商共同投资新建的;三是原有私营企业已无法维持,但企业尚有前途,政府投资合营的;四是以公私合营投资公司形式投资合营的。其中第一、第二类的情形较多。1954年广西对公私合营企业进行整顿,按华南分局“先大型后小型,先好后坏,分类排队,有重点地分批进行”的指示,根据广西的具体情况,采取分级负责、重点掌握、全面进行的做法。规定各地、市委直接掌握16个大型重要企业,其余由各县直接进行整顿。整顿的工作步骤一般分为四步:第一步,在党委的统一领导下,以财委(资)为核心,吸收工会、团委、工商行政部门的干部组成工作组,统一政策认识,统一步调,明确做法;第二步,下厂宣传政策,了解情况,发现问题,制定工作计划;第三步,按计划进行工作,解决问题;第四步,总结工作,提高教育干部,巩固成绩。在工作中,发挥党的领导作用和团的助手作用:坚决依靠职工,结合生产,及时向党委请示报告,并与有关部门联系,对私股坚持“反复协商说服教育”的原则。针对这些企业的情况,把整顿重点放在公私关系上,落实政策。整顿工作的具体做法是:树立公股的领导权,同时对资方的合法权益予以尊重。参加到企业管理的资方代表,使之有职有权,守职尽责;建立健全董事会,使之真正能负起协商、教育、团结资本家的作用;修改及制定章程,把股权确定下来,按“四马分肥”原则,即按国家税收、企业公积金、职工福利费、资方股息和红利4个部分进行分配,分配盈余。通过整顿

工作，全面地对资本家、职工进行一次合营政策的教育，提高干部思想，安定工作情绪，并适当地改进生产管理问题。

经中南局批准，广西第一批扩展公私合营企业15家首先试办。一般做法是：派工作组下厂，具体深入地分别对工人和资本家进行宣传教育，解释说明合营政策。通过职工大会、座谈会、个别谈话等方式，提高职工群众的认识，发动职工搞好生产迎接合营。对资本家郑重讲明利害，指出前途，使其从思想上接受社会主义改造，再进一步推动其自愿提出申请合营。与此同时，依靠职工与有关业务部门密切联系，摸清企业的资产、负债、人事等基本情况，为合营做好思想和物质准备。紧接着建立公私合营筹备委员会，依靠工人来与资本家进行合营谈判，协商解决合营中的清产估值、人员安排、撰写章程等重要问题。在达成协议后，召开庆祝大会，号召全体职工搞好生产。在合营的过程中，坚持党委领导，统一政策，统一思想，统一工作步调，充分发动和依靠工人阶级与资产阶级斗争，职工群众成为合营工作中的主要基本力量。对资本家坚持有团结有斗争的方针，做好他们的统战工作。一方面，通过工人揭露企业生产经营的弊端与落后，展示国营或公私合营厂的优越性，说明社会主义是大势所趋、人心所向的正确道路，指出资本主义工商业者通过企业改造和个人的改造走上社会主义的光明前途，促使资本家自愿申请，参加合营。另一方面，落实合营的有关政策和措施，公平合理地进行财产清估及处理私营企业的债权、债务问题，妥善地安排人事，消除资本家的顾虑。一般根据中央"包下来"的指示，按合营企业的情况，量才使用，适当安置使用，原私营企业的厂长一般均安置为副厂长，并使之有职有权，建立董事会，有公股、私股董事，一般私股董事多于公股董事，董事长由私股代表充任，明确规定股权、利润分配、董事会问题等。通过努力，到1954年底，全省公私合营工业企业增加到48户。在试办公私合营的同时，广西有计划地发展加工订货国家资本主义的形式，1954年，全省私营工业加工订货总值9180万元，比上一年增长96%，126个较大的私营工厂中有75个为国家长期加工和包销。

公私合营是国营经济和私营经济在企业内部的合作，资本主义企业实行公私合营后,企业的性质发生了重大变化。公方占有一部或大部股权,企业由资本家私有变为公私共有;公私双方实行共同经营,人民政府派出公股代表参加企业管理,公方代表居于领导地位,实际上掌握了对生产资料的支配权,企业生产经营活动可以直接纳入国家计划;在利润分配上,实行“四马分肥”政策,资方红利大体占四分之一,企业利润大部分归国家和工人,资本家的剥削受到很大限制,有利于调动工人生产的积极性,企业的潜力得到更好的发挥。这些政策在限制、缩小资本主义工商业方面发挥了显著的作用,也使财政的分配领域直接扩张到了公私合营企业的内部,从而使公私合营企业变成半社会主义性质。这是对资本主义工商业改造关键性的一步。

扩展公私合营工业的工作有选择地从规模较大的企业开始。生产相对落后的中小企业,由于生产机器简陋,工序不全,加上原有经济内部的联系被打乱,出现了生产困难的问题,给公私合营工作带来新的矛盾。针对这种情况,1954 年 12 月至 1955 年 1 月,第二次全国扩展公私合营工业计划会议提出了“统筹兼顾、归口安排、按行业改造”的方针。随后,1955 年 6 月,省第四次党代会提出 1957 年全部完成私营工业公私合营计划,要求加强领导,统一安排,有计划有步骤地进行对资改造工作,强调逐步地稳妥地安排和改造,提出各级干部既要克服迁就的思想,又要防止急躁冒进的行为。这次会议将 1954 年 10 月全省公私合营企业工作会议确定的 1955 年合营 88 户计划压缩为 40 户。各地根据中央关于“巩固阵地,重点扩展,做出榜样,加强准备”的方针,有重点地扩展了一些公私合营企业。到 1955 年底,全省公私合营的工业企业达 84 家,占全省私营工业总户数的 28%、职工人数的 39% 和工业产值的 54%。在公私合营企业中,国营经济占主导地位,各地党组织和人民政府派遣干部加强领导,投资新建、扩建企业,整顿经营管理,工人生产积极性提高,生产迅速发展,利润增加,显示出公私合营的优越性。尽管当时全省合营的户数不多,但影响很大,不少资本家主动要求公私合营,在全省形成了对资本主义改造的有利形势。加工订货继续发展,各市较大的私营工业企业 90% 以上接受了加工订货和包销,小型工业企业也在 50% 以上,帮助私营工业解决资金不足、原材料缺乏、销路不畅等问题。

在对部分资本主义工业进行改造的同时,省委、省人民政府对资本主义商业也进行了社会主义改造。

广西私营商业人众户多,遍布城乡,比资本主义工业的情况更为分散和复杂。其经营类型,除部分规模不等的批发商外,绝大部分为不雇用职工的家庭商业和小商贩,即零售商。批发商业是联系生产和市场的主要纽带。国民经济恢复时期,广西在对私营商业实行利用、限制的过程中,开展了以国营批发商代替私营大批发商的工作,以求掌握主要货源,稳定市场。国营、合作社商业贯彻"以批发为主"的方针,逐步占据了批发市场的主要部分。到1953年,在贯彻过渡时期总路线的过程中,省委、省人民政府采取措施,着重加强对私营大批发商的改造。国营商业的批发额比重占到58.59%,私营商业所占比重降至38.38%。1954年,国家逐步扩大了对农副产品的统购、派购范围,逐步对有关工业生产和基本建设所必需的重要原材料,以及人民生活和出口需要的重要农产品实行派购或统一收购,重要工业原料完全由国营商业控制,实行计划供应,促使与此相关的一大批私营大批发商被国营商业所代替。

1954年7月13日,中共中央发出《关于加强市场管理和改造私营商业的指示》。从下半年开始,广西各地按照不同情况,对私营批发商采取了不同的改造方法,凡国营商业所需要的,可以留下来为国营商业代理批发业务;有条件转业的,辅导其转业;无法继续经营的,其职工经过训练由国营商业录用。经过这些改造,到1954年底,全省国营批发商业占整个批发商业业务的81.69%,私营商业所占比重降至10.49%。私营商业的经营主要依靠从国营商业、合作社进货来维持营业。零售商贩与广大消费者有着直接的联系,对活跃城乡市场,满足人民的日常生活需要,具有一定的积极作用。因此,广西省委、省人民政府在对私营大批发商采取排挤和取代政策的同时,对私营零售商采取利用、限制的政策,发挥其有利于国计民生的一面,限制其盲目和投机的一面。1954年7月之后,各地根据中央"一面前进,一面安排"和"尽量维持,必要安置"的办法,按行业将各类私营零售商及尚存的小批发商,逐步改造为经销、代销、公私合营等形式的国家资本主义企业，由国营商业掌握商品货源，执行国家规定的零售牌价。到1954年底，广西发展了一批经销、代销、批购零销等国家资本主义商业户，安排从业人员。经过进一步的改造，到1955年底，全省私营批发商的经营比重降至0.85%，社会主义经济基本上掌握了整个批发阵地。私商在纳入国家资本主义轨道后，均在不同程度上表现了积极经营，遵守合同规定，并一般获得了合法利润，显示了国家资本主义的优越性。

在对私营商业的改造工作中，各地程度不同地出现了一些问题。一是部分干部“左”的急躁冒进偏向有所滋长，出现盲目排挤私营商业现象，致使一些私营商业户无法经营，歇业、失业现象增多，公私关系趋向紧张。二是由于私营商业小贩被盲目挤掉，国营和合作社商业一时又没有力量替代，使得城乡物资交流发生阻滞现象，若干零星商品及某些小土产品呈现滞塞状态。三是在对农村商业的改造中，不适应当地情况，不加区别地搬用大、中城市对私营商业改造的方式、方法，造成了农业生产资料和农民生活用品供应的一度紧张。针对这些情况，1955年3月，广西召开全省财经工作会议研究解决问题。此后广西根据4月12日中共中央《关于进一步加强市场领导、改造私营商业、改进农村购销工作的指示》，采取统筹兼顾、全面安排、积极改造的原则，认真执行“先安排、后改造”的方针，普遍对城乡市场和公私关系进行了合理的调整。在国营商业和合作社商业发展过多的城市，适当撤并零售网点，调整批零差价，改进国营商业的批发工作，增设对私营商业的批发网点，以维持其经营，对农村集镇的私营商业，由供销合作社负责供给货源，县、区供销合作社在零售方面做必要的退让。

1954年7月13日，根据中央关于“统一领导，归口安排，按行业改造”的方针，广西进一步对全省私营工业和私营商业及其他行业的归口管理、按行业改造工作作出部署。各个行业以大带小，以先进带落后，先对中小企业进行改组、合并，然后实行公私合营。1955年9月底，在商业批发中，城市社会主义批发比重已达92%以上。在商业零售中，社会主义零售占55%，国家资本主义占24%，私营商业占21%。私营商业中的坐商改造为国家资本主义低级形式的占总户数的37%，摊贩改造了10%。

基本完成行业初步改造的有粮食、棉布、百货、食油等10个行业。到1955年底，全省国营和合作社商业的市场零售额比重增至78.32%。全省纳入各种形式国家资本主义的私营商业达到1.08万户、28万余人，分别占当年私营商业总户数的16.65%、全部从业人员的20.3%。至此，社会主义经济占据优势，形成了领导地位。

四、实现全行业公私合营

1955年10月29日，毛泽东邀集全国工商业联合会执行委员会的委员，座谈私营工商业的社会主义改造问题，希望他们认清社会发展规律，掌握自己的命运，进一步接受社会主义改造。11月2日，省委发出《关于加强对私商改造的指示》，强调“改造私营商业是社会主义改造的一个组成部分，改造私营商业，必须是‘积极改造’的方针，只有积极的改造私营商业，才能够不断地发展社会主义商业”。《指示》还要求各级党委对本地区过去安排改造私营商业情况进行一次深入检查，对进一步改造私营商业工作，要作出具体部署。11月，全国工商联举行第一届执委会第二次会议，学习毛泽东讲话，号召全国工商业者在党的领导下积极接受社会主义改造。广西省工商联莫乃群等出席了这次会议，在毛泽东讲话和党的政策教育鼓舞下，表示愿意接受全行业公私合营。

11月24日，中央政治局通过《中共中央关于对资本主义工商业改造问题的决议（草案）》，全国资本主义工商业的社会主义改造开始进入高潮阶段。根据党中央文件精神，省委于12月成立了对资本主义工商业改造十人领导小组，省委第四副书记肖一舟任组长。12月18日至24日，省委在南宁召开对资本主义工商业改造工作会议，传达学习毛泽东的讲话精神和《中共中央关于对资本主义改造问题的决议（草案）》；肖一舟作《全面规划，加强领导，把资本主义工商业的社会主义改造工作推向新高潮》的报告。会议提出下一步私营工业公私合营的主要形式是全行业合营，或性质相近的行业合营，私营商业可采取全行业合营、合作和行业合营的形式。会议修订了全省的全面对资改造计划，明确“加强对资本主义企业和私人的改造，完成资本主义改造工作的新阶段的伟大历史任务”，在统一党内思想认识的同时，也开展对党外的思想教育工作。12 月 14 日,省对资改造办公室召开公私合营工业企业私股代表座谈会,资方代表一致表示要进一步接受社会主义改造。1955 年 12 月下旬,省工商业联合会第一届执行委员会第二次(扩大)会议在南宁召开,传达和讨论毛泽东讲话精神以及全国工商业联合会第一届执行委员会第二次会议精神和决议。肖一舟向参会代表讲话,号召全省私营工商业者要以实际行动接受社会主义改造,要改变个人的资本主义思想作风,从一个剥削者改变成为自食其力的劳动者,欢迎资本家走公私合营这条社会主义道路。1955 年 12 月底,南宁、柳州、桂林、梧州四市及宜山、容县、平乐等专区先后召开工商业联合会代表大会,传达学习毛泽东讲话精神和全国工商业联合会会议精神和决议。

全行业公私合营是改变生产资料所有制的一场变革,资本家要交出生产资料,思想震动极大,心痛难舍。但是,随着国家社会主义建设的迅速发展,社会主义工商业不断发展,取得了市场领导的优势,私营工商业离开了社会主义工商业,已不可能独立进行经营。几年来党对私营工商业所采取的和平改造政策,也是私营工商业者可以接受的,并且已得到愈来愈多的人拥护。在全国社会主义高潮中,在广大人民社会主义积极性不断高涨面前,私营工商业者已感到了社会主义的道路是大势所趋,除此别无其他出路。形势的变化,促使私营工商业者在思想上也起了变化。在改造高潮中,全省工商业者接受社会主义改造的积极性逐步提高,许多工商业者,不但自己积极接受改造,而且还协助政府宣传政策。青年工商业者在改造运动中组织了青年突击队,积极协助政府做好改造各项工作。许多工商业者的家属在推动企业接受改造上也起了积极的作用。不少工商业者在思想认识提高之后,表示要加强思想改造,使自己逐步改造成为一个自食其力的劳动者。

1956 年 1 月上旬,北京市资本主义工商业全部实现公私合营的消息传到广西,“向北京看齐”成为全省工商业者要求完成改造的口号,他们纷纷向政府申请实行公私合营。在省委对资改造工作会议后,各市和专区在党委领导下成立了领导小组和对资本主义工商业改造办公室,各市还成立了统一的或行业的公私合营工作委员会,由工作组、资方代表和工人代表组成。各市工商联、同业工会也都协助主管业务部门开展工作。1956 年 1 月 19 日至 26 日，中共广西省第五次代表会议在南宁召开。会议决定，南宁、柳州、桂林、梧州四市的对资改造工作应在春节以前完成；商业方面除四市在春节以前完成外，其他县城和圩镇要在第一季度基本上完成半社会主义性质的改造，争取 1957 年基本上过渡为社会主义商业。会议对合营办法也作了研究安排。

这一阶段的改造主要是建立高级形式的国家资本主义，即全行业的公私合营，完成和平赎买，变资本主义工商业私有制为社会主义公有制。广西基本上采用北京市公私合营的做法，即先是批准公私合营，然后进行清点估价、人事安排及经济改组等工作。1957 年 1 月底，南宁、柳州、桂林、梧州等市私营工商业全部实现公私合营。1 月 30 日，南宁市各界群众 4 万多人在市体育场举行联欢大会，庆祝全省资本主义工商业的社会主义改造胜利完成。3 月底，其他中小县城的对资改造工作也宣告完成。全省 679 户私营工业，除一部分归口其他行业进行社会主义改造外，其余 379 户全部实行了公私合营；39770 户私营商业，全部实行全行业合营；小商小贩也全部加入合作商店或合作小组。至此，全省对资本主义工商业的社会主义改造全面完成，全省工商业全面纳入国家计划轨道。

五、实施“赎买”政策

公私合营后，全省随即开展清产核资和定股工作。各地严格执行中央有关和平转变、逐步赎买等政策规定，在财产清理方面，按照“从宽处理”“尽量了结”和“公平合理，实事求是”的政策规定进行，工商业者自己清点估价，自己填报，行业内部进行评议，最后由行业工作委员会核定。对于合营企业，按照不分大小、不分工商、不分地区、不分盈余、不分亏损的“五不”原则，根据资本家的股本，一律定息为 5 厘（年利 5%），定期 7 年（后改为 10 年）。这是一项优惠政策，广大工商业者积极配合，使清产核资和定股工作迅速开展。由于缺乏经验，一些地区在执行政策时，也出现政策掌握不准的情况，造成在核价中有偏高、偏低的现象，其中以偏低现象较为普遍，偏低的差额一般是 10%—20%；有的在清产核资中对生产资料和生活资料的界限范围划分不清，出现什么都清点的现象。为纠正这些偏差，1956 年 3 月，省委决定在全省范围进行清产核资复查和纠正工作，落实党的对资改造政策，保证了清产核资和定股工作顺利完成。

对资方人员的安排是贯彻“赎买”政策的一项重要措施，也是对资改造的一项重要工作。各地按照“全部包下来，量才录用”的原则，对原来企业中的实职人员区分情况，给予不同安排，工资则维持原有水平不动。南宁、柳州、桂林、梧州 4 市共有资本家 2255 人，均做了妥善安排。其中 495 人安排为国营公司副经理、合营总店副经理、正副厂长、正副董事长、董事、顾问，以及工厂车间和门市部负责人、科长、工段长、组长等职务，占 4 市资本家总数的 21.95%。还把民族资产阶级上层代表人物安排担任副市长、市政协副主席和副县长等重要职务。在做好资方人事安排工作的同时，把对企业的改造和对人的改造结合起来，通过组织社会主义劳动竞赛，对资方人员和合作组织者进行教育，培养私方人员积极分子。大部分资方人员在国营公司和公股代表的直接领导之下，提高了责任感，发挥了积极性。不少资方人员感慨地说：“做梦也想不到有今天”，感到“真是和平进入社会主义了”。

全行业公私合营后，许多企业生产经营比合营前更好。私营工业在合营后，以生产为中心，按照社会主义原则推行了计划管理、技术管理和财务管理，相应调整和建立各种必要的组织和制度，推动资方人员改善生产经营，企业生产效率明显提高，生产成本降低，产品质量整体提高。商业方面，不少企业合营后，建立了新的制度，增加商品的花色品种，改进了服务质量，营业额不断上升。

对资本主义工商业的社会主义改造，通过采取多种形式向社会主义过渡，使资本主义私有制过渡到社会主义公有制，在广西这样一个经济发展特别是工业发展落后的省份，把工商业全部纳入国家计划轨道，对有计划有步骤地发展工业，加快工业化进程具有深远的意义。虽然对资本主义工商业的社会主义改造也存在一些问题，特别是到后期，存在着速度过快、要求过急、改造面过宽以及片面追求公有制形式等问题，但总体来看，广西对资本主义工商业的社会主义改造是成功的。

对生产资料私有制的社会主义改造基本完成，农民和个体手工业者的个体私有制基本上转变为劳动群众集体所有的公有制，资本家所有的资本主义私有制基本上转变为全民所有的公有制。随着社会主义改造基本完成，社会主义基本制度在我国建立起来。这是中国历史上最伟大最深刻的变革，为当代一切发展进步奠定了根本政治前提和制度基础，为中国发展、富强，人民生活富裕奠定坚实基础。广西各族人民在省委的领导下，经过不懈努力，与全国大多数地区一样，同步跨入社会主义建设的历史时期，为国家的进步和发展创造了条件。

第八章

过渡时期的政治建设和社会事业建设

在向社会主义过渡时期，广西省委在领导全省各族人民进行经济建设和生产资料私有制社会主义改造的同时，努力推进政治、社会等各方面的建设，逐步建立和完善适应社会主义经济基础的上层建筑，完成从新民主主义社会到社会主义社会的过渡。

第一节　人民代表大会制度的正式建立

一、省第一届人民代表大会的召开

随着工业化建设的开始和社会主义改造的全面展开，迫切需要加强国家政治、法律等上层建筑领域的建设，更好地为建立社会主义经济基础服务。《共同纲领》明确规定，人民代表大会制度是新中国的根本政治制度。但是，新中国成立初期，在全国范围实行普选的人民代表大会制度条件尚不成熟，因而采取了在中央通过中国人民政治协商会议全体会议、在地方通过逐级召开人民代表会议的方式，逐步地向人民代表大会制度过渡。经过三年的努力，国家各项工作走上了新的轨道，人民的组织程度、觉悟水平有了很大的提高。

1953年1月13日，根据中共中央的提议，中央人民政府第20次会议通过了《关于召开全国人民代表大会及地方各级人民代表大会的决议》，决定1953年召开由人民用普选方法产生的乡、县、省（市）各级人民代表大会，并在此基础上召开全国人民代表大会①。根据这一决议，3月1日，中央人民政府颁布《中华人民共和国全国人民代表大会和地方各级人民代表大会选举法》。4月3日，中央选举委员会发出关于基层选举工作的指示。根据中央的精神和《选举法》的规定，从1953年5月上旬到8月上旬，广西先后成立了省及各市、县的选举委员会。在选举委员会的指导下，全省开展了一系列基层普选的准备工作。各地普遍制订普选计划，集训大批宣传人员，开展形式多样的宣传活动，鼓舞和提高广大选民的政治热情和参选意识。

为配合选举工作，需要统计出准确的人口数据。1953年4月3日，政务院颁布《为准备普选进行全国人口调查登记的指示》和《全国人口调查登记办法》，开展第一次全国人口普查。广西经过认真调查登记、复查核对、补登补报等大量工作，截至普查登记的标准时间1953年6月30日24时，全省人口总数为1956.0822万人，其中男子1010.2541万人，占51.65%；女子945.8281万人，占48.35%。境内有壮族人口649.6885万人，占33.21%；汉族人口1214.5967万人，占62.09%；其他少数民族人口91.797万人，占4.7%。这一次全国人口普查是中国首次具有现代意义的科学的人口普查。通过这次普查，广西有史以来第一次得到准确的人口数字，查清了人口的性别、年龄、民族等构成情况。在普查中，选民登记与人口调查一起进行。选民登记结果是全省共有符合《选举法》的选民1095.9592万人，占当时全省总人口的一半以上。这次人口调查登记，为普选提供了人口依据，也为广西的经济、文化和社会建设提供了准确的人口数字。

广西基层选举工作从1953年三四月间开始准备。5月，省选举委员会成立后，即着手制定《广西省选举工作实施计划》，指导建立桂西壮

① 1953年9月18日中央人民政府委员会通过决议，将召开全国人民代表大会及地方各级人民代表大会的时间推迟到1954年。

族自治区和各市、县选举委员会,以及各专区选举指导办公室,训练干部,进行基层选举试点工作。农村方面,在邕宁等26个县所属100个乡、8个镇、1个区进行试点,共投入干部3428人。试点工作至9月结束。城市方面也开展试点工作,其中桂林市于6月间进行街道试点,北海市于8月下旬完成了街道、乡的试点工作,南宁市和梧州市于8月各在1个市辖区进行试点。在总结试点经验基础上,全省开展普选工作。1954年2月24日,省选举委员会作出《关于本省普选工作时间安排与要求的决定》,要求按期完成全省基层选举,召开县、市人民代表大会,分别选举出席上一级人民代表大会的代表。

这次基层选举,按照《选举法》的规定,凡年满18周岁的中国公民,不分民族和种族、性别、职业、社会出身、宗教信仰、教育程度、财产状况、居住期限,均有选举权和被选举权,具有选民资格,依法被剥夺政治权利的只是极少数,体现了选举的普遍性。在选举中,每个选民只能进行一次选民登记,只有一次选举投票权,妇女和男子有同样的选举权和被选举权,体现了选举的平等性。代表候选人按人口比例分配,对少数民族、城市和工矿区、部队及海外华侨给以适当照顾,体现了选举的广泛性。代表候选人的提名办法,主要由中国共产党、各民主党派、各人民团体提出候选人名单,但任何一个选民和代表均可自由地采取单独或联合的办法提出自己的候选人,体现了选举的民主性。选举经费由国库支付,不搞私人赞助,对破坏选举者给予刑事处分,这就在物质上和法律上保障人民民主权利的实现,体现了新中国选举制度实现的可靠性。鉴于人民群众普遍缺乏选举经验及文盲尚多的实际情况,人民代表的选举,在乡、镇、市辖区及不设区的市的基层政权单位,采用举手表决的投票方式;在县及县以上采用无记名投票方式。

1954年5月,普选工作全部结束。据统计,参加投票的选民有882.7951万人,占选民登记总数的80.55%。广大人民群众以主人翁的姿态认真行使自己的民主权利,积极参加各项普选活动,大批深受人民拥护的优秀共产党员、劳动模范、积极分子和各界先进人物被选为人民代表。基层普选结束之后,各乡、镇相继召开人民代表大会,围绕党在过渡时期的总路线制订生产计划,选举产生各乡、镇人民政府,完成市、县人民代表的选举工作。从1954年6月上旬至7月上旬,按照《选举法》的规定,全省5个市、74个县以及下辖的乡镇分别召开首届人民代表大会。各代表大会分别通过拥护宪法草案的决议,审查通过政府工作报告及今后工作方案,并选举产生出席广西省人民代表大会的代表。

1954年8月6日至13日,广西省第一届人民代表大会在南宁隆重召开。本届人民代表大会代表450名,包括各民主党派、劳动模范、战斗英雄、科技教育文艺、工商界、宗教界、少数民族代表及归国华侨等各族各界代表。这样的代表阵容体现了广西各民族、各民主阶级、各民主党派等一切爱国力量的大团结。大会主席团由49人组成,设立代表资格审查委员会、提案审查委员会、省地方预算草案审查委员会等。这次会议的主要任务是:讨论《中华人民共和国宪法(草案)》;听取并审查省人民政府工作报告,确定今后一个时期的工作任务;审查和批准省人民政府1954年的财政预算;选举出席全国人民代表大会的代表。省人民政府副主席覃应机致开幕词,会议听取和审议省人民政府副主席肖一舟关于广西省人民政府一年半来的工作和今后任务的报告,以及省人民政府委员会委员廖原关于1954年省地方财政预算草案的报告,讨论《中华人民共和国宪法(草案)》。会议共收到代表关于工农业生产建设、财经、交通运输邮电、政法、社会文教卫生方面、民族事务等方面提案709件。

会议认为,本省根据国家第一个五年计划经济建设的基本任务,贯彻了广西省第二届各界人民代表会议第一次会议决议的方针,已取得辉煌的成绩,并已完成和超额完成本省国民经济计划的各项任务,使社会主义性质的国营经济和社会主义或半社会主义性质的合作社经济得到很快的增长。农业、手工业和私人资本主义工商业的社会主义改造的工作也向前推进了一大步,特别是以互助合作为中心的农业生产运动有了迅速和重大的发展,人民物质和文化生活水平在生产发展的基础上有了进一步提高,是符合本省实际情况与国家在过渡时期的总任务的。全体代表一致表示满意。报告中提出全省下半年具体工作任务:"继续大力贯彻以互助合作为中心的农业生产运动,加强工业生产的领导和逐步进行对手工业和资本主义工商业的社会主义改造,以配合全国工业化建设,并继续加强财经、政法、文教、卫生及贯彻民族政策等工作”。会议认为这个方针的提出是适当的;全体代表对于提高与巩固五万个常年互助组、发展一万个农业生产合作社的任务表示高兴,并且都深具信心和决心,努力求其实现。经过充分讨论,会议审议通过《关于广西省人民政府一年半来的工作和今后任务的报告的决议》《关于1954年省地方财政预算草案的报告的决议》《关于拥护中华人民共和国宪法草案的决议》以及《通过提案审查委员会提请大会讨论的四个提案的决议》(四个提案即《积极领导全省农民》《开展互助合作运动》《大量建立农业生产合作社》)等。大会在广泛发扬民主的基础上,选举张云逸、韦国清(壮族)、李任仁、李济深等38名代表为第一届全国人民代表大会代表。全省基层普选的成功和省级人民代表大会的召开,结束了由各界人民代表会议代行人民代表大会职权的过渡阶段,广西开始实行人民代表大会制度。由于《中华人民共和国宪法》尚未正式公布,普选后的地方各级政权组织形式也尚未确定,根据中央选举委员会、中央人民政府政务院关于“省、市、县本届人民代表大会,不在首次会议选举其本级人民政府”的决定,广西省第一届人民代表会议没有选举省人民政府组成人员。

1954年9月,全国第一届人民代表大会一次会议在北京召开,会议一致通过《中华人民共和国宪法》,明确规定:中华人民共和国是工人阶级领导的、以工农联盟为基础的人民民主专政国家。中华人民共和国一切权力属于人民,人民行使自己权力的机关是全国人民代表大会和地方各级人民代表大会,国家的一切重大问题都应经过人民代表大会讨论和决定。由此,全国人民代表大会正式成为中华人民共和国的最高权力机关。第一届全国人民代表大会和《中华人民共和国宪法》的通过,标志着我国人民代表大会制度的确立,开创了我国社会主义民主与法制建设的新阶段。

《宪法》还规定,地方各级人民政府改称各级人民委员会。地方各级人民委员会分别由省长、市长、县长、区长、乡长、镇长各1人,副省长、副市长、副县长、副区长、副乡长、副镇长若干人和委员若干人组成。在全国人大召开之后,1955年2月2日至6日,广西省第一届人民代表大会召开第二次会议,根据《宪法》和《中华人民共和国地方各级人民代表大会和地方各级人民委员会组织法》的有关规定，决定将广西省人民政府更名为广西省人民委员会，会议选举产生了省人民委员会，韦国清（壮族）当选为省长，郝中士、肖一舟、李任仁（民革）、覃应机（壮族）、陈再励、陈此生（民革）、莫乃群（民盟）、卢绍武（壮族）等8人当选为副省长，40人当选为委员。侯暮寒当选为省高级人民法院院长，同时还选举产生地区中级人民法院院长。会议增选韦国清、陈再励等4人为广西省第一届人民代表大会代表，接受个别代表因工作调动辞去职务请求，并补选代表。8日，省人民委员会发出通知，宣布广西省人民委员会正式成立。省人大一届二次会议闭幕之后，1955年2月中旬至3月底，各市、县及市辖区、乡先后召开本级人民代表大会，选举产生了同级人民委员会和市、县人民法院院长。

人民代表大会制度，是中国共产党把马克思主义基本原理同中国具体实际相结合的一个伟大创造，是党带领全国各族人民长期奋斗的重要成果，反映了全国各族人民包括广西各族人民的共同利益和共同愿望。它为国家的民主化进程确定了一种新型政权组织形式和总的民主程序。它是符合中国国情、体现中国社会主义国家性质的民主政治制度，为实现人民当家作主提供了根本保证，显示出强大的生命力和巨大的优越性。广西省第一届人民代表大会法定任期四年，实际任期自1954年8月至1958年3月，共计三年零七个月，共举行五次会议。省第一届人民代表大会各次会议的召开，较好地履行了人民代表大会的职责，初步显示了人民代表大会制度的优越性。它对于保证国家法律、法令和政策在全省的贯彻执行，促进社会主义工业化和对农业、手工业及资本主义工商业的社会主义改造，促进经济、文化等建设事业的发展，发扬人民民主、保障人民的民主权利，都起到了良好作用。

二、学习宣传《中华人民共和国宪法（草案）》

1954年6月14日，中央人民政府向全国公布《中华人民共和国宪法（草案）》。为贯彻中共中央《关于在全国人民中进行宪法草案的宣传和讨论的指示》，省委对全省开展宪法草案的宣传和讨论进行了全面部署。按照省委的部署，全省从省到县成立了各级宪法草案讨论委员会，各机关、团体、厂矿、学校成立了分会，并制订了宣传讨论的具体计划。从6月中旬至8月中旬，各机关团体、厂矿企业和中高等学校的干部，在原规定的理论学习时间内，学习讨论宪法（草案），了解其主要内容及与各阶层人民的切身关系，并提出修改意见。在学习、宣传过程中，各级党政负责人亲自为干部群众作学习辅导报告，同时，抓好报告员和宣传员的培训工作，南宁市从各系统各行业选出27人作为报告员集中训练，还从市委、市政府、工会、团市委、妇联抽调258名干部作为宣传员，经培训后派到各城区开展宣传工作。桂林专区从各县抽调120名干部作为区（县属区，下同）级报告员，经集中训练后，回县担任训练宣传员的骨干。平乐专区先训练各区区委书记、区长和宣传委员，由他们再训练乡级宣传员。据不完全统计，全省共训练了报告员和宣传员6.5万人。各地通过夜校、读报组、座谈会、演讲会等方式组织群众学习讨论，利用文化馆（站）、收音站、电影队、业余剧团及正在放暑假的师生进行宣传工作。广大干部和人民群众以极大的热情参加宪法（草案）的学习和讨论，不少地区新华书店宪法（草案）及有关资料一度供不应求。据不完全统计，全省发行的宪法（草案）单行本及有关资料共50万册，共提出修改、补充意见3000多条。在省、桂西壮族自治区及各市、县、区和乡召开的首届人代会上，均把讨论宪法草案列为会议的重要议程，经过代表的热烈讨论，通过拥护宪法草案的决议。

1954年9月，《中华人民共和国宪法》正式颁布。宪法把中国共产党提出并得到全国最广大人民拥护的过渡时期总路线，作为国家在过渡时期的总任务，以根本大法的形式确立下来。坚持走社会主义道路，成为中华人民共和国遵循的一项基本原则。宪法规定了国家的根本性质是人民民主国家，一切权力属于人民，人民行使权力的机关是全国人民代表大会和地方各级人民代表大会。宪法还规定了中华人民共和国是统一的多民族国家，各少数民族聚居的地方实行区域自治，各民族自治地方都是中华人民共和国不可分离的部分。根据人民民主原则，宪法对公民的基本权利和义务作出规定。在确立社会主义原则的前提下，根据我国在过渡时期多种经济形式并存的客观现实，确认我国生产资料所有制的四种形式，即全民所有制、合作社所有制、个体劳动者所有制、资本家所有制,解决社会主义所有制和非社会主义所有制矛盾的方针和政策,就是一方面允许资本家所有制的存在;另一方面限制资本主义工商业不利于国计民生的作用,采取过渡的办法,逐步以全民所有制代替资本家所有制,鼓励全体劳动根据自愿原则组织生产合作、代销合作和信用合作,以劳动群众集体所有制代替个体劳动者所有制。这是一部保证中国逐步过渡到社会主义的宪法。它用立法的形式肯定了中国人民长期革命斗争的胜利成果和新中国成立以来所取得的重大成就,明确规定了国家在过渡时期的总路线、总任务,体现了全国人民建设社会主义社会的共同愿望。

全省各地组织广大干部群众深入学习宪法,主要学习宣传内容包括:我国的根本政治制度是人民代表大会制度;宪法规定的我国过渡到社会主义的步骤和方法;我国公民的基本权利和义务以及两者之间的关系;国家机关及其工作人员必须坚持为人民服务、对人民负责的原则。1955 年,广西司法行政机关成立,成为主管全省的法制宣传工作的机关。各地运用布告、黑板报、墙报、报纸、广播、图片展览、山歌、文艺演出等多种形式,广泛地向社会开展法制宣传。

三、党政领导制度的调整

为适应领导大规模经济建设和社会主义改造的新形势、新要求,党中央对党和国家领导制度进行了若干调整,广西也相应地调整党政领导制度,形成党的一元化领导格局。

1954 年 4 月,中共中央政治局扩大会议决定撤销大区一级党政机构。6 月,中央人民政府下达决定,撤销了东北、华东、中南、西北、西南五个大区行政委员会。这项调整,结束了新中国成立初期由大区一级行政机构代表中央领导和监督地方政府的过渡状态。在进行有计划经济建设的新条件下,使广西直隶中央,便于中央直接了解广西的情况,有利于提高工作效率,克服官僚主义。大区行政机构的撤销,还有利于加强省、市一级的领导能力和工作责任,提高地方政府的行政管理水平。与此同时,中共中央的派出机构,即东北、华北、华东、中南、西南、西北六个中央局即行撤销,随之撤销的还有山东分局、华南分局等,原分属中共中央中南局和华南分局领导的广西省委直接受中共中央领导。在国家行政体制方面,第一届全国人大一次会议确立了国务院即中央人民政府的一级政府体制,从而改变了原来中央人民政府下辖政务院的两级政府的过渡状态。国务院作为最高国家行政机关,统一领导全国地方各级国家行政机关的工作。广西省人民政府作为国务院统一领导下的国家行政机关,对本级人民代表大会和上级国家行政机关负责并报告工作;广西省人民政府所属各工作部门,受该级人民政府的统一领导,并受上级人民政府(直至国务院)主管部门领导。建立这种垂直领导与双重领导相结合的行政领导关系,总的有利于加强国家行政工作的集中统一领导,同时比过去减少了行政层次,提高了行政效率。

在干部管理制度方面,在坚持“党管干部”的原则下,也进行了重要调整。大规模经济建设开始后,国家工作的分工日益细密,各部门的组织机构日益增多,为着事业发展的需要,各级党委按照中央的指示,大量地培养和提拔干部。广西到 1953 年,全省党员人数 4.66 万人,干部人数达 11.67 万人。干部队伍迅速扩大,而且大多数干部需要在专业工作中相对稳定下来,不再像过去那样频繁地调动。在新的情况下,单靠党的组织部门来管理包括党政军民学、工交商贸农等门类复杂、为数众多的干部,这样的工作方式已不能完全适应形势发展的需要。为此,中共中央于 1953 年 11 月发出《关于加强干部管理工作的决定》,提出改变现行的干部管理办法,逐步建立在中央及各级党委统一领导下,在中央及各级党委的组织部统一管理下的分部分级管理干部的制度。1955 年 10 月,中共中央批准实施,党的分部分级管理干部的制度正式实行。

广西的分部管理,就是在省委原有的组织部、宣传部、统战部、政策研究室、农村工作部、妇女工作部等部门的基础上,逐步增设工业、交通、财贸、文化教育等新的工作部门,分门别类地管理计划工业、财政贸易、文化教育、交通运输、农林水利、统一战线、政治法律、党派和群众团体及其他各类干部,是实行党与政府对口设部的开端。分级管理,基本上是仿照苏联建立干部职务名单表的做法,所有干部都按职级开列干部职务名称表,凡属担负全国各个方面重要职务的干部,均由中央负责管理,其他干部则分别由各级地方党委分工管理。为适应形势发展的需要,深入全面地考察了解干部的政治品质和业务能力，并以此为依据来选拔干部，建立分部分级管理干部的制度，是中国共产党根据大规模经济建设开始后新的形势变化，对革命战争时期沿袭下来的干部管理办法的一次重要改革。

随着各级党政领导制度的调整，对国营企业的领导制度也进行了调整，1953 年开始大规模经济建设后，中共中央要求在国营企业中建立和健全各种责任制度，特别是厂长负责制和生产调度的责任制。1954 年各地区陆续实行厂长负责制，但在实践中遇到两方面的问题。一是许多企业的党组织不善于把政治工作同经济工作很好地结合起来，往往包办代替行政工作，使厂长处于有职无权的地位。二是对厂长与党委的职权范围缺乏明细的规定，某些企业的行政负责人有忽视党和群众监督的倾向，一些重大问题不经管理委员会讨论即由个人决定。针对这些问题，中央对国企行政领导与党委职权的划分及两者的关系进行研究，认为还是要在党委领导下实行分工负责。1956 年 9 月，党的八大正式确定国营企业实行党委领导下的厂长负责制，广西的国有企业也随后实行。

党和国家领导制度的上述调整，进一步加强了党对政府工作、中央对地方工作的集中统一领导。在党的一元化领导制度下，明确了党对政府工作，尤其是对财经工作、对工业建设的领导关系和领导责任，广西各级党委要坚决保证党中央及中央人民政府一切决议、指示和法令的执行，在不抵触中央决议、指示和法令的范围内，制定自己的决议或指示，保证中央和上级所给任务的完成，并检查党的决议和指示的执行情况。党的一元化领导对实现党和国家在过渡时期的总任务，对顺利完成第一个五年计划的重点建设和其他各方面的工作任务，起了重要保证作用。

第二节　统一战线工作的新进展

一、保持同民族资产阶级的联盟和坚持多党合作

1953 年 7 月，中央政治局召开会议，专门讨论了党的统一战线工

作。会议肯定了在过渡时期工人阶级除主要依靠和加强工农联盟及其他劳动人民的联盟以外,还将同民族资产阶级继续保持经济上、政治上的联盟,直到资产阶级作为中国最后一个剥削阶级归于消灭。这是中国共产党历来处理同民族资产阶级关系的基本政策,在社会主义革命阶段的一种新的确定。中央强调在过渡时期保持同资产阶级的联盟,是为了工人阶级和劳动人民的利益,为了实现国家工业化,为了比较顺利地过渡到社会主义。这是党在过渡时期的统一战线工作的立足点。

1954 年宪法,对过渡时期统一战线的重要性和政治基础作了明确阐述,这就是:我国人民在建立中华人民共和国的伟大斗争中已经结成以中国共产党为领导的各民主阶级、各民主党派、各人民团体的广泛的人民民主统一战线。今后在动员和团结全国人民完成国家过渡时期总任务和反对内外敌人的斗争中,我国的人民民主统一战线将继续发挥它的作用。这样,就用根本大法的形式,将新中国成立时建立在新民主主义政治基础上的人民民主统一战线,转变到建立在社会主义的政治基础上来。根据党的两个联盟的政策和宪法的原则,在过渡时期,在工人阶级领导的国家政权中,仍需吸收一定数量的民主人士参加对国家事务的管理。这些政策精神,在广西基本得到贯彻落实。1954 年,出席第一届广西省人民代表大会的代表共 321 人,其中民主人士 109 人,占代表总数的 33.95%。各民主党派代表参加省人民政府和各级人民政权的工作。

在过渡时期,广西各民主党派已有了很大进步,他们的绝大部分成员政治面貌有了显著变化,拥护社会主义,并为实现总任务而努力工作的人正在日益增多,在他们的各级组织中已有了相当数量的进步骨干,独立自主开展工作。1956 年 4 月,中共中央发表“长期共存,互相监督”方针,社会主义条件下的中国多党合作的基本格局由此确立。这一方针为各级党委处理好同民主党派的关系指明了方向,进一步鼓舞和调动了各民主党派为社会主义服务的积极性,广西各民主党派组织得到迅速发展,短短 1 年中就发展新成员 2092 人。

二、政协广西省第一届会议的召开和政协职能的转变

第一届全国人民代表大会的召开,使人民政协的职能发生了很大

的变化。从此,中国人民政治协商会议不再代行全国人民代表大会的职能。有关人民政协的性质、职能、组织原则及其内部关系等问题,需要进一步加以明确。1954 年 12 月 21 日至 25 日,全国政协二届一次会议在北京召开并通过《中国人民政治协商会议章程(草案)》,明确规定,人民政协是“团结全国各民族、各民主阶级、各民主党派、各人民团体、国外华侨和其他爱国民主人士的人民民主统一战线的组织”,基本任务是在中国共产党领导下,继续通过各民主党派、各人民团体的团结,更广泛地团结全国各族人民,共同努力,克服困难,为建设一个伟大的社会主义国家而奋斗。这就是说,政协既不是国家权力机关,也不是一般的人民团体,而是党派性质的统一战线的组织,是各党派的协商机关。

在广西,随着省第一届人民代表大会第一、第二次会议的召开和广西省各界人民代表会议代行人民代表大会职权的过渡阶段的结束,广西省各界人民代表会议协商委员会完成了它的历史使命。但其名称和编制皆不变动,负责筹备省政协的工作。1955 年 2 月,召开了广西省政协第一届委员会第一次会议。

广西省第一届委员会广泛团结各界人士,政协委员的人选,是根据 1955 年 1 月 7 日中共中央发出的《中央关于统一战线工作的指示》精神安排的。该指示要求:不仅对非党的劳动人民的代表人物,就是对于民族资产阶级分子和少数民族上层分子,对于在解放战争和土地改革斗争中,从反动统治集团和地主阶级营垒中分化而被我们争取过来的一部分人,只要他们拥护或不反对社会主义建设和社会主义改造,就必须坚持继续团结和改造他们,而不能采取抛弃、排斥的方针。国家机关、事业机关和人民团体机关,都应按其组织和工作性质配备适当数量的民主人士或劳动人民中的非党分子。省一届政协一次会议委员 179 人,其中民主人士 126 人,占 70.4%;常务委员 55 人(含正副主席、秘书长),其中民主人士 33 人,占 60%。委员分布在 24 个界别,在所安排的政协委员中,有原新桂系起义的高级军官,有曾顽强不屈、坚持地下斗争的老革命工作者,有取得新成就的卫生工作者,有清代的翰林、秀才,有徒弟众多的民间老艺人,有宗教界素具声名的宗教人士等。他们分别代表着各民主党派、各人民团体,联系着各方面的人民群众。

这次会议推选陈漫远、陈再励等33人为大会主席团成员。大会传达贯彻毛泽东关于人民政协五大任务讲话精神，听取和审议了省协商委员会工作报告。报告建议继续加强统一战线工作：一是继续巩固和发展人民民主统一战线；二是协助国家机关，推动社会力量，完成各项建设任务；三是坚决支援解放台湾，保卫和平事业；四是继续推动各界人士努力进行思想改造；五是加强对各市、县地方委员会指导检查、督促工作。会议就1955年国家发行人民币、推行建设公债、实行义务兵役制、汉字简化和广西的农业合作化、粮食统购统销以及资本主义工商业的社会主义改造、肃清一切暗藏的反革命分子运动等议题，进行了讨论协商。会议选举陈漫远为政协广西省第一届委员会主席，选举陈再励、赵卓云、雷沛鸿（致公党）、丘辰（农工党）、石兆棠（民盟）、黄荣（壮族）为副主席，陈捷为秘书长，方中祜等46人为常务委员。通过《关于拥护中国人民政治协商会议第二届全国委员会第一次全体会议的宣言和周恩来副主席的政治报告的决议》《关于广西省各界人民代表会议协商委员会工作报告的决议》。

政协广西省第一届委员会的成立和一届一次会议的召开，标志着中国共产党领导的多党合作和政治协商这一基本政治制度在广西的建立和广西人民民主统一战线的形成。从1955年2月到1958年3月，省政协第一届委员会共举行4次全体会议、13次常务委员会议。作为党领导下的人民民主统一战线组织，广西省政协紧密团结社会各界力量，进行了卓有成效的工作，积累了丰富的经验，在全省人民的政治生活和社会主义建设中发挥了重要作用。

第三节　民族工作的新进展

一、民族工作面临的新形势

1953年，随着党在过渡时期总路线的提出和实施，广西省委加强对民族工作的领导。新中国成立以来党所确定的民族工作方针和民族政策，在广西各少数民族地区基本上得到正确的贯彻执行，较好地沟通了党和人民政府同各少数民族之间的关系，取得了广大少数民族劳动群众以及大部分上层人士对党和政府的信任，历史上长期形成的民族间的隔阂正在逐步消除，各民族的平等互助、团结合作得到加强，这就为在向社会主义过渡的历史阶段进一步做好少数民族工作打下了基础。然而，在开始大规模经济建设和社会主义改造的新形势下，党在民族工作方面面临如何适应过渡时期总任务要求的问题。

宣传学习民族政策和党在过渡时期的总路线。1953 年 8 月，省委再次发出《关于学习民族政策的通知》，要求在机关、企业、学校，尤其是有关地区和有关部门的干部中，开展民族政策的学习运动。同年 10 月，中共中央印发《关于过去几年党在少数民族中进行工作的主要经验总结》，明确提出了过渡时期党在民族问题方面的任务，即巩固祖国的统一和各民族的团结，共同来建设伟大祖国的大家庭，在统一的祖国大家庭内，保障各民族在一切权利方面的平等，实行民族区域自治，在祖国的共同事业的发展中，与祖国的建设密切配合起来，逐步地发展各民族的政治、经济、文化（其中包含稳步的和必要的社会改革在内），消灭历史上遗留下来的各民族间事实上的不平等，使各少数民族与汉族一道过渡到社会主义社会。省委在明确过渡时期党在民族问题方面任务和政策的基础上，对这一关于国家民族问题的一整套工作方针和具体政策的基本文件认真研究，结合广西实际加以执行。1954 年 1 月，省委发出《关于当前有关民族工作几个问题的指示》，指出应着重深入进行党在民族问题方面的总任务和党在过渡时期的总路线的宣传，已进行土地改革且确已具备条件准备采取对农业、手工业的社会主义改造步骤的少数民族地区，均可宣传党在过渡时期的总路线。

二、民族区域自治的新发展

1952 年 8 月，中央人民政府委员会批准《中华人民共和国民族区域自治实施纲要》，对民族自治地方的建立、自治机关的组成、自治机关的自治权利等重要问题作出明确规定，使民族区域自治走出法律化、制度化的第一步。省民委制定了广西省少数民族五年发展规划（1953—

1957),要求在1954年春季以前完成乡、区一级的民族区域自治,发展少数民族党员,实行民族自治机关民族化。民族地区党建工作依据少数民族的实际情况,适当地吸收那些历史清楚、政治可靠、忠心拥护党并愿为党工作的积极分子入党,在党内教育和帮助他们,使他们逐步地达到党员八项条件。在这一方针的指导下,少数民族党员数量快速增加,据相关数据,1956年底,少数民族党员人数由1954年的31501人增至93492人。1954年,全省有2万名少数民族干部,但是少数民族自治地方的自治机关中少数民族干部所占的比例仍比较低。省委推广龙胜各族联合自治区(县级)培养民族干部的经验,民族干部队伍得到较大的发展。到1956年底,全省少数民族干部增加至4.8万多人,占全省干部总数的25%;桂西壮族自治州有干部5.4万人,其中少数民族干部占63%。基本实现了民族自治机关民族化。这些民族干部用群众熟悉的语言办事,以适应民族特定的方式执行任务,取得少数民族群众的信任,为实施民族区域自治提供了干部保障。

省委在1954年1月《关于当前有关民族工作几个问题的指示》中要求,未建立自治区的少数民族聚居区,继续推行民族区域自治,已建立自治区但贯彻政策不够深入的,应在普选中进行一次补课,落实自治权利,保障各民族间的民族地位和一切权利方面的平等。为更好地开展民族工作和民族区域自治,从1953年到1956年,广西再次组织比较系统的民族识别和社会历史情况调查工作。在县级自治地方建政方面,1955年12月和1956年2月,相继建立了都安瑶族自治县和巴马瑶族自治县。桂西壮族自治区所辖范围有所扩大,县级民族自治区增加了新成员。桂西壮族自治区行政区划由34个县增至41个县,全自治区面积约13.2万平方公里。经行政区划调整,全区人口为853.7万。其中少数民族人口586.2万,占全区总人口的68.7%;汉族人口267.5万,占全区总人口的31%。少数民族中,壮族人口525.7万,占全区总人口的62%。同时,对相当于区的民族自治区进行调整,改建工作至1956年完成。

1954年颁布实施的《中华人民共和国宪法》将民族自治地方分为自治区、自治州、自治县三级,县以下的少数民族聚居区设民族乡,使民族区域自治制度更加符合我国实际情况。根据国务院的指示,将过去各地建立的民族民主联合政府，依照不同情况和条件，逐步改建为自治州、自治县或民族乡。广西依法规范民族自治地方名称，根据宪法的有关规定，1955 年 9 月 18 日，省人委会报国务院备案，县级龙胜各族自治区、大瑶山瑶族自治区、隆林各族联合自治区、三江各族自治区和大苗山苗族自治区，均更名为自治县。1955 年 11 月 23 日，省委向中央提出，将桂西壮族自治区改变为桂西壮族自治州，并获中央同意。1956 年 1 月 19 日，中央批复同意桂西壮族自治区改为桂西壮族自治州，形式上仍管辖原桂西壮族自治区所辖的地区，宜山、百色两个专署分别改为自治州的宜山、百色地区工作委员会，其工作主要仍由省直辖领导。1956 年 3 月 2 日至 6 日，桂西壮族自治区第一届人民代表大会第二次会议在南宁召开。根据中共中央批示和国务院的决定，将桂西壮族自治区改为桂西壮族自治州（行署级）。会议选举覃应机（壮族）为自治州州长。5 日，桂西壮族自治州人民委员会和桂西壮族自治州正式成立。3 月 29 日，经中共中央批准，中共桂西壮族自治区委员会改为中共桂西壮族自治州委员会，书记冯寿天。改建工作至 1956 年完成，全省建立了一个自治州（桂西壮族自治州）、7 个自治县，更改和建立了 200 多个民族乡。按照宪法的规定，在少数民族聚居区域较大、聚居人口较多的地区，开始进行建立省一级自治地方的各项筹备工作，酝酿成立广西壮族自治区。

三、检查民族政策执行情况

1953 年 2 月 12 日，省委发出《关于检查民族政策执行情况的指示》，要求检查和认真解决民族区域自治、土改复查中民族间分配不均、执行风俗习惯和宗教信仰政策等方面问题。1956 年 8 月 30 日，省委再次发出《关于检查民族政策执行情况的指示》，要求检查在民族地区农业合作化、经济文化建设、培养民族干部、团结中上层人物、民族关系等方面执行民族政策的情况，并提出从上到下加强民族工作的措施。许多汉族干部通过学习，认识到大汉族主义思想的危害和克服这种思想的必要性，提高了政策水平，增强了正确执行民族政策的自觉性。经过检查，各地在执行民族政策和工作中存在的错误大多得到纠正。

为保障少数民族人民的民主权利，落实中央人民政府公布实施的

《选举法》规定,地方各级人民代表大会,凡境内有少数民族聚居区者,每一聚居的少数民族均应有代表出席。一切散居的少数民族成分,均参加各级人民代表大会的选举,应选代表的名额以人口比例为基础,其每一代表所代表的人口数,一般不得少于当地人民代表大会每一代表所代表的人口数的二分之一。依照上述规定,广西各少数民族都有相应数量的代表出席全国和地方各级人民代表大会。广西省第一届人民代表大会代表中,少数民族代表为171人,由省人民政府委员会参照少数民族分布等情况分配名额。出席全国第一届人民代表大会38名代表中有22名是少数民族。这些做法使少数民族的民主平等权利得到体现。

对于少数民族地区的社会改革,中央确定仍须坚持慎重稳进的工作方针。但同时重申,慎重稳进并不意味着不准备去帮助少数民族人民进行社会改革,也不意味着要勉强去推迟社会改革。过去几年,在社会经济结构和汉族地区相同或大体相同的少数民族地区,已经完成或开始进行土地改革,而尚未进行改革的民族地区社会经济的发展则更为落后。因此,对于这些地区的社会改革,可以考虑不再采取激烈的阶级斗争方法,而采用比较和平的方法即经过曲折迂回的步骤和更为温和的办法去进行社会改革,以便稳妥地推动这些地区向前发展。1954年1月,省委制订《少数民族地区土地改革实施方案》,采取与汉、壮族聚居区土改有区别的方法,提出了这些少数民族地区土改的方针:“坚持采取慎重的、温和的、曲折的阶级斗争方式”。同时还制定了对少数民族地区土改的若干具体政策,在对上层人物、地主阶级、富农以及划分阶级和土地、财产分配政策上实行与汉、壮族地区土改有区别的规定和办法。1954年上半年,完成了瑶、苗、侗等少数民族地区的土地改革,这一改革运用马克思主义的民族理论和党关于民族工作的方针政策,把中央土改的总路线和总政策同广西实际紧密结合,达到了既废除封建土地制度,又增进民族团结、推动生产发展的目的,为此后制定和执行民族地区特殊政策,作了有益的探索。

少数民族语言文字政策的贯彻落实。语言平等是民族平等的重要内容。广西世居少数民族中,除回族已使用汉语外,其余各民族都有自己的语言,但没有本民族统一规范的文字。党和国家十分关心和重视少数民族的语言文字工作，帮助尚无文字的少数民族创制文字和帮助已有文字需要改革的少数民族改革文字。在中国科学院语言研究所的帮助下，广西开展了大规模的壮语调查，在此基础上，于 1955 年 4 月制订了以拉丁字母为主要拼音符号的《壮族文字方案（草案）》，并报省人委会转报国务院审批。1956 年 3 月 19 日，桂西壮族自治州壮文学校在武鸣成立，为基层培养推行壮文的骨干。

四、少数民族地区经济的发展

根据中央的要求，以发展农业、牧业、贸易、交通为重点。1953 年上半年，随着第一个五年计划的制定和实施，省民委拟定并公布了《广西省少数民族五年建设计划》（修正稿），提出了“一五”计划期间少数民族地区经济建设的方针：稳步积极地发展农业生产，推广互助合作，提高农业技术，以增产粮食为主，五年内达到粮食基本自给；结合农业的发展，尽量发展畜牧业；循靠山、吃山、养山方向，以造林与合理采伐来推动护林；根据农业生产需要与经济能力，兴办各种水利工程，发展水利事业；继续开展石山区移民工作，计划五年内移民十万人。1953 年 11 月 23 日，省人民政府发出《关于加强领导少数民族地区生产工作的指示》，要求各级政府在考虑生产计划、布置生产时，必须充分注意少数民族地区的生产特点、条件和习惯，在领导生产过程中，应正确掌握农、林、牧业相结合，农业副业相结合的生产指导方针。1954 年 1 月，省委《关于当前有关民族工作几个问题的指示》指出，领导少数民族地区生产应作为今后的中心工作。1955 年 2 月 26 日，省委《转发广西省少数民族山区生产工作会议的两个文件及批示》明确了少数民族地区经济建设的指导方针：因地制宜，在增产粮食的基础上，大量发展多种经济，并在经营过程中密切注意农、林、牧、副业相结合。

在国家统一的财政制度下，广西各民族自治机关依据中央人民政府和上级人民政府对民族自治区财政权限的划分，管理自治区的财政。实行国家对民族地区经济扶助政策，如 1953 年 6 月 23 日省人民政府发出的《执行中南区少数民族地区工作干部生活补助试行办法的通知》、同年 10 月 31 日省人民政府发布的《关于对少数民族纳税照顾的减免规定的指示》等政策性文件，对发展少数民族地区经济，改善民族关系，稳定社会秩序，都具有重要的意义。根据这些政策，在财政方面，设立少数民族补助专款。为了帮助少数民族地区解决生产生活上的困难，从1953年起每年安排一笔少数民族补助专款，用于少数民族地区干部生活补助、发展生产补助和教育、卫生事业补助。实行税收减免政策。广西积极发展民族贸易，在少数民族地区以等价交换甚至实行补贴的办法，大力推进贸易工作，并逐渐发展供销合作社。从无到有，从点到面逐步建立和健全了民族贸易机构。1953年，桂西壮族自治区成立后，把南宁、百色、柳州（宜山）3个专区和桂林专区的龙胜各族自治区等43个县（自治区、市）划为民族贸易地区，建立桂西壮族自治区贸易公司系统，县设立贸易公司，县以下设立民贸所或购销组，民族地区商业机构和业务经营逐步得到发展。到1956年底，全自治区民贸机构发展到2800多个。

少数民族地区大规模的建设事业开始得较晚，由于贯彻了比较切合实际的经济建设方针和扶助发展政策，发展的速度和取得的成就是显著的。以桂西壮族自治区（州）为例，农业方面，1956年虽然发生严重旱灾，粮食产量仍达到26.8亿公斤，比1952年增产11.2%；农业总产值达81580万元，比1952年增长21%。农民粮食供给水平有了很大提高，1953年，桂西壮族自治区实现了粮食自给，还调出粮食2亿多公斤；1956年全自治州农业人口人均有粮321公斤，比1952年有所增长。工业方面，到1956年，桂西壮族自治州有工矿企业478个，比1952年增长40%，工业总产值10699万元，比1952年增长4.7倍，随着资源的开发和工业的建立，现代工业开始兴起，初步改变了单一的经济结构。1953年至1956年，桂西壮族自治区（州）修复和新建公路3833公里，少数民族地区交通事业的发展，大大改变了少数民族地区闭塞的状况，增进了各地区的物资交流和各民族间的往来。商品流通加大，1956年桂西壮族自治州零售商品总额41360万元，比1952年增长89%，1956年对农副产品收购总额达1.99亿元，比1952年增长89%。随着工业、交通的发展，少数民族地区的文化、教育、卫生事业也得到很大发展，在校的少数民族大学生、中学生、小学生都有了成倍增长，卫生机构普遍建立。少数民族的干部队伍也进一步成长壮大。

省委在党的过渡时期民族工作的任务以及一整套民族工作方针和政策的指引下，结合广西实际开展工作，使广西民族工作在整个过渡时期进行得比较稳妥。在少数民族地区的社会主义改造工作方面，根据每一个少数民族的地区特点和民族特点，循序渐进地引导那里的少数民族农民、手工业者走上互助合作道路，引导私营工商业者加入公私合营。1956 年，广西少数民族地区基本完成社会主义改造，共同逐步地过渡到社会主义，巩固和推进广西各民族的团结统一、共同进步。

第四节　教育科学文化卫生事业的发展

一、加强知识分子工作

经过国民经济恢复时期，中共中央、毛泽东向全党、全国人民，首先是知识分子，发出努力学习科学技术，向现代科学进军的号召。经济建设、科学研究、文教卫生等部门和单位，采取多种形式和方法培养和提高科技人员的政治思想和业务水平，以适应自身工作的需要和现代科学技术迅猛发展的形势。

全省土改结束后，党的中心工作转入生产运动。1953 年，根据中南军政委员会《关于登记与调配技术干部的决定》，在全省范围内对专业技术干部进行登记调整归队，对符合调整条件的 326 人进行了调整归队，其中农业技术干部 116 人，工程技术人员 194 人，理化技术干部 16 人。随着社会主义改造和社会主义建设事业的发展，广西的知识分子队伍日益壮大。至 1956 年初，全省约有中学文化程度以上的知识分子 15 万名，其中高级知识分子 2000 名左右。

解放以来，党对知识分子的团结、教育、改造工作，取得显著的效果。经过清匪反霸、土地改革、抗美援朝、“三反”“五反”以及合作化、城市民主改革和社会主义改造等一系列运动，知识分子在政治思想上发生了根本性的变化，他们中的绝大多数成为国家工作人员，是工人阶级的一部分,在各项建设事业中作出了有益的贡献。一些较有名望的高级知识分子,还担任了省、市人民委员会或政治协商委员会的委员和领导职务。但是,这一时期广西的知识分子队伍在数量和质量方面,在业务水平方面,还不能适应广西建设迅速发展的需要。全省一般知识分子总数占人口总数比例偏低,高级知识分子更少。在知识分子中,一些人的世界观是唯心主义的,且存在着高傲自大、斤斤计较个人得失、个人主义等问题。各级党组织在贯彻执行中央关于团结、改造知识分子政策过程中,一些干部存在着某些宗派主义情绪,对一部分知识分子接触和关心不多,信任和支持不够,使用和安排不当,有的甚至没有给以必要的工作条件和适当的待遇,这在相当程度上妨碍了知识分子力量和作用的充分发挥。

1955 年 12 月,省委召开知识分子工作会议,传达了 11 月 24 日周恩来在中共中央政治局关于资本主义工商业改造问题会议上所作的关于知识分子问题的讲话,以及 12 月 16 日中共中央《关于知识分子问题的指示(草案)》。强调正确对待和使用知识分子,是党的政策最重要问题之一。

1956 年 1 月 14 日至 20 日,中共中央召开关于知识分子问题会议,周恩来在会上作了《关于知识分子问题的报告》。《报告》指出,中国知识分子中的绝大部分“已经是工人阶级的一部分”,“发展社会主义建设,除了必须依靠工人阶级和广大农民的积极劳动以外,还必须依靠知识分子的积极劳动,也就是说,必须依靠体力劳动和脑力劳动的密切合作,依靠工人、农民、知识分子的兄弟联盟”,“知识分子已经成为我们国家的各方面生活中的重要因素”。因此,“正确地解决知识分子问题,更充分地动员和发挥他们的力量,为伟大的社会主义建设服务,也就成为我们努力完成过渡时期总任务的一个重要条件”。毛泽东在会上号召全党努力学习科学知识,同党外知识分子团结一致,为迅速赶上世界先进科学水平而奋斗。会后,全国形成“向科学进军”的热潮。

1956 年 3 月 21 日,广西召开全省知识分子工作会议,郝中士代表省委传达中央关于加强知识分子工作的指示。会议总结 6 年来广西对知识分子执行团结、教育、改造政策的情况,指出,全党要充分认识知识分子对建设社会主义的作用。为了适应建设事业的迅速发展,积极地培养、提拔新生力量(新专家),已成为紧急而又繁重的任务。各级党委必须结合具体情况,作出培养及合理使用知识分子的规划。会议确定此后的工作方向:树立工、农、知识分子联盟思想,充分发挥知识分子的才能,正确地对待和使用知识分子,把他们提高为完全的马克思列宁主义的知识分子;各级党政部门大量培养并提拔新的专门人才,改善和加强对知识分子的工作;克服在建党建团中对知识分子的关门主义倾向,加强在知识分子中发展新党员的工作;依照共产党员八条标准,要求1957年在知识分子中发展党员。这次知识分子工作会议的召开,统一了广西各级党组织和全省人民对知识分子问题的认识。会后,制定了知识分子工作规划。各级党组织在优秀知识分子特别是高级知识分子中发展了一批党员,提拔了一批干部。结合肃反,基本上肃清暗藏在知识界中的反革命分子,同时对一部分知识分子的政治历史问题,经过审查作出必要的适当的结论。在全省知识分子工作会议召开的同日,省委发出《关于动员失业、转业及在乡高级知识分子参加工作的指示》,要求各级党委认真做好对失业、转业和在乡高级知识分子的调查和选拔工作,以便早日进行训练和录用。同年,根据经济建设需要,省委、省人委对从事非技术性工作的技术人员,进一步调查登记并调整归队。调查重点是企业和机关单位用非所学的技术人员,全省上报要求调整归队的干部有373名,经审核符合归队条件的131名,均按学用一致,人尽其才,才尽其用的原则,调整了他们的工作。

省委加强对知识分子工作的领导,推动各地尽快解决知识分子在工作条件、政治待遇和生活待遇等方面存在的问题,使全省知识分子表现出空前高涨的政治热情和生产积极性,他们积极响应中共中央关于发展科学技术,“向科学进军”的号召,全面开展科技工作。许多高级知识分子拟定了自己的科学研究规划和钻研业务、自我改造的规划。一些中小知识分子积极要求进修提高,并拟定了实习自修计划。机关工作人员和工农群众纷纷要求提高文化水平,学习科学知识。科研机构会同各有关部门,组织科技人员和群众,开展了科学研究和技术推广,并且取得了显著的成绩。

二、发展正规化教育及高校院系调整

1953年后，在省委的领导下，为适应国家社会主义工业化需要，建立起适应人民民主国家性质、能为广大人民群众和新中国建设服务的教育体系，广西教育工作在整顿、巩固的基础上得到较快的发展。在对学校教师实行“包下来”和“争取、团结、教育”政策的同时，各级学校实行“向工农开门”，采取措施帮助工农子女入学；在城乡积极开展扫盲，举办工农和干部业余教育，组织工农干部补习文化；各级学校开展学习苏联教育经验，进一步改革旧的教育制度、教育内容和教学方法，加强学校管理，提高了教育质量。

这一时期广西的中小学教育得到较快的发展。其特点是实行12年中小学教育制度，推动正规化和计划性。

小学教育是整个教育建设的基础。根据政务院1953年11月《关于整顿与改进小学教育的指示》，认真对小学教育进行全面整顿与改进。贯彻中央“四二制”教学计划，条件好的小学坚持正规的教学制度；一般乡村小学也创造条件，逐步做到正规化。1956年，全省统一采用新编的“十二年制中小学教材”。在整顿巩固的基础上，在城市适当发展公立小学，协助工矿企业、机关和团体办学，或办私立学校，允许群众和工商业者继续兴办学校。在农村，根据需要与自愿的原则，提倡民办小学。同时，各学校逐步理顺了校内外的工作关系，加强学校内部管理，教学工作逐步成为学校压倒一切的中心工作。到1956年，全省小学发展到21664所，在校生达234.5万多人（不含钦州专区）。1955—1956学年度，入学率53.82%。

中等教育注意发展新型正规化中学。从1953年起，广西对中学布局进行调整，积极发展初中，到年底实现了县县有初中，部分县有高完中（含初中、高中的中学）。对中学分布不合理的布局进行调整。对未办初中的隆林、天峨、田林、大瑶山等县（自治区），限期筹办初中，并将一些初中改为完全中学。初步改变一些地区、县（自治区）没有高中或高中太少的状况。1956年，广西贯彻执行国家“加速发展，提高质量，全面规划，加强领导”的方针，大量发展中学。由于中学逐步向农村发展，许多偏远县、镇有史以来第一次出现了中学，加上学校坚持向工农开门，工农子女上中学读书的日益增多。根据教育发展的需要，广西还重点发展一批中学。1953 年 5 月到 1954 年 5 月，根据毛泽东关于“要办好重点中学”的指示，省教育厅选定南宁高中、南宁一中、桂林中学、博白中学、柳州中学等 11 所中学为重点办好的中学。1956 年全省中学 354 所，含高完中 97 所、初中 257 所；在校学生 1956 年 160483 人，其中高中 24435 人，初中 136048 人。

在此阶段，广西开展建设新教育的工作。以教育部 1955 年发布的《小学生守则》《中学生守则》作为推进学校德育正规化的重要范本。确定德育的目标是教育学生树立对祖国忠诚，为人民服务的思想，养成“五爱”的国民公德和刚毅勇敢、自觉遵守纪律的优良品质。1954 年 5 月，省教育厅转发政务院关于改进和发展中学教育的指示，规定中学思想政治教育的任务是树立社会主义的政治方向，培养辩证唯物主义世界观的基础和共产主义的道德。1952 年 12 月，省教育工作会议强调“向苏联学习是改进和提高我们教育工作的一个总方向”。会后，各地掀起学习苏联改革教学方法的热潮，积极学习凯洛夫、普希金等人的教育理论、教学方法，提倡按课堂教学五个环节（组织教学、复习旧课、进行新课、巩固知识、布置作业）进行教学。学习苏联的教学方法加强教学的计划性，发挥教师集体作用，改变封闭落后的旧教学方法，对提高教学质量起到积极的作用。

适应新的形势，高等教育事业也面临工作任务的转变。从 1952 年起，全国高等院校参照苏联模式，根据“以培养工业建设人才和师资为重点，发展专门学院，整顿和加强综合大学”的方针，进行院系调整。1952 年秋，广西大学文教学院、法商学院停止招生，增设铁路勘测专修科、输配电专修科和师范专修科（包括中国语文、历史、数学、物理、化学 5 个专修科）。广西大学矿冶系并入中南矿冶学院，土木系和农田水利专修科并入武汉大学水利学院，生物系并入华中师范学院，化工系并入华南工学院；广西大学农学院保留农学、林学 2 个系，独立成立广西农学院，其余园艺、畜牧、兽医、植保 4 个系，分别并入华南、华中、江西、湖南、河南农学院。在 1953 年的院系调整中，根据同年 5 月政务院第 180 次会议通过的1953年全国高等学校院系调整计划，广西大学和广西艺术专科学校撤销，师生和仪器设备分别并入中山大学、华中工学院（今华中科技大学）、华南工学院（今华南理工大学）、华中师范学院（今华中师范大学）等院校。1952年、1953年高等学校院系调整时，不少教师调往省外高等学校任教，全省仅留下教师228人，其中教授39人，副教授21人，讲师45人，助教123人。这批教师后来大都成为广西高等学校教师队伍的骨干。1953年8月，省人民政府报请中共中央、政务院批准，着手筹建广西师范专科学校。10月，经中央批准，改为筹建广西师范学院。到1956年，除广西省民族学院外，全省高等院校发展为农、医、师即广西农学院（今属广西大学）、广西医学院（今广西医科大学）、广西师范学院（今广西师范大学）3所专门学院。

院系调整后，全国高等院校在专业设置、教学计划、教学大纲、教材等方面基本统一起来。广西各高等学校着手组织教师学习苏联的教育理论和教学经验，学习部颁的教学计划、教学大纲，结合学校的实际情况制定教学方案，改变过去教学无计划、无大纲的状况，同时建立学科教研室，定期开展教学研究活动。在教学方法上提倡课堂讨论和现场教学，在考试方法上实行笔试与口试相结合。1953年开始，按照教育部规定，广西高校开设《新民主主义论》《马列主义基础》《政治经济学》《辩证唯物论与历史唯物论》等课程。1953—1957年，高等院校通过唯物主义和过渡时期总路线的教学宣传学习，以及组织参加社会主义改造和农业合作化运动，对学生进行社会主义思想教育。20世纪50年代，高等学校以“五爱”教育为核心，对学生进行爱国主义、集体主义和为人民服务的思想教育，培养学生热爱劳动、热爱劳动人民、热爱社会主义祖国的思想品德，树立爱护公共财物、团结互助、尊师爱友、努力学习文化科学知识、全心全意为人民服务的思想。抗美援朝期间，高等院校开展学习战斗英雄黄继光、邱少云等活动。这些都推动了高等院校学生思想政治觉悟的提高。

在发展教育事业过程中，也出现照抄照搬苏联教育经验的教条主义、形式主义等问题。特别是在1953年院系调整中，撤销了广西大学，对广西高等教育发展带来不利影响。

三、新文化艺术事业的兴起

1953 年 9 月，省委设立省文化事业管理局党组，加强党对文化艺术事业工作的领导。1955 年 1 月改名为省文化局，党组亦随之改名。1954 年，省文学艺术工作者第一次代表会议在南宁举行，成立省文学艺术工作者联合会。1956 年 5 月，毛泽东提出“百花齐放，百家争鸣”的方针（简称“双百”方针），推动了文学艺术创作的发展。广西规划文化事业发展，加强文化艺术人才的培训工作。1955 年春，创建省文化艺术干部学校，开设专业培训班，开展培训工作。

省委贯彻“整顿巩固、提高质量、重点发展、稳步前进”的文教工作总方针，坚持为工农兵服务、为生产服务的方向，积极发展人民需要的文学艺术创作，逐步满足群众日益增长的文化要求，以社会主义精神教育广大人民，推动文学艺术的发展。小说、诗歌、歌曲、舞蹈、美术等新的文学艺术作品在群众中广泛传播。

文学创作开始兴起。在早年赴延安鲁迅艺术学院学习、从事党领导的文艺工作或参加桂林文化城抗战文化活动留下来的作家周钢鸣、胡明树、陆地、苗延秀、秦似、林焕平等的带动下，启动了广西民间文学工作者的文学创作，并逐步由以民间文学为主的搜集整理转为以作家文学为主的创作活动，文学创作兴起。这一时期是诗歌的兴盛期。歌颂新中国，歌唱被压迫人民翻身解放，抒写民主改革运动的新生活，成为诗歌的重要主题。为了解广西少数民族社会历史文化，开展对广西少数民族社会历史调查工作，文艺工作者对民间文学进行广泛而深入地搜集和整理。在歌谣类方面，《广西民歌》收集了流传在广西的 200 多首民歌，《广西情歌散辑》收入 300 多首广西情歌。一批诗人从民族民间文学中汲取营养，撷取素材，创作出优秀的诗作。这些诗作以民主改革运动为时代背景，鞭挞假、丑、恶，歌颂真、善、美，抒写对民主与自由的渴望，讴歌对美好生活和纯真爱情的追求。如韦其麟的长诗《百鸟衣》、包玉堂的长诗《虹》、苗延秀的长诗《大苗山交响曲》，在社会上产生很好的反响。

小说创作出现了一批作品。其中，中国作家协会第一批会员、新中国广西第一位壮族作家、曾在延安鲁迅艺术学院学习过的陆地所著短篇小说《一对夫妻两条道路》(《一对夫妻》),表现在中国共产党领导下农民翻身之后的喜悦以及面临的新斗争,反映解放初期农村的新面貌。此外,散文、杂文的创作也取得一定成绩。

戏剧方面,对私营旧戏班进行民主改革,发展国营艺术团体。继续完善"共和班"的改制,把原私营剧团改为民间职业剧团,属集体经营性质,实行团长制,取消"班主制"。1955年1月,按照文化部关于加强民间剧团的领导和管理的指示,对全省民间剧团进行登记和整理,建立了各种管理制度。同时,成立桂剧艺术团、话剧团、民族歌舞团、彩调剧团等省级国营艺术团体。这些艺术团体集中了一批有较高艺术造诣的演员,改革传统戏剧,推陈出新,上演了不少经整理改编的传统剧目,如《双拜月》《追舟》《打樱桃》《西厢记》《宝莲灯》等,受到广大观众的欢迎。

挖掘整理和改革民间艺术遗产,推陈出新。1953年2月至3月,广西省第一届民间文艺观摩会演在南宁举行,包括22种民间艺术形式的84个节目参加会演。在1955年2月举行的全国群众业余音乐舞蹈观摩大会上,壮戏《宝葫芦》、侗戏《秦娘梅》、调子戏《龙女与汉鹏》《王三打鸟》获优秀演出奖,中国戏剧家协会特设茶会祝贺,会上调子戏被定名彩调。1955年8月,广西省第一届戏曲会演中,有10个剧种参加,演出传统、现代、新编历史戏共59个剧目,这些剧目都达到一定的思想水平和艺术水平。此外,壮剧、壮师剧、侗剧、毛难剧等少数民族剧种得到发展。1956年,根据流传在大苗山各地的苗族曲艺"果哈"唱本改编的《哈迈》搬上舞台,参加了省群众文艺会演并获奖,苗剧从此被确认为一个新的民族戏曲剧种。经各方面的努力,广西的戏剧发展呈现出一派兴旺的景象。

四、科技工作的发展

随着社会主义工业化建设的推进,科学技术的作用愈显突出。中央十分重视科学工作,1954年3月在对中国科学院党组的报告批示中指出:要把我国建设成为生产高度发达文化高度繁荣的社会主义国家,一定要有自然科学和社会科学的发展。在国家有计划的经济建设已经开始的时候，必须大力发展自然科学，以促进生产技术不断进步，并帮助全面了解和更有效利用自然资源。随着全国科学研究体制逐渐形成，广西科学研究机构得到发展，新建了一批科研院所，其中，1956 年建立了广西农业机械研究所、广西甘蔗研究所、广西中医药研究所，筹建广西兽医研究所、广西林业科学研究所。除了专门的研究机构外，一些企业还建立了研究小组或试验室。高等学校科研领导机构如广西医学院科研部（后改为科研处）以及广西农学院 1954 年设立的科研委员会（后改为科研生产处），也聚集了一批研究力量。

为适应工业化建设和农业增产增收的需要，全省开展科学研究以及技术革新、生产工艺改进。工矿方面，开展技术革新和技术革命活动，推广新技术、新工艺。开始改进采煤方法，合山煤矿首先推广走向壁式采煤法，生产效率提高 3—5 倍。研制和生产单相交流同步发电机、磁电机、汽油机等产品，其中有些产品达到国内先进水平或国际水平。开始进行区域地质调查工作，探明铁、锰、铅、锌、铜、锡等几十个矿种的储量。农业方面，全省完成水稻地方品种评选和普及中、高秆良种；选出水稻早造、晚造的 10 多个优良品种；研究成功新的育苗造林方法，提高造林的成活率。全省造林树种已由解放前的 10 多种增至 100 多种。在国内首先开展了黄牛、水牛和猪的人工授精技术的研究，并取得显著成效。在国内首先开展针麻原理的研究，并成功地应用于临床。骨折、蛇伤、烧伤、妇科病等中医临床诊疗技术在国内处于先进水平。由中国科学院牵头，组织省内外 14 个单位联合组成综合考察队，对红水河流域自然地理等 10 个专业进行综合考察，提交考察报告，为红水河流域利用、开发提供了宝贵资料。在省内开展学术活动的基础上，有关部门邀请国内知名专家、学者来广西讲学，作学术报告，促进全省科技人员学术水平的提高。有关科研管理机构和科技群众团体开展科学知识普及工作，通过科技培训、讲座、科普展览、书刊宣传等多种形式，积极推广、普及科学知识，推动科技事业走上有组织、有计划的发展轨道。

五、卫生事业的进步

根据国家建设的需要和实际情况，中共中央确定过渡时期卫生工作的重点,要求加强工业卫生工作和城市医疗工作,继续开展爱国卫生运动,防治对人民群众危害最大的疾病,农村卫生事业应与互助合作运动相结合,有步骤地开展。为适应卫生事业发展的需要,广西进一步健全管理机构,1954 年在省卫生厅增设中医、工业卫生、机关卫生等管理部门。始于 1952 年底的公费医疗制度,从 1953 年起逐步健全、落实各项具体制度,这些制度覆盖各级人民政府、党派、团体在编人员,各级文化、教育、卫生、经济建设事业单位在国家预算内开支工资的工作人员和大学生、专科学生,经政务院核定的各工作队人员以及受长期抚恤的在乡革命残废军人和住荣军院革命残废军人。广西结合省情,重点建立了农村医疗保健机构,实行划区分级医疗制。1953 年以后,广西对接办的和接管的医疗卫生机构进行整顿,将县卫生院扩建为县人民医院,发展医疗保健站和妇幼保健站(所),建立一批卫生防疫机构。1954 年,在省卫生防疫所的基础上成立省卫生防疫站。以后陆续建立鼠疫、疟疾、血吸虫病防治站,县卫生防疫站,麻风病院(村),自治区寄生虫病防治研究所、职业病防治研究所等专业防治机构。1956 年,全省建立的各级卫生防疫站达到 74 所。省民族卫生工作队,在少数民族聚居的边远山区开展巡回医疗和防疫工作。在凭祥、北海、南宁、桂林、防城、梧州、柳州等口岸建立国境卫生检疫所,形成全省的卫生防疫网络。

为解决医药卫生人才奇缺问题,扩建广西医学院。1953 年,根据中央文委关于“整顿巩固、重点发展,保证质量、稳步前进”的文教方针精神,广西对原来的 17 所中等卫(护)校进行调整,新建 2 所新学校,到 1956 年有 6 所中等医药学校,并开始在县级医院附设卫生(护士、医士)学校。全省还从社会上招收个体医生,从部队接收一批转业的卫生人员到地方医疗卫生机构工作,以适应卫生事业发展的需要。全省医疗卫生人员由 1952 年的 6913 人,增至 1957 年的 44660 人。

为了彻底改变医药卫生界存在的中西医对立和歧视中医的情况,省委继续认真贯彻中共中央团结中西医的方针。1953 年后,广西在“团结新旧医”政策指引下,批判了对待中医的错误思想,号召西医向中医学习,引导医务工作者正确认识和对待中医,纠正对待中医的忽视、歧视倾向。1954 年 6 月 16 日,省人民政府旧(中)医委员会成立。1956 年,根据卫生部提出的“关键问题在于西医学习中医”的指示，广西安排80名西医学习中医，还选派8名西医到北京、广州离职学习中医，建立广西中医药研究所，吸收一批社会上开业的老中医师到各医院工作，增设中医科，开展中西医结合治病，逐步形成中西医在防治工作上互相团结，学术上相互合作的局面。经过几年努力，一个中西医结合、防治结合的城乡医疗卫生保健网初具规模。

开展群众性爱国卫生运动。广西人民响应毛泽东“动员起来，讲究卫生，减少疾病，提高人民健康水平”的号召，开展了以“四净”（身净、房净、院净、街净）、“五灭”（灭蝇、灭蚊、灭虱、灭蚤、灭鼠）为主要内容的爱国卫生运动，并逐步走向制度化和经常化。1953年，广西省防疫委员会改名为广西省爱国卫生运动委员会，由陈漫远任主任委员。在省爱卫会组织领导下，群众性的爱国卫生运动在广西城乡兴起，城市中增加卫生设施，建立健全卫生管理制度，交通沿线的38个市、县大力扑杀鼠、蚊、蝇，推行预防接种，霍乱、鼠疫完全绝迹。广大农村也开展清洁工作，大大改善了城乡环境卫生。各种传染病发病率和死亡率明显下降。各级党委和政府利用各种形式，开展卫生宣传，普及医疗卫生知识，破除迷信，移风易俗。1956年，围绕《全国农业发展纲要》提出的消灭“四害”（苍蝇、蚊子、老鼠、麻雀，后把麻雀改为臭虫）、防治危害人民健康最严重疾病的要求，省委、省人委组织各地开展以除病去害为中心的爱国卫生运动，把除“四害”列为主要内容。广大农村因地制宜进行环境改良，消灭大量传染疾病的害虫，大大降低疟疾等疾病的发病率，农村环境得到很大改善。

在党的正确方针指引下，医药卫生事业在这个时期取得显著成绩。城乡卫生医疗网初步建立起来，国家公职人员、大学生和工矿企业职工享受到公费医疗和劳动保护。国家采取减免收费的办法加强对严重危害人民健康的流行性疾病的治疗，烈性传染病初步得到控制，疟疾发病率得到有效控制，成绩显著。各类医疗卫生机构都有大幅的增长，同时较好地发挥了中医在群众医疗保健工作中的作用，为提高人民健康水平进一步提供了保障。

第五节　增强党的团结及审干肃反运动

一、实行党的集体领导，加强党的团结

在开始大规模经济建设和全面社会主义改造的过渡时期，党内发生了高岗、饶漱石反党分裂活动的重大事件。党中央领导全党对这种危害党的团结的行为进行了严肃的斗争，在党员干部尤其是市级干部中进行了一次维护和增强党的团结的教育，使党的团结成为实现过渡时期总路线的根本保证。

1954 年 2 月，党的七届四中全会作出《关于增强党的团结的决议》，明确规定，党的团结的唯一中心是党的中央，必须反对任何妨碍中央统一领导、损害中央的团结和威信的言论和行动；党的团结的重要保证之一是严格遵守民主集中制和集体领导的原则，必须反对把自己领导的地区和部门当作独立王国，反对把个人放在组织之上，反对不适当地过分地强调个人的作用，反对骄傲情绪和个人崇拜。《决议》还指出，如果避开党组织和党中央，进行和散布个人或小集团的政治活动和政治意见，这在党内就是一种非法活动，就是违反党的纪律、破坏党的团结的活动，必须加以反对和禁止。

4 月 10 日至 16 日，省委在南宁举行扩大会议，省委委员、各地（市）委书记、省委各部处以上，省人民政府厅长以上、军区师级以上党员干部 130 余人参加，会议传达讨论党的七届四中全会《关于增强党的团结的决议》和高岗、饶漱石问题。会议一致拥护全会的各项决议，并根据中央决议的精神，对妨碍党的团结的有害思想和错误倾向进行了分析批判，强调党的团结是党的生命，要同一切破坏党的团结、损害党的威信的言论和行为作坚决的斗争。会后，各地（市）委召开扩大会议，5 月 8 日至月底，全省各县委相继召开三级干部会议，传达七届四中全会决议，贯彻上级党委会议精神。在省委部署下，各级党委在党员干部中组织学习了中共七届四中全会决议。

1954年6月，广西省第三次党代表会议在南宁召开，会议强调要认真贯彻党的集体领导原则。规定：凡一切重大问题，任何个人均不得独断独行，必须经过党的委员会讨论决定，充分发扬民主，发挥集体智慧，以减少和避免工作中的错误和缺点。第三次党的代表会议提出，党的委员会要以常委会为核心，有关各项工作的方针和政策及重大的工作和问题，均须经过常委会事先充分的准备酝酿，认真讨论和决定，除紧急特殊情况外，没有准备的会议不开，不成熟的意见可多讨论一两次再作决定，实行党委制。实行集体领导是党的民主集中制原则在领导工作中的具体运用和体现，而党委制是保证集体领导，防止个人包办的党的重要制度。

随后一年时间里，全省有步骤、分层次地在党员干部中组织学习七届四中全会决议，注意贯彻正面教育、讲清道理的方针，使党员干部在思想上明确认识高、饶反党分裂活动的严重性质及其危害性，认识过渡时期同资产阶级思想斗争的尖锐性、复杂性，提高革命警惕，认识党的团结是实现社会主义的根本保证，加强党的团结具有重要意义。各级党组织和党员干部通过学习讨论，大都检查批判了妨害党的团结、违背集体领导的现象，骄傲自满情绪、个人专断等个人主义思想和不民主作风，以及各自为政的分散主义现象，发扬了批评与自我批评的优良作风，党的团结和集体领导制度的实行得到了明显加强。各级党委着重对派别思想、小团体习气、地方主义、山头主义、不尊重党委领导的分散主义、不执行党委决议以个人决定代替集体领导的独断专行，以及骄傲自满、以功臣自居、闹个人待遇、当面不讲背后乱讲等破坏党的团结的错误思想与行为进行检查，对破坏党的团结的分子给予严厉的党纪处分。纪检部门对各地揭发出来的党的组织或党员干部有关损害党的团结，违反党的纪律问题的材料，加以整理研究，对重大案件进行检查处理，并选择典型案件通报，警示全省党员领导干部珍惜与遵守党的团结和集体领导制度。

中央总结对高岗、饶漱石反党分裂活动的经验教训，加强对党员工作的监督，健全各种必要的制度，如建立和加强中央对全国各地方和上级对下级的巡视检查制度等。1955年3月，中国共产党全国会议作出《关于成立党的中央和地方监察委员会的决议》，选出以董必武为书记的中央监察委员会，原有的中央及地方各级党的纪律检查委员会撤销。

6月,广西省第四次党代表会议根据中国共产党全国代表会议的决议,选举产生了中共广西省监察委员会,郝中士任书记。8月,中共广西省纪律检查委员会停止工作,主要职能由省监察委员会承担。当年年底,全省县级以上党的监察委员会机构基本配齐。

二、审查干部和内部肃反运动

审查干部是党进行干部管理的一项经常性工作。随着有计划经济建设和社会主义改造的全面展开,党的干部管理工作面临许多新情况。由于几年来工作任务十分紧迫,干部调动频繁,各级领导机关还没有来得及对全体干部逐个进行细致的审查,对大部分新干部的情况未能全面掌握。在新干部中,历史不清、来历不明的分子依然占着相当的数量,甚至还有少数反革命分子隐藏在内;在老干部中也还有少数未经过审查,或虽经过审查但还有某些问题尚未弄清,或当时认为没有问题而以后又发现了某些问题的,有些领导干部也还存在着麻痹思想,对干部的使用,只注重其业务能力,忽视从政治上去考察。1953 年 11 月 24 日,中共中央作出《关于审查干部的决定》,决定在两三年内对全国干部进行一次细致的审查,以便更进一步了解干部,保证国家建设任务的顺利进行。

根据中央的指示精神,1954 年 8 月,省委发出通知,要求各级党委在两三年内对干部进行一次深入、细致、系统的审查。审干的目的是为了全面了解干部,主要从政治上进行审查,弄清每个干部的政治面目,清除混入党政机关内的反革命分子、阶级异己分子、蜕化堕落分子,以保持干部队伍的纯洁;在审查中要多方面地了解和熟悉干部的思想品质、工作才能,以便更有计划地培养干部,正确地使用干部。审查的范围,包括各级党政机关、人民团体及财经、文教等部门的全体干部。审查干部采取的步骤是:先党内,后党外;先领导骨干,后一般干部;先要害部门,后一般部门;先审查地(市)委、专署(市)以上的领导机关和重要的国营厂矿企业,后审查县、区级机关和次要的厂矿企业;先审查政治面目不清、来历不明和重要关节上含糊不清的干部,后审查其他干部。这样做可以使首脑机关、要害部门得到及早清理,又可从容地解决其他机关、部门的问题,以减少偏差,避免发生混乱。

省委成立审干委员会，负责对全省11万多名干部进行全面审查。审干工作从1954年下半年起陆续在各级党政机关、人民团体及财经、文教部门展开。这次审干不采取突击运动的方式，而是结合工作进行。各地成立专门的审干机构，抽调政治上完全可靠、作风正派的干部做审干的具体工作，并经过培训掌握审干的方针、政策和必要的知识，将已掌握了材料的审查对象进行分类排队，有计划、有次序地进行审查。同时，在审干中坚持认真地进行调查研究。各地都组织大批干部进行大量而细致的工作，防止发生“逼、供、信”的错误，主观臆断的现象也大大减少，使有些过去长期弄不清楚的问题在这次审干中得以搞清。同年10月24日，中共中央又发出《关于审查干部工作同肃反斗争结合进行的指示》。按照中央指示的精神，广西省委修订了审干工作计划，首先审查和处理那些已被揭露的反革命分子和反革命嫌疑分子，有的还通过肃反斗争来解决审干当中突出的重点问题。这样，原定列入审干范围的县级以上机关、厂矿企业的干部，有相当一部分被列入肃反审查对象。由于审干工作与肃反斗争这两件虽有联系但性质不同的事情交叉进行，使原定在两三年内对全国干部进行一次审查的工作向后延迟，至1957年底，广西基本完成对区助理以上干部的审查。

通过这次审干，基本弄清了全省各类干部的政治历史情况，并区分情况作出妥善处理。绝大多数干部的问题搞清楚了，有了结论，一身轻松，放手大胆开展工作；一些过去因历史关节问题不清而放在次要工作岗位上考察的干部，经查明确无问题又一贯表现很好的，按其德、才提拔任用，更好地发挥他们的作用；少数干部有个别问题难以查清暂时挂起来，而对其历史清楚的部分予以结论，使他们放下包袱，轻装前进。整个过程是慎重的、基本健康的，达到了深入考察干部、纯洁干部队伍的目的，为有计划地培养干部，正确地使用干部创造了必要条件。但在审干过程中，对干部的出身成分、社会关系等问题看得过重，导致在一些干部使用上受到一定影响。

正当审干工作有步骤进行的时候，党和国家政治生活中出现一些复杂情况。1954年、1955年党内、国内接连发生的高饶事件、潘扬事件、胡风事件等，当时被认为是“随着我国社会主义事业的进展，阶级斗争必然日益尖锐化和复杂化”的反映。根据这个判断，1955 年 7 月 1 日，中共中央发出《关于展开斗争肃清暗藏的反革命分子的指示》。《指示》对国内阶级斗争状况作了过于严重的估计，认为“在很多部门，在很多地方，大量的暗藏的反革命分子是还没有揭露和肃清的”，他们以伪装的手法钻进革命队伍，在财政经济、政治法律、文化教育、学术思想、统一战线、群众团体以及其他许多机关里和战线上进行阴谋活动，破坏人民民主制度和社会主义事业。中央当时估计，暗藏的反革命分子或其他坏分子约占全国各类机关总人数的 5% 左右，决定在全国范围开展一场肃清暗藏反革命分子的运动，以教育全党和全国人民，提高对暗藏反革命分子的警惕性，中央和各级党委均成立专门小组领导肃反工作，将审干工作与肃反斗争密切结合进行。

1955 年 7 月，省委成立肃反五人小组，部署全省肃反运动。运动分四批进行。第一批从 1955 年 7 月到 1956 年 12 月，参加运动的有省、桂西壮族自治区（州）、市、专区直属机关以及平桂矿务局、柳州铁路管理局等单位。第二批从 1956 年 2 月开始到年底结束，参加的有各县、区财经部门干部职工，中小学教职员工，各市属单位与厂矿企业、铁路职工，省直属单位人员。第二批肃反涉及人数多，而且大多处在生产第一线。第三批从 1956 年 12 月开始，包括各县、区党政群部门，厂矿企业、铁路系统，省直和市属单位人员及前两批余下的部分人员。以上三批，共有 35.59 万多人参加肃反运动。1958 年初至 9 月，又在公私合营企业、各种类型合作组织及需要肃反但尚未在以上三批开展的单位进行第四批肃反运动。

肃反运动贯彻严肃与谨慎相结合的方针，对反革命分子实行惩办与宽大相结合的政策，坚持群众路线的工作方法和调查研究、实事求是的工作作风。整个肃反运动分为准备工作、斗争、专案审查、甄别定案、复查等阶段。按照中共中央的指示精神和省委部署，先内层、后外层，先领导机关、后基层单位开展内部肃反，清查暗藏在内部的“五个方面敌人”和其他现行破坏的反革命分子。广西还把县（包括市辖区）以上的机关、学校、厂矿、企业列入内部肃反范围。各地配备训练了一批骨干力量，组织有关人员进行政治形势教育、肃反方针政策教育及对党和政府要“忠诚老实”教育，发动群众开展斗争，并促使嫌疑对象主动坦白交待问题。对肃反中有问题的党员，各地根据中共中央1951年8月《关于在清理“中层”“内层”运动中对共产党员有所隐瞒政治问题和历史问题的处理办法（草案）》，进行了处理。

这次内部肃反运动，全省清查出一批反革命分子和其他坏分子，同时缴获枪支、子弹等武器及其他反革命罪证。通过内部肃反运动，从全省党政机关、军队内部清查有关人员，甄别性质，区别属于敌我矛盾的、属于人民内部矛盾的对象采取不同处理方法。肃反运动在全省范围内进一步清理了暗藏的反革命分子和其他坏分子，打击了国内外反革命势力的颠覆破坏活动，清除了人民政权内部的政治隐患，纯洁了干部、职工队伍，使广大人民群众普遍受到了一次深刻的政治教育，提高了警惕性，进一步纯洁了革命队伍，加强了人民民主专政，同时也弄清了一些干部的历史问题，使他们放下沉重的历史包袱，焕发了革命和生产的积极性，促进了社会主义革命和建设事业的顺利进行。

由于对阶级斗争的尖锐程度估计得过于严重，有些问题政策界限不清，致使一些地方在运动中出现了定性不准、斗争面过大、处理或重或轻等偏差。在运动后期，中共中央发出《关于检查镇反的指示》，要求对错斗、错捕、错关、错判的人做好甄别平反工作。1956年8月开始，对1955年初至1956年8月间的镇反案件进行全面检查。根据中央“有反必肃，有错必纠”的原则，有关部门对查出来的问题进行纠正和平反。但由于受到1957年夏季以后出现的反右派斗争扩大化的影响，这一甄别平反工作基本上被搁置。其中，1955年上半年，省委成立“胡风集团问题处理委员会”，开展肃清“胡风反革命集团”① 的斗争，造成的冤假错案直至党的十一届三中全会后才全部平反。

---

① 胡风是著名的文学理论家、批评家和诗人，早年参加党领导的左翼文化运动，并形成自成一体的文艺思想。对胡风的一些文艺思想和主张，长期存在着学术界争论和批评。1955年在开展对胡风文艺思想的批判中，被升级为政治问题，胡风以及一批与他有联系的党内外文艺工作者被错误地定性为“反革命集团”，遭到迫害，被撤职以至逮捕法办。

第六节　过渡时期党的建设及中共广西省第一次代表大会的召开

一、建党工作的进一步开展

这一时期，省委根据中共中央的部署，继续坚持“积极慎重”的方针，围绕各阶段的中心工作提出发展党员的目标要求，进一步加强了建党工作。建党中，各级党组织积极做好选择、考察与培养教育积极分子工作，坚持党员标准，严格履行入党手续，确保党员的质量和党组织的纯洁性。

广西的各级党组织认真执行党中央制定的发展党员工作的方针，结合各个时期党的中心任务和各项政治运动，推动了各系统和单位的建党工作。省委及各级党委重视对农村、厂矿中薄弱单位与手工业、公私合营工商业和知识分子中建党工作的领导，重点是农村及党的组织基础比较薄弱的落后村、工矿企业、交通基建单位和机关、学校，改变党的基层组织党员分布不平衡的状况。党员发展工作，逐步成为党组织的一项重要的经常性的工作。仅 1954 年、1955 年发展党员数分别为 31300 名、33800 名，每年新发展的党员人数不断刷新纪录，党员队伍不断扩大，基层党委、党总支、党支部等基层党组织得到较快的发展。

省委重视在农村的建党工作。1953 年 1 月，省委指示：农村新支部党员的巩固教育提高，关键在于健全区委组织，加强领导；开办支书训练班，提高他们的领导水平；以区为单位建立农村支部联席会议汇报制及检查制，发挥支部在农村中的核心领导作用。同年 2 月，省委提出，发展党员要发展与巩固并重，贯彻积极慎重发展的精神，在巩固提高的基础上积极发展，在发展中巩固提高，达到积极稳固的发展。1953 年，随着划乡、建乡工作的结束，省委对农村基层组织进行调整，以适应农村行政组织的改变。当时在 2400 个乡建立党支部，建立党组织的乡占乡总数的25%。经过几年的发展,1956年农村基层党组织发展到8900个,99.3%的乡已建立党组织,广大农村普遍建立了党的基层组织。

在厂矿企业党建方面,1953年1月,省委组织部在《关于提高及巩固树立支部领导作用的指示》中,要求厂矿企业党支部加强对党员的教育提高工作,以保证支部在厂矿企业的领导作用。同年5月又提出,工矿党的基层组织,应特别注意做好在国营、公私合营厂矿企业的产业工人中发展党员工作,尤其应注意在各厂矿企业的重要管理部门、生产部门中发展党员。1954年,全年发展新党员1352名,厂矿党的组织得到进一步发展。到年底统计,厂矿共有党员5200多名,占职工总数的9.4%,有党委10个,党总支31个,党支部290多个。1955年3月,省委第五次工业会议要求,厂矿仍需继续贯彻积极慎重、巩固地向前发展的建党方针,使建党工作经常化。党员人数和党组织数量继续增加。

基础较好的机关基层党组织,到1955年底共有党员17880多名,占干部总数的41.31%。1956年1月,省委组织部制定了机关先进党支部的条件,鼓励机关党支部进一步做好组织工作。这一措施促进了机关党支部的巩固提高。大专院校基层党组织也有发展,到1953年2月,学校发展新党员120多名,新建支部近20个。1953年11月,省委传达第二次全国组工会议精神,要求在学校中发展新党员,以专科以上学校、各种技术学校的学生和青年教师及中等学校的教职员为主要对象。1955年5月,省委组织部进一步提出大专院校基层党组织发展新党员的要求,学校着重吸收历史清楚,思想进步,对共产党有认识,认真教学,联系群众,在群众中有威信的优秀教师入党,在学生中着重吸收思想进步,认真学习,成绩优良,热爱劳动,并具有社会主义觉悟的青年团员入党。

到1956年底,全省中共党员发展到24.63万多人。全省有县(区、市)以上党组织118个,其中,自治州委1个、市委4个,地委5个,县(自治县、市)委71个,市辖区委2个。党的基层组织进一步建立健全。

二、党员干部的正规化教育

各级党委按照中央的指示,大胆大量地培养和提拔干部,到1953

年，全省党员人数4.66万人，干部人数达11.67万人，基本缓解了广西干部紧缺的问题。为适应大规模建设的需要，提高党员干部素质，充分发挥他们的作用，省委组织开展对党员干部的正规化教育。

1953年4月，中共中央发出关于理论教育的指示，要求具有初中以上文化程度的党员干部，必须分别参加理论学习的高级组、中级组，学习社会主义经济建设理论。这一指示在广西得到认真的贯彻执行，6月19日，省委公布贯彻执行中央《关于一九五三——一九五四年干部理论教育》的执行计划。在这个计划中，安排主要干部学习《苏联共产党（布）历史简要读本》，系统地了解苏联实现国家工业化、农业合作化和完成社会主义建设的基本规律，学会在经济建设中正确运用苏联的经验。初级组中文化程度不到初中毕业的工农干部的学习则以学习文化为主，适当学习政策文件和理论常识。

针对全省干部现有文化程度普遍较低及文化补习学校的现状，省委根据中共中央关于提高干部文化程度的指示精神，采取多项措施提高干部文化程度，分批调送干部到各级干部学校进行学习培训。各地区建立学习顾问、文化教员和理论学习等制度，有效地提高了广大干部的文化程度，为学习政治理论和钻研业务打下基础。各级党委结合扫盲运动，不断降低党员文盲比例，1956年底，党员中的文盲率由1952年底的19.53%下降到11.41%。

面对社会主义改造和经济建设新形势，省委决定省委党校的任务从1954年秋季起转为正规轮训干部，培养各县党政领导骨干。省委党校作为进行马克思主义理论教育、加强思想理论建设的重要阵地，主要轮训县、区党政主要干部和其他部门县级以上的党员负责干部；地市委党校，主要轮训区委委员、区级一般干部。1954年秋，省委党校逐步开设中国共产党简史、党的建设、辩证唯物主义与历史唯物主义、政治经济学、马列主义基础等课程，对学员进行半年较为系统的基础理论学习，开展无产阶级世界观和全心全意为人民服务的革命人生观教育，以提高干部理论水平，增强党性。各级党校、行政干部学校也连续举办多期轮训班。1956年2月，根据中共中央《关于加强初级党校的指示》，省委党校被确定为初级党校。

这一时期,省委组织广大党员开展经常性学习教育活动。在整党建党中,全省党员和党的积极分子学习了《中国共产党党章教材》《中国共产党简史》等,并逐步形成了党的组织生活制度。党课教育,是对党员进行教育最主要而又最普遍的一种形式。党课教育的主要内容是进行共产主义教育,着重帮助党员和积极分子进一步树立共产主义人生观,坚定共产主义信念,牢记全心全意为人民服务的宗旨。1953 年,为了加强对新党员进行党性、党风、党纪和党的基本知识的教育,容县地委、桂西壮族自治区党委组织部、平乐地委宣传部以及南宁市、柳州市、北海市、柳铁等党委宣传部发出加强支部教育的指示或作出计划。1954 年 8 月 20 日,中共中央华南分局批复广西省委宣传部《关于农村党支部经常教育工作的报告》,认为建立以党课制度为主要形式来开展支部的经常教育的意见是正确的,肯定了广西的做法。1955 年,各地农村党支部的党课制度由中心工作教育逐步过渡到经常化、系统化的党课教育。1956 年 2 月,省委组织部和宣传部联合发出的“农村支部教育工作计划”,除了要求党员在贯彻执行党的政策、在劳动生产等方面起带头作用外,还规定党员不得雇工、放债、出租土地和经营投机商业,不得假公济私、违法乱纪,进一步推动了农村支部教育工作的深入开展。

到 1954 年,因为全省党员有四分之三是新中国成立后入党,受党的纪律和党的基本知识教育不够,时有违反党纪特别是强迫命令、违法乱纪的情况,省委纪委要求全省各级党组织加强对新党员进行党纪教育和党的基本知识教育,以便养成遵纪守法的良好作风。通过教育,当年党员违纪受处分人数明显下降。1954 年,省委发出关于党员、干部在当年秋粮食征购工作中应遵守的几项纪律规定的指示。针对农村党员及县、区、乡工作干部的情况,提出要严格禁止工作中的强迫命令和违法乱纪行为。各级纪委结合布置中心工作的各种干部会议,传达贯彻省委的纪律规定和各级纪委的纪律规定,并开展以检查违反棉布、粮食、油料统购统销政策为主的纪律大检查,使广大党员、干部受到深刻的纪律教育。1956 年,省监委要求各级监委经常注意和研究党员的思想倾向,针对实际情况,利用各种机会,对党员进行全面系统的党纪教育,并提出在两年内党的各级组织和党员应该基本上懂得党的监察工作的意义和执行党纪的政策界限,达到提高遵纪守法的自觉性,从积极方面来减少和防止党员违反党纪的行为。同时,还结合党的中心工作进行党纪教育。1956年,全省农村结合整党和整顿农业社,对党员进行了全面系统的教育。各地、市监委把中央监委《关于处理农村中共产党员违反党的纪律的几项规定》等文件,作为党纪教材,印发至基层组织,对党员进行党纪教育。省监委还要求各级监委负责人,在各种会议、党校或训练班上作党纪教育报告,加强对党员进行纪律教育,防止党员违反党纪的行为。

对党员的正规化教育,使党员的文化水平、政治理论水平和政策水平普遍得到提高,为完成社会主义改造与经济建设任务,提供了可靠的组织保证。

三、中共广西省第一次代表大会的召开

党的组织是按民主集中制建立起来的。按党章规定,定期召开各级党的代表大会和代表会议,讨论中央指示和各种工作,选举党的各级领导机构,是党内民主生活的根本制度。从广西省委成立到1956年6月,由于进行全省范围的党内选举条件还不成熟,广西没有召开省一级党的代表大会。从1950年3月到1956年6月,省委先后召开五次全省党的代表会议,发扬党内民主,决定大政方针,领导并推动党的中心工作的开展。在全省范围内,四个省辖市及各个县均召开了党的代表会议。党的代表会议为召开中共广西省第一次代表大会创造了条件。

根据党的七届六中全会的部署,省委决定召开中共广西省第一次代表大会。1956年2月16日,省委发出《关于召开第一次全省代表大会的指示》,并成立筹备委员会和代表资格审查委员会。21日,中共中央批复同意广西省第一次党代表大会的名额和选举办法。27日,省委发出通知,要求各市、县在4月底以前普遍召开本级党代表大会,选出参加省一大的代表并报送省委。其后由省代表资格审查委员会进行审查,确定代表人选。省委规定,每250名党员选举代表1人(以1955年6月底统计为准,正式党员和候补党员合并计算),少数民族地区和省直属机关适当照顾,增加代表名额。选举代表时,少数民族党员、妇女党员和青

年优秀党员,均有适当数量的代表。

根据七大党章的规定,省的代表大会要听取、讨论和批准省委的报告及省其他机关的报告,讨论和决定本省的各种问题与各种工作,选举党的省委员会以及出席全国代表大会的代表。出席省代表大会的代表数额及选举方法,由省委决定,报中央或中央代表机关批准。由省委全体会议选举省委常务委员会及正副书记,负责日常工作。省委的书记和党委,须经中央批准。

1956 年 6 月 20 日至 7 月 3 日,中国共产党广西省第一次代表大会在南宁召开。大会代表 549 名,到会代表 523 名,包括工农业的劳动模范、先进生产者、工矿和农村的支部书记、农业社主任、各级党委的负责干部等党在各方面的优秀分子。6 月 20 日,传达中共中央政治局对大会的指示,召开预备会通过大会主席团和秘书长名单。6 月 21 日,大会正式开幕。大会听取并通过陈漫远代表省委所作《1956 年全省工农业生产的主要情况和任务》的工作报告和代表的大会发言,分组讨论陈漫远的工作报告,修改《广西省 1956 年至 1967 年全省农业发展纲要(草案初稿)》,选举出席中国共产党第八次全国代表大会的代表。选举产生中国共产党广西省第一届委员会。这次大会在学习贯彻毛泽东《论十大关系》精神的基础上,初步总结了党领导广西进行社会主义改造和开展有计划的经济建设的主要成绩,提出今后进行社会主义建设的任务和措施。

大会指出,在中共中央的坚强领导和各级党委的努力下,有力地推动了全省的农业合作化和手工业、资本主义工商业的社会主义改造高潮,取得伟大的胜利,广西的经济、政治等方面发生了巨大的变化。在经济方面,经过社会主义改造,1956 年春,社会主义的生产关系已经在广西农村普遍地建立起来;有计划的工业生产的社会主义建设运动取得显著成绩。在农业、手工业和资本主义工商业的社会主义改造中,已建立了 9997 个高级社,参加的农户达总农户的 98.2%,工业生产、商业和交通运输都取得不少成绩。党和团的力量不断增强,通过贯彻建社整社与建党建团、整党整团相结合的方针,截至 1955 年底,全省已有 91% 的乡建立了党支部,共有农村党员 10.4 万多人;97% 的乡建立了团支部,共有农村团员30多万人;工矿企业中党员人数也大为增加。报告在总结各方面工作成绩后,也指出了存在的一些缺点:主要是一些地方增产指标订得过高,过分强调集体经营,一些地方只抓粮食而忽视了经济作物和副业生产,在工业生产的社会主义建设高潮中暴露出厂矿领导落后于群众运动,影响了有计划的工业生产。

大会指出,社会主义改造和社会主义建设是全新的工作、全新的事业。在领导改造和建设工作中,不同程度地发生和出现了一些偏差与问题,反映出在全省党政领导机关中官僚主义作风在滋长。大会揭示了这种作风的主要表现形态,深刻地分析了它产生的主客观原因及严重危害。

大会提出下半年工作重点。农业方面,要求在合作化的基础上,全面发展农业生产,保证增产增收;工业方面,要求继续深入开展工业生产的社会主义建设运动,全面完成1956年的工业生产计划,提高产品质量,保证安全生产,降低成本,实现计划平衡发展;商业方面,解决产供销平衡问题,搞好经营,改进市场管理和加强对私营商业的改造;交通运输方面,积极组织货源,降低运价,保证物资商品的及时周转。大会对这些重点任务进行了阐述和分解,明确了具体要求和方法。

大会认真总结历史经验,强调加强党的领导是社会主义建设的重要保证,是过去我们取得伟大胜利的重要因素。在已经取得极其伟大胜利的基础上,必须防止骄傲自满的情绪,在党中央的领导下,进一步加强党的领导作用。一是抓紧全面发展生产,加强经济建设工作,各级领导必须迅速赶上形势发展的需要。二是进一步贯彻党的集体领导原则,建立健全集体领导制度,认真发挥这一制度的作用。三是贯彻走群众路线的工作方法,克服主观主义和官僚主义。四是在各个群众运动中结合中心工作,不断地进行整党建党建团工作,增强党的组织和力量,保证各项工作顺利进行。五是必须抓紧培养干部工作。按照德才兼备的原则,继续大胆大量地提拔干部,提高干部的政治和文化水平。培养在经济建设中涌现出来的优秀干部和积极分子,在少数民族地区,要注意抓紧培养少数民族的干部,以适应建设事业发展的需要。

大会讨论修改了《广西省1956年至1967年全省农业发展纲要(草案初稿)》。

7月3日,全体代表一致通过《中国共产党广西省第一次代表大会关于陈漫远同志代表省委作的工作报告的决议》。会议还通过《1956年全省工农业生产的主要情况和任务的决议》,选举产生了第一届委员会,委员32名,候补委员14名,选举张云逸等20人为广西省出席中国共产党第八次全国代表大会的代表。

同日,中共广西省第一届委员会第一次全体会议在南宁举行,会议选举新的广西省委员会,共选出常委13人,其中书记5人:陈漫远为第一书记,韦国清(壮族)、郝中士、伍晋南、肖一舟为书记,覃应机(壮族)、陈再励、贺亦然、李殷丹、卢绍武(壮族)、王梦周、石堂、钟枫为常委。

中共广西省第一次代表大会是在社会主义改造取得决定性胜利和经济建设取得显著成就的形势下召开的,它充分发扬了民主,回顾了几年来的历程,总结了社会主义三大改造和建设社会主义的经验教训,指出了下一步工作方向和具体要求。这次会议标志着广西党的建设进入新的阶段,对推进广西各项建设事业发展,夺取社会主义革命和建设胜利,发挥了重要作用。

第 二 编

社会主义建设的全面展开和对社会主义道路的艰辛探索

（1956年9月—1966年5月）

个体农业、个体手工业和资本主义工商业的社会主义改造完成后，中国共产党领导全国人民开始转入全面的大规模的社会主义建设，独立自主地探索符合中国实际的社会主义建设道路，把马克思主义基本原理同中国具体实际进行“第二次结合”，丰富和发展了毛泽东思想，并取得了重要的社会主义建设成果和宝贵经验。但是，党的八大形成的正确路线并未能完全坚持下去，先后出现了“大跃进”和人民公社化运动等错误，反右派斗争也严重扩大化。觉察失误后，党为克服困难和纠正失误作出了持续努力，并对国民经济进行全面调整。错误虽未得到彻底纠正，在政治和思想文化方面还有所发展，但在当时尚未达到支配全局的程度，因此国民经济调整任务得以顺利完成，并取得重大成就，各项事业在探索总结中得到新发展。

广西人民在党中央和省委（自治区党委）的领导下，贯彻党的八大精神，开始了空前规模的社会主义建设，并努力探索适合广西特点的发展路子。在此期间，经历了正确处理人民内部矛盾问题，整风运动和反右派斗争，广西壮族自治区的成立，贯彻党的多快好省的总路线，开展“大跃进”和人民公社化运动，对国民经济进行调整，以及开展城乡社会主义教育运动等一系列重大历史事件。虽然这期间对社会主义条件下的阶级斗争问题的认识偏离了八大的正确路线，出现了严重的失误，急于求成的“大跃进”运动也使经济建设遭到严重挫折。但经过纠“左”努力和政策调整，广西的社会经济逐渐恢复，在各方面取得很大的成就，初步建设起进行现代化建设所必须的物质基础，培养了经济文化建设等方面的骨干力量，积累了领导建设社会主义的重要经验。

第九章

探索社会主义建设道路的良好开端

社会主义三大改造的胜利完成，标志着社会主义制度已基本建立，我国进入了社会主义建设时期。党的八大制定了全面建设社会主义的正确路线，为探索社会主义建设道路指明了方向。广西认真贯彻党的八大精神，胜利完成“一五”计划，开启了全面建设社会主义的良好局面。

第一节　学习贯彻党的八大精神

一、社会主义改造完成后的形势

1956年，在中国社会主义革命和建设的历史上，是一个新的转折点。这一年，国际国内形势都发生了重大变化。在国际上，国际关系中缓和趋向的出现以及世界经济与科学技术的迅速发展，为中国刚刚起步的大规模的社会主义建设提供了难得的机遇。国际共产主义运动发生了一系列重大事件，特别是1956年举行的苏联共产党第二十次代表大会，尖锐地揭露了斯大林在领导苏联社会主义建设中的严重错误以及对他个人崇拜所造成的严重后果，促使中国共产党破除对苏联经验的迷信，努力寻求适合中国国情的社会主义建设道路。在国内，全国绝大部分地区基本上完成了对个体农业、个体手工业和资本主义工商业的社会主义改造，建立了社会主义公有制，标志着我国实现了由新民主主义社会向社会主义社会的过渡,进入了全面建设社会主义的历史新阶段。同时,从1953年开始发展国民经济第一个五年计划顺利实施,原定的主要指标大多提前完成。在经济建设取得伟大成就和三大改造胜利完成的形势鼓舞之下,全国人民的政治热情和生产积极性空前高涨。

面对国际国内形势发生的重大变化,中国共产党进行了关于建设社会主义道路的初步探索。当时党面临的崭新课题,是社会主义基本制度确立以后,如何在中国建设社会主义。在党的八大前后一段时间里,中国共产党以苏为鉴,对适合中国情况的社会主义建设道路进行了艰辛探索,有了一个良好开端。1954年4月,毛泽东《论十大关系》的报告是这一探索的开始。报告初步总结我国社会主义建设经验,提出探索适合中国国情的社会主义建设道路的任务,强调调动国内国外一切积极因素,把我国建设成为一个强大的社会主义国家。它反映了经济发展的客观规律和社会政治稳定的需要,对当时和以后的社会主义建设都有很强的针对性和理论指导作用。在此前后,党中央还召开了知识分子问题会议,宣布知识分子的绝大部分已经是工人阶级的一部分,并发出"向现代科学进军"的号召;提出"百家齐放,百家争鸣"的方针,作为党发展科学、繁荣文化艺术的方针,从而规定了对知识分子和教育科学文化工作的正确政策。所有这些,展现了党为寻找适合中国情况的社会主义道路而解放思想、多方探索的生动景象。

社会主义基本制度在中国已初步建立,中国进入社会主义初级阶段的客观形势,要求党把工作重心进一步转移到经济建设上来。1956年1月23日,中央政治局正式提出了《一九五六年到一九六七年全国农业发展纲要(草案)》。25日,提交全国最高国务会议讨论通过。《农业发展纲要(草案)》提出了国家农业发展的长期奋斗目标,其中心任务是要求在农业合作化基础上,迅速地、大量地增加农作物的产量,发展农、林、牧、副、渔等生产事业。与此同时,党中央还提出了建设社会主义要"又多、又快、又好、又省"的方针,以此对社会主义经济建设进行全面规划,力求提早完成和超额完成第一个五年计划,提早完成社会主义工业化的任务。

1956年,广西基本完成了对个体农业、个体手工业和资本主义工商业的社会主义改造，与全国各地一样，进入了全面建设社会主义的历史阶段。经济迅速发展，社会不断进步，人民的物质生活也得到了较大改善。文化教育卫生体育事业有了一定的发展，镇反和机关内部肃反工作取得明显成效，社会秩序安定，统一战线工作得到重视，一些民主人士和高级知识分子在国家机关和公私合营企业中担任了领导和技术职务，用所学专长服务社会主义建设，党的思想建设、理论建设和组织工作得到进一步加强，对违法乱纪干部处理力度不断加大，达到教育广大党员、纯洁思想、纯洁组织，增强党的团结的目的。党员队伍得到发展，全省党员数量由 1952 年的 3.498 万人增至 1956 年的 24.634 万人。同期，工会、青年团、妇联组织也有很大发展，为壮大党的队伍准备了后备力量。干部队伍也得到发展，干部总数由 1952 年的 8 万多人增至 15 万多人。1956 年全省的政治、经济、社会形势呈现出欣欣向荣的景象。

二、党的八大精神在广西的宣传与贯彻

为了全面总结七大以来革命和建设的经验教训，正确分析形势及存在问题，制定在新的历史时期党和国家的根本任务和方针政策，中国共产党第八次全国代表大会于 1956 年 9 月 15 日至 27 日在北京举行。广西有张云逸、陈漫远、韦国清等 20 名正式代表和 2 名候补代表出席了八大预备会议和正式会议。张云逸被选为大会主席团成员；大会中，陈漫远作了书面发言。大会选举了新的中央委员会。在这次大会上，张云逸当选为中共中央委员，陈漫远、韦国清为中央候补委员。

大会正确分析国内外的形势和国内主要矛盾的变化，明确指出：由于社会主义改造已经取得决定性胜利，我国无产阶级同资产阶级之间的矛盾已经基本解决，几千年来的阶级剥削制度的历史已经基本结束，社会主义制度在我国已经基本建立起来；国内的主要矛盾已经是人民对于建立先进的工业国的要求同落后的农业国的现实之间的矛盾，已经是人民对于经济文化迅速发展的需要同当前经济文化不能满足人民需要的状况之间的矛盾。这一矛盾的实质，在我国社会主义制度已经建立的情况下，也就是先进的社会主义制度同落后的社会生产力之间的矛盾。党

和全国人民面临的主要任务，就是要集中力量解决这个矛盾，把我国尽快地从落后的农业国变为先进的工业国。这些论述，是社会主义制度在我国建立起来以后党确定正确路线的基本依据。大会确定了经济、政治、文化等方面的方针。在经济建设方面，强调要从国家的财力物力的实际状况出发，坚持既反保守又反冒进即在综合平衡中稳步前进的方针；在管理体制上，要求适当扩大地方管理权限，并调整一些经济管理体制。在政治关系方面，强调进一步扩大国家的民主生活，建立健全社会主义法制；坚持中国共产党领导的统一战线和多党合作制度，共产党和各民主党派、无党派民主人士实行“长期共存，互相监督”。在科学文化建设方面，坚持以“百花齐放，百家争鸣”为繁荣科学和文化的指导方针，努力创造社会主义的民族的新文化。在对外政策方面，坚持实行以互相尊重主权和领土完整、互不侵犯、互不干涉内政、平等互利、和平共处五项原则为基础的外交政策。大会明确提出党的建设的基本任务是提高全党的马克思列宁主义水平，坚持理论联系实际、实事求是的原则，把马克思列宁主义的普遍真理同中国革命的具体实践密切结合，反对主观主义、官僚主义和宗派主义；强调要更加重视执行党的群众路线方针，更加重视发扬党的群众路线的优良传统，警惕执政党脱离群众和实际；强调加强对党的组织和党员的监督，坚持集体领导和个人负责相结合的制度，发扬党内民主，反对个人崇拜。党的八大制定的路线和提出的新方针，具有深远的历史意义，为发展社会主义事业和加强党的建设指明了方向。

党的八大是在我国重要的历史时期召开的一次盛会，是我国开始全面建设社会主义，夺取新的更大胜利的出发点。在党的八大开幕前，省委发出《关于党的第八次全国代表大会宣传工作的通知》，要求各级党组织，在党的八大召开前大力宣传全国及广西解放七年来的发展成就和党的建设，宣传报道广大干部群众迎接党的八大召开的情况，在党的八大召开期间通过读报和收听广播等方式，组织干部群众学习党的八大文件。党的八大闭幕以后，省委在 9 月、10 月先后两次发出关于深入学习党的八大精神的通知，对学习作了具体部署。10 月 23 日至 29 日，省委召开一届二次全体（扩大）会议，出席这次会议的有省委委员、候补委员。省直有关部门负责人列席会议。省委书记韦国清传达党的八大精神。省委要求着重学习毛泽东的开幕词和刘少奇的政治报告,周恩来关于第二个五年计划的建议的报告和大会通过的关于第二个五年计划的建议,邓小平关于修改党章的报告和大会通过的新的《中国共产党章程》。省委要求各级党委有组织、有计划、有领导地进行党的八大精神学习宣传。在省委的组织领导下,全省掀起了学习、宣传党的八大精神的热潮。省委宣传部组织专门报告会对党员干部进行学习辅导,编印了关于党的八大精神宣传提纲,供各单位向干部职工宣讲。广西人民广播电台、《广西日报》等新闻媒体及时报道党的八大召开情况,宣传广西各族人民在党的领导下各项建设事业取得的成就,以及广大职工开展社会主义劳动竞赛,为争取提前完成第一个五年计划而努力工作,以优异成绩向党的八大献礼的情况。各地各单位结合各自实际,采取各种形式,组织干部职工学习和大力宣传党的八大精神。各民主党派和各阶层人士也结合实际,学习党的八大精神。省政协党委会和民革等民主党派都先后制订了学习计划,组织民主党派人士进行学习。

党的八大确定了以经济建设为中心的方针,以尽快实现把我国从落后的农业国变为先进的社会主义工业国的历史任务。广西贯彻党的八大精神,研究落实适合广西实际的经济建设规划。在八大召开之前,广西省委于 1954 年 11 月召开第三次代表会议时就提出,1955 年工业工作的方针任务是:进一步加强对工业的领导,继续搞好现有厂矿的生产,有计划地发展地方工业,切实加强基建工作,积极稳步地对资本主义工业和个体手工业实行社会主义改造,以之为国家工业化服务,为本省农业生产和人民生活需要服务,并为本省实现大规模的工业建设逐渐地做好准备。在党的八大上,广西省委第一书记陈漫远在书面发言中,根据广西农业经济为主的客观实际,提出广西实现社会主义农业合作化以后,在农业方面,要贯彻“实行多种经营,全面发展农业生产”的指导方针。认为广西乡乡社社都具备着多种经营的条件,在少数民族居住的山区,山多地少,更要“靠山吃山、靠水吃水”,因地制宜,发展农、林、渔、牧和副业生产,才能逐步改善农民的生活,逐步改变山区的面貌。同时也指出,广西现有工业是比较落后的,但有着很好的发展条件。除了许多天然矿藏可以开发，逐步地利用来建立重工业以外，更重要的是发展轻工业，把广西变为制糖、造纸、食品、纺织工业的一个基地[①]。

1956年10月23日至29日，中共广西省第一届委员会第二次全体（扩大）会议，传达了党的八大精神；12月24日至31日，省委举行扩大会议，强调贯彻执行八大决议与八届二中全会精神，检查了1956年全省国民经济发展计划和财政预算执行情况，研究了1957年国民经济发展计划的建议草案，决定1957年在全省开展增产节约运动。从1956年10月至1957年4月，广西多次召开各部门工作会议，结合广西实际，围绕发展广西工农业特别是工业建设问题等，提出加强各项工作的方针、政策和工作步骤。1956年12月11日，省委在南宁召开山区生产会议，要求对山区生产加强领导，因地制宜，逐级规划，全面发展。1957年4月26日至5月9日，中共广西省第一次代表大会第二次会议在南宁召开，韦国清作《加强党的领导，做好工业工作》的报告，伍晋南作《想尽一切办法，争取今年农业全面大丰收》的报告，会议提出“必须积极稳步地发展我省地方工业，以满足人民生活日益增长的需要，满足农业生产的需要，增加财政积累，增加农民收入，进而改变国民经济的落后状况”。按照党的八大决议精神和本省的经验，在广西地方工业建设中，应该贯彻勤俭办企业的方针，根据广西地处亚热带、资源丰富的有利条件和多民族的特点，在全国平衡与全省国民经济统一安排下，与农业密切衔接，互相支援，与国营工业建设及手工业生产相结合，积极发挥地方工业的作用，为发展农业生产服务和满足人民生活需要。具体方向，一是要发挥广西亚热带地区的优势，发展糖、纸和各种农、林、畜牧产品的加工工业。二是发展采矿业。三是继续改进发展农具、化肥和其他农业生产需要的东西，大力支援农业生产和农业技术改造。四是发展小型冶炼工业。五是继续发展煤、电工业。会议通过了《关于〈1957年国民经济计划、财政预算（草案）〉的决议》《关于一致拥护中央倡议成立广西壮族自治区的决议》。1957年8月23日至9月4日在南宁召开的广西省第一届人民代表大会第五次会议根据党的八大制定的路线、方针和政

① 《中国共产党第八次全国代表大会文献》，人民出版社1957年版，第645—648页。

策，制定了广西省1957年国民经济计划。会议指出：国民经济计划和财政预算的编制，必须建立在既积极而又充分可靠的基础上。既要照顾需要，更要考虑可能。不仅要做好年度的财政、信贷和各类物资的综合平衡，还须瞻前顾后，前后衔接，考虑到今后几年比较长远的平衡安排。务须做到基本建设和生产规模的扩大与生产资料的增长相适应，人民物质、文化生活的提高与生活资料的增长相适应，基建和事业的发展与财政力量相适应。会议提出1957年的预算要求：一是要合理使用财力、物力，妥善安排本省社会主义事业；二是有计划、按比例的大力发展工农业生产，相应发展交通运输业；三是在发展生产的基础上，稳步地提高人民的物质和文化生活。

在党的八大路线指引下，广西省委在完善经济体制和加强生产、流通管理方面采取了以下措施：

第一，积极改进和完善经济管理体制。广西的经济管理体制，在1949年至1953年属于初创阶段，从1954年开始初步确立。各种经济管理系统按照上下对口的原则，自上而下地成立了各个行业的行政管理机构，实行了集中统一的、以行政为主的垂直管理体系。这种体制的特点是，大中型企业主要由中央各部委直接管理，其中涉及的人、财、物、产、供、销由上级行政管理部门决定，重要的生产资料实行国家统一分配，计划、财政和基本建设的管理权限都集中在中央。这种高度集中的、以行政管理为主的体制，促进了广西的社会主义建设事业发展，对重点工程的建设和调整生产力布局也产生了积极的意义。但在实践过程中也暴露出不少弊病，一方面，广西对大中型企业的管理权限很小，从物资分配、财政管理、人事管理到产品品种、生产计划都由中央工业部门管理，卡得太死，不利于企业经济发展；另一方面，中央及省内的行政部门对企业的业务管理过严，在很大程度上限制了地方和企业的积极性、主动性。1957年9月召开的中共八届三中全会，讨论了改进国家行政和经济管理体制问题，通过了由陈云主持起草的《关于改进工业管理体制的规定（草案）》《关于改进商业管理体制的规定（草案）》和《关于改进财政管理体制的规定（草案）》。这三个规定草案于11月在国务院通过后，经全国人大常委会批准，由国务院公布施行。三个规定草案总的精神，是改变权力过分集中的状况，适当地把一部分工业管理、商业管理和财政管理的权力，下放给地方和企业，以便进一步发挥他们的主动性和积极性，因地制宜地完成国家的统一计划。省委根据中央关于调整经济管理体制的思路，积极改进和进一步完善广西省的经济管理体制。

在工业方面，1957 年上半年开始进行调整管理体制，规定凡是规模较大，技术比较复杂，产品远销外地的企业由省一级管理；凡是规模小，技术程度不复杂，而且能就地产销的企业，一律下放有关市、县管理，利润全部归市、县。适当扩大地方行政部门和企业在物资分配、生产计划、财务和人事管理等方面的权限。在企业内部，继续贯彻勤俭建国、勤俭办企业的方针，认真执行党委领导下的厂长负责制；大力发展为农业生产服务的煤炭、冶炼、化学、机械等工业；积极进行技术改造，大力培养技术力量，提高劳动生产率，提高产品质量；扩大企业管理民主化程度，执行职工代表大会制度，充分发挥工会、青年团、妇联等群众团体组织群众、联系群众的助手作用；发挥工人的生产积极性和创造性，改善职工的物质文化生活；按照行业类别，解决公私合营工业企业和手工业生产合作社发展中的具体问题；发动广大职工开展持久的增产节约运动和先进生产者评比活动，争取完成和超额完成生产计划。

在农业方面，在政府部门统一计划的基础上，灵活掌握农业生产合作社种植计划，适当地保持农业生产合作社生产经营的独立性。农业生产合作社按时公开财务收支，制定生产计划要同群众商量，干部要参加生产劳动。将社员自留地不超过当地人均土地数 5% 的规定，提高到不超过 10%。农业生产合作社按照中央指示，实行“统一经营，分级管理”的原则，把合作社的集中领导和发挥生产队在生产管理上的主动性、灵活性结合起来，让生产队和副业组有一定的权限和职责；切实建立集体和个人的生产责任制，合作社对生产队实行“包工、包产、包成本”的三包制度，实行民主办社、勤俭办社，切实改进干部作风。继续贯彻以粮食为重点、有计划地增加其他经济作物的方针，因地制宜地发展畜牧业、林业、副业和山区土特产，开展多种经营，以达到迅速改变经济作物种植和副业发展的落后状态的目的，全面发展农业经济；认真贯彻执行党在农村的各项政策，贯彻民主办社、勤俭办社的方针，正确处理国家、集体、社员之间的关系，鼓励社员家庭经营分散性的副业，允许社员经营一定数量的家畜和拣种一定数量的撂荒地、生荒地，提倡社员在房前屋后和自留地的地头、地边及农村道路两旁种植零星树林，从经济上、思想上、组织上巩固和提高农业生产合作社。努力挖掘农业增产潜力，改进农业技术，提高粮食单位面积和其他农作物的产量；发展畜牧业，保护和繁殖耕畜；积极兴修农田水利，发展灌溉，防治水旱灾害；大力增加农家肥和化学肥料，改进施肥方法，积极改革旧式农具，推广新式农具，逐步实现农业机械化；积极培养和推广优良品种，实行精耕细作，改进耕作方式。

在财贸方面，要求城市商业由省商业厅及下属地（市）、县商业局负责管理，农村商业由省供销合作社负责管理，粮食厅专管粮油经营。确定商业改革的重点是让各供货单位直接参加货源分配，实行统一调拨和自由订货、商品供应及自由销售相结合的办法，搞活市场，发展经济。财政力求开源节流，加强物价管理，保持市场稳定，正确安排和执行财政预算，做到收入大于支出，支出节省，逐步积蓄财力，保证经济建设计划的完成。

在基建投资方面，要求全省经济建设部门积极贯彻中央“量力而为、循序渐进、重点建设、稳步发展”的方针，既要进行重点建设，也要照顾一般，兼顾经济建设和人民生活，维持农、轻、重协调的比例关系，处理好新建企业和现有企业之间的关系，使经济建设持续稳定地发展。为了解决财政经济问题，广西省委还按照陈云提出的物资、财政、信贷三大平衡的观点，切实加强了各经济部门的协调工作，按企业现有综合设备能力确定生产指标和分配物资，同时还先后精减职工和动员城市人口下乡，充实农业生产第一线，对农村和农民实行优惠政策。此外，省委还十分注意照顾一般，在集中力量进行工业的同时，重视轻工业、农业的投入，从总体上维持了国民经济发展的综合平衡。

第二，加强生产、流通方面的管理。在资本主义工商业和个体手工业全面改造之后不久，党和政府就一再强调，同人民生活密切相关的个体手工业、小商店、小摊贩，要长期保持单独经营，并提出要克服统购包销中的弊端，允许选购和自由推销，允许完成统购和订购任务以后的一部分农产品进入自由市场。党的八大确定了“三个主体、三个补充”，即“在工商业经营方面，国家经营和集体经营是主体，附有一定数量的个体经营作为补充；在生产的计划性方面，计划生产是工农业生产的主体，按照市场变化而在国家计划许可范围内的自由生产作为补充；在社会主义统一市场里，国家市场是主体，附有一定范围内国家领导的自由市场作为补充”的方针调整经济关系。党的八大以后，自由市场明显活跃，个体工商户明显增多。针对那种认为个体户增长违背合作化方向的思想，在个体户增加的背景下，出现了自发经营的较大的手工业个体户和手工工场，人们称之为“地下工厂”，还出现了“地下商店”。如何对待社会主义改造以后出现的这类事物，引起原工商业者和社会的关注。1956年12月，毛泽东与工商联负责人和中央统战部负责人多次谈话中提出，“地下工厂”，因为社会有需要，就发展起来。要使它成为地上，合法化。只要有市场、有原料，这样的工厂还可以增加。可以开夫妻店，可以雇工，可以开私营工厂，“可以消灭了资本主义，又搞资本主义”①。这些搞活经济的新思路，是党的八大确认的以国家经营和集体经营为主体，以一定数量的个体经营为补充的政策的新发展。

省委根据中央的精神，确定全省的工业、手工业、农副产品和商业企业在计划生产的前提下，可以自由生产；在国营、集体经营的同时，允许个人经营；在社会主义的统一市场里，坚持国家市场的主体作用，辅之以一定范围内国家领导下的自由市场，并允许私人开办工厂，按照市场情况自定指标生产，活跃商品的交流；改变工商企业之间的购销关系，把商业部门对工业实行加工订货的办法，改由工厂购进原料，销售商品的办法。1956年12月1日，南宁市开放国家领导下的自由市场。原商品交易场扩充为物资交易场，下设商品交易所和信托服务部，办理农业社信托业务、交换商情，代农民买卖和保管商品，并为外地来的农民和小商贩解决住宿问题。南宁市对自由市场开放的范围，规定，凡属国家统购物资，由国家继续统购，完成任务后多余产品可以在交易场内自由出售。不属统购、派购及国家掌握的物资，一律开放允许自由选购，自由贩运。

---

① 《毛泽东文集》第7卷，人民出版社1999年版，第170、171页。

17日，省人委发出《关于开放国家领导下的自由市场问题的指示》，对自由市场开放的范围、商品价格、市场领导等做了规定。

1957年8月，韦国清在《政府工作报告》中指出：必须继续做好开辟国家领导下的自由市场，以便更好地活跃市场、发展生产、满足消费者的需要。应当在对主要商品实行计划生产、计划分配的同时，利用自由市场，通过价值规律，来影响和调节若干次要或零星商品的生产和分配，使这些产品的生产数量、规格、质量能够合乎人民的需要，使原有的供销关系恢复起来。在农产品收购方面，除了对粮食、油料、棉花等统购统销物资，仍由国家统一收购或者委托供销社统一收购外，对于原来由供销社统一收购的一部分农副业产品、小土特产品，改由国营商店、合作商店、合作小组和供销社一起自由收购、自由贩运，以便做到货畅其流，刺激生产和适当满足消费者的需要。对于工业产品，除有关国计民生和规格简单的产品继续实行统购统销的办法外，其他品种繁多的日用百货等大部分商品一律实行选购。各国营商业的零售单位、基层供销社、公私合营商业、小商小贩在进货的时候，除了供应不足的商品继续实行按计划平衡分配外，其他商品一律实行选购，并且可以打破进货的地区界限。

党的八大制定的路线是正确的，提出的许多新方针和设想是富于创造精神的，提出的一系列正确的建设社会主义的方针，鼓舞了全省干部和群众艰苦创业的志气，振奋了各行各业奋发向上的信心，给广西带来一派新气象。在全面建设社会主义和对社会主义道路艰辛探索中，省委领导各族群众奋发图强，努力改变广西的落后面貌，初步搭起广西工业框架和经济体系，这是广西继续贯彻落实八大精神的体现。八大确定的以经济建设为中心的政治路线，在广西长期的社会主义建设进程中具有长远的指导意义。但是，后来因国际、国内形势的变化，中央领导层的指导思想发生了转变，八大路线未能在实践中完全坚持下去，受此全国形势变化的影响，广西也没有充分地将八大的重要思想贯彻到实践中。

第二节 “一五”计划的胜利完成和“二五”计划的制定

一、“一五”计划的胜利完成

1953年至1957年,在省委领导下,全省人民经过艰苦努力,顽强奋斗,胜利地完成了发展国民经济的第一个五年计划,取得了前所未有的成就,积累了经验。

基本建设超额完成计划,经济效益较好。广西在国民经济恢复的基础上,除积极支援国家在当地建设的少数项目外,从广西的实际出发进行基本建设。在1953年至1957年的5年中,共完成基本建设总投资6.19亿元,其中地方基本建设投资完成2.77亿元,比原定计划的1.69亿元超额63.9%,计划建设的限额以上项目全部建成,并新建了一批中小型项目。基本建设不仅超额完成,而且经济效益也较好,基本建设形成的固定资产率达到86.9%,达到解放后广西历史新高。5年共新增固定资产5.5亿元,基本设施不断改善。广西的基本建设从整体上看发展是比较平稳的,除1956年一度出现急躁冒进外,建设的规模、速度与财力、物资的供应能力比较一致,材料基本上能满足施工单位的需要,取得了显著的投资效益。全省经济建设的实力得到增强,促进了各项建设事业的发展。

农业生产获得较大发展。在“一五”计划期间,各级党政部门始终把推进农业生产作为一项中心任务,积极从改造个体小农经济和提高生产力水平两个方面来推动农业的发展。在农业合作化运动的推动下,各地从不同阶段生产发展的需要出发,依靠集体的力量,适时地采取各项生产措施,开展大规模的农田水利建设,宣传、普及科学技术,改进耕作制度,推广新式农具,提高农业生产技术等,使农业生产条件不断改善,农作物产量得到提高。在农田水利建设方面,在“一五”计划前期,水利建设的方针仍然是以小型水利为主,包括小型塘坝、水库、引水工程及提水设施，以水库的建设为重点。后期开始修建大、中型水库。1953 年建成规模较大的合浦县总江口内燃机抽水站；1956 年建成中型水库——贵县三渌水库；建成 2 座小型水库。1957 年，一大批大、中型水库先后开工，其中大型水库有贵县的武思江水库和平龙水库。一批防洪排涝工程也加速建设，包括 1956 年开工、1959 年竣工的靖西个宝排涝工程，1956 年 11 月开工、1957 年 11 月竣工的金田水库。修筑防洪堤 87.49 公里，保护耕地面积 13.27 万亩。1957 年底，全自治区耕地的有效灌溉面积达到 734.33 万亩。在宣传、普及农业科学技术方面，各地建立了技术推广机构，有计划地训练大批农民。从 1953 年开始，全省各地（市）、县普遍建立农业技术推广站，主要研究推广良种、密植、病虫防治等技术，推广使用化肥，使农业科学技术在农村得到推广和普及。各地采取“重点推广、普遍示范”的方针，在恢复补充旧农具的基础上，陆续建立农机站，示范推广新农具。1955 年，各县先后成立新式农机具推广站，推广双轮双铧犁、人力打谷机等各种农机具。国营西江农场首先试用大中型农机。1956 年建立了 6 个国营拖拉机站，购进大中型拖拉机及一批配套农机具。至 1957 年，全省拥有拖拉机 159 台，农用汽车 63 辆，联合收割机 7 台以及一大批半机械化农机具。人民银行广西各级分、支行在农村积极稳步地发展信用社，发放贫农合作基金贷款，逐步扩大并合理使用农贷。“一五”计划期间，国家从财力、物力等方面给予农业以大力支援，帮助农民发展生产。5 年内全省共发放农业贷款 2.7 亿元，占贷款总额的 8.4%。仅 1957 年，全省发放农业贷款就达 9236 万元，比 1953 年的 1603 万元增加了 4.76 倍。

“一五”时期，全省的林业、畜牧业有了较大发展。林业从新中国成立初期的普遍护林逐步转入重点造林。广西根据中央“普遍护林护山，大力造林育林，合理采伐利用木材”的林业建设方针发展林业。“一五”计划期间，进行了大片宜林荒山踏查，在此基础上积极筹办国营林场。“一五”计划期末，全省国营林场已达到 65 处；开展了沿海防护林勘测设计和营造工作，提出了水源林建设和江河两岸造林绿化规划。5 年间累计造林 908.27 万亩，1957 年，造林面积为 227.7 万亩，比 1952 年增长 4.25 倍，平均每年递增 39.3%，比全国平均增长 32% 高出 7 个百分点。畜牧业发展呈直线上升。畜牧业产值1957年为4.53亿元,比1952年增长70.3%,平均每年递增11.2%。随着农业生产条件的逐步改善,农业科学技术逐步普及和推广,农业生产力得到较大发展,农业生产水平也明显提高。到1957年底,全省农业总产值达16.75亿元,比1952年(11.49亿元)增长45.8%。1957年粮食产量达到584.9万吨,比1952年增长10.5%。经济作物和多种经营得到较快发展,林、牧、副、渔业占全省农业总产值的比重,由1952年的30.9%上升到1957年的41.8%。

工业生产提前或超额完成规定指标,发展速度比农业更快。在国民经济恢复的基础上,1953年广西工业开始步入有计划的发展阶段。根据省委提出的"继续搞好现有厂矿生产,有计划地发展地方工业,切实加强基本建设工作,积极稳步地对资本主义工商业和手工业实行社会主义改造,使之为国家工业化服务,为广西农业生产和人民生活需要服务"的方针,工业生产取得了显著成绩。从1953年至1957年,工业基本建设投资5年累计6.19亿元,新增固定资产5.5亿元。其中,工业投资1.5亿元,新建和改建418个独立核算的工业企业,包括大中型项目28个,全部和部分投产17个,贵县糖厂、南宁电厂、老虎岭水库等9个限额以上项目全部投产。1957年工业总产值达9.2亿元,大大超过计划指标,比1952年增长1.27倍,平均每年增长18.6%。广西有了现代化规模的制糖、食品、化工、机械、电力、矿冶等工业,先后建起了贵县、横县、桂平、田阳和邕宁县伶俐等11座较大的糖厂,并开始成为全国主要产糖基地之一。工业产品,如汽油机、黄金、锡、锰、锌氧粉和松香,已在国内占有一定的地位。1957年与1952年比较,发电量增长2.6倍,煤产量增长4.35倍,锰矿石产量增长29倍,锡、铝、锑等10种有色金属产量增长35.16%,机制糖产量增长2.8倍。工业生产的迅速发展,使工业经济在广西经济中的地位发生了显著变化。工业总产值在工农业总产值中的比重,由1952年的26%上升到1957年的35.4%。在工业内部,1957年与1952年相比,轻工业产值增长1.96倍,重工业产值增长3.51倍。重工业在工业总产值中所占的比重,由1952年的20%提高到1957年的30.9%。逐步改变了广西的经济结构,使广西经济单一的农业经济结构有了较大改变。

交通邮电事业和商业贸易的发展。随着工农业生产和基本建设规模的扩大，交通运输和邮电事业也有很大发展。铁路建设方面，1954年冬，将湘桂铁路从边陲重镇凭祥加铺至中越边境的镇南关；1955年将黔桂铁路从金城江向西延伸通车到贵州麻尾，翌年全线通车。广西通往外贸港口广东湛江的黎湛铁路，全线314公里，1954年开工，1956年元旦正式运营。至此，广西境内的湘桂、黔桂、黎湛3条铁路干线全部建成，通车里程1358公里，比1952年增加380公里。

广西公路建设成绩显著。与1952年相比，1957年公路里程达9634公里，比1952年增加4566公里，增长90.1%。国营铁路和公路运输业不断发展，全省客货运输量大幅度增加，1957年与1952年相比，汽车客运量和货运量分别增长7.53倍和11.42倍。少数民族聚居的天峨、凌云等偏远县修通了公路，初步改善了这些地方交通落后状况。对主要河流的水上航道进行初步的整治和疏浚，整治河道24条共3800公里。航运里程8669公里，其中通轮船航线2475.4公里，海河运输货运量1957年比1952年增长34.7%。

全省邮电事业开始有计划的发展，5年内共新设邮政所709处，其中在农村地区有601处；扩建长途电话网路，对广西境内干线进行技术改造，增装载波设备。到1957年底，广西邮路总长10.14万公里，其中广西境内干线1.62万公里，共有电报电路128条，长话电路162条，基本上形成了以南宁为中心的广西邮电通讯网。全省实现了邮政“区区设局所，乡乡通邮路”，电讯“区区设总机，乡乡通电话”的目标。

商业贸易也有很大发展。从1953年开始实行统购统销政策，通过统购、派购，国家掌握了主要农副产品货源，保证了经济建设的需要。对私营商业的社会主义改造，1956年在全省形成了社会主义的统一市场。另一方面，采取国家财政援助、银行贷款、税收照顾等措施，加速发展国营商业和合作社商业，从省到县建立了各级专业国营公司和供销社，国营商业和供销社占据了城乡市场。到1957年底，全省全民所有制商业机构和企业发展到5406个，38226人，比1953年分别增长3.46倍和4.06倍。随着全省社会主义生产的扩大，整个商业营业额不断增长。

1957年,社会商品零售总额9.74亿元,比1952年增长83.2%。国家对私营进出口商由利用限制进而实行社会主义改造,到1956年私营厂商出口仅占0.1%,1957年全部纳入国营经营。由于工农业生产的迅速发展,广西对外贸易发展较快。从1953年到1957年,收购额和出口额平均每年分别增长42.5%和82.9%,出口商品主要是粮油食品、农副土特产品和五金矿产品3大类,主要出口国为苏联、朝鲜、越南和东欧等社会主义国家,其次是港澳地区。

财政收入增加。"一五"期间,按照"统一领导,分组管理"的原则,广西建立了省、县两级财政,扩大了地方预算管理权限。随着工农业生产的发展,广西的财力不断增强。广西工农业总产值由1953年的187418万元增加到1957年的273958万元,增长了46.17%,年均递增9.95%。广西地方财政收入1957年为29819万元,比1952年增加36.3%,年均递增6.4%;财政支出33354万元,比1952年增加97.9%,年均递增14.6%。在这5年中,全省财政收入大于支出,总收入15.33多亿元,总支出12.6多亿元,财政资金结余2.72多亿元。

人民物质和文化生活水平显著提高。从1953年到1957年,全省妥善安置就业人员13万人,1957年职工人数达到86万人,满足了经济建设对劳动力的需求。其中1956年全部解决了旧社会遗留下来的失业问题。职工工资随着生产的发展而提高,1953年至1957年,职工的年平均工资每年递增9%,扣除物价因素,实际工资平均每年递增6.6%。国家对职工还实行了劳动保险、退休养老保险、医疗保险、病伤假待遇、生育假待遇等制度,逐步解决职工的工作、生活和文化娱乐等问题,改善职工的物质和文化生活。由于在农村贯彻执行增产不增税的政策,使全省农业税稳定在1952年的水平,农民负担相对减轻;农副产品收购价格有所提高,工业产品价格基本维持原来的水平,缩小了工农产品之间的比价,从而使农民收入相应增加。5年间,城乡居民消费水平年均提高11.1%,其中,农民消费水平每年提高6.5%。城乡人民储蓄存款逐年增加,1957年底,城乡储蓄存款余额比1952年增加3.4倍。

科教卫生事业得到发展。科技工作取得初步进展。农业科技方面,1954年建立了省农业科学研究所及所属7个农业试验站,1956年又建立了林业科学研究所和甘蔗研究所。到1957年,专区一级农业试验站由1952年的1个发展到8个,所有县份建立了农业技术中心推广站和良种繁殖场,大部分区建立了农业技术推广站,农业科研、示范、推广三结合的体系开始形成,一批具有增产效果的良种及种养技术得到推广和应用。工业科技方面,省工业厅重新组建了化工研究室,试制成功一批新产品,帮助工厂改进了松脂结晶等技术问题。科技攻关也取得突破,如柳州机械厂试制成功1101型汽油机和1103型3马力汽油发电机,平桂矿采用水力旋流器、跳汰机代替水流槽法砂矿初选取得成功等。

教育事业得到较大发展。“一五”计划期间,根据“整顿巩固,重点发展,提高质量,稳步前进”的方针,广西增加教育经费,扩大教育规模,除充实广西医学院、广西师范学院、广西农学院外,1953年中央民族学院广西分院更名为广西省民族学院,新建扩建了中等专业学校11所,普通中学126所。到1957年,有在校大学生0.39万人,比1952年增加2.5倍;在校中等专业学校学生1.64万人,比1952年增加71%;普通中学学生18.11万人,比1952年增加1.2倍;小学生249.84万人,比1952年增加25%。

卫生工作,到1957年,全省卫生事业机构发展到6129所,其中医院114所,分别比1952年增加9.2倍和13%;病床达到9667张,比1952年增加72%;实现县县有医院和专业防治机构,区区有卫生所。

广西第一个五年计划的胜利完成,为第二个五年计划的制订和实施打下了基础,为广西的社会主义建设积累了宝贵经验。

二、“一五”时期经济建设的总结

“一五”时期,广西基本完成对农业、手工业和资本主义工商业的社会主义改造,建立了公有制占绝对优势的社会主义经济制度。在全省工业总产值中,1957年同1952年相比,全民所有制工业的比重由29.9%上升到64.1%;集体所有制工业比重由0.18%上升到23.4%;私营工业和个体手工业比重由69.2%下降到12.5%。全民所有制、集体所有制、公私合营3种社会主义所有制工业占全部工业的比重已达87.5%。“一五”计划前,广西经济发展速度低于全国平均水平。“一五”

计划期间,在人均基本建设投资仅为全国平均水平 30% 的情况下,全省经济发展速度达到或超过全国平均发展水平。5 年间全国农业总产值年均增长 4.5%,工业总产值年均增长 18%,广西分别为 7.8% 和 18.6%,广西城乡呈现出一片欣欣向荣的新气象。在广西这样的多民族地区,在短短的 5 年间,经济发展超过历史上任何一个时期。这个巨大成就的取得离不开党的坚强有力的领导,也展现出新生的社会主义制度的巨大优越性。

在"一五"计划制订和实施过程中,省委把贯彻中央的路线方针政策同广西的实际情况相结合,因地制宜地探索社会主义建设的路子,积累了一定的经验。制定的"一五"计划纲要,既考虑为农业生产服务,为当地人民需要服务,又考虑与资金积累、技术力量和干部条件相适应,集中精力抓农业,稳定市场物价,安排好人民生活,实践证明是正确的。具体来说,在确定"一五"计划的指导思想上,立足于发展农业和手工业,发挥原有工业企业的作用,量力而行地进行工业建设;农业方面,扩大复种面积,将一造变两造;发展互助合作组织,改变生产关系;加强技术指导,改进耕作方法。工业方面,贯彻为农业生产服务,为当地人民需要服务的方针,在全国平衡的基础上发展工业,使之与全国生产相适应,避免盲目发展导致与其他地区发生矛盾;发展工业与资金积累相适应,与技术力量和干部条件相适应,做到量力而行。虽然受 1955 年"反右倾"影响,在编制年度的经济发展计划中,广西提出过高指标,但后来根据中央关于反冒进的指示精神,省委总结检查了 1956 年上半年的工作,调减了计划指标,使国民经济建设得以顺利进行。

为了促进国民经济的迅速发展,省委和省人民政府(省人委)在政治、经济、文教诸方面,采取了一系列有力的政策和措施。党的组织坚持群众路线的优良传统,密切联系群众,虚心听取党外民主人士的意见,团结和领导广西各族人民为实现"一五"计划而努力奋斗;同时不断纯洁党的队伍,保持党的先进性,提高党员的素质,充分发挥党员的先锋模范作用。"一五"计划时期,广大党员和干部群众响应号召,积极投身经济建设,开展爱国增产竞赛运动,涌现出一大批劳动模范、先进工作者,在 1954 年度农业、林业、水利、森林工业、畜牧、渔业、气象劳模代表大会上,出席会议的劳模代表有843人。各级工会在同级党委的领导下,积极开展社会主义劳动竞赛和先进生产者运动,广泛发动职工,制订计划,定期评比,互相学习,互相帮助,取长补短,共同提高,掀起比先进、学先进、赶先进的高潮。在工业、交通运输、商业、文教卫生等行业和系统中涌现出许多先进集体和个人,其中卢达①、王云龙②、王全禄③等42人出席了全国先进生产者代表大会。

在“一五”期间,由于党领导大规模的社会主义经济建设还处在起步阶段,缺乏足够的经验,在经济建设中也出现过一些问题。主要是:广西社会生产力水平较低,发展基础薄弱,加上作为援越抗法前沿,国家在考虑“一五”计划时,没有将重大建设项目布局在广西,基本建设投资少,这在相当程度上影响到广西经济落后状况的迅速改变。在1953年全国高等学校院系调整时,广西唯一的一所综合性大学——广西大学被撤销,对广西教育事业的发展造成一定负面影响。农业社会主义改造在1955年夏之前,实行的是“积极领导,稳步前进”的方针,其后变成急躁冒进,在1956年就完成了对生产资料私有制的改造,实现了单一的社会主义经济制度,这种变革要求过急、转变过快、形式过于单一、工作过于粗糙,遗留不少问题,需要做大量调整和完善的工作。在贯彻执行粮食统购统销政策中也出现过一些严重问题,主要是有的地区领导由于对粮食产量估计过高,购粮过多,直接影响到农民的生活安排。后来在中央的领导和监督下,及时加以纠正。

三、第二个五年计划的制定

1955年9月14日,国家计委发出关于各省、市编报发展国民经济第二个五年(1958年至1962年)计划(简称“二五”计划)的通知。省

---

① 卢达,中共党员,广西容县人,在广西柳州农械公司工作。1954年被授予广西省特等劳动模范称号,1956年被授予全国先进生产者称号。

② 王云龙,中共党员,在柳州专署柳州汽车中心站工作。1954年被授予广西省特等劳动模范称号,1956年被授予全国先进生产者称号。

③ 王全禄,中共党员,湖南省祁东县人,1953年在桂林市参加工作,1956年被授予全国先进生产者称号。

计委结合全省“一五”计划末期实现的指标，于1956年1月组织编制“二五”计划建议数字和说明上报国家计委。9月，党的八大通过关于发展国民经济第二个五年计划的建议，国务院发出关于做好编制“二五”计划的准备工作的通知。12月15日，省计委转发国务院的通知，着手编制“二五”计划的准备工作。12月底，省计委提出广西发展国民经济“二五”计划建议，包括全党全民办工业的发展方针，优先发展重工业和工农业并举，在开展支援农业大生产运动的同时，组织工业生产新高潮，实现工业大发展等，并提出农业、工业、商业、交通运输、基本建设以及通信、文教卫生等领域的计划指标和具体安排。

农业。1962年粮食计划播种面积7350万亩，总产量118.4亿公斤；甘蔗是广西重点发展的工业原料，计划播种面积200万亩，亩产8000斤，总产量80亿公斤；烤烟播种面积24万亩，总产量55万担；计划期内造林7040万亩；水利计划增加灌溉面积850万亩，将原有抗旱能力20—40天提高到40天以上；机械农场开荒面积70万亩。

5年内农业、林业、水利、气象4个事业部门基本建设总投资3.2亿元，新建和改建一批项目：拖拉机站747个，国营牧场、奶牛场、种畜场等共28个，综合试验站10个，甘蔗、苎麻等各类试验站共23个，亚热带作物研究所1个，农业学校7所，气象台站69个。

地方工业及手工业。全省地方工业5年内计划总投资1.49亿元，主要项目包括：大容山、洛西、龙州、姑婆山等水电站，日榨1000吨糖厂4个，日榨250吨糖厂7个（其中扩建1个），面粉厂5个，饮料厂6个以及亚麻原料加工厂、交通工具制造厂、胶合板厂、栓皮厂、骨粉厂、栲胶厂、肥皂厂、松脂厂、农药厂、淀粉厂等。1962年新增生产总值3.59亿元。建议国家投资建设的项目包括：大型电厂、水电站、铅锌矿、麻纺织厂、棉纺厂、糖厂、罐头厂等。1962年，广西地方工业生产总值（按1952年不变价格计算）达到7.1亿元，平均每年增长21.4%，主要产品产量：发电量5510万千瓦时，原煤74万吨，食糖14.06万吨，卷烟15万箱。1962年，全自治区手工业生产总值6.73亿元，平均每年增长13.1%。

交通运输通信业。5年内道路建设共投资9834.8万元，其中国家拨款6378.4万元，占64.86%。共新建及恢复公路389条，长1.2万公里;新建大车道670条,1.8万公里;新建桥梁3座。地方电话投资4631.8万元,新建乡村电话路线20万公里,增加县以下交换总机845处,乡村电话机4.9万部。

商业。1962年人民购买力加上机关、学校、团体、企业等社会集团购买力达27.82亿元,较1957年增长113.98%。

文化教育卫生保健事业。教育,1962年全部学龄儿童除病弱等少数外均能入小学,全部初小毕业生均能入高小,高小毕业生能升入初中,初中毕业生有三分之一能升入高中。5年内各类学校招生总数、中等专业学校5.04万人,普通中学69.36万人,小学599.22万人。5年内教育基建总投资7384.23万元。5年内基本消灭危害人民健康最大的疟疾、血吸虫等传染病,并控制麻风病的发展。计划期间增加医院病床2270张,5年内卫生保健基建投资1254.59万元。

基本建设。“二五”计划基建共投资8.14亿元,其中,地方工业1.94亿元,农、林、水、气象3195.31万元,地方交通1.58亿元,建筑工程462.3万元,文教卫生1.01亿元,劳改企业2641.8万元,城市公用事业1061万元,其他2.87亿元。

“二五”计划所制定的计划指标和具体安排,符合党的八大关于集中力量发展社会生产力的精神,基本符合广西发展的基础条件和客观实际。但在后来的“大跃进”运动中,“二五”计划指标被层层加码,不断提高,脱离了客观实际,并未形成计划纲要草案,计划也未能正常执行。

第十章
广西壮族自治区的成立

1956年,中央提出建立广西壮族自治区的倡议,得到全省各阶层人士和各族人民的支持和拥护。1958年3月,广西壮族自治区宣告成立,标志着广西各民族平等、团结、互助、合作的社会主义民族关系进入了一个新的发展阶段。

第一节　建立广西壮族自治区的倡议和讨论

一、中央提出建立广西壮族自治区的倡议

民族区域自治制度符合我国国情,既保证了国家的团结统一,又实现了各民族共同当家作主,在加强民族平等团结、促进民族地区发展、增强中华民族凝聚力等方面起到重要作用。在党的八大召开前,全国已有27个少数民族分别在自己的聚居区内建立了2个自治区、27个自治州和43个自治县,并成立了西藏自治区和云南白族自治州的筹备委员会。各民族自治地方的政治、经济和文化都得到了发展;杂居的和散居的少数民族的利益也得到应有的照顾,少数民族人民的生活有了改善和提高。广西的民族区域自治工作取得显著成就,在民族聚居或民族杂居的地区,已经成立了桂西壮族自治区(州),在瑶、苗、侗等民族地区成立了7个民族自治县、200多个民族乡。

“一五”期间,广西省委在领导少数民族进行社会主义改造的同时,大力帮助他们发展经济和文化,在人力、物力、财力上给予多方面的支援,培养了不少民族干部,帮助少数民族创造文字,发展文化教育事业等。各族人民奋发努力,使民族地区落后面貌有了很大改变。现代工业从无到有,建立起一批新企业,交通事业有较大的发展,农业生产发展成绩显著,科教文卫事业获得较快发展。干部培养方面,为了增强各民族管理自身事务的能力,大力培养少数民族干部。桂西壮族自治区的成立,极大地推动这一地区政治经济文化各项事业的发展。在桂西壮族自治区,国家投入大量资金,在农业领域大力兴修水利,推广先进技术和生产经验。到 1956 年共兴修水利工程 10 万余处,扩大灌溉面积 460 余万亩,比 1952 年增加 5 倍多。建立 289 个农技站、种子站,4 个拖拉机站和 3 个机械化国营示范农场,培养农业技术人员和技术能手 15 万余人。由于基础设施和科技力量的增强,1954 年自治区基本实现粮食自给。同期工业也得到很大发展,1956 年工业总产值比 1952 年增长 4.7 倍。交通、邮电条件也大为改善,全自治州 41 个县城都通了汽车或者火车,98% 的乡通了电话,初步改变了交通、邮电落后的面貌。此外,还建立了一大批文化卫生设施。到 1956 年,桂西壮族自治州建成 1 个民族歌舞团、8 个职业剧团、85 个电影队,以及一大批文化馆、电影院、农村俱乐部等。建有 4 家专区(市)级医院、40 家县医院,以及一批防疫站、血吸虫病防治所(站),全自治州 95% 的区(乡)有了卫生所。这些设施的建成,初步改变了桂西壮族自治州群众缺医少药的局面,丰富了各族人民的精神生活。同时,桂西少数民族地区的人才培养工作取得巨大发展。到 1956 年,全自治州有 1.5 万余所小学和 201 所中等学校,建成高等学校和民族学院各 1 所。中、小学生人数分别比 1952 年增加 76% 和 27%。全自治州共有 130 万农民参加业余文化学习,群众的科学文化水平有了较大提高。为了增强各民族管理自身事务的能力,自治区(州)党委大力培养少数民族干部,到 1956 年,全自治州 5.4 万名干部中,少数民族干部有 3.4 万人,占 63%;其中正、副县长中少数民族干部占 80%,正、副区长中少数民族干部占 73%。在短短的 4 年中,桂西壮族自治区(州)的面貌发生了日新月异的变化，大批基础设施建成投入使用，各族人民生活水平不断提高，各民族团结和睦的局面更加巩固。桂西壮族自治区（州）在几年内取得的巨大成就，充分显示了党对少数民族人民的关怀和新型民族团结合作关系的优越性，各族人民更加拥护党的领导，拥护社会主义制度，更加坚定了共同建设民族地区、边疆地区的信心。

壮族人口700多万，是全国少数民族中人口最多的一个民族，分布面较广，居住集中，发展水平也较高。壮族是广西的主体民族，仅建立桂西壮族自治州，设置规格为行署一级，这与壮族在祖国大家庭中的地位不相称，也与广西进一步发展的要求不适应。随着党的民族政策的不断贯彻落实，各族人民在蓬勃发展的各项建设事业实践中，进一步发展民族团结合作局面的愿望日益强烈。1955年7月，第一届全国人大第二次会议期间，全国人大代表、壮族上层人士黄现璠给中央写信，提出成立省级壮族自治区的意见，表达了壮族人民对进一步贯彻党的民族政策的期盼。中共中央重视广西的民族区域自治工作，就成立广西壮族自治区问题征询有关方面意见。时任中共中央秘书长的邓小平指定国务院副总理乌兰夫、中央统战部副部长汪锋、国务院民族事务委员会副主任谢扶民（壮族）与时任广西省委代理第一书记陈漫远、省长韦国清（壮族）、副省长覃应机（壮族）举行座谈。座谈中，韦国清等人提出了撤销广西省改为成立省级自治区的意见。1956年2月，根据中央工作安排，国务院副总理陈毅与中央统战部部长李维汉、国务院秘书长习仲勋等就成立省级壮族自治区的问题作了研究，认为成立省级壮族自治区便于各项工作的开展和将来的发展，各种条件也已大体具备，将广西省建制改变为省级壮族自治区是比较妥当的。当年3月，陈毅将研究情况向中央作了报告。中央也认为广西成立省级壮族自治区条件已大体具备，从历史和现实、团结和发展、国内和国际等方面综合考虑，要将广西省改建为广西壮族自治区。

党的八大总结新中国成立以来民族区域自治的经验，提出进一步加强民族工作的方针。刘少奇代表中央所作的政治报告中提出："加强国内各民族的团结，促进各民族的共同进步，是我们国家工作中的一项重大的任务。必须充分保障民族平等的权利和聚居的少数民族的区域自治的权利，必须切实注意民族自治机关的民族化和培养少数民族干部的工作。在少数民族地区的汉族工作人员必须克服任何大汉族主义的错误观点，积极地耐心地帮助少数民族当家作主，而在少数民族工作人员中，也应当注意防止和纠正地方民族主义的倾向。”“各级政府的有关部门必须积极发展少数民族地区的经济和文化工作，并且注意在少数民族地区逐步地发展工业，培养少数民族自己的工人阶级和工业干部”。这些表述，体现了党在民族区域自治制度认识和实践上的进一步发展。

八大结束的当天即 1956 年 9 月 27 日，中共中央副主席周恩来受中央委托，召集出席会议的广西省委第一书记陈漫远，省委书记、省长韦国清，以及省委其他领导成员郝中士、覃应机、陈再励、卢绍武、贺亦然、李殷丹、王梦周等谈话，提出在广西建立省一级的壮族自治区的倡议。

中央在如何更好地实现广西民族区域自治的问题上，曾考虑过多个方案，既有将广西省改建为壮族自治区的“合”的方案，也有将广西分设省和自治区的“分”的方案，以及其他方案。从历史和现实、团结和发展、国内和国际等方面综合考虑，从广西的民族渊源、历史地位、现实状况和发展前途考虑，最终中央决定按照“合”的方案提出成立广西壮族自治区的倡议。事实证明，这个决定是正确和富有远见的。第一，民族区域自治制度是党在研究中国历史，研究世界各国巩固和发展多民族国家的经验的基础上，形成的集体智慧的结晶。帮助各少数民族实现对本地方事务实行当家作主的权力，既是国家政治生活民主化的要求，也能促进每一个少数民族愿意同汉族和其他少数民族结成民族大家庭，更加发扬他们的爱国主义精神，从而巩固各民族自愿联合成为一个统一国家的政治基础。党的民族区域自治政策强调民族合作、民族互助，反对民族分裂、民族“单干”，这样才能够真正在共同发展、共同繁荣的基础上，建立起《宪法》上所要求的各民族真正平等友爱的大家庭。第二，到 1956 年，全国已建立了内蒙古自治区和新疆维吾尔自治区，西藏成立了自治区筹备委员会，宁夏也开始了建立自治区的相关工作；建立自治地方的少数民族已有 27 个。但是，作为全国少数民族人口最多的壮族，到 1956 年，壮族人口占广西总人口的 36%，聚居地占广西总面积的 60%，仅设置一个自治州，与壮族在中国少数民族中的地位不相适应，与广西全省的进一步发展不相适应。成立省一级的壮族自治区成为必然的选择。第三，从社会主义建设，特别是从广西发展的全局看，汉族居住地区农业生产条件较好，文化、技术水平较高，但是从工矿业的发展前途看，广西的工业资源主要分布在西部壮族和其他少数民族地区。这就需要汉族、壮族和其他各民族联合在一个地方行政区域内，各施所长来共同建设社会主义。李维汉指出，广西的这种情况，也正是全国的缩影，汉族地区人口众多，少数民族地区地大物博，正好彼此亲密合作，互相帮助，把祖国建成一个强大的社会主义工业化的国家。第四，处理好汉族同少数民族的关系在当时有着特殊的意义，从国际范围看，民族问题已日益显得突出，匈牙利事件发生的一个重要原因就是没有处理好民族问题；从国内来说，外国势力利用西藏社会改革中出现的一些问题从事分裂活动，周恩来认为，在这种情况下，“我们应该创造一些范例”①，推动各民族之间的团结合作，当时这个“范例”就是要抓广西壮族自治区成立问题。李维汉也指出，在建立壮族自治区问题上采取合的方案，并把它实行好，一定会在全国范围内产生良好的影响。第五，广西位于祖国南疆，1954 年《日内瓦协议》签订不久，美国从其全球战略出发，取代法国在越南的势力，使南方成为中国国家安全形势最严峻的战略方向。在这种形势下，将广西省改建为壮族自治区，不仅保证在足够宽广的战略前沿上有统一的领导、指挥，以利战备；而且广西各民族和民族内部的团结，对巩固国防、维护国家安全与主权更有着深远的意义。

中央提出倡议后，在京出席八大的广西省委常委就成立广西壮族自治区问题举行座谈，并于 10 月 2 日致函中央统战部，提出《关于建立广西壮族自治区问题的意见》。《意见》总结过去民族区域自治工作，积极拥护中央的倡议，对壮族实行区域自治的方案和实施的步骤提出意见。同年 12 月 3 日，中央统战部批复广西省委，中央同意陈漫远等九位同志关于建立广西壮族自治区的意见。

① 《周恩来统一战线文选》，人民出版社 1984 年版，第 343 页。

二、全省范围的大讨论

1956 年 10 月 23 日至 29 日，省委召开一届二次全体（扩大）会议，讨论筹备成立广西壮族自治区有关事项。决定从当月起，正式将成立广西壮族自治区问题在党内外进行讨论，广泛听取各方面的意见。从 1956 年 10 月至 1957 年 6 月，省委组织全省范围的大讨论，统一认识，开展各项准备工作。同时，从党内到党外，从上到下，开展思想动员工作。整个思想动员工作和干部安排，财政方案的确定，大体上在 1956 年 12 月下旬以前完成。随后，在全省各级组织以及社会各界组织开展学习党的民族政策活动。中央对广西给予了具体的指导和帮助。

中共中央关于建立省一级壮族自治区的倡议，得到广西各族各界人士的积极响应。由于党的民族区域自治政策在实践中取得的显著成就，民族区域自治制度已经得到了各族人民的普遍拥护。在全省的讨论和酝酿中，主要涉及三大问题：一是壮族是否应当建立省一级自治区？二是建立自治区采取“合”还是“分”的方案？三是自治区的名称问题。讨论的焦点集中在第二个问题上，一种方案是“合”的方案，即以广西省建制成立广西壮族自治区。另一种方案是“分”的方案，即把广西分为两个部分：仍保留广西省的建制，管辖广西省以汉族为主的东部；而把广西省西部的壮族聚居区划出来建立壮族自治区。“合”的方案得到大多数人的赞同。1956 年 12 月 20 日至 30 日的政协广西省第一届委员会召开第三次全体会议，在讨论关于成立广西壮族自治区问题时，大多数人主张采取“合”的方案，即把全省改为壮族自治区。但是也有一些党内外人士，特别是部分汉族上层民主人士怀有疑虑。因此在讨论中，有汉族上层民主人士提出，为了照顾汉族的感情，可以考虑将广西一分为二，西部建立壮族自治区，东部保留广西省；也有人提出取消广西省，改称为“广西自治区”或“广西各族自治区”，不加上“壮族”两字，取内蒙古自治区、西藏自治区那样的名字。在这种情况下，要成立广西壮族自治区，还需要做大量的思想工作，取得广西各族人民、特别是持不同意见的汉族上层人士的同意，才更有利于团结，有利于将来工作的开展。

对广西在建立自治区方案上的意见分歧，中央十分重视，并做了大量工作。1956年底，中共中央统一战线工作部部长李维汉带领工作组来到广西，用大约一个月时间，广泛听取各方面意见，反复讨论建立广西壮族自治区的方案，进一步做好上层民主人士的思想工作。李维汉到广西后，先后会见了许多民主党派领导人、爱国民主人士，交流思想和讨论情况，期间还亲自登门拜访了对成立自治区持有疑虑的上层代表人物，耐心说服，使之认识有所转变。针对部分壮族干部担心自治区成立后，不容易做到名副其实；部分汉族干部认为，成立自治区必然有相当多的汉族干部要从原来的工作岗位上调动下来，顾虑这方面的思想工作很难做好；还有少数汉族干部所谓的"汉族感情"问题，李维汉在省委组织的干部大会上作了题为《关于建立壮族自治区问题的一些提法和意见》的报告，在这个报告中，李维汉对中国共产党实行民族区域自治的基本理论，以及民族区域自治的相关政策，作了明确的阐述，对建立壮族自治区两个方案作了对比，充分说明了"合"的好处。对统一干部队伍思想认识起到推动作用。1956年10月至12月间，广西省委召开了两次扩大会议，讨论建立广西壮族自治区问题，一致拥护中央的倡议。1956年12月中国人民政治协商会议广西省委员会召开第三次全体会议，1957年2月政协桂西壮族自治州委员会召开扩大会议，都将成立广西壮族自治区问题列为中心议题进行广泛的酝酿讨论，并分别作出了拥护成立广西壮族自治区的决议。

三、"合则双利，分则两害"

1957年3月17日，全国政协邀请进京协商建立广西壮族自治区的广西省代表团全体人员，广西籍政协委员和有关政协委员，以及在北京、上海、广州、武汉、长春等地工作的广西籍人士共91人（到会的82人），就建立广西壮族自治区问题进行协商和讨论。会议由周恩来总理（当时兼全国政协主席）主持，代表们充分发扬民主，畅所欲言，各抒己见。会议开了10天，5次大会、3次小会。在会议期间，周恩来在谈话中说明"合"之利，"分"之弊的道理；并从全国大局考虑，从全国各族团结考虑，强调各民族要加强团结，发挥各民族的积极性的重要性等问题。针对一些人的思想顾虑，周恩来指出，成立广西壮族自治区，对汉族不会有损害的；各族人士要以全国大局考虑、全国各族团结考虑，中国要站起来，图强致富，各民族要加强团结，发挥各民族的积极性。经过反复协商，与会人员在必须建立省一级的壮族自治地方这个问题上取得了一致意见，并且认为把广西省改建为广西壮族自治区是适当的。3 月 25 日，周恩来作了总结发言，他从中国共产党的民族政策，从我国民族发展的历史阐明了建立壮族自治区的意义，并在综合到会代表意见的基础上，进一步阐明了采取“合”的方案即以广西省的行政区域建立壮族自治区的必要性，强调“宜合不宜分”，“合则双利，分则两害”。周恩来指出：关于合与分的问题，不论是从全国来看，还是从一个省来看，都需要合。汉族人口众多，经济文化比较发达，但地大、物博都在少数民族聚居区。从全国来说是这样，广西也是这样。将来发展工业，扩大农业，都要大力开发少数民族地区，都需要把地大、物博和人口众多、经济文化发达结合起来。我们的区域自治政策，利于合，利于团结，利于各民族的共同发展，合起来把我国建设成一个强大的工业化国家，应该创造一些范例。在这方面，绥远并入内蒙古自治区就是个范例，广西也应该这样做。在建立壮族自治区问题上，绝大多数人认为合有利，分不利。这个问题，还要提到人民群众中去讨论。在讨论的时候，可能有局部地区的群众由于一时不了解情况而赞成分，但是只要把道理讲清楚，他们还是会赞成合的。周恩来的讲话，得到了与会代表的热烈拥护。

座谈会结束后，中央还安排广西来的代表到内蒙古自治区参观。内蒙古自治区方面对广西代表团做了热情接待，不但详尽介绍了内蒙古自治区各民族团结发展的情况，还安排各族人士与代表团进行交流，并组织参观了呼和浩特市和新兴工业城市包头市，还特地安排代表团参观了昭君墓。在青塚前，代表们纷纷谈到了王昭君的历史，一致认为昭君出塞，加强了汉、蒙古两个民族的团结和文化交流，意义非常深远。代表们这次“出塞”，真切体会到祖国大家庭的温暖，民族团结的可贵，他们表示，要向内蒙古人民学习，认真把广西壮族自治区搞好，永远牢记祖国像一个大家庭，各民族要真诚团结。

从 1956 年 10 月至 1957 年 6 月，广西省委、政协广西省委员会、广西省各民主党派、人民团体，都在自己的组织内以及在自己所联系的群众中，组织学习和宣传民族政策，广泛地进行关于成立广西壮族自治区问题的大讨论。广西省人民委员会所属各部门、各专署、市、县、区、镇机关也进行了民族政策的学习，讨论了关于成立广西壮族自治区问题。经过反复协商讨论和学习民族区域自治政策，广西各族各界群众明确了“合则双利，分则两害”的观点，基本上取得了拥护成立广西壮族自治区的共识。

各族干部群众普遍认为，应该建立一个省一级的壮族自治区。汉族、壮族和瑶、苗、侗、仫佬、毛难（毛南）、回、倮倮（彝）、水家（水）、仡佬等民族都深切地认识到成立壮族自治区是壮族人民应当享受的自治权利，是团结少数民族建设社会主义的一个重大措施，赞成以原广西省的建制成立广西壮族自治区的方案。关于自治区的名称，各族干部、群众赞成采用“广西壮族自治区”这个名称。认为这个名称，既体现了壮族实行区域自治的实质，又能完整地表示出地区名称（广西）、民族名称（壮族）、行政区划地位（自治区）。

通过全省范围的大讨论，使党的民族政策和成立广西壮族自治区的思想深入人心，不仅明确了壮族人民和其他少数民族人民对民族区域自治政策的正确认识，增强了共同发展的信心和决心，也使汉族广大群众理解了建立省一级的壮族自治区的意义，真心的拥护和支持成立广西壮族自治区。

1957 年 4 月底召开的中共广西省一届二次会议讨论了成立广西壮族自治区的报告，并一致通过《关于拥护建立广西壮族自治区的倡议的决议》。4 月至 5 月间，全省 5 市 70 县先后召开了人民代表大会，各市、县出席、列席会议的 1.7 万余名代表参加了成立广西壮族自治区问题的讨论，形成了一致拥护成立广西壮族自治区的意见。代表们普遍认为，中央的倡议和广西省委的决定反映了广西各族人民的共同心愿。5 月底，广西省人民委员会举行第 22 次会议，讨论并一致同意成立广西壮族自治区，通过了给全国人大常委会、全国政协关于成立广西壮族自治区问题的报告。并由各民主党派、各族、各界代表人士组成赴京汇报成立广西壮族自治区问题代表团，前往全国人大常委会、全国政协汇报半年多来关于成立广西壮族自治区问题的酝酿情况。6 月 7 日，国务院第 51

次会议听取了广西代表团报告后，作出了《关于建立广西壮族自治区的决定》。6月12日，广西省人委举行第23次会议，听取省人委办公厅关于广西各族各界人民酝酿成立广西壮族自治区的情况报告，讨论通过了《关于赞同建立广西壮族自治区的决议》，并请广西选区的全国人大代表充分表达广西各族人民要求成立广西壮族自治区的愿望，要求第一届全国人大第四次会议批准国务院提出的成立广西壮族自治区的议案。

第二节　广西壮族自治区的成立

一、广西壮族自治区筹备工作的开展

1957年7月4日，国务院总理周恩来向第一届全国人民代表大会第四次会议提交了《关于成立广西壮族自治区的议案》，提请大会批准。7月15日，第一届全国人民代表大会第四次会议作出《关于成立广西壮族自治区的决议》，决定撤销广西省建制，成立广西壮族自治区，以原广西省的行政区域为广西壮族自治区的行政区域。1957年8月23日至9月4日，广西省第一届人民代表大会第五次会议在南宁召开，讨论和通过了《关于建立广西壮族自治区的决议》，决定成立广西壮族自治区筹备委员会（简称筹委会），韦国清为主任委员，李任仁、覃应机、陈再励、莫乃群、卢绍武为副主任委员，委员35人。9月18日，筹委会举行第一次会议，讨论和确定了自治区成立前各项筹备工作，并设置筹委会相关工作机构。会议确定，在自治区成立前的筹备期间，必须在全省范围内进行一次广泛深入的宣传教育工作。一是宣传民族政策，继续组织各级干部进行一次切实有效的民族政策学习，并在全省城镇和农村中进行广泛的民族政策的宣传。二是宣传广西各少数民族尤其是壮族的革命历史传统。会议认为，壮族人民光荣的革命历史传统是不能忽视的，特别在近百年来，从太平天国到解放战争，壮族人民和汉族以及其他各族人民团结一致，共同反对国内外敌人，这一点，必须在自治区筹备期间向全省人民宣传。三是宣传各族人民的团结，同时要切实地批判大汉族主义

和地方民族主义。四是必须在全省各少数民族地区宣传社会主义。五是利用各种形式,系统地向省内外介绍广西各方面的基本情况。会后,在全省范围内开展了关于成立自治区的大规模宣传活动。为了使党的民族政策进一步深入人心,在自治区成立前夕,广西省委又于 1958 年 2 月发出《关于开展成立广西壮族自治区宣传的指示》,《指示》指出,自治区的成立是广西各族人民政治生活中具有历史意义的一件大事,必须在全省各族人民和各族干部中进一步开展宣传工作,以增强民族团结,提高各族人民的政治热情和劳动积极性。此后,在全省范围又掀起了一个关于党的民族自治政策的宣传高潮,各地还把讨论成立自治区问题作为即将召开的人民代表大会重要议程之一,通过讨论进行宣传教育。

全国人大一届四次会议批准成立广西壮族自治区后,1957 年 9 月,桂西壮族自治州举行第一届人大第三次会议,会议批准州人委《关于拥护建立广西壮族自治区的报告》,通过了《桂西壮族自治州四年来工作情况的报告》《桂西壮族自治州第一届人民代表大会第三次会议关于拥护建立广西壮族自治区并撤销桂西壮族自治州一级建制的决定》。国务院于 1957 年底通过《关于撤销广西省桂西壮族自治州的决定》后,1958 年 1 月 25 日,自治州人委发出《关于撤销桂西壮族自治州建制的通知》,31 日,广西省人委发出《关于撤销桂西壮族自治州建制的通知》,桂西壮族自治州于 1 月 31 日停止办公,邕宁、百色、宜山三专区即日由省直接领导。桂西壮族自治州作为一级民族自治地方所履行的各项职责,已完成了历史使命。

1958 年一二月间,广西全省各地全面铺开选举工作,各市、县先后召开第三届人民代表大会第一次会议,选出广西壮族自治区第一届人民代表大会代表 421 人。

在各项筹备工作陆续开展的同时,省委也在全省范围内向各级干部群众广泛开展党的民族政策宣传教育活动,宣传成立壮族自治区的重大意义。1958 年 2 月 8 日,中央就成立广西壮族自治区专门发出通知,强调指出,自治区的成立,是壮族人民和全国各族人民政治生活中的一件大事,也是党运用民族区域自治政策继续圆满解决中国民族问题的又一重大成就。新华社、人民日报社等中央新闻单位对广西建设发展情况进行全面系统的报道,并为此发表社论。3月4日,广西壮族自治区第一届人民代表大会第一次会议举行预备会议,自治区筹委会副主任委员覃应机代表筹委会报告成立广西壮族自治区的筹备工作情况。至此,广西壮族自治区各项筹备工作已全部完成。

二、广西壮族自治区宣告成立

1958年3月5日至13日,广西壮族自治区第一届人民代表大会第一次会议在南宁隆重召开。代表中共中央、中央人民政府和毛泽东主席前来祝贺的中央代表团团长、国务院副总理贺龙及代表团全体成员、国家民委副主任汪锋、全国人大民委副主任委员谢扶民以及来自内蒙古自治区、新疆维吾尔自治区、西藏、吉林、青海、甘肃、四川、云南、贵州、湖北、湖南、广东、北京、上海和广州军区等省、市、自治区和军队的代表以及广西各地区各民族的代表、曾经在广西参加革命斗争的老同志和广西在外地工作的著名人士出席了大会。应邀出席大会的还有以朱文晋为团长的越南民主共和国越北自治区各族人民代表团。

韦国清向大会致开幕词,宣布广西壮族自治区正式成立。韦国清指出:广西壮族自治区的成立,标志着党和毛主席的民族政策又一次光辉的胜利,标志着广西各族人民和祖国大家庭的亲密团结,标志着各族人民共同建设社会主义的强烈愿望。中央代表团团长、国务院副总理贺龙在会上代表中共中央、中央人民政府和毛泽东主席向壮族人民和广西各族人民致以热烈的祝贺。贺龙指出,广西壮族自治区的成立,是壮族人民历史上的一件大喜事,同时也是全国各族人民共同的大喜事。广西壮族自治区成立后,广西各族人民的任务是,更进一步巩固和加强各民族的团结合作,动员广西各族人民以无比的热情积极地参加祖国的社会主义建设,争取在最短的时间内,改变自治区的面貌,而且更将改善人民的物质文化生活。他殷切希望,广西壮族自治区成立以后,广西各族人民,特别是壮族和汉族人民认清自己的责任,更加紧密地团结起来,为自治区和祖国的社会主义建设事业,贡献更大的力量。

3月5日,韦国清代表广西省人民委员会向广西壮族自治区第一届人民代表大会第一次会议作题为《广西省八年来政府工作和广西壮族自治区今后的任务》的报告。3月8日，省委第一书记刘建勋代表广西省委作了题为《加强广西各族人民的亲密团结，为加速社会主义建设而奋斗》的发言。3月13日，大会通过了《关于“广西省八年来政府工作和广西壮族自治区今后的任务”的报告的决议》《关于广西壮族自治区人民代表大会和人民委员会组织条例的决议》《关于广西壮族自治区自治条例（草案）的决议》以及《关于定于三月十五日为广西壮族自治区成立纪念日的决议》等文件。会议选举韦国清（壮族）为广西壮族自治区主席，贺希明、李任仁、覃应机（壮族）、莫乃群、卢绍武（壮族）为副主席，韦纯束（壮族）等43人为自治区人民委员会委员。3月14日，广西各族各界群众在南宁举行了隆重集会，热烈庆祝广西壮族自治区正式成立。当日，桂林、柳州、梧州3市和各专区所在地，都分别举行盛大集会，庆祝自治区成立。15日，自治区主席韦国清发布《广西壮族自治区人民委员会布告》，公布自治区人民委员会组成人员名单，宣布于1958年3月15日开始工作。同时，中央决定，中国共产党广西省委员会改为中国共产党广西壮族自治区委员会，中共广西省第一届委员会改称中共广西壮族自治区第一届委员会。

广西壮族自治区成立时设南宁、柳州、桂林、梧州4市及南宁、柳州、桂林、梧州、玉林、百色6个专区，79个县（自治县、市）。其中，南宁专区辖邕宁、武鸣、横县、宾阳、上林、隆安、马山、扶绥、崇左、大新、天等、龙州、宁明、上思县，以及都安瑶族自治县、凭祥市；柳州专区辖柳州市和柳江、柳城、宜山、罗城、环江、鹿寨、象州、武宣、来宾、融安、忻城县，以及三江侗族自治县、融水苗族自治县、金秀瑶族自治县；桂林专区辖桂林市和临桂、灵川、全州、兴安、永福、阳朔、灌阳、资源、平乐、荔浦、恭城县，以及龙胜各族自治县；梧州专区辖梧州市和苍梧、岑溪、藤县、昭平、蒙山、贺县、钟山、富川县；玉林专区辖玉林、贵县、桂平、平南、容县、北流、陆川、博白县；百色专区辖百色、田阳、田东、平果、德保、靖西、那坡、凌云、乐业、田林、西林、河池、南丹、天峨、凤山、东兰县，以及隆林各族自治县、巴马瑶族自治县。

壮族原称“僮族”，但“僮”字是个双音字，用于民族的称谓读“壮”，此外则读“童”，指封建时代受奴役的未成年人，如“书僮”“僮仆”等；

中国古代“僮”还与“童”相同,如“僮女僮男”即“童女童男”,指少女、少年。因此,在1957年3月全国政协座谈会上,周恩来提出,“‘僮’字的确容易念错,依照本民族的自愿选择,改变一个好一点的汉字是可以的”①。1965年10月12日,国务院作出了《关于更改壮族及壮族自治地方名称问题给广西壮族自治区人民委员会、云南省人民委员会、广东省人民委员会的批复》,将“僮族”的“僮”字改为“壮”,“壮”有健壮、茁壮的意思。当年11月,自治区党委、人委办公厅正式发出改名的通知。这一字的改动,完全符合壮族人民的心愿,得到了壮族人民的衷心拥护,也体现了党中央、国务院对壮族人民的期盼和关怀,更有利于增强民族自信心和各民族的团结。

三、广西壮族自治区成立的重大意义

广西壮族自治区是继内蒙古自治区、新疆维吾尔自治区之后成立的第三个省一级少数民族自治区。广西壮族自治区的成立有着重大的历史意义。

第一,广西壮族自治区的成立是党和国家推行民族区域自治政策的又一重大成就。我国是一个多民族国家。在筹备新中国的过程中,中国共产党在新国家的构成形式问题上,确定在统一的(单一制的)国家内实行民族区域自治制度,而不实行联邦制。这一重大决策,是党运用马克思列宁主义的民族理论解决中国民族问题的一个伟大创造。民族区域自治可以使少数民族实现当家作主的权利,按照自身的情况和特点来发展自己的民族,又可以在完全平等的地位和权利的基础上,团结各兄弟民族在统一的国家内,互助合作,共同管理和发展国家,因而就更便利于各民族的发展。在这样的政策下,任何民族一律享有民族平等的权利,聚居的少数民族,都有实行区域自治、在自治地方当家作主、管理自己内部事务的权利,党和国家帮助少数民族充分实现这些权利。广西壮族自治区的成立,是党的民族政策的光辉实践,是民族区域自治制度的

---

① 《在全国政协邀请广西籍人士协商建立广西壮族自治区会议上的总结报告》(节录),1957年3月25日。

具体实施和重大成就。

第二,广西壮族自治区的成立标志着党和国家充分肯定壮族在祖国多民族大家庭中应有的地位。壮族是我国少数民族中人口最多,政治、经济、文化也比较发展的一个民族,有着悠久的历史文化和光荣的革命传统,在开发岭南这块富饶美丽的国土的过程中,有壮族人民不可磨灭的历史功绩;在祖国各族人民共同的革命事业中,有壮族人民的重要贡献。由桂西壮族自治州发展为成立广西壮族自治区,使壮族更充分享受民族平等权利,标志着广西各民族平等、团结、互助、合作的社会主义民族关系进入了一个新的发展阶段。

第三,广西壮族自治区的成立充分考虑了历史和现实状况,有利于广西各民族的共同发展。广西是壮族聚居的地方,同时又是一个多民族杂居的地方,聚居在广西的民族,还有汉、瑶、苗、侗、回、仫佬等民族,他们都有悠久的历史,同壮族人民一道,互相结成了血肉不可分离的关系。汉族在广西,更是一个人口较多、政治影响较大的民族。这是广西的一个重要特点,对待广西的民族问题,必须经常注意到这个特点,由于广西的壮族、汉族和其他民族的人民,长期生活在一起,共同开发了广西的土地,共同进行革命斗争,已经结成了亲密的经济和文化联系,和亲如兄弟的友爱关系,所以采用壮汉和其他民族合作的方法而不采用分开的办法,把原来的广西省改建为广西壮族自治区,是完全适当的。这样做,既符合广西历史发展趋向,符合民族关系的实际情况,又符合广西各族人民的长远利益和要求,因而也符合党和国家的民族区域自治政策的原则。

第四,广西壮族自治区的成立,更有利于广西各族人民走社会主义道路,有利于进行社会主义革命和建设。广西壮族自治区的成立,激发了广西各族人民建设社会主义国家的极大热情,为大规模社会主义经济建设奠定了广泛的群众基础。广西各族人民获得解放后在党的领导下,废除了民族压迫政策,实现了民族平等,在取得土地改革的胜利以后又基本上实现了社会主义革命,进行了社会主义建设,民族关系和各民族的面貌已经发生了根本性变化。经过长期的革命斗争,党在壮族中培养了一批久经考验的优秀干部。依照党和国家的民族平等政策和民族区域自治政策，建立省一级的广西壮族自治区，利于更进一步巩固和加强各民族的团结合作，动员广西各族人民以高昂的热情积极地参加祖国的社会主义建设，争取在短时间内，改变自治区的面貌，而且更将改善人民的物质文化生活。广西壮族自治区成立以后几十年的历史证明，它对巩固和促进广西各族人民的团结，维护和发展安定祥和的社会形势，推进广西经济、社会各项事业的更快发展，都起到了积极的作用。

第 十 一 章

整风运动和反右派斗争

进入社会主义建设时期后，如何正确认识和处理社会主要矛盾，成为全党的新课题。省委传达学习毛泽东的《关于正确处理人民内部矛盾的问题》的讲话精神，按照中央的统一部署，在全省范围内组织开展整风运动，在整风运动后期又开展了反右派斗争和社会主义教育。由于偏离了党的八大的正确判断，对社会主义条件下的阶级斗争形势作了过于严重的判断，导致反右派斗争扩大化的严重失误，留下了沉痛的教训。

第一节 以正确处理人民内部矛盾为主题的整风运动

一、社会主义改造完成后的人民内部矛盾问题

随着 1956 年生产资料私有制的社会主义改造基本完成和社会主义制度的建立，党领导人民开始进行全面的大规模的社会主义建设。这一时期，党面临着复杂的国际国内形势。国际上，苏共二十大尖锐揭露和批判了斯大林在领导苏联社会主义建设中所犯的一些重大错误，以及对他的个人崇拜所造成的严重后果，引起国际共产主义运动的震动。波兰和匈牙利先后发生大规模骚乱。帝国主义乘机掀起了一股反苏、反共、

反社会主义的浪潮。在国内,阶级矛盾已经退居次要地位,但人民内部矛盾却日益凸显起来。有些干部没有看清楚这种转变,不善于分辨不同性质的矛盾,习惯于用专政的办法去解决人民内部矛盾问题。不少党员和干部还用老眼光看问题,把社会上群众闹事和尖锐批评视为阶级斗争的表现,当成敌我矛盾;一些干部习惯于按革命年代的经验办事,用类似处理敌我矛盾的方法处理群体性事件。特别是在社会主义改造和“一五”计划建设中,存在着不顾客观实际,违反客观规律和人民群众意愿以及强迫命令、盲目蛮干的主观主义作风;一些领导干部和机关工作人员对于群众生活中的许多迫切问题,抱着漠不关心的官僚主义态度。同时,对于民主党派和民主人士,一些领导干部和工作人员又抱着排斥、轻视的宗派主义态度,加深了党同非党群众之间的矛盾。党内干部中存在着这些严重的主观主义、官僚主义、宗派主义,对一些群众的正确意见不但没有接受,反而采取简单粗暴的办法压制,使本可以解决的一些矛盾和问题激化,给社会造成不安定的因素。

1956 年秋冬,广西的经济和社会生活出现一些不安定的情况。在城市,油、肉类等副食品和棉布等日用品短缺,居民生活受到影响,在部分职工中引起不满和埋怨;在“百花齐放,百家争鸣”方针提出后,知识分子思想日趋活跃,对现实发表各种意见;有些人对党和政府工作中的缺点以及干部作风问题提出批评,其中有正确的,也有错误的。在农村,从 1956 年夏收预分到秋收决算分配以后到 1957 年春耕以前,不少地区发生农业生产合作社社员闹退社事件。据广西 32 个县的统计,1957 年春节后闹退社的达到 42534 户,占这些县入社总农户的 2.27%。到 1957 年春夏间,全省要求退社的农户占入社农户总数的 6.8%,最多的县达入社农户总数的 15%。闹退社的主要原因:一是在合作化过程中,有些地方不顾农民的意愿,实行村与村之间的合并,合并以后的各种矛盾难以调和,因而农民要求分社。二是有些地方办社不民主,干部独断专行,引起农民的不满。三是有些农业社财务不清。四是 1956 年秋收后国家对农业社征购粮食过多造成部分地区粮食紧张,引起农民的不满。五是有些富裕中农入社生产资料作价不公,再加上农业社未能按时归还作价款,致使这部分人生产情绪不稳定,要求退社。上述现象的出现,与各级领导存在的官僚主义、主观主义和宗派主义有关。对此，有些地区的干部忽视矛盾，听任矛盾的发展，而有些干部则混淆了人民内部矛盾和敌我矛盾的界限，用对待敌我矛盾的态度来对待人民内部矛盾，致使矛盾激化。在处理干部和群众的关系问题上，有些县、乡干部不关心群众的疾苦，关系农民利益的问题长期得不到解决。这些问题和矛盾的存在，给社会带来不安定因素。

在这样复杂的形势下，如何借鉴苏联和波匈事件的教训，总结自己的经验，正确认识和处理中国社会主义社会的各种矛盾，就成为全党需要着重思考的重大问题。

二、《关于正确处理人民内部矛盾的问题》的学习与宣传

针对社会上出现的新矛盾、新问题，1957 年 2 月 27 日，毛泽东在最高国务会议第 11 次扩大会议上发表《关于正确处理人民内部矛盾的问题》的讲话，系统地阐明关于严格区分社会主义社会的敌我矛盾和人民内部矛盾两类不同性质的矛盾以及正确处理人民内部矛盾的问题。指出：社会主义社会存在着敌我之间和人民内部两类性质根本不同的矛盾。敌我之间的矛盾是对抗性的矛盾，人民内部的矛盾是非对抗性的矛盾。前者需要用强制的、专政的方法去解决，后者只能用民主的、说服教育的方法。具体地讲，就是在政治上实行“团结——批评——团结”，即“从团结的愿望出发，经过批评或斗争使矛盾得到解决，从而在新的基础上达到新的团结”①。在经济上采取“统筹兼顾、适当安排”和兼顾国家、集体、个人三方面利益，并找出一条中国化的道路；在民族关系上采取各民族平等和团结，既克服大汉族主义，又克服地方民族主义；在共产党和民主党派关系上实行“长期共存，互相监督”的方针；对知识分子要从根本上改善同他们的关系，给予信任，善于团结，同时加强对他们的教育和思想工作；在科学文化工作方面实行“百花齐放，百家争鸣”的方针。3 月 6 日至 13 日，中共中央召开全国宣传工作会议，传达讨论了《关于正确处理人民内部矛盾的问题》讲话。3 月 12 日，毛泽东在讲话中着重谈了

① 毛泽东：《关于正确处理人民内部矛盾的问题》，1957 年 2 月 27 日。

知识分子问题、准备整风和加强党的思想工作问题,并宣布中共中央作出党内整风的决定。毛泽东的讲话,总结了社会主义事业发展中的历史经验,研究回答了我国社会主义改造基本完成后出现的新问题。提出严格区分两类不同性质矛盾、正确处理人民内部矛盾的理论,科学地阐明了社会主义社会的矛盾问题,是对科学社会主义理论的重大发展。

毛泽东《关于正确处理人民内部矛盾的问题》的讲话和《在中国共产党全国宣传工作会议上的讲话》发表后,广西省委及时在干部和群众中进行传达贯彻,在党内和党外开展学习和讨论。1957 年 3 月,全省开展了社会主义思想宣传运动,对毛泽东《关于正确处理人民内部矛盾的问题》的讲话进行广泛的传达贯彻。这次宣传运动采取依靠群众,发扬民主,开展群众性的自我教育方针,把提高群众的思想觉悟,发扬民主和改进领导,克服官僚主义结合起来,经过一个多月的宣传教育活动,许多地方通过依靠群众,发扬民主,使不少问题得到解决,收到了明显的效果。

5 月上旬,中共广西省第一次代表大会第二次会议在南宁召开,学习贯彻《关于正确处理人民内部矛盾的问题》及全国宣传工作会议精神。陈漫远指出,要充分认识正确处理人民内部矛盾的重要性。由于我国社会正处在大变动中,社会主义革命和社会主义改造已经取得基本胜利,大规模的阶级斗争已经基本结束,农村的地主富农正在被改造成为自食其力的新人,资产阶级也正处在由剥削者变为劳动者的过程中。人民内部矛盾就显得突出起来,比过去是增多了。人民内部矛盾表现形式是多种多样的,在各个时期各个地区都会有不同的表现,所以要很好去分析排队,抓住主要的矛盾,采取正确的办法,具体加以解决。如在农村中,聚赌、偷盗、迷信的现象和生活困难、油肉供应、物价、税收等问题,如果不注意处理或处理不当,就可能引起人民闹事。因此必须采取正确的方法去处理,要进行调查研究,宣传教育,解决困难,分析说理,实行批评与自我批评,分别对待,鼓励群众情绪,保护干部积极性,反对强迫命令和粗暴行为。会后,在 5 月 14 日至 24 日,广西召开全省宣传工作会议,确定在各级党组织内必须有步骤地传达毛泽东《关于正确处理人民内部矛盾的问题》的讲话和有关文件,组织认真地讨论,并且把毛泽东的讲话精神作为处理问题的指针。会议指出,社会主义思想的宣传运动,就是正确地处理人民内部矛盾的一项重要措施,要求各地把开展社会主义思想的宣传运动和扩大民主、正确地处理人民内部矛盾的问题结合起来。会议还对继续深入地开展社会主义思想的宣传运动做了新的部署。

全省宣传工作会议结束后,立即在全省范围内进一步掀起了社会主义思想的宣传运动的高潮。各级党委的第一把手和各系统的主要领导干部亲自动手,农村、工厂、学校、机关有领导、有计划、有步骤地进行这一运动,普遍地开展社会主义思想的宣传教育运动。通过大学习、大讨论,广西各地迅速揭露出了存在的各种矛盾,广大群众对党的干部和各级党委的工作提出了大量批评意见,有利于克服干部队伍中的各种错误倾向,对调动一切积极因素、贯彻党的八大路线、加速社会主义建设具有重要意义。全省的社会主义思想宣传运动,为整风作了必要准备。

三、整风运动的开展

在广泛学习、宣传毛泽东《关于正确处理人民内部矛盾的问题》的基础上,从 1957 年春开始,全党开展了以解决人民内部矛盾为主题的整风运动。这次整风的目的,是为了正确处理人民内部矛盾,调动一切可以调动的积极因素,为社会主义建设服务。

还在 1956 年党的八大期间,毛泽东就指出:“现在在我们的许多同志中间,仍然存在着违反马克思列宁主义的观点和作风,这就是:思想上的主观主义、官僚主义和组织上的宗派主义。这些观点和作风,都是脱离群众、脱离实际的,是不利于党内团结和党外团结的,是阻碍我们事业进步,阻碍我们同志进步的。必须用加强党内思想教育的方法,大力克服我们队伍中这些严重的缺点。”① 从 1957 年 4 月初开始,毛泽东和中共中央采取了一系列措施,着手准备进行整风。4 月 27 日,中共中央发出《关于整风运动的指示》,要求在全党进行一次以正确处理人民内部矛盾为主题,以反官僚主义、反宗派主义、反主观主义为内容的整风运

① 毛泽东:《中国共产党第八次全国代表大会开幕词》,《毛泽东文集》第 7 卷,人民出版社 1999 年版,第 116 页。

动，发动群众对党和政府、党员干部中的缺点提出批评建议。《指示》指出：为了克服近几年来党内新滋长的脱离群众和脱离实际的不良作风，决定“在全党重新进行一次普遍的、深入的反官僚主义、反宗派主义、反主观主义的整风运动，提高全党的马克思主义的思想水平，改进作风，以适应社会主义改造和社会主义建设的需要”。《关于整风运动的指示》阐述了整风运动的重要性和必要性，确定把正确处理人民内部矛盾的问题作为整风学习和检查的主题，要求各级领导机关和干部要着重检查对于党的“百花齐放，百家争鸣”，“长期共存，互相监督”的方针和“勤俭建国”方针的执行情况，检查那些脱离工、农、兵和知识分子群众的官僚主义现象，检查那些不从团结全党、全国各民族、各民主党派出发的宗派主义现象，检查那些不从实际情况出发的主观主义现象。中央指示：这场整风运动首先从县级以上，军队团级以上的党的组织以及广大的厂矿和大专学校的党组织开始，并且首先从检查领导干部的思想作风开始。各省委、市委、自治区党委可以同时选择若干基层党委进行整风学习试点，以便取得典型经验，逐步推广。《指示》规定整风运动应该是一次既严肃认真又和风细雨的思想教育运动，一次恰如其分的批评和自我批评的运动。强调在鼓励批评的同时一般不开批评大会或斗争大会，实行“知无不言，言无不尽；言者无罪，闻者足戒；有则改之，无则加勉”的原则，以达到“惩前毖后，治病救人”的目的。同时，欢迎非党员群众自愿参加整风运动。《指示》还指出，为了加强党同人民群众的密切联系，彻底改变许多领导人员脱离群众的现象，在进行整风运动的同时，应该在全党提倡各级党、政、军有劳动能力的人员用一部分时间同工人、农民一起参加体力劳动，并使之逐步形成一项永久的制度。同日，毛泽东还亲自起草了《关于整风和党政主要干部参加劳动的指示》。5 月 1 日，《人民日报》公布了中共中央的整风指示，全党整风运动正式开始。

1957 年 5 月，在南宁召开的中共广西省第一次代表大会第二次会议传达贯彻中央关于整风运动的指示，开始部署广西整风运动。5 月 17 日，省委发出《关于贯彻执行中央关于整风运动的指示》，要求各级党组织按照中央关于整风运动的部署，进行一次普遍的、深入的以正确处理人民内部矛盾为主题，以反官僚主义、反宗派主义、反主观主义为内容的整风运动。通过整风,使全党同志正确理解人民内部矛盾和认识正确处理人民内部矛盾的方针政策,在提高思想认识的基础上,总结检查工作,克服领导上的官僚主义、宗派主义和主观主义的作风,正确解决实际工作中反映出来的人民内部矛盾的主要问题。运动的重点是县以上各级党的领导干部,采取自上而下的办法,从领导到一般干部逐步开展。《指示》还明确规定,作为一次思想运动,整风必须密切联系实际,贯彻边学习,边整风,边改进,边解决问题的原则,一面整风,一面解决实际工作中反映出来的人民内部矛盾的主要问题,既要防止关门整风,不解决实际问题的偏向,又要防止因日常工作把整风挤掉的偏向,做到整风与工作两不误。

1957 年 5 月至 6 月,广西的整风运动在省直机关和南宁市直机关开展。5 月下旬,全省四所高等学校(师范学院、农学院、医学院、进修学院)的整风运动开始。6 月至 7 月,各专区、市、县的整风运动也陆续开展。在整风运动中,放手发扬民主,加强对群众的教育。一方面,领导干部深入发动,解除群众的思想顾虑,虚心地、耐心地听取群众的意见,特别是党外人士的意见,使他们做到"知无不言,言无不尽";另一方面,也必须向群众进行教育,提高他们的觉悟程度。把扩大民主生活、改进领导和加强教育、提高群众的觉悟两方面密切结合起来。整风运动分三个步骤进行:第一步学习文件,领会其精神实质,掌握思想武器;第二步根据文件精神,检查工作、思想和作风;第三步进行总结,制定出改进领导、改进工作,建立合理制度的具体办法。对县以下一般干部,要求通过整风,加强阶级观点和阶级立场,树立为人民服务观点,走群众路线,与群众同甘共苦,改进作风、改进工作等,使全体干部普遍受到教育。

这次整风运动实行开门整风。省委统战部召开座谈会,邀请各民主党派负责人和无党派民主人士参加,欢迎他们提出批评建议,帮助中共广西地方组织搞好整风。在 5 月 31 日座谈会上,民主党派和无党派民主人士应省政协邀请就党群关系等方面提出意见。6 月初,省政协连续 3 天举行座谈会,邀请文艺、科学技术、宗教界的代表人物与会,帮助中共整风。各级党政机关和高等院校、科学研究机构、文化艺术单位的党组织也纷纷召开各种形式的座谈会和小组会,听取党内外群众的意见,欢迎大家“鸣”“放”。广大群众和爱国人士积极响应中共中央的号召,向各级党组织和党员干部提出大量的批评和建议,有的批评还相当尖锐,这些意见和建议,基本上是诚恳的、正确的,应当认真地加以接受和处理。但也有相当一部分意见是错误的,还需要进一步研究和分析。

在整风运动中,6 月 14 日,中共中央对广西 1955 年冬和 1956 年春出现的因灾缺粮,救灾不力,饿死人的平乐事件作出处分决定。指出:这一事件虽然有着自然灾害的客观因素,但主要由于省委官僚主义作风严重。中央为总结经验教训,教育干部,对负有责任的干部做严肃处理。同时,中共中央决定刘建勋任广西省委第一书记,贺希明任广西省委书记处书记。中共中央对这一事件的严肃处理,对全省干部特别是领导干部的思想产生很大触动,对于教育全省各级党组织、广大党员干部特别是领导干部克服官僚主义、切实关心群众疾苦,产生了深刻的警戒作用。1957 年 7 月 1 日,省委在南宁召开一届五次全会,总结平乐事件的教训,检查省委领导作风上存在的问题,要求全省各级党组织以此为戒,切实转变作风。

第二节　反右派斗争

一、从整风运动向反右派斗争的转变

整风运动是发扬社会主义民主的正常步骤,然而,在整风运动中,极少数资产阶级右派分子乘机向党和新生的社会主义制度发动进攻。在整风运动中,本来组织党外人士对党政机关及干部的错误缺点展开批评,是为了借民主人士的力量推进整风深入开展,对党内“三风”形成压力,真正收到良好的效果。然而,实际情况的发展与中共中央文件所规定的进程并不完全一致。因为国内社会主义改造带来的深刻社会变革使许多人感到不适应,国际上苏共二十大及波匈事件后帝国主义掀起的反共高潮的影响,使极少数人对共产党和社会主义制度抱有敌对情绪或

不满。一些右派分子散布各种不满言论,不少人附和或受影响。对此,党认为这些仍然属于人民内部矛盾的反映。但是,随着整风运动的迅猛开展,又出现了一些复杂情况。有极少数人乘机向党和社会主义制度发起进攻。他们把党开展的整风及邀请党外人士批评党和政府工作中的缺点和错误,看成是即将大乱;把共产党在国家政治生活中的领导地位攻击为“党天下”,极力抹煞社会主义改造和建设的成绩,根本否定社会主义的优越性,把人民民主专政的制度说成是产生官僚主义、宗派主义和主观主义的根源,公然要求共产党退出机关、学校,公方代表退出合营企业,要求“轮流坐庄”,妄图取代共产党的领导者,这种的异常现象,不能不引起党的高度警觉,并被看成一个危险的政治信号。

5月中旬,毛泽东撰写了内部文稿《事情正在起变化》,他措辞严厉地分析了整风鸣放的形势和党内外的思想状况,第一次提出“右派猖狂进攻”的问题。这篇文章标志着党中央、毛泽东的指导思想发生变化,运动的重点开始由党内整风转向反击右派。此后,中央召开一系列会议,为大规模反击右派做准备。5月25日,毛泽东和其他中央领导人接见参加中国新民主主义青年团第三次全国代表大会的全体代表。毛泽东在讲话中强调:中国共产党是全中国人民的领导核心。没有这样一个核心,社会主义事业就不能胜利。他号召大家团结起来,坚决地勇敢地为社会主义的伟大事业而奋斗,一切离开社会主义的言论行动都是完全错误的。次日,《人民日报》等各大报刊登了这段讲话。这实际上是党在整风鸣放的重要时刻公开发出的反击右派的预警。6月8日,中央发出组织力量反击右派分子进攻的党内指示,指出:这是一场大战,不打胜这一仗,社会主义是建不成的,并且有出匈牙利事件的某些危险。同日,《人民日报》发表《这是为什么?》的社论,公开批评整风鸣放以来的错误言论。一场全国规模的群众性的急风暴雨式的反右派斗争由此猛烈展开。战场被认为既在党外,又在党内,就是说,在共产党和共青团内也要揭露和批判右派分子。从夏季到秋季,党用很大的力量来指导开展反右派斗争。1957年7月,毛泽东在青岛召开省市委书记会议,讨论整风运动和反右派斗争的关系,提出了整个整风过程分为四个阶段(大鸣大放阶段,反击右派阶段,着重整改阶段,每人研究文件、批评反省、提高自己阶段）的安排。九十月间召开的八届三中全会，主要也是讨论整风和反右派斗争。中共中央发布一系列文件、指示，提出资产阶级右派就是反共反人民反社会主义的资产阶级反动派，并进一步把反右派的意义和目标提高到政治思想战线上的社会主义革命，并推向全国范围广泛开展。

根据中央的指示，省委部署了全省的反右派斗争。7月26日，在省直机关召开处级以上干部大会，省委负责人作关于反击右派的动员报告，号召自治区直属机关和大专院校全面开展反击右派分子和批判右派思想的斗争。省直机关和南宁市运动开展得比较早，8月初开始转入反右派斗争，到10月底基本结束。8月29日，省委发出《关于立即在地、市、县机关和中等学校（教师）深入开展整风运动的指示》，各地、市（除南宁市外）在10月中旬以后开展反右派斗争，多数于1957年12月底结束。各县于年底转入反右派斗争，于1958年春节前后结束。1957年6月，高等院校的反右派斗争先于中小学校开始，到年底基本结束，1958年转入整改。中等学校的整风和反右派斗争，大体分为以下步骤：1957年暑假期间分专区、市集中进行反右派斗争；开学后进行一般整改，继续进行反右派斗争；然后又转入重点整改，整个运动于10月初结束。10月中旬，省委召开了各地、市委书记整风工作会议，会上除布置反右斗争外，还总结了各地鸣放经验，强调鸣放要搞得深透，关键在于领导下决心，克服各种顾虑，结合边整边改，反复动员，采取多种多样的形式，广开言路。此后，各县也普遍开展鸣放。对各民主党派和工商界头面人物的右派分子的斗争，开始于1957年8月，其后反右派运动逐步深入到各市民主党派基层组织中去。工商界的整风，也于当年9月底开展。大部分都经过了省级及市级人代会、政协会的揭发批判，或由民主党派的组织和右派分子所在工作单位互相配合进行；或由工商联和民建会召开工商界骨干分子会议进行鸣放和反驳右派言行。各民主党派和工商界的反右派斗争，到1958年3月结束，随后即转入一般的整风运动，开展一般的大鸣大放。

反右派斗争开始后，从1957年8月开始，在农村中通过反对欺骗国家、隐瞒产量的思想斗争和对粮食问题的大辩论，展开了以批判富裕中农的资本主义思想为中心的大规模的社会主义教育运动。学校师生也被普遍发动起来,学习毛泽东《关于正确处理人民内部矛盾的问题》的报告,反右派斗争迅速掀起了高潮。在反右派斗争中,广大师生揭露了一些右派分子借整风之名,煽动群众对党的不满和要求撤换党委书记、教务长,直到取消党委制、取消党对学校的领导等言行。在厂矿企业中也迅速掀起反右派斗争的高潮。反右派斗争最初是集中力量打击右派的骨干分子和代表人物,重点是知识分子集中的大专院校、民主党派、文化界、艺术界、科技界、卫生界、新闻出版界以及省、市以上的党政机关,以后逐步扩大到工人、农民、工商业者、中小学教员中间。1958 年夏季,整风运动和反右派斗争完全结束。

二、反右派斗争的扩大化及其严重后果

敌视社会主义的人毕竟只是少数,同这种倾向的斗争应该在问题发生的范围内进行。但是,在整风运动发展过程中,党对当时阶级斗争和右派进攻的形势作了过于严重的判断,把本应在一定范围内并主要采取解决思想问题的方式来进行的斗争,扩展成全党、全国范围的“一场大规模的思想战争和政治战争”,1957 年 7 月中共中央青岛会议认为“资产阶级右派和人民的矛盾,是对抗性的不可调和的你死我活的矛盾”,把历史转折时期新出现的大量人民内部矛盾当作敌我矛盾,这就不可避免地导致反右派斗争扩大化的错误。

省委在《关于立即在地、市、县机关和中等学校(教师)深入开展整风运动的指示》中提出:目前的整风运动是一场思想上政治上的社会主义革命,强调要孤立和分化资产阶级右派以及一切反对社会主义的分子,从思想上、政治上把他们彻底打垮。同日,省委在《关于在农村开展一次社会主义大辩论的指示》,要求在全省批判富裕中农资本主义思想和个人主义,打击地主、富农、反革命分子和其他坏分子的反动行为。这两个文件,把一些本来属于人民内部矛盾的问题混淆成敌我矛盾问题,把思想认识问题变成政治立场问题,把对工作的善意批评当作是否定和反对共产党的领导,反映出反右派斗争的扩大化倾向。随着反右派斗争的开展,在工矿企业的社会主义思想宣传运动也采取大

字报、大辩论的方法开展斗争，把敢于向党组织提意见和建议的一些干部和知识分子当作斗争的对象，产生了不良后果。在农村，开展了以整党整社为内容的大规模的社会主义教育运动，强调要解决农村社会主义和资本主义两条道路的斗争问题，运动也产生了一定的消极影响。在农村和企业中开展的大辩论，实际上形成对一部分工农群众的批判和斗争，加重了阶级斗争扩大化的错误。在学校进行的反右派斗争，还对小学教师结合进行一次肃反复查（或肃反）。1957 年 8 月，广西省第一届人民代表大会第五次会议把反右派当作会议的重要内容。在民族问题上，把一些少数民族干部和知识分子关于成立民族自治地方、重视少数民族利益、反映少数民族地区困难、培养少数民族干部的意见和建议当成右派言论，进行批判。11 月，在全省专区、市、县民委主任工作会议上，错误提出“特别是社会主义改造后，有一些少数民族干部甚至一些群众中，地方民族主义有了新的滋长”，强调在整风运动和社会主义教育运动中，“结合批判民族主义，主要是少数民族干部中的地方民族主义倾向”，百色市、桂林市、平乐专区以及部分县先后召开会议，批判地方民族主义。在民族地区县一级机关以及少数民族聚居区和散杂区的广大农村，开展大鸣大放大辩论，错误地将少数民族中关于民族关系、民族区域自治、民族干部、民族特点等方面思想认识问题当成地方民族主义的表现进行批判。

1958 年上半年，广西在党的领导干部中进行“反右派补课”。1957 年 7 月，在省委工作会议上，一些领导同志对省委的工作提出批评和建议，认为省委主要领导人存在着主观主义和骄傲自满的作风，听不进不同意见，导致省委在领导农业合作化运动中出现要求过急、估产过高、粮食征购任务过重的情况；对农民发展家庭副业生产卡得太死，导致家庭副业普遍减收。还有人批评省委对执行民族政策重视不够，等等。这些本来是对省委工作的正常批评和正确的建议，这个时候却被当作“右倾”言论予以错误批判。省委常委、副省长陈再励，省委常委、组织部部长王梦周，省委财贸部部长廖原，省委文教部部长王浩，省委宣传部部长骆明，省兵役局局长廖联原曾在 1956 年 6 月省委常委扩大会议上发言，批评省委在粮食问题上搞浮夸，骄傲自满，民主作风不够，忽视人民生活和救灾工作。1958年6月30日，中共广西壮族自治区第一次代表大会第三次会议[①]认定陈再励等人是反党反社会主义的党内右派集团，并通过《关于开除党内右派集团陈再励、王梦周、廖原、骆明、王浩、廖联原党籍的决议》，把陈再励等人开除出党。同时，还把九个部门的领导干部打成"地方主义"或"地方民族主义"，并给他们党纪处分。在反右派斗争被严重扩大化情况下，一大批知识分子、爱国人士和党内干部被错划为右派分子。反右派斗争结束时，广西共划右派分子1.43万多人。到党的十一届三中全会后全部获得摘帽，错划右派也获得全部改正。

在生产资料私有制的社会主义改造基本完成以后，社会上反对社会主义制度、反对党的领导的右派分子确实存在，对右派的进攻进行坚决反击，对反党反社会主义的思潮进行批判，是必要的。如果不旗帜鲜明地击退右派分子的进攻，就会造成思想上和政治上的混乱，党的领导和社会主义制度就会发生动摇。但是，右派分子毕竟只是极少数。广西被错划为右派的人大多数属于三种情况：一是在右派进攻面前迷失了方向，盲目跟着跑的；二是响应党的号召，在帮助党整风中批评不够全面或言辞比较尖刻的；三是在鸣放中就一些问题进行了争论，提出了一些错误意见的。由于当时党对右派进攻的形势作了过分严重的估计，对斗争的猛烈发展没有谨慎的把握，结果反右派斗争被严重扩大化了。不少同党有长期合作历史的朋友，有才能的知识分子，政治上热情而尚不成熟的青年，由于被错划为右派分子，长期遭受冤屈和磨难，不能在社会主义建设中发挥应有的作用。这不仅是他们个人和家庭的悲剧，也是广西社会主义建设事业的损失。广西反右派斗争扩大化的原因，主要是省委（自治区党委）接受了党中央在理论上和政策上的错误指导。从省委自身来讲，原因有四个方面：第一，对经过社会主义改造进入社会主义建设时期之后广西的社会状况缺乏具体的、客观的分析，对两类不同性质的矛盾一时未能辨别清楚，把大量本来属于人民内部

---

① 1958年3月中央决定，中国共产党广西省委员会改为中国共产党广西壮族自治区委员会，中共广西省第一届委员会改称中共广西壮族自治区第一届委员会。此次会议承继1956年7月召开的中共广西省第一次代表大会第一次会议、1957年4月26日至5月9日召开的中共广西省第一次代表大会第二次会议，称为中共广西壮族自治区第一次代表大会第三次会议。

矛盾的问题认定为敌我矛盾，把大量向党提意见、帮助党整风的言论视为向党和社会主义进攻，因而混淆了敌我界限，扩大了打击面。第二，主观地、机械地规定右派分子人数的百分比，完不成指标的领导干部就要被扣上右倾思想、温情主义的帽子，因而出现了比例不够硬凑数的问题。第三，在指导运动上采取了急风暴雨式的群众政治运动的形式，以简单、粗暴和过火的做法代替了必要的办案程序。第四，把1955年开始的肃反运动和反右派斗争搅和在一起，混淆了思想斗争同阶级斗争的界限。

反右派斗争的严重扩大化，使党探索中国社会主义道路的良好开端遭受挫折，也给广西的政治生活和经济建设带来不良影响。农业生产合作社中一些适合农村生产力情况的有益探索遭到严厉批判，关于经济发展速度的反冒进言论，也受到批判，社会主义民主法制建设，“百花齐放，百家争鸣”和“长期共存，互相监督”的方针受到极大损害，统一战线遭受严重损失。反右派斗争扩大化的最严重后果，就是通过党的八届三中全会和八大二次会议，改变了党的八大对我国社会主要矛盾的正确判断。毛泽东在党的八届三中全会的讲话提出：“无产阶级和资产阶级的矛盾，社会主义和资本主义道路的矛盾，毫无疑问，这是当前我国社会的主要矛盾”。八大二次会议则进一步断言：在社会主义社会建成以前，无产阶级和资产阶级的斗争，社会主义道路和资本主义道路的斗争，始终是我国内部的主要矛盾。并且宣布我国社会有两个剥削阶级和两个劳动阶级，右派分子同被打倒了的地主买办阶级和其他反动派被称为一个剥削阶级，“正在逐步接受社会主义改造的民族资产阶级和它的知识分子”被称为另一个剥削阶级；工人和农民是两个劳动阶级。知识分子很大程度上被列入第二个剥削阶级的范畴，这一阶级划分，在理论上和实践上都不符合社会主义改造基本完成后我国社会结构的实际情况，不利于社会主义的政治建设和社会发展。对我国社会主要矛盾的正确判断的改变，带来党的指导思想、理论基础以及工作方式的改变，1957年以后党的指导思想发生向“左”的方向偏转，造成严重后果，这是新中国成立后党的历史上的一个沉重教训。

第 十 二 章

“大跃进”和农村人民公社化运动

为了尽快改变国家贫穷落后的面貌,中共中央在 1957 年提出了 15 年赶超英国钢产量的发展目标。1958 年 5 月党的八大二次会议通过了“鼓足干劲、力争上游、多快好省地建设社会主义”的总路线。会后,“大跃进”和人民公社化运动先后兴起。按照中央的统一部署,自治区党委组织人民群众在全自治区推进“大跃进”运动,并实现了人民公社化。由于“大跃进”和人民公社化的发动缺乏从客观实际出发的充分依据,加上执行过程中的偏差,广西和全国各省市一样,虽然取得一定的成绩,但是,由于忽视了客观经济规律,经济建设遭到重大挫折。

第一节　南宁会议及广西“大跃进”运动的兴起

一、中共中央工作会议在南宁召开

“大跃进”的酝酿和发动,有着特定的历史背景。1955 年下半年后,毛泽东一直在探索如何以更高的速度来发展经济。1955 年底到 1956 年初,他提出各行各业都要反对右倾保守思想,在经济建设上要实行多快好省的方针。为了尽快改变农村、农业的落后面貌,他主持制定了我国第一个中长期农业发展规划——《一九五六年到一九六七年全国农业发展纲要(草案)》(即“农业四十条”)。1956年,我国经济建设出现急躁冒进的势头,导致市场供应紧张,人民生活受到一定影响。党中央、国务院及时作了反冒进的努力,确定了既反保守又反冒进的方针,初步遏制了冒进倾向。反冒进中所形成的正确方针被党的八大所肯定,但党内急于求成的思想问题并没有解决。1957年反右派斗争期间,一些工厂、农村在整风中出现生产迅速增长的新气象,使许多人认为完全有可能在全国范围内以比“一五”计划高得多的速度来进行建设。毛泽东由此更加相信1956年的反冒进是错误的。在1957年九十月间召开的八届三中全会上,毛泽东指责反冒进扫掉了“多、快、好、省”和“农业四十条”,给右派进攻以口实。这次会议实际上改变了八大确认的既反保守又反冒进的方针。1957年10月25日,党中央公布八届三中全会通过的“农业四十条”(修正草案)。10月27日,《人民日报》发表题为《建设社会主义农村的伟大纲领》,要求“有关农业和农村各方面的工作在十二年内都按照必要和可能,实现一个巨大的飞跃”。这是党中央提出“大跃进”的先声。

国际上,社会主义阵营内的“赶超”浪潮,也推动了国内“大跃进”形势的发展。1957年11月,毛泽东率中国代表团到莫斯科,庆祝俄国十月革命胜利40周年,接着参加了世界各国共产党和工人党代表会议。莫斯科会议对国际形势作出了“社会主义在向上发展,而帝国主义却在衰退”的过于乐观的估计,一些社会主义国家相继提出赶超战略。苏联提出15年赶上和超过美国,毛泽东则提出中国15年钢产量赶上或超过英国。12月2日,刘少奇代表党中央向全国工会第八次全国代表大会祝词时,宣布了15年在钢铁和其他重要工业品的产量方面赶超英国的设想。1958年1月1日,《人民日报》发表题为《乘风破浪》的社论,再次提出15年赶超英国的目标,同时还提出:“准备再用20年到30年的时间在经济上赶上并超过美国,以便逐步由社会主义社会过渡到共产主义社会”。1957年冬,各地区、各部门贯彻八届三中全会精神,根据“农业四十条”和15年超英赶美的要求,纷纷召开会议,批判右倾保守思想,掀起了兴修水利、养猪积肥和改良土壤为中心的农业生产建设高潮。

这场农田水利建设高潮揭开了“大跃进”的序幕。

1957年12月2日,广西省委召开四级干部会议,贯彻八届三中全会精神,号召组织大生产运动,动员全党力量,积极贯彻执行全国农业发展纲要,掀起大规模的工农业生产高潮。会议提出贯彻社办公助的方针,大力兴修水利,把河水拦起来,把山水堵起来,把天水蓄起来,把地下水挖出来,把低水抽上来,力争1958年春季完成扩大灌溉800万亩任务,保证三年基本消灭旱灾,五年完全消灭旱灾。采取各种增产措施,争取三年内多数农业社赶上和超过当地富裕中农的生活水平,10年内完成亩产粮食400公斤的任务。1958年1月6日,省委在南宁召开地、市委书记电话会议。省委第一书记刘建勋号召全省各级领导干部打破常规,同时间赛跑,提前修好水利工程。省委书记处书记韦国清在会上作《认真贯彻“多、快、好、省”方针,把兴修水利运动进一步推向高潮》的报告,提出兴修水利要坚持小型为主,中型为辅,有条件的可以兴修大型工程,贯彻“民办公助”的方针。1月9日,省委发出《关于当前农村生产运动十项问题的通知》,强调要以兴修水利和积肥为中心来安排当前农村生产,做到保证中心,兼顾其他,统筹安排,各得其所,要解决干部中的右倾保守思想,要求采用大辩论方法来解决群众中的各种思想问题。在省委的号召和领导下,1957年冬和1958年春,全省农村掀起了一个以兴修水利和积肥为中心的冬季生产高潮。到1957年11月22日统计,全省投入水利运动的民工数达284万人,形成大规模的水利建设局面。该冬春增加有效灌溉面积361万亩,创解放以来新纪录,使灌溉面积增至995.17万亩。生产建设中出现的跃进势头,一方面显示了全省各级党委和人民群众要求迅速改变落后面貌的高度的社会主义积极性,另一方面也反映了党内在经济建设的指导方针上脱离实际、急躁冒进的倾向。

1958年上半年,中共中央先后在杭州、南宁、成都、武汉、广州等地召开会议,提出了发动“大跃进”运动的一系列任务、指标、口号和方法。“大跃进”运动逐步发动与逐渐升温。

1958年1月11日至22日,毛泽东在南宁主持召开中央工作会议(史称“南宁会议”),刘少奇、周恩来、彭真、李富春、李先念、薄一波等中央领导和九省二市党委主要负责人参加,广西的主要领导刘建勋、韦国清参加了会议。主要议题是讨论 1958 年国民经济计划和财政预算,以及正在酝酿形成的《工作方法六十条(草案)》。在南宁会议上,联系对 1956 年经济工作的估计和 1957 年经济计划制订的争论,毛泽东更加严厉地批评了反冒进,说“不要提反冒进这个名词——这是政治问题”。“没有搞清楚六亿人口的问题,成绩主要,还是错误主要?是保护热情,鼓励干劲,乘风破浪,还是泼冷水泄气?”周恩来和刘少奇在会上发言,承担了反冒进的责任,南宁会议上毛泽东还提出“不断革命”的思想。他认为 1956 年在生产资料所有制方面取得了社会主义革命的基本胜利,1957 年整风反右又在政治战线上和思想战线上取得了社会主义革命的基本胜利,现在要来一个技术革命,把党的工作重点放到技术革命上去。毛泽东集中中央和地方的意见,主持起草《工作方法六十条(草案)》。《工作方法六十条(草案)》的内容十分广泛,不仅涉及社会主义建设中的领导方法,还涉及党的工作重点转移,党的任务和目标以及思想方法等,其中最引人注目的是提出把党的工作重点放到技术革命上去的思想。毛泽东说:“我们一定要鼓一把劲,一定要学习并且完成这个历史所赋予我们的伟大的技术革命”。《工作方法六十条(草案)》规定:县以上各级党委要抓社会主义建设工作,抓社会主义工业,抓社会主义农业;从 1958 年起,中央和省、市、自治区党委要注重抓工业,抓财政、金融、贸易。这些内容体现了党的八大前后反复强调的从革命转到建设的正确路线的延续,体现了党中央对中国自己的社会主义建设道路的积极探索。但这种转移和探索又同批评反冒进和发动“大跃进”结合在一起,离开了实事求是、稳步前进的轨道。

在南宁会议上,毛泽东和党中央为了探索中国自己的社会主义建设道路,力图促使全党打开新的思路,发扬在长期革命斗争中形成的独立自主和群众路线的优良传统,振奋精神,寻求用更好的方法和更快的速度开展大规模社会主义经济建设。但是,由于错误地批判反冒进,否定了实事求是、量力而行的综合平衡方针,使经济建设中急于求成、片面追求高速度的“左”倾思想急剧膨胀起来。因此,南宁会议实际上成为发动“大跃进”运动的一次关键性会议。

二、南宁会议期间党和国家领导人对广西的关怀

1958年初,毛泽东在杭州、南宁、成都等地主持召开一系列会议,一个重要目的就是为各地鼓劲,激励干部、群众的建设热情。在南宁开会期间,毛泽东两次畅游邕江,在回答冬泳冷不冷的问题时,说“下决心就不冷,不下决心,就是二十几度也是冷的”。中央领导人到南宁开会本来是保密的,但1月9日毛泽东到江边散步时被群众认出,得知消息传开后,他指出:“就是不应怕群众,不要害怕群众”。会议即将结束时,当刘建勋、韦国清转达了群众要求接见的愿望以后,毛泽东欣然同意,并指示扩大规模,时间定在会议结束的当天下午。1月22日下午3时,毛泽东、刘少奇、周恩来和中央其他领导及各省、市领导由刘建勋、韦国清和广西省委其他领导陪同,冒着蒙蒙细雨,在南宁市人民公园接见了广西各族群众及广西军区驻邕部队代表。这是毛泽东第一次在外地以这种形式接见群众,极大地激发了广西各族干部群众对加快社会主义建设步伐的热情。

会议期间,刘建勋、韦国清等广西省委领导专门向毛泽东和中央其他领导作了汇报,反映广西工业很落后,至今还是手无寸钢,希望在第二个五年计划中能给广西安排一些项目。由于在南宁开会,中央领导人对广西落后的经济状况有了亲身感触。毛泽东说:南宁只有两条半烟囱,一条是发电厂的,一条是砖瓦厂的,半条是明园饭店锅炉房的。他和中央其他领导都认为,因为前几年越南的抗法战争,国家在广西摆布的项目极少,理应在“二五”计划中帮助广西多搞点建设。毛泽东不仅口头同意广西省委提出的建设柳州钢铁厂、西津水电站、柳州化肥厂3个重点项目,而且交代李富春副总理具体帮助广西规划和安排有关的建设项目,并指示说:广西工业发展慢了,要加快!为此,1月,国家基本建设委员会等部委和广西省计委等厅局联合选址工作组到柳州,确定在柳北工业区建设柳州钢铁厂(为全国24个重点项目之一)、柳州电站、联合机修厂、柳北水厂、柳州化肥厂、柳州第二化工厂6个工厂,同时确定在河西等地建设建筑机械厂、动力机械厂、柳州水泥厂、柳江造纸厂。“二五”计划中,国家给广西安排了包括钢铁、电力、化工、机械、有色金

属、仪表、水泥、制糖、水利等一批建设项目,基本建设完成投资比“一五”时期增加2.2倍。柳州工业区、南宁邕江南岸工业区、桂林瓦窑工业区等相继开工建设。

毛泽东同志十分关心《广西日报》。南宁会议期间,1月12日,毛泽东同志在送给刘建勋同志几份地方报纸上作出批示(史称《指示信》),强调,“省报问题是一个极重要问题,值得认真研究”,“一张省报,对于全省人民,全体人民,有极大的组织、鼓舞、激励、批判、推动的作用”,《广西日报》要找出一条有特色的办报道路。强调“精心写作社论是一项极重要任务”,“第一书记挂帅,动手修改一些最重要的社论,是必要的”。《指示信》促进了《广西日报》工作的改进,密切了《广西日报》与各级党组织的联系,在宣传教育群众和推动广西工作中发挥了重要作用。这封《指示信》成为新中国新闻工作的重要文献。

三、南宁会议对广西的影响

中央工作会议在南宁召开,广西省委主要领导人参加了会议,切身感受到了毛泽东对加快国民经济发展的迫切愿望。由于广西经济的落后,使得省委对提高发展速度的愿望更为强烈。南宁会议提出的“保护热情,鼓励干劲,乘风破浪”的要求和加快发展的精神,对广西整体工作思路和布局产生了直接而深远的影响。

中央工作会议结束后,1958年1月31日,广西省委召开一届六次全体(扩大)会议,传达南宁会议精神,联系广西实际批判反冒进,紧接着又开展了“反右派补课”。当时省委主要领导认为,要实现广西国民经济的跃进式发展,必须清除领导干部内部“右倾保守”的反冒进思想,才能保证经济的快速发展所需要的坚定的组织基础。加上对毛泽东在南宁会议上所作的“右派的进攻,把一些同志抛到和右派差不多的边缘,只剩了五十米”批评等内容的片面理解,省委主要领导人认为对农业合作化步伐过快的批评是广西反冒进的“右倾保守”的主要表现之一,在1957年反右派斗争中,那些曾经批评农业合作化步伐过快的省委领导干部还没有受到批判,省委内部“右倾保守”思想还相当严重,有必要进行“反右派补课”。在“反右派补课”中,广西省委就把1957年在省委扩大会议上一些领导干部对农业合作化步伐过快等问题提出的批评意见重新翻了出来，把这些意见当作“右倾”言论给予批判，成为“反右派补课”的重要内容。广西的“反右派补课”对后来的高指标、浮夸风的蔓延起到了推波助澜的作用。

南宁会议提出“保护热情，鼓励干劲，乘风破浪”的要求，毛泽东等中央领导人对广西的亲切关怀和殷切期望，使广西的广大干部群众倍受鼓舞。加上“一五”计划期间，广西经济社会发展取得的巨大成就，部分领导干部开始滋长了急于求成的思想和盲目乐观的情绪，相信广西在较短的时间内就能够实现建成社会主义目标，改变贫穷落后的面貌。1958年3月5日，是广西壮族自治区成立的大喜日子，省委第一书记刘建勋在自治区第一届人民代表大会第一次会议上作《加强广西各族人民的亲密团结　为加速社会主义建设而奋斗》的报告，报告指出，社会主义建设完全有可能以更高的速度向前跃进，认为“多、快、好、省”是加速社会主义建设唯一正确的方针，也是完全可以实现的方针。会议公布未来几年的奋斗目标：在6年内，实现《全国农业发展纲要（修正草案）》所规定的粮食亩产400公斤任务；在两年内基本消灭普遍旱灾，3年内完全消灭普遍旱灾；在5年内基本上实现全自治区绿化；在5年内基本上消灭四害。在6年内，使自治区的工业产值（包括手工业）赶上或超过农业副业产值，并且做到县县有工业，乡乡有工业，社社有工业。实现这些任务，使广西的经济面貌发生根本的变化。这些都是不符合广西实际的“跃进”式目标，也是超出广西现实条件的高指标。然而，指导思想决定了行为方式，广西还是沿着“跃进”的轨道前行。3月31日，自治区党委召开地、市委书记电话会议，推动全自治区企业、事业单位和国家机关广泛深入地开展以反浪费、反保守“双反”为中心的整风运动。在“反保守”的口号下高指标畅通无阻。4月10日，自治区计委根据中央的精神拟订《关于改进计划工作制度的初步意见（初稿）》。指出，由于过去计划管理权限集中过多和控制过严，为了适应多快好省要求，迫切需要改进计划工作制度。主要内容是计划工作由“单轨制”改为“双轨制”，实行分级管理和“两本账”等。根据广西工农业生产的第二本账，到1962年，工业方面，总产值要达到161亿元，比1957年增长29倍，年均增长98.5%。各项工业产量指标都定得很高。农业方面,总产值要达到83.96亿元,比1957年增长4倍,年均增长40%;粮食总产量要达到200亿公斤。经济作物产量也规定了高指标。

3月下旬开始,广西各行业各部门陆续召开“大跃进”会议,“跃进”的形势逐步升温。3月28日至4月3日,自治区中等学校贯彻社会主义教育方针现场会议在梧州市举行。会议深入批判所谓右倾保守思想,交流贯彻勤工俭学、教学和生产相结合的经验。代表们解放思想,制定“大跃进”规划,签订社会主义竞赛协议书。4月5日至11日,自治区交通运输业先进生产者代表大会在南宁举行。出席会议的先进生产者代表1201名(其中包括114个先进集体单位代表),代表们交流了生产技术经验,在工业、交通运输业、手工业、家属工作4个“擂台阵”上,比指标、比措施、比干劲,揭开自治区交通运输业技术革命的序幕。4月10日至18日,自治区党委在宾阳举行自治区商业局长、银行行长现场会议。商业局长现场会议制定了《广西壮族自治区商业工作跃进纲要四十条(草案)》,为商业工作全面跃进揭开序幕。接着,全自治区商业系统组织了6万商业人员上山下乡,开展购销工作,支持农业生产。全自治区规划当年收购农副土特产品的金额1.2亿元。4月18日至25日,自治区妇女工作“大跃进”誓师大会在博白召开,到会妇女干部540多人。会议要求全自治区妇女深入广泛开展勤俭持家运动。5月3日至10日,自治区水利工作会议制订1958年冬、1959年春兴修水利规划的“跃进”计划:争取1958年冬、1959年春兴修工程5.88万处,扩大和改善灌溉面积2000万亩,90%的耕地实现水利化(包括水浇地)。

第二节　工农业和其他行业的“大跃进”运动

一、社会主义建设总路线的宣传与贯彻

1958年5月5日至23日,中国共产党第八届全国代表大会第二次会议在北京举行。自治区党委第一书记刘建勋以及自治区党委书记、自

治区主席韦国清等广西代表出席会议。

会议根据毛泽东的提议，正式制定了“鼓足干劲，力争上游，多快好省地建设社会主义”的总路线。这条总路线及其基本点是：调动一切积极因素，正确处理人民内部矛盾；巩固和发展社会主义的全民所有制和集体所有制；巩固无产阶级专政和无产阶级的国际团结；在继续完成经济战线、政治战线和思想战线上的社会主义革命的同时，逐步实现技术革命和文化革命；在重工业优先发展的条件下，工业和农业同时并举；在集中领导、全面规划、分工协作的条件下，中央工业和地方工业同时并举；大型企业和中小型企业同时并举。通过这些举措，尽快地把中国建设成为一个具有现代化工业、现代化农业和现代化科学技术的伟大的社会主义国家。这条总路线的提出，反映了广大人民群众迫切要求尽快改变中国经济文化落后状况的普遍愿望。会议完全肯定了当时“大跃进”形势，宣称中国正处在“一天等于二十年”的伟大时期，经济文化事业完全能够以超过西方发达国家的速度发展。毛泽东在会上多次讲话，要求争取七年赶超英国，再加八年或者十年赶上美国。但会议忽视了客观的经济发展规律，否定了国民经济计划的综合平衡，夸大了主观意志和主观努力的作用。会议通过的第二个五年计划指标，比中共八大一次会议建议的指标，工业方面普遍提高一倍，农业方面普遍提高20%—50%。会议还指责当时比较实事求是，对高指标、“大跃进”抱怀疑态度的人是“观潮派”“秋后算账派”。会议号召各地区、各部门都要“拔白旗，插红旗”。这些批评助长了浮夸的不实之风，使急于求成的思想进一步发展起来。这次会议还根据毛泽东的意见，正式改变八大一次会议关于国内主要矛盾已经转变的正确分析，认为当前我国社会的主要矛盾仍然是无产阶级同资产阶级、社会主义道路同资本主义道路的矛盾。会上，全国部分省和自治区包括广西在内的代表在大会发言中，报告了本地区党组织在整风运动中，同党内的所谓“右派分子”“地方主义分子”“民族主义分子”以及“右倾机会主义分子”作斗争的经过。许多地方的重要领导干部被宣布为“右派集团”“右倾集团”或“反党集团”成员。

会议号召全党和全国人民，认真贯彻执行社会主义建设总路线，争取在 15 年,或者在更短的时间内,在主要工业产品产量方面赶上和超过英国。毛泽东在会上讲话,强调要破除迷信,解放思想,发扬敢想敢说敢做的创造精神。中共八大二次会议是对全面“大跃进”进行总动员的会议,所通过的总路线反映了广大人民群众迫切要求改变我国经济文化落后状况的普遍愿望,但忽视了客观经济规律。会后,以片面追求工农业生产和建设的高速度,不断大幅度地提高和修改计划指标为标志的“大跃进”运动在全国范围内展开。

为了尽快地传达贯彻党的八大二次会议精神,自治区党委先后召开了常委会议和全自治区电话会议,并于 6 月 7 日,自治区党委发出《关于全面宣传社会主义建设总路线和在农村中开展一次大鸣大放和大字报运动来推动当前生产工作的指示》,要求采取各种形式,广泛宣传社会主义建设总路线,以及中央提出的“苦战三年,争取大部分地区的面貌基本改观”,“五年或七年的时间内在主要工业产品产量方面超过英国,在十五年或者更多一点时间内赶上美国”等口号,做到家喻户晓。开展以反浪费、反保守、比先进、比多快好省地建设社会主义为中心的大鸣、大放、大字报、大辩论运动,做到边鸣放边改进,推进生产工作。6 月 12 日至 7 月 1 日,中共广西壮族自治区第一届代表大会第三次会议在南宁举行。会议传达贯彻党的八大二次会议通过的“鼓足干劲,力争上游,多快好省地建设社会主义”的总路线,按照毛泽东提出的当前我国社会的主要矛盾仍是无产阶级与资产阶级、社会主义道路同资本主义道路的矛盾的观点,继续进行反右派斗争,会议通过了《关于开除党内右派集团陈再励、王梦周、廖原、骆明、王浩、廖联原党籍的决议》,同时增补了 6 名自治区党委委员。会议还作出《关于开除右派分子徐江萍党籍的决定》;指责 9 名部门领导搞“地方主义”或“地方民族主义”,并给予他们党纪处分。会议把农业《纲要》和工业超农业的时间由原定的 6 年提前到 5 年,即要求在“二五”计划期间实现。会后,各级党委由书记亲自指挥,组织宣传大军,深入群众开展形式多样的宣传。各地贴出大字报达 2000 万张,“猛烧”各种所谓的“保守思想”,对高指标有异议的人被扣上“观潮派”“秋后算账派”的帽子,受到批判。

各行业、各部门提出“大跃进”的思路与高指标。6 月 2 日,自治区党委宣传部召开文化教育工作座谈会，提出教育事业的发展采取公办和民办并举，普通教育与职业教育并举，儿童教育和成人教育并举，学校教育与函授教育并举的“跃进”思路。6月4日结束的自治区工业交通计划会议，提出破除迷信，解放思想，粉碎“广西落后，工业没有搞头”“农村搞不起工业”的办工业神秘论、悲观论。号召全自治区各族人民高举总路线红旗，全党全民大办工业，实现“跃进”。会议要求加强党的领导，书记挂帅，第一书记要用部分精力抓工业。会后，全自治区工业建设掀起高潮，地方项目基建投资总额追加到30516万元，盲目建设和浮夸风日趋严重。6月下旬，自治区制定《广西农业生产二十条纲要（草案）》《1958—1962年广西工业发展二十条纲要（初稿）》，提出农业和工业发展的高指标。

8月17日至30日，中共中央在北戴河召开政治局扩大会议。会议认为我国农业和粮食问题已经过关了，党的工作重心应该由农业转到工业方面来。会议正式决定1958年钢产量要比1957年翻一番，达到1070万吨，1959年达到2700万—3000万吨。会议通过的“二五”计划指标，比3个月前八大二次会议通过的计划指标，普遍翻了一番。会议还作出了《关于在农村建立人民公社问题的决议》，从而形成了总路线、“大跃进”和人民公社“三面红旗”，强调在这“三面红旗”当中，“总路线是灵魂”。会后，在总路线的指导下，全国很快形成“大跃进”和人民公社化运动高潮。运动中，广西以高指标、瞎指挥、浮夸风和“共产风”为主要标志的“左”的错误严重泛滥起来。

广西民族地区的经济社会发展较为落后，与汉族先进的地区相比，建设社会主义条件确实存在差距。在全国“大跃进”的形势下，少数民族地区追赶汉族先进地区的呼声高涨。三江侗族自治县地处湘、桂、黔三省区交界，是一个多民族聚居的偏僻山区县，少数民族人口占77%。该县在农业生产的耕作技术工具方面相当落后，许多地区还保持着刀耕火种、烧山下种等原始耕作习惯，劳动效率很低，缺粮现象相当普遍，文化教育十分落后，工业更是一片空白。在三江能不能进行大规模技术改造和生产工具改革，怎样多快好省地建设社会主义等问题上，一部分干部群众主张从三江的实际出发，在发展工农业生产的指导思想上采取“宁慢勿快,宁稳勿前”的循序渐进方法。县委主要领导则认为,长期以来,三江从干部到群众,产生了较为严重的依赖思想和特殊要求,这种“特殊论”“落后论”和“条件论”是三江前进中的障碍。因此,从1957年起,三江县委就以批判“三论”为纲,分发动群众,开展全县性的大辩论,提出了“赶汉区,赛平原”“学先进、赶先进、超先进”的口号。在全国“大跃进”的形势下,三江县委通过修改产量等方式,使三江成为全国民族地区“思想大解放,生产大发展”的典型。为进一步推动全国少数民族地区的“大跃进”和人民公社化运动,1958年9月16日至26日,中共中央统战部、国家民委在三江侗族自治县召开了全国民族工作现场观摩会议。内蒙古、黑龙江、吉林、辽宁、甘肃、青海、贵州、四川、云南、广东、广西等省、自治区的统战、民族工作者出席这次会议。会议总结研究三江侗族自治县贯彻执行社会主义建设总路线的经验,检查批判民族工作中的“右倾保守”思想,与会者听取了广西民族地区“半年内跨过几个历史阶段”的经验和批判“特殊论”“落后论”“条件论”,等等,把一些认识问题上升到立场上来加以批判。对“三论”的批判,实际上是否定了民族地区和汉族地区的差别,严重脱离了民族地区的实际,助长了那种不顾客观条件是否许可,而只凭主观愿望办事的反科学的蛮干行为,浮夸风、“共产风”以及主观主义、官僚主义在民族地区泛滥,给民族地区社会主义建设造成了破坏。

二、农业“大跃进”运动

为尽快实现《全国农业发展纲要(修正草案)》提出的粮食生产目标,广西开展了一系列以粮食增产为中心的农业生产“大跃进”运动。1958年上半年在“跃进”形势下制定《广西农业生产二十条纲要(草案)》,提出了一系列“跃进”性目标:6年内粮食总产增长到120亿公斤,甘蔗发展到250万亩,亩产5吨以上。1960年春耕前全部耕地水利化,完全消灭普通旱灾。从1958年起,每年冬种绿肥不得少于1300万亩。5年内基本完成土壤改良工作。5年内主要农作物普遍实行密植,水稻每亩不少于3万蔸、30万苗;玉米不少于4000株;小麦亩播种量不少于1公斤—2.5公斤,甘蔗不少于1万株。两年内,水稻、玉米、红薯、甘蔗一律改用良种。3年内，全自治区复种指数由179%增加到250%，双季稻推广到4000万亩。1962年，机耕面积要达70%左右。3年内基本消灭主要害虫。1958年全部实现冬翻和“三光”（拔光稻根，铲光、烧光田边杂草）。《广西农业生产二十条纲要（草案）》成为“大跃进”中广西开展群众性农业生产运动的指导性文件。

大力兴修水利。水利是农业的命脉，兴修水利对发展农业至关重要。由于所处的地理位置和自然环境，广西经常遭受水、旱灾害的袭击，成为制约工农业生产发展和人民生活提高的重要因素。“一五”期间广西省委虽然着力抓了水利建设，但由于基础薄弱，1956年还是发生了严重春荒。严峻的事实使广西广大干部群众更加认识到加强水利建设的重要性和紧迫性。广西省委在《全省农业发展规划（草案）》中提出三年基本消灭普通的水灾的目标。

1957年全省再次严重受旱，1600多万亩农田受灾，广西省委在当年12月召开的四级干部大会上，提出要在冬春掀起一个规模远远超过1955年冬1956年春的大生产运动，提前实现全国农业发展纲要（修正草案）提出的水利建设要求。会议提出“发动广大群众，以革命英雄主义的伟大气魄，掀起一个大规模的工农业生产高潮”。当月，广西成立省水利指挥部，由省长韦国清兼任总指挥，并于1958年6月组建自治区水利电力厅，成立水电勘测设计院，为“二五”计划期间开展大规模水利建设，作了组织上和技术上的准备。四级干部会议后，大规模的兴修水利运动在全省掀起。1957年底，全省投入修水利的劳动力达207万人，动工的工程5.5万多处。由于水利工作有明显的季节性，省委号召加快修水利的进度，争取在雨季来临前完成所有水利工程。此后，“打破常规，同时间赛跑”成为发动群众兴修水利的有力号召。农田水利建设的规模不断扩大，投入劳动力达300余万人，动工的工程有9.63万处。1957年冬至1958年春，全自治区完成水利工程13.5万处，增加灌溉面积160万亩，超过了广西解放前水利灌溉总面积的40%。在1957年冬至1958年春的水利建设年度，一大批大、中型水库先后开工。这些大、中型水库的建设，揭开了1958年开始的“大跃进”的序幕。随着“大跃进”运动的全面开展，为了保证粮食的稳产高产，在征服自然、“再造山河”精神的鼓舞下，1958年5月，自治区党委提出全自治区于1958年冬至1959年春再兴修水利工程5.88万处，使90%的耕地实现水利化。6月，自治区党委发出指示，要求各地全面贯彻社会主义建设总路线，提前实现全国农业发展纲要。同年秋，“大炼钢铁”高潮结束，自治区党委把农村工作重点转向大办水利，要求全党全民大办工业的同时，农村要大办水利，并提出实现“农田水利化、水利水网化、灌溉自流化、用水合理化、山区井塘化”的“水利五化”目标。由于人民公社已经普遍建立，劳动力调用更加便利，因此广西的兴修水利工作得以更大规模地开展。

鉴于此前水利设施主要以建设引水工程为主，遇到大旱时往往无水可调，自治区党委在水利建设“大跃进”中，把水利建设的重点转向兴修水库等蓄水工程，增加防洪抗旱的能力。同时由于前一时期水利工程以小型为主，全面开花，不利于集中力量搞大项目，因此1958年12月召开的全自治区农田水利先进单位和先进工作者代表大会，明确了这一年度的水利建设运动，由全自治区铺开改为以邕宁、来宾、宜山、鹿寨、石龙、贵县、临桂、桂平、田阳、扶绥、宾阳、平果、横县、武鸣、田东、富钟、贺县等17个特旱县为重点；还提出“要像修长江大桥一样地修好水利”，彻底改变干旱面貌。这个冬春，全自治区上水利工地的人数最多达500余万人，占当时农村劳动力总数的71.5%。同时，当时全国最大的低水头径流式水电站——西津水电站正式动工建设，拉开了广西大规模开发水电的序幕。1958年冬至1959年春，全自治区动工兴建大小水利工程12万余处，超过了自治区人委1958年5月提出的任务5.88万处任务的一倍多。其中中型水库64座，大型水库有桂林地区的青狮潭水库，南宁地区的大王滩、客兰、凤亭河、屯六、仙湖、大龙洞水库，百色地区的澄碧河水库，玉林地区的达开、六陈、平龙、老虎头、武思江水库，梧州地区的龟石水库等14座。这些大中型骨干工程的总库容达125亿立方米，计划有效灌溉面积416万亩。

在当时施工设备极其简陋的条件下，依靠群众的力量，兴修了遍布全自治区的大小水利工程，目的是尽快改善广西农业、水电、航运条件，加速广西经济的发展，也利于农业生产的防洪抗灾能力，为农业生产的发展，特别是粮食增产奠定了基础。但是，由于水利建设规模过大，要求过急，不少地方不顾主客观条件，违反水利建设的科学规律，一味求快，依靠人海战术的办法搞水利建设，造成人、财、物全面紧张和浪费，付出了巨大代价。在水利建设“大跃进”中，不适当地下放水利工程审批权，大中型工程下放给专区、县会同工程指挥部到现场审批定案，实行所谓边勘测、边设计、边施工，许多工程未经过认真勘测设计和科学论证就匆忙上马，“三边”工程多，因质量或设计标准低，有的大型工程如柳城县大埔水库工程因选址不当而被迫下马，有的施工粗糙，有的缺乏必要配套项目，导致不少水利工程质量差。在水利建设“大跃进”中，大刮“共产风”和强迫命令风，“一平二调”，无偿征调和过多占用农村劳动力，造成农业失管失收，也影响其他事业的发展。水利建设规模过大，战线过长，开工项目过多，造成人力、物力、财力的全面紧张，一些工程只集中力量突击施工坝首，无力开挖渠道和建设其他附属工程施工，使工程不能及时发挥效益。百色专区的澄碧河水库，1958 年 9 月动工兴建以后，连续多年抽调各县的劳动力，自带口粮、工具，实行大兵团作战。澄碧河水库作为广西最大的土坝水库，工程浩大，工程周期长，到 1966 年才最后建成，加上对库区群众搬迁安置工作比较粗糙，给群众生产、生活遗留了不少问题，对百色专区各县的各项建设事业造成长期影响。

推广农业技术。为了保证农业生产的持续“跃进”和农业生产的高指标，自治区党委贯彻执行中央在农村开展深耕改土运动的决定，对全自治区进行土壤类型及低产田改良调查，总结农民改造低产田的经验，要求全面推行以农业“八字宪法”（即土、肥、水、种、密、保、工、管）为中心的群众运动，强化水利、深翻地、施肥、密植和田间管理等工作。推广农业技术，推广新型耕作方法，对改变农业生产落后状态，提高农业生产力和农作物产量有着重要意义。粮食大幅度增产的措施，当时主要是深耕、密植两项。过去由于大力推广密植等原因，广西粮食平均亩产由解放初的 85 公斤增长到 1957 年的 216 公斤。在对粮食高产更迫切的追求下，进一步提高深耕、密植度的办法被提了出来。《广西农业生产二十条纲要（草案）》对此提出统一要求，由自治区计委统一下达计划，到了基层，这些指标规定得更具体，而且越定越高。一味深耕的做法，不考虑从不同地区的水土、气候等具体条件，违背因地制宜的规律，结果瘦田因耕得过深，肥料不足而减产，肥田因施肥过多而禾苗疯长倒伏，过度密植造成禾苗采光不足而减产。高寒山区由于气候原因种植双季稻反而不如种中稻一季产量高。在推广农业技术和新型耕作方法过程中，出现了强迫命令和瞎指挥。一些地方推行密植，提倡“越密越好”，使小株密植的推广走向极端，导致水稻减收或失收，引起群众强烈不满。

改造农业生产工具。广西不少地区农业生产工具陈旧落后，水平低下。为了改善农业生产劳动条件，提高生产效率，保障农业增产丰收，省委相当重视农业生产工具的改进和新农具的使用。在国民经济恢复时期和“一五”时期，一方面大力增补传统农具；另一方面进行农具改良，大力推广以“53”步犁、轻便步犁和双轮双铧犁为主的新式农具，以提高效率、减轻劳动强度、满足农业生产的需要。根据南宁会议提出的“技术革命”思想和中央的要求，适应“多、快、好、省”的“跃进”新形势，自治区党委在全自治区范围内开展群众性的工具改革运动。为了加强对工具改革运动的领导，4 月 4 日，自治区党委发出《关于建立工、农业技术改革委员会的决定》，决定成立自治区、专区、县、乡的工、农业技术改革委员会，在工厂和农业社中成立技术改革小组。此后，广西农村中形成群众性农具改革运动，创造发明不少新式农具，据 4 月 30 日的不完全统计，创造发明的新农具 1200 件。为推动农具改革运动，5 月 3 日，《广西日报》发表社论，号召把农业工具改革运动推向高潮。5 月 5 日，在南宁举办了自治区农具改革展览会，各地踊跃参展，展品 838 件，这次展览会实际上也是广西农具改革运动的一次大动员。7 月 13 日，中共中央、国务院发出了《关于迅速在农村开展农具改革运动的指示》，要求“各地提出任务、规定指标、定出完成日期”，真正做到“全民动手，人人当工匠，户户是工厂”。8 月，中共中央书记处召开电话会议，号召各地大搞“滚珠轴承化”。中央的上述指示，推动了广西农具改革运动进一步发展，自治区党委要求“全区三个月内实现滚珠轴承化，运输车子化，收割工具新式化”的农业机械化。8 月 16 日、27 日，9 月 20 日和 1959 年 11 月 8 日，《广西日报》先后发表了《一鼓作气向农业机械化飞奔前进》《按时、按量、按质地实现农业机械化》《再加一把劲实现农业半机械化》和《更高地举起工具改革的红旗》的社论。在一系列行政命令的推动和强大的舆论影响下，农具改革运动在全自治区城乡兴起。各地投入大量人力、物力和财力，并且无偿调集农民物资，掀起了“车子化”“滚珠轴承化”“收割机器化”等所谓农业生产工具技术改造的高潮。据统计，在“破除迷信，解放思想”和“敢想、敢说、敢干”的口号下，从1958年至1960年3年间，包括民族地区在内，全自治区改良、创造和推广了5356.06万件农具，涵盖耕作、种植、排灌、植保、中耕、收获、脱粒、运输到农副产品加工等各个方面，推广数量之巨，史无前例。但因未经试验、鉴定就粗制滥造，大多不能使用，或使用不久就废弃，造成了极大的浪费和损失。

粮食生产大放“卫星”。1958年，由于风调雨顺，早稻禾苗长势良好，各地纷纷向自治区报告早稻丰收的“喜讯”。自治区党委有关领导为这些高估产的假象所迷惑，召开电话会议，提出“全民大办粮食，力争1958年实现亩产千斤”的口号。各专区、市、县把粮食增产指标越定越高，梧州专区率先提出了亩产“双千斤”。少数民族地区的百色、柳州、南宁专区也不甘落后，也提出保证实现亩产超千斤。8月，自治区党委把目标加码为实现稻谷亩产“千斤区”，争取实现“1500斤区”，自治区党委、自治区人委发出《关于开展高额丰产竞赛运动的决定》，要求在全自治区范围内立即开展一个群众性的高额丰产竞赛运动，实行五级干部田间大会师，以保证实现这个目标。各地在竞赛中，又订出了万斤县、万斤乡、万斤社、万斤亩等“跃进”指标。不少县还采取“打擂台”报增产计划的做法，推动一些社、队提出“实现亩产1万斤，试验田亩产10万斤”等指标。在“人有多大胆，地有多大产”“不怕做不到，只怕想不到”等口号的鼓动下，各地纷纷建立起各种丰产试验田。早稻收割以后，全国各地粮食高产“卫星”不断“上天”，7月30日，湖北省应城县放出第一颗亩产突破万斤的水稻高产“卫星”。随着各地粮食产量数字的不断提高，大放“卫星”的氛围下，很快广西就有27个县声称早稻、玉米比上年同期增产1—2倍。各地竞相放粮食高产“卫星”，特别是环江县，宣布早稻比上年增产4倍，这个县的红旗人民公社在中稻快黄熟时，把十几亩田的禾苗移植到一块试验田里，收割时又重复过秤，宣称“亩产超13万斤”（13.04万斤），成为全国最大的水稻高产“卫星”。9月12日，

《广西日报》发表了环江县一块中稻田亩产13万斤的虚假新闻，并发表社论《思想上的又一次解放——欢呼环江中稻大面积高额丰收》，把广西粮食生产浮夸风推到顶峰。

由于大放粮食高产“卫星”，这一年各地上报自治区的粮食产量总计为114.5亿公斤，实际是严重的浮夸和高估产。后来经过核实仅58.5亿公斤，只比1957年增长0.165亿公斤。大放粮食高产“卫星”不仅开了浮夸的先例，更严重的是导致了一系列决策的错误。领导层的决策受到虚假的粮食丰收喜讯的影响，认为农业问题已经解决了，可以大办其他事业、特别是集中劳动力大炼钢铁了。后来的事实证明，农业生产的浮夸风和高估产，对人民生活和经济建设全局造成的后果是严重的。

三、工业“大跃进”运动

高指标和工业的急速发展。广西“一五”期间主要发展了一些小型的轻工业，基础工业基本上一片空白。大力发展工业，加快实现工业化，是全省各族人民的强烈愿望，也是省委肩负的重大历史使命。面对大规模社会主义经济建设的新局面，省委对加快工业发展的要求更为迫切。1958年1月31日至2月15日召开的省委一届六次扩大会议，要求在六年内全省工业总产值超过农业总产值。2月上旬召开的全省工业工作会议，确定1958年广西工业工作的总任务是：配合和支援农业大生产运动，组织工业生产新高潮，全面贯彻多、快、好、省和勤俭建国、勤俭办企业的方针，实现工业生产“大跃进”。会议初步制定了全省工业总产值赶上农业总产值的规划。

3月，自治区党委在柳州召开地、市委书记会议，提出把广西工业总产值超过农业总产值的时限缩短为5年，确定1958年生产钢锭、钢材20万吨以上，生铁40万吨以上，工业基建投资9150万元。自治区党委发出“大办工业”的号召。后来形成了《1958—1962年广西工业发展二十条纲要（初稿）》。该《纲要》所提出的指标，对于1957年工业总产值只占工农业总产值的35%、生铁产量不到8000吨、还不能产钢的广西，是不切实际的。5月下旬，自治区召开工业、交通计划会议，按照“全民办工业”的方针，提出“二五”期间广西乡以上办的工业企业总数达到6000多个的目标。仅1958年,自治区计划安排的大中型项目达45个。

1958年5月,党的八大二次会议后,全国工农业生产和建设计划指标不断提高,原定用15年使钢产量赶上或者超过英国的目标被不断提前。6月1日,中央发出《关于加强协作区工业的决定》,将全国划分为东北、华北、华东、华南、华中、西南、西北7个协作区,其中广西属于华南协作区。文件要求各协作区尽快建立大型工业骨干和经济中心,形成比较完整的工业体系和经济区域。又进一步提出,凡是有条件的省也应该建立比较独立的工业体系。自治区决定大办地方工业,要求"县县办工业,乡乡办工业,各级办工业,各部门办工业",并提出全年兴办中小型厂矿27万多个的指标。在《1958—1962年广西工业发展二十条纲要(初稿)》中,不切实际地要求在"二五"期间把广西建成先进的工业地区,到1962年,工业方面,总产值要达到161亿元,比1957年增长29倍,年均增长98.5%。黑色金属工业,到1962年生产钢锭410万吨,钢材349万吨,生铁650万吨,焦炭400万吨;煤炭生产形成田东、柳城、平乐、合山、罗城等主产区,加上各地小煤矿,到1962年产量约为4000万吨。建筑材料、机械、化工、石油等骨干工业产量,指标定得也很高。所有工业产品赶上上海和广州,全自治区机械设备自给,做到县县、乡乡、社社有工业,实现工业化;5年修建铁路2000公里,公路3万公里,投资68亿元,为"一五"时期的28.3倍。根据形势发展,自治区计委重新修订广西"二五"计划指标,7月17日定稿的《广西"二五"计划及1959年计划指标(草案)》,要求1962年工业总产值达到162.8亿元,年均增长99%;发电量127亿度,原煤4000万吨,钢350万吨,钢材280万吨,生铁500万吨。5年基建投资118亿元,其中工业投资86.7亿元。

在"大跃进"的浪潮下,全自治区大办工业,从中心城市到边远山区小县,迅速掀起全民办工业的热潮。各地不顾客观实际,不问有无条件,盲目上马工业项目。桂西北的一个县宣布一星期建成了225个厂矿,桂中的一个少数民族自治县不到一个月有361个厂矿投产。据统计,从4月到6月底,全自治区建成投产的中小厂矿4万多个,平均每天新建670多个。至6月24日,全自治区厂矿项目增至34万个,报称在建项目19万个。这些新建的厂矿大都有名无实,真正能坚持生产并取得经济效益的为数不多,造成人力、物力、财力的极大浪费。

1958年,广西的南宁、柳州、桂林、梧州4大城市均兴建了新工业区,一大批国家投资的新项目上马。其中,7月1日,柳州市工业区举行开工典礼,钢铁厂、电厂、化肥厂、水泥厂、机修厂、造纸厂6个大型工厂全面破土动工。8月24日,以钢铁冶炼、化学工业为中心的南宁市新工业区在邕江南岸破土动工,将兴建钢铁厂、化工厂、合成化纤纺织厂、电厂、糖纸厂、橡胶厂、电解铜厂、电解铝厂,以及冶矿厂、水轮机厂、重型机械厂、棉纺厂、罐头厂、纸厂、茅桥玻璃厂等工业企业。9月8日,以桂林钢铁厂为中心的桂林市瓦窑工业区也动工兴建。这一年,梧州市新建了莲花山、大塘两个工业区,并扩建塘源工业区,共办起中小工厂680多间,全市工业建设投资820多万元。在南宁专区,兴建了西津电站、东罗煤矿、驮卢糖厂、宁明糖厂等。此外还兴建了田阳、凤山、红河、百色、平南、桂平等糖厂。

由于基本建设规模的过度膨胀,导致供求矛盾加剧,重点建设项目受到冲击,一些老厂、大厂因开工不足被迫停产。根据中央下放企业、事业单位和技术力量的文件精神,7月18日,自治区党委、自治区人委作出《关于工矿企业体制下放的决定》,明确煤炭系统西湾煤矿由隶属平桂矿务局改为隶属梧州专署,合山等煤矿下放到各所在地专署管辖,冶金系统的东南金矿、桂平铁矿等也下放管理权。企业管理权的仓促下放,在“大跃进”的混乱情况下,导致分散主义倾向滋长,造成很大浪费和混乱。

大炼钢铁。直至1957年,广西还是一个没有钢铁工业基础的省。在优先发展重工业的思想指导下,“大跃进”中钢铁工业建设大张旗鼓地开展起来。1958年2月,中央提出当年的钢产量为624.8万吨,5月又提出增加到800万—850万吨[①]。1958年春,广西省委、省人委根据中央计划及广西实际,开始创建全省钢铁工业。3月,自治区党委在柳州召开的地(市)委书记会议上提出建设柳州、鹿寨、桂林、南宁4个钢铁

① 薄一波:《若干重大决策与事件的回顾》下卷,中共中央党校出版社1993年版,第696页。

厂和其他5个年产5万吨的钢铁联合企业。建立冶金工业的管理机构,6月7日,冶金工业部管理的广西有色金属工业管理局划归地方领导,改为广西冶金工业局,统一管理有色金属和黑色金属工业,发展钢铁生产。在“大跃进”的浪潮中,钢铁企业建设进展迅速,6月,鹿寨炼铁厂两座38立方米高炉建成投产,开始铸造生铁。7月1日,柳州钢铁厂成立,1号高炉及厂直属屯秋铁矿生产线开始建设。同月,广西推广环江县用土法大办钢铁的经验,号召用土办法迅速上马,在各专区、市、县大力发展钢铁工业。1958年7月12日,自治区党委发出《关于立即动员全党全民大力发展钢铁工业的指示》。要求各级党委以钢为纲,全党全民大办钢铁。提出1958年全自治区生产钢锭、钢材20万吨以上、生铁40万吨以上的高指标,要求各地立即安排炼钢设备生产,大力发展小高炉炼铁,发展炼焦和煤炭工业,并发展轧钢。建设柳州、贵县、南宁、桂林、鹿寨5个钢铁厂和崇左、金城江、钟山等12个小型钢铁厂。

由于工业“大跃进”的急速推进,钢铁缺口越来越大,严重影响了工业建设进度。8月17日至30日,中共中央政治局在北戴河举行扩大会议,中心议题是讨论当年钢铁生产和建立人民公社问题。会议对实际工作中已经相当严重的浮夸和混乱现象,不仅没有作任何努力来加以纠正,而是进一步将“大跃进”运动推向高潮。会议认为,1958年出现了农业生产飞跃发展的喜人形势,农村工作方面已经有了比较稳固的基础和比较成熟的经验,省一级党委应该把注意的重心转移到工业方面来,从现在起,省和自治区党委的第一书记必须首先注重对工业的领导。会议确定了一批工农业生产和文教事业的高指标。北戴河会议通过了37个文件,其中有两项重大决策对以后的经济社会发展产生了极为不利的影响,一项是确定1958年钢产量比1957年翻一番,达到1070万吨;另一项是在农村建立人民公社。

9月6日至7日,自治区党委召开紧急会议,传达北戴河会议精神,强调由第一书记挂帅,大搞群众运动,全党全民办钢铁工业。为完成广西当年生产20万吨钢铁的任务,会议要求各地、县委把工作重点转移到工业上来,确保“钢铁元帅升帐”,全自治区从当年9月20日起,生铁日产量达2000吨以上。这是一个严重脱离实际的目标。实际上生铁的日产量没有达到预计的双千吨目标，加上对大炼钢铁的认识不统一，有的干部认为“劳民伤财，得不偿失”，因此，9 月 22 日晚和 23 日晚，自治区党委连续召开各地、市委第一书记紧急电话会议，强调钢铁生产是当前压倒一切的中心任务，要破釜沉舟，实行军事化管理，各级党委第一书记真正挂帅，搞好全民政治动员，做好燃料和矿石储备，大放高产“卫星”。此后，自治区党委又接连召开会议，动员全民大放钢铁“卫星”，力争在 11 月份实现当年产钢 10 万吨的目标，保证完成中央分配的任务。在“人炼钢铁，钢铁炼人”的口号下，10 月，全自治区大办钢铁运动进入高潮。

实行书记挂帅，全党全民总动员，开展大办钢铁运动。各专区、市成立钢铁生产指挥部或钢铁生产临时工作委员会，由各专区、市、县第一书记任指挥长或第一书记。召开大办钢铁誓师大会，号召各机关单位、公社、学校、工厂、街道派出青壮年劳动力，组成大炼钢铁劳动大军，按部队的班、排、连建制，开赴大办钢铁前线。据统计，全自治区最高峰时投入 720 万人，占当时全自治区劳动力近一半。为保钢铁生产，其他生产建设一律“让路”，大批劳力、物力投入到钢铁生产第一线。柳州钢铁厂破土兴建以后，先后有 1 万多名建设者参加工程建设，全国 18 个省、市、自治区的 40 个城市 134 个工厂为柳钢赶制设备。南宁专区 125 万劳动大军上山大办钢铁。来宾县有 26 万劳动大军大炼钢铁，全县号称建立炼铁高炉 11996 座。都安瑶族自治县先后组织 20 多万强壮劳动力，由县委第一书记带队，分三批开赴马山县，参加都（安）马（山）协作区大办钢铁。鹿寨县在大炼钢铁高潮时，70% 的机关、企业干部，95% 的农村劳动力直接参加了大炼钢铁。

为完成高指标任务，采用“小土群”大炼钢铁，开展多种多样的土法炼铁运动。“小”即小型的，“土”就是土办法，“群”就是群众运动。广西推广河南省“缸子炼铁”的做法，即砌土高炉，砍树烧炭，上山挖铁矿，拉风箱炼铁，出现了宁明县、环江县用小土窑炼铁，罗城县用大土窑炼铁的所谓典型。各地大搞土法炼铁炼钢，有条件的建高炉炼铁，没有高炉造土炉，没有土炉用石灰窑，甚至在平地上把矿石垒起来烧炼；矿石不够，就收集废钢铁；没有废钢铁，就动员群众把铁锅、铁窗、铁门等贡献出来回炉冶炼；没有焦炭就用煤炭，没有煤炭就用砍树木炭，大量山林因此被砍伐。一些地方大小炼铁炉星罗棋布，遍地冒烟。

大炼钢铁需要大量燃料。9月24日，自治区党委发出《关于煤炭工作的指示》，指出只用木炭炼铁不能满足需要，必须立即抓紧采煤工作。强调各地、县应该在党委统一领导下，贯彻从小到大、从土到洋、大小结合、土洋结合的方针，以建立小煤窑土法手工开采为主，迅速上马，迅速出煤，先生产，后基建，或边生产，边建设；大搞土法炼焦；凡是有煤炭资源的地方，要积极地建设少数白煤或半焦煤炼铁的小高炉。这一指示发出后，全自治区又掀起一场大搞煤炭生产的群众运动。为了完成高指标，各地的浮夸风愈演愈烈。在全国各地高产“卫星”的推动下，9月，柳城组织7万多劳动力，以军队的组织形式，投入采煤大会战，10月初，这个县放出日产煤60万吨的“大卫星”，受到自治区和柳州专区的嘉奖。接着，忻城县抽调7万余人组成“钢铁野战大军”，10月13日，采用“大爆破、大剥皮”的办法，决战19个小时，放出了日产煤炭67.14万吨的大“卫星”。17日，新华社向全国播发了忻城县大放煤炭“卫星”的消息，18日，《人民日报》也在头版头条以《忻城气盖世，日产赛煤都》为题作了报道，并发表社论《祝广西大捷》。

解放前就有用小炼铁窑炼铁历史、被柳州专区定为钢铁生产重点县的鹿寨县，在10月15日至21日全国“钢铁生产高产周”前，抽调全县的劳动力8.4万多人和外县支援的2.6万多人，准备了大量矿石和燃料，全力开工，到18日放出日产生铁20.7243万吨的大“卫星”。19日，自治区党委、自治区人委专门发出贺电；20日，《广西日报》发表社论《敢想敢做出奇迹——祝鹿寨20万吨生铁大卫星上天》。同日，《人民日报》也以《鹿寨炼铁一天，广西飞过一年》为题刊于头版头条，并配发社论《群众运动威力无穷——再祝广西大捷》。广西接连放出粮食、煤炭、钢铁高产“卫星”，引起中央关注。10月下旬，中共中央总书记、国务院副总理邓小平到柳州专区考察，了解“大跃进”情况。在参观罗城县钢铁基地时，邓小平指示说，广大群众建设社会主义的积极性很高，精神是十分可贵的，但这种烧结铁还不算是铁，今后要设法炼出像专家说的那种质量较高的铁来。邓小平的视察和讲话，引起了自治区党委的重视，自治区党委第一书记刘建勋致电人民日报社：今后凡是广西放“卫星”的稿子，未经自治区党委核实请不要发表；自治区主席韦国清询问专家，得知放“卫星”的铁最多只能算烧结铁后，作出指示：以后不要再搞烧结铁了。

在“大炼钢铁”运动中，10 月 4 日，柳州钢铁厂鹧鸪江小炼钢车间试炼出第一炉钢水，结束了广西不产钢的历史。11 月 1 日，广西宣布提前两个月超额完成全年钢 42 万吨、生铁 102 万吨的生产任务。但实际上到 1958 年底，全自治区只生产钢 1.4 万吨、生铁 16 万吨，其中真正合格的生铁仅有 7800 吨。当国务院要求广西调出 5 万吨生铁支援上海时，屡放钢铁“卫星”的柳州专区竟然无铁可调，最后只得从玉林等几个专区调拨，才勉强完成任务。

大炼钢铁，加剧了国民经济各部门之间的失调，轻工业被挤，日用品脱销。为了保钢铁工业建设，其他重点工程被迫让路，延缓了建设工期。大办钢铁高潮期间，正值秋收季节，农村主要劳动力被抽调到钢铁生产第一线，大量成熟的粮食及经济作物没能及时收割入库而烂在地里。大炼钢铁还造成大批林木被砍伐，造成水土流失、石漠化等生态问题，带来了长期后患。

四、其他行业的“大跃进”

在“大跃进”运动中，工、农、商、学、兵，各行各业都掀起了“大办”热潮。

教育事业“大跃进”。广西原来的文化教育基础落后，人民群众受教育程度低。为尽快改变教育落后的状况，“大办教育”，在全国各行各业“大跃进”的影响下，广西提出了超出实际能力的教育发展高指标。1958 年 5 月，自治区文教工作会议提出教育事业要“大跃进”，制定《大跃进规划》，要求一般地区到 1959 年基本扫除青壮年文盲；1958 年内普及小学教育；做到社办中学，自治区办大学和工学院，专区、市、县在可能条件下积极筹办高等学校。在小学教育方面，8 月，《广西教育》发表社论，号召各地急起急追，再接再厉，争取 1958 年秋以前普及小学教育。9 月，中共中央、国务院发出《关于教育工作的指示》，提出用 3 到 5 年的时间基本上扫除文盲，普及小学教育；争取用15年左右的时间，基本普及高等教育；实行多渠道、多形式并举办学的方针。11月29日，自治区党委发出《关于进一步开展社会主义共产主义宣传和全民办教育的指示》，要求大力开展工厂、公社、街道、机关、部队办学校运动，逐步建立从幼儿教育到高等教育的体系，把现有学校改造成为新型的共产主义学校。争取5年左右普及中等教育，10年左右使有条件的人都能接受高等教育。

从6月下旬到7月中旬，广西开展了一次大规模的扫盲运动，宣称全自治区青壮年文盲入学人数达300万多人，这个数字约占当时文盲总数的80%。实行教育管理体制下放。8月16日，自治区人委发出《关于中学、师范、师专等领导关系下放的通知》，将原由教育厅领导的师范学校、高中、完中、初中，交由所在地的县（市）领导；桂林、南宁民族师范学校分别由桂林市、南宁市领导；专区（市）举办的高等学校，由专区（市）领导；自治区办的高等学校，仍由自治区领导。各类民办学校、业余学校、扫盲、小学、幼儿教育等的领导关系，由各专署或市、县人委确定。在“大跃进”中，片面贯彻“教育为无产阶级政治服务，教育与生产劳动相结合”的方针，教育系统掀起了以种养为主的勤工俭学热潮，师生参加劳动时间的多少，逐渐成为衡量教育改革成果的标志。9月，在贯彻中央《关于教育工作的指示》中，教育部门对教材和课程进行改革，加大了“以劳代学”的偏向。此后，师生劳动时间一再增加，学校正常的教学秩序受到影响。

开展“全民办教育”，兴起办学运动。广西提出的“1958年秋以前普及小学教育”超出中共中央、国务院发出《关于教育工作的指示》所提出的“用3到5年的时间普及小学教育”的要求，也脱离广西教育的实际。为完成任务，各地“比干劲”“争上游”，竞相发出普及小学教育的“喜报”。9月30日，自治区教育厅党组根据各地浮夸的统计数字，向中共中央、国务院有关部门报称：广西学龄儿童入学率已达到96.6%，75个县（市）全部完成普及小学教育的任务。同时，广西基本上做到每个专区有大学，乡乡有中学。广西发展中学教育强调公办民办并举，实行“两条腿走路”办学方针。各部门各地区纷纷开办各种中等职业技术学校。11 月底,自治区教育厅在桂平县罗播人民公社召开公社办学现场会议,推广该公社创办各类红专学校,以及在生产队成立业余学校、幼儿园、托儿所的做法,进一步把公社办学推向高潮。到 1958 年底,全自治区宣布已办起大学 58 所,新办中等专业学校 3000 余所,其中农业中学发展到 2105 所,工业学校发展到 20 所。公办中学 355 所,民办初中 1954 所。采用“土法上马”等办法,建立大批农村地区幼儿园,全自治区农村幼儿园猛增至 1.8 万余所,入园幼儿达 97 万人。这些新办学校基本上是虚报的“三无”(无师资、无校舍、无设备)学校。

这一时期,广西教育的重要事件,是广西大学的重建。1953 年广西大学撤销后,广西没有一所能够培养理工方面人才的综合性大学。在“大跃进”运动兴起后,毛泽东提出每个省都应有一所综合性大学的意见。据此,自治区党委决定重建广西大学。在高教部和北京、上海等地的支持下,1958 年 10 月,广西大学正式开学,自治区主席韦国清兼任校长。广西大学的重建,为广西社会主义建设提供智力保障和人才支持发挥了重要作用。

商贸行业的“大跃进”。在“大跃进”中,商业工作片面强调“生产什么,收购什么,生产多少,收购多少,需要什么,供应什么”,形成工业盲目生产、商业盲目收购的局面。结果不少商业部门收购了大量质次价高或没有使用价值的产品,浪费了大量资金。与此同时,在以公有制成分高低衡量商业发展程度的思想指导下,加快了对商业体制的升级过渡,把合作商店、合作小组全部升级,一部分并入国营商业部门实行统负盈亏,一部分转入农业。盲目精简机构后,1958 年底全自治区商业职工比 1957 年 9 月减少 39%,商业网点也随之减少,既影响了群众正常生活,也使商业活动出现萎缩。在人民公社化运动初期,自由市场基本关闭,商品流通渠道严重阻塞。人民公社普遍成立后,各地供销社同国营商业合并,由集体所有制改为全民所有制,把基层供销社变为国营商店,下放给人民公社管理,在经营中搞大购大销,无偿调拨,盲目供应,给全自治区基层供销社造成财产损失。

在“大进大出”方针指导下,外贸部门签订了不少出口成交合同,在“以购促销”的口号下盲目大量收购,出口货源不落实,或质量低劣,对外履约率低，造成进出口贸易发展不平衡。1958 年，广西进出口总额虽然与上年基本持平，但出口额比上年下降 17%，进口额增加 11 倍。

人民武装的“大跃进”。1958 年 7 月，针对美国扩大对台湾海峡的侵略、台湾国民党集团叫嚣“反攻大陆”的局势，中央军委提出了加强战备和实行“全民皆兵”的方针。8 月，中央政治局扩大会议通过了《中共中央关于民兵问题的决定》，指出要以民兵组织的形式“实行全民皆兵”。毛泽东主席在 9 月对新华社记者谈话时，提出了大办民兵师的号召。随着“大跃进”和人民公社化运动的迅速发展，广西从农村到城市，从厂矿、学校到国家机关，都掀起了大办民兵师的热潮。到 1958 年底，全自治区共建立 239 个民兵师，有民兵 956 万余人（其中基干民兵 135 万余人），占总人口近 44%，居华南三省（区）之首。由于急躁冒进，在 4 个月内，广西的民兵就猛增 5 倍多。农村的生产组织和民兵组织合在一起，也带来不少问题。

“大跃进”运动的发动和开展，反映党和国家领导人希望用最快的速度改变贫穷落后的面貌，使中国迅速强大起来的决心，以及广大干部群众迫切要求改变中国经济文化落后状况的普遍愿望。广西各族人民意气风发，艰苦奋斗，在工业建设、水利工程等方面，取得一定的成绩。工业方面，开工建设了柳州市工业区、南宁市江南工业区、桂林瓦窑工业区和梧州市莲花山、大塘两个工业区，扩建塘源工业区等，建设了一批工业项目，为广西工业发展打下了一定基础。建设了柳州钢铁厂和一批中、小型钢铁厂，结束了广西不能产钢的历史。开工建设一大批水利工程。但是“大跃进”运动片面夸大主观能动作用，急于求成，在建设速度上盲目求快，脱离了社会生产力的发展水平，违背了经济和社会发展的客观规律，带来严重的后果。

第三节　农村人民公社化运动

人民公社是在“大跃进”运动中产生的，最初是由高级农业合作社的小社并大社引起的，这本来是出于兴修水利，搞农田水利的需要，但在

“大跃进”的背景下，却演变为不顾客观条件，争相推动农业集体生产组织向所谓更高级的形式过渡的一场普遍的群众运动。

一、小社并大社

在农业合作化运动中，随着生产的发展，不少地方的小型农业生产合作社合并为较大规模的合作社。这种情况引起毛泽东和中央的重视。1955 年 12 月，毛泽东在《中国农村的社会主义高潮》《大社的优越性》一文的按语中就提出，小型农业生产合作社，人少地少资金少，不能进行大规模的经营，不能使用机器。这种小社仍然束缚生产力的发展，不能停留太久，应当逐步合并。有的地方可以以一乡为一个社，少数地方也可以几乡为一社的，当然会有很多地方一乡有几个社的。随着大规模农田水利建设，尤其是一些大中型水利设施的兴建，在土地、劳动力的使用等方面打破了原有的社、乡界限，使原来的小社在人力、物力、财力、技术等方面已经不能满足需要。在 1957 年冬至 1958 年春的农田水利建设中，许多地方为了加强集体协作的力量，开始突破原有农业合作社的规模，实行并社。在 1958 年 3 月的成都会议上，毛泽东又提出把小型的农业生产合作社有计划地、适当地合并为大型的农业生产合作社的建议。4 月 8 日，中共中央政治局通过并下发了《关于把小型的农业生产合作社适当地合并为大社的意见》。《意见》指出：“中国农业正在迅速地实现农田水利化，将在几年内逐步实现耕作机械化，在这种情况下，农业生产合作社如果规模过小，在生产的组织和发展方面势将发生许多不便。为了适应农业生产和文化革命的需要，在有条件的地方，把小型的农业生产合作社有计划地适当地合并为大型的合作社是必要的”①。《意见》还提出把小型农业社合并成一乡几社规模的大型合作社的意见，直接促成了当年上半年部分农村大办大型农业生产合作社，成为当年人民公社化运动的先声。

随着《全国农业纲要（草案）》的公布，各地纷纷提出大规模的生产

① 中共中央文献研究室编：《建国以来重要文献选编》第 11 册，中央文献出版社 1993 年版，第 209 页。

计划，广西也制定1956年至1967年农业发展纲要，提出兴修水利、发展农业机械，以及农林牧副渔等全面发展规划，从1957年冬开始形成大规模的生产建设高潮，就有了将小型农业生产合作社合并为大型或较大的合作社的现实需要。从1957年冬大兴水利开始，到1958年夏收大忙期间，各地为了解决人力、畜力、工具、技术等方面的问题，在乡和社之间、山区和平原之间、城乡之间、民族之间等，发展了生产上的大协作，很大程度上克服劳动力不足的困难，适应了生产"大跃进"的需要。以邕宁地区统计，在夏收期间，有197个乡，2517个社实行了大协作，参加协作的共达29万多人，每天就有1万多人去帮助农业社抢收抢种。马山县从平原地区组织上万人到山区帮助收红薯。同时也将农业社的劳动组织向大互助、大协作推进，出现并社现象。从合作社本身来说，生产"跃进"计划带来普遍的劳动力不足的问题，促使合作社想方设法增加劳动人手。其中博白县枫林木社为解决生产劳动力不足等问题，实行牛栏集体、猪栏集体、粪坑集体、食堂集体、宿舍集体等"五集体"做法，引起自治区党委的重视。对于开办集体食堂、托儿所，取消私人养猪，社员自留地收归集体经营，口粮分配则采取指标到户，实物到户，专人保管，统一用粮，使家务劳动成为社会劳动，自治区党委领导认为是可以逐步推广的社会主义方式。

成都会议以后，并社工作在全自治区铺开。容县、桂平、北流等县鉴于原来生产队规模过小，在夏收中，把15115个生产队改编为6240个大队和联队，有的效仿军队管理，统一调配劳动力，统一作息时间。有的则采用生产上的分工、流水作业的办法，编成收割队、打谷队、犁耙队等，以提高劳动效率。

二、全自治区人民公社化

人民公社化运动是在小社并大社的基础上出现的。在把小社并成大社的过程中，有的省把合并后的大社称作集体农庄，有的省叫"共产主义公社"。毛泽东等中央领导人认为这是农业生产"大跃进"的有效组织形式，给予肯定，并在1958年上半年萌生出改变农村基层组织结构的想法。1958年7月，《红旗》杂志第三、四期发表了陈伯达的两篇署名文章《全新的社会,全新的人》和《在毛泽东同志的旗帜下》,传达了毛泽东把工、农、商、学、兵组成为一个大公社,从而构成我国社会基本单位的思想。毛泽东对新出现的公社组织,采取了积极扶持的态度。他在8月上旬视察河北、河南、山东农村时,鼓励并社、办大社,认为人民公社的特点是“一曰大二曰公”,“还是办人民公社好”。新华社和《人民日报》报道上述消息后,全国的并社工作迅速转成了直接办人民公社的运动。在广西并社开展较多的地区也开始建立人民公社,8月10日,广西第一个人民公社桂平先锋人民公社成立。

8月17日至30日,中共中央在北戴河召开政治局扩大会议,在提出要为1070万吨钢而奋斗的同时,作出《关于在农村建立人民公社问题的决议》。《决议》认为,这是“指导农民加速社会主义建设,提前建成社会主义并逐步过渡到共产主义所必须采取的基本方针”。《决议》一方面肯定人民公社目前还是集体所有制,不必急于改为全民所有制;另一方面又提出快则三四年,慢则五六年或更长一些时间就可以实现向全民所有制的过渡。指出:“人民公社将是建成社会主义和逐步向共产主义过渡的最好组织形式,它将发展成为未来共产主义社会的基层单位”,并说“共产主义在我国的实现,已经不是什么遥远将来的事情了”。会后,全国很快掀起人民公社化运动高潮。

在中央的决议正式下达前,8月26日,自治区党委发出《关于在农村建立人民公社的指示》,指出:现在的小型农业生产合作社以及它的一些制度和生产做法,已经不适应当前大生产的需要,解决的正确途径就是建立人民公社,由农业生产合作社建成人民公社,是生产关系方面的一项重大改革,有其深刻的政治意义和经济意义。要求立即向广大农民进行建立人民公社的宣传教育,组织群众对公社进行大辩论,统一思想认识。建立人民公社分两步走,第一步先建立领导机构,实现统一领导;第二步解决并社后的各种经济问题和制定各种管理制度。公社规模以现有的大乡为基础,一乡一社。有条件的还可以几个乡合成一个公社,边远山区居住分散的地方,也可以在几个乡内组成几个社,人民公社的社长,一般可以兼任行政上的乡长。原来农业社所有的公共财产,绝对不得分散、隐瞒和浪费掉,应当无保留交归公社所有。社员原来所交的股份基金，可以转入公社，分记个人名下，社员原来的自留地、私人开荒，应该一律交公社使用。社员的报酬，采取工资制或工分制，一般以公社为单位统一进行计算。但是，在有的社内，实行起来确实有困难的，也可以原农业社为单位进行计算，以后分配时再加以改变。建立人民公社必须结合生产去进行，不能影响当前的生产工作。全自治区的建社工作要在秋收前基本完成。根据自治区党委的指示，许多地方先合并合作社，搭好“架子”，挂出人民公社的牌子，有的县则组织各乡镇舞龙舞狮队同一时间集中县城向县委报喜，一夜之间就实现全县人民公社化。截至9月13日，全自治区原来20439个农业生产合作社经过合并、升格，变成918个人民公社，基本上是一乡一社，一般每社4400户左右，万户以上的大社有52个，入社农户404万多户，占农村总户数的97%。全自治区实现人民公社化。

三、人民公社体制的特点及存在的问题

人民公社是由原来的高级农业生产合作社合并、升格而建立起来的，具有“一大二公”、政社合一等主要特点。

第一，人民公社“一大二公”。所谓“大”，指人民公社的组织规模大，公社的规模和经营范围比农业合作社大十多倍。所谓“公”，就是生产资料公有化程度高，把原来几十个上百个经济条件、贫富不同的生产合作社合并在一起，一切财产上交公社，多者不退，少者不补，在全公社范围内统一核算、统一分配，实行工资制和供给制相结合。

人民公社的规模比农业生产合作社规模大得多。公社化前，1958年广西共有农业生产合作社20439个，404万多户，平均每社只有197户。公社的规模则大得多，1958年9月公社化初期的918个人民公社每社平均为4400户，为农业社户数的22倍多。其中2000户以下的216个，2000户至6000户的466个，6000户至10000户的184个，10000户以上的52个。1958年10月底，人民公社进一步合并为864个人民公社，平均每个公社4775户，为农业社平均户数的24倍，每个公社平均23387人，劳动力10606个。实践已经证明，劳动组织不是越大越有优越性，其大小要根据能否适应生产力特点和水平决定。通过行政命

令的方式超越当时生产力水平，过早过快地改变生产关系，会给生产和建设带来诸多问题。

人民公社的公有化程度比农业生产合作社高得多。人民公社建立后，把社员的自留地、家畜、家庭副业收归人民公社所有，消除生产资料私有制的残余。按照自治区党委于1958年9月27日颁布的《关于人民公社若干具体问题的处理意见》规定：农业社原有一切公共财产全部移交公社；社员自留地、私人房基地、林木、牛马等，一律归公社所有；单干户入社，其全部土地、林木、牲畜、农具归公社；社员多余的房屋，公社可以借用；社员的劳动报酬，采用等级工资与奖励工资相结合的分配方法。具体的做法是：农业社原有一切公共财产，包括公积金、公益金、储备粮、水利、仓库、房屋、林木以及其他生产资料移交公社；农业社社员的自留地、宅基地、林木、牛马等，一律归公社所有；农业社员的股份基金，不论数量多少，一并交给公社统一使用；社员家庭养的猪，一律作价交公社饲养；原农业集体饲养的鸡、鸭、鱼等，应无条件地转给公社；社员的房屋、庭院以及屋前屋后果木，仍归社员所有。社员使用的家私和金银首饰等生活资料均不入社；社员的劳动报酬，采取固定等级工资与奖励工资相结合的办法，按月预支，年终结算；公社年度收益，由公社按照“各尽所能，按劳取酬”的原则，实行公社统一分配。在自治区党委发布的其他文件中还规定：实行工资制和伙食供给制（或粮食供给制）相结合的分配制度，吃饭不要钱，各地根据自己的条件，可以实行伙食供给，也可以只实行粮食供给，对老人和丧失劳动力的社员，无条件地供应吃饭或包吃饭。实际上，其中的许多规定，带着浓厚的平均主义色彩，超越了当时广西农村的生产发展水平，难以真正实现。

第二，人民公社实行政社合一体制。它既是一个经济组织，也是一级政权机构，既要负责全社的农、林、牧、副、渔业生产，也要管理工、农、商、学、兵（民兵）等各方面的工作。在农业生产合作社时期，农村实行的是乡社分设体制，乡政府是农村基层政权组织，农业生产合作社是经营组织；人民公社建立后，乡党委就是社党委，乡人民委员会就是社务委员会。公社既是一级政权机构，又是经济组织，实行“统一领导，分级管理”，一般分为公社、大队、生产队三级，实行由社统负盈亏，各级、各企业单位分别核算制度；公社统管全社的生产安排、劳力调配、物资调拨、产品分配和经济核算，一切生产资料和劳动力统归公社调配和使用，工、农、林、牧、副、渔等一切建设事项，统归公社经营，由公社统一制定各种生产建设计划和决定收益分配。生产大队负责生产管理和部分经济核算，生产队只是一个具体组织生产的基本单位。

第三，人民公社大力推行“组织军事化、行动战斗化、生活集体化”。所谓组织军事化，就是以男女青年民兵为骨干，与全体社员结合在一起，按军事组织编成班、排、连、营、团。军事上的团、营、连，和生产上的公社、大队、生产队合一。公社社长、大队长、生产队长分别兼任团长、营长、连长；公社党委书记、大队党总支书记、生产队支部书记分别兼任团政治委员、营教导员和连指导员。所谓行动战斗化，由公社统一领导、统一调动、统一指挥劳动力，有协作任务时，由各营、连的负责人带领民兵立即出发，实行大兵团作战；无协作任务时，在公社统一领导下，在本单位进行生产活动，一切行动听指挥。到 1958 年底，全自治区共建立 239 个民兵师，有民兵 956 万余人，占总人口近 44%。在“大炼钢铁”、大办水利等群众运动中，以“大轰大嗡”的办法开展各种“大办”活动，往往是一声令下，成千上万的劳动力以民兵组织形式，夜以继日，连续作战，实行大突击、大会战，发挥主力作用。所谓生活集体化，就是大办公共食堂、托儿所、幼儿园、敬老院等集体福利事业，要求以军事组织形式，集中食住，过集体生活。人民公社实行供给制和工资制相结合的分配制度。供给制主要有粮食供给制、伙食供给制和生活基本资料供给制三种，社员都到公共食堂吃饭，甚至“吃饭不要钱”。工资制是在工资供给部分之外，根据多劳多得的原则，象征性地发给社员少量工资。供给制被认为是按需分配原则的体现，具有共产主义因素，要求逐步扩大实行的范围。实行供给制的公社一切收益归公，办公共食堂；有的地方宣布社员的衣食住行、生老病死、男婚女嫁所需费用都由公社供给。11 月 8 日，《广西日报》报道了玉林专区 112 个人民公社实行粮食供给制加工资制，部分条件好的公社实行基本生活供给制加工资制的做法，并发表《农民的又一次大解放——论粮食供给制》的社论，认为这是“由社会主义的分配制度走向共产主义的分配制度的一种过渡形式”。11 月

11 日，柳州专区宣布 239 个人民公社全部实行供给制加工资制的分配制度。1958 年冬到 1959 年夏，广西大多数社队食堂宣布实行“吃饭不要钱”，有少数地方曾一度宣布对社员生活实行“七包”或“九包”，即包吃、包穿、包住、包婚丧、包儿童教育、包治病、包理发以及包看戏、包看电影等。各公社普遍举办托儿所、幼儿园、敬老院等公共福利事业，实行移民并村，把老、弱、病、幼从这个村并到那个村，吃公共食堂，过集体生活，基本取消了“按劳分配”原则，同时取消商品交换，关闭农贸市场。

人民公社的这种管理体制带来不少问题。初期的人民公社带有浓厚的平均主义和军事共产主义色彩。人民公社化运动最大的失误是片面追求提高公有化程度，从主观愿望出发，在所有制关系问题上盲目求纯，夸大主观意志和主观努力的作用，急于向共产主义过渡，背离了党一向倡导的实事求是原则，脱离了中国社会生产力的发展水平，没有经过深入细致的调查研究和科学论证，违背了经济和社会发展的客观规律，提出了一些超越历史发展阶段的目标和方针政策，形成有诸多弊端的人民公社体制。一是这种所有制关系的改变，超越了生产力的发展水平。当时的人民公社过早地消灭个体所有制和取消自留地及家庭副业，随着家庭副业被取消，集贸市场也相继关闭，农副产品的生产和交换日益萎缩，势必影响农村商品经济的发展，减少社员家庭收入，影响社员生活。二是混淆了集体所有制和全民所有制的界限，形成一股“共产风”。把经济条件不同、贫富水平殊异的社强行统在一起，实际上是穷社共了富社的产，取消农民的自留地和林木、牲畜甚至生活资料，实际是集体共了个人的产，把全民所有制部分企业下放给公社，实际是公社共了国家的产。也造成原来的各个合作社（并后叫大队或小队）之间、社员与社员之间严重的平均主义。办集体食堂，实行“吃饭不要钱”，使粮食消耗大增，实行一段时间后难以为继，不少地方的食堂名存实亡。把社员从生到死的一切都“包”下来的做法，虽然实行的时间不长，但因超越了生产力发展水平，还助长了依赖思想，严重挫伤了社员的劳动积极性。在人民公社化运动中，公私财产损失严重，农业合作社和社员私人饲养的生猪、耕牛入社后，由于管理不善，造成大批瘦弱死亡。由于规定社员私有财物都要归公，引发一股私宰家畜家禽、私砍林木之风。公社化仅半年时间，生猪由 800 万头降至 400 万头。三是搞“一平二调”①。在人民公社体制下，各级领导机关以行政手段实行贫富拉平、平均分配；在各种“大办”中，政府和公社经常无偿地调用生产队的土地、物资、劳动力和农民的财物；无偿地把社员的财产收归公社所有。这种“一平二调”实际上是对农民的剥夺，严重地损害了广大农民的切身利益，使农业生产遭受重大损失，给农村生产力带来灾难性的破坏。1958 年广西秋粮丰收，但各种“大办”调用了太多劳动力，没能及时收粮入库，导致大量损失，造成“丰产不丰收”的局面。四是实行“政社合一”体制，把权力集中于公社，基层单位没有自主权，助长了各级党政领导靠行政命令和长官意志办事的作风，形成工作上的官僚主义和生产上的瞎指挥，如在一个公社内要求在同一时间播种和插秧，完全违背因地制宜的原则。

“大跃进”和人民公社化运动，使得以高指标、瞎指挥、浮夸风和“共产风”为主要标志的“左”倾错误严重地泛滥开来，对社会生产力造成了破坏，给国家和人民带来灾难性的损失，付出了巨大代价，是党在探索中国社会主义建设道路过程中遭受的一次严重挫折。“大跃进”和人民公社化运动，留下极为深刻的教训，值得后人永远汲取。

① 指平均主义和无偿调拨。

第十三章

从纠“左”的曲折到应对国民经济的困难局面

1958 年秋冬,党中央和毛泽东开始发现“大跃进”和人民公社化运动中出现的问题,积极领导全党整顿人民公社,调整高指标,作了初步纠“左”的努力。但是,庐山会议后开展的“反右倾”斗争,打断了纠正“左”倾错误的进程,继续“大跃进”带来更大危害,国民经济出现严重困难。面对严峻的形势,自治区党委采取紧急措施,应对国民经济的困难局面。

第一节　初步纠正“左”倾错误的努力

一、纠正“共产风”和整顿人民公社

1958 年冬,“大跃进”和人民公社化运动中的问题开始暴露出来。由于“大跃进”运动中对粮食产量实行高估产、“放卫星”,高估产又带来高征购,1958 年广西征购粮食折原粮 11.5 亿公斤,比上年增加 32%,造成当年全自治区农业人口人均口粮仅 219.5 公斤。1959 年春,广西部分地区出现春荒,粮食供应紧张,全自治区 48% 的公共食堂缺粮。仅 4 月间,10 万个农村公共食堂就有 4 万个缺粮,处于停伙半停伙状态,一些地方群众出现浮肿、逃荒、非正常死亡现象。粮荒还使春耕生产进展缓慢。

1958 年 11 月至 1959 年 4 月，中共中央先后在郑州、武昌、上海召开一系列会议，讨论“大跃进”和人民公社化运动中的问题和纠“左”的政策措施。在这些会议上，毛泽东批评了急于由集体所有制向全民所有制过渡、急于由社会主义向共产主义过渡的倾向，批评了在所有制问题上取消生产队（相当于原来的高级社）所有制，实行了完全的公社所有制、刮“共产风”等错误，批评了否定按劳分配、废除货币、取消商品生产和交换等主张。根据毛泽东的意见，第二次郑州会议确定了整顿和建设人民公社、遏制“共产风”的基本政策：统一领导，队为基础；分级管理，权力下放；三级核算，各计盈亏；分配计划，由社决定；适当积累，合理调剂；物资劳动，等价交换；按劳分配，承认差别。其中最重要的是，明确了生产队（相当于原来高级社的规模）所有制的基本核算单位，通过调整农村集体经济内部的基本核算单位，进一步纠正“共产风”。1959 年 4 月，中共中央政治局扩大会议（即上海会议）发出《关于人民公社的十三个问题（修正稿）》的会议纪要，对整顿人民公社提出了具体政策和要求。该纪要在 4 月初召开的八届七中全会上原则通过，正式下发前又经过修改，形成《关于人民公社的十八个问题》。同月 29 日，为纠正“大跃进”以来农业生产方面的一些错误做法，如指导农业生产普遍存在的不实事求是，不因地制宜，不敢讲真话，瞎指挥等错误作风，为了调动农民和基层干部的积极性，毛泽东给省、地、县、社、生产大队和生产队的六级干部写了一封信（即《党内通信》）。他切中时弊地谈到包产、密植、节约粮食、播种面积、机械化、讲真话等影响农业生产的几个关键问题。尤其突出讲真话问题，他强调指出，各级干部要讲真话，不要讲假话，一定要实事求是，做老实人，敢讲真话的人，归根到底，于人民事业有利。爱讲假话的人，一害人民，二害自己，总是吃亏。他明确指出：有许多假话是上面压出来的，使下面很难办。因此，包产一定要落实，根本不用管上面的那一套指标，“上面的密植命令不但无用，而且害人不浅”。要求在包产、收获、增产措施上都要讲真话，提出：“干劲一定要有，假话一定不可讲。”①

---

① 毛泽东：《党内通信》（1959 年 4 月 29 日），载中共中央文献研究室编：《建国以来重要文献选编》第 12 册，中央文献出版社 1996 年版，第 283—286 页。

这封信写出了基层干部和广大农民的心声，获得了他们的热烈拥护。

自治区党委根据中央和毛泽东的指示，着手部署整社工作。1958年12月20日，自治区党委召开地、市、县委第一书记会议，传达党的八届六中全会精神，确定从1959年1月至3月开展整顿和巩固人民公社运动，总结成绩，纠正错误。1958年12月25日，自治区党委发出《关于整顿和巩固人民公社的指示》，强调现阶段人民公社具有若干全民所有制的成分，但基本仍然是集体所有制，人民公社仍然是社会主义性质，而不是共产主义性质，其分配制度基本上是按劳分配，而不是按需分配。希望人民公社很快由集体所有制向全民所有制过渡，由社会主义向共产主义过渡，是一种要求过急的情绪，因而在现阶段实行的“七包”“八包”把人民生活的各个方面都包下来的想法，过早地否定社会主义的“按劳分配”原则，实行平均主义，必然会阻碍社会生产力的发展。《指示》的基本精神强调划清两个界限，反对急于过渡。1959年1月9日，自治区党委从自治区直属机关和广西军区抽调700多名干部，组成6个工作团，分赴柳州、梧州、桂林、玉林、百色、南宁等专区，帮助各地开展整顿、巩固提高人民公社的工作。为配合整社工作，自治区党委农村工作部提出《关于人民公社组织机构及其任务的意见（草案）》《关于人民公社管理条例（草案）》《关于人民公社一些集体生活福利事业的实施方案（草案）》等整社意见，发给各地。这些文件仍然坚持公社核算制和提倡供给制，没有改变公社体制，公社在分配上，队与队之间，仍然存在着贫富拉平的平均主义和“一平二调”的“共产风”。但是，毕竟刹住了急于向全民所有制和共产主义过渡的势头。

1959年1月15日，自治区党委批转了柳州地委在整社中需要执行的《关于人民公社经营管理若干问题的规定》《关于当前粮食工作若干问题的规定》和《关于公共食堂和其他福利事业几个问题的规定》三个文件。这三个文件的主要精神，是强调粮食问题和包产问题的重要性。当时，由于向农民征购过头粮，广西和全国其他地方一样，对生产队干部的本位主义瞒产私分进行不恰当的斗争。整社工作队便把“核实”1958年粮食产量和制订1959年“大跃进”计划作为主要内容，开展反“瞒产私分”的斗争。

在1959年二三月间召开的第二次郑州会议后，自治区党委根据中央有关政策，对人民公社管理体制进行调整。4月，发出《关于人民公社管理体制及具体政策的若干补充规定（草案）》，提出实行公社、大队（原高级社）、生产队三级核算，以大队为基本核算单位，以生产队为组织生产和包产单位，包产以内的产量上交大队统一分配，超过包产部分的收入和小规模经营的收入由生产队进行分配。肯定生产小队有部分所有权和一定的管理权限，要求纠正"一平二调三收款"的做法，贯彻中央八届七中全会通过的"旧账一定要算"的规定。广西叫停"一平二调三收款"，人民公社开始执行这一规定。5月，广西翻印了毛泽东的《党内通信》，一直发到生产队，要求组织各级干部和社员群众学习。毛泽东的《党内通信》下发，使当时盛行的浮夸风和瞎指挥风有所收敛，广西停止了反所谓"瞒产私分"的斗争。五六月间，党中央陆续发出一系列紧急指示，农村恢复自留地制度，允许社员私自喂养家畜家禽，鼓励社员充分利用屋前屋后的零星闲散土地种植庄稼和树林，不征公粮，不归公有。6月，自治区党委再次发出通知，要求各地落实中央规定，包括：允许社员私人喂养家畜家禽，恢复合作社时期的自留地制度，自留地数量一般占每人平均占有耕地面积的5%。宣布屋前屋后零星树木归社员私有，鼓励社员利用村旁、屋旁、水旁、路旁和其他废弃的土地，种植果树竹木及其他作物，谁种谁收；恢复执行包产包工包成本的三包责任制和超产奖励的"三包一奖"责任制；在分配上，实行工资制与供给制相结合的分配制度，把按人口平均供给部分压缩，社员分配收入中工资部分要提高到分配总数的60%—70%。

恢复农村初级市场。广西一些地方重新开放在"大跃进"中一度关闭的农村集市贸易，规定公社、生产队的一、二类物资以及国家规定的有交售任务后的三类物资，在完成规定的交售任务后，剩余部分可以拿到圩镇交易。社员家庭个人生产的产品，都可以在初级市场出售。据《广西日报》7月22日报道，从4月至7月15日，玉林专区8个县共恢复了200多个农村初级市场，梧州地区原有的101个圩镇初级市场已恢复99个。在恢复初级市场工作中，各地宣传了"等价交换，现款现货，谁卖谁得钱"等有关政策。允许农副产品自由议价、自由交换、互通有无，既有利于生产,又方便了群众生活。

1959 年 5 月中旬,自治区党委派出干部到玉林专区进行农村公共食堂问题的调查。根据调查形成的报告反映,在办公共食堂的问题上,干部的看法与群众的看法完全相左,县、社多数干部从方便工作出发,主张坚持把食堂办下去。而社员群众则认为,食堂没有什么优越性,浪费极大,给群众生活带来不便,强烈要求停办,将口粮分到户,恢复各户分炊。如果坚持自愿原则,大部分食堂将散伙。调查报告建议,对公共食堂应坚持自愿参加的原则,让各户分炊、农忙食堂、常年食堂三种形式并存。自治区党委同意调查报告的看法,报请中央同意后实行。

在整社工作中,各地组织干部学习中央和自治区党委的文件精神,提高思想认识,纠“左”政策在农村逐步实施。桂林地委第一书记徐瑞林对在“大跃进”中搞浮夸、弄虚作假问题有着比较清醒的认识,在自治区党委召开的地、市委书记会上,对这些问题提出尖锐批评。桂林地委通过深入调查,倾听群众的意见,把原来根据自治区党委部署进行的“反瞒产私分”改为落实粮食的实际产量,纠正浮夸风,支持一些县停办公共食堂,得到干部群众的拥护。龙胜各族自治县是个山区县,土地散布面广,农民居住分散,不便集中耕作,在整顿人民公社中,县委支持一些生产队重新恢复高级社时期曾采用过的包产到组、到户的办法,调动了农民发展生产的积极性。

二、调整“大跃进”指标与各行业的整顿

从 1958 年 11 月 28 日至 12 月 10 日党的八届六中全会到 1959 年五六月间,在农村初步纠“左”的同时,毛泽东、党中央也注意到工农业生产高指标问题,作了进一步修改和调整。其中 1959 年钢产量指标由 2000 万吨先降为 1800 万吨,再降至 1300 万吨,基本建设项目也作了较大压缩。这些大幅度的调整,表明毛泽东、党中央在积极纠正在高指标问题上的主观主义错误。

1959 年 5 月 30 日,自治区党委在南宁召开地、市委第一书记会议,检查“大跃进”以来,由于片面大搞钢铁生产,大上基建项目,造成经济发展不协调的问题,并提出了调整措施,决定开展增产节约运动,精简

人员，压缩基建项目等。会后，自治区党委于6月22日印发《关于下达1959年基本建设调整计划的通知》，明确调整全年基建投资，由原定59568万元压缩到30246万元，即减少59.23%，要求着手恢复手工业，加强轻工业，强调工厂要进行正常生产，讲质量讲成本。《通知》决定停建桂林、贵县、南宁钢铁厂的28立方米高炉，进行"大跃进"以来基建的第一次压缩。6月24日，自治区党委批转自治区计委《关于调整1959年度主要工业产品产量计划的报告》，调低一部分计划指标。工业方面，调减1959年工业生产计划中的高指标，铁产量由30万吨降为15万吨，钢由20万吨降为5万吨，基本建设投资由7.5亿元压缩为3.6亿元。当月，开始缩短基本建设战线，停建缓建了一批项目，包括停建贵县、南宁、桂林3个钢铁厂的25座高炉。7月9日，自治区党委发出第二批基建停建缓建项目的通知，决定停建缓建包括柳州钢铁厂在内的另一批项目。1959年合计停建缓建项目112个，从工业、交通、基建系统精减职工13万人。

教育方面，自治区党委于6月在南宁召开教育工作会议，指出在民办教育方面存在浮夸和形式主义现象，确定1959年教育工作的总方针是整顿巩固，提高质量，适当发展。8月10日，自治区党委、自治区人委发出《关于整顿1958年新建的高等学校、中等专业学校的决定》，要求县办高等学校一律撤销，专区、市办的大学、学院，凡符合高等学校标准而又需要的可继续办，但一律改为专科学校。停办南宁大学工学院，桂林工专、百色工专分别与柳州工专、梧州工专合并，各专区、市办的农业学院或农专，改为中等专业学校。通过调整，全自治区公办中学减少5所，高校由34所减至27所，中等专业学校由65所减至28所。

民兵组织方面，针对大办民兵师出现的问题，1959年2月，广西军区召开武装工作会议，学习贯彻党的八届六中全会通过的《关于人民公社若干问题的决议》中有关民兵工作的内容，以及总参谋部当月发出的《关于不要强调民兵发展数量的百分比的指示》和广州军区下发的《关于民兵工作几个问题的指示》等文件，把整顿民兵组织作为1959年的主要工作。在鹿寨县开展民兵整顿试点，然后全面铺开。通过整顿，纠正了大办民兵师初期出现的偏差，把民兵组织与生产组织分开，纠正一些地方以实行军事化为名,搞强迫命令的现象。同时对民兵进行普遍审查,清退不合格人员,全自治区民兵总数由956万人减为573万人。

商贸方面,从1959年起,自治区党委开始着手纠正商业萎缩的问题,第二年开展了清库存、清资金、清账目的改善经营管理群众运动,通过处理商品挽回损失共2.5亿元以上。1958年实行手工业归口管理,抽走原从事手工业人员,过分集中和合并撤销服务点,造成产品减少,市场供求紧张的情况,1959年6月26日自治区党委发出《关于迅速恢复手工业的指示》,广西手工业产品生产迅速恢复,至8月上旬,手工业产品的品种和数量已恢复到1958年8月以前的80%,缓和了市场供应。

从1958年11月第一次郑州会议以来九个月,根据中共中央的指示,自治区党委做了大量努力,使“共产风”、浮夸风、高指标和瞎指挥受到初步遏制,形势开始好转。这种初步纠“左”体现的是党探索建设社会主义道路的进步,每一次政策和生产指标的调整,都是对最初设想的“一大二公”人民公社模式的部分否定,并在一定程度上纠正着“大跃进”的失误。初步纠“左”的做法,受到广西广大干部群众的欢迎。但是,也有相当部分干部思想一时还转不过弯来,以致纠“左”措施未能完全落到实处。而且由于党在“什么是社会主义”问题上的认识局限,对错误的严重性缺乏清醒的认识,这次纠“左”是在完全肯定总路线、“大跃进”和人民公社运动“三面红旗”的前提下进行的,因此,“左”的错误没有得到彻底纠正,初步好转的形势还很不稳定。

第二节　“反右倾”斗争与继续“大跃进”

一、“反右倾”斗争的开展

1959年7月2日至8月1日,中共中央在江西庐山先后召开中央政治局扩大会议和党的八届八中全会,总结经验教训,研究具体政策,进一步纠正“左”的错误。会议期间,中共中央政治局委员、国务院副总理兼国防部长彭德怀对形势深感忧虑,本着对党和人民负责的精神和实事求是的态度，给毛泽东写了一封信，着重指出“大跃进”以后出现的严重问题及其原因，提出自己对纠正错误的意见。毛泽东认为这封信实际上是怀疑、反对“大跃进”和人民公社，是向他和党中央“下战书”，是“右倾”的表现。庐山会议后期，毛泽东错误发动了对彭德怀的批判，进而在全党错误地开展“反右倾”斗争。党的八届八中全会通过了《为保卫党的总路线、反对右倾机会主义而斗争》的决议和《关于以彭德怀同志为首的反党集团的错误的决议》。庐山会议后纠“左”的进程被打断。

1959 年 9 月 13 日至 27 日，自治区党委召开一届九次全体（扩大）会议和自治区、地（市）、县三级干部会议，传达学习党的八届八中全会精神，检查和批判工作中的“右倾思想”，肯定 1958 年“大跃进”、人民公社化运动和大办钢铁的成绩。会议修订了工农业生产指标，比以前所定的指标有所降低，但这些指标仍是脱离实际的高指标，指标包括 1959 年粮食总产量达到 80 亿公斤等。这一年的粮食计划指标同后来核实的上年实际产粮 58.6 亿公斤相比，增长 36.5%。到 1962 年（即提前五年）实现农业发展纲要 40 条所规定的粮食亩产 400 公斤，全自治区每人平均有粮 600 公斤、油 4.5 公斤、糖 22.5 公斤。1962 年工业总产值超过农业总产值。

会议部署在全自治区开展反对所谓“右倾机会主义”的斗争。在这次会议上，对自治区党委委员、桂林地委第一书记徐瑞林和自治区党委候补委员、桂林地委书记王斌吾进行批判，他们对“大跃进”和人民公社化运动的不同意见和做法，被这次全会指责为犯了“反党、反人民、反社会主义性质的右倾机会主义的错误”。会议作出撤销徐瑞林桂林地委第一书记职务、保留自治区党委委员和撤销王斌吾桂林地委书记职务、保留自治区党委候补委员的错误处分。在整社中支持包产的龙胜县委负责人也受到批判，被会议划为“右倾机会主义分子”或“严重右倾者”，撤销了领导职务。

会后，在自治区直属机关和各地、市、县以及各厂矿企业，层层开展了“反右倾”、鼓干劲、保卫总路线的整风运动。在“反右倾”斗争中，自治区党委规定，重点批判对象是“右倾机会主义分子、严重右倾、严重个人主义”三种人，限定在公社以上干部中的共产党员、共青团员中，对党、团员以外的人士及大队以下的干部只进行正面教育。但由于对“右倾机会主义”估计过重，不少案件处理中又夹杂了打击报复等个人因素，部分坚持实事求是、敢讲真话的干部，被指责为“反对总路线、大跃进、人民公社三面红旗”的“右倾分子”。一些在纠“左”过程中勇于反映困难真实情况，探索克服困难办法的干部被指责为“攻其一点，不及其余”“反对群众运动”“反对三面红旗”而受到打击。全自治区有 1.9 万名干部受到党纪、政纪处分，直到 1961 年至 1962 年间才陆续得到甄别平反。

“反右倾”斗争中断了纠“左”的进程，导致“左”倾错误继续发展。1959 年 10 月 15 日，中共中央批转《关于庐山会议以来农村形势的报告》时指出，1959 年 5 月至 7 月间全国农村出现的“生产小队所有制”“包产到户”，利用“小私有”“小自由”，大搞私人副业，破坏集体经济，以及砍掉部分供给制，解散公共食堂等等，实际上是“反对社会主义道路的逆流”，各地应加以“揭发批判”。此前各地贯彻按劳分配、等价交换的措施，被当作“右倾倒退活动”受到批判；一些大队重新划给社员的自留地再度被收回；社员从事饲养猪、鸡、鸭等家庭副业被禁止；社员自由出售农副产品的行为被取缔，集市贸易被关闭；旨在解决农村办公共食堂问题的计划被叫停；盲目追求“一大二公”，急于向高层次公社所有制过渡的思想再次抬头；用平调生产队的劳力和财物“大办”各种社有经济的做法重新盛行。自治区党委提出，十年内在全自治区实现“公社所有化”，人民公社要普遍建立“四厂五场”，即农具厂、化肥厂、农副产品加工厂、砖瓦厂和农业试验场、园艺场、林场、畜牧场、渔场，以加快社有经济发展。在这个错误思想指导下，“共产风”再度刮起，许多公社以无偿调拨的方式建立“四厂五场”，生产队的土地、劳动力和生产资料等再次被无偿调用。农村公共食堂也被作为有助于“从社会主义向共产主义过渡”的大事大办。以高指标、瞎指挥、浮夸风和“共产风”为主要标志的“左”倾错误再度泛滥，持续更长的时间，造成更大的危害。

1959 年冬至 1960 年春，自治区领导从粮食“大增产”的主观估计出发,在农村进行了以“反右倾”为内容的社会主义教育运动,再次开展“反瞒产私分”的斗争,撤换了一大批坚持实报粮食产量的基层干部。

“反右倾”斗争造成了十分严重的后果。在政治上,它使阶级斗争扩大化的错误在理论和实践上进一步升级,并直接延伸到党内和党的高层领导,党内意见分歧被当作对抗阶级的生死斗争来看待和处理,伤害了许多同志,进一步发展了人为制造阶级斗争的“左”倾错误。在组织上,民主生活遭到严重损害,大批敢于反映实际情况、提出批评意见的同志受到打击,在很大程度上堵塞了党内的言路,使得党难以防止、抵制或及时纠正后来发生的更大失误。在经济上,打断了纠“左”的积极进程,许多已被指出的、有待纠正的错误重新发展起来。

二、继续开展“大跃进”运动

为了响应党的八届八中全会“反右倾,鼓干劲”的要求,广西掀起继续“大跃进”的高潮。1959 年 9 月,自治区党委一届九次全会在距年底仅有 3 个月的情况下,对工农业生产指标进行调整,提出了脱离实际的“大跃进”指标。1959 年秋开始,广西发起新的“大跃进”,要求在两年内基本完成第二个五年计划的主要指标,1959 年粮食总产量要比 1958 年增长 20%,1960 年再增长 21%,工业总产值要比 1958 年增长 33%,1960 年再增长 70.3%。

为实现继续“大跃进”,广西进行新一轮“大跃进”的思想发动工作。10 月 4 日至 18 日,自治区民族工作现场会在龙胜各族自治县和大瑶山瑶族自治县先后举行,会议号召少数民族干部学习先进经验,猛追汉族先进地区。9 日,自治区党委召开工业交通工作电话会议,要求全自治区工交战线大战第四季度,提前一个月完成 1959 年生产计划。为此,要求各地继续反右倾、鼓干劲,大搞群众运动。11 月 14 日至 12 月 5 日,自治区党委在南宁召开地、市、县主管工业书记会议,要求进行“反右倾”、鼓干劲的教育,开展技术革新和技术革命,继续推进生产高潮。12 月 12 日至 16 日召开的共青团广西壮族自治区第三次会议,要求各级团组织和共青团员,积极响应党的号召,“反右倾”、鼓干劲,团结全自治区青年,为实现1960年继续“大跃进”而奋斗。自治区党委主办的《思想解放》杂志,1960年第一期发表题为《为1960年的继续大跃进而奋斗》的文章,提出“1960年是我区继续大跃进带有关键性的一年”,“如果别的省区是一般的跃进,我们就需要大跃进,如果别的省区是大跃进,我们就需要特大的跃进”。1959年12月,自治区党委召开地、市委第一书记会议,提出三年赶上全国平均经济水平(1959年,全国人均工农业产值为372元,广西为192元)的口号,决定1960年安排限额以上建设项目40个,粮食产量100亿公斤。1959年广西粮食产量为54.45亿公斤,即1960年粮食产量计划比上年增长83.6%。区计委修订的《自治区“二五”计划指标(草案)》,提出1962年工农业总产值为105亿元,五年每年平均增长37%。其中,工业总产值60亿元,年平均增长55%,农业总产值45亿元,年平均增长24.6%。这些指标虽然比1958年制定的“二五”计划指标略低,但仍然是高指标,受“反右倾”“继续跃进”思想的影响很明显。

在继续“大跃进”的浪潮中,广西一度压缩的基本建设项目重新上马。开工的水利工程2255处,其中灌溉1万亩以上的骨干工程251处。1959年广西基建投资完成5.82亿元,在上年大规模增加的基础上又增加67.7%。工业继续“大跃进”,全自治区新安排限额以上投资项目43个,原来决定停建、缓建的一些项目重新上马,精简的职工又被招了回来,到1959年年末,广西职工人数比上年增加7.53万人。钢铁工业采取“小洋群”与“小土群”① 相结合,组织全自治区性的钢铁战役。当时重新上马的鹿寨、中渡、八步、桂林、柳州5个钢铁厂即属于“小洋群”;各专区、县和公社建立的炼铁土高炉则属于“小土群”。9月17日,广西第一台120匹马力的6135轻型高速柴油机在柳州机械厂试制成功,该机转速为1500转/分钟,重量不到1吨,是国内当时生产的柴油机中最新式的一种。10月12日,广西最大的橡胶厂——南宁橡胶厂一期工程竣工,炼胶、管带、制品3个车间正式投产。10月18日,南宁火车站

① “小洋群”与“小土群”是指用“洋法”或“土法”建起来的炼铁、炼钢、炼焦、开采煤矿、铁矿的小型生产设备群体。

扩建工程竣工，并交付使用。11月20日，广西第一座大型现代化水泥厂——柳州水泥厂的主厂房破土动工。柳州水泥厂是由中央投资的限额以上的重点工程之一，位于柳州市郊太阳村，占地7000多亩，设计能力为年产水泥60万吨（直到1964年才建成投产）。12月30日，南宁铝厂电解车间正式投入生产，设计能力年产1000吨，结束了广西不能生产铝的历史。12月31日，自治区第一座麻纺厂——南宁麻纺厂正式投入生产（该厂于1959年2月下旬开始施工，设计能力为年产标准通用麻袋420万条）。同日，广西当时最大的火力发电站——柳州电站第一期工程1号机组（1.2万千瓦）正式投入生产。该电站是自治区限额以上重点工程之一。

农业继续“大跃进”。为实现粮食生产的高指标，自治区党委一再发动各地开展增产竞赛活动。1959年2月下旬，在自治区农业先进单位代表会议上，举行了各级干部和农业部门干部收听的丰产竞赛广播大会，自治区党委第一书记刘建勋作了题为《鼓足干劲，永争上游，为全区今年产粮460亿斤而奋斗》的讲话。随后，31个单位的代表上台进行“挑战”和“应战”。同月，玉林地委在《广西日报》上发起当年实现全专区水稻亩产1500公斤的竞赛倡议。之后县与县、公社与公社之间也纷纷开展高产竞赛活动。通过竞赛，增产指标越提越高。伴随计划高指标而来的是粮食产量的虚假浮夸，当年从夏收到秋收，《广西日报》连续以显著版面，报道各地早、中、晚造粮食“大增产”的“喜讯”。但实际上，由于“左”倾思想继续作祟和秋季旱情严重等原因，造成当年粮食不增反减，全自治区总产量只有54.46亿公斤，不及计划数的1/4。

粮食减产导致粮食缺口问题日益突出，但此时各地还在纷纷上报增产“喜讯”，自治区党委仍认为粮食缺口的原因是“右倾分子”和坏分子搞瞒产、私分，因此在1959年冬至1960年春，广西和其他省区一样，按照中央的指示，在农村再次开展了“反瞒产私分”斗争。对一大批坚持实报粮食产量的基层干部给予撤职处分。“反瞒产私分”斗争“核”出大量并不存在的粮食，广西宣布1959年粮食总产量为82.5亿公斤，这是一个比实际产量夸大了的数据。粮食增产的假象使粮食征购指标进一步提高，1959年成为解放以来征购最多的一年，达16.2亿公斤贸易粮,纯调出自治区外3亿多公斤,农民口粮大幅减少,农村人均有粮仅213公斤。外调粮食过多,给后来区内的粮食调剂带来极大困难。

进入1960年,“开门红,满堂红,红到底”的口号被提出来。1960年1月7日至17日,中共中央在上海举行政治局扩大会议。会议确定1960年国民经济计划,讨论了今后三年和八年的设想。由于错误地估计“反右倾”以后的所谓大好形势,会议又过高地规定本年度钢产量为1840万吨,粮食产量为3000亿公斤,还脱离实际地提出八年完成人民公社从基本队有制到基本社有制的过渡的设想。会后,广西响应党中央的号召,为继续“大跃进”,并为创造过渡的条件,纷纷大办县、社工业,大办水利,大办养猪场等。各种各样的“大办”,使得“共产风”比1958年更严重地泛滥起来。

1960年1月16日,自治区党委召开地、市、县委第一书记会议,认为广西“大跃进”使工农业生产有了飞跃的发展,决定1960年继续“大跃进”。在这种盲目乐观、忽视现实的情绪支配下,对1960年具体的经济指标提出很高要求:工业总产值26.4亿元,比上年增长70.3%;各种主要产品产量大幅度增长,其中,钢增长22.3倍。农业总产值29.5亿元,增长28.3%(上年农业总产值实际为15.5亿元,1960年计划的农业总产值实际比上年增长90.3%),其中,粮食100亿公斤,增长21.2%(实际上是计划比上年增长83.6%),油料增长62.4%,甘蔗增长1.48倍。农业发展近期目标,1962年人均农业总产值应超过全国平均水平,达到人均粮食650—750公斤。基建投资总额90985万元,增长70.9%。这一新的“跃进”指标,显然是不可能实现的高指标。

1960年1月30日,中共中央要求,不论哪一种企业,都要进行技术革新和技术革命运动,积极地实现半机械化和机械化,并把它作为我国工业和交通运输业连续“大跃进”的一项极重要的措施。希望中等以上的城市党委把这项工作摆在重要的地位,立即掀起一个以大搞半机械化和机械化为中心的技术革新和技术革命的群众运动。广西响应中央的号召,迅速开展以机械化、半机械化为中心的技术革新和技术革命运动。要求工厂、矿山、基建工地的原材料和成品运输形成内部运输网,实现

“车子化、轨道化、卷扬化”“超声波化、煤气化、管道化”。3月7日至24日，自治区人委召开自治区工交企业技术革新和技术革命流动现场会，采取边看边议的方法，先后到南宁、柳州、桂林、梧州、玉林等地参观67个厂矿企业，总结交流经验，为推动企业生产的机械化、半机械化。至4月上旬，广西称全自治区工厂矿山实行运输“一网五化”（内部运输网实现车子化、轨道化、溜槽化、索道化、卷扬化）。梧州、南宁、柳州、贵县4个港口基本实现装卸机械化和半机械化。在“左”的思想影响下，原本方向正确的技术革新和技术革命，被引向脱离实际的轨道，浪费了许多材料和劳动力。

在继续“大跃进”中，一批项目开工建设和建成。1960年1月，横跨邕江南北的南宁市邕江大桥破土动工，广西第一座高水头水电站——大容山水电站1号机组（2160千瓦）正式发电。4月，柳州建筑机械制造厂制成广西第一台大型塔式起重机。该起重机高30米，臂长20米，能吊2—60吨重物。至1960年4月，全自治区建成投产或部分投产的钢铁厂、小炼焦厂、小耐火材料厂、小钢厂、小黄金矿等“小土群”“小洋群”厂矿企业已有150多处。7月，广西第一座大跨径石拱桥——恭城县茶江大桥建成。该桥为料石台墩悬连线空腹式石拱桥，每孔跨径52米，全长148.2米，当时名列全国第二。

1960年，农村人民公社再度刮起“共产风”。这年3月17日，自治区党委召开地委书记会议，讨论人民公社逐步过渡到公社所有制问题，并第二次修改了《关于人民公社逐步过渡到公社所有制的几项规定》，规定今后四五年或更长的时间，人民公社将从基本队有制逐步向社有制过渡。《决定》将12个公社作为过渡的试点；把2000多个生产队转为公社直属队或并入国营农场，取消队有制。为了实现向社有制过渡，要求人民公社积极发展社有经济。这个《规定》下达后，各地公社便在大办水利、大办社有企业名义下，再一次掀起向生产队、大队无偿调用土地、耕牛、农具以及其他财物的新“共产风”，给农村经济带来严重冲击。

1960年二三月间，中共中央指示继续推广农村公共食堂，要求争取农村有80%的人到公共食堂吃饭。在粮食管理上，则要求推行“统一用粮，指标到户，实物到食堂”的办法。5月，自治区党委、自治区人委发出《关于加强人民公社粮食管理工作的联合规定》，强调切实确立人民公社为基本核算单位，直接掌握全部产品的制度；公社、生产大队建立粮食管理委员会，由公社党委书记、大队党支部书记分别担任主任委员；切实办好公社、大队的公共食堂。此后，广西农村又重新大办公共食堂，给群众生活造成很大影响。

1958年在个别省市建立城市人民公社的做法被要求推广。1960年3月9日，中共中央发出《关于城市人民公社问题的批示》，要求各地采取积极的态度建立城市人民公社。按照中央规定的上半年进行试点，下半年普遍推广的步骤，广西南宁、柳州、桂林、梧州等城市挂起了人民公社牌子。4月29日至5月11日，根据中共中央《关于城市人民公社问题的批示》精神，自治区党委召开各地、市委主管财贸书记工作会议，研究城市人民公社问题。会议代表参观了桂林、南宁两市城市人民公社发展情况。会议要求各地加强领导，发动群众，积极办好城市人民公社。随着国民经济出现的困难，城市人民公社也难以为继。

第三节　“大跃进”运动的后果影响与国民经济的严重困难

一、“大跃进”运动的后果影响

在“大跃进”运动中，广西各族人民响应党的号召，以空前的革命热情和建设干劲开展轰轰烈烈的群众运动，正是依靠人民群众高度的社会主义积极性和创造精神，在某些领域取得了一些成绩，其中，通过“大跃进”时期大规模建设，修建大批农田水利工程，改进农业生产条件；许多工业部门得以建立，为广西现代工业打下一定基础，但也付出很大的代价。

一是水利工程建设成果突出。按照农田水利化、水利水网化、灌溉自流化、用水合理化和山区井塘化的水利“五化”要求，全党动员，全民动手，大办农田水利，全自治区的水利建设达到了空前的规模。三年里，广西兴建了库容100万立方米以上的工程189处，合计总库容达63.14亿立方米，其中有效库容48.47亿立方米。西津水电站大坝基本建成，发展动力抽水机5.15万多千瓦，建成农村小型水电站195处，总装机容量5157千瓦。完成水土保持控制面积8643平方公里。全自治区现有20座大型水库（是指广西水利部门主管的以灌溉或发电为主的水库）中，有17座是在这一时期动工兴建的。在这一时期还建设了大量的提水灌溉工程。随着装机容量为23.44万千瓦的西津水电站4台机组的先后投产，以及大容山等一批小型水电站的建设，电灌站也迅速地发展起来。最早的灌溉面积在1万亩以上的电灌站有南宁永安电灌站、桂平沿江电灌网、南宁市郊区津头喷灌站。大量的水轮泵站，也是在这一时期建设的。这些水利工程的兴建，以及在后来的国民经济调整中填补平齐，配套成龙，发挥效益，提高了民族地区农业生产的防洪抗灾能力，为农业生产的发展，特别是粮食增产奠定了基础。

二是按照“以钢为纲”的建设方针，大办钢铁，发展电力、煤炭、机械、建材、轻纺等工业。1958年下半年，柳州市工业区、南宁市新工业区、桂林瓦窑工业区、梧州市莲花山和大塘工业区陆续开工建设，大批工业项目上马。1958年至1960年，建设了柳州钢铁厂和一批中、小型钢铁厂，形成了炼铁23.45万吨、炼钢7万吨、轧钢6万吨、炼焦6万吨的年生产能力。三年中全自治区共生产生铁4.21万吨，钢2.41万吨，钢材0.22万吨，结束了广西不能生产钢的历史。三年中，建成广西第一个专业性的电机厂——柳州市电机厂、柳州枕木防腐厂（中央项目）以及桂平和南宁两座日榨2000吨的糖厂和8座中型糖厂、南宁冻肉厂、泗顶铅锌矿、柳州火电厂、桂林火电厂、合山煤矿、东罗煤矿、南宁电厂一号机组、南宁罐头厂等一批重点工矿企业。在这期间，开发生产了一批新产品。1958年2月10日，平桂矿务局炼出我国第一批特号锡，锡的含量超过部颁标准，达到99.97%；4月19日，自治区工业厅化学研究室采用高炉法试制成功钙镁磷肥，质量接近国际水平，属国内首创；梧州松脂厂采用结晶蒸馏法制造无色高级松香取得成功，所产的松香质量居世界首位;10月1日,广西第一台5吨桥式吊车在柳州机械厂试制成功。1960年1月15日,柳州机械厂试制成功并生产广西第一批35匹马力的“红河牌”水田拖拉机,同月,获在北京举办的全国八省市拖拉机评比鉴定第一名。2月,广西综合利用甘蔗的最大工厂南宁糖纸厂投入生产。工业总产值快速增长,1959年、1960年连续两年超过了农业总产值。

但是,“大跃进”运动急于求成,在建设速度上盲目求快,过分夸大了人的主观能动性,脱离了社会生产力的发展水平,违背了客观经济规律,带来严重后果。

第一,基本建设规模过大,超过广西财力、物力的承受能力。三年间基本建设投资不断增加,投资总额累计16.1亿元,比“一五”期间增长1.6倍;基建投资占财政总收入的比重,1957年占47.9%,以后逐年上升,1958年74.5%,1959年为92.5%,1960年为113.5%。整个建设规模超出了财政负担能力,破坏了积累与消费的正常比例,使财政收支难以平衡,1960年广西财政出现赤字。广西工业基础薄弱,建筑材料以及机器制造业均不能保证庞大的基建工程的需要,而基本建设对劳动力、粮食和农业原料的需求,在当时也难以满足。随着基本建设及与之配套的各行业的盲目发展需要,城市、工矿等非农业人口大量增加,1960年比1957年非农业人口增加了62万人,增长26%。由于非农业人口大量增加,国家就相应地提高粮食征购率,以保证商品粮的供应,1960年广西征购贸易粮达16.2亿公斤,是历史征购粮的征购的最高水平,也是农民难以负担的。盲目扩大基建规模,降低了投资效果,固定资产交付使用率只有67.9%,比“一五”期间下降21%;三年建设的大中型项目126个,建成24个,建成投产率只有19%。由于资金分散,物资紧张,不少工程项目建设周期延长,长期不能形成生产力,没有发挥效益,造成很大的浪费。

第二,国民经济比例严重失调。首先是工农业的比例严重失调。1957年末广西工农业的比例为35.45∶64.55。但在“大跃进”中,由于片面追求工业发展高速度,从投资和劳力上过多地挤了农业,造成农业生产能力的大幅度下降。按1957年不变价计算,从1957年到1960年,工业总产值由7.2亿元增加到18.8亿元,增长了2.6倍,比例变为

58.1∶41.9。在生产力水平还十分低下，农业产值不断下降，尤其是粮食尚未过关的情况下，工农业的这种结构是畸形的，导致整个国民经济的严重困难。其次是工业内部，重工业与轻工业比例失调。由于片面强调优先发展重工业，“以钢为纲”，盲目追求钢铁高指标，工业投资主要用于重工业。1958年工业投资总额为1.84亿元，重工业占78.41%，轻工业只占21.59%；1959年重工业与轻工业投资比例为84∶16，1960年为88∶12。重工业发展过猛、过急，挤占了轻工业生产所需的燃料、动力、木材及运输能力，造成了轻工业发展的严重滞后。依靠挤农业和轻工业搞上去的重工业也迅速衰落。钢、铁、煤的“小洋群”建设项目绝大多数下马报废。这些因素造成广西市场萧条，商品匮乏，物价上涨。不仅生产资料供应紧张，就连锅碗瓢勺等日用小商品也经常脱销。出口大幅度下降，1961年外贸出口总额比1959年下降了35.9%。由于经济萎缩，全自治区财政出现严重困难，1960年财政收入比上年减少4.3%，1962年比上年又减少48.6%。

第三，生产力遭受严重破坏。“大跃进”和人民公社化运动，搞高指标、“一平二调”“一大二公”，这些做法超越了生产力的发展水平，不仅不能带来生产力的提升，相反严重地阻碍甚至破坏了生产力的发展。在大炼钢铁期间，广西各地组织起“钢铁大军”“烧炭大军”，乱采滥挖矿山，乱砍滥伐森林，造成了水土流失、水源枯竭、生态恶化的严重后果，一些地方后来几十年都难以恢复。另外，耕牛因缺乏饲料和护理不好而大量死亡。1961年与1957年相比，全自治区耕牛存栏数减少了22.7%。耕牛的减少造成农业生产役力不足。

第四，党的优良作风受到严重破坏。在三年“大跃进”中，盲目追求高指标、高速度，虚报浮夸之风盛行，严重损害了党的实事求是的优良传统；为实现高指标、高速度而压制民主，打击讲真话的同志，严重破坏了党内民主风气；为“大办钢铁”、大办人民公社而无偿调用农村人力、物力，刮“共产风”，搞强迫命令，严重损害了人民群众的利益，挫伤了农民的生产积极性，破坏了党和群众的关系。

由于对什么是社会主义和如何建设社会主义缺乏正确的认识，党在社会主义建设道路探索过程中发动的“大跃进”和人民公社化运动是不成功的,教训是极其深刻的。实践证明:经济建设必须遵循经济规律,符合客观实际。盲目求快,急躁冒进,只能适得其反。生产关系一定要与生产力水平相适应,生产关系的频繁调整,过快变动,只会破坏生产力的发展。经济建设一定要依靠科学进步,光靠干劲,一味蛮干,只能事倍功半,甚至一败涂地,劳民伤财。民主集中制是党的根本组织原则,也是正确决策的根本保证,任何时候都必须坚持。要在党内大兴民主之风,反对专制作风,否则,就会造成决策的严重失误。人民是真正的英雄,群众是力量的源泉,任何时候都要相信和依靠群众,政策的制定和实施,一定要尊重群众意愿,维护群众的利益。这些沉重教训,应该认真总结和汲取。

二、国民经济的严重困难

“大跃进”、人民公社化运动和“反右倾”斗争的错误,加上当时的自然灾害和苏联政府撕毁两国签订的经济建设协定和合同、废除科学技术合作项目,我国国民经济在1959年到1961年发生严重困难,国家和人民遭到重大损失。广西国民经济也出现了严重困难。

农业生产普遍下降。在“大跃进”和人民公社化运动中,由于大办钢铁抽调大批农村青壮劳动力,大办农村人民公社刮“共产风”,农业生产瞎指挥,浮夸风带来的高征购,挫伤农民的生产积极性,加上自然灾害的影响,1959年开始,农业连年大幅度减产。1959年,全自治区粮食总产量为54.46亿公斤,比上年下降7.07%;农业总产值16.09亿元,比上年减少了15.5%。1960年,粮食又减产8.7%,总产量低于1952年的水平;农业总产值14.65亿元,又下降12.77%。1961年,农业总产值降到14.44亿元。整个广西农村经济跌入“低谷”。1958—1960年,除红麻、甘蔗、烤烟等少数经济作物有一定增长外,关系人民生活的粮食和油料的产量都是大幅度下降。人民公社化以后,由于生产关系变更,大量宰杀家禽、牲畜,加上人民公社对禽畜管理不善,畜牧业损失严重。林业、渔业和副业的产值在1960年也出现降幅。轰轰烈烈的“大跃进”运动结果不仅没有出现人们主观愿望预期的“大跃进”效果,反而出现了倒退。

工业生产出现亏损。农村经济的挫折,波及工业和其他经济部门,以农副产品为原料的轻工业产品产量大幅度下降。虽然1959年、1960年广西工业总产值超过了农业总产值,但由于不讲科学,不计成本,瞎指挥现象严重,导致工业亏损和效益急剧下降。据1961年一季度统计,全自治区停工半停工的工矿企业约占一半,生产需要的原材料供应不上,许多企业无法正常生产,亏损严重,1960年全自治区工交企业亏损面高达35%。1961年工业总产值比上年下降50.8%,1962年又下降12.6%,1962年总水平甚至低于1958年。同时,由于基建规模过大,战线过长,基建投资增加超过了地方财政的承受能力,积累和消费的比例失调。不少工程项目长期不能形成生产能力,成为沉重负担。

社会事业受到严重冲击。在“大跃进”中,各项社会事业也受到严重冲击。科学、教育、文化、卫生、体育部门由于受“共产风”、浮夸风、高指标等“左”的思想影响,出现了违背客观规律,盲目发展的情况。1959年4月12日,中国科学院广西分院成立,1960年2月下设化学、物理、褐煤、经济4个研究所和南宁植物园,后发展为8个专业研究所,科研机构职工1960年比1957年增加12.6倍;1960年与1957年相比,高等学校学生人数增加3.8倍,中专增加1.4倍;其他文化卫生事业部门人数大为增加。学校、科研、文化、卫生等机构成倍、几倍、十几倍地增长,大大超过了国民经济的承受能力。在这些学校和机构中,有不少在办后不久被迫“下马”。如1961年初,中国科学院广西分院被迫取消。广西大学1961年停止招生。由于大办钢铁,大修水利,工农商学兵一起上“前线”,一度造成商店停业,学校停课,机关关门,社会秩序、工作秩序被打乱。

人民生活严重困难。“大跃进”造成的最严重后果之一,就是给人民生活带来巨大的困难。在粮食供应上,由于粮食产量连年下降,而城镇人口不断增加,全自治区“大跃进”3年期间急剧增加62万城市人口,其中,职工人数增加59万人。非农业人口粮食需求增长过快,导致广西粮食供应紧张,粮食人均占有量连年减少。全自治区人均占有粮食,1957年为272.5公斤,1958年为271.5公斤,1959年247公斤,1960年为228.5公斤,比1957年减少了44公斤。城市居民的粮食供应量有所减少,但基本口粮还是能保证的。而农村由于粮食连年减产,加上高估产高征购，征购粮有增无减，加上农村大办公共食堂，吃饭不要钱、不定量，造成浪费；农民手中有粮很少，1959 年农村人口平均每人有粮仅 213 公斤。城乡人民生活必需的农副产品、日用消费品，在降低定量供应标准后，有的还不能保证供应，市场萧条，商品匮乏。人民生活水平明显下降。

1959 年初，广西饥荒开始露头。到 4 月，全自治区农村 48% 的公共食堂严重缺粮，有些因无米下锅而停伙。广西一向粮食不足，这一年却因虚报产量而被调出贸易粮 3 亿多公斤，给区内粮食调剂造成极大困难。此后，一些地区农民因为缺粮导致健康恶化，出现浮肿等营养缺乏症，发生非正常死亡。虽然自治区党委部署采取抢救措施，但因国库缺粮，不得不提倡采集代食品，搞“瓜菜代”，搞小球藻，供应为数有限的豆类和豆制品给体弱或浮肿病人。1960 年又发生春旱，全自治区受旱面积 500 万亩，早春作物基本无收，加剧了农村春荒缺粮的困难。许多地方农民因营养不良，相当普遍地发生浮肿病。1961 年饥荒愈趋严重，广西大批出现浮肿病、干瘦病等疾病病例，非正常死亡人数增加，生育率降低。全自治区人口 1960 年比上年下降 1.49%，1961 年又比 1960 年下降 0.6%，出现负增长现象。

第四节　应对国民经济严重困难的紧急措施

一、制定《关于农村的十项政策》

面对严峻的形势，自治区党委采取紧急措施，调整分配关系和干群关系，扶弱治病，组织生产救灾，解决群众的生活困难。从 1959 年 11 月开始，为稳定群众生活，自治区党委着手抓农村社员的生活安排，并将其作为一项贯彻全年的经常任务，强调无论如何要保证社员最基本口粮和最低限度食油的需要，同时抓生产供给油、粮、菜；对食堂进行整顿，改变部分食堂办得不好的状况。自治区党委 1960 年 6 月 17 日就关于安排农村社员生活向中央、毛泽东报告，分析说明人民公社中发生问题的原因包括对大队的产量估计偏高,多购了一部分社员口粮;有些大队和小队搞瞒产私分,分配不均。总结两年来的经验教训,提出由大队掌握农产品,这样既可以比较有保证地完成国家征购任务,又可以全面地、统一地安排社员生活。在大队掌握产品的基础上,摸清粮食的总产量。报告认为:产量是决定分配政策的基础,正确地估计产量,是一个重大的问题。两年来的经验教训是:估产必须切合实际,估低了,会损害国家的利益,估高了,往往使社员的生活得不到保证。鉴于粮食连年减产,社员口粮难以保证的情况,对高征购进行调整,减轻农民负担。1960 年 7 月 21 日,自治区人委发布《关于农村的十项政策》布告,规定人民公社完成国家征购任务时,必须保证留足农民的基本口粮(留粮标准每人每年 200—230 公斤),留不够的要相应减少征购任务;每人每年口粮不足 180 公斤(稻谷)的,由国家补足。粮食归大队,按期拨给食堂,粮证发到户,粮食节余归己;包产必须落实,超产奖励必须兑现;给食堂拨菜地;鼓励生产队开发空隙地,种植豆类和杂粮;发展集体养猪养牛;给社员留足自留地,鼓励社员发展家庭养猪;发展各种油料作物,增加收入,争取按季或按月发工资;大队掌握产品,迅速分配收益等。这个文件上报后,得到中央的充分肯定,中央认为广西的这十项规定,除了农村口粮标准应按中央 9 月 7 日的指示降低外,其他各项都是正确的,有利于调动农村公社广大社员群众的积极性,有利于发展生产。并于 9 月 8 日向各大协作区党委和各省、市、自治区党委转发。

二、开展生产救灾

由于口粮标准低和副食品严重短缺,人们摄取热量不足,致使浮肿、干瘦、小儿营养不良、妇女病普遍出现,非正常死亡现象持续发生。广西对因缺粮而发生营养不良疾病的群众,分点集中进行治疗,由国家免费供应黄豆及其他营养品,帮助病人恢复体力。自治区党委报请中央同意,减少广西部分粮食征购任务,两次增拨各地灾区粮食指标 4100 万公斤,平均每人 10 公斤。对于农村地区普遍出现浮肿等疾病,自治区在年内连续 4 次拨出专款,对病人进行治疗。从 1960 年 8 月起,又拨出民政事业费 130 万元,用于生产专供营养不良病人食用的营养饼。还拨出小麦 150 万公斤、大米 50 万公斤供应浮肿等病人,让他们每天增加 2 两左右口粮。同时明确规定,这些粮食必须全部吃到病人嘴里,要求保证病人中的主要劳动力每人每天能吃到 0.5 公斤左右的大米,直到病愈为止。这些措施,对缓解粮荒和制止因饥饿引起的各种疾病的蔓延起到了积极作用。与此同时,自治区党委发动生产救灾,要求各地抓紧“瓜菜代”工作。至 1961 年 2 月底,全自治区共种下瓜菜 253 万亩,并抽出 50 万劳动力建池繁殖可以食用的小球藻。同时抽调大批劳动力收集、制作“人造肉”① 等代食品,配给各地灾民,全自治区最多时每天出动 80 万劳动力。一年内,全自治区累计生产代食品近 4000 万公斤。这些措施有效地制止了粮荒及因饥饿引起的各种疾病的蔓延。

自治区党委在检查工作落实过程中,发现干部中存在官僚主义和思想作风不纯,个别公社和大队的领导干部违法乱纪,克扣口粮,见死不救,瞒上欺下,封锁消息,打击反映情况的干部群众等情况。1960 年五六月间,按照中央的指示,自治区党委在农村中大张旗鼓地开展一次反贪污、反浪费、反官僚主义的群众运动,结合社会主义教育,要求干部密切联系群众,群众应当监督和爱护干部,教育干部自觉实行深入基层、参加劳动、参加食堂,说老实话的守则。提高干部的思想作风。在农村工作的干部,都参加到社员的集体生活中去,取消公社以下的干部小食堂,并入当地群众食堂;所有下乡的干部,包括自治区党委负责同志在内的干部,一律到群众食堂吃饭。在困难面前,各级领导和广大党员干部与群众同甘共苦,将粮食定量减少到最低限度,为群众腾出口粮,不少干部还因此患上营养不良症。

通过调整分配关系和干群关系,公布执行十大政策,扶弱治病,浮夸风、命令风、干部特殊风受到一定程度抑制,严峻的形势有所缓解,群众的生产情绪有所好转。

① 人造肉又称大豆蛋白肉,实际是一种对肉类形色和味道进行模仿的豆制品。

第十四章

国民经济和社会政治关系的调整

面对继续“大跃进”造成的经济全面紧张，全党和中央决心调查研究，纠正错误，调整政策。1960年11月中共中央发出《关于农村人民公社当前政策问题的紧急指示信》，1961年1月党的八届九中全会正式决定对国民经济实行“调整、巩固、充实、提高”的八字方针，党的指导方针发生重要转变，我国国民经济建设由“大跃进”转入调整时期。自治区党委带领广西各族人民奋发图强，克服困难，进行国民经济和社会事业的全面调整。

第一节 国民经济的初步调整

一、纠正“五风”与整风整社

在严重的困难局面下，“大跃进”运动难以为继，各级领导开始清醒过来，并着手调查研究，纠正错误，调整政策。

1960年11月3日，中共中央发出《关于农村人民公社当前政策问题的紧急指示信》，要求全党用最大的努力来纠正“共产风”，并规定了12条政策，主要是：重申三级所有、队为基础是现阶段人民公社的根本制度；彻底清理“一平二调”，坚决退赔；加强生产队的基本所有制，实行生产小队的小部分所有制；允许社员经营少量自留地和小规模家庭副业;坚持按劳分配原则;恢复农村集市贸易等。同日还发出《关于贯彻执行〈紧急指示信〉的指示》,明确指出贯彻执行《紧急指示信》关键在于提高干部的思想,提高他们的经济理论水平和政策水平。党中央要求全体干部真正懂得什么是共产主义、怎样到共产主义,真正弄清楚在现阶段应该做什么,真正了解革命发展阶段论和不断革命论相结合,政治挂帅和物质保证相结合的道理,真正分清共产主义和平均主义的区别、在集体下“小自由”和资本主义自发势力的区别等问题。为此,党中央提出发动和依靠群众,整风整社,彻底改进干部作风,强调要“彻底清理一平二调,坚决退赔”。这些都使干部的思想水平和工作作风有显著改进和提高,群众的情绪和干劲逐渐回升,农业生产开始出现新的面貌。这两个指示的发出,实际上是继续被“反右倾”斗争所打断的纠“左”进程,成为扭转农村严重形势的起点。11 月 15 日,又发出《关于彻底纠正“五风”问题的指示》,要求各省、市、自治区必须在几个月内纠正“共产风”、浮夸风、强迫命令风、生产瞎指挥风和干部特殊化风等“五风”,以纠正“共产风”为重点,带动其余四项歪风的纠正。

对“大跃进”和人民公社化运动中的“共产风”的调查分析。据 11 月 3 日自治区党委办公厅调查组《关于五塘公社刮“共产风”和生产瞎指挥情况的调查》,邕宁县五塘公社从公社化以来,“共产风”始终没有停息过。虽然经过两次较大规模处理了“一平二调”的错误,但没有彻底解决问题。从 1959 年四五月以后十多个月,举凡积肥、抗旱、抢收、抢种,举办一个小厂(场)、建一座食堂等,都出现“共产风”。在这个公社范围的自治区、专区、县直属单位 14 个以及公社直属事业单位 21 个,普遍都刮“共产风”,被刮的东西,有土地、劳力、农具、房屋、木料、砖瓦、资金等,其中土地 1.17 万亩、鱼塘 316 亩、劳动力 651 个、耕牛 94 头、房屋 44 间,砖 9 万块、瓦 17 万块、粮食 12 万多公斤,财政包干应退未退的 2.8 万余元。公社各企业、各部门借着发展社办企事业,发展副业生产等名义,无偿调拨(有的抵交了公积金)土地、劳动力等,特别是有的社员房子被占用,自己住坏屋,天雨屋漏,社员对此非常不满。公社马车站靠向 16 个生产大队抽调马、车、人员才成立起来。建造公社食堂所用建筑材料和人工,全部从 5 个大队及商店、砖瓦厂要来,不付分文。为了扩大社有经济,公社宣布将各大队的山塘水库一律收归社有经营,结果,公社接管的无法经营好,没接管的,大队怕刮“共产风”让它丢荒,造成经济损失。抢收抢种、抗旱、抢险中,由公社组织的大队之间,不计报酬,不讲自愿的大协作司空见惯,结果是“鞭打快牛”,许多大队都不愿当先进队,有的社员提出“向落后看齐”,等待别人来支援,干部群众建设社会主义的积极性受到挫伤。调查组对五塘公社刮“共产风”的原因进行分析研究,认为主要是公社一级干部指导思想上的错误,主要表现在:一是认为基本队有制过渡到基本社有制,既是必然的发展趋势,迟早是要过渡的,“迟转不如早转好”。二是认为“大集体比小集体优越”,“公社比大队、小队好”,强调一切都要服从公社的需要,满足公社的要求,要大队从公社的“一盘棋”着想。遇到下边对“一平二调”有抵抗和抵触情绪,就严加批评。三是五塘公社作为地委、县委转社有制重要试点,获得物资支援及鼓励,认为“转社有制光荣”,看领导意图行事,别人能转,五塘也能转。调查组通过调查和分析,得出结论:如果“共产风”不及时纠正,乱指挥不立即停止,农村生产力将受到极大的破坏,大办农业大办粮食的方针将不能得到认真的贯彻执行。

11月29日,自治区党委召开全自治区三级干部会,第一书记刘建勋作总结发言时指出:几年来由于我们对农村的所有制问题认识不明确,发生刮“共产风”的错误,对生产影响很大,教训是非常深刻的。一是对共产主义和社会主义的界线划分不清,在不具备条件的情况下实行所谓共产主义,实际上是一种平均主义。平均主义不是科学的社会主义,而是小私有者的一种幻想,这是极为有害的东西。二是社会主义必须实行按劳分配、多劳多得的分配制度。公社化初期有的地方实行的包食饭、包医疗等“五包”“七包”,事实证明是错误的。三是在目前的生产条件下,就是实行公社所有制,即大集体小全民的所有制也是一种平均主义,是农民所不能接受的。农民能接受的只是基本的队有制。在公社还没有强大的经济力量,各生产队的经济发展水平还没有大体趋于平衡以前,实行公社所有制,就必然会产生“一平二调”,大大挫伤群众的生产积极性。四是过渡到基本社有制的时间不可能是很快的。在准备过渡条件时，不能用“一平二调”即剥夺农民的方法，来增加社有经济。社有经济的发展只能依靠社办企业的积累和生产队按规定上缴的一定的公积金以及国家的经济援助。五是在不同所有制之间，包括国家及集体、大集体及小集体、集体及个人之间，只能采取商品生产等价交换的方法交换农产品，这是现阶段农民能唯一接受的形式。六是对什么是资本主义认识不清，把大集体下的小自由，如由社员个人经营的少量自留地、家庭副业、饲养少量的家禽家畜，认为是资本主义，这也是不对的。大集体下的小自由在一个长时期内，是必须允许存在的，不能视为资本主义加以消灭。

中央《紧急指示信》下发后，广西各级领导干部深入农村为纠正错误，落实政策，推动扭转农村形势。11 月 11 日，自治区党委抽调 2.8 万多名干部组成工作队，到全自治区 75 个公社，向基层干部和农民群众宣讲和讲解《紧急指示信》。广大基层干部和社员群众对《紧急指示信》反应热烈，许多人称《紧急指示信》是一场“及时雨”。各级党委纷纷制定落实《紧急指示信》的具体措施，消除思想障碍，把各级干部和广大社员真正动员起来，迅速彻底地纠正“五风”。

广西开展整风整社试点工作。在柳城县沙埔公社试点中，工作队采取大张旗鼓宣传动员与深入细致的思想发动相结合，大会小会发动与个别串连发动相结合，宣传十二条政策与联系实际解决思想顾虑相结合，边讲政策边发动与边鸣放相结合，部分兑现与推动鸣放相结合。运动声势大，群众充分发动起来，揭发“五风”，群众对刮“共产风”、生产瞎指挥、强迫命令、不关心群众生活等几个方面意见最大。试点中揭露出来的“五风”问题比原先的估计更严重，证明中央反“五风”的指示是完全正确的，是广大群众迫切要求。也促使自治区党委下最大决心，彻底肃清“五风”。在试点工作中，将公社、大队、小队干部分类排队进行教育和处理，教育了多数干部，对纠正“左”倾思想起了重要作用。在总结试点经验的基础上，12 月 13 日，自治区党委发出关于《农村人民公社当前政策的补充规定（草案）》，改正了年初提出的把基本队有制过渡到基本社有制的决定，指出“三级所有，队为基础”是现阶段人民公社的根本制度，决定停办基本社有制的试点，恢复以大队为基本核算单位的管理体制,并把部分已转为公社直属或已并入国营农、林场的生产队恢复为大队所有制。同时指出:对“一平二调”原来清算过,群众没有意见的,仍然有效,必须坚决退赔;清算不合理,群众有意见的,应该重算;占用大队耕地,除国家建设依法征用的以外,都属“一平二调”,必须坚决退回;原大队所有的山林、鱼塘归了公社所有的,必须退回。还规定:加强生产大队的基本所有制和生产队的小部分所有制;允许社员经营少量的自留地和小规模家庭副业:坚持各尽所能、按劳分配的原则,供给部分与工资部分三七开;恢复农村集市,活跃农村经济;安排好社员口粮;社员依规定享受假期,实行劳逸结合等。同月,自治区党委召开地、县委书记会议,布置开展以反“五风”为主要内容的整风整社运动。1961 年 1 月,整风整社逐步铺开。

整风方面,以整“共产风”和干部作风为重点。工作队召开干部群众会,发动干部和群众揭露“五风”,其中又以揭露和纠正“共产风”为重点。凡从人民公社成立以来,县和县以上各级机关和企事业单位向公社平调的,县和社向生产队平调的以及县、社和队向社员个人平调的房屋、家具、土地、农具、牛马人力车辆、家禽、农副产品和建筑材料等各种财物,都认真清理,坚决退赔。有实物的退实物,付给一定的租金、折旧费或修理费;实物已不复存在的则作价补偿。自治区党委提出要拿出“破产还债”的决心做好算账退赔工作。经过全面清理,全自治区“一平二调”总数约 5.5 亿元,兑现退赔了 1.3 亿元,其余的因财力物力有限,实行分期退赔处理。对犯一般“五风”错误的干部,主要着眼于教育,促使他们提高认识,改正错误;但对极少数作风恶劣,造成严重后果的,则给予党纪政纪处分,个别情节特别严重的则依法惩办。1961 年 6 月,全自治区停办公共食堂,把口粮直接分配到户。这些政策的落实,受到农民群众的欢迎,人心逐步稳定,为农业生产的恢复创造了条件,也为整顿人民公社管理体制工作打下了基础。

二、落实“农业六十条”和农村政策的逐步调整

1961 年 1 月 14 日至 18 日,党的八届九中全会在北京召开,会议分析了国民经济存在的困难、问题及发生的原因,指出,国民经济经过三年

连续“大跃进”,各部门之间出现了新的不平衡,特别是工业和农业之间的不平衡,需要从1961年起对国民经济实行“调整、巩固、充实、提高”的方针,使整个国民经济实现综合平衡,按比例发展。会议公告中正式向全党和全国人民宣布,从1961年起对国民经济实行“调整、巩固、充实、提高”的八字方针。这是党在指导方针上的重要转变,表明国民经济建设由“大跃进”转入了调整阶段。这次会议决定在全国各大区重新成立党的六个中央局,其中,广西归属中共中央中南局。中央把经济管理权集中到中央、中央局和省(市、自治区)三级,两三年内更多地集中到中央和中央局,加强了中央对各大区各项工作的统一领导和全面安排。

面对国民经济困难的严峻形势,毛泽东在1960年12月至1961年召开的中央工作会议和八届九中全会上,倡导“大兴调查研究之风,一切从实际出发”。在1961年3月广州会议上,他指出:“正确的策略只能从实践经验中产生,只能来源于调查研究”。要求各地贯彻执行上级(包括中央)的指示,必须与本地区本部门的实际相结合,订出具体措施,而要做到这一点,就要做调查研究,这就是实事求是、一切从实际出发的思想路线。3月23日,中央发出经毛泽东修改审定的《关于认真进行调查工作问题给各中央局,各省、市、区党委的一封信》,强调“一切从实际出发,不调查没有发言权,必须成为全党干部的思想和行动的首要准则”。在毛泽东等党和国家领导人的倡导和示范下,全党大兴调查研究之风。从中央到地方,各级都组织力量对农村、工厂、商业、文教、科技等方面的情况进行广泛的调查研究,在此基础上,全党逐渐冷静下来,着手解决“大跃进”、人民公社化运动中产生的一系列问题,有力地推动国民经济的全面调整。自治区各级党委也纷纷响应,自治区党委领导人深入农村调查研究,寻找战胜困难的办法。开展调查研究,在全自治区成为一股风气。

1961年3月,毛泽东在广州主持起草了《农村人民公社工作条例(草案)》(简称“农业六十条”草案),是整顿人民公社管理体制的指导性文件。它规定:人民公社各级的规模都不宜过大,特别是生产队的规模不宜过大,以避免在分配上把经济水平相差过大的生产队拉平,避免队和队之间的平均主义，以生产大队所有制为基础的三级所有制，是现阶段人民公社的根本制度。草案还规定：生产队（包括食堂）分配给社员的现金和实物中，一般地工资部分至少不能少于七成，供给部分至多不能多于三成。在一切有条件的地方，生产队应积极办好公共食堂。

自治区党委在农村广泛宣传和讨论"农业六十条"草案，并组织调查组深入农村调查研究。5月，自治区党委在调查研究的基础上，制定并颁布《关于执行农村人民公社工作条例（草案）的补充规定（草案）》，调整人民公社的体制和政策。主要内容有：调整农村人民公社各级组织的规模，根据有利生产、方便管理的原则，合理划小公社、生产大队和生产小队的规模。公社一般以原来大乡为基础，每社2000户左右，生产队一般20户左右，居住集中的可以达到30户；土地所有权归大队，土地经营权及耕牛、一般农具下放给生产队；认真贯彻包产、包工、包资（工分）和超产奖励的"三包一奖"的经营管理制度；实行粮食征购任务包干，一包3年，增产不增购；实行按劳分配，多劳多得；取消口粮供应制，社员口粮到户，多劳多吃；公共食堂采取自愿参加、自由组合、单独核算的方式；留给社员自留地，长期由社员使用，鼓励社员积极发展家庭副业；严格执行劳动定额管理和评工记分；加强财务管理；大队和生产队干部一律实行定工生产，定额补助。"农业六十条"草案和自治区党委补充规定（草案），普遍受到干部群众热烈欢迎，群众最感兴趣的是多劳多得、包产和征购3年不变、口粮分到户、公共食堂自愿参加、自由结合等规定。可见这些政策是符合群众的思想愿望的，是真正从群众中来的。干部方面，一般对接受这两个文件在思想上是愉快的，特别是基层干部，深感这是调动群众积极性的最好办法，情绪高涨。后来，在广泛听取群众意见的基础上，中央修改形成"农业六十条"（修正草案），取消供给制，办不办公共食堂，由社员讨论决定。

根据"农业六十条"和《关于执行农村人民公社工作条例（草案）的补充规定（草案）》的要求，广西各地召开三级干部会议进行宣传贯彻部署，首先是根据各地实际，划小人民公社的规模。经调整，将1090个人民公社调整为2078个，3229个生产大队调整为3048个，163379个生产队调整为267963个。调整后仍以生产大队为基本核算单位。初步改变了公社、生产大队和生产小队规模过大的状况,有的县则撤销大人民公社,恢复区镇建制,大队改为公社。

以生产大队为核算单位克服了过去以公社为核算单位带来的严重平均主义,受到社员的欢迎。但这种以生产大队为核算单位的体制,仍然没有解决大队内部各生产队之间的平均主义问题。1961 年 10 月,自治区党委根据中共中央《关于农村基本核算单位问题给各中央局、各省、市、区党委的指示》,先后召开自治区党委扩大会议和地、县委书记会议,进行研究部署,在全自治区选择了 236 个不同类型的生产队,进行以生产队为基本核算单位的试点。试点中发现上半年已经有一小部分生产队实行独立核算。以生产队为基本核算单位对促进生产有显著效果。据百色地委反映,凡是“队收队分”的地方,都是大幅度增产,如靖西县的古文大队的 3 个穷队,实行单独核算,自负盈亏,估计产量要比上一年增产 60%。试点工作表明,群众对以生产队为基本核算单位,绝大多数是拥护的,而且要求得很强烈。11 月 13 日,自治区党委在给中央和中南局的试点工作报告中提出:平均主义严重影响了社员的生产积极性,这是当前集体生产不够起色的根源。凡是进行了以生产队为基本核算单位的,都立竿见影地推动了当前生产。自治区党委准备召开自治区、地、县三级干部会议,统一认识和做法,然后在全自治区分两批或三批铺开,争取在春节前基本结束。中南局同意这个报告并请中央指示。12 月,自治区党委召开了自治区、地、县三级干部会议,部署分批完成改变基本核算单位的工作。自治区党委发出《关于农村人民公社实行以生产队为基本核算单位的一些具体政策问题的处理意见(试行草案)》,规定以生产队为基本核算单位的办法是:生产队在生产大队的统一领导下,实行“独立核算,包干上交,自负盈亏”。生产队收益在保证完成国家对农副产品的征收、派购任务,上交生产大队公积金、公益金和行政管理费、机动粮、事业粮等任务后,其余均以生产队为单位,自行分配和处理。

1962 年 2 月 13 日,中共中央发出《关于改变农村人民公社核算单位问题的指示》,确定以生产队为人民公社的基本核算单位,规定至少 30 年不变。经过这次重大调整,使生产权和分配权统一,基本上解决了穷队与富队之间的矛盾。当月，广西改变基本核算单位的工作基本结束，普遍实行以生产队为基本核算单位的三级集体所有制，全自治区基本核算单位由原来的3万余个增加到28万余个，生产队规模大体相当于一个初级农业合作社。1962年11月，自治区人委发布《关于维护人民公社集体经济的布告》，宣布人民公社实行以生产队为基本核算单位的体制至少30年不变。三级所有、队为基础的人民公社所有制，是比较适合广西的生产力发展水平和管理水平的，基本与农业发展水平相适应，对农业生产的恢复和发展起到了重要作用。

实行减负增收政策。1961年5月，自治区党委颁布《关于执行农村人民公社工作条例（草案）的补充规定（草案）》，把“三包一奖”和开荒扩种作为鼓励和发展生产的重要措施，至5月底，全自治区人民公社普遍实行了“三包一奖”。对实行中遇到的问题，自治区党委也及时发现和指导。7月18日，《广西日报》发表题为《包产指标偏高的要坚决降下来》的社论。指出包产合理、包产落实，是开展包产运动的基础，也是合理进行分配的前提。要求各地认真检查，包产偏高的要重新修订。8月7日，自治区党委发出《关于当前农村几项政策问题的意见》，强调各地必须在夏收分配之前，把包产任务落实；鼓励生产队进行开荒扩种；留足自留地，并允许社员家庭在自留地之外进行开荒扩种；鼓励生产大队、生产队和社员扩大冬种面积，做好冬种准备工作。在不破坏水土保持条件下，生产队可在本队范围内开垦荒地，不计包产任务，产品归生产队全得；社员开荒的收入完全归社员自己。1961年7月，根据国务院调整广西农业税负担的意见和自治区三级干部会议调整农业包产的情况，自治区人委对全自治区农业税征收任务进行调整，规定以生产大队当年的农业包产任务为主，参考历年征税情况，实行依率计征，依法减免，增产不增税。调整后，实际负担率由11.85%下调到8.86%，降低2.99个百分点。调减粮食征购任务。1961年7月至1962年6月粮食年度征购数为11.7亿公斤，比上年度减少了4.5亿公斤贸易粮。农民各种负担的减轻，对农民的休养生息起到重要作用。

实行农副产品奖售、提高收购价格的政策。针对“大跃进”和人民公社化运动中，对农副产品压价收购甚至采取“平调”的办法，大大损害了群众的利益，严重挫伤他们的生产积极性。1961 年 5 月，自治区人委下文，规定在 1961 年 7 月至 1962 年 6 月，国家收购猪、羊、禽、蛋和花生仁、芝麻、甘蔗、烤烟、土糖、黄麻、茶叶、松脂、柑橘、菠萝、桂圆肉、茴油等农副产品、经济作物及重要中药材品种等 40 多种，实行奖售的办法，主要奖售粮食、化肥、棉布、煤油等紧缺商品。同时，为了做到耕畜余缺互补，自治区人委发出《关于准许对耕畜进行余缺交易的指示》，恢复耕畜交易市场。1961 年 11 月，又提高了花生、大豆、芝麻、茶油、油菜籽、桐油 6 种油脂油料的收购价格。从 1962 年起，先后提高粮食和一些主要农副产品的收购价格，其中粮食收购价提高 20%，油料提价 13%，生猪提价 26%，家禽和蛋类提价 37%。通过这些有效措施，提高了农民发展生产和出售农副产品的积极性。

在集中力量调整农村经济政策的同时，党中央还发出《关于城乡手工业若干政策问题的规定（试行草案）》（即“手工业三十五条”）、《关于改进商业工作的若干规定（试行草案）》（即“商业四十条”）。这些政策的制定和实行，纠正了“大跃进”以来取消农村集市贸易和小商小贩，将集体性质的手工业和商业向全民所有制过渡的错误，对广西手工业和商业的恢复发展也起到了重要推动作用。

三、调整、压缩工业和基本建设规模

“大跃进”期间，广西大办工业，大炼钢铁，工业生产规模盲目扩大，工业总产值连续三年大幅度增长，1959 年和 1960 年工业总产值超过了农业总产值。而农业总产值在 1958 年增产之后，连续两年较大幅度降低，农业由于连年减产已无法支持工业生产“大跃进”了，工业规模和发展速度严重超越农业的承受能力，是国民经济严重困难的主要原因之一。1 月下旬至 2 月上旬的广西计划工作会议，根据中央调整精神，提出要适当调整国民经济各部门的发展速度，提高农业和轻工业的发展速度，适当控制重工业的发展，缩小基建规模。

根据中央调整经济管理体制的若干暂行规定，将经济管理权集中到自治区，将下放的 38 个厂矿收回自治区管理，以加强对国民经济的统筹安排和统一调度。将 1958 年以来不适当下放给专区、县、公社和企业的人事权、财权等一律收回。生产、基建、收购、财务、文教、劳动等工作，必须执行全国一盘棋，上下一本账的方针，不得层层加码。

1961 年 2 月，国家下达广西 1961 年工农业生产计划，调整 1961 年工业计划，提出 1961 年钢比上年实际完成的增长 39.98%、铁增长 41.19%、原煤增长 64%、发电量增长 18.68% 的指标。该指标虽较以前的计划指标有所降低，仍超越了处于困境的广西国民经济所能承受的范围。但是，自治区党委很快就发现对形势的估计仍然过于乐观。广西国民经济各部门之间比例严重失调，经济形势继续恶化。1961 年头 4 个月，工业主要产品产量比上年大幅度下降，约有 50% 的工矿企业停工和半停工，很多企业严重亏损，工人生产情绪低落。严峻的形势使自治区党委认识到，必须对工业进行调整。

大力压缩基本建设规模。“大跃进”期间广西基建财政拨款占地方支出 57.4%，超越了国家财力物力特别是农业的承受能力，压缩基本建设战线至关重要。1960 年 10 月起，自治区党委开始压缩基本建设战线，把当年基建投资总额由 9 亿元调整为约 6 亿元；原安排的项目停建缓建 173 项。1961 年继续进行调整，基建“盘子”多次压缩，基建项目一再削减，投资和材料供应几度冻结。同时，严格基建项目审批审查制度，限制投资方面和投资规模，控制地方企业用流动资金和信用资金搞建设；停建或缓建部分工程项目，所有楼堂馆所一律停建。采取了停建、缓建、缩小、合并、简易、维持、确保等不同处理办法后，全年基本建设投资总额从原计划 2.5 亿元压缩到 7810 万元，停建缓建项目 367 项。基本建设规模的调整压缩，减轻了农业和农民的负担，腾出一定数量的人力、物力和财力，用到最急需的水利、煤炭、电力等方面，使这些最重要的建设项目早日建成，发挥作用，国民经济农轻重比例失调的局面开始转变。

国民经济调整的另一项重要任务就是缩短工业战线，调整工业内部结构。当时对工业调整的方针就是按照农轻重次序，加强支农、轻工市场、出口产品及重要原材料产品排队。1961 年 6 月，自治区党委计划工业办公室发出《贯彻执行中南地区工业问题座谈会议纪要的意见（草案）》，提出要降低工业发展速度，有计划调整比例关系，三年内基本采取踏步的方针；调整工业布局，缩短工业战线，减少城市和工矿人口，三年内不炼钢铁；恢复和改进经济管理体制，企业下放权力过多的，应当收回一些；改进计划工作，加强综合平衡；恢复手工业合作社和供销合作社；调整工资制度，贯彻按劳分配原则；正确执行党委领导下的厂长负责制；积极开展工业战线的整风运动。自治区集中人、财、物力，重点建设中央和兄弟省市支援的一批为数不多的工业骨干项目，千方百计保存广西工业发展的“家底”。在经济初步调整阶段，广西关于“三年内基本采取踏步的方针”，主动降低工业发展速度，维持在“大跃进”所达到的生产规模和水平，从广西经济发展的要求和当时存在的问题来看，显然是不可能的。中央“工业七十条”的颁布，广西工业调整才得以较好推进。

1961 年 8 月 23 日至 9 月 16 日，中共中央在庐山举行工作会议，作出《关于当前工业问题的指示》，强调工业部门必须毫不动摇地切实地贯彻执行调整、巩固、充实、提高的方针。按照实际情况降低指标。该退的坚决退下来，必须退够。经过一系列调整，建立新的平衡，才能逐步地巩固、充实和提高，为工业和国民经济的进一步发展做好准备。9 月 16 日，中共中央将在庐山工作会议上通过的《国营工业企业工作条例（草案）》（简称“工业七十条”）发给各地各部门讨论和试行。“工业七十条”对工业企业关、停、并、转、保、缩等工作以及恢复和建立规章制度等作出具体、明确的规定。“工业七十条”颁布后，受到广大干部和职工群众的欢迎，它不仅恢复了被“大跃进”运动破坏和打乱的工业企业规章制度和正常秩序，而且还建立了一些新制度，使工业企业的管理在调整中向规范和健全的方向迈进了一步。

10 月 6 日，自治区党委召开财贸工业工作会议，安排工业调整工作。会议学习中央关于工业问题的指示和“工业七十条”，以及中央《关于改进商业工作的若干规定（试行草案）》（简称“商业四十条”）等文件，总结广西“大跃进”的经验教训。会议认为，三年来工业高速度增长，同农业这个基础不相适应；重工业搞得过多过快，挤了部分轻工业。为此，在安排生产建设时应先考虑发挥现有生产能力，后考虑基本建设。工业建设的布局应从实际出发，全面考虑原材料、燃料、交通运输、技术力量、经济效果和各方面的协作关系。工业生产建设必须强调集中统一,坚持在党的统一领导下,把企业的集中管理和民主管理结合起来。会议提出工业调整的具体任务,一是加强煤炭、木材、运输等薄弱环节;二是加强支援农业,增加农业生产资料;三是加强轻工业、手工业,增加市场产品;四是加强以精锡为中心的出口产品的生产。基建方面,压缩投资。确定1961年、1962年基建主要项目有西津水电站、大厂锡矿1号竖井和洗选厂等配套工程,以及龟石水电站、南宁化工厂等。非生产性的楼、堂、馆、所一律停建。会议提出对工业实行“五定”,即定产品方向和生产规模,定人员和机构,定主要原材料、燃料、动力的消耗额和来源,定固定资产和流动资金,定外部协作关系。会议还提出要搞好精简职工和压缩城市人口,调整工业布局,恢复手工业生产等项工作。

在调整中,广西工业企业进行保、关、缩、并、改、退。其中柳州钢铁厂被迫下马,而重点项目西津水电站采取了“力保”的方针。1961年底,西津水电站被国家列为下马项目,停止拨款。自治区党委决定由自治区财政先行垫支,维持工程建设的进行。经过多方争取,西津水电站于1963年重新纳入国家建设计划。通过对工业战线的调整、压缩,使大部分重工业产品的生产指标大幅度降低,工业总产值低于农业总产值。工业面向农业,面向市场,面向短线,促进了农业生产的恢复,基本满足了人民生活需要。

四、精简职工和城镇人口

三年“大跃进”使职工人数和城镇人口增加过多,职工人数由1957年的58.5万人,增加到1960年的118.4万人,城镇人口也随之增长。对工业战线的调整、压缩,带动了城镇人口的精简。自治区党委先后从工业战线精简出3000余名干部加强农业战线,又在1960年下放干部中抽调了大批人员分配到地、市、县和公社担任各种职务,充实基层组织的领导。1960年8月10日,中央发出《关于全党动员,大办农业,大办粮食的指示》,要求从各方面挤出一切可能挤出的劳动力,充实农业战线,首先是粮食生产战线。9月,自治区党委根据中央的指示,决定企事业单位精简25%—30%的人员充实农业生产战线。大办农业,大办粮食,工业生产尽可能保证人民生活必需品的供应和大力支援农业,成为1961年工作任务。大办农业,大办粮食的号召,得到各级组织和群众的拥护和支持,许多新参加工作不久的职工,响应党的号召,纷纷回乡务农。广西1960年精简职工6.9万人。但是,虽经压缩,城镇人口数仍大大超出1957年的数字。“大跃进”期间工业等部门战线太长,规模过大,开工不足,经过精简后仍有许多人无事可干。为解决这些问题,在1961年6月召开的三级干部会议上,自治区党委提出坚决压缩城市工业人口。7月,自治区党委成立精简领导小组,各地(市)、县委也相继成立相应机构。对1961年精简职工和减少城镇人口,自治区党委规定,1958年1月以后来自农村的新工人(包括临时工、合同工、学徒和正式工),除煤炭工人外,原则上全部精简回农村,参加农业生产。有的新工人已成为企业生产的技术骨干,或因工种不能调整而需要留下来的,要经过自治区精简领导小组批准。此后,各级相关机构加强了对精简工作的领导,做好思想动员和组织工作,分期分批地精简人员。经过大量的工作,1961年全自治区继续精简职工29.6万人,压缩城镇人口31万人。同时,还精简农村中脱离农业生产的人员,把从事农田水利和其他建设的劳动力收回到农田的生产中,把公社、大队各种工副业从业人员都减到最低限度,全部解散农村中的各种成人学校、农校、宣传队、文艺队等脱产人员,调整出20余万人充实到农业生产第一线,减少吃商品粮人数。在教育行业,压缩招生数量,其中,1961年高校招生人数由上年的8494人减为3128人,在校学生由1.91万人减为1.68万人;普通中等专业学校招生由1.85万人减为0.21万人,在校学生由3.75万人减为2.42万人。经调整,1961年,农村人民公社的劳动力比上年增加了10.86%。

调整工作涉及经济工作的不同方面。在商业方面,改进市场商品供应,对农村适销对路的商品,采取优先调拨,对41种重要经济作物和其他农副产品收购实行粮食和工业品奖售,城乡人民生活必需品,实行照顾供应、特需供应以及扩大定量供应或凭购货券供应范围,保证人民生活必需品的供应,以稳定物价和市场,安定人民生活,保障人民生活基本需要。在财贸方面,大力压缩社会集团购买力,停止一切非生产性建设和非生产性购置,严格控制企业管理费和行政副业费开支,结合整编机构削减经费开支。根据全国一盘棋,上下一本账,财权集中的精神,广西调整财贸,改进财贸体制。1961 年,自治区规定对专区(市)、县财政实行核定收支,地区调剂,总额分成,一年一定的办法。对人民公社实行财政收入全部上交、超收分成,支出分期拨款、包干使用、结余归社的办法。

通过压缩工业和基建战线、精简城镇人口、改善市场供给和改进财贸体制,使财政支出大为减少,城市粮食和副食品等的供应压力大为减轻,对调整城乡关系,推动农村经济的恢复和发展起了积极的作用。但是,对非农业人口的压缩还不够,基本建设规模和工业生产建设规模还没有压缩到应压缩的程度,国民经济和人民生活仍然十分困难。1961 年农业总产值比上年下降 20%,财政收入减少 44.9%,社会商品零售总额减少 23.7%,商品收购总值减少 31.5%,零售物价指数上升 3.47 倍。

第二节　国民经济的全面调整

一、七千人大会精神的贯彻

1962 年 1 月 11 日至 2 月 7 日,中共中央在北京召开扩大到县级主要领导参加的工作会议(即七千人大会)。广西的自治区、地、县三级主要领导同志参加了会议。会议发扬党内民主,比较系统地总结 1958 年"大跃进"以来经济建设工作的基本经验教训,统一全党认识,增强团结,动员全党更坚决地执行调整方针,为战胜严重困难而奋斗。2 月下旬中央政治局常委扩大会议(西楼会议)进一步分析国民经济的困难形势,提出克服经济困难的具体措施,实际上作出了进一步对国民经济进行全面调整的重要决策。5 月召开的中共中央工作会议(通常称五月会议)进一步正视和分析国民经济的严重困难形势,制定了大幅度调整国民经济的具体方针、办法和措施,是进一步扭转国民经济的严重困难形势的一次关键性会议,会后,党中央部署对国民经济进行大刀阔斧的调整。

七千人大会对待缺点和错误比较实事求是的态度,以及发扬民主和自我批评精神，给全党予极大鼓舞，使广大党员的心情比较舒畅，增强了全党团结奋斗、战胜困难的信心。2月6日，自治区党委发出《关于传达讨论扩大的中央工作会议精神的一些意见》，要求各地认真贯彻执行，在发扬党的民主集中制和实事求是的作风方面，树立一个好的典范。在领导方法上，要特别强调和风细雨，不但要坚持不戴帽子、不抓辫子、不打棍子的“三不主义”，而且要采取多种形式，进行上下交心通气。2月6日至7日，自治区党委召开一届十一次全体会议，传达七千人大会精神，主要检查1958年和1959年搞瞎指挥、浮夸风、“共产风”的教训。会议强调要发扬民主，进一步贯彻调整国民经济的八字方针。

5月19日，自治区党委精简小组印发自治区党委工交部、自治区经委提出的工业、基建、交通系统的调整意见和精简计划。自治区工交基建系统1961年末职工总数26.04万人，计划关、停、并、退（由全民所有制退回集体所有制）企业169个，精减职工2.26万人。对工业的调整原则：贯彻以农、轻、重为序，优先发展农业的方针，加强支农、轻工市场、出口产品和重要原材料生产；统配材料，首先保证产品质量好、成本低的企业；对于亏损企业和缺乏原材料的企业，短期内无法改变的，一般应关、停；摊子过大，任务不足的企业，应适当压缩或合并；原有产品不能继续生产的企业，根据需要和可能改变生产方向；原来由手工业社（组）改为全民企业的，退为集体所有制。基建规模进一步压缩，1962年基本建设投资总额比上年减少近36%，降到1955年以来的最低水平。投资主要方向是水利、煤炭、森工和电力等。财贸体制也作了进一步的调整，从1962年起，自治区实行两级财政，即自治区级、县（市）级，专署和公社不再实行一级财政。严格控制预算，要求各地积极组织收入，坚决压缩支出，只许节余，不许超支；加强财政管理，严格财经纪律，预算外资金经批准用于基建的，要通过建设银行拨款监督。停止一切非生产性建设和非生产性的购置，压缩社会集团购买力，严格控制企业管理费和行政事业费的开支。开展清仓核资，清理和处理大量积压物资，把多占用的资金调出来。严格控制货币投放，压缩工资性开支，鼓励储蓄存款。在6月召开的自治区计划会议上，对“大跃进”运动以来广西的经济建设和经济计划工作的主要失误进行总结，认为在此期间，全自治区存在着工农业生产指标过高、基建规模过大、各项事业摊子铺得过大、职工人数和城镇人口增加过多、权力下放过多过散等突出问题，对经济发展造成严重影响。在统一认识的基础上，进一步开展调整国民经济的工作。

二、经济的全面调整和国民经济复苏

自治区党委实施对国民经济的全面调整，主要从以下几个方面着手进行工作：

进一步调整工业生产。1962 年的工业生产计划，降低了大部分重工业产品的指标，安排更多的原材料增产农业生产资料，以及加强日用工业品生产。继续压缩工业战线，实行必要的关、停、并、转。到 1962 年底，全自治区工业企业从 1960 年的 8185 个减为 6082 个，共减少 2103 个，其中全民所有制工业企业 976 个。在作为调整重点的重工业企业中，除了煤炭、有色金属、锰矿、森工以及交通运输以外，其他都作了不同程度的压缩，特别是停止炼钢，仅保持铸铁的生产能力。共关闭冶金、机械、化工、建材等行业企业 116 个，合并 5 个。同时在企业建立健全各种责任制，加强企业经济核算，整顿生产秩序。

压缩基本建设规模，停建、缓建大批基本建设项目。1962 年安排全自治区地方项目总投资为 6473 万元（不含中央项目），比上年压缩 59.1%，投资主要用于支援农业、轻工市场和维持简单再生产，属于扩大再生产的只安排西津水电站、南宁化工厂和大厂锡矿 3 个项目，停止一切楼堂馆所的建设。

进一步调整农村政策，从物力、财力、人力各方面支援农业。1962 年全自治区人民公社普遍实行以生产队为基本核算单位的三级集体所有制，基本上纠正了“共产风”问题。9 月以后，贯彻“农业六十条”修正草案和《关于进一步巩固人民公社集体经济发展农业生产的决定》。为使农民休养生息，自治区党委决定再次减少粮食征购任务，减少农副产品派购品种，并实行奖售工业品的政策。调减 1962—1963 年度全自治区粮食征购任务，从原计划的 9.45 亿公斤调减为 8.5 亿公斤。农副产品的派购任务也有所下调，1962 年，全自治区农副产品派购品种从原来的 61 种减为 25 种。扩大实行奖售的范围，1962 年 9 月，自治区党委、自治区人委发出《关于收购主要农副产品实行奖售工业品的暂行规定》，对粮食、食油（包括油料）、生猪、牛皮4种农副产品实行全自治区范围内统派购，烤烟等21种农副产品在主要产区县实行派购。对列入派购的产品，给予一定数量的粮食、化肥、棉布、针织品等物资的单项对口奖售，同时按照交售金额，综合奖售一定比例的其他工业品。粮食和一些主要农副产品的收购价格有所提高，其中粮食收购价提高20%，油料提高13%，生猪提高26%，家禽和蛋类提高37%。

进一步改进财贸管理体制。实行自治区、县两级财政，专署和公社不再实行一级财政；严格控制支出，继续冻结社会集团存款。商业工作是改进农副产品收购，农民在完成统购和派购任务以后的农副产品和三类物资，允许进入自由市场集市贸易；市场商品供应应继续销售高价商品，开辟国营商业、合作社商业、集市贸易三种商业流通渠道，农村集市贸易进一步发展。进一步放宽了集市贸易。当年夏秋，继宣布在全自治区范围内允许自由买卖耕牛、猪花以后，自治区党委又发出《关于开放主粮、油料集市贸易的暂行规定》，要求以县为单位，在夏收、秋收分配和完成国家粮食、油料征购任务后，开放粮食市场，在社员之间调剂余缺，互通有无。与此同时，自治区党委、自治区人委发出《关于恢复和建立各级供销合作社的决定》，恢复供销合作事业。

大力精简职工，减少城镇人口。动员“大跃进”运动中进城的农民临时工返回农村，动员一部分家在农村的职工回乡务农，以减轻供应城镇粮食的负担。1962年精简职工净减16万人，其中减回农村的15万人。从1961年到1963年6月，广西共精简职工54.1万人，减少城镇人口55.9万人。同时压缩人民公社、大队企事业人员27万人，减少吃商品粮人口76.5万人。

经过全面调整，到1962年，全自治区国民经济严重困难的局面得到扭转，国民经济开始复苏。农业生产开始回升。1962年全自治区农业总产值17.08亿元，比上年增长11.8%，超过了1957年水平；粮食总产量52.27亿公斤，比上年增长4.64%，各项经济指标大多增长。工业生产和基本建设已退到“谷底”，1962年完成工业总产值9.53亿元，比上年下降12.6%；安排地方项目总投资6473万元，比上年压缩59.1%，基本适应了当时财力、物力所能承受的水平。财政收入有所增长,1962年地方财政收入33953万元,比上年增加938万元。日用商品的供应有较大增加,集市贸易价格开始下降,城乡人民的生活趋于安定。尽管如此,广西国民经济仍然没有完全恢复,一些主要经济指标包括农业生产还没有恢复到1957年的水平,工业、交通系统,特别是基础工业企业还要大力整顿,在提高质量、增加品种以及设备的成龙配套和更新等方面还要做大量工作。这些情况说明,对整个国民经济还需要继续贯彻"调整、巩固、充实、提高"的方针。

第三节 社会事业和政治关系的调整

一、科学、教育、文艺领域的调整

同经济工作的调整相配合,科教文等方面的工作也开始进行调整。自反右派斗争开始,接连不断的政治运动对科学、教育、文化等方面的业务工作和创作活动造成很大冲击。1958年以来,科学、教育、文艺等领域兴起"大跃进",刮起浮夸风和瞎指挥风,打乱了正常的工作秩序,知识分子的积极性也受到严重挫伤。因此,在对经济进行调整的同时,党对于科学、教育、文化工作以及知识分子政策进行调整。中央先后颁布了《关于自然科学研究机构当前工作的十四条意见(草案)》(简称"科学十四条")、《教育部直属高等学校暂行工作条例(草案)》(简称"高教六十条")、《全日制中学暂行工作条例(草案)》(简称"中教五十条")、《全日制小学暂行工作条例(草案)》(简称"小教四十条")、《关于当前文学艺术工作若干问题的意见(草案)》(简称"文艺十条",以后改为"文艺八条")等文件。这些条例总结新中国成立以来尤其是"大跃进"以来的经验教训,提出一系列调整关系、稳定工作秩序,调动知识分子积极性的政策,并相应作出具体规定。条例的一个中心问题,是调整党同知识分子的关系。条例的另一个重要内容,就是贯彻落实科学和艺术工作中的"百花齐放,百家争鸣"的方针,分别规定了执行这一方针的一系列具体政策。

“大跃进”以来，拔“白旗”，批“白专”道路，破“资产阶级学术权威”，在知识分子中进行了许多过火的错误批判，有些文教单位的党员干部甚至认为，资产阶级知识分子既然绝大多数属于资产阶级，他们就是社会主义时期革命的对象。中央出台的一系列条例中明确：不能用政治斗争的方法，更不允许用对敌斗争的方法去处理人民内部在学术、艺术问题上的不同观点。针对“大跃进”以来，科学、教育、文艺部门出现的生产劳动和社会活动过多的现象，强调要保证科研工作的稳定性，保证科研人员至少有 5/6 的时间用于业务工作。学校的任务必须以教学为主，学生以学习为主，努力提高教学质量。自治区党委从坚持端正方向，争取一切可争取的知识分子为无产阶级的教育事业和文化科学事业服务出发，召开科学、教育、文艺等各个领域知识分子座谈会，传达贯彻中央对科学、教育、文艺等各个领域调整精神，各地党委和科研、教育、文艺部门的党组织，开始逐步落实条例精神。1961 年 9 月 8 日至 10 日，自治区党委统战部、宣传部在南宁召开知识分子座谈会，广西科学、教育、文艺等各个领域的知识分子 1200 多人出席会议，自治区党委书记韦国清在会上指出，今后要从政治思想、工作条件和生活待遇等方面更好地关心知识分子，进一步发挥他们在社会主义建设中的积极作用。其后，柳州、梧州等市党委都召开了知识分子座谈会。1961 年 10 月 1 日，广西宣布为一批“右派分子”摘帽，其中不少是被错划为右派分子的知识分子。11 月 23 日，自治区党委统战部在南宁举行座谈会，各民主党派人士和高级知识分子 270 多人应邀参加。中共中央中南局第一书记陶铸在会上就国际国内形势和团结高级知识分子问题作了重要讲话，强调党的干部要努力做好团结高级知识分子的工作。1961 年制定和试行科学、教育条例，逐步端正知识分子工作的方向，调动了广大知识分子的积极性。

1962 年，随着国民经济的全面调整，党对知识分子政策以及科学教育文艺政策作了进一步调整。1962 年 3 月，在广州召开的全国科技工作会议和文艺工作会议上，周恩来发表讲话，重新肯定中国知识分子的绝大多数已经是属于劳动人民的知识分子，而不是属于资产阶级的知识分子。随后在二届全国人大三次会议上，周恩来再一次重申了这一科学论断，使知识分子受到很大鼓舞，进一步调动了他们建设社会主义的积极性，广大知识分子以极大的热情投身于社会主义建设事业。

科学事业得到恢复和发展。建立和完善支农为农的科研机构，先后成立了广西玉米研究所、广西机械工业研究所、广西蚕业指导所、广西水轮泵研究所、广西塑料研究所、广西拖拉机研究所等一批新的研究、指导机构。1962 年 6 月 29 日，经国务院同意，自治区科学工作委员会更名为自治区科学技术委员会（简称科委）。此后，各地的科学工作委员会都改名为科学技术委员会，统一名称。1962 年，根据“科学十四条”的精神，自治区党委、自治区人委提出科技工作必须遵行“急党委之所急，急生产之所急，急群众之所急，为当时当地服务”（简称“三急两当”）的方针。这一方针有利于克服科技工作在“大跃进”中形成的主观随意性，符合当时生产建设的需要，为科研与生产的紧密结合起了促进作用。自治区科委在 1962 年下半年组织了两次专业考察，作出花坪林区开发利用及其建设总体规划方案，以及为广西发展农业生产提出意见和建议。根据自治区党委的部署，1964 年春，自治区科委创办了五塘农业科学实验区。根据自治区党委各部门支援农业的要求，自治区科委要求科研工作中工业新产品试制也要以支援农业为中心。贯彻科学技术为生产服务的方针，自治区大批农业科技干部深入实际，到农村蹲点，搞样板，为生产服务。

在教育“大跃进”中，大、中、小学的数量一再“翻番”，各行各业的职工教育也大幅膨胀，超越了社会经济发展水平，教育秩序被打乱，教育质量下降。1962 年 6 月召开的自治区教育行政会议提出调整自治区教育事业和精简各学校教职工的方案，在 1961 年对教育机构进行压缩、整顿的基础上，再次压缩了大批高校、中专、高中和部分初中。对小学则采取普及方针，要求南宁、柳州、桂林、梧州 4 市小学教育要适当发展。经过几年调整，到 1965 年，大学、中学（含中专）、小学比“大跃进”的高峰期分别压缩 72%、27% 和 6%，与“大跃进”前相比，则分别增加 2.6 倍、19% 和 43%。在调整过程中，各地贯彻中央关于各级各类学校坚持教学为主的方针，发挥教师的主导作用，使教育走上了稳健发展的轨道，教育结构趋向合理，教育质量回升。与此同时，积极创办各种半工半读、半耕半读学校。据1965年统计，全自治区有半农半读中等技术学校、农业中学和耕读小学约2.8万所（班），学生约54万人。以国营明阳农场为基地，创办了半农半读的广西劳动大学。这些对劳动制度和教育制度改革的探索起到了积极的作用。

1962年4月30日，中央批准中央宣传部定稿的《关于当前文学艺术工作若干问题的意见（草案）》（简称“文艺八条”），要求贯彻执行“百花齐放，百家争鸣”的方针，正确地开展文艺批评，批判地继承民族遗产和吸收外国文化，改进领导作风，加强文艺界的团结等。以“文艺八条”为指导，自治区党委对文化战线进行了调整，加强了对传统剧目、民间音乐、曲艺、美术、舞蹈的挖掘、整理。同年9月成立自治区地方戏曲传统剧目审定委员会，召开全自治区戏曲传统剧目整理改编工作座谈会，对演出剧目进行分类鉴定。

1962年5月23日至6月3日，自治区文艺工作者座谈会在南宁举行，参加座谈会的文艺工作者300多人，与会者学习“文艺八条”及党的文艺方针，坚持文艺为政治服务的方针，不仅应该有助于培养和提高人民的社会主义思想觉悟和道德品质，还应该有助于增长人们的知识和智慧，扩大人民的眼界，使他们得到正当的艺术享受和健康有益的娱乐，提高人民的审美能力和欣赏水平，丰富人民的精神生活。这对提高文艺工作者的思想认识，进一步繁荣文艺创作将起到积极作用。在座谈会结束的当日，6月3日，自治区民间文学研究会正式成立，陆地当选为主席。1963年以后，一部分地方国营剧团复改为民间职业剧团。为了促进群众文化事业的发展，1964年全自治区大多数县陆续成立农村文化工作队，深入农村基层，为农民演出文艺节目，很受群众欢迎。广西文学界恢复了活力，小说创作得到了较大的发展。陆地发表了以知识分子为题材的著名短篇小说《故人》，还出版了以南方土地改革为题材的长篇小说《美丽的南方》。《美丽的南方》的出版，实现了解放后广西长篇小说出版零的突破。1964年，刘玉峰以剿匪为题材的长篇小说《山村复仇记》出版。

对科学、教育、文艺等各个领域的调整，使党和知识分子的紧张关系得到缓解，工作秩序得到恢复，对逐步建设具有中国特点的社会主义科学、教育、文艺事业起了重要作用。

二、政治关系的调整

党中央确定的全面调整方针，包括国内政治关系的调整，是与经济调整配合进行的。七千人大会后，党中央进一步指导推动了党内和人民内部政治关系方面的调整工作。着重恢复国家正常的政治生活，调整与民主党派和无党派人士的关系，消除“大跃进”以来开展的一系列运动包括“反右倾”斗争所产生的消极影响，以更广泛地调动党内外的积极性，为调整国民经济而奋斗。

1961 年 6 月 12 日，中共中央召开工作会议，决定对几年来受到错误批判处分的同志进行甄别平反。7 月 12 日，自治区党委决定成立案件甄别处理小组，由书记处书记伍晋南任组长，监委书记石堂任副组长，办公室设在自治区党委监委。各级党委也相继成立案件甄别处理小组，负责案件甄别处理工作。同月 15 日，自治区党委在南宁召开一届十次会议，研究对 1958 年以来受处分的干部、党员进行实事求是的甄别平反工作，根据中央的精神，规定以后在不脱产的干部和群众中，不再开展反右反“左”斗争，不许乱戴“帽子”。会议认为，1959 年把徐瑞林、王斌吾两位同志作为“右倾机会主义分子”处理是错误的，决定给予平反，摘掉“右倾机会主义”的帽子，并向中央和中南局作了报告。7 月 19 日，自治区党委案件甄别处理小组发出关于进行案件甄别处理工作试点的通知，决定在区直各战线选择不同类型的案件，组织专门力量，先行试点，以便取得经验，指导全自治区案件甄别处理工作。8 月 14 日，自治区党委发出《关于对几年来受批判斗争和处分的党员、干部进行甄别处理的指示》，重申中央会议决定，要求对在拔“白旗”“反右倾”“整风整社”“民主革命补课”等运动中批判和处分错了的党员干部进行甄别平反，恢复名誉。各级党委必须加强领导，挑选一批干部，以县为单位组成工作组，专门进行案件甄别平反工作。8 月 15 日至 27 日，自治区党委召开会议，总结交流案件甄别处理试点工作经验，部署全自治区案件甄别处理工作。随后，自治区党委又先后八次发出文件，对案件甄别处理工作的方法、步骤、要求以及有关具体问题等作了指示。从 1961 年 8 月开始,甄别处理工作全面展开。各级案件甄别处理小组根据中央和自治区党委的要求,本着“严肃谨慎、实事求是、分清是非、不错不改、全错全改、部分错部分改、不枉不纵”的原则,对处分错了的,坚决予以平反,取消处分,重新作出结论,恢复名誉,原分配工作不当的重新分配;处分过重的,减轻处分;批判斗争错了或受到乱处罚的(包括小劳改、罚跪、打骂等),向本人道歉;错戴政治帽子的(包括“右倾”“白旗”“观潮派”“算账派”“促退派”等),宣布摘帽,恢复名誉。已经予以平反的,从平反的月份起恢复其原来工资待遇,生活困难的酌情给予适当补助,等等。甄别处理工作原则上由原单位负责进行。所有平反的案件,通过党支部研究决定,与本人见面,然后报上一级党委批准,做到领导、党员、本人“三见面,三满意”,真正消除隔阂,增强团结。对被定为“右倾机会主义分子”,或因“反党反领导”而受撤职以上处分的党员、干部,经过甄别,原错误性质和处分不改变的,一律报自治区党委审批。

在开展干部甄别平反的同时,在 1959 年和 1960 年为右派摘帽的基础上,1961 年 10 月 1 日,广西又给一批右派分子摘帽,这次摘掉右派帽子的有 2100 多人。

七千人大会后,政治关系调整工作进一步加强。为进一步加强和改进统一战线工作,1962 年 4 月下旬至 5 月下旬,中央在北京召开全国统战工作会议和全国民族工作会议。着重检查了近几年工作中发生的一些严重“左”倾错误,指出:党必须主动调整同知识界、工商界、民主党派、民主人士、宗教界、少数民族、归国侨胞以及其他爱国人士的关系,发扬民主,加强团结,充分调动一切积极因素,克服当前困难,完成调整国民经济的任务,争取社会主义建设的新胜利。根据会议要求,广西着手做好党外人士的甄别平反工作。凡是在交心运动中受到处分或者被划为右派分子的,应一律平反;在拔“白旗”“反右倾”运动中受到批判、处分或者戴了帽子的,凡是批判错了或者基本错了的都应该平反。凡是平反的,应该恢复原来的工作或者安排其他相应的职务。做好对摘去“右派”帽子的人和还戴着帽子的人的安置工作。

七千人大会后,甄别平反工作加快进行,根据中央的要求,广西对在拔“白旗”“反右倾”“民主革命补课”等运动中批判和处分完全错了或基本错了的党员、干部，采取简便的方法，认真地、迅速地加以甄别平反，党内外甄别平反工作全面推开。1962年底，甄别处理工作基本结束。经过甄别平反，调动了广大干部群众的积极性，也有利于总结经验教训，逐步健全党的民主生活，恢复党的优良传统。由于在一定程度上受“左”的思想影响，甄别平反工作并不彻底，作出的结论并不完全正确，一些案件在1978年党的十一届三中全会后才得到彻底平反。

三、调整民族政策和加强民族团结

受经济建设上急于求成的“左”的思想影响，少数民族地区也开展了“大跃进”运动和人民公社化运动，曾不切实际地提出“苦战三年，改变落后面貌”“追赶汉族先进地区”等口号。在农村，则提出了所谓“一步登天”的口号，即不顾一些少数民族地区刚刚办起初级合作社甚至还处在生产互助组阶段，就实行小社并大社，建立起“一大二公”的人民公社。这无疑给少数民族地区的经济建设带来严重影响。在中央提出对国民经济实行调整的方针后，少数民族地区开始着手纠正“大跃进”运动以来“左”的错误。根据中央的指示，广西各民族自治地方首先从恢复和发展农业生产入手，调整人民公社的所有制和分配关系，坚持自愿互利、平等交换和按劳分配原则，解散公共食堂，恢复自留地、自留畜。允许社员发展家庭副业和手工业，恢复集市贸易。在地广人稀、交通闭塞、群众居住分散的山区，实行包产到户，个别地区则允许分田单干。同时，国家还从1961年起，减少少数民族地区的粮食征购，并提高农副产品的收购价格。经过这些努力，扭转了少数民族地区生产下降的趋势。

为解决“大跃进”中违反民族政策，造成民族关系紧张等问题，1962年8月16日至9月2日，自治区党委统战部在南宁召开自治区民族工作会议。出席会议的有各民族地区的地委书记、专员，县委书记、县长，地(市)委、县委统战部长，专区、市、县民族工作部门负责人，自治区直属机关有关部门负责人以及党外人士代表，共154人。这是解放以来广西召开的一次规模较大的民族工作会议。会议传达全国民族工作会议精神，通过了《关于广西民族政策执行情况的初步检查和今后民族工作的意见》的报告，检查民族政策执行情况，对民族工作中“左”的错误进行纠正。指出1958年以来广西民族工作中的三个错误认识：一是对民族问题的长期性认识不足。以为在社会主义建设时期，没有什么民族问题了。对民族特点和民族地区特点有不同程度忽视。二是对民族区域自治的重大意义认识不足。认为在社会主义建设时期，民族区域自治已经“过时”，“人民公社化后就结束了民族区域自治的使命”。三是对民族干部作用估计不足，对培养民族干部有不同程度的忽视。报告提出要纠正1959年以来在“反右倾”运动中民族地区反对“三论”“五论”[①]和反“地方民族主义”的错误，确定了广西今后民族工作的方针：巩固农业集体所有制，认真贯彻党的民族政策，加强民族团结，集中力量恢复与发展生产，逐步改善人民生活。会议讨论了培养民族干部、行使自治权利以及民族地区经贸、教育、文化、卫生等方面问题。会后，过去在少数民族工作中行之有效的一些规章制度、照顾政策和办法，逐步恢复起来。相关各县也召开民族工作会议，传达中央和自治区民族工作会议精神，总结当地民族工作，调整民族关系，民族团结局面得到巩固和发展。

民族教育、卫生、文化政策的调整。1963年1月8日，自治区党委批转自治区党委宣传部、统战部《对当前民族教育、卫生、文化工作意见》。《意见》提出加强民族教育、卫生、文化工作的新举措：民族教育方面，对少数民族地区的小学生、中学生入学年龄给予照顾，制定民族地区学校建设、师资、教育质量、教育补助费的政策。民族卫生工作方面，精简人员时照顾民族卫生干部；对少数民族有困难的群众看病，采取医疗费减免办法等；开展巡回医疗，培养民族卫生干部，发挥民族民间医生作用，为外地籍医务人员解决困难。民族文化工作方面，加强民族民间文学艺术遗产的发掘、整理和研究工作；培养提高民族文艺人才，繁荣民族文艺创作，活跃群众文化生活；专门拨出民族文艺工作补助费。1月8日至13日，自治区教育厅、民委召开自治区少数民族工作和推广壮文工作会议，提出要进一步巩固和提高少数民族教育和推广壮文。

---

① “三论”即广西民族地区社会主义建设的“特殊论”“条件论”和“落后论”。“五论”则再加上“习惯论”“渐进论”。

在发展生产中，1963 年 1 月 11 日至 18 日，自治区党委农村部召开山区生产座谈会，研究山区生产的方针政策问题，重新制定了山区建设方针，强调要因地制宜，实行多种经营，发展山区的农业、林业、畜牧业和各种土特产品生产。林业生产比重大的山区，应以林业为主，同时搞好农业和畜牧业、副业生产；在农林都占相当比重的山区，应农林并重，有的山区以农牧为主，农林牧并重；山区应以生产队为单位确定生产方针，尽力做到粮食自给。各地根据此次会议精神，大力开展山区建设，发展经济。

根据宪法保障自治县行使自治权利。自治区党委 1963 年 5 月 15 日批转《自治区民委党组关于自治县行使自治权利和加强少数民族散居、杂居地区民族工作的意见》，有计划地恢复 1958 年以后撤销的民族乡，在具备条件的少数民族地区新建民族乡或民族区，使散杂居的少数民族享受平等权利。

注意培养少数民族干部。1963 年 7 月 26 日，自治区党委同意并批转自治区民委党组《关于在“五反”和“社教”运动中加强对民族干部政治思想教育问题的报告》。《报告》提出应有意识地组织民族干部参加“五反”运动和农村“社教”运动，使之在运动中受到锻炼提高；强调培养少数民族干部要根据民族干部的特点，注意方式方法；县以上机关的少数民族上层人士（相当于县级的），可不进行“五反”；严肃而慎重地处理少数民族干部在运动中发现的问题等。在党和政府的大力培养和汉族干部的帮助下，少数民族干部数量得到较快增长。至 1963 年 11 月，广西少数民族卫生干部已达 3300 人，各个少数民族都有了本民族的医生和卫生人员。1964 年 11 月 13 日，自治区党委批转自治区党委组织部、统战部、自治区民委党组《关于培养少数民族干部问题的报告》。《报告》要求各级党委和有关部门，按照毛泽东提出的无产阶级革命事业接班人五个条件，有计划、有步骤地培养新生力量，把少数民族干部中优秀分子提拔到各级领导岗位上来。

在经济工作中，进一步加强和建立民族贸易公司。在自治区商业厅设民族贸易公司（对外称民族贸易局），在各民族自治县和少数民族聚居县设县民族贸易公司（民贸局）。1963 年 7 月 1 日正式成立都安、上思、隆林等16个山区县及自治县(人口共240万,其中少数民族196万人),在原有商业局、供销合作社和专业公司的基础上合并建立民族贸易公司。实行政企合一,负责全县购销业务活动,一套机构、一套人马,挂民贸局、民贸公司、供销合作社三个牌子。基层供销合作社保持原有形式不变,实行独立核算,自负盈亏。这16个山区县(自治县)及西林县为民贸县。1964年8月,民贸县经调整,由17个增至29个。继续贯彻执行民族贸易政策"不赚不赔,有赔有赚,以赚补赔"的方针,对农副土特产品实行"赔赚兼收""大小兼收""生熟兼收"的办法,针对一些不太合理的价格进行了调整;在供应上实行"促进生产,照顾习惯,保证必需",做好少数民族特需商品的供应;对少数民族地区的税收减免办法进行了调研调整,对山区少数民族缴纳工商各税实行照顾政策。这些政策,对促进山区经济发展,改善各族人民生活,增强民族团结等方面起到积极作用。11月21日,自治区人委根据财政部、民族事务委员会的有关规定,对民族地方的预算管理,实行"核定收支,总额计算,多余上交,不足补助,一定一年"的办法。适当增加民族自治地方的机动财力:一是另加5%的机动资金;二是预备费按5%计算(一般省市为2%)。按照这样安排,民族自治地方的机动财力,加上民族地区的补助费,相当于这些地区总支出10%左右。

调整民族政策,加强民族工作,调整了民族关系,加强了民族团结,巩固了工农联盟,调动和发挥了各少数民族的积极性,使他们能够集中力量恢复和发展农业生产,逐步恢复经济,改善人民生活,推动了民族地区经济社会的发展。实践证明,坚持党的民族权利平等和民族区域自治制度,尊重少数民族群众的民族特点和选择,在各民族平等团结的基础上,走共同繁荣、共同进步的道路,是社会主义社会中解决民族问题的正确原则。

第 十 五 章

广西发展路子的探索

在开展全面建设社会主义过程中，如何发展广西经济和社会事业，自治区党委进行积极的尝试和探索，取得有益的经验。

第一节 探索适合广西实际的工业发展路子

一、自力更生和争取外援相结合

“一五”时期，广西社会主义工业化建设开始起步，经济社会发展成就显著。但是，“一五”期间广西基本建设投资较少，建成的大中型项目不多，工业的发展规模与全国工业建设突飞猛进、快速发展的形势相比，还有很大的差距。就轻工业而言，虽然兴建了一批企业，但到 1959 年，自治区能调出的日用工业产品只有火柴、电池、轴线、糖、皮革、皮箱 6 种，能自给的产品有肥皂、日用玻璃、酒精等 12 种，能半自给的产品有机制纸、卷烟、灯泡、卫生衣等 8 种。大多数日用工业品都是依赖区外供应。基础工业如冶金、机械、化工、能源等部门尚待起步。广西工业的落后状况是很明显的，然而，在当时全国热火朝天地进行工业化建设的情况下，等待国家在广西安排很多建设项目，显然是不现实的，而地方的财力毕竟有限,技术力量也远远不够,时间又紧迫,广西无法一下子建造大批新企业。如何加快广西工业的发展,这是广西面临的现实问题。总结经济建设的经验,韦国清等自治区党委领导认识到,发展广西工业要从基础工业抓起,重点建设一批现代技术装备的骨干企业,以便能够自给和供应全自治区工业建设所需要的一般设备,以及供应农业所需的更多的机器和化肥。发展广西工业,主要靠自己的力量,发扬自力更生、艰苦奋斗的精神,同时也要靠外援:一是争取国家的支持,主要争取国家计划外的支持,包括设备、技术和人员培训等;二是争取兄弟省市的支援。采取重工业和轻工业并举的方法,在发展重工业的同时,加快发展轻工业。

根据党中央关于东部沿海发达的工业城市支援工业相对落后的内地和边疆地区,发展当地工业,推进当地经济发展,以促进国家的工业化进程的战略,国家调整工业布局,并安排上海等老工业基地企业外迁,支援内地和边疆地区。之前,广西为印制壮语文书籍,发展民族文化的需要,向中央提出过要求。在周恩来的关怀下,1956 年底将上海大东书局迁到广西,组建了广西民族印刷厂,有了上海企业设备、人才、技术的加持,广西民族印刷厂迅速成为广西印刷行业的领头企业。1958 年初,国家决定在广东茂名地区建一座大型炼油厂,同时建造一座年产 1 万吨的金属结构厂,为油城的开发建设服务。后来将该厂改设在地理位置好、交通便捷的广西柳州市,在国家建工部与上海市委的大力支持下,1958 年 11 月,上海华东钢铁建筑厂的设备和 527 名职工连同家属陆续从上海迁来柳州,同时带来了 47 台机器设备。另外,国家建工部还从西北金属结构厂抽调了 60 余名工程技术人员和管理干部,从北京等地分配来了一批大中专毕业生。1959 年,正在建设中的柳州建筑机械制造厂(该企业后来发展为著名企业“广西柳工”)承接了柳州钢铁厂两座 255 立方米炼铁高炉的制造任务,在半年时间内就完成了这两座广西历史上从来未有过的炼铁设备,给广西工业建设很大支持。在 1960 年、1961 年不到两年的时间里,柳州建筑机械制造厂完成了在建的西津水电站的 1000 多吨闸门制造任务,为西津水电站建设赢得了时间。这些为广西提供了有益的经验。

根据国家安排,1960 年,上海要外迁 108 个企业支援内地和边疆地区。自治区党委作出决定，除了每年兴建新厂外，直接向上海市求援，主动争取从上海搬迁一批工厂来广西安家落户。面对广西的求援，上海市委、市政府一再表示：广西需要什么样的工厂就提出来，我们能解决的一定解决。双方商定：一是搬迁一部分上海企业来广西；二是抽调一批上海技术工人、干部支援广西建设；三是广西派一批技术骨干到上海同行业企业中学习、培训。根据广西的实际，为尽快地形成生产能力，广西方面提出选择迁厂的4条原则：第一，要选广西缺门的轻化工厂；第二，要选广西有原料、有市场的工厂；第三，要选规模稍微小一些的工厂；第四，能连人带设备一起迁往广西的工厂。1960年1月，当时广西分管工业的自治区党委书记处书记、自治区主席韦国清亲赴上海，与上海方面的领导人曹荻秋等具体协商有关事宜。2月2日，广西与上海方面共同签订了迁厂协议，上海向广西迁出16家轻化工厂。为了办理迁厂事宜，广西组成包括各市有关人员的迁厂工作组。为顺利迁厂，建立与健全迁厂领导机构，依靠上海市委、市人委的领导，与行业党总支、专业公司密切联系，每一个迁出厂则组织包括党政工团妇5个方面的迁厂领导委员会或领导小组，从上至下建立与健全迁厂领导机构，保证迁厂工作的顺利进行。二是积极开展宣传动员工作，依靠上海市各级党政领导机关，层层深入发动群众，始终做好政治思想工作，做好迁厂教育。三是制定优惠政策，对职工们普遍关心的工资福利、家属迁移、迁厂费用、财务结算、资产处理、协作关系及协商办法7方面问题制定了相应的政策。16家企业，包括罐头、糖果、橡胶、钢精、服装、皮革、针织、制药、制锁、油漆等行业，分别迁入广西南宁、柳州、桂林、梧州4市。在广西、上海两地党委政府的领导下，搬迁厂的党、团、工会、妇女组织都做了大量的工作，上海支边企业的干部职工把支援广西当作一件光荣任务，响应国家的召唤，积极支持，踊跃报名，支援广西建设。迁厂工作顺利进行，从1960年2月至5月的4个月时间里，上海16家企业迅速、稳妥地完成了向广西的大迁移，随迁职工人数1672人，超过原总协议1481人的11.42%，随迁家属3086人。

二、上海支边企业的积极贡献

在20世纪五六十年代，先后有20多家上海企业迁入广西，统称为上海支边企业。上海企业支援广西建设，从沿海地区对边疆地区实行人才、技术、设备的大迁移，给落后的广西工业注入了“造血”功能，有力地促进了广西工业的发展。

1960年迁往广西的16家上海企业带来的主要设备共898台，原料及设备共迁来117个车皮，年生产总值达4733万元。这些企业的迁入大大增强了广西轻、化工业的生产能力，缩短了广西轻、化工业建设的时间。其中南宁市7个厂迁来的设备共356台，固定资产合计56.2081万元，年产总值可达2053万—2660万元。

上海迁厂为广西工业建设提供了十几个行业的熟练技术人才，为工业发展奠定了人才基础，这些企业跳过了人才的原始积累阶段，并以老带新，通过传帮带，迅速地提高新工人的技术水平，滚雪球似地形成一支庞大的工业技术队伍。如上海支边职工的佼佼者中，就有创造了“顾秉千先进工作法”的大东印刷厂顾秉千。另据统计，1960年5月迁来南宁的上海7厂支边职工689人，包括食品、橡胶、制革、服装、钢精工业行业的技术人才，其中有10年以上工龄的418人，占总数的60.7%。另外，掌握着各种专业技术的随迁双职工159人，分布在冶金、机械、电器、纺织、轻工、化学等工业行业。

20世纪五六十年代广西工业的重心在湘桂铁路线上的中心城市南宁、柳州、桂林，以及西江走廊的梧州市，重点发展重工业的柳州安排了机械和纺织的支边企业，大多数轻化工厂放在其余三个以轻工业为主的中心城市。这种安排，既根据资源和市场情况合理分配布局，又依托城市进行建设，扬长避短，发挥优势，有利支边企业的发展。地处桂中腹地的柳州，交通极为便利，市场前景广阔，国家建工部舍茂名而择柳州，建立柳州建筑机械制造厂（柳工前身），使它的发展有了较大空间。南宁地处亚热带，罐头和糖原料十分丰富，解决了上海如生罐头厂和华记糖果厂外迁发展问题。原来年生产2000多吨，为上海罐头行业“小老五”的如生罐头食品厂，迁厂南宁后生产规模迅速扩大，1971年突破了1万吨的迁厂设计能力。华记糖果厂迁到南宁,发展迅速。“桂林山水甲天下”,气候温和,空气清新,交通便利,对重点发展医药工业极为有利;上海唐拾义药厂加入桂林市制药厂,生产上优势互补,建立了新的综合型化学制药企业——地方国营桂林制药厂。桂林制药厂得天独厚,后来发展为广西医药工业的骨干企业。为了让上海支边企业迁得来,也留得住,得到发展,自治区党委和政府采取了多种措施。如60年代国民经济调整时期,柳工的建设几经波折,一度要合并到唐山厂去,自治区党委一再挽留,并力主它继续在柳州独立发展。广西从1959年就开始实行支边职工的工资优惠政策,1959年3月,自治区人委规定,从外地调进广西参加生产建设的职工,暂维持原工资标准,执行调入单位的奖励、津贴和劳保福利待遇。这些政策以后又数次重申,就是在国民经济三年困难时期也未改变。这些政策,对当时迁来广西的职工安心建设广西起到积极的作用。自治区主要领导十分关心支边企业职工,经常询问他们的生活和生产情况。在三年经济困难时期,物资供应困难,但对上海支边企业职工保证供应,在南宁支边企业集中的地方,设立副食品供应站,为支边职工服务。在事业上给予支边职工发挥才能的天地,对成绩突出的,广西地方党委和政府授予他们各种荣誉。

上海支边企业很快就在当地投产。1960年迁入南宁的7家工厂经过两个多月的努力基本完成了设备安装以及基建工作,7月1日前,橡胶、钢精、糖果食品、衬衣、罐头5厂开工投产。在桂林,支边企业边准备、边安装、边生产、边革新,5月份就生产出产品。迁厂当年,16家企业都全部投产,取得了经济效益。1963年10月18日《广西日报》报道,从上海迁来广西的16家企业三年来生产了钢精制品、橡胶制品、皮革制品、人造丝织品、日用五金和儿童玩具等上千种轻化工业产品,很受各族人民欢迎。

上海支边企业带来的设备、技术以及生产项目,填补了广西诸多工业行业的空白,为广西工业发展实现多个“零的突破”:广西民族印刷厂的投产,结束了广西依赖外省印制课本的历史,填补了印刷行业的空白。柳州建筑机械制造厂(即柳工)使广西有了工程机械的专业厂家。柳州市标准件厂,是广西当时规模最大的标准件专业厂。南宁罐头食品厂和南宁市糖果食品厂的投产,使广西食品工业具有出口罐头的生产能力;

系列高级糖果丰富了人民的物质生活。南宁橡胶厂,开创了广西生产胶鞋的历史。桂林乳胶厂第一个产品——气球试产成功,揭开了广西乳胶工业的历史。南宁市钢精厂的开工投产,结束了广西不能生产铝制品的历史。桂林制药厂成为广西最大的综合型化学制药企业,结束了广西不能生产化学原料药的历史。桂林市纸盒厂,填补了区内纸类包装生产的空白。桂林市锁厂,是国家轻工业部定点生产锁具的厂家之一,也是广西唯一的国营制锁工厂。柳州市针织厂,是广西第一家生产针织涤纶面料的厂家。柳州市第三棉纺厂,是广西第一家生产工业帆布的厂家。梧州市造漆厂,是广西第一家专业生产油漆的厂家,结束了广西不能生产涂料的历史,填补了广西这一生产领域的空白。桂林市皮件厂,试制成功橡胶球的球胆,填补了广西该项目的空白。

第二节　对农业生产责任制的探索

一、龙胜实行多种形式的农业生产责任制

党对国民经济调整的政策得到广大群众的拥护,而严重困难的经济形势,也促使人们寻找多种途径来渡过难关。在这个时期,各种形式的农业生产责任制的出现和推行,是最为突出的现象。各种形式的生产责任制不仅有效地促进了农业生产的恢复和发展,而且对农业集体化之后适合我国农村生产力水平的生产管理方式作了积极探索。农村人民公社基本核算单位下放到相当于原来初级社规模的生产队以后,农民积极性有较大提高。同时,包括包产到户在内的各种农业生产责任制度,在许多地方自发地搞了起来。事实上,自合作化以来,每当党提出调整农业集体经济组织内部的生产关系时,广西都有农民自发地搞包产到户,虽然屡被制止,但一有机会又重新出现。这个情况说明,作为集体经济内部一个层次的家庭经营,适合广西不少农民的需要,适应当时我国农业生产力发展的水平。广西各地出现多种经营形式和生产责任制,如临桂县四塘公社自信大队,自 1961 年开始在少数生产队试行联产承包责

任制,1962 年和 1963 年在更大范围实行,直至全面推行。阳朔县双桥公社双桥生产队,从 1962 年春耕开始,实行田间管理责任到人,即大段农活包工,农活分段统一安排,固定地段,连续包工到人的责任制。三江侗族自治县 1961 年至 1962 年有 23.7% 的生产队实行了包产到组、到户。龙胜各族自治县实行包产到户的生产队超过 40%。凡实行了包产到户的,效果大都较好,很受农民群众和基层干部的欢迎。

地处偏远山区的龙胜根据实际情况,采取灵活多样的农业经营形式。据调查,在 1961 年冬至 1962 年春,全县 1914 个生产队主要实行了 4 种经营方式:一是生产队集体统一经营,即统一生产计划,统一调配劳力,统一分配。二是基本上统一经营,即统一生产计划,将部分耕地或全部耕地按劳力或人头或人头与劳力一定比例包到户,按田亩确定工分数量,实行长年包工,不定产量,产品全部归生产队收获和分配,搞得好的,给予一定工分或实物奖励。采用上述两种经营方式的共 866 个队,占总队数的 45.2%。三是将全部耕地按人头、劳动力或人头与劳动力一定比例,包工包产到户,包产以内的按产计分,统一分配,超产部分与生产队按比例分成,或全部归社员,欠产照罚。这样做的队有 830 个,占总队数的 43.4%。四是按人口或基本口粮将田地分到各户,谁种谁收,各交各的公购粮;对五保户和困难户有适当的照顾。这种队有 218 个,占总队数的 11.4%。另外还有少数在山区居住分散、交通不便的户和生产组,经县批准,可包干上交公粮。上述经营管理形式,简单概括就是:集体经营、包工不包产、包工包产、包产到户、包干上交。龙胜实行多种形式的生产责任制,因地制宜地改善劳动组织、计酬方法和经营方式,在没有变更基本生产资料集体所有制的前提下,取得了较好的成效。特别是实行包产到户,在农业生产中突破了集体劳动和集体分配的模式,有效克服了平均主义,调动了农民的生产积极性。

对于实行包产到户,党内从一开始就有不同看法。1961 年 3 月,毛泽东同意进行试验,但不久又表明了否定态度。这年 12 月,毛泽东表示,农村以生产队为基本核算单位以后,不能再退了,这是最后的政策界限,“责任田”这类办法没有必要再试行下去。此前,11 月 13 日,党中央在《关于在农村进行社会主义教育的指示》中也强调:“目前在个别地方出现的包产到户和一些变相单干的做法，都是不符合社会主义集体经济的原则的，因而也是不正确的”，并要求“逐步地引导农民把这些做法改变过来”。龙胜的做法在全自治区引起震动，也引起中南局和中央的关注。自治区监委和中央监委于1962年春，先后通报批评了龙胜等县实行“包产到户”的做法，认为这是在“闹单干”。尽管中央要求纠正包产到户，但纠正起来却并不容易。因为基本核算单位下放到生产队以后，虽然基本上结束了队与队之间的平均主义，但是户与户之间的平均主义问题没有完全解决。要调动农民的积极性，度过经济困难，恢复农业生产，必须想办法克服平均主义。包产到户正是克服户与户之间平均主义的劳动分配形式，这是它受到欢迎的根本原因。要纠正“包产到户”等做法很困难，许多农民不愿意改，有的明改暗不改，部分党员干部也主张形式多样的农业经营形式。1962年2月28日，中共中央批转中央监委《关于广西农村有不少党员干部闹单干的情况的简报》，提到广西各县在贯彻以生产队为基本核算单位的训练干部会议上“暴露出很大一部分农村公社以下干部，有分田到户，包产到户，恢复单干的思想倾向”，一般占到会干部总数的25%左右；在生产较好的地区，有这种思想和行为的约占15%；“五风”和受灾减产严重的地区占60%。由此可见当时主张搞“包产到户”的人数在广西农村基层干部中占了相当比例。有不少生产队已经实行包产到户或分田单干，其中龙胜已有42.3%的生产队已经包产到户；三江的15.3%包产到户，8.4%包产到组；有的公社56.2%的生产队已分田单干。

龙胜等地对农业生产责任制的探索，引起自治区党委、中南局、中央的高度重视。1962年4月中旬，正在考察农村工作的中共中央农村工作部部长邓子恢带领中央调查组到广西龙胜了解实行包产到户的情况，了解到龙胜山多平地少，水田更少，粮食不能自给，居民分散，人民公社化生产的弊端更加突出。对此，他提出，“要从有利生产、有利团结出发，实事求是地解决包产到户问题”①。他认为，农民居住分散的地方可以宣布搞包产到户。这些意见表达了对龙胜实行农村生产责任制的支持。

① 邓子恢：《关于龙胜县的包产到户问题》（1962年4月11日），《邓子恢文集》，人民出版社1996年版，第584页。

1962年5月，邓子恢将一年来对福建、黑龙江、广西、湖南、河南等五省（区）调查研究的结果写成书面意见给党中央、毛泽东，提出应当允许社员在一定范围内经营一些“小自由小私有”，认为这种小自由小私有在当前农业生产力水平的阶段，是最能调动农民积极性和责任心的。他还认为，建立生产责任制，“这是今后搞好集体生产、巩固集体所有制的根本环节”①。7月，他在中央高级党校作报告，更系统地阐述了实行生产责任制的问题。他指出：要调动社员的积极性，必须有严格的责任制，而农业生产责任制不和产量相联系是很难办的。不能把包产到户说成是单干，因为土地、生产资料是集体所有，不是个体经济。至于“单干”，要分析原因。他举了广西龙胜的例子，说龙胜有60%“单干”，其中一个原因就是山区分散，一个小村庄只有三四户，两个村看起来很近，走起来很远；这种情况下的“单干”或者叫包产到户，只要按照国家要求完成征购任务，实际还是社会主义的。

6月，中共中央中南局第一书记陶铸、书记王任重到龙胜调查研究，并于6月6日和7日召开关于巩固集体经济问题座谈会。这次座谈会记录刊载于《中南通讯》。记录说：龙胜执行“农业六十条”以来，多数人积极寻找改进集体经济经营管理的办法，以求迅速增加生产，改善生活。这是龙胜目前形势的主流。原来估计全县有60%—70%的生产队单干了，实际上没有这么多，基本上单干的有20%—30%，完全单干的大约有10%。关于划分集体经济和单干的界限，集体经济最基本的是四条：一是主要生产资料集体所有，二是生产统一计划安排，三是集体劳动，四是生产收入统一分配。为了巩固集体经济，目前工作的重点是努力办好一批生产队，做好示范工作，而不是采取行政命令的办法硬性地去“纠”或“扭”那些单干户。关于目前巩固集体经济的方针，记录提出：第一，对目前出现的各种生产管理形式，要根据上面说的四条原则准确地判明它究竟属于什么性质，谨慎对待。对确实是单干的，要认真进行说服教育，反复说明单干是没有出路的。我们不赞成单干，劝他们不要走这条

---

① 邓子恢：《关于当前农村人民公社若干政策问题的意见》（1962年5月24日），《邓子恢文集》，人民出版社1996年版，第594—595、598、599页。

路。如果他们一定要再试一试,我们也只有等待,不要强迫。但是共产党员必须走集体经济的道路,凡坚持单干道路屡教不改的,应当加以纪律制裁,直至开除出党。第二,从各方面巩固生产队集体经营,必须逐步做好的工作是:明确和稳定所有权,继续克服“共产风”;适当调整征购任务;改进和调整农副产品收购中的换购与奖售工业品的办法;改善生产队的经营管理;发展多种经营。改善经营管理是一个很重要的问题,如果不搞好经营管理,建立严格的生产责任制度,集体生产是不可能搞好的。后来陶铸、王任重向中共中央作了《关于巩固生产队集体经济的问题》的报告,肯定龙胜各族自治县生产队实行的经营管理形式,是“积极寻求改进集体经济经营管理的办法,以求迅速增加生产,改善生活”,“基本属于社会主义集体经济性质”。对集体经济的集体劳动问题,报告认为“主要是劳动力由生产队统一调配,而不是所有的农活,都要大家挤到一块,集体去干”。报告提出,要按照自愿和示范两条原则,进行艰苦的工作,树立榜样,引导农民办好集体经济,走社会主义道路,不能采取强迫命令的办法去纠正单干的问题。

当时,中央一线领导人比较一致的看法是,包产到户和分田单干这些措施是临时性质的,是权宜之计。待生产恢复了,再把农民重新引导到集体经济。主要出发点是,希望因地制宜,采取最适合当地情况的方法,促进农业的发展。围绕农村中关于“单干风”和集体经济问题的讨论,毛泽东、党中央认为涉及到是走资本主义道路还是走社会主义道路问题,党内必须统一认识,统一行动。1962 年 7 月中旬,中共中央为 8 月举行的中央工作会议印发《关于进一步巩固人民公社集体经济,发展农业生产的决定(草案)》,向各中央局、各省市区党委、中央各部委、国务院各部委党组征求意见。7 月 22 日,毛泽东看了陶铸、王任重召开座谈会的记录并批示印发中央工作会议各同志,指出:“这个文件所作的分析是马克思主义的,分析之后所提出的意见也是马克思主义的。是否还有可议之处,请各位同志研究。并且可以发给省、地两级去讨论”[①]。8 月

① 《毛泽东关于印发巩固生产队集体经济问题的座谈会记录的批示》,中共中央文献研究室编:《建国以来重要文献选编》第 15 册,中央文献出版社 1997 年版,第 541 页。

1日,毛泽东批语和陶铸、王任重召开座谈会的记录以中共中央文件印发。8月6日至8月下旬,中共中央政治局召开中央工作会议,讨论了农业等方面的问题,把一些农村的“包产到户”做法和邓子恢、陈云等对这种做法的支持,批评为“单干风”。9月24日至27日,党的八届十中全会召开,会议再一次错误地批判所谓“单干风”等。会议通过了《关于进一步巩固人民公社集体经济,发展农业生产的决定》。这以后,广西把“包产到户”作为“单干风”来批判,强令“纠正”,农业生产责任制的探索遭受挫折。

二、玉林试行农业田间管理生产责任制

在国民经济调整时期,农业生产责任制在广西几起几落。1962年龙胜的包产到户被批判后,1964年,玉林的田间管理生产责任制悄然兴起。

玉林地区地处桂东南,人多田少,生产队规模偏大,每队劳动力少则二三十人,多则上百人,全队一起出工,常常出现一窝蜂现象,效率不高,质量难以保证。1964年11月被下放到广西玉林参加“四清”[①]运动的国务院副总理邓子恢(后改任全国政协副主席),经过调查和深思,提出在玉林建立农业生产责任制,得到了当地党委领导的支持,一场包工到组、包工到户的试验借助“四清”运动展开。邓子恢同志在玉林倡导的农业生产责任制思想是大农活小段包工到组,小农活大段包工到户。其具体做法和形式主要有四种:第一种,建立、健全劳动组织,初步建立一些责任制。做法是:落实农村副业专业人员,整顿健全作业组,建立检查验收制度,开展组与组、人与人之间比、学、赶、帮运动。第二种,民主排工。其做法是:由队干、贫协筹委民主讨论,议订民主排工方案,然后交由社员大会民主讨论,通过执行,打破过去那种晚晚排工、天天喊出工的做法。第三种,健全收农家肥制度,任务落实到户,定期专人收沤。其做法是:合理确定各户的交农家肥任务,合理调整交肥报酬,强调按质付酬,确定专人定期收肥。第四种,建立田间管理小包工责任制。主要包括:

① 即清理账目、清理仓库、清理财务、清理工分。1965年1月后改为清政治、清思想、清组织、清经济。

定技术，定任务，定田块，定人员，定报酬，定奖惩。首先在开展“四清”运动的南江、福绵、名山、茂林四个区试点，推行田间管理大段包工到组、小段包工到户的责任制，由承包者根据生产队提出的管理措施以及应达到的质量标准、时间要求，自主进行农事活动，生产队定期进行检查验收，符合质量要求的按定额付给工分，超过要求的另给奖励工分，达不到要求的扣罚工分或返工重做，既改变了“出工一条龙，干活一窝蜂”和干活只顾工分、不顾质量的现象，适应农村特点，发挥了家庭单位作用，又简化了管理方法，避免了生产队天天排工、晚晚评工分的繁琐程序，受到干部群众的欢迎，推动了生产发展，面上的生产队凡是实行田间管理责任制的，人的精神面貌和生产面貌都发生了很大变化，生产效果十分显著。

庆丰公社长淇五队责任制抓得最早，效果明显，玉林地、县委领导和“四清”运动分团办公室的同志到长淇五队召开现场会，接着又组织干部和群众数千人到该队参观学习。田间管理责任制在“四清”运动点上得到迅速推广，仅南江区就有占总队数 87% 的 477 个生产队推行了这种制度。1965 年，4 个试验点粮食总产量达到 6911 万公斤，比上年增产 1887.5 万公斤，增长 37.5%，是农业合作化以来当地田间管理质量最好、粮食产量增幅最大的一年。田间管理责任制在“四清”运动点上试点推广后，介绍到面上推行。在面上推行，也是先经过试点，群众认为确有效果后，再逐步普及推广。

玉林农业生产责任制试验获得的成功，为农村生产经营管理改革积累了经验，但后来在“文化大革命”的内乱中，这一改革因不断受到批判而夭折。

第三节　特色民族文化资源的挖掘和利用

一、民族文艺的新成果

自治区成立以后，自治区党委高度重视广西各少数民族文化遗产的保护利用，组织开展了大规模的发掘、整理和研究。1961 年，以历史为经，以文学形式为纬，概述广西壮族文学演变和发展的《广西壮族文学（初稿）》由广西人民出版社出版。1962 年起，《瑶族文学资料》《侗族文学资料》《苗族文学资料》《毛南族文学资料》也相继编印成册。左江壁画是古代壮族先民遗留下来的宝贵文化遗产。1962 年 7 月至 8 月，广西对壁画进行了大规模的考察，对具有代表性及独特的图像进行描绘和拍照。在调研研究的基础上，自治区人民政府于 60 年代就把左江崖壁画列为自治区重点文物保护单位。

广西素有“歌海”之称，在长期的社会发展和日常的生产劳动中，广西各族群众喜欢也善于用歌谣来表达自己的生活和斗争，抒发自己的感情，对现实的不满、对生活的热爱、对亲情的歌颂、对爱情的追求、对世人的教育、对理想的憧憬，等等，都可以以歌代言，以歌言志。在诵唱祈望或对歌活动中，逐渐涌现出一批批能歌善唱的歌师，并成为人们的崇拜偶像，其中的佼佼者，则被誉为“歌仙”而受到人们的普遍崇拜，成为其民族能歌善唱的化身。随着著名“歌仙”的逝去，又被人们所神化，奉为“歌圣”“歌神”，成为人们供奉和祭拜的偶像。刘三姐，聪慧机敏，歌如泉涌，优美动人，是壮族民间传说中的“歌仙”。她是壮族及其先民热爱山歌、善唱山歌的化身；刘三姐身上所具备的敢于与封建制度作斗争、敢于挑战强权势力的反抗精神，则集中体现了壮族人民乃至广西各族人民敢于斗争、敢于抗争的反封建斗争传统，具有强烈的生活和时代气息。宜山县文艺工作者和民间艺人挖掘整理并公开发表关于《刘三姐》的民间传说和民间故事，创作了叙事山歌《“歌仙”刘三姐》。在大量民间传说故事和民间山歌材料的基础上，刘三姐戏剧现象开始出现。

这一时期，通过培养提高民族文艺人才，繁荣民族文艺创作，活跃群众文化生活，广西在民族文艺工作方面取得显著成果。苗族的《芦笙庆丰收》、瑶族的《瑶族婚礼舞》、壮族的《横鼓舞》、汉族的《田头乐》等优秀文艺作品在 1959 年自治区第三届群众业余文艺创作交流大会中脱颖而出，深受群众的喜爱和好评。在庆祝中华人民共和国成立十周年文艺汇演中，节目丰富多彩，有桂剧艺术团的《一幅壮锦》、彩调团的《壮志雄心》、评剧团的《三看御妹》，还有歌舞团、杂技团、木偶剧团、壮剧团以及众多的业余剧团表演的《民族大团圆舞》《壮族横鼓舞》《丰收舞》等。

1964年11月至12月间，全国少数民族群众业余艺术观摩演出在北京举行。这次观摩演出会，是我国少数民族文化艺术的大检阅。期间，全国50多个少数民族的代表，演出了各具民族特色的优秀节目，得到了毛泽东、周恩来、刘少奇、朱德、邓小平等党和国家领导人的赞赏和亲切接见。广西壮族自治区代表团是由壮、瑶、苗、侗、仫佬、毛南、彝7个少数民族的业余演员组成。他们带来了具有浓郁的南方色彩和丰富多彩、小型多样、风格别致的歌舞艺术。主要有德保壮族二声部民歌《向阳花开朵朵红》、环江毛南族民歌《比学赶帮万里浪》、瑶族民歌《齐心团结赶大寨》、侗族笛子歌《侗家好风光》等。民间舞蹈节目也相当丰富，有《春插》《收割乐》《采八角》等。其中《春插》《采八角》、表演唱《新风赞》等分别由长春电影制片厂、中央新闻电影制片厂拍成电影。

二、优秀作品《刘三姐》

为了尊重戏曲艺人的劳动和保障艺人的合法权利，省委宣传部和自治区人委先后于1956年、1958年发布了《关于尊重艺人劳动、保障职业剧团和艺人正当权益的指示》《关于确保戏曲艺人合法权利的通知》，并举办戏曲干部培训班和创建省级文化艺术干部学校和戏曲学校，旨在改革和指导戏曲创作，培养新时代的文艺工作者。在挖掘整理民间故事和传说基础上，创作了《刘三姐》等一批优秀戏曲作品。

1958年冬，为选定具有民族特色和地方特点的题材作为向国庆十周年献礼剧目，中共柳州市委宣传部和柳州市文化局召开座谈会，经过讨论和反复研究，选定民间传说“歌仙刘三姐”作为创作题材。1959年4月，彩调剧《刘三姐》参加全自治区国庆献礼剧目汇报演出，报刊、会刊和群众评议都给彩调剧《刘三姐》以较高的评价，也获得前来观看演出的中国戏剧研究院院长张庚和戏剧家贺敬之的充分肯定。12月22日，自治区领导韦国清、覃应机以及参加第一届自治区人大二次会议的代表和政协自治区一届二次会议的委员、特邀人士一起观看了柳州市彩调团的演出，《刘三姐》引起广泛关注。中国戏剧家协会专门召开《刘三姐》剧本创作座谈会，还派著名剧作家、词作家乔羽等前来广西进行剧本的创作和加工，《剧本》月刊发表了该剧《对歌》一场的内容。

1960年1月，自治区党委发出了《关于举行全区〈刘三姐〉文艺会演的决定》，并于当年3月举行了一次全自治区的《刘三姐》文艺会演。在会演期间，上演了彩调、歌剧、歌舞剧、粤剧、采茶、壮剧、师公戏、邕剧、桂剧、山歌剧、木偶、牛戏等10多个剧种的《刘三姐》版本。参演的有6个专区的代表团、自治区直属单位的各民族创作人员、演员等共1400人，除了少数人是专业剧团的演员外，绝大多数是工人、农民、教师、学生和机关干部。会演总共历时17天，共进行了40多场演出和汇报演出。

1960年7月始，自治区文化局成立了整理改编小组，重新对《刘三姐》剧本进行整理，在柳州版剧本的基础上，吸收各专区、市会演的部分情节，将彩调剧改编为民间歌舞剧。8月，歌舞剧《刘三姐》进京公演，引起了轰动。在京期间，中央有关部门在中南海怀仁堂共安排了4场演出，毛泽东观看了第4场演出，对该剧给予了充分的肯定。在北京汇报演出后，剧团开始到全国各省（市、区）巡回演出，先后在北京、太原、大连、上海、广州、武汉、郑州、洛阳等20多个城市，进行了500多场巡回演出，历时1年，观看演出的观众达60万人次。此外，《刘三姐》剧团还到福建前线进行慰问演出，春节期间又到广东深圳为港澳同胞演出。1963年3月，巡演至广州时，叶剑英元帅观看了演出并即兴赋诗赠予广西《刘三姐》剧团。《刘三姐》剧团在全国巡回演出期间，举办了21次座谈会。中国戏剧家协会主席田汉亲自主持北京座谈会，首都文艺、戏剧界知名人士30多人到会。歌舞剧《刘三姐》的巡回演出在国内掀起展演热潮，从1961年1月至5月，全国有88个专业剧团演出《刘三姐》。《刘三姐》也风靡海外，印度尼西亚、日本先后用英语和日语演出。全世界出现了多种不同版本的《刘三姐》及研究《刘三姐》的资料。

1960年，长春电影制片厂决定根据舞台戏剧原型，将《刘三姐》改编成彩色风光音乐故事片《刘三姐》。电影剧情以刘三姐与地主莫怀仁进行斗争的故事为线索，讲述莫怀仁霸占茶山禁止百姓采茶，并禁止老百姓唱山歌，刘三姐利用对歌的形式战胜了莫怀仁。莫怀仁怀恨在心，将刘三姐抢走，以此来威胁老百姓。刘三姐在老百姓的帮助下得以逃脱，继续用歌声鼓舞民众，唤起群众的反抗意识，与封建势力进行不屈不挠的斗争。影片于1961年公映，好评如潮。《刘三姐》于1963年获得了第二届《大众电影》百花奖最佳摄影奖、最佳音乐奖、最佳美术奖。刘三姐的扮演者黄婉秋，成功地塑造了刘三姐典型的艺术形式。影片中富有壮族特征的生产、生活场景和优美的山歌，为《刘三姐》赢得了广泛的声誉。影片中所反映的与封建势力斗争的精神，使得《刘三姐》具有深刻的教育意义和鞭策力量。

在党的领导和党的文艺政策指引下，通过对刘三姐这一民族民间故事的发掘、整理和推广，推出了在戏剧、音乐、影视等方面相关刘三姐内容的一批艺术精品，使“刘三姐”成为壮族文化的典型代表，也成为广西持续时间最长、覆盖面最大、最具影响力和代表性的文化现象。

第 十 六 章

国民经济调整任务的完成和三线建设的起步

根据中央的继续调整国民经济的决策，中共广西壮族自治区第二次代表大会部署国民经济的继续调整任务。在自治区党委领导下，经过各族人民共同努力，顺利地完成国民经济调整任务，广西的社会主义建设事业出现了前所未有的良好局面。美国侵略越南战争全面爆发后，中央作出了援越抗美的重大决策，自治区党委按照中央的决策部署，动员全自治区的力量，坚决执行援越抗美和加强战备的各项任务，大力开展三线建设，广西经济建设进入一个新的阶段。

第一节　中共广西壮族自治区第二次代表大会的召开和党的建设的加强

一、中共广西壮族自治区第二次代表大会的召开

1962 年 10 月 20 日至 31 日，中共广西壮族自治区第二次代表大会在南宁召开。出席会议的正式代表 509 名，列席代表 185 名，代表了广西 40.67 万多名党员。大会的主要议程包括：传达中央八届十中全会精神，讨论广西的形势和任务，选举中共广西壮族自治区第二届委员会委

员、候补委员。

自治区党委第一书记韦国清[①]代表自治区党委作了《关于目前形势和我们的任务》的报告，肯定了“大跃进”运动以来广大干部群众自力更生，奋发图强，大干、苦干、拼命干的战斗精神以及几年来大规模农田水利基本建设与工业基本建设的成绩，指出由于在农村中贯彻中共中央《关于农村人民公社当前政策问题的紧急指示信》（即“农村十二条”）、《农村人民公社工作条例（修正草案）》（即“农村六十条”）和调整国民经济的有关方针政策，确立了农村人民公社的各级所有制，调整了国家、集体、社员家庭三者之间的关系，党和群众的关系进一步改善。在工业中贯彻调整、巩固、充实、提高的方针，使全自治区国民经济的比例关系逐步趋向合理。报告肯定广西党的各级领导干部深入基层，调查研究，实事求是，与群众同甘共苦，团结一致带领各族群众度过了三年国民经济困难时期，为新的生产高潮打下了基础。

会议提出，要根据中央制定的以农业为基础、以工业为主导的发展国民经济总方针，以及党在农业问题上的政策，进一步调动农民的集体生产积极性；动员全体人民，支援农业，进一步巩固集体经济，发展农业生产。一是继续贯彻执行党在农村的各项政策，坚决执行中央关于以生产队为基本核算单位 30 年不变的规定、按劳分配政策、正确处理生产队集体经济与社员家庭副业的关系等党在农村的各项政策；二是采取一系列措施，实现农业技术改革，提高生产力；三是动员国民经济各部门的力量，积极支援农业，支援人民公社集体经济；四是加强生产队工作，争取在二三年内，把广西 24 万个生产队全面地、分期分批地整顿好、建设好。

会议强调必须进一步加强党的领导。要求加强阶级教育、社会主义教育，加强党的民主集中制，反对分散主义倾向，克服本位主义、个人主义等思想，坚决执行上级的政策和指示。加强和整顿基层组织，加强干部队伍建设，改进工作作风，加强监督，增强团结。会议通过了取消地（市）、县委书记处，改变专职书记名称的决定。会议决定挑选一批忠于

---

① 1961 年 7 月，中央调自治区党委第一书记刘建勋去河南省工作，任命韦国清为自治区党委第一书记。

人民，有相当工作能力，懂得走群众路线的干部，去加强专区、县、区和人民公社的领导班子，充实各级组织，同时积极地、有计划地培养少数民族干部。

会议通过了自治区党委《关于目前形势和我们的任务的报告》以及《为迎接以农业为中心的生产高潮而奋斗的决议》，确定全自治区经济建设的任务是：动员全党全民力量，支援农业，发展农业生产，以推动全自治区国民经济新的全面高涨，要求在三年内，把粮食、生猪和花生、甘蔗等几种主要经济指标恢复到1957年的水平。大会选举产生了自治区党委第二届委员会。二届一次全体会议选举韦国清（壮族）为自治区党委第一书记，乔晓光为常务书记，伍晋南、贺希明、覃应机（壮族）、安平生为书记处书记，霍泛、欧致富（壮族）、傅雨田（锡伯族）、李殷丹、卢绍武（壮族）、钟枫、石堂、葛震为常委。选举了自治区党委监察委员会委员、候补委员、常务委员和正副书记，伍晋南为书记，石堂为副书记。

二、加强党的建设

整顿党的基层组织。1961年6月23日至7月14日，自治区党委在南宁召开地（市）、县三级干部会，总结三年来的经验，贯彻中央对国民经济“调整、巩固、充实、提高”的方针。会后，自治区党委发出通知，要求各级党组织必须认真抓好人民公社生产大队的党支部建设及农村党支部的教育工作。调整了规模过大的社队和城市区、街，相应地调整和建立党的基层组织，调整后的基层党委达到2200余个。在农村86%的生产大队中建立了党支部，加强了基层党组织的核心领导作用。认真选配了大批经过十多年社会主义革命和社会主义建设的锻炼，成分好、思想好、作风好和有生产经验、革命斗争经验、管理经验的干部，充实了县、社、大队三级领导，使基层党组织发挥了开展调整工作的组织保证作用。按照中央指示精神部署了重新教育干部、党员的任务。针对1958年以来接收新党员较多，有相当一部分不具备党员条件，一些基层单位党的组织生活不正常，纪律涣散等情况，各级党组织普遍进行了重新教育党员的工作。在农村主要是以区和公社为单位，办短期训练班；在城市，由单位党委或区委利用业余时间或脱产集中进行，开展党的基本知识和党的优良传统的学习。干部轮训对象，主要是大队或单位党支部书记以上的各级领导干部（包括行政领导干部），分期分批在自治区、地（市）、县各级党校集中进行。到1962年底，党员的教育和干部的轮训工作基本结束。通过教育和轮训，广大基层干部和党员的思想得到了很大提高，活跃了党内民主生活，较好地解决了党组织内存在的问题，党支部的战斗力得到加强。

1963年5月3日，自治区党委召开二届二次全体会议。会后在全自治区45个县161个公社进行社会主义教育运动试点。同年12月，自治区党委批转组织部《关于结合社教运动整顿党的基层组织的意见》（简称《意见》），要求所有党员都要受到一次深刻的阶级教育和社会主义教育，把党组织中的问题提出来，有重点地对党员的社会成分、阶级立场、政治历史和思想作风进行审查，把蜕化变质分子和混入党内的地、富、反、坏分子清除出去，对犯有严重和比较严重错误、屡教不改的党员进行适当处理。根据《意见》，全自治区整顿了614个公社，666个自治区、地（市）、县机关和企事业基层组织。经过整顿教育，清除蜕化变质分子和严重违法乱纪分子出党，处理消极落后的党员，取消不合格的预备党员的资格。1965年2月以后，全自治区的社会主义教育运动改为“四清”（清政治、清经济、清思想、清组织）运动。9月21日，自治区党委组织部提出《关于在“四清”运动中整顿党的基层组织和加强党的建设问题的报告》，经自治区党委批准在全自治区开展“四清”运动的单位贯彻。1965年9月至1966年7月，全自治区结合“四清”运动对3167个农村党支部进行了整顿。通过思想整顿和组织整顿，撤换和选掉了约40%的支部委员。据武鸣、玉林、苍梧、兴安、融安、靖西6个试点县的不完全统计（缺21个支部），退党、不予登记、开除党籍、取消预备党员资格的占11.38%。

恢复组织员制度，建立联系群众制度。1961年11月，中央发出关于加强对组织员教育管理的指示，提出要重新恢复组织员[①]制度。1962

① 组织员是党委组织部门所设的一种职务。始于1952年，1955年1月被取消。主要设在县（市、区）和国有大中型企业、普通高校。组织员的主要任务是按照党委和组织部门的要求，协助党组织做好发展党员工作和对党员的教育管理工作。

年 11 月,自治区党委根据中央的指示精神,同意全自治区配备 500 名组织员,编制计入支援农业 2500 名干部名额中。自治区党委组织部按甲等县 7 名,乙等县 6 名,丙、丁等县 5 名,地委 7—10 名的原则进行分配,明确组织员的条件和职责,规定其他部门不得占用组织员的编制,也不得随便抽调组织员从事其他工作。1965 年 9 月,自治区党委组织部要求党的基层组织,必须建立联系群众的制度,通过这一制度,经常对党员进行群众观点和群众路线的教育;每个党员都要交两三个知心朋友,学习雷锋,为群众办好事;党的基层组织要加强对贫下中农协会和群团组织的领导,通过他们联系各方面的群众;党支部每季度召开一次群众座谈会,特别是贫下中农和老工人座谈会。通过这些活动,了解群众的意见和要求,帮助群众解决问题,向群众宣传党的方针政策,进一步密切了党群关系,较好地完成党的各项任务。

加强民主集中制。1962 年 9 月,自治区党委发出通知,要求全体党员、干部深入学习中共中央关于民主集中制的指示,要求各级党委协同监委,了解党的领导干部有没有违反民主集中制原则、压制批评、压制民主或滥用职权任意斗争和处罚党员的情况。1963 年 5 月,自治区党委又发出通知,要求各级党组织认真检查贯彻民主集中制的情况。1962 年 9 月至 1963 年 5 月,自治区党委组织部对全自治区贯彻民主集中制进行一次普遍检查,形成的结论是:中央扩大工作会议精神传达后,各级党委对民主集中制有了显著的加强,党委的集体领导与分工负责的制度比过去健全,以一揽子会代替党委会的现象大大地减少,重大问题一般都经过党委会集体讨论决定,许多领导干部的民主作风有所改进,主要表现在能够以平等态度待人,虚心听取各方面的意见。常委的组织生活比过去正常,能开展批评与自我批评。许多地区开始注意发挥行政部门的作用。

三、党员队伍的壮大

中共广西省(自治区)委十分重视党建工作。1957 年 12 月,省委批转组织部《关于结合区乡做好调整农村党的基层组织的意见》。1958 年撤区并乡后,对党的基层组织进行了调整,当年共发展新党员 1.5 万多名，建立人民公社党委 810 个，建立管理区党总支 220 个，大队党支部 11100 多个。1959 年 1 月，自治区党委组织部下发《关于农村人民公社党的组织机构问题的意见》，强调要积极搞好健全公社党的组织机构的工作。人民公社一律建立党委会。农业生产大队和专业大队，党员不足 50 人者，应建立支部，党员达 50 人以上者，可建立总支。据 1959 年底统计，全自治区人民公社都建立了党委。在 18205 个基本核算单位中，建立党委的 1 个，建立总支的 13 个，建立支部的 16300 多个，建立党小组的 1016 个，全年共发展 89780 多名新党员。

到 1961 年 11 月统计，3 年来全自治区共接收新党员 202454 人，基层党支部由 1957 年底的 14573 个，增加到 27067 个，增长 90.3%。干部总数由 1957 年的 145187 人，增加到 202802 人（包括下放干部），提拔了大批干部加强各部门的领导。

1963 年 5 月 3 日，自治区党委召开二届二次全体会议。会后在全自治区 45 个县 161 个公社进行“社教”试点。同年 12 月，自治区党委批转组织部《关于结合社教运动整顿党的基层组织的意见》，对整顿党组织工作进行统一部署和安排。1965 年 9 月至 1966 年 7 月，全自治区结合对 3167 个农村党支部进行了整顿，接收新党员 11580 多名。

广西解放初期，厂矿企业党的力量很薄弱，在省（自治区）党委的领导下，各级党组织经过努力，厂矿企业的党员和党组织迅速发展。到 1958 年底，全自治区工矿企业共有党员 29500 多名，建立党委和党总支各 80 多个，党支部 1690 多个。1959 年 5 月，自治区党委组织部发出《关于加强在新建、扩建厂矿企业中建党的意见》，要求必须在新厂中加强党的组织建设，健全组织机构，积极地有计划有准备地进行发展党员工作。1960 年 4 月 11 日，自治区党委组织部要求城市方面，以厂矿企业为重点，发展 1.4 万至 1.6 万名党员。

1965 年，全自治区党员总数达到 439300 多人。自 1958 年以来，根据自治区党委《关于吸收党员的指示》，各级党组织 8 年中共发展新党员 206890 多人，党员队伍不断壮大。

第二节　国民经济调整的继续和完成

一、继续调整国民经济

1961 年开始，在党中央领导全国人民集中精力抓经济调整，全国上下认真贯彻调整国民经济的八字方针，努力恢复和发展生产，国民经济出现全面好转的形势。但是，农业生产还没有全面恢复到 1957 年的水平；整个工业和交通运输业，特别是基础工业还很薄弱，在提高质量、增加品种、填平补齐、技术改造、设备更新等方面还需要进行大量工作；许多企业的经营管理还要花大力气整顿，亏损企业为数不少，需要加以改变；等等。1962 年 9 月，党中央正式决定从 1963 年起，再用三年时间继续进行调整工作，作为第二个五年计划（1958—1962 年）到第三个五年计划（1966—1970 年）之间的过渡阶段。过渡阶段经济工作的主要任务和目标：一是农业生产达到或超过 1957 年的水平；二是工业生产在 1957 年基础上提高 50% 左右；三是国民经济各部门的比例关系，主要是工业和农业、工业内部、农业内部以及消费与积累之间的关系，应力争在新的水平上取得基本协调；四是国民经济的管理工作要走上正轨。

经过 1962 年全面调整的广西国民经济，取得决定性的进展，农、轻、重之间以及工业内部比例关系失调状况开始好转。但是，这种好转只是初步的，经济关系还没有完全理顺，整个经济困难的局面远未摆脱，工农业总产值 1962 年与 1957 年相比下降 14.44%；遭到严重破坏的农业尚未恢复，粮食总产 1962 年与 1957 年相比下降 10.64%，人均占有粮食 235.6 公斤，只相当于 1950 年的水平，由于粮食不足，为解决吃饭问题，国家每年不得不想办法调入粮食；经济作物、畜牧业、渔业、林业和副业不仅没有完成第二个五年计划指标，还比 1957 年下降，农业全面减产。工业发展缓慢，内部比例失调的状况尚未根本解决，1957 年的工业产值 4.91 亿元，1962 年仅为 5.34 亿元；工业产品质量不合格，成本高，原材料不足以及管理制度混乱在相当一部分企业中还没有解决；一些轻工业产品产量大幅度下降，严重影响市场的供应和人民生活的改善。人民的吃、穿、用都明显不足，调整国民经济的任务仍十分繁重。同年10月4日至7日，自治区党委召开三级干部会议，传达了中央关于再用三年时间继续贯彻“调整、巩固、充实、提高”的八字方针的精神，继续执行调整国民经济方针。广西同全国一样，从1963年开始，再用三年时间继续贯彻调整经济的八字方针，是完全必要的。这三年的经济调整工作要求与前两年的不同，前两年主要是缩短战线，实行精简，一般是退；后三年除了继续调整国民经济的比例关系外，贯彻八字方针的重点逐步转移到巩固、充实、提高方面即提高产品质量，增加产品品种，降低物耗和成本，提高劳动生产率，填补平齐，成龙配套，改善经济管理。要贯彻执行以农业为基础，以工业为主导的发展国民经济总方针，按照吃穿用，农轻重来安排国民经济。1962年10月20日召开的中共广西壮族自治区第二次代表大会，确定对发展国民经济各部门的具体要求是：在优先发展粮食生产的同时，积极开展多种经营，农、林、牧、副、渔综合发展，在山区和少数民族地区，应根据当地特点发展林业、木本油料、畜牧业以及其他土特产品等，争取在三年内，把粮食生产恢复到1957年水平，生猪生产和几种主要的经济作物也基本恢复到1957年水平。坚决把工业转移到以农业为基础的轨道上来，支援农业集体经济，支援农业技术革命，增产农业生产资料，增产日用工业品，加强工业的薄弱环节，同时，提高产品质量，增加产品的花色品种，进一步改善企业的生产管理，降低原材料成本等，提高劳动生产率，通过恢复和发展农业生产，加强工业中的薄弱环节，进一步使农业内部、工业内部、工农业和其他部门之间能协调稳定地发展。

广西1963年至1965年的调整，主要在以下方面取得了重要进展：

调整农业。1963年1月召开的自治区计划会议，根据中央的部署，提出按照农、轻、重的次序安排国民经济计划，把发展农业生产作为继续调整国民经济的第一位工作。

第一，制定农业经济的发展方针。1963年2月，在韦国清的主持下，经过充分调查研究，自治区党委向中共中央和中南局报送了《关于广西农业经济的发展方针》的报告。报告认为，广西地处亚热带，发展林业、牧业和经济作物的条件极为优越，而粮食生产则受到耕地少、土地瘠薄、水利设施差等条件的制约。历史上广西农业总产值的构成，大体上是粮食和多种经营各占一半左右，多种经营的品种很多，产量也很大，有条件的应大力发展。从广西的特点和历史条件出发，发展农业生产方针应该是："积极发展粮食生产，力争粮食自给有余。按照因地制宜和国家需要相结合的原则，大力发展经济作物、畜牧业和林业生产"。近几年没有按照因地制宜原则去安排农作物的种植计划，把一部分历来只适宜于种植经济作物的干旱地区和石山区，硬性规定种植粮食，结果粮食搞不上去，多种经营却被挤掉了，得不偿失。广西农业对国家建设的主要贡献，应该是在提供更多的经济作物、林业产品、畜产品和土特产品方面，而不是粮食。但又必须切实抓好粮食生产，以保证多种经营的恢复和发展；同时积极改进水利设施，把广西粮食生产极不稳定的情况逐步改变过来。这个报告提出的方针，符合广西的实际情况，对完成继续调整国民经济任务起到重要作用。1964 年 3 月，中共中央副主席、全国人大常委会委员长朱德到广西视察，对广西所提出的农业发展方针表示支持。他在给中央的报告中说，这个意见是值得考虑的。从长远看，对这些地区，少调粮食，多调经济作物出来是最合算的。1964 年 3 月，自治区制定了《广西 1964—1970 年农业发展计划》，提出广西农业今后的发展方向是以粮为纲，农林牧并举，按照因地制宜和国家需要相结合的原则，争取在粮食基本解决的基础上，逐步把广西建成为具有亚热带特色的经济作物、畜牧业和林业的重要基地。按照自治区党委制定的广西农业经济发展的方针，1963 年 3 月 21 日，百色地委提出从山区自然资源和特点出发，优先解决粮食生产，大力发展多种经营，大力发展山区土特产生产，并提出在百色、田阳、田东建立右江盆地商品粮生产基地的总体规划。1964 年在田阳县田州区建立万亩样板田，实际面积 10545 亩，1965 年，该样板田早稻平均亩产 468 公斤，超过 400 公斤的规划。百色地委还发出恢复和发展繁殖耕牛的通知，要求确定耕牛所有权，兑现繁殖奖励政策，建立耕牛使用、饲养责任制，严禁宰杀，开放耕牛市场。确定田林、隆林、西林、靖西、德保、睦边（今那坡）、东兰、凤山、乐业、百色 10 个县为耕牛繁殖基地县，规划新建国营牧场 57 个，扩建 260 个，坚持公养私养并举"两条腿走路"的方针，规划在 9 年内养牛 117 万头。

第二,组织各行业支援农业。根据自治区党委的部署,加强各行各业对农业的支援。工业生产转移到为农业服务的轨道上,增产农业所需的生产资料,优先调拨支农物资,主要是恢复生产各种农具,特别是增加中小型农机、农副产品加工和农业排灌机械设备的配套生产,进行机械化、半机械化农机具的试制和推广,加强水利工程的维修配套,逐步发挥效益。商业方面,加强农副产品收购和农业生产资料供应工作,增加支农资金,增加化肥、农药、水泥、木材、钢材、种子、饲料等农业生产资料的供应。在国家商品供应不足的情况下,对于统购、派购的农副产品,实行供应一定比例工业品的办法,使那些向国家交售农产品多的地方和集体经济单位,得到较多的工业品供应。在国营商业的领导下,发挥供销社商业的作用,在完成国家委托的购销业务情况下,开展自营业务,组织议价定购、代理加工、代购代销等方式,组织农产品进城和工业品下乡,扩大城乡交流,开放农村集市贸易,落实中央的政策,对粮食、油料在完成国家征购任务后也允许上市。此外,财政金融也加强了支援农业资金的工作,地方财政,优先安排农业方面的需要;财政和银行部门根据可能,帮助生产队解决资金上的困难;支农资金,也尽量合理安排,及时发放。交通方面,采取恢复民间运输力量,加强短途运输等措施,优先运输农业急需物资,为工农业生产服务。这些措施使得农业生产资料供应增加。其中,铁制中小农具的供应恢复到 1957 年的水平;推广机械化、半机械化农具,到 1965 年,国营拖拉机站增至 44 个,拖拉机 730 台,作业量比 1962 年增加 4.8 倍;扩大化肥农药的生产,1965 年与 1959 年(此前广西没有化肥农药工业)增长了 31 倍,每亩化肥施用量高于全国平均水平。农业投资和贷款增加,1962 年至 1965 年广西农业基建投资共 17704 万元,占基建投资总额的 36.8%,比全国的比例高一倍多。国家财政和银行信贷用于广西的农业资金,“二五”时期为 15.53 亿元,3 年调整时期为 11.14 亿元。水利建设方面,继续调整的三年共投资 8528 万元,占农业基建投资总额的 48.2%,对“大跃进”中兴建的水利工程进行填补平齐,成龙配套,使之逐步发挥了效益。

第三,推广优良品种和采用先进农业技术。自治区党委加强了对农业科学技术工作的领导。这一时期,过去的农业技术组织如农业试验站、技术推广站、畜牧兽医站、良种推广站、气象站等逐步恢复和健全，1964年成立广西农业科学院，设有粮食作物、经济作物、土壤肥料等研究部门。1963年12月，自治区党委决定在邕宁县五塘公社建立农业科学实验区，由自治区科委组织实施。该试验区面积8万多亩，主要推行科学种田、兴修水利工程、推广实用技术、开办耕读学校向农村青年传授农业生产科学知识等。自治区科委组织广西农科院、南宁地区农科所等单位，首先对当地农业环境进行全面调查和综合分析，然后提出综合治理、改造的技术措施，在实验区开办耕读学校，吸收具有一定文化水平的农村青年就读，学习农业科学知识，毕业后回到原生产队推动科学种田。这个实验区的创办，不仅使五塘公社的农业产量有了大幅提高，而且对全自治区的科学种田起到了很好的指导和示范作用。科技人员研发及推广水稻良种。1964年7月，广西农业科学院科技人员育成矮秆、中熟、高产的早稻良种“广选3号”，亩产一般在300—400公斤，高的达600公斤以上，是60年代中期至80年代初期广西早稻的当家品种。

1964年8月，自治区党委根据中共中央中南局第一书记陶铸的建议，从广东潮汕地区请来800名水稻、柑橘种植能手，分配到广西6个专区的46个县(市)，种植高产示范田，传授先进技术，组织当地农民跟班学习，以改变耕作粗放的习惯，提高单位面积产量，效果十分显著。

1965年4月14日，自治区党委发出《关于搞样板田的通知》，要求各地委、县委、区委都要搞样板田，还从自治区机关抽调一批干部到基层建立推广新技术的样板，包括都安瑶族自治县的玉米高产样板，桂平、柳城县的甘蔗高产样板，容县的冬种绿肥高产样板，田林、西林县的耕牛繁殖样板，南宁市郊区的池塘养鱼高产样板，崇左县的油桐大面积嫁接速生林样板，靖西县的畜病防治样板等。截至9月，自治区各级党政机关有上万名干部到农村蹲点，搞样板田100余万亩。通过高产样板的示范作用，大多数地方的科学种养水平得到了提高，种植业和养殖业的单产都有较大提高。1965年，全自治区粮食平均亩产比1957年提高30%多，比1962年提高27%。

农业经过调整逐步得到恢复和发展。1963年，由于受到严重的旱灾，粮食减产4.82亿公斤，但很多经济作物和其他农副产品获得增产,农业总产值比上年减少0.32亿元,仍达到1957年水平。1964年,广西国民经济开始全面好转,粮食总产量达到61亿公斤,比上年增长28.58%,创解放以来最高水平,部分经济作物和其他农副产品超过1957年水平;农业总产值为20.14亿元。1965年农业总产值又增至23.66亿元,粮食总产量达到66.67亿公斤,再创历史新高。

调整工业。从1963年到1965年,广西工业调整工作的重点转到巩固、充实、提高、加强薄弱环节上来。主要是对“大跃进”运动期间采取“土法上马”,尤其是采矿业的简陋企业进行必要的技术改造和填平补齐,使矿井的回采、掘进、提升、排水、通风、供电、筛分和井上井下运输等,逐步配套成龙,还清“欠账”,使之达到正常生产的要求。对轻工业进行设备更新、填平补齐和技术改造工作,在提高产品质量、增加花色品种、降低成本和原材料消耗方面取得显著成效,生产水平提高。1963年11月,70多种主要轻工业产品,有24种达到全国一类产品标准。

调整基本建设。从1963年到1965年,自治区加强基本建设管理,严格基本建设程序,投资规模有所扩大。1963年基本建设投资额完成16643万元,比上年增加21.69%,其中,中央项目4438万元,地方项目12205万元。1964年,中央根据“大权独揽,小权分散”“统一领导,分级管理”的原则,把19个非工业部门(包括农林水、交通运输、财贸、文教卫生、城市建设等部门)属于地方管理的基本建设投资,划给地方。自治区有一定权力统筹安排这19个部门的建设项目,当年基本建设投资2.69亿元,比上年增长61.55%;1965年基本建设投资2.86亿元,比上年增长3.8%。与此同时,对投资的分配也作了必要的调整,将非生产性投资比重由“二五”计划期间的14.43%提高到16.67%,使职工住房不足和文教卫生设备不适应发展需要等方面的问题,得到了一定程度的缓解。

整顿企业秩序。“大跃进”运动期间,临时组织人力物力搞各项“大办”的群众运动,使原来的生产劳动组织和生产秩序被打乱;放高产“卫星”,片面强调政治意义,忽视经济技术指标的完成;片面强调生产发展,忽视了整顿,政治思想和企业管理工作一度放松,生产下降,成本升高,盈利减少,亏损增加。为了提高企业的素质,按照中央《关于讨论和试行国营工业企业工作条例(草案)的指示》,自治区对企业进行了全面整顿,着重整顿亏损企业,主要是建立健全各种规章制度,加强企业管理,加强经济核算,降低生产成本,提高劳动生产率和经济效益。

1964年,中央号召工业学习大庆的经验,学习大庆石油工人对待革命事业要当老实人,说老实话,办老实事;对待工作要严格要求,严密组织,严肃态度,严明纪律的“三老四严”作风和铁人精神①。同年3月,自治区党委二届三次全体会议召开,讨论通过了《关于学习解放军,学习大庆,加强政治工作,推动新的生产高潮的决议》,会后全自治区掀起工业学大庆的热潮。1964年到1965年,广西分批组织轻工、化工、机械和手工业系统共261个企业、983人到上海对口参观学习。通过学大庆、学上海活动,逐步建立起以岗位责任制为中心的各项管理制度。同时,学习“鞍钢宪法”的“两参一改三结合”(即干部参加集体生产劳动,工人群众参加管理,改革不合理的规章制度,在生产、技术等问题上实行领导、技术及管理人员、工人相结合),依靠职工管理企业,重视技术人员的作用,发扬政治、技术、经济三大民主,实行党委领导下的厂长负责制和职工代表大会制度,贯彻按劳付酬的分配原则。

改革用工制度。广西积极探索改革企业用工制度,其中,邕宁县伶俐糖厂根据制糖工业季节性强的特点,于1963年冬榨季,实行减少固定工、招收部分季节合同工的做法,使每吨糖的成本比上个榨季降低了41.2%,成为全自治区产品生产成本最低的糖厂,得到轻工业部的肯定。1964年7月17日,《人民日报》以《一项办法,多项好处——广西伶俐糖厂改革劳动组织给我们的启示》为题发表评论,认为这种季节合同工制度减少了一部分固定工人,增加了一部分长期固定的合同工人,既能完成榨季的生产任务,又能节约生产资金,而且使社会劳动力得到更合理的利用。这个经验是可贵的。它不仅在经济方面有降低生产成本,发挥劳动潜力的重大意义,而且在政治方面还有加强工业支援农业,密切

---

① 铁人精神是大庆石油工人王进喜崇高思想、优秀品德的高度概括,也集中体现出我国石油工人精神风貌。铁人精神内涵丰富,包括爱国主义精神以及忘我拼搏、艰苦奋斗、科学求实、奉献等精神。

城乡关系，巩固工农联盟的重大意义。一项办法，多项好处，对这一社会主义建设中的新事物，各级党组织要热情支持，通过试点和推广，不断完善。1964 年 5 月，中央肯定刘少奇以前就提出过的关于两种劳动制度和两种教育制度的建议，即全日制的劳动制度和教育制度、半工半读或半农半读的劳动制度和教育制度。8 月 1 日，刘少奇在中央召集的在京党政军机关和群众团体主要负责干部参加的大会上提出，要把两种劳动制度、两种教育制度作为正规的劳动制度和教育制度，每个省、每个大中城市，都来着手试办。从当前讲，这个办法可以普及教育，减轻国家和家庭的负担；从长远讲，可以逐步消灭脑力劳动与体力劳动的差别。此后，全国逐步推广固定工和临时工并行的劳动制度。8 月，刘少奇到广西视察，21 日、22 日，刘少奇在自治区直属机关、地市委书记、驻军负责同志会议上作关于社会主义教育运动和两种劳动制度、两种教育制度问题的报告，赞扬南宁“五四”工读学校是全国办得很好的工读学校之一。对广西劳动制度和教育制度的改革起到推进作用。此后，广西一些矿山陆续实行轮换工制度；部分工厂试行合同工制度，其中，一些糖厂试行了季节合同工制度。不少地方举办了各种半工（耕）半读学校，试行亦工亦农的劳动制度。促进了广西两种教育制度和两种劳动制度的实行。到 1965 年底，广西除国家机关外，其他行业 2400 多个单位都推行亦工亦农制度。

通过全面整顿，全自治区企业的经营管理有了很大改善，劳动生产率和产品质量有了明显提高，开发了一批新产品。仅 1964 年上半年，广西工业产品达到和超过全国同类产品质量先进水平的有立德粉、锌精矿、一级砂糖、松香、松节油、出口罐头等 12 种产品；新投产的产品有装岩机、烧碱、电炉法钙镁磷肥等 14 种。1963 年广西工业得到恢复和发展，工业总产值 10.49 亿元，增长 9%，超过了 1957 年的水平；在此基础上，1964 年工业总产值 11.94 亿元，比上年增加了 1.45 亿元；1965 年工业总产 15.59 亿元，比 1964 年增加 3.65 亿元。与 1957 年相比，1965 年工农业总产值增长 50%。

二、国民经济调整任务的完成

在继续调整工作顺利进展之际，1964 年 12 月 21 日至 1965 年 1 月 4 日在北京召开第三届全国人民代表大会第一次会议。这次会议高度评价国民经济贯彻调整方针所取得的巨大成就，宣布国民经济调整的任务已经基本完成，工农业生产已经全面高涨，整个国民经济已经全面好转，在经历数年调整后开始步入正常轨道。1965 年的任务，是要继续完成国民经济调整任务中某些尚未完成的任务，为 1966 年开始的第三个五年计划做好准备。这次会议提出了一个历史性任务：在不太长的历史时期内，把我国建设成为一个具有现代农业、现代工业、现代国防和现代科学技术的社会主义强国，赶上和超过世界先进水平。这是一个凝聚了近代中国所有仁人志士，特别是中国共产党人心血的伟大任务。关于“四个现代化”总目标的实现，党中央提出两步走的设想：即从第三个五年计划开始，第一步，经过三个五年计划时期，建立一个独立的、比较完整的工业体系和国民经济体系；第二步，全面实现农业、工业、国防和科学技术的现代化，使中国经济走在世界前列。“四个现代化”战略目标的提出，经过了中国共产党人对社会主义建设道路的深入探索和对中外发展经验的总结，通过反复权衡和深思熟虑，最终被确定下来。它不仅具有鼓舞全国人民奋发图强的精神力量，更说明了中国人民在可预见到的将来，通过艰苦奋斗可以达到的目标。实现了“四个现代化”，中华民族便当之无愧地自立于世界民族之林。历史证明，在相当长的历史时期中，实现“四个现代化”，始终是凝聚和团结全国各族人民奋斗的一个强大精神力量。即使国家经历严重困难甚至在后来发生“文化大革命”那样的动乱，因为有了这个伟大理想，广西各族人民和全国人民一样，也从未停止过自己的辛勤劳动，国家根本制度的根基也从未动摇。

至 1965 年底，国民经济调整的任务全面完成。广西比较圆满地实现了 1963 年 9 月中央工作会议提出的继续调整的目标。

工农业总产值超过 1957 年的水平。1965 年广西工农业总产值达 39.25 亿元，其中农业总产值 23.66 亿元，工业总产值 15.59 亿元。同 1957 年相比，工农业总产值增加了 13.3 亿元，其中农业总产值增加了

6.91亿元,工业总产值增加了6.39亿元,均超过1963年预定的目标。在调整时期,作为国民经济主导的工业建设主要以成龙配套和填平补齐为重点,使“大跃进”以来建设的许多工矿企业逐步地发挥作用;同时还不失时机地建成了一些重要项目,改扩建了一批厂(矿),新兴工业部门迅速发展,新产品、新品种不断涌现,使工业现代化建设的物质基础得到了加强。国民经济得到全面恢复和发展。1965年同“大跃进”前的1957年相比,农业总产值增加6%,粮食总产量增加13.98%;工业总产值增加94.37%,主要产品产量均大幅度增长;财政收入增长64.04%;社会商品零售额增加71.7%,市场重现兴旺、繁荣景象。

工农业生产中农轻重的比例关系实现了在新的基础上的协调发展。1965年农业、轻工业、重工业在工农业生产总值中的比重分别是57.8%、27.9%、14.3%,比例比较协调,基本上符合当时广西经济发展的客观需要。在工业内部,间接和直接支援农业的工业部门的投资比重增加,重工业的投资比重减少,在很大程度上扭转了“以钢为纲”所造成的比例失调状况。由于农业、轻工业比重增加,农副产品上市量大增,日用工业品品种增多,人民群众的吃、穿、用得到了改善。在重工业内部,原材料工业与加工工业、掘进与回采之间的比例,也趋于合理。

国民经济生活中积累与消费的比例关系基本恢复正常。经过三年继续调整,1965年积累率回升,大体相当于1957年的水平。在调整时期,党和政府始终明确坚持处理好积累和消费,个人、集体和国家之间多种利益关系,在发展经济的基础上,更注重改善人民的生活。

财政收支平衡,市场稳定,人民生活有所改善。“二五”计划时期的前四年,年年有较高的财政赤字。1963年至1965年的三年,做到了收支平衡,略有结余,1965年财政收入为48914万元,比1957年的29819万元,增长64.03%。社会商品零售总额,1965年为16.36亿元,比1957年增长67.79%。1965年,困难时期实行的高价商品和凭票供应等措施也陆续取消或缩小了范围。市场物价大幅度回落。由于国家提高三类农副产品的收购价格,开放集市贸易,社队发展多种经营和家庭副业,加上自留地和开荒地的产品增多,社员收入有所增加,生活有了改善。1963年国家调整了部分职工工资,恢复奖励制度,使职工的收入也有所增加；加上国家在基本建设中增加非生产性投资，解决了一部分职工的住房问题，使职工的福利得到一定改善。此外，集市贸易价格从 1962 年到 1965 年连续下降，职工和城镇人民的生活水平也相应得到了提高。

农业生产的调整，允许农民种自留地，开垦少量荒地，私养少量禽畜，加上开放集市贸易，农民可以出售统购剩下的某些农副产品，农民的收入有所增加，生活有了改善。由于农业生产的恢复和发展，粮食等基本生活资料供应紧张的局面得到基本解决。1965 年，广西人均占有粮食 272.5 公斤，高于 1957 年。主要农副产品人均占有也普遍高于 1957 年。广西人均占有粮食和主要农副产品比全国平均水平略高，人民生活有了改善。城镇职工的生活，由于 1963 年调整职工工资，恢复奖励工资制度，以及部分地区工资类别由三类升为四类，职工收入有所增加。由于市场商品增加，供应情况好转，物价下降，职工和城镇居民生活也有所改善。

实行国民经济调整的五年，自治区党委和自治区人委坚定地执行了中共中央和国务院关于调整国民经济的正确方针和决策，根据生产关系必须与生产力的发展相适应的原则，紧紧抓住调整生产关系这个根本环节，从各条战线"全面退够"，特别是把人民公社的管理体制退到以生产队为基本核算单位，克服了队与队之间的平均主义，调动了农民群众的生产积极性，使社会主义制度的优越性得以发挥，农村经济有了生机，为国民经济的全面恢复和发展创造了条件。国民经济调整为社会主义经济建设规律的探索提供了重要的经验。

第三节　援越抗美和广西战备工作

一、援越抗美工作的开展

1954 年《日内瓦协议》签订不久，美国政府从其称霸世界的全球战略和构筑对新中国包围圈的亚洲战略出发，千方百计阻扰越南南北统一。1955 年 10 月，在美国操纵下，越南南方单独成立由吴庭艳任总统的“越南共和国”,越南陷入南北分裂状态。1961年,美国在南越发动“特种战争”。此后,美国出于政治、军事等需要,不断扩大武装干涉越南的战争。1964年8月2日和4日,美国制造所谓“东京湾事件”①,以此为借口,于5日派飞机对越南民主共和国实施突然轰炸。1965年1月起,美空军大规模轰炸越南北方,并不断侵入中国边境地区进行侦察、骚扰,中国的主权和领土安全受到严重威胁。

面对美国的武装侵略,以胡志明为首的越南劳动党中央和越南政府向世界发出呼吁,请求一切同情越南以及爱好和平的国家提供各方面的援助。“东京湾事件”发生后,中国政府多次发表声明,强烈谴责美国扩大侵越战争。1965年4月,越南劳动党中央派代表团到达北京,请求中国扩大对越南的援助规模,向越南派出部队,担负越南北方的防空作战、国防工程建设等,中越双方达成了一系列协议。根据中越两国协议,从1965年6月到1970年,中国人民解放军分期分批派出援越部队32万余人,其中最高年份为17万余人。大部分人员、武器装备从广西方向出国。

1965年6月,中南局、广州军区发出《关于广西支前问题的联合通知》,对广西支前工作作出指示。自治区党委常委会、自治区战备领导小组分别举行会议,根据《通知》精神,对解决驻军和过境部队物资供应、处理凭祥车站积压物资和加强自治区战备领导小组力量等方面工作做了研究部署。在自治区、专区两级财办、商业、粮食、供销等部门成立2号办公室,负责组织计划、采购、加工、调运物资等工作;在各口岸县(市),由有关部门联合成立2号供应站,统一物资的筹措和供应。在自治区党委领导下,广西人民积极开展了援越支前的各项战备工作,为援越抗美斗争胜利作出了巨大贡献。

修建援越物资运输通道。在援越抗美中,经广西方向出国、回国的

① “东京湾事件”,即“北部湾事件”,是美国1964年8月在越南东京湾(又称北部湾)制造的战争挑衅事件。1964年8月2日,驱逐舰“马多克斯号”侵入越南民主共和国领海,被越南方面赶出。美国政府就此宣称美国海军遭到挑衅。8月3日,美国总统约翰逊宣布美军舰只继续在北部湾巡逻,并调集大批舰只到越南民主共和国附近海面。4日夜,美国又宣布美舰只遭越南鱼雷艇第二次袭击。5日,美国派出飞机,连续轰炸越南义安、鸿基和清化等地区,从而把侵略越南的战火扩大到越南北方。

部队都要在南宁以南地区集结、换装；部队入越后，物资供应基地设在广西境内，供应品种多、数量大，组织运输任务繁重。随着援越抗美后勤运输规模不断扩大，中越边境和桂西北石山地区简陋的公路已不能满足需要，公路运输一度告急。从1964年起，国家投入巨大的财力物力，在这些地区修筑公路。广西先后调集数10个县的民兵、民工抢修公路，形成修筑战备公路高潮。右江是由南宁向边境运送援越物资的重要水路通道，1965年，中央把右江航道整治列为援越战备工程项目，定名为“广西201工程”，自治区组建了“201工程指挥部”，抽调航道部门最精干的施工队伍投入大会战。经过两年奋战，右江航道整治工程全面完成，通航条件得到了根本改善。

保障援越部队后勤供应。中国援越部队入越初期，蔬菜供应需从全国各地调运，不仅消耗大量运力，而且在运输过程中造成很大损耗。为解决部队“吃菜难”的问题，广西先后在边境地区的东兴、凭祥、宁明、龙州等县（市）建立蔬菜生产基地，共种菜5000余亩，保障出国部队60%的蔬菜供应；在口岸地区建立生猪饲养场，为部队所需生猪提供补给。由于越南天气炎热，新鲜肉类容易变质，只有蛋品的运输和储存较方便。自治区相关部门除了积极在当地采购蛋品外，还派出采购组到湖南采购，基本满足了部队需要。援越抗美期间，过往部队在南宁以南地区的集结、换装需要大量临时用房，自治区党委发动部队集结地的各级党政机关、学校和群众，腾出办公场所、校园和住宅，帮助部队解决了住房困难。部队实行轮战制度后，人员过往更为频繁，物资需求量随之增加，各级党委、政府和财贸单位，从“一切为了前线胜利”出发，挖掘潜力，积极筹措，尽最大努力满足出国部队需要。各级2号办公室根据部队和兵站的部署和交通情况，对所需的各类生活物资实行定点储存供应，各种生活物资实现了随时就近输送，大大方便了部队。

组织开展支前运输工作。根据中南局和广州军区的指示，广西组织数十万民工，为援越部队运送粮食和武器弹药，部分物资按要求直接运送到越南预定位置。为了加强后勤和援越物资运输，1965年4月，自治区党委、广西军区根据中南局和广州军区的指示，联合下发《关于组建民兵运输团方案的通知》，在玉林、南宁、百色专区组建了民兵运输团，准备划归广西的钦州专区也组建了民兵运输团，共同担负转运越南物资的任务。

配合部队作战。援越抗美开始后，由于语言问题，入越部队与越南军民沟通困难。自治区党委指示，从边境县抽派部分懂越语的民兵为援越部队担任翻译，保障援越部队和越南军民的交流顺畅。1965 年夏天，共有 56 名懂越语的民兵、群众走上援越抗美前线，有的牺牲在战场上。1964 年，空军某部奉命转移到南宁执行任务，反击美军飞机对中国领空的侵略，自治区党委主要领导指示战备办公室，空军需要什么，广西再困难也要帮助解决。空军部队要求在宁明、田阳、桂林等地紧急修建军用机场，扩建南宁吴圩机场，自治区党委即要求有关部门配合部队解决机场用地问题，并组织力量抓紧施工，限期完成。为了保证援越物资的运输安全和国土防空需要，广西在边境地区建立了民兵对空监视哨和对空射击组，配合部队加强对空警戒和打击入侵美机。

直接为越南战备服务。根据中央指示，在援越抗美斗争中，广西在人、财、物力各方面尽力给予越南支持。为了解决汽车司机和修理工不敷战时需要的问题，1965 年 8 月，越南请求中国为其培训 1 万名汽车司机和修理工。遵照中央指示，广西设立司机训练总队，从 1965 年 11 月至 1966 年 6 月，共为越南培训汽车司机和修理工约 3900 人。所培训的越南汽车司机均熟练地掌握了复杂战争环境下的驾驶技术，修理工均达到了三级保养工的技术水平。

救助越南难民。战争期间，大批越南群众流离失所，不断越境进入广西境内避难。对这些越南群众，自治区党委要求各地党政部门给予热情接待。1965 年到 1970 年间，广西开放港口和渔场，接纳因战争疏散的越南渔船和渔民。

支援越南经济建设。遵照中央指示，广西在经济建设任务繁重的情况下，还在越南广宁、谅山、高平三省援建小型发电厂、水电站、制糖厂，兴建桥梁及农田水利工程，提供优良农、牧、鱼种苗，派出技术人员，帮助当地恢复、发展农业生产。

二、加强战备工作

广西地处祖国南大门，在军事上具有特殊的战略地位。自 1964 年越南战争升级后,自治区党委就提出为了保卫祖国的安全,必须做好迎接战争的准备工作。1965 年 4 月,中央发出《关于加强备战工作的指示》。5 月,自治区党委发出《关于加强战备工作的通知》,要求各地认真贯彻执行中央的指示,结合广西实际,做好动员教育工作,建立战备领导机构,加强民兵建设,做好防空、治安等工作。自治区战备领导小组随即成立,由覃应机、刘重桂、贺万华等自治区和广西军区领导成员组成。

1965 年 8 月,广西军区组建了凭祥指挥所,负责统一组织指挥出入凭祥地区援越抗美部队的开进、军检工作,并与有关部门密切协作,保障军用物资的输送线路畅通。

为防止美国飞机空袭,1964 年 8 月,自治区战备领导小组要求各地组织力量,修建防空工事。至 10 月底,南宁、柳州、桂林、梧州等市和宁明、龙州、玉林、凭祥等县(市),清理山洞,修建各类防空洞,挖掘各类防空坑道、防空壕,可解决当地 60% 城镇人口的防空隐蔽。1965 年 10 月,自治区党委、自治区人委转发自治区人民防空委员会《关于做好当前人民防空工作的意见》,在全自治区掀起了群众性的大挖防空掩体热潮。1970 年,五个市组织了建设防空工事大会战,使地道由一家一户到几个、几十个单位联片成网。

从 1965 年 9 月起,自治区战备领导小组办公室研究制订战时城市人口和物资疏散方案。当年 12 月,自治区党委、自治区人委批转了自治区人防委《关于城镇职工家属疏散回乡的报告》,在南宁、凭祥、北海三市和东兴县城实行职工家属早期疏散措施。

"东京湾事件"后,广西面临美国入侵的威胁。自治区党委认为,当前的行政区域,把北部湾沿海和十万大山分属广东、广西两省区,对敌斗争不利。为了便于掌握南面沿海情况,加强钦州一带地区和十万大山地区对敌斗争方面与广西的直接联系,必须将钦州一带地区重新划归广西。于是就此问题正式向中南局提交了书面报告,引起了国务院、中南局和解放军总参谋部的重视,三方面均认为从战备和建设的角度,把钦州一带地区划归广西是必要的。1965 年 6 月,经国务院批准,广东省的合浦县、灵山县、钦北壮族自治县(后改称钦州县)、东兴各族自治县及北海市重新划归广西管辖,设立钦州专区,专区治所在钦州县,将位于十万大山北麓的南宁专区上思县划归钦州专区。7月,经国务院批准,恢复浦北县,隶属钦州专区。同月,经中共中央批准,复设钦州地委。

除加强对预设战场地区统一领导外,自治区党委还加强了对预设后方地区的建设工作。广西三线建设的主要项目大部分位于红水河和龙江上游、中游石山地区,分属柳州、百色、南宁3个专区,不利于统筹安排三线建设和备战工作。1965年5月,自治区党委向中南局并向中央呈报《关于建立河池地委的请示》,提出从南宁、柳州、百色3个专区共划出10个县、199万人,新建河池专区。当月,经国务院批准,成立河池专区,治所在河池县金城江镇。所辖区域包括原柳州专区的河池、宜山、罗城、环江、南丹、天峨6个县,原百色专区的东兰、凤山和巴马瑶族自治县3个县,原南宁专区的都安瑶族自治县。7月中旬,自治区党委、自治区人委联合发出《关于设立河池、钦州地委和河池、钦州专员公署的通知》。从8月1日起,河池专区正式行文办公。河池专区的设置有利于开展三线建设,而钦州地区划归广西建制,不仅对巩固祖国南疆海边防安全具有重大的战略意义,而且对广西经济社会发展也产生了深远的影响。

第四节 “三五”计划的设想和三线建设的起步

一、“三五”计划的设想

1964年春,国家计委提出了第三个五年计划的基本方针和任务:大力发展农业,调整工业,发展轻工业,安排好市场,基本解决人民的吃、穿、用问题;适当加强国防,相应地发展交通、商业、文化、教育、科学等社会事业,使国民经济有重点按比例地向前发展。但是,由于当年夏天越南战争规模扩大,台湾海峡局势在美国怂恿下更为紧张,苏联在中苏边境集结重兵,中国安全形势急剧恶化,建设国家战略后方已成为迫切任务。当年9月，中央决定集中力量进行三线建设，提出以国防、大小三线建设为中心，由解决吃、穿、用转向战备轨道的战备计划，并对“三五”计划的方针做了重大修改，提出：“立足战争，从准备打仗、早打出发，积极备战，把国防建设放在第一位，加快三线建设”。

1966年初，自治区党委根据中央的决策，确定以“进一步改变广西面貌，准备一个好战场”作为广西第三个五年计划的基本任务。在研究广西“三五”计划时，考虑战争因素影响，强调“平战结合”，确保国民经济各部门均衡发展。提出工农业同步发展、加强重工业和基础工业，把国民经济纳入加强国防建设、保障军需民用、保卫国家安全的国防经济轨道，建设重点从中心城市、较发达地区向桂西、桂西北等区域扩展。广西经济建设无论是战略重点还是区域分布，都发生了重大转变。

根据上述指导思想，1965年9月，自治区计委草拟了广西“三五”时期的各专项规划。由于受到“文化大革命”冲击，“三五”计划未能编制完成，经济运行主要由年度计划指导。

二、三线建设的起步

20世纪60年代中期，中共中央提出进行三线建设的任务。三线是具有军事和经济地理含义的区域概念，由中国大陆的国境线依其战略地位的重要性（即受外敌侵袭的可能性）向内地收缩，划三道线形成的地区。一线指东北及沿海各省、市，包括北京、天津、辽宁、黑龙江、吉林、新疆、西藏、内蒙古、山东、江苏、浙江、福建、广东、云南、广西等。二线，指介于一、三线地区之间的省、自治区。三线，最初指西南和西北地区（包括湘西、鄂西、豫西）。三线又有大小之分：大三线，即国家战略后方基地；小三线，即各省区的后方基地。根据中央的部署，广西进行地方后方基地建设，即小三线建设。

1965年7月，自治区党委讨论和安排三线建设工作有关问题。11月，召开二届四次全体会议，传达贯彻中央工作会议精神，全面部署三线建设。会议讨论通过《广西1966年农业生产计划》，提出做好1966年计划和“三五”计划；立足于战争，搞好三线建设；“三五”计划期间，农业投资要重点用于小三线，尽快在小三线地区建设一批稳产高产农田，经过3—4年的努力,能够养起几十万军队和后方机关人员;要立足于自力更生,凡群众自己能办到的事情,必须发动群众,必要时国家给予支援;贯彻“以粮为纲,多种经营,全面发展农业生产”的方针,因地制宜,发挥优势,争取“三五”期间广西粮食初步过关,1970年总产量达到80到85亿公斤,人均口粮达到250公斤。同月,自治区党委发出《关于成立广西壮族自治区小三线建设指挥部的通知》,由自治区党委书记处书记、自治区副主席覃应机任自治区小三线建设指挥部指挥长,下设小三线建设指挥部办公室,负责对援越抗美服务的建设项目和为“省自为战”服务的军工、战备工程项目的统一安排管理和协调;一般民用三线建设项目仍由自治区计委安排。1968年8月自治区革委会成立后,三线建设由自治区革委会生产指挥组负责下达任务,国家直接下达三线建设投资计划,项目资金、材料由广西军区国防工业办公室统一调拨。桂西北是广西三线建设的重点,建设项目主要分布在百色、河池等专区,建设重点依次是农业、国防、援外、三线项目、基础工业,相应发展轻工业。自治区党委确定了二三年内三线建设的任务:建设一批地方军工厂,从大城市搬迁一些工厂到三线地区,在三线地区兴建一些必要的小煤矿、小电厂和配套工厂,以保证军工企业的建设和战时的供应;搞好已有公路、桥梁、渡口和通讯设施;改建、新建相关的运输、通讯设施和边境江河防护工程;修建一批粮食、原盐、汽油等战略物资仓库;加强后方地区农业建设,特别是山区建设;迁建或新建一些必需的医院、学校;建设自治区党委和军区机关的防护工程。

自治区党委结合广西实际,提出准备战争,抗美援越,其中最过硬的物资准备是粮食,要把发展农业摆在重要位置,增加粮食生产,准备足够的粮食储备,藏粮于民,保证军民战时有饭吃。工业建设要坚持“平战结合”,具备生产军用和民用两套本领,战时为支援战争服务,和平时期积极投入地方建设。基础工业要抓紧;有条件的县要搞自己的化肥厂,平时为农业服务,战时可改产军用原料。轻工产品战时、平时都很需要,不可放松。经过“三五”时期的建设,使广西工业上一个新台阶,初步建立起相应独立的工业体系。全力以赴支援军工项目建设,保证完成各项军工任务;做好安全保障、后勤供应、拥军优属工作。加紧建设好各项防护工程。要坚持少花钱、多办事的原则。优先保证三线的人、财、物需要。经过三四年的努力，把广西建设成为以桂西、桂西北为重点，各方相互支援和照应的巩固的后方基地。

为加强三线建设工作的领导，自治区有关部门和重点地区、县、工程项目，设立了专门办公室、领导小组、指挥部，作为专职领导机构，从组织上提供保障。

在中央的支持下，广西三线建设开始起步。1966 年，全自治区投入经济建设的资金达 4.36 亿元，占当年财政支出的 61%，比上年增长 15%。一批三线建设项目先后动工，数以万计的民工投入三线地区建设，各地迅速掀起农田水利建设高潮，动工修建的大小水利工程达 4.4 万个。

1966 年，广西开始实施“三五”计划。当时，国民经济经过全面调整，为发展提供了十分有利的条件；三线建设进展顺利，一批国家重点建设项目布局广西，形成了大规模经济建设的热潮，呈现出良好的发展态势。1966 年春夏间，广西几乎所有工业产品技术经济指标，都创造了新中国成立以来的最好水平，各条战线欣欣向荣。但是，由于“文化大革命”的爆发，这一发展进程被迫中断，形势急转直下。

第十七章

城乡社会主义教育运动的开展

在摆脱国民经济严重困难局面的同时,社会主义建设事业又出现了复杂的情况。党的八届十中全会由于对阶级斗争形势和干部队伍中出现的问题作了过于严重的判断。全会之后,党中央开展社会主义教育运动,对所谓“修正主义”进行批判。根据党中央在全国城乡发动一次普遍的社会主义教育运动,开展大规模的阶级斗争的决定,1963 年夏开始,广西在农村和城市开展了社会主义教育运动。

第一节　农村社会主义教育运动

一、社会主义教育运动的部署

1962 年 9 月 24 日至 27 日,党的八届十中全会在北京举行,全会之前,中共中央先后在北戴河与北京召开了近两个月的工作会议,为全会作了准备。毛泽东在中央工作会议期间和党的八届十中全会上就阶级、形势、矛盾等问题作了多次讲话,把社会主义社会中仍在一定范围内存在的阶级斗争作了扩大化和绝对化的论述,指出在由资本主义过渡到共产主义的整个历史时期资产阶级都将存在,并存在资本主义复辟的危险,强调阶级斗争必须年年讲、月月讲、天天讲。他错误地把他所不同意而实际上是比较符合客观情况的一些意见,看成是右倾机会主义即修正主义的表现，把党内一些认识上的分歧，当作阶级斗争的反映，斥之为“黑暗风”“单干风”和“翻案风”。全会的中心议题是阶级斗争问题。会议根据毛泽东关于阶级、形势和矛盾的讲话，批判了所谓的“黑暗风”“单干风”“翻案风”①，对党的工作产生了消极影响。在全会结束之后，“包产到户”的改革实验再一次被压了下去，为“右倾机会主义分子”平反的工作也就此结束。1962 年八届十中全会重提阶级斗争，发展了 1957 年反右派斗争中提出的无产阶级的矛盾仍然是我国社会主要矛盾的观点，把一定范围内存在的阶级斗争扩大化和绝对化，为党在这个问题上的“左”倾错误的再度发展提供了理论依据，对后来中国政治的走向产生了严重影响。

全会讨论了经济工作问题。肯定了全党和全国人民在严重困难形势下表现出来的团结一致、奋发图强的奋斗精神。全会通过了关于巩固集体经济、发展农业生产、关于商业工作的几个决定以及“农业六十条”修正草案等几个文件。全会提出，党的迫切任务是要继续贯彻执行以农业为基础、以工业为主导的发展国民经济的总方针，对国民经济进一步进行切实的调整、巩固、充实、提高。这些都对巩固前一阶段国民经济调整的成果，继续进行下一步经济调整有积极意义。

全会后，广西经济上的调整和恢复工作大体上仍能按原计划进行，直到 1965 年胜利完成。同时政治上阶级斗争扩大化的“左”倾错误进一步发展。党的八届十中全会后，党中央决定在城乡发动一次普遍的社会主义教育运动，开展大规模的阶级斗争。广西结合传达八届十中全会精神，开展社会主义教育。1962 年 12 月 6 日，自治区党委发出《关于在农村中开展社会主义教育运动的指示》，决定在 1962 年冬至 1963 年春开展一次广泛、深入的社会主义宣传教育运动，教育的内容包括形势教育、社会主义道路教育、集体主义和爱国主义教育、工农联盟教育、阶级教育等。

---

① 所谓“黑暗风”，指的是 1962 年 1 月七千人大会之后，中共中央一些领导人对当时经济形势的比较清醒正确的分析和所采取的措施。所谓“单干风”，是指在克服经济困难的过程中，各地创造出来的适合生产力发展水平的“包产到户”“责任田”“三包”责任制等经营管理形式。“翻案风”是指当时正在进行的甄别平反工作。

在1963年2月召开的中央工作会议上,毛泽东推荐了湖南省开展社会主义教育运动和河北省保定地区“小四清”的经验。会议决定在农村普遍进行一次社会主义教育运动,在城市开展“五反”(反对贪污盗窃、反对投机倒把、反对铺张浪费、反对分散主义和反对官僚主义)运动。5月,毛泽东主持制定的《关于目前农村工作中若干问题的决定(草案)》(简称“前十条”),对阶级斗争形势作了过于严重的估计,指出“当前中国社会中出现了严重的尖锐的阶级斗争情况”,“四清”和“五反”是“打击和粉碎资本主义势力猖獗进攻的社会主义革命斗争”,要求各地训练干部进行试点,为普遍开展社会主义教育运动作准备。

5月3日,自治区党委召开二届二次全体会议。这次会议按中央部署研究分析广西农村和城市的形势,对当前阶级斗争情况作了过火的估计,认为资本主义势力和封建势力正向我党猖狂进攻,不少基层组织的领导权已不掌握在工人阶级和贫下中农手中。会议重点讨论了广西开展农村社会主义教育运动的问题,部署开展广西农村社会主义教育运动,要求在贫下中农中扎根串连,重新组织阶级队伍,揭开农村阶级斗争的盖子。

二、农村社会主义教育运动

(一)农村“四清”运动的试点工作

自治区党委二届二次全体会议后,自治区党委成立了农村社会主义教育运动领导小组,自治区党委常务书记乔晓光任组长,在广西45个县、161个公社开始“社教(四清)”试点,派出工作队员3489人,大批机关干部和知识分子都到农村参加“社教”工作。按照自治区党委1962年12月19日发出的《关于分期分批抽调干部参加农村社会主义教育运动的规定》的要求,从各级领导到全体干部,原则上都要分期分批参加农村社会主义教育运动,每人要参加一期,没有经过革命斗争锻炼的干部,可以多参加一两期。

1963年初至1964年5月,广西分期分批在农村社队进行“社教”运动。这次运动以贯彻落实《人民公社工作条例(修正草案)》为中心内容,向广大农民群众进行坚持走社会主义道路的教育,批判“资本主义”倾向，重点是批判“包产到户”和分田单干的思想，同时解决社队干部在经济上、作风上存在的问题。据1964年2月自治区党委社教办公室的统计，当时全自治区农村“社教”运动的进展情况是：已经结束试点的有33个县，141个公社；正在铺开第一批的有26个县，402个公社；正在进行试点的有25个县，49个公社。试点和第一批铺开共592个公社，占全自治区9776个公社的5.9%。

宣读贯彻“双十条”。1963年5月，中共中央发出《关于目前农村工作中若干问题的决定（草案）》（简称“前十条”），一共提出了10个问题，包括：“当前中国社会中出现了严重的尖锐的阶级斗争情况”的种种表现；组织贫农、下中农阶级队伍；教育干部“洗手洗澡”①，对社、队集体经济进行清理账目、清理仓库、清理财务、清理工分（简称“四清”）；“打击和粉碎资本主义势力的猖狂进攻”等等。1963年9月中共中央在北京召开工作会议，研究了前段“社教”的经验，制定了《关于农村社会主义教育运动中一些具体政策的规定（草案）》（简称“后十条”，当时也把前后两个十条合称“双十条”）。“后十条”本来是针对“前十条”在试行过程中，普遍发生混淆两类矛盾、打击面过宽的情况，规定一些具体政策界限，以求缩小打击面。但在当时“左”倾思想占主导地位的形势下，这些规定没有得到执行。

1964年上半年，自治区党委先后发出《关于组织宣读中央关于农村社会主义教育运动问题两个文件的通知》（两个文件是指“前十条”和“后十条”）、《关于在县城以上市镇宣读中央关于“社教”问题两个文件的通知》《关于贯彻执行中央三月二十五日指示的通知》，部署在全自治区宣读中央两个文件，组织相当于县委委员以上干部，以及有相当文化和政治水平的同志组成宣讲队伍，分期分批在城乡全党全民中宣读和讲解中央关于农村社教运动两个文件。

1964年五六月间，自治区党委根据“双十条”的精神，对前一段“社教”运动进行了总结，认为这次运动在提高干部和群众的觉悟，扭转“单干风”，打击“歪风邪气”，巩固集体经济，推动生产方面，是有成

① “四清”的专用名词，比喻干部主动检查改正错误。

绩的。但是,运动搞得不彻底,主要原因是对农村阶级斗争的严重情况估计不足,没有把阶级斗争作为解决农村问题的中心环节来抓,没有把社会主义教育运动当作一个大革命来搞,从而出现了两个缺陷:一是由于对干部的问题解决不好,使许多敌情揭露不彻底;二是由于没有组成坚强的贫下中农阶级队伍作依靠,使得对敌人的打击不彻底。根据这个错误的估计,自治区党委决定,立即动手重新大搞一次社会主义教育运动。为了有所区别,将 1963 年进行的“社教”称为“初步社教”,1964 年以后按“双十条”的要求进行的“社教”称为“系统社教”(也称“系统四清”)。为了加强对社教运动的领导,自治区党委于 1964 年上半年分别成立了南宁、玉林、梧州、桂林、柳州、百色六个地委“四清”工作总团。

为了把“系统社教”搞深搞透搞彻底,达到“高标准”要求,自治区党委做了一系列准备工作:一是要求中共各级组织的领导核心,特别是地委、县委,要划出一段时间,认真学习中共中央的文件,提高认识,主要是从“当前中国社会出现了严重的尖锐的阶级斗争情况”这个对农村阶级斗争的基本估计,去认识进行“社教”的紧迫性,下决心把运动搞好。二是组织“社教”工作队,其人数要达到进行“社教”的地方平均每个生产队有一个工作队员。“社教”工作队由两部分人组成,一部分由国家机关、人民团体、部队、企业、学校和人民公社的干部分批轮流参加;另一部分从农村贫下中农青年、复员军人、生产大队干部中挑选,由国家发给一定的生活补贴。工作队入村前经过一个月左右时间的培训。三是作出对“社教”运动的部署。先在小范围进行试点,取得经验,然后分四批或五批铺开,每批大体用一年时间,到 1968 年基本完成全自治区范围的“社教”运动。

1964 年 7 月,广西在武鸣、玉林、苍梧、兴安、融安、靖西 6 个县(每个专区 1 个县,每县 4 个区)以及南宁市郊区的 920 个公社[①]进行系统“四清”的试点。全自治区共组织 9 万多人的工作队参加,自治区党委

① 当时广西实行的是两级所有的小公社制,公社的规模相当于后来的生产大队,区的规模相当于后来的公社,每个区管辖约 10 个公社。

第一书记韦国清到武鸣县城厢区梁同公社蹲点，常务书记乔晓光和书记伍晋南、贺希明、安平生以及候补书记霍泛，分别到其他5个县蹲点，加强领导。

“社教”工作队进村后的工作大体分为六步进行，其工作内容是：

第一步，组织阶级队伍。包括重新宣读“双十条”和宣读《中华人民共和国贫农下中农协会组织条例（草案）》；通过扎根串连，向贫下中农群众进行阶级教育和社会主义教育，划清敌我友的界限，划清社会主义与资本主义的界限；成立生产队一级的贫下中农协会组织；做好登记阶级和建立阶级档案的工作。

第二步，进行“四清”。在充分发动贫下中农的基础上，认真帮助干部兴无灭资，自我革命；教育干部参加集体生产劳动和建立干部参加集体劳动的制度，改进工作作风，密切干群关系；做好清查账目、工分、财务和清查仓库的工作，改善社队的财务管理，建立和健全财务制度。

第三步，解决公私关系问题。公私关系包括个人与集体，集体与国家两个方面的关系。解决公私关系问题，实际上是解决社会主义与资本主义两条道路之间的斗争问题。这个阶段要求进一步贯彻执行“农业六十条”；做好生产队的劳动管理和生产管理的基础工作。

第四步，发动群众对敌人进行说理说法斗争，处理有破坏活动的四类分子和投机倒把分子、贪污盗窃分子，建立和健全对四类分子的监督、改造制度。

第五步，组织建设。整党和整顿农村各项基层组织，其内容包括整顿党支部，挑选和培养基层组织的革命接班人、审定党员；整顿社队两级的领导班子、民兵组织和青年、妇女、监察、治保等组织，以加强农村各种基层组织的领导核心。

第六步，进一步揭生产斗争的盖子，总结生产中的经验教训，制定生产规划，主要是制定社队两级较长远的基本建设规划，掀起生产新高潮；建立群众性的农业科学试验制度。

推广“桃园经验”。随着全国各地社会主义教育运动的开展，以毛泽东为首的中共中央，对阶级斗争形势的估计越来越脱离实际。1964年五六月间，在北京召开的中共中央工作会议认为：全国基层有三分之一的领导权不在我们手里。1964 年 7 月 29 日,自治区党委根据中央和毛泽东关于“要以‘愚公移山’的精神,把社会主义革命进行到底”的指示,发出了《关于农村社会主义教育运动几个问题的指示》(简称《指示》)。《指示》强调各级党委要充分认识阶级斗争在广西农村的严重、尖锐情况,指出 1963 年中央杭州会议所讲的“当前中国社会中出现了严重的尖锐的阶级斗争情况”,是适合广西情况的,对基层的“四不清”干部不能姑息迁就。

1964 年 8 月 21 日,中共中央办公厅秘书王光美来广西,在自治区三级干部会议上作题为《关于一个大队的社会主义教育运动的经验总结》的报告,即河北省抚宁县桃园大队采取秘密串连贫下中农开展夺权斗争的经验(简称“桃园经验”)。其主要经验是:工作组进村后,要先搞“访贫问苦,扎根串连”,然后搞“四清”,再搞对敌斗争,强调放手发动群众,又要注意火候,对基层干部“又依靠,又不完全依靠”。“四清”内容已不仅是清工分、清账目、清财务、清仓库,而是要解决政治、经济、思想和组织上“四不清”问题。9 月 1 日中共中央转发了这一经验,对“四清”运动中“左”的错误的进一步发展产生了一定的影响。

9 月中旬,中央根据一年来“社教”运动的经验,对“后十条”进行修改,正式发出了这个文件的《修正草案》。《修正草案》对阶级斗争形势的估计更加严重,提出敌人“对干部拉拢腐蚀,实行和平演变,建立反革命的两面政权”,“是敌人反对我们的主要形式”,“必须认真地进行民主革命补课”。《修正草案》提出,整个社教运动由工作队来领导,撇开了基层组织和基层干部。

“桃园经验”的推广对广西“四清”运动有极大的影响。自治区党委对“桃园经验”进行反复传达,组织四清工作团全体人员讨论对照,使“桃园经验”成为“四清”运动的样板。在“桃园经验”的影响下,广西的试点工作队入村后,按照组织贫下中农开展夺权斗争的要求,把干部撇在一边,沿用土地改革时期访贫问苦、扎根串连的办法去发动贫下中农,组织阶级队伍。有的用了一二十天才找到一个“根子”①,再用二十

---

① 指最先依靠其进行串连发动工作的贫下中农。

天、一个月时间发动这个“根子”，然后再依靠这个“根子”去逐个串连发动其他贫下中农。这种神秘化的做法，引起了社队干部的极大反感，增加了干部和群众的对立情绪。在清经济中，虽然清出了一些被干部多吃多占的钱物和工分，使生产队的财务得到了一次清理和整顿，但是清理工作有许多不够实事求是，甚至是捕风捉影的，造成一些干部在经济不清问题上的冤假错案。更严重的是把干部在经济上、作风上的一些问题上升到“和平演变”的高度去看待，人为地制造阶级斗争。有的工作队把群众揭发的真实的和不真实的材料，加以拼凑，与“和平演变”联系，断定一些干部已走完“懒、馋、占、贪、变”的全过程，成了“资产阶级”在共产党内或干部队伍中的“代理人”。

“桃园经验”的推广，使广西在“左”倾思想指导下的“四清”运动，向更“左”的方向发展。

贯彻“二十三条”。1964年底至1965年初，中共中央在北京召开工作会议，总结了前段全国开展社会主义教育运动的情况，作出了新的部署。会后发出《农村社会主义教育运动中目前提出的一些问题》（通称“二十三条”）。这个文件要求“一分为二”看待干部，尽快解放大批干部，实行群众、干部、工作队“三结合”；提出工作方法要走群众路线，不要搞神秘化；“四清”要落实在建设上面，把增产作为搞好运动的标准之一；提出城市和乡村的社会主义教育运动一律简称“四清”：清政治、清思想、清组织、清经济，取消城市“五反”的提法，等等。这对纠正前段运动搞神秘化，工作队（组）包办代替，对基层干部打击面过宽等缺点，有好的作用。基层干部普遍反映说：“二十三条比双十条明确些，按双十条我们干部不知如何办才好，只好等待处理了。二十三条给干部比较明确地指出了出路，比双十条要宽大一些，我们也透了一口气。”但是，“二十三条”仍片面强调运动的性质是解决社会主义和资本主义的矛盾，而且强调“运动的重点是整党内那些走资本主义道路的当权派”，说这种当权派有在幕前的，有在幕后的，支持他们的人有在下面的，有在上面的，甚至有在省和中央部门工作的。这样就把斗争的矛头集中指向中共的各级领导人，从而使阶级斗争扩大化的“左”倾思想发展到一个新的阶段。

全自治区六个试点县经过几个月的发动工作，从1965年2月起纷纷掀起了组织全面“四清”运动的高潮。在做法上，玉林、南宁、桂林、梧州四个总团采取先召开区的贫下中农代表会和三级干部会，解决区委问题，然后再召开公社的贫下中农代表会和两级干部会，解决公社干部问题；柳州、百色总团则只开公社的会议。生产队干部的问题，主要是在生产队内部解决。在这些会议上，进一步学习贯彻了“二十三条”，充分发动了群众，处理几个宽严的典型，显示了党的政策的威力。在这种形势下，多数犯有“四不清”错误的干部要求自觉革命，主动交待问题，争取早交待早退赔，早归队。各地突出抓住了两条道路斗争的问题，重点整那些党内走资本主义道路的当权派；对于一、二类干部能够解放的即迅速通过群众解放出来，体现了党的区别对待政策。

1965年6月19日自治区党委农村四清办公室向自治区党委所作的关于农村“四清”运动试点情况的报告中指出：据6个地委“四清”总团统计，加入贫下中农协会的人数达23.3万多人，占贫下中农成年人口的76.1%；运动中从中农划出一批下中农，使贫下中农户数一般达农村总户数的70%。清经济工作获得一批成果，共清出贪污盗窃、投机倒把、多吃多占和挪用的金额706.5万多元，粮食226.3万多公斤。查出了一批漏划的地富分子，摘、戴了一批地富分子的帽子。整顿了农村各层基层组织，据不完全统计，运动中落选的干部占30%左右，处分了一批干部，另外还有一部分干部调整了工作职务。经过整党，被开除党籍、不准登记的党员约占10%左右[①]。

（二）农村“四清”运动的铺开

1965年7月，广西的系统“四清”试点工作基本结束，开始向面上铺开。第一批铺开的县连同原来6个试点县共为23个县（市、自治县），即南宁专区的武鸣、宁明、龙州县和凭祥市，柳州专区的融安、鹿寨、象州县和三江侗族自治县，桂林专区的兴安、临桂、灵川县，梧州专区的苍梧、贺县、昭平县，百色专区的靖西、田东县，玉林专区的玉林、北流、桂平县，河池专区（新成立）的宜山、河池县，钦州专区（重新从广东划过

① 区党委农村四清办公室：《关于农村四清运动试点情况的报告》，1965年6月19日。

来)的钦州、上思县。按公社计算,铺开的面为全自治区公社总数的15%左右。这次铺开"四清"的县,采取农村社队和县(市)机关、单位同时进行的办法,其目的是利于挖出幕前、幕后、下面、上面的"走资本主义道路的当权派"。"四清"工作队的人数由原来的1.4万人增加到9万人。按照中共中央的规定,进行"四清"的县的党委和政府的各级组织交由工作团领导。

广西面上的"四清"运动根据所要解决的主要矛盾的性质,划分为两大段:第一大段主要是解决敌我矛盾,解决领导权问题。重点整党内那些走资本主义道路的当权派,及与当权派相勾结的四类分子。第二大段主要是解决人民内部矛盾,即解决集体经济所有制与残存的私有观念(包括旧观念形态)的矛盾。

这批铺开"四清"的地方,仍沿用试点的做法,自治区党委强调,要着重解决"两条道路斗争的大是大非问题",要把斗争锋芒指向"党内那些走资本主义道路的当权派",这样就把清政治、清组织摆在了最重要的位置,更加片面地把干部经济上、作风上的一些问题上升到"两条道路斗争"的高度,着重去发现那些已经"和平演变"了的"新的资产阶级分子"及其幕后的支持者,着重去发现那些领导权已经不在坚持走社会主义道路者手里的单位,阶级斗争扩大化的倾向比试点又进了一步。据南宁地委"四清"工作总团的统计,"四不清"干部已占干部总数的73%;各县委常委、委员中有"四不清"问题的达到了94%;16个县委领导班子,已基本烂掉的2个,部分烂掉的2个;有个公社的37个生产队中,有12个队的领导班子已经变质。特别是"文化大革命"开始以后,深挖"走资本主义道路的当权派",成了"四清"的一个主要目标。据自治区农村"四清"办公室1966年7月的统计,7个地委(缺桂林地委)在"四清"中共挖出"走资本主义道路的当权派"10072人,占进行"四清"单位干部总数的3.3%。以上这些统计数字严重脱离实际,把阶级斗争扩大化,特别是把斗争矛头指向共产党内,其结果使大批干部在政治上受到打击。

1966年秋,"文化大革命"的动乱已波及县以下,到处出现了"造反派"揪斗"四清"工作队的状况。在这种情况下,本来"四清"工作尚未结束,但工作队只好撤出,中止了为期三年多的农村社会主义教育("四清")运动。

第二节　城市社会主义教育运动

一、"五反"运动

1963 年 4 月,自治区党委根据中共中央《关于厉行增产节约和反对贪污盗窃、反对投机倒把、反对铺张浪费、反对分散主义和反对官僚主义运动的指示》(以下简称《指示》),结合自治区的情况,对增产节约和"五反"运动作了具体部署,在全自治区开展增产节约和"五反"运动。根据中共中央《指示》精神,增产节约和"五反"运动分三个阶段进行:第一阶段先把增产节约运动切实地深入地开展起来;第二阶段结合增产节约反对铺张浪费,整顿制度;第三阶段再结合增产节约和整顿制度,大张旗鼓地开展群众性的反贪污盗窃和投机倒把运动。

"五反"运动的具体部署,按照分期分批进行的原则,在全自治区大体上分为三期。第一期,从 4 月初到 5 月中旬,在自治区和各地、市进行试点,同时普遍展开自治区一级党政领导机关的"五反"运动。自治区党委确定八个包括自治区一级党政机关和在南宁、柳州的企业单位进行试点,每个市则选择一个企业一个党政机关进行试点(南宁市、柳州市的企业试点与区党委的企业试点合在一起),每个地委只在自己的一个党政机关进行试点。第二期,从 5 月中旬到 7 月底,在地、市党政机关和企事业及自治区直属企事业单位中分批展开"五反"运动,各县选一二个企业单位进行试点。第三期,从 8 月到 10 月,各县在试点的基础上,按照季节的不同,逐步展开"五反"运动,并在 10 月底以前结束。

增产节约和"五反"运动的第二阶段,即"五反"运动的后"三反"(反对铺张浪费、反对分散主义、反对官僚主义)主要是解决人民内部矛盾的阶段,具体做法包括:进行思想上和组织上的准备;自上而下,从党内到党外,层层洗"温水澡""放包袱",层层"下楼",层层发动;层层结合,互相促进;在层层“下楼”的过程中,要为运动的第三阶段准备条件;解决人民内部矛盾的原则,是要正确运用批评与自我批评的武器,即要掌握“团结——批评——团结”的公式;健全制度,边整边改。

运动的第三阶段即反对贪污盗窃,反对投机倒把的阶段,是解决敌我矛盾的问题的阶段。具体做法包括:在提高阶级觉悟的基础上,运用各种组织和各种适当的形式,放手地充分地发动群众,揭发检举一切贪污盗窃、投机倒把的行为。在广大群众发动起来了以后,还要注意发动落后层和某些职工家属;斗争形式,以背对背的检举为主,不采取大会斗争的方法,并且严禁体罚或神经战的现象发生;群众运动与专案调查相结合。对发现的全部问题,要逐案核实,凡在运动中确实弄清事实者,可以根据政策处理,否则以后查清再处理;对于那些确实没有贪污盗窃和投机倒把的单位,亦要实事求是,不要硬逼材料,但要对群众进行社会主义教育;群众揭发检举告一段落,对于在整个增产节约和“五反”运动中揭发出来的问题,除专案调查处理者外,把还没有解决的问题,分类排队,分清轻重缓急,继续加以解决,并把群众调动到增产节约,开展劳动竞赛的轨道上来。

各地委进一步拟定了领导“洗澡”“下楼”的标准,主要内容包括:主要错误和问题全部检查出来;从思想上挖了根,批判深透;群众意见基本提完,并且感到满意;能改正的马上整改。当时,对领导“洗澡”“下楼”的主要收获作了评价:通过“洗澡”进一步加强了地委的核心领导,提高战斗力,从而更有力地推动各方面的工作,迎接生产高潮的到来;通过常委“洗澡”,放下包袱轻装上阵,取得运动的领导权,从而保证“五反”运动的顺利进行;起到样板的作用,给下级做出榜样,同时也以实际行动给下级启发教育。

中共梧州地委地直机关各战线领导和八个县县委常委从 1963 年 6 月 10 日至 25 日展开了“洗澡”活动,各县参加运动的县委常委被揭露出不少问题。地委各战线领导和各县县委常委“洗澡”“下楼”后,接着,第一批铺开地、县党政机关,第二批铺开工交系统的厂矿、企业,财贸单位,农林水单位,文教战线的医院、学校、书店、电影院、文化馆、图书馆、广播站、防疫站、妇幼保健站等,所有机关单位分别于 7、8、9 月结束,基层单位于年底结束。

全自治区的“五反”运动,从1963年4月初开始试点,至1964年7月已先后铺开了四小批:自治区、市党政机关一批,企业两批,地、县党政机关一批。全自治区全民所有制企事业和党政机关共有职工160.7万多人,已开展运动的单位有职工120.7万人,占职工总数的75%,其中已经结束运动的有7.96万人,占职工总数的13%。另有集体所有制工交、财贸企事业职工23万人,正在试点。

1964年7月31日,自治区党委发出《关于城市社会主义教育运动部署和做法的意见》(简称《意见》),提出城市社会主义教育运动先搞党政机关,后搞基层企业,先搞全民所有制单位,再搞集体所有制单位,后搞街道,先搞县城,后搞圩镇。在具体安排上大体分为三大批:第一批是党政机关和大中企事业单位、大专院校、大的医院;第二批是专区、县、区企事业单位、中小学校教师、集体所有制的手工业、民间运输、商业合作店(组);第三批是街道居民及街道企业。凡有镇委会、镇公所以上的城镇,除农业人口按农村社会主义教育运动的要求进行外,其余均参加城市社会主义教育运动。

按照《意见》的规定,工交、财贸企事业和大专院校的社会主义教育运动时间约为八个月,按七个步骤进行:第一步,学习中央关于农村社会主义教育运动问题的两个文件和“五反”指示,揭阶级斗争盖子,召开三级干部会或训干会。第二步,领导干部“洗澡”“下楼”。第三步,在职工中开展回忆对比教育,放包袱。第四步,进行反贪污盗窃反投机倒把斗争。第五步,检查和整顿干部参加集体生产劳动,检查整改,推动领导作风革命化。第六步,划阶级,登记工会会员,整顿党团和民兵等组织。第七步,健全和改进生产经营管理制度,进一步组织生产高潮。在进行第六、七步时,结合进行政治清理工作,组织专人进行定案处理。专区、县党政机关的社会主义教育运动的步骤,根据具体情况,将七步加以调整或参照七步做,时间可少于八个月。

干部和职工家属的社会主义教育则按以下原则开展:分散在街道居住的,和街道社会主义教育一起进行;集中在机关、企业居住的,由本机关、企业负责搞,时间一般放在职工社会主义教育结束以后,组织专人去搞，如果工作组有力量，也可以一起搞。做法和职工的社会主义教育有所区别。其做法大体是：学文件，组织串连，训练骨干；揭阶级斗争盖子；回忆对比，放包袱；打击贪污盗窃和投机倒把，以及敌对阶级分子的破坏活动；划阶级；做一些必要的建设工作。家属的社会主义教育亦应先试点，再铺开。自治区直属机关的干部家属的社会主义教育由直属党委领导，先搞试点，然后再铺开。

1964年6月13日，自治区党委发出通知，要求各中小学校利用暑假时间，进行集训，以正面教育为主，适当进行自我检查，提高思想，改进作风。6月25日，自治区党委又批转了宣传部《关于暑假中小学教职员社教集训的意见》，再次强调必须贯彻正面教育和自我教育原则。

1964年7月25日，自治区党委统战部提出在工商界、知识界、华侨、宗教和民族上层人士中进行社会主义教育的方针和方法。对这些高层人士，主要是进行爱国主义、国际主义和社会主义教育。在城市社会主义教育运动中，针对他们的特点，采取同职工有分有合的方法进行。

1964年10月，自治区党委根据中央的部署，采取“大兵团作战”的方法，从自治区直属机关、大专院校和柳州、桂林、梧州3市共抽调干部4200多人（最多时有7426人），集中在南宁市开展“四清”运动。自治区党委书记伍晋南任四清工作总团团长，还有一批常委、厅级干部分别任下属9个分团团长，每个分团又根据不同行业组成若干工作队（组）。这次运动规模大、工作队员多、参加运动范围广，全市先行试点的80多个单位（参加运动人数5万多人）中，经调查分析，认为领导权不在或基本不在“无产阶级”手里的约占三分之一。在6100名干部中排队，好的或比较好的占74%；问题多的占20%；性质严重的占6%。基层领导干部的比例为47%、32%、21%。市直属机关267名县级以上干部，经过“洗澡”“下楼”，群众满意的237名，占88%；不满意的30名，占12%。南宁市作为全自治区进行“四清”运动的试点城市，在全面铺开前，着重摸索和总结如何解决“基层单位有三分之一领导权不在我们手里”的问题，包括开展夺权斗争的问题，如何挖上面的“根子”和“靠山”的问题，如何团结两个 95% 问题。

二、"五反"改为"四清"

1965 年 1 月,中共中央政治局通过并发布了《农村社会主义教育运动中目前提出的一些问题》(即"二十三条"),这一文件肯定运动以阶级斗争为纲和两条道路斗争为纲的指导思想,运动的重点是整党内那些走资本主义道路的当权派、性质是解决社会主义道路和资本主义道路的矛盾等;纠正整个运动都由工作队领导,搞神秘主义和打击面过宽等不当的做法,规定"四清"运动的内容改变为"清政治、清经济、清组织、清思想",城市"五反"运动的内容也改为"四清",取消城市"五反"的提法,城市和乡村的社会主义教育运动一律简称"四清"。

1964 年冬至 1965 年春,在未铺开运动的县普遍进行了面上"四清"。面上"四清"的做法,是以县和区为单位分别召开三级干部会议,先由县和区的领导干部带头检查自己的"四不清"问题,然后由参加会议的干部和贫下中农代表进行"揭发"和批判,再由犯有"四不清"错误的干部进行检讨、交代,有经济问题的进行退赔。三级干部会一般用一个半月左右时间。1965 年春节后,全自治区已有 76 个县及 4 市郊区进行面上"四清",参加的各级干部和贫下中农代表 53 万多人。开展面上"四清"的目的是刹住干部的"四不清"歪风,只清干部,不清群众,干部中又主要是解决领导干部的问题。面上"四清"对解决县、区两级干部在思想作风上、经济上的问题起到一定作用。但是,这个运动也是围绕"两条道路斗争"和防止"和平演变"这个主题去开展的,因而仍然存在阶级斗争扩大化的情况。据自治区党委 1965 年 2 月 27 日向中共中央、中南局的报告称:在参加运动的 382 名县委常委中,犯有腐化堕落错误的占 25.1%,投机倒把、贪污盗窃的占 12.6%,伪造和隐瞒政治历史的占 7.3%。

根据"二十三条"的要求,一场声势浩大的"四清"运动在各城市分批铺开。以南宁市为例,据 1965 年底统计,全市第一批参加运动的 391 个单位,14.18 万人中,揭发出"领导权不在我们手里"的单位 41 个,占开展运动单位的 10.5%。查出混入革命队伍的"四类分子"(指地主分子、富农分子、反革命分子、坏分子）和所谓漏划的“资产阶级分子”共2265人；揭发出贪污盗窃、投机倒把案件8735件，总金额为292万多元。对参加运动的14377名各级干部采取“过筛子”进行审查，分类排队，一、二类干部11150人，进行“洗澡”“下楼”，三类干部2478人，进行严格批判；四类干部479人，进行斗争和组织处理。

广西城镇的“四清”运动，除苍梧、兴安等县城和直属机关外，自1964年11月底以来，先后陆续开始，于1964年12月以前开始的有融安县城镇、兴安县四个区镇和苍梧县三个区镇，1965年2月至3月初开始的有武鸣、靖西、玉林县城机关和苍梧县一个区镇。

城镇“四清”运动，总的做法是以“二十三条”为武器，组织学习文件，反复进行阶级教育，揭阶级斗争盖子，进行调查，串连发动群众，组织阶级队伍，逐步建立领导核心，领导干部“洗手洗澡”，开展斗争。同时安排开展生产、业务工作。

除融安县外，各地的做法大体相同，包括：组织学习文件，反复进行动员，以“二十三条”为武器，武装干部、职工思想。玉林火柴厂，经过学习文件和反复动员后，即有90%的职工揭发了领导上的问题，也有不少干部主动找工作队放包袱。摸清情况，发动群众，培养积极分子，解放一、二类干部。据1965年3月份的统计，玉林县县城75个单位，培养了611个积极分子，占参加运动人数的22.8%；兴安县4个区镇有干部818人，解放了398人，占48.7%[①]。在自我革命的基础上，发动群众帮助领导干部“洗手洗澡”，面对面检查与背靠背揭发相结合。在学习文件时，领导干部与一般干部分开学习，这样做既能促使领导干部认真考虑自己的问题，做好检查准备，又便于一般干部大胆地揭发他们的问题。召开三级干部会议或贫下中农代表会议，以解决主要领导干部的问题为主，同时通过典型带动，借大会东风，号召全体干部职工进行自我革命。

融安县、区机关城镇“四清”与各地的有所区别，其主要做法是：顶替工作。运动开始，工作队即将县直机关科局长以上干部和党委、政法部门的一些股长、干事以至食堂管理人员的工作（县委正副书记和县长

① 区党委农村四清办公室：《县、区机关城镇四清运动的概况》，1965年3月31日。

未顶替其职务),派工作队去接替。在交接工作中发现不少问题,清查出这些问题,为“四清”提供大量线索。集训干部。县集训了72人,包括县的全部部长和科局长级干部和5个一般干部。5个区共集训了119人,包括区委、区公所全体干部和问题多的企事业单位领导干部。

1966年12月中共中央发出《关于农村无产阶级文化大革命的指示(草案)》,宣布把“四清”运动纳入“文化大革命”中去。广西随即中止了“四清”运动。

在国民经济严重困难的几年间,一些干部对搞社会主义信心不足,对发展集体经济态度消极,少数干部甚至出现贪污盗窃、损公肥私、多吃多占的行为。面对这种形势,中共中央有必要采取措施消除干部中这些不利于经济恢复与发展的思想和作风。广西的社会主义教育运动历时三年多,纠正了一些干部多吃多占、强迫命令的作风,打击了贪污盗窃分子,建立一些生产管理制度,对解决干部作风、生产的经营管理问题起了一定作用。参加社教运动的工作队员,与工农群众同吃、同住、同劳动,既密切了党群关系,又为基层单位和群众办了不少好事、实事。如南宁市驻郊区工作队员帮助各村兴建的“四清井”有数百口,改变了当地许多农民长期饮用塘水、沟水的状况;驻街道工作队与居民共建“四清路”,把全市小街小巷全部铺上混凝土。社会主义教育运动中,各级党委、政府和“四清”工作队没有放松对生产工作的领导,从工作团到工作队,都有专人抓生产,把增产还是减产作为搞好运动的六条标准之一。如1964年2月自治区党委曾发出《关于社会主义教育运动两个问题的通知》,要求在进行系统社教的地方,不管工作进展到哪一步,都要先抓落实当年的生产计划,处理好影响当前生产的突出问题。这对促进和发展工农业生产,农田基本建设及各项事业,起到一定的积极作用。

但由于受“左”的思想影响,“以阶级斗争为纲”混淆了人民内部矛盾和敌我矛盾的性质。特别是到1964年下半年,运动性质和方法都有了重大改变,以经济为主的“四清”转变为以政治为主的“四清”,尤其是到1965年“二十三条”下达后,运动的重点为“整党内走资本主义道路的当权派”,把“四不清”的干部当作“党内走资派”来批斗,把大批干部当作“走资派”对象来揭发,对许多小事或莫须有的事情无限地“上纲上线”,提到“阶级斗争的高度上去认识”,造成许多冤假错案。在阶级斗争理论影响下,把干部和群众对发展农业生产的一些积极探索当成资本主义进行批判,打击了农民的生产积极性。不过,这次运动只在部分地区开展,而且是有领导地分期分批进行,在运动中还及时纠正过某些偏差,因而在一定程度上限制和减轻了运动的消极方面,全自治区工农业生产尚未受到大的影响,社会没有发生大的混乱。

第 十 八 章

十年社会主义建设的总结

从1956年9月党的八大到1966年5月“文化大革命”前的十年，是党领导全国各族人民开始全面建设社会主义的十年，是党对中国自己的建设社会主义道路进行艰辛探索的十年。与新中国成立初期发展比较顺利的七年相比较，这十年是在探索中曲折发展的时期。广西各族人民在自治区党委的领导下，不畏艰辛，奋发图强，取得社会主义建设的突出成就，创造了丰富的物质财富和精神财富，也获得了宝贵的经验和深刻的教训。

第一节　十年社会主义建设的主要成就

一、工农业建设成就

从1956年至1965年的十年间，是广西解放以后第一次进行大规模社会主义经济建设的十年，是探索社会主义经济建设规律曲折前进的十年，虽然开展了一系列政治运动，但党的工作重点还是放在经济建设上并且取得了巨大成就。其中，工农业的建设成就突出。1965年全自治区工农业总产值39.25亿元，其中，农业总产值23.66亿元，工业总产值15.59亿元，与1957年相比，工农业总产值增长50%。

工业建设方面的成就。1965年，广西工业总产值15.59亿元，比

1957年增长94.37%。以“一五”计划期末的1957年为基数,1965年与1957年相比,全民所有制企业固定资产投资总额,增长了1倍。基本建设投资累计完成26.79亿元,相当于1950年到1957年基本建设投资总和的3.7倍;人均基建投资相当于全国人均基建投资的比例,也从前8年的35%增加到50%。建成大中型项目60个,新建扩建了一批重要工业企业,其中包括电力、机械、化工、建材、有色金属、制糖、煤炭、造纸等骨干企业。柳州水泥厂、柳州工程机械厂、柳州化肥厂、南宁化工厂、南宁糖纸厂、南宁绢纺厂、柳州拖拉机厂、东罗煤矿、南宁电厂、柳州电厂、西津水电站、柳州钢铁厂等,都是在这个时期开始建设或部分投产的。这批骨干企业的建成,对后来广西经济的发展起了重要作用。据统计,1958年至1965年新增固定资产19.94亿元,是1957年以前固定资产总和的3.1倍。经过调整,工业内部结构得到改善,初步形成了具有一定生产规模的、由多门类组成的工业体系的雏形。这个时期发生的“大跃进”运动,虽然给工农业生产和其他事业造成极大的破坏和浪费,但是从工业建设的布局来看,某些方面的建设为后来的发展打下了基础。重工业部门新建的项目,有不少是在1958年至1960年间开工兴建的。这几年新建的若干项目,后来经过调整、巩固、充实、提高,形成新的生产能力。经过五年调整,一些工业技术的经济指标有所提高。

农业和农田水利建设成就。广西是以农业为主的省份,在十年建设期间,(省)自治区党委把农业基础建设作为重中之重的工作来抓。农田水利建设方面。1958年至1966年5月,全自治区的水利建设经历了“大跃进”和调整时期,取得了很大成绩,到1965年底,除澄碧河水库外,其余大型水库和64座中型水库的主体工程全部完工,全自治区有效灌溉面积由1957年的489.55千公顷,增加到953.05千公顷。1958年至1965年是广西水利建设史上迅速发展时期之一。一大批水库的建成,改善了农业生产条件。广西农业科研取得了骄人的成绩,20世纪60年代初,“矮仔粘”等一批矮秆水稻良种,为我国水稻矮化育种提供了重要亲本;“靖西1号”“火箭3号”“小英雄”等一批杂交玉米良种,使全自治区玉米单产大幅度提高;在国内首先进行猪、牛人工授精试验获得成功并加以推广应用，牛瘟病得到彻底消灭，这些成果都取得了显著的经济效益。

十年经济建设所取得的进展，为后来的社会主义建设奠定了重要的物质技术基础。这期间建设起来的一些基础设施、基础项目和大中型企业，至今仍在国民经济和社会生活中发挥作用。

二、其他方面建设成就

卫生方面。医疗保健等卫生事业取得了新进展，全自治区初步建成了一个中西医结合、防治结合的城乡医疗保健网。医院病床数，1965 年比 1957 年增加了 93.4%。卫生机构 10659 个，是 1950 年的 55 倍，医院病床数 7726 张，是 1950 年 3.3 倍。

体育方面。广西职工群众业余体育运动，获得了较大的发展，全自治区厂矿企业普遍建立了体协、锻炼队、运动队等体育组织，经常开展多种多样的体育活动。为纪念毛泽东冬泳邕江，广西开展了群众性的冬泳活动。1957 年至 1960 年，全省第一次农民篮球运动会、自治区首届工人体育运动大会、广西第一次球类竞赛等运动会相继举行。1960 年 7 月 31 日，广西壮族自治区第一届运动会在南宁市举行，广西军区、柳州铁路局以及百色、玉林、梧州、柳州、桂林、南宁等地区派出代表队（团）参赛运动员包括壮、汉、回、满、瑶、苗、侗、仫佬 8 个民族共 2500 多名。这是广西举办的第一次大型运动会。广西运动员在国际国内体育比赛中取得好成绩，其中，1963 年 11 月 10 日至 22 日，在印度尼西亚雅加达举行的第一届新兴运动会上，广西的王维俭获得个人全能、自由体操、平衡木、跳马 4 枚金牌，并和中国其他选手合作夺得女子体操团体第一名，当年荣立特等功，受到毛泽东、周恩来等党和国家领导人接见。在 1966 年亚洲新兴力量运动会体操比赛中，王维俭是获得团体冠军的中国队的主力队员之一，并获得个人全能和 4 个单项共 6 枚金牌，成为当时中国在亚洲体操比赛中获得金牌最多的运动员。1966 年 2 月广西体育馆在南宁邕江南岸落成，是当时全国一流体育馆。广西体育馆建成后，越南、老挝、缅甸、朝鲜、南斯拉夫、刚果、肯尼亚、委内瑞拉等国家以及香港、澳门等地区的乒乓球、篮球、排球等运动队，曾先后在这里进行多次国际比赛和集训。

第二节　十年社会主义建设的经验教训

一、十年社会主义建设的经验

总结全面建设社会主义十年间党的工作，正如1981年6月党的十一届六中全会作出的《关于建国以来党的若干历史问题的决议》所指出的："我们现在赖以进行现代化建设的物质技术基础，很大一部分是这个期间建设起来的；全国经济文化建设等方面的骨干力量和他们的工作经验，大部分也是在这个期间培养和积累起来的。这是这个期间党的工作的主导方面。"

从1956年至1965年的十年间，是广西解放以后第一次进行大规模社会主义经济建设的十年，是探索社会主义经济建设规律曲折前进的十年。在"二五"计划的五年和继续调整的三年，（省委）自治区党委领导广西各族人民进行全面建设社会主义，进行了艰辛探索，经历了曲折过程，积累了宝贵经验，经济建设取得了显著的成就。在这十年间（省委）自治区党委在探索社会主义建设道路的过程中，虽然有过严重的失误，但还是有所认识，并注意纠正自己所犯的错误。虽然发动了一些运动，但党的工作重点还是放在经济建设上并且取得了巨大成就。这十年，为社会主义建设事业准备了物质、技术基础，培养了大批建设人才，积累了社会主义建设的宝贵经验，为探索适合中国国情的社会主义建设道路奠定了基础。十年间，（省委）自治区党委在带领各级党组织和广大党员干部、各族人民群众在建设社会主义的过程中，经过艰苦卓绝的努力，取得了显著的成就，在政治、经济和各项建设事业以及党的建设等方面形成了许多正确的认识成果，积累了宝贵的经验以及一些应吸取的教训。这些在实践中积累的认识成果和基本经验，相当一部分直到"文化大革命"时期仍然在广大干部群众中发生作用，并对"文化大革命"结束后进行指导思想上的拨乱反正，对实行改革开放和进行社会主义现代化建设，具有重要的借鉴意义。

政治建设方面，（省委）自治区党委坚决贯彻执行党中央的路线、方针、政策，从本地的实际出发，通过不断扩大人民代表的权利，发挥各民主党派和各族、各界、各阶层人民群众的积极性，积极培养少数民族干部，加强各民族的团结，建立和发展民族区域自治制度，探索正确处理好敌我矛盾和人民内部矛盾的方法，团结一切可以团结的力量，调动一切积极因素，大力推进社会主义建设。为推动各项工作的蓬勃开展，（省委）自治区党委重视发挥我们党的政治优势，加强党对各方面工作的政治领导和组织领导，坚持马列主义的指导地位，开展学习毛泽东主席著作群众运动，不断加强党组织的自身建设，全面开展宣传思想政治工作，大力搞好各级工会、青年、妇女以及农村贫下中农协会等群众团体的组织建设并发挥其骨干带头作用，组织开展创优争先、比学赶帮超的竞赛活动，促使全自治区社会主义建设事业蓬勃发展并不断取得新成就。

经济建设方面，（省委）自治区党委正确地把握工作重心，坚持农业的基础地位。按照党和国家的工作重点转移到技术革命和经济建设的要求，坚持以农业为基础，工业为主导，按农、轻、重的秩序安排国民经济计划；围绕服务农业发展工业，实行各行各业支援农业；各级领导从1956年平乐事件汲取教训，增强“一切从人民群众的根本利益出发”意识，统筹兼顾国家、集体、个人利益，合理安排，认真解决好群众的衣、食、住、行和生产生活中的问题和困难；坚持自力更生为主、勤俭办一切事业的方针，着力搞好企业经营管理和技术革新，普及农业先进技术，大力开展科学种田，积极发展农业多种经营，促进工农业生产的稳步发展。经济体制方面，（省委）自治区党委按照中央的“工业七十条”“农业六十条”的有关规定，加强和改善企业的管理体制，调整好农村人民公社的经营管理体制。工业企业通过建立健全企业内部的管理制度，充分调动职工群众的积极性，提高劳动生产率和经济效益。农业方面，通过多次、全面地调整农村人民公社的经营管理体制，坚持生产队为基本核算单位，坚持按劳分配、多劳多得的分配制度以及在生产中探索农业生产责任制，调动农民群众的积极性，促进了农业生产的发展和农村的稳定。

教育、科技、文化、卫生工作方面，（省委）自治区党委坚持尊重人才、尊重知识的原则,落实好党的知识分子政策。同时,按照党的工作方针,切实抓好各方面的落实工作,推动教育、科技、文化、卫生事业向前发展。

党的建设方面,(省委)自治区党委加强和完善党委常委集体领导制度、党的会议制度和工作制度以及基层党组织的工作机制。十年中,经过整风、反右运动以及随后的社会主义教育运动、机关企事业单位的"五反"运动和农村的"四清"运动,各级党委和基层党组织进行了多次、全面的整顿,广大党员特别是党员领导干部经受了严格的教育和锻炼。尤其是在经济严重困难时期以及1961年党中央提出全面调整的八字方针以后,(省委)自治区党委及其各级党组织认真总结"反右派"斗争、"大跃进""人民公社化"运动以来的工作和经验教训,党内正常的组织生活制度得以恢复。(省委)自治区党委在加强自身建设的同时,每年秋后都把主要精力放在搞好以党组织建设为中心的基层组织建设工作上,派出大批工作队深入基层和农村,开展基层党组织和群众组织的建设工作,全面贯彻党中央"八字方针"及各项具体政策,全面加强党委对各项工作的领导,使各方面的工作、各项建设事业都出现了蓬勃发展的局面。

在人才和队伍建设方面,广西培养了一大批建设事业需要的专门人才。1956年知识分子问题会议后,党中央提出,必须培养出在数量上和质量上能够独立解决我国现代化的工业、农业、交通运输、国防、卫生事业和其他各个部门技术问题的专家,培养出接近现代先进水平的理论科学家,培养出教育事业和文化艺术事业方面的专家,培养出哲学和社会科学各学科门类的专家。中央提出的这个目标,尽管在广西实施中有曲折,也受到客观条件限制,但仍然取得很大进展。十年间成千上万各类专门人才成长起来,在社会主义建设的各个领域经受了实践的锻炼和考验,其中大部分人在后来特别是在20世纪70年代末实行改革开放以后,成为各级党委和政府部门以及经济、教育、科技、文艺、医疗卫生、体育等各方面的骨干力量。党的组织和党的干部队伍也得到进一步发展。1956年,广西共有党员246340人,干部总数150555人;到1965年,全自治区党员总数达到439379人,干部205161人。根据中央培养提拔新生力量的四项工作:将年轻优秀的知识青年干部分批下放到基层挂职锻炼;将理论水平较低但有培养前途的干部送到各级党校学习;对文化水平较低的工农干部帮助他们提高文化;领导干部搞好传、帮、带。随后,党的组织部门选调一批优秀的青年知识分子干部到基层挂职锻炼,从应届大学毕业生中挑选优秀分子进行重点培养。根据个人的不同情况,采取有效措施,进行培养锻炼,加速他们的成长,使党的干部队伍后继有人。

在人民群众和党员干部的精神风貌方面,广西各级党组织和各族人民保持了艰苦奋斗、积极向上的进取精神。在建设进程比较顺利的时候,广大党员和人民群众意气风发,斗志昂扬。在国内发生严重经济困难、国际上受到战争威胁和巨大压力的情况下,党和人民坚持独立自主,自力更生,不怕挫折,顶住压力,团结一致,艰苦奋斗,依然以无比的英雄气概和高昂的热情投身建设事业,不倦地探索适合国情区情的发展道路,维护边疆安定,促进民族团结,巩固和发展社会主义制度。在严重困难的岁月里,各级党组织和各族人民,干部和群众,休戚与共,同甘共苦,为战胜困难付出了巨大的牺牲,以焦裕禄、王进喜、雷锋等榜样,在平凡的工作岗位上做出不平凡的业绩,成为时代的风尚。广大知识分子以及干部、职工响应党的号召,到最艰苦的地方去,到祖国最需要的地方去,默默无闻,埋头苦干,奏响无私奉献的时代强音。在这十年间,各条战线上涌现出大量可歌可泣的建设社会主义的优秀典型和先进人物,他们的事迹激励各族人民在社会主义建设事业中焕发出更大的热情和力量。社会主义建设事业在战胜重重困难后逐步地重新出现欣欣向荣的景象。

二、探索中的曲折

十年间,广西建设事业和各项工作取得的成就,是党中央的领导和方针政策指导的结果,是广西各级党组织和广大干部群众艰苦努力的结果。但是,由于党在指导思想上出现了“左”的错误,加上当时复杂多变的国际形势和严重的自然灾害的影响,广西这十年的建设,同样遭受到严重的挫折,经历了艰难曲折的发展过程。

在完成农业、手工业和资本主义工商业的社会主义改造后的第一年即1956年和实行第一个五年计划的最后一年即1957年,广西工农业生产得到了迅速而稳步的发展。但是在第二个五年计划的第一年即1958年的“大跃进”运动中,那种希望迅速摆脱一穷二白落后面貌和以高速度赶超资本主义发达国家的急切心理导致出现了脱离实际、人为加快的所谓“超高速度”“超高指标”的全民大炼钢铁运动和农业超高产群众运动的盲目蛮干,为适应“大跃进”运动而迅速兴起人民公社化运动及其到处刮起“共产风”、浮夸风、瞎指挥风、强迫命令风和特殊化风,结果造成了大量人力、物力、财力的浪费,对工农业生产造成了严重的破坏,导致“大跃进”运动不仅没有使经济发展像原来期望的那样加快,反而使之遭受严重损失。

在这十年间,由于我们党在对复杂多变的国际国内形势缺乏正确的认识和判断、对阶级斗争在一定范围内存在的错误估计以及思想方法上主观主义越来越严重,以及党内外民主被严重削弱,其结果是“左”倾错误愈加发展。如在1957年反右派斗争中,犯了扩大化的错误,伤害了党内外许多干部和一大批知识分子;接着,在整顿人民公社与纠正“五风”和1959年的“反右倾”斗争中,又错误地处理了一大批党员干部和基层干部,这是“左”倾错误发展的结果。1961年党和国家提出全面调整的八字方针后,自治区党委认真贯彻党中央关于甄别平反冤假错案的指示,重新审查、甄别、平反了解放初以来一些冤假错案,一大批干部、知识分子重新回到工作岗位,党内外的政治关系得到一定程度的调整改善。60年代初中期开展的社会主义教育(“四清”)运动和机关企事业单位“五反”运动等,虽然在一定程度上加强了党员干部思想政治教育,促进各级领导干部和基层干部的思想革命化建设,加强了基层群众的社会主义、集体主义教育,促进了党和国家方针政策在基层的贯彻落实,但是由于指导思想上“左”倾错误没有得到纠正,又使许多领导干部和大批基层骨干、群众受到了错误的处理。产生这些错误的原因,主要是在阶级斗争问题上受到“左”倾错误指导思想和阶级斗争扩大化理论的影响,把党内和人民内部的一些矛盾视为国内外阶级斗争的反映,看成敌我矛盾,把一定范围内存在的阶级斗争扩大化、绝对化,对阶级斗争的形势作出不符合当时当地实际的夸大估计,把正确的思想观点、政策主张、做法以及艺术和学术上的不同流派、不同观点，当作阶级斗争动向来批判，这些"左"倾错误的指导思想和阶级斗争扩大化理论的影响，在相当大的程度上成为发展到"文化大革命"那样全局性错误的一个重要根源。

在这十年间，（省委）自治区党委以及各级党组织认真贯彻执行党中央的决策部署，以巨大的勇气和对人民负责的态度，几次努力纠正工作中的失误。广大党员干部和人民群众虽然承受了失误所造成的严重困难，但他们从党勇于自己纠正失误中深切感到党的本质和主流所在，丝毫没有动摇在党的领导下建设社会主义的坚定信念，并为之继续付出了艰辛的努力。

第 三 编

“文化大革命”内乱及各项建设事业的曲折发展

（1966 年 5 月—1976 年 10 月）

1966年5月，一场由领导者错误发动，被反革命集团利用，给党、国家和各族人民带来严重灾难的“文化大革命”运动爆发。林彪、江青两个反革命集团利用毛泽东同志的错误，进行了大量祸国殃民的罪恶活动，酿成十年内乱，使党、国家、人民遭到新中国成立以来最严重的挫折和损失，教训极其惨痛。1976年10月，中央政治局执行党和人民的意志，毅然粉碎了“四人帮”，结束了“文化大革命”这场灾难。

“文化大革命”期间，广西经济建设和社会事业遭受干扰，经历了“文化大革命”的严峻考验。但由于广大党员干部群众对社会主义建设道路的坚持和执着，各项建设事业没有中断，国民经济和社会事业在曲折中仍取得较大成就。

第十九章
“文化大革命”的发动与全面展开

1966年5月，中共中央在全国范围内发动“无产阶级文化大革命”。广西的“文化大革命”首先从文化、教育领域的批判开始，接着发展到机关、事业单位，并扩展到厂矿企业和农村。

第一节 “文化大革命”的发动

一、中央“五一六通知”和“十六条”的贯彻

在60年代前期经济调整工作中，中央领导层在一系列问题上的认识分歧逐渐加深。毛泽东把这种工作中的分歧视为两条路线的斗争，并得出中国正面临着资本主义复辟的严重危险的结论。他认为开展的“四清”运动和意识形态领域的批判，都不能解决问题，只有采取断然措施，才能彻底揭露党和国家生活中的阴暗面，使领导权掌握在真正的马克思主义者手里，维护党的纯洁性，进而寻求中国自己的社会主义道路。为此，他决心发动一场公开的、全面的、自下而上由群众广泛参与的全国性政治大革命，即“文化大革命”。

“文化大革命”以1965年开展的学术批判为发端。在思想文化领域里“左”的错误批斗不断升级的背景下，1965年11月10日，上海《文汇报》发表姚文元撰写的《评新编历史剧〈海瑞罢官〉》。该文是江青到

上海秘密组织策划的，是引发“文化大革命”的导火线。文章点名批判北京市副市长、明史专家吴晗，毫无根据地把他响应毛泽东提倡海瑞精神，于1960年写的《海瑞罢官》剧中描述明朝历史上海瑞所进行的“退田”“平冤狱”，同1962年受到指责的“单干风”“翻案风”联系起来，作了猛烈的政治攻击。该文实际上涉及几年来中央领导层在许多重大政策问题上的不同意见，攻击的矛头不仅限于吴晗。文章发表后引起学术界普遍反感，也受到中央有关部门和北京市委的冷遇。这加深了毛泽东对北京市委和中央一些主要领导人的不满。同年11月30日，《人民日报》第五版“学术研究”专刊上转发了姚文元的文章后，中央一级报刊陆续发表了大量的文章和资料，并对吴晗等人开展过火的学术批判。但广西对这场思想文化领域的批判持慎重态度，直到1966年1月16日，《广西日报》才转载《人民日报》转载的上海《文汇报》的《评新编历史剧〈海瑞罢官〉》（摘要）和《关于〈海瑞罢官〉各种意见的简介》。

1966年2月12日，中共中央同意并转发以彭真为组长的中央文化革命五人小组①提出的《文化革命五人小组关于当前学术讨论的汇报提纲》（简称“二月提纲”），“二月提纲”试图对学术讨论中“左”的偏向加以限制。但江青等人对此极为不满，在中共中央副主席、中央军委副主席、国防部部长林彪支持下，2月在上海召开部队文艺工作座谈会，这次座谈会的纪要全盘否定新中国成立以来党领导的文艺工作的巨大成绩，认定文艺界被一条“反党反社会主义黑线”专了我们的政，号召要“坚决进行一场文化战线上的社会主义大革命，彻底搞掉这条黑线”。经毛泽东修改审定，中共中央于4月10日批准了该纪要。4月9日至12日中央书记处在北京开会，会议决定撤销和批判“二月提纲”，开展“文化革命”。4月中旬，自治区党委对“文化革命”进行了部署。19日，《广西日报》转载《解放军报》的社论《高举毛泽东思想伟大红旗，积极参加社会主义文化大革命》；20日和21日，又连续转载关锋等所写的批判文章。在各高校，成立文化革命领导小组，调整教学计划，把学术批判作为教学的主要内容，紧跟全

① 中央文化革命五人小组，是根据毛泽东的提议于1964年7月成立的，任务是负责领导有关方面贯彻执行中央和毛泽东有关文学艺术和哲学社会科学问题的指示。

国形势，发动群众，开展对“资产阶级反动学术权威”的批判。5月11日，《广西日报》登载姚文元《评三家村》，按“三家村”是“反党反社会主义的黑线”的基调，对邓拓、吴晗、廖沫沙进行了错误的批判。13日开始，又连续发表工人、解放军指战员、新闻工作者声讨邓拓的消息及文章。根据自治区党委的部署，从4月下旬开始，各高校开展了对新编历史剧《海瑞罢官》的错误批判。5月中旬，随着形势的发展，又开展对吴晗、邓拓、廖沫沙的“三家村”错误的批判。有的院校给一些教师扣上“资产阶级学术权威”“反动知识分子”的政治帽子进行批判。

1966年5月4日至26日，中共中央在北京召开政治局扩大会议。会议于5月16日通过了《中国共产党中央委员会通知》，即“五一六通知”，要求全党“高举无产阶级文化革命的大旗，彻底揭露批判那些反党反社会主义的所谓‘学术权威’的资产阶级反动立场，彻底批判学术界、教育界、新闻界、文艺界、出版界的资产阶级反动思想，夺取在这些文化领域中的领导权”。同时批判“混进党里、政府里、军队里和文化领域里的资产阶级代表人物”。特别指出：“混进党里、政府里、军队里和文化等各个领域里的资产阶级代表人物，是一批反革命的修正主义分子，一旦时机成熟，他们就会要夺取政权，由无产阶级专政变为资产阶级专政。这些人物，有些已被我们识破了，有些则还没有被识破，有些正在受到我们的信任，被培养为我们的接班人，例如赫鲁晓夫那样的人物，他们现在正睡在我们身旁，各级党委必须充分注意这一点”。会议决定撤销原来由彭真担任组长的文化革命五人小组，重新设立文化革命小组（即“中央文革”），由陈伯达任组长，康生任顾问，江青、张春桥任副组长，成员有王力、关锋、戚本禹、姚文元等。这个小组一经成立，实际上就逐步成为不受中央政治局约束的，直接指挥“文化大革命”的领导机构。1966年5月召开的中共中央政治局扩大会议是“文化大革命”正式发动的标志。会议通过的“五一六通知”是发动“文化大革命”的纲领性文件。

根据中央要求，自治区党委组织全体党员干部学习贯彻“五一六通知”精神，强调深入理解“文化革命”的“真正内涵”，并对广西的“文化大革命”运动作出部署。6月2日，自治区党委发出《关于开展文化大革命的通知》,强调“目前一个伟大意义的社会主义文化大革命高潮正在全国兴起,这关系到党和国家的前途命运,关系到世界革命的一件头等大事”,“是一场史无前例的文化大革命”,“广西思想文化领域中的阶级斗争是严重的、尖锐的,学术界、教育界、新闻界、出版界,解放以来许多思想文化阵地的领导权问题还未解决,必须开展文化大革命,清除混进党、政、军和各界资产阶级代表人物”。《通知》要求继续搞好“四清”运动,开展“文化大革命”运动,开展学习毛泽东著作运动,做到以工农兵为主体,三个运动同时进行。

6月2日至5日,《广西日报》连续转载《人民日报》社论《横扫一切牛鬼蛇神》《触及人们灵魂的大革命》《撕掉资产阶级“自由、平等、博爱”的遮羞布》《做无产阶级革命派,还是做资产阶级保皇派?》等。同时,转发了北京大学聂元梓等人公开贴出的第一张矛头指向校党委和北京市委的大字报、《人民日报》为其配发的评论员文章以及新华社电讯《中共中央改组北京市委》《中共北京新市委改组北京大学党委》等文章。6月4日,自治区党委成立了文化革命小组,由书记处书记伍晋南担任组长,贺亦然、侠静波、郭永昌、段远钟、段纯和、罗立斌等人为副组长。各地也相应成立了文化革命小组。6月5日,自治区党委召开自治区直属机关“文化大革命”动员大会。大会点名批评了《广西日报》副刊的“严重问题”,把《广西日报》定为“文化革命”的试点单位。6月9日,自治区党委文化革命小组发出通知,要求各地(市)、县委将自治区直属机关动员大会精神传达到工矿企业工人、大中学校师生、农村党员、基干民兵、生产队干部和积极分子,民主人士则由统战部传达。

广西的“文化大革命”运动首先在各大专院校掀起。5月19日,自治区党委通知全自治区大专院校每个系(科)各派两名代表(部分机关也派了代表),到广州听取中南局第一书记陶铸所作的关于中南局开展“文化大革命”的动员报告。不久,各大专院校即宣布停课搞“文化大革命”。聂元梓等人的大字报及《人民日报》的评论员文章发表后,大中专院校的学生迅速起来向党委“造反”。6月3日,驻邕高校的学生贴出大字报,矛头指向学校党委。6月4日,驻桂林个别高校也有学生贴出攻击校领导的大字报,校党委随即组织一批反击大字报,保护校党委。广西高校出现两派对立观点的争论,有的学校出现乱批、乱斗现象。

6月13日,中共中央、国务院发出通知,鉴于大专学校和高中的“文化大革命”正在兴起,要把这一运动搞深搞透,没有一定时间是不行的,而且高等院校招生考试办法“基本上没有跳出资产阶级考试制度的框框”,“必须彻底改革”,决定1966年的高考招生工作推迟半年进行。中央通知下达后,广西各大专院校分别集会,表示拥护改革的决定。实际上后来大学停止招生达五年之久。

鉴于当时广西大专院校出现混乱局面,6月14日,自治区党委参照北京等地派工作组的做法,决定派工作队进驻各大专院校以及自治区直属各文化部门、文艺团体。接着成立大专院校文化革命小组,自治区党委组织部部长尚持任组长,调300多名干部组成工作队派至各大专院校。此后,各地、市不少中学、中等专业技术学校也进驻了工作队。进驻各大、中学校的工作队取代校党委,直接领导学校的“文化大革命”,以稳定局势。但工作队对学校情况不熟悉,而且他们也和大多数人一样,认为这场运动只是在文化、教育、艺术领域里进行,目标是一些资产阶级知识分子以及支持和保护他们的党政领导,因而也采用了与反右派斗争和“四清”运动相近的做法,开展大鸣、大放、大字报、大辩论,把矛头指向各种“资产阶级知识分子”、一些领导干部及造反的学生,加剧了工作队同造反派的对立。7月底,广西师院少数学生贴出了“炮轰”桂林市委的大字报,随后又贴出了“炮轰区党委”“火烧伍晋南”“火烧工作组”的大字报。工作组给这些学生扣上“右派翻天”“反党、反社会主义、反毛泽东思想”(简称“三反分子”)“反革命”的帽子,加深了工作队和少数学生的对立情绪。7月,文化革命工作组被认为“阻碍运动”,毛泽东要求撤掉工作组,要由师生自己“闹革命”。继7月28日中共北京市委作出《关于撤销大、中学校文化革命工作组的决定》,撤销各学校工作组后,8月4日,自治区党委发出《关于撤销各大专院校文化革命工作队的通知》,各工作队陆续撤出学校。在撤销工作队后,自治区党委在各单位陆续建立文化革命委员会和文革小组,接替工作队领导“文化大革命”,由自治区党委派出联络员进行指导。党的八届十一中全会期间,由于驻广西师院文化革命工作队的撤出,引发了两派不同观点学生的辩论,并发展为斗殴，8月7日，有10多名学生在相互斗殴中受伤，时称“八七事件”。反对工作队的一派（即多数派，“桂林老多”）认为反对工作队的行动是符合党的八届十一中全会精神的，于10日派代表赴京向有关部门反映情况，要求改组桂林市委，要求自治区党委主要领导到桂林处理问题。8月18日，自治区党委宣布，自治区党委委员、桂林市委书记黄云和副书记徐为楷犯了“方向性错误”，决定撤销黄云的市委书记、徐为楷的市委副书记职务及兼任的市文革小组组长职务。

根据自治区党委的部署，7月中旬至9月中旬，各地分别集训中小学教师，开展大鸣、大放、大字报、大辩论，声讨“资产阶级代表人物”，揭露本地区本单位所谓反党、反革命分子，揭阶级斗争的盖子。一些校领导被当作“推行修正主义教育路线”分子和“反动权威”来批判，一些教职员工被打成“地、富分子”“牛鬼蛇神”“修正主义分子”以及“反党、反社会主义、反毛泽东思想分子”，遭受批斗和处分。

在三江侗族自治县参加“四清”运动的中央民族学院和中南民族学院200多名师生，上书柳州地委“四清”工作总团和自治区党委，要求返校参加“文化大革命”，没有获得批准。6月30日，两校师生联合行动，围堵三江县委“四清”工作团团部，揪斗工作总团领导。为了稳定局面，县“四清”工作团组织赤卫队维持机关工作秩序，在这过程中，发生了围攻师生的情况，矛盾激化。为防止师生到北京上访，“四清”工作团设立关卡，不允许师生离开三江，双方关系紧张。情况上报到自治区党委，为解决问题，自治区党委两度派人前往处理，对师生进行劝说，没有取得效果。此后，中央民院师生会同三江县中学部分学生揪斗该校校长，在此关口，那些在“四清”运动中受到处分的干部也组织起来造反。“三江事件”事态扩大，三江县的“四清”运动不得不停止。

在自治区党委“文化大革命”试点单位广西日报社，“文化大革命”很快发动起来。6月12日，有人贴出大字报，批判《广西日报》的办报方针。6月20日，自治区文化革命小组要求用十天时间，发动群众，揭发广西日报社党委书记、总编辑钟林及报社领导层的问题。7月25日，自治区党委文化革命小组宣布撤销钟林党内外一切职务，把他定为“三反分子”，在全自治区开展批判。

6月15日，《广西日报》发表文章，批判自治区党委宣传部副部长、作家协会广西分会主席、著名作家陆地的作品《故人》，认定《故人》是“反党反社会主义的大毒草”，把陆地当作“修正主义文艺黑线人物”以及周扬在广西的代理人。6月28日，自治区党委作出决定，撤销陆地党内外的一切职务。至7月19日止，《广西日报》用18个专版批判陆地及其作品《美丽的南方》《故人》《瀑布》《国庆节》《中途》等。与此同时，各地、市纷纷揭批本地新闻、教育、文学艺术界中的资产阶级代表人物及“三家村”的代表人物和支持者。

对教育、文化战线在“文化大革命”中的过火批斗和混乱现象，各级党组织和广大党员干部很不理解，有些还予以抵制，因而一再受到来自上面的批评。为进一步发动“文化大革命”，1966年8月1日至12日，党的八届十一中全会在北京召开，毛泽东8月1日给清华大学附属中学红卫兵的信、8月5日写的《炮打司令部——我的一张大字报》，以及聂元梓等人的大字报，作为文件印发全会讨论。全会于8月8日通过《中国共产党中央委员会关于无产阶级文化大革命的决定》（简称“十六条”），在党内完成了发动“文化大革命”的组织程序。“十六条”对“文化大革命”运动的目的、对象、依靠力量、工作方法等作了规定。它规定这次运动的目的“是斗垮走资本主义道路的当权派，批判资产阶级的反动学术‘权威’，批判资产阶级和一切剥削阶级的意识形态，改革教育，改革文艺，改革一切不适应社会主义经济基础的上层建筑，以利于巩固和发展社会主义制度”。“十六条”还特别强调，“这次运动的重点，是整党内那些走资本主义道路的当权派”。它肯定了青少年的革命大方向始终是正确的；这场运动只能是群众自己教育自己、自己解放自己；要“敢”字当头，不要怕出乱子，不能那样雅致，那样文质彬彬，那样温良恭俭让；要充分运用大字报、大辩论这些形式，进行大鸣大放等等。该文件与“五一六通知”一样，没有对如何判断走资派以及左派、中间派和右派等提出明确标准，也没有对如何实现党的领导作用作出具体规定。文件提出一些诸如“正确处理人民内部矛盾”“要用文斗，不用武斗”“团结百分之九十五以上的干部，团结百分之九十五以上的群众”等限制性的政策规定，但在以后的实践中并未产生多大的约束力。5月中央政治局扩大会议和8月党的八届十一中全会的召开，标志着“文化大革命”的全面发动。9月上旬，自治区党委召开常委扩大会议，传达贯彻八届十一中全会精神和毛泽东写的《炮打司令部——我的一张大字报》，强调要广泛印发、宣传“十六条”，按照“十六条”指导“文化大革命”。各级党委“全力投入‘文化大革命’”工作。

二、红卫兵运动兴起及“文化大革命”的迅速发展

1966年5月成立于北京的红卫兵组织在党的八届十一中全会后迅速发展，形成全国性的红卫兵运动。为了进一步消除发动“文化大革命”的阻力，也基于防修反修、防止和平演变的考虑，毛泽东支持红卫兵运动。8月18日，毛泽东首次在天安门接见来自全国各地的红卫兵，并检阅了游行队伍。从8月18日到11月26日，毛泽东在北京连续8次共接见约1100万红卫兵和学校师生。各地学生纷纷到北京和其他城市进行串连，10月全国在路上奔波串连的人数将近3000万人。

毛泽东接见红卫兵之后，各地红卫兵组织普遍建立。8月19日，南宁市一些学校成立了红卫兵组织，随后，广西其他地方也纷纷成立红卫兵组织。8月下旬，广西大中学校一批学生代表免票乘坐火车，前往首都北京“取经”，他们在当月31日毛泽东第二次接见全国各地红卫兵和群众时，也接受了检阅。此后，广西的红卫兵组织迅速发展。至12月，仅南宁市就成立了200多个红卫兵组织和1000多个战斗队，人数发展到1万多人，遍及全市各行业、各单位。

在大串连中，北京的红卫兵南下广西，进行宣传鼓动，鼓励横扫“四旧”（所谓剥削阶级的“旧思想、旧文化、旧风俗、旧习惯”），揪斗“走资派”和“牛鬼蛇神”，把斗争矛头指向自治区党政机关及领导人。8月17日，第一批首都红卫兵南下串连队（简称南下串连队）到达桂林，次日，会同当地高校学生揪斗被宣布免职的桂林市委副书记；20日，北京红卫兵到达广西首府南宁。他们与当地的造反派结合在一起，“炮轰”自治区党委及领导人。

9月5日，中共中央发出《关于组织外地高等学校革命师生、中等学校革命学生代表和革命教职工代表来京参观文化大革命运动的通知》，

规定所需生活补助和交通费由国家财政开支。此时，全国大专院校都已停止招生，学校基本是“停课闹革命”，以高校、中等专业技术学校师生为主体的大串连达到高潮。自治区党委在各地设立联络站、接待站，负责红卫兵和群众大串连的后勤保障，自治区党委机关食堂一度成为接待站食堂。在大串连中，红卫兵组织不断发展，成千上万的红卫兵南来北往，造成铁路交通秩序严重混乱，交通客运量急剧增加，严重挤占了货运能力，导致车站、码头待运物资堆积如山，大量生产建设急需的原材料和设备无法运输，不少企业被迫停工，给生产带来严重影响。大串连耗费了国家大量资财。针对大串连带来的交通、食宿、治安等方面问题，中央不得不采取措施逐步停止大串连活动。10 月 22 日，《人民日报》发表了《红军不怕远征难》社论，提倡徒步串连。但是，徒步串连非但没有缓解原有问题，相反还引起新的问题，自治区党委群众接待站不得不拨出大批款项和粮票，为外出徒步串连的学校师生、上山下乡知识青年以及机关干部补助伙食，给参加徒步串连的红卫兵发放军服和铺盖。

9 月 3 日，桂林市大中学校的红卫兵代表和北京南下串连队向市委和自治区党委提出要求在全市召开大会，处理此前发生的桂林个别高校两派学生斗殴的“八七事件”，随后到桂林市委院内静坐，抗议市委“破坏‘文化大革命’”，并派代表前往南宁向自治区党委请愿。9 月 9 日，在自治区党委机关门前，桂林请愿学生代表及南宁 19 所大中学校学生 2000 多人静坐绝食，要求自治区党委主要负责人到桂林处理问题，造成轰动一时的“九九静坐事件”。

随着事态的发展，自治区党委负责人陆续被一些大专院校红卫兵和南下串连队揪斗。广西优秀地方戏《刘三姐》被当作宣扬反对武装斗争的“大毒草”进行批判，自治区党委文化革命小组组长、分管文教工作的书记处书记伍晋南被轮番揪斗。各级党政机关及其主要领导人大都受冲击。红卫兵不仅冲击党政机关，揪斗“走资派”和“牛鬼蛇神”，还冲击、查抄民主党派领导人、民族宗教界人士住地。

红卫兵走上社会，在街头张贴传单和大字报，横扫“四旧”。城市中凡是带有“封、资、修”内容的街道、商店、医院、学校的名称、标记、老字号等，一律被取消或被砸掉，换上被认为体现“四新”（即“新思想、新文化、新风俗、新习惯”)内容的新名称、新牌号。南宁市主要街道和建筑物、商店都被强令改名,街道经改名后,出现了诸如兴无路、灭资路、反帝路、反修路等名称。柳州、桂林、梧州等城市也发生类似情况。打、砸、抢、抄、烧之风盛行。贵县南山寺等寺庙被捣毁,郁江南岸的漪澜塔等文物古迹被不同程度破坏,建于1934年的太平天国翼王石达开纪念亭也遭损坏;防城县文物馆几千件文物、资料和档案全部被烧毁。在南宁市,据不完全统计,至10月底,被红卫兵抄家的有670多户,查抄所谓“封、资、修”的物品达15万多件。大批珍贵的文化遗产在破“四旧”中毁于一旦,造成了无可弥补的损失。

红卫兵运动给社会秩序带来前所未有的混乱,受到了不少干部群众的抵制。这些干部群众支持各级党组织为稳定局势采取的措施。1966年八九月间,自治区直属机关,各地(市)、县机关和街道成立了“盾牌”红卫兵和以党员、团员、先进工作者为骨干的赤卫队等组织,以阻止红卫兵冲击破坏,保护国家财产,维护社会秩序。10月29日,中共中央、国务院发出通知,要求北京大中学校师生暂停外出串连。11月16日、12月1日和1967年2月、3月又先后发出通知,要求停止全国大串连。自治区党委执行中央的指示精神,安排车船等交通工具,组织外地来桂师生返回原单位,对广西大中学校师生则要求停止外出串连活动,大串连逐渐停止。

三、批判“资产阶级反动路线”和混乱局面的加剧

1966年10月9日至28日,以批判“资产阶级反动路线”为中心内容的中央工作会议在北京召开,这是对“文化大革命”进行的再一次发动。会议期间,刘少奇、邓小平被迫作书面检查,对所犯“路线错误”承担责任。会后,全国掀起批判“资产阶级反动路线”的浪潮。10月3日,《广西日报》转载《红旗》杂志社论《在毛泽东思想的大路上前进》。社论指出:“对资产阶级反动路线,必须彻底批判”。5日,中共中央转发中央军委《关于军队院校无产阶级文化大革命的紧急指示》,要求“必须把那些束缚群众运动的框框统统取消”,宣布取消由党委领导运动的规定。同时认为该文件适用于全国县以上大中学校,应坚决贯彻执行。这

实际上是号召“踢开党委闹革命”,使无政府主义思潮进一步泛滥起来。

10 月 5 日,南宁市红卫兵总部发起召开南宁市无产阶级“文化大革命”辩论大会,辩论围绕“以伍晋南为首的自治区文化革命小组到底执行一条什么路线?”的题目进行,自治区以及南宁市、南宁地区直属机关由此掀起了声势浩大的批判“资产阶级反动路线”浪潮,大字报由机关内院推向街头。19 日,南宁市朝阳广场开始张贴批判“资产阶级反动路线”的大字报,以后逐渐成为造反派集会和进行大鸣、大放、大辩论和贴大字报的中心场所。一些大字报公开指责自治区党委“采取各种手段镇压无产阶级‘文化大革命’,镇压革命学生”,批判自治区党委的“资产阶级反动路线”。

11 月 7 日,自治区党委在南宁召开三级干部会议,传达中央工作会议精神,印发了林彪、陈伯达的讲话,讲话指责人们对社会动乱的担心和防范,认为这是怕群众,怕革命,是镇压群众的反革命行为。会议全面部署开展批判“资产阶级反动路线”的行动。“文化大革命”运动进一步发展。

在批判“资产阶级反动路线”运动中,提出“打倒一小撮”的口号,在行动上是打倒一大片。机关单位、学校的群众组织批斗“走资派”,许多党政领导干部和教授、教师、作家被当作“黑帮分子”“资产阶级代表人物”“反动学术权威”“反革命修正主义分子”受到批判。一些爱国民主人士、原工商业者和归国侨胞也受到冲击。劳动模范、优秀专家、演员被打成“黑线”代表人物。11 月底,自治区党委作出“三江事件”的检讨和处理意见。12 月 4 日,自治区党委就派工作队犯了“资产阶级反动路线的错误”作书面检查。12 月 8 日,南宁市红卫兵组织召开 15 万人大会,批判自治区党委、南宁市委推行“资产阶级反动路线”,自治区党委、南宁市委的代表被迫在会上检查所犯方向、路线错误。在批判“资产阶级反动路线”浪潮冲击下,各级党政领导机关和领导干部的权威急剧下降,“盾牌”红卫兵、赤卫队等组织被指称为“保皇派”而自行解散,社会秩序开始失控。1966 年 12 月,中共中央先后发出《关于抓革命、促生产的十条规定(草案)》和《关于农村无产阶级文化大革命的指示(草案)》,“文化大革命”扩及全国工交财贸系统以及农村。

1966年“文化大革命”运动主要在文化、教育和党政机关单位进行,在经济部门,广大工人、农民和多数干部群众还坚守生产、工作岗位,城乡人民的生活暂时还未受到明显影响。之前的国民经济五年调整,农民得到休养生息,工业进行了填平补齐,为1966年国民经济发展和“三五”计划时期经济建设提供了有利条件。因此,1966年广西的工农业生产还是完成了既定计划,工农业总产值42.38亿元,比上年增长8%。

第二节 “文化大革命”的全面展开

一、全面夺权与“三支两军”

“文化大革命”向各行各业的全面扩展,推动了各行业群众组织的建立、分化与联合,出现一批跨地区、跨行业的群众组织。南宁市“革命工人造反总部”、南宁铁路分局“铁路联合司令部”“广西工人革命造反总部”(简称“广西工总”)、“广西汽车工人革命造反司令部”(简称“汽司”)等先后成立。在“怀疑一切”“打倒一切”的口号下,部分群众组织从“批判资产阶级反动路线”到“踢开党委闹革命”“停工停产闹革命”,制造社会动乱,演变为“造反”组织。

1967年1月1日,《人民日报》《红旗》杂志刊载题为《把无产阶级文化大革命进行到底》的元旦社论。社论宣称“一九六七年将是全国全面展开阶级斗争的一年”,号召“向党内一小撮走资本主义道路的当权派和社会上的牛鬼蛇神,展开总攻击”。4日,中央文革小组突然宣布中央政治局常委、中央文革小组顾问陶铸是“中国最大的保皇派”“资产阶级反动路线的忠实执行者”,将陶铸打倒。6日,在张春桥、姚文元的策划下,以王洪文为首的上海造反组织,夺取了上海市党政大权,刮起了“一月夺权”的风暴。以此为发端,出现全国性的“全面夺权”,导致天下大乱。

受这场风暴影响,广西造反派也纷纷起来造反夺权。为争夺宣传舆论阵地,自治区党委机关报《广西日报》等报纸及报社成为众多群众组织争夺的对象。1月6日晚,南宁个别高校红卫兵封闭《广西日报》,在报社造反派及部分工人的支持下,第二天出版《每日电讯》,全部发表新华社电讯稿。12日,有红卫兵组织在南宁朝阳广场举行近千人的批判大会,批判自治区党委“拒绝毛主席关于办好党报罪行”,把一些自治区领导成员拉到会场批斗。其间,另一派红卫兵冲入会场,攻击对方是“保”字号,搞假批判。1月15日,以“广西工总”为主体的25个群众组织成立“广西革命造反大军”,以及封管《广西日报》行动委员会,重新封闭并接管了《广西日报》,出版《新闻报道》。1月中旬,在全国斗陶(铸)的声浪中,桂林个别高校红卫兵组织和北京、中南地区的30多个单位联合发起,成立“斗争大会筹备处”(后改为斗争陶铸筹备处)。从1月19日起,桂林市“造反大军”连续3天召开数万人大会,组织批斗自治区领导以及桂林市有关领导。21日,自治区文化局所属单位10个群众组织,成立“接管文化局临时行动委员会”,宣布夺权。自治区文化局成为最早被夺权的自治区直属单位。22日,“广西工总”等20多个群众组织在南宁组织游斗部分自治区党政领导成员,以及自治区部分直属单位负责人和文艺界知名人士。22日晚,“首都造反第三司令部”驻邕联络站召集南宁各群众组织开会,策划夺权,成立了以“广西工总”为主体、有26个群众组织参加的“广西革命造反派夺权行动委员会”,于23日凌晨进驻自治区党委,夺取了各部委的大权。相继被夺权的还有自治区人委、自治区公安厅、高级人民法院、广西广播电台、教育厅、劳动局等部门。当天,柳州铁路局也被夺权。随后,自治区其他直属机关、各级党政部门和企事业单位,也陆续被本单位或外单位的造反组织夺权。至2月上旬,各专区、市、县层层被夺权。有的地方甚至农村生产大队、小队和街道居委会也被夺权。在夺权行动中,有的造反派宣称解散党的组织机构,一切权力归造反派。在一些单位,一派群众组织夺权后,另一派群众组织指责其为假夺权,又组织人员进行反夺权;有的单位甚至出现由不同派别的群众组织反复夺权的混乱局面。各级党政组织陷于瘫痪、半瘫痪状态,党的各级组织和党员的组织生活都陷于停顿,不少党政领导人被批斗、抄家,直至被打倒。1月29日,“广西工总”及其所属各分部在南宁组织对“走资派”“当权派”的大游斗，被游斗的有自治区、南宁市和各厅、局、部委办领导干部近百人。

群众组织的夺权，既瓦解了各级党政机关，又没能建立起相应职能的权力机构，各地无政府主义泛滥，社会秩序更为混乱。1967年1月23日，中共中央、国务院、中央军委、中央文革小组发出《关于人民解放军坚决支持革命左派群众的决定》，中国人民解放军奉命“支左”。根据这一决定，广西军区及各军分区、市、县人民武装部和驻当地部队，执行“支左”任务，支持“革命左派”。2月11日，广西军区成立支持革命左派办公室（简称“支左办公室”），下设秘书、机关、学校、工厂、各地军分区联络5个小组。先后向十几个自治区直属单位以及19个重点企业派出“支左”人员。此后，夺权者陆续撤出各个单位和部门。

广西军区和驻军表明支持“无产阶级革命左派”的态度，但对什么是“左派”、依据什么标准确定“左派”等问题，在当时条件下很难判定。许多地方处于无政府主义状态，在这种混乱环境中，面对众多持有不同观点和主张的造反派组织，“支左”部队一开始就遇到了支持谁的难题。“支左”之初，广西军区“坚决支持”以“广西工总”为首的“广西造反大军”。但“造反大军”与其他群众组织之间的磨擦争斗日趋激烈，2月上旬，南宁市内出现大字报和传单，揭发“广西工总”和“造反大军”的问题，这使军区负责人认为“造反大军夺权后犯了方向、路线错误”，转而承认其他四个群众组织是“革命左派”，支持他们的“革命行动”。2月下旬，广西军区“支左办公室”对派驻各工厂、学校、机关的联络员进行整训，并在部分群众组织中开展整风。3月1日晚，在广西军区支持下，“广西工总”下属一些分部和南宁的部分学生在朝阳广场集会，揭发控诉“广西工总”的“罪行”，宣布“造反”，封闭了“广西工总”总部。

3月1日，广西军区发出《关于抓革命促生产，迅速掀起春耕生产高潮的通知》，要求各地迅速建立“抓革命促生产”领导班子，集中力量，抓紧季节，迅速掀起春耕生产高潮。6日，成立广西军区抓革命促生产指挥部（简称广西抓促指挥部），主任委员欧致富（广西军区司令员），副主任委员贺希明（原自治区党委书记处书记）、李殷丹（原自治区人委副主席）、陈开路（广西军区副司令员）、何纪元（广西军区副政委）、范迪波（空七军副军长）、魏德安（广州军区后勤部二〇分部副部长），委员13人，下设办公室。随后，各专区、市、县也相继成立了以解放军为主的抓促指挥部。3月15日，广西抓促指挥部发出《关于搞好春耕生产的动员令》，并组织各级党政机关2万多人，到第一线支援春耕生产，扭转春耕生产的被动局面。在中共中央1967年3月发出《给全国厂矿企业革命职工、革命干部的信》后，广西军区和驻军派出官兵到工交、财贸等系统，向职工宣讲中央文件，制止派性斗争，呼吁各派群众组织实行大联合，推进工人间的联合，恢复和维护生产秩序，使受到严重破坏的工业生产有所恢复，损失有所减少。

广西地处援越抗美前沿，是国家的一级战备区。根据周恩来关于实行全面军管的指示和中央的统一部署，广西军区陆续对一些地区和单位实行军事管制，加强安全保卫工作。3月12日，广西军区派出军管小组，对柳州铁路局进行军事管制。19日，中共中央军委发出《关于集中力量执行支左、支农、支工、军管、军训任务的决定》，人民解放军不但“支左”，还支农、支工，执行军管、军训（简称“三支两军”），全面介入“文化大革命”。广西军区和驻桂部队先后派出军管干部对自治区公安厅、中国人民银行广西分行、自治区邮电局、广西日报社、外事办公室、广西人民广播电台、南宁市公安局等实行军事管制。25日，实行军管后的《广西日报》恢复出版。后来，军事管制的范围逐步扩大到300余个单位。对重点单位的军管一定程度上抵制了动乱，维持了基本政治、经济运行。在各级党政机关、专政机构无法正常运转的情况下，由军队出面维系起码的社会秩序和人民生活，稳定局面，保护人民的生命财产和物资设施，是当时唯一可行和有效的方法。

“三支两军”的任务之一，就是派出人民解放军对大、中学校的师生进行军政训练，让师生向解放军学习政治、学军事、学作风，加强组织纪律性。根据中央的要求，广西军区和驻桂部队派出官兵到文教部门广泛宣传中央、国务院发出的停止串连，实行“复课闹革命”的文件精神，对大中学校师生进行军政训练，要求学校师生向解放军学政治工作、学军事、学作风，加强组织纪律性。军训首先在桂林开展。2月19日至4月12日，驻桂部队派出干部到桂林的高校搞军训。3月中旬，南下串连的驻邕联络站人员也返回参加。南宁的大中学校也在军区组织下陆续开展军政训练，混乱的学校秩序有所改观。

在当时十分混乱、复杂的情况下，广西军区和驻桂部队担负“三支两军”的艰巨任务，指战员们发挥人民军队的优良传统和作风，在稳定局势、保护干部，减轻工农业生产和人民生命财产的损失方面，做了大量工作，发挥了重要作用。但是，在“文化大革命”这样全局性的错误中，执行“三支两军”任务的指战员既缺乏思想准备，又缺乏工作经验，使得这项工作不可避免地发生了一些错误，也给部队的思想、作风和组织建设以及军队和地方的关系带来一些消极的后果。

二、派性斗争的发展与两派群众组织的对立

1967 年“一月夺权”后，自治区党委、自治区人委被夺了权，而被中央认可的、新的权力机构却没有相应地建立起来。此后，中央要求各地成立革命委员会作为新的领导机构，该机构成员包括革命领导干部、革命群众代表和解放军代表。支持革命领导干部“站出来”成为当时形势发展的需要。但是，哪些领导干部能进入革委会，成为“夺权”后广西局势的焦点。围绕这一问题，观点和主张不同的众多群众造反组织展开了激烈的斗争，形成了互相对立的两大派。

2 月初，中央文革记者站记者王荔①到达南宁，直接插手广西的“文化大革命”运动，组织策动“第二次夺权”，并把做领导干部的工作作为重点。他频繁活动，物色适合“结合”进革委会的领导干部人选。在王荔活动下，19 日，原自治区党委一些负责人及部分部、委、办领导干部，共同发表《革命造反声明》（即“二一九声明”）。3 月中旬，根据中央指示，广州军区派出工作组开展筹建广西军管会工作，工作组在南宁召开座谈会，听取各群众组织代表的意见。

4 月以后，在全国“粉碎资本主义复辟逆流”和对刘少奇批判的升级影响下，南宁各群众组织之间的斗争逐渐激烈，围绕支持哪一位领导干部的问题，不断举行集会和游行，逐渐形成两种对立的政治主张。为

---

① 在粉碎“四人帮”后的“揭、批、查”斗争中，王荔受到党纪、政纪处分。

争夺舆论阵地,群众组织围绕对广西日报社的抢占与保护展开了斗争。广西军区对《广西日报》实行的军管,被一些造反组织指责为“犯了方向、路线性的错误”。4月17日晚,数百名反对报社军管的群众向军管小组发出“最后通牒”,限令其24小时内撤离广西日报社,并在报社门前举行游行示威。翌日,南宁市许多持有不同观点的群众赶到报社声援,表示坚决维护军管的《广西日报》,报社内一些群众也发表声明支持军管。19日,原自治区党委一些负责人联合发表《我们的声明》(即“四一九声明”),表示支持造反派和红卫兵的“革命行动”。4月22日,“四二二火线指挥部”(后来改称“广西革命造反派四二二指挥部”,简称“广西四二二”)宣布成立。5月25日,持不同观点的群众组织宣布成立“五二五革命行动指挥部”(后改称为“广西无产阶级革命派联合指挥部”,简称“广西联指”)。至此,广西“文化大革命”中两派群众组织正式形成。此后,广西各地名目繁多的群众组织逐步归入上述两大对立派阵营中。

“广西四二二”和“广西联指”为了争夺运动的领导权而展开的斗争愈演愈烈。6月13日,南宁市两派首次发生大规模武斗。南宁市一所中学的红卫兵组织成员以搞“兵训”为名挑起冲突,与另一派红卫兵组织爆发了武斗,随后迅速扩展到两派群众的武斗,当天“广西联指”和“广西四二二”分别调动人员参加,武斗由学校扩大到社会上,参加者除学生外,也有工人和干部,武斗持续至15日上午结束。这次武斗致使一二百人重伤住院,轻伤不计其数,学校教学设备和附近居民房屋受到严重毁坏。“六一三武斗事件”的发生,使南宁市对立的两派群众组织矛盾进一步激化。

7月22日,江青对河南群众组织发表讲话,公开表示赞成“文攻武卫”口号,鼓动“左派”群众不要“放下武器”,煽动武斗,全国武斗急剧升级。8月,广西两派武斗事件频繁发生,规模不断扩大。8月4日,南宁市一派群众组织调动上万名武装队伍到广西日报社进行反夺权,并围攻对立派群众组织在自治区文化大院和展览馆等的据点。8月23日,南宁市有群众组织武力封锁邕江大桥。对立派群众组织则以保证大桥畅通为由,动员所属群众,武力攻打对方的据点,双方展开了激烈的枪战。广西其他地方也发生了武斗事件,其中宜山县的两派组织,从8月下旬开始,在县城断断续续进行枪炮战,时间长达两个月,造成数十人死亡,数百人无家可归,部分房屋被拆或被烧毁。在武斗中,发生抢夺部队武器装备和援越军需物资列车事件。广西是中国支援越南军需物资以及转运苏联和东欧社会主义国家援越物资的主要通道,维护国际援越物资铁路运输畅通,成为当时广西一项重要的政治任务。但是,在武斗中,柳州铁路局路段多次发生国际列车被拦截和援越军需物资列车被抢夺事件。其中,1967年6月中旬,从凭祥开往北京的6次国际联运特快列车在广西境内被拦截,被迫中断运行88个小时。8月中旬,又发生了群众组织在南宁抢夺援越军列、扣押随车实习的越南司机的事件,并致使另外两列军列无法通过,造成援越铁路交通的中断和军需运输的延误。

广西农村也陷入混乱。一些地方的农民进城参加武斗。有的地方的派性组织以“狠抓阶级斗争”“群众专政”为借口,乱抓、乱打、乱杀“四类分子”(即地主、富农、反革命分子、坏分子)及其子女。有的地方成立了所谓“贫下中农最高人民法院”“贫下中农镇反委员会”“贫下中农肃反委员会”等组织,随意抓人、打人和杀人。虽然中央和自治区有关部门多次下文责令取消这些非法组织,停止其活动,但在当时各级党政机关已经陷入瘫痪的情况下,这些违法行为难以得到有效制止。

三、中央力促两派“联合”与自治区革命委员会筹备小组的成立

广西派性组织的发展,造成广西局势的动荡,引起了中央的高度关注。中央决定由广西两派群众组织派出代表,与各自支持的领导干部一起,赴京协商,解决问题,力促两派联合,恢复稳定局面。

1967年5月初,“广西联指”“广西四二二”赴京代表及有关的原自治区领导干部分别乘火车赴京。6月至11月,周恩来先后八次接见“广西联指”和“广西四二二”两派赴京代表以及有关的原自治区领导干部,听取两派代表的意见,解决柳州国际列车停运问题,并严厉批评他们抢夺援越军用物资的行为和派性武斗。周恩来反复强调:广西是边防海防前线,是一等战备区,是援越抗美的前方,我们的工程兵部队和运输

武器弹药，都要经过那个地方，实现大联合应该更感到迫切。他敦促两派消除对立，停止“内战”，封存并上交武器，保证铁路畅通，促进两派的联合。

在周恩来的调解下，广西两派群众组织赴京代表先后达成若干协议。7 月 4 日，两派赴京代表正式签订第一个协议，即《十条协议》，主要内容包括：坚决贯彻中央《六六通令》[①] 和《六二四通知》；不准抓人，不准私设公堂，毒打、逼供对方人员；坚决响应“抓革命，促生产”的号召，工人、农民、干部必须坚守生产（工作）岗位；不准以任何借口动员农民进城，参加武斗；坚决维护交通运输秩序，保证交通运输畅通无阻；所有在外单位的人员在一星期内撤回原处；要坚持文斗，不要武斗；不准开枪、夺枪，各单位现有枪支，由军区派员监督收回或封存；由当地驻军派员召集双方派出对等代表共同组成监督小组，监督执行；协议自 7 月 4 日起生效。7 月上旬，广西两派群众组织在广西军区督促下陆续撤出各自占有的据点。但是，两派在成立监督小组问题上争论不休，直至 7 月 26 日，由军代表和两派代表组成的监督小组才成立。江青“文攻武卫”论调公开后，广西的武斗进一步升级。8 月上旬，在京谈判的两派代表间发生了两个事件，一是“广西联指”赴京代表受康生的煽动把贺希明和霍泛押回南宁批斗，后在周恩来的限期命令下，才将两人送回北京；二是在京的“广西四二二”赴京代表在王荔的唆使下，于 9 日晚间组织 200 多人，再次冲击京西宾馆，打伤韦国清和警卫战士数人。两派群众组织关系极为紧张。24 日，周恩来第五次接见两派赴京代表和领导干部，作如下几点指示：停止武斗；封存武器；欢迎外出人员回原单位；不强占地方；不动员农民进城搞武斗。在周恩来的帮助下，8 月 29 日，两派赴京代表达成第二个协议，即《关于立即停止武斗的协议》。9 月 13 日，周恩来第六次接见两派赴京代表和领导干部，谈话内容主要有：解放军要全线接管铁路；群众组织要拆除工事；两派要封存武器等。14 日，《人民日报》发表《在革命大批判中大力促进革命大联合》的社

① 1967 年 6 月 6 日，中共中央、国务院、中央军委、中央文革发出包括七项内容的通令，要求“纠正近期出现的打、砸、抢、抄、抓的歪风”。

论，传达毛泽东关于“在工人阶级内部，没有根本的利害冲突。在无产阶级专政下的工人阶级内部，更没有理由一定要分裂成为势不两立的两大派组织”的讲话精神，号召“各地革命组织实现革命的大联合”。在此形势下，9 月 16 日，两派赴京代表团达成第三个协议，即《关于全面上交枪支弹药的七点协议》。之后，两派陆续缴枪，各地武斗暂时平息。9 月 22 日，周恩来第七次接见广西两派代表和领导干部，就两派大联合问题作了指示。同日，两派赴京代表团与广西军区等部队代表签订了关于保证广西境内铁路运输畅通的协议；24 日，又与柳铁军管会代表签订了关于保证铁路运输畅通的协议。此后，广西出现大联合的氛围，两派斗争有所缓和。

11 月 8 日，广西两派群众组织终于达成了《关于广西两派促进革命大联合的十条协议》。11 月 18 日，中共中央、国务院、中央军委、中央文革小组作出《关于处理广西问题的决定》，同意广西两派赴京代表签订的三个协议[①]，并希望广西军区、当地驻军和各群众组织切实贯彻执行；两派要拥军爱民，大力支持军区和当地驻军做好“支左”和援越抗美工作；决定建立由韦国清、欧致富、魏佑铸、孙凤章、焦红光、郝忠云、王斌、伍晋南、安平生以及革命群众组织代表参加的广西壮族自治区革命委员会筹备小组（简称自治区革筹小组），由韦国清负责领导自治区革筹小组工作。

根据中共中央的决定，自治区革筹小组在北京成立。下设政治部、抓革命促生产指挥部、保卫部，同时撤销广西军区抓革命促生产指挥部。11 月 27 日，自治区革筹小组召开会议，研究有关工作安排，决定坚决贯彻中共中央、国务院、中央文革小组《六六通令》《九五命令》[②]和广西两派于 7 月 4 日、9 月 16 日在北京达成的《十条协议》《关于全面上交枪支弹药的七点协议》，不搞派性宣传；要求各县、市未成立监督小组的要迅速成立；两派到各县去搞派性的人员要返回工作单位；农民进城搞派性

① 即《关于立即停止武斗的协议》（8 月 29 日）、《关于全面上交枪支弹药的七点协议》（9 月 16 日）、《关于广西两派促进革命大联合的十条协议》（11 月 8 日）三个协议。

② 1967 年 9 月 5 日，中共中央、国务院、中央军委、中央文革发布《关于不准抢夺人民解放军武器、装备和各种军用物资的命令》。

的要返回原地搞生产；继续对《广西日报》实行军管；等等。

从12月初开始，自治区革筹小组和广西军区在几个月内连续颁发了多个有关制止武斗、制止乱抓乱杀、制止抢夺解放军武器装备的文件，要求抓紧上交武器弹药工作，禁止群众组织随便抓人、打人、杀人，禁止农民进城武斗以及城镇人员到农村串连；取缔“贫下中农最高人民法院”等组织，责令其停止活动。强调军队要“支左”不支派，对互相对立的两大派“一碗水端平”。号召军队和各群众组织、广大群众坚决执行毛泽东的最新指示，尽力消除一切武斗因素。12月8日，自治区革筹小组对有关《广西日报》问题，提出四点处理意见，明确《广西日报》军管期间的错误不是方向路线错误，对工作有差错的军管小组成员作出调整，强调广西日报社两派联合起来，在军管小组的领导下共同做好出版工作。经过协调工作，两派组织对立情绪有所缓和，两派组织的枪支弹药被收缴、封存，从1967年国庆节到1968年初，全自治区出现了相对平静的局面。在此基础上，自治区革筹小组经与两派群众组织代表酝酿，决定尽早成立广西壮族自治区革命委员会。

由于全面夺权带来的社会震荡，广西的“三五”计划和三线建设的良好发展局面发生逆转，经济指挥机构瘫痪。“工业七十条”“商业四十条”“科技十四条”“高教六十条”，以及企业管理中的责任制度、质量检验制度、安全操作规程、劳动纪律等规章制度被当作是“修正主义”加以批判；企业的各级领导干部被批斗，工程技术人员作为“反动技术权威”“白专”① 被打倒、靠边站；不少企业成了无管理机构、无管理人员、无规章制度的“三无”企业。1967年4月起，广西经济开始出现危机，国家分配的物资运不进来，不少企业停工待料，有的被迫停产。如原计划于1967年上半年投产的桂林轧钢厂和柳州钢铁厂小轧机的改造计划不能如期实现，基建进度被迫推迟。“抓革命促生产指挥部”不得不大幅度削减工业生产计划。但是由于当年夏天开始的广西两派大规模武斗，经过大幅度削减的1967年工业生产计划仍难以实现。

① “白专”即白色专家，指埋头业务不过问政治的专家。

四、武斗的升级与强制性措施的执行

1968年2月20日，自治区革筹小组、广西军区发出《积极促进各专区、市、县革命委员会成立的通知》。27日，自治区革筹小组又发出《关于建立专区、市、县革命委员会的通知》，要求各地加快建立革委会的工作进度。在此情况下，围绕革委会班子成员组成问题，群众组织的纷争又起，矛盾再次激化。

3月下旬，在林彪、江青集团的煽动下，全国掀起了反“右倾翻案”浪潮。《人民日报》等报刊连续发表社论，提出“对派性要进行阶级分析”，要“维护和增强无产阶级革命的派性”。在这种派性舆论引导下，本来就十分脆弱的广西两派组织“大联合”出现分裂，一度收敛的派性斗争再次掀起。本来派旗未倒的群众组织又重新狂热起来，一些群众组织声称“大联合是大凑合”，有的甚至提出“枪杆子出政权”的口号，要用武力扫除进入革委会的障碍。随后不久，在南宁、柳州、桂林、梧州等市及部分县先后爆发武斗。五六月间，柳州、桂林、南宁等地连续发生抢劫援越物资、破坏铁路交通、冲击部队指挥机关、抢夺武器装备甚至杀伤解放军指战员的严重事件。柳州造反派封闭柳江铁路桥，使柳州铁路运输从1968年6月1日到8月1日中断两个月之久。6月3日，中央向自治区革筹小组、广西军区、柳州铁路军管会发出《关于柳州问题的五点指示》。6月13日，中共中央、国务院、中央军委、中央文革小组又联合发给广州军区、自治区革筹小组、柳州铁路局军管会特急电报，要求群众组织立即停止武斗，迅速恢复交通运输，全部交回抢走的援越物资和人民解放军的武器装备；责成自治区革筹小组、柳州铁路局军管会召集柳州地区各群众组织代表，讨论执行电报的具体措施。自治区革筹小组、广西军区和柳州铁路局军管会负责人即向两派群众组织开展劝说工作。但因双方对立情绪强烈，中央精神无法贯彻执行，柳州的铁路交通仍未能恢复。到1968年6月，全国29个省、自治区、直辖市中已有24个成立了革委会，而广西的动乱愈演愈烈，自治区革委会难以成立起来。

针对广西、陕西等地发生的恶性事件，1968年7月，中共中央、国务院、中央军委、中央文革小组发出“七三”“七二四”布告，要求立即停止武斗，解散专业武斗组织，对肇事的组织采取果断措施，强行收缴武器，拆除工事，撤离据点，无条件地迅速恢复柳州铁路交通运输，交回抢去的物资和武器装备；逮捕指挥打、砸、抢的坏人，依法惩办确有证据的杀人放火、破坏交通运输、冲击监狱、盗窃国家机密、私立电台等现行反革命分子，等等。“七三布告”颁布后，广西革筹小组和广西军区大量印发各地，并出动直升机在南宁及至凭祥的铁路沿线散发。同时，《广西日报》连续发表社论进行宣传。自治区革筹小组和广西军区、南宁市革委会于7月8日在南宁市举行大会，强调“七三布告”是解决广西问题的一个重大战略决策，是向一小撮阶级敌人发起猛攻的进军号。15日，自治区革筹小组和广西军区在自治区体育场召开有13万南宁军民参加的大会。至18日，全自治区城乡约有700万人次参加了大会。在南宁、柳州、桂林等市及铁路沿线和发生武斗的县都采取了措施。柳州铁路局军管会经广泛深入的宣传，开展教育工作，铁路两派群众组织停止武斗，拆除工事和路障，大多数职工返回工作岗位，中断两月之久的铁路交通恢复通车。8月20日以后，广西各地的武斗基本平息。

在当时复杂的局势下，由于布告本身的一些缺陷以及地方上在具体执行过程中出现了一些偏差，造成一些严重的遗留问题。但“七三布告”作为中央为制止武斗采取的强制性措施之一，其主旨是要制止广西混乱地区的武斗，稳定局面和恢复秩序。这一强制措施对制止派性武斗、抑制广西动乱局面起到重要作用。此后，形势开始趋于稳定。

1967年至1968年间的“打倒一切”和不断升级的武斗，是“文化大革命”发动以后广西处于最混乱、最艰难状态的一个时期，大批领导干部或被解除职务，或被下放管制。遍及城乡的武斗使社会主义事业和人民群众的生命财产遭受巨大损失。工农业生产下降。受交通阻塞和武斗影响，许多企业处在停产半停产状态。1968年，自治区工农业总产值再大幅下降，仅36.05亿元，比1967年下降12.3%；其中工业总产值下降28.7%，农业总产值下降0.75%。各项社会事业受到严重摧残。教育部门的各级各类学校因“停课闹革命”，全部瘫痪，有的教学楼房成了武斗据点，教学仪器被砸烂，教室、桌椅、门窗被毁坏；在科技部门，大批科研人员受到错误批判，科研工作几乎完全停止；在新闻部门，广西日报社被群众组织反复冲击，并数次被迫停刊；文化、体育部门基本瘫痪。在武斗中，不少城镇尤其是南宁、柳州、桂林、梧州四市，许多民房及办公楼、商店被毁。随着工农业生产的连续下降，全自治区的财政收入 1968 年比 1967 年下降 41.6%，财政收入锐减，人民生活水平下降。企业生产不正常，停工、窝工，企业奖金制度和各种补贴规定被取消，职工收入明显下降；农业减产，农村社员分配收入也减少。市场供应紧张，日用工业品和农副产品短缺，不少地方甚至连卷烟、火柴、煤油等都无货供应，人民生活水平降低。事实证明，“天下大乱”，乱了人们的思想，乱了党和国家发展良好的政治、经济建设，乱了人民群众正常、稳定的生产和生活秩序。

对于这场使国家和人民生命财产遭受严重损失的动乱，广大干部群众十分疑惑、忧虑、反感，在不同程度上予以抵制。大部分企业职工尽可能坚守岗位。这一时期城市的供水、供电并未出现中断，未发生武斗地区的商业部门坚持营业。许多群众做“逍遥派”，以置身事外的方式抵制动乱，一些人还对动乱进行了抗争。博白县文地中学原校长、党支部书记刘振武[①]，在“文化大革命”中被当成“走资派”受到批判。当他看到无政府主义泛滥对党的事业的危害，目睹武斗给人民生命财产带来的巨大损失后，以忧国忧民之情，秉笔直书。他在《宣言》和《对当前全国各地两派争论的意见》中，坦陈自己反对搞“文化大革命”，反对林彪集团，反对派性；认为两派群众组织的斗争大方向都是错误的，两派群众组织争端的性质，就是群众斗群众，学生斗学生；两派都受了蒙蔽，对待他们，不能采取镇压的措施和仇恨的态度，而是要重新团结起来，勇敢地揭发、批判错误的路线和政策。

五、自治区革命委员会的成立

1968 年 2 月，自治区革筹小组、广西军区先后发出《积极促进各专、

---

① 刘振武（1926—1968），中共党员，革命烈士，广西博白县人。1948 年 12 月参加革命，1960 年至 1968 年任博白文地中学校长、党支部书记。

市、县革命委员会成立的通知》和《关于建立专区、市、县革命委员会的通知》,各地陆续成立革委会,专区革委会主任全部由各军分区政委兼任,市、县革委会主任一般由驻军相应领导担任。3 月,百色、南宁、玉林等专区及天等、崇左、隆安等县的革命委员会成立;至 8 月 25 日,全自治区 8 个专区、4 个市、82 个县和 90% 以上的人民公社成立了革委会。

8 月 13 日,自治区革筹小组向中央上报《关于成立广西壮族自治区革命委员会的请求报告》。23 日,中共中央、国务院、中央军委、中央文革小组批准了广西的请示报告。自治区革委会由原中南局第二书记韦国清任主任,广西军区司令员欧致富、政委魏佑铸,空七军政委焦红光,五十五军副军长霍成忠,原自治区党委书记处书记安平生,以及韦世经(工人)、林福文(工人)、毛凤鸾(农民)、廖炜雄(干部)、龙智铭(干部)、颜景堂(学生)、曾春生(学生)任副主任。革委会设常委 28 人,委员 132 人。26 日,南宁军民在自治区体育场举行大会,宣告和庆祝广西壮族自治区革命委员会成立。28 日,《人民日报》《解放军报》发表《紧跟毛主席的伟大战略部署前进——热烈欢呼广西壮族自治区革命委员会成立》的社论。

自治区革委会是在“全面夺权”的基础上建立的,其建立的过程又是各派群众组织争夺权力的过程。经过大规模的派别对抗和“内战”,在中央协调下,经过自治区革筹小组与各派群众组织的反复协商,最后经中央批准自治区革委会成立。按照毛泽东的指示,革委会内部实行“三结合”的体制,由革命领导干部代表、军队代表、革命群众代表组成。在革委会成立初期,成员一般以军队干部为主,其下属各机构中,军队干部也占了相当大比重。革委会还强调年龄上的“老、中、青”“三结合”。毛泽东在《革命委员会好》的社论中强调:革委会要实行一元化的领导,打破重叠的行政机构,组织起一个革命化的联系群众的领导班子。按照这一指示,各级革委会实行党政合一、高度集中的领导体制。自治区革委会对原党政机关工作人员进行大幅度精简,只设立办事组、政治工作组、人民保卫组、生产指挥组四大组,替代了原党政统群的所有工作机构。1970 年 4 月,经中共中央批准,建立自治区革委会党的核心小组,作为同级的领导部门,由自治区革委会的主要负责人组成,组长韦国清,副组长刘重桂，成员赵欣然、魏佑铸、焦红光、安平生、赵茂勋。革委会的成立全盘否定新中国成立以来的党政领导体制，虽然被认为是广大群众的“创举”，但却不是经过群众代表选举产生的。革委会以抓阶级斗争作为自己的基本职能，被认为是“领导广大革命群众向阶级敌人进攻的战斗指挥部”，同时又不得不承担起管理社会经济、文化、人民生活等方面的职能。在革委会成立的过程中，各地都有一些造反起家的人，打、砸、抢分子，帮派思想严重的人和严重违法乱纪分子进入各级领导部门。革委会体制上的弊端及其成分的严重不纯，是造成政治生活难以安定的重要原因。

自治区革委会的成立在一定程度上结束了“文化大革命”前期的大乱动局面，填补了地方权力的真空和半真空状态，承担起组织广西工农业生产和管理社会生活的责任，使各项工作有可能逐步恢复和发展。也意味着广西“文化大革命”运动即将进入“斗、批、改”阶段。

第二十章

“斗、批、改”运动和“三五”计划后期的经济建设

广西全面开展“斗、批、改”运动，“文化大革命”进入“巩固成果”阶段。通过开展一系列的批判和“改革”，建立新的社会管理和运行体制。由于“斗、批、改”运动是在“左”的理论指导下开展的，其间，受到派性等因素的干扰和影响，给不少干部群众带来灾难和伤害。根据毛泽东提出的“五十字建党纲领”，广西在整党建党工作的基础上，于1971年2月召开自治区第三次党代会，自治区党委得以恢复。这一时期，自治区革委会以三线建设为重心，推进广西工农业生产的恢复和发展。

第一节 “斗、批、改”运动的全面开展

“斗、批、改”的任务，最先是在党的八届十一中全会颁布的“十六条”中提出。所谓“斗、批、改”是指“斗垮走资本主义道路的当权派，批判资产阶级反动学术权威和资产阶级及一切剥削阶级的意识形态，改革一切不适应社会主义经济基础的上层建筑”。党的九大以后，按照毛泽东的部署，这个运动全面展开。

1968 年 8 月 28 日至 9 月 14 日，自治区革委会第一次全体委员（扩大）会议在南宁召开，研究讨论搞好“斗、批、改”的问题。会后，通过《广西日报》，掀起开展“斗、批、改”运动的舆论宣传热潮。9 月 22 日，自治区革委会召开大会，欢送工人毛泽东思想宣传队（简称工宣队）进驻广西大学、广西医学院、南宁一中、广西人民广播电台、广西日报社等 16 家单位，领导“斗、批、改”运动。此后，各地革委会也派出工宣队进驻当地的学校、新闻、医院、科研等单位。“斗、批、改”的任务，主要是开展革命大批判、清理阶级队伍、整党建党、知识青年上山下乡、开展教育革命等。

一、开展“活学活用”与“革命大批判”

活学活用毛泽东著作运动，在 20 世纪 60 年代前半期已经兴起。1966 年 12 月 16 日，林彪为《毛主席语录》写了“再版前言”，强调“学习毛主席著作，要带着问题学，活学活用，学用结合，急用先学，立竿见影，在‘用’字上狠下功夫”。这段话后来被称为学习毛泽东思想的“三十字方针”。“斗、批、改”运动开始后，“活学活用”被放在首位，与“革命大批判”一起成为贯穿“斗、批、改”运动始终的两个基本内容。

1968 年 9 月下旬，根据中共中央、国务院、中央军委、中央文革小组关于派工人毛泽东思想宣传队进驻学校，配合解放军领导学校“斗、批、改”的通知精神，自治区革委会派出第一批以产业工人为主，有解放军参加的工宣队，各地相继向大中学校、新闻单位、文艺团体等上层建筑领域派出工宣队，指导办班学习。1968 年 12 月 3 日至 26 日，自治区革委会、广西军区在南宁召开全自治区工农兵“活学活用”毛泽东思想积极分子代表大会，到会代表有工矿企业、生产大队、学校、商店、家庭等各条战线、各种类型的学习班代表及解放军代表共 3500 多人。接着 12 月 27 日至 30 日召开的自治区革委会第二次全体（扩大）会议，强调进一步开展“活学活用”毛泽东思想活动，办好毛泽东思想学习班。1969 年 4 月 3 日，自治区革委会派出自治区直属机关 8000 多名干部组成毛泽东思想宣传队到 80 个县（自治县）。各专区、市、县据自治区革委会的部署，先后派出大批毛泽东思想宣传队深入基层，深入开展抓第一批“三分之一”（每年抽三分之一的干部，深入三分之一的基层单位）的“斗、批、改”。到1969年年底，全自治区有3万多名干部参加毛泽东思想宣传队到基层抓“三分之一”。到1969年9月，全自治区有60%的生产队开通了广播，通过农村宣传网、广播网、通讯网的“三网”结合进一步开展宣传活动。

进入1970年后，全自治区“活学活用”毛泽东著作的群众运动达到高潮，先后数次召开活学活用毛泽东思想积极分子代表会议、上山下乡知识青年活学活用毛泽东思想积极分子代表会议。许多部门也相继召开活学活用毛泽东思想积极分子代表会议。当年11月2日至8日，自治区革委会在南宁召开学习毛主席哲学著作经验交流会。会议要求领导干部带头学习，带头讲用，带头斗私批修，搞好领导班子革命化；大学人民解放军，突出无产阶级政治，坚持四个第一，大兴“三八作风”，开展“四好”①“五好”②评比运动。会议表彰了一大批“活学活用毛泽东思想”的典型。

在群众性的学习运动中，各地还创造出许多“活学活用”的新方法。自治区革委会在举办毛泽东思想学习班时，提出要普遍开展“学、忆、查、看”活动，即学习毛泽东关于认真看书学习的一系列重要指示，忆两条路线斗争中的经验教训，查对学马列著作和毛泽东著作的态度，看认真读书的伟大意义，强调各级干部普遍把自己的思想摆进去，找出资产阶级世界观在自己身上的反映，用无产阶级的“公”字斗掉资产阶级的“私”字，用辩证唯物论和历史唯物论克服头脑中的唯心主义、形而上学，按照无产阶级的面貌，改造自己的世界观。

“活学活用毛泽东思想”运动，是在林彪鼓吹和煽动起来的实用主义、形式主义学风盛行的情况下开展的，因此不可避免地打上了浓厚的实用主义、形式主义的印记。如“早请示、晚汇报”，单纯学“语录”、背“警句”，用个别字句割裂毛泽东思想，等等。但是，它也在一定程度上推

① “四好”：政治思想好、三八作风好、军事训练好、生活管理好。

② “五好”：政治思想好、军事技术好、三八作风好、完成任务好、锻炼身体好。

动了干部群众学习理论的活动。

结合“活学活用”,广西广泛开展了“革命大批判”。批判的主要内容为:第一,批判所谓“反革命修正主义路线”在政治、经济以及各个文化领域中的流毒,肃清它的影响。批判“黑六论”[①]“文艺黑八条”[②]“唯生产力论”“唯意志论”“利润挂帅”“物质刺激”以及所谓修正主义的文艺、文学作品。第二,批判党内、革命队伍内部违反毛泽东无产阶级革命路线和政策的各种错误倾向。比如批判宗派主义、山头主义、无政府主义等错误思想。第三,批判社会上各种“资产阶级倾向”。这些批判涉及社会生活的各个方面,矛头指向当时被认为是资本主义的一切行为,如投机倒把、物质刺激、宗教迷信、腐蚀干部和青年、破坏生产、破坏民族团结,等等。第四,结合本单位“斗、批、改”和生产、工作实际开展大批判。第五,联系自己的思想和工作实际“斗私”,改造世界观,做共产主义新人。以上内容,归结起来就是毛泽东所提出的“要斗私、批修”。这既是“文化大革命”的根本目的,又是完成“斗、批、改”阶段各项任务的重要手段。

党的九大以后,随着“斗、批、改”的全面铺开,全省的“大批判”也达到了高潮。不少地方和单位成立专门指导大批判的常设机构,组织大批判写作组,报纸上开辟大批判专版,城乡街头巷尾或单位内部,到处可听见有线和无线广播在各时段播出指导各项工作的大批判文章。

在文化领域,从 1970 年起,对《刘三姐》《英雄虎胆》《苗家儿女》《朝阳》等优秀文艺作品展开批判,批判所谓的反革命修正主义文艺黑线;在教育领域,批判所谓“十七年教育黑线”;在体育工作中批判“锦标主义”“技术第一”。在经济领域,批判“条条专政”,把一批原属部门管理的企业层层下放,其中农村地区的手工业社全部下放给人民公社管

---

① 《红旗》杂志 1968 年第 4 期发表《吸收无产阶级的新鲜血液——整党工作中的一个重要问题》的社论,社论捏造了刘少奇的所谓“六论”,即“阶级斗争熄灭论”“训服工具论”“群众落后论”“入党做官论”“党内和平论”“公私溶化论”(“吃小亏占大便宜”)。社论发表后,全国开始了对所谓“黑六论”的批判。

② 1962 年 4 月 30 日,中共中央批转文化部党组、全国文联党组《关于当前文学艺术工作若干问题的意见(草案)》,即“文艺八条”。“文化大革命”中被当作“文艺黑八条”进行批判。

理，有的下放给生产大队或生产队，使不少手工业社原有的积累因被分光吃光而解体；批判“阶级斗争熄灭论”“唯生产力论”“利润挂帅”“专家治厂”“贪大求洋”“爬行哲学”等所谓错误观点。在农村工作中批判“三自一包”①“四大自由”②“物质刺激”“工分挂帅”，使农村商品生产受到抑制。一些工厂企业在批判“唯生产力论”“物质刺激”以后，取消了高空、高温、井下工人的劳保待遇。

在“大批判”中，往往扣帽子，打棍子，断章取义，无限上纲。1968年9月初，自治区革委会召开第一次全体委员（扩大）会议，把贺希明（原自治区党委书记处书记）、霍泛（原自治区党委书记处候补书记）、傅雨田（原自治区人委副主席）、谢王岗（原自治区党委宣传部副部长）、袁家柯（原南宁市委副书记）定性为“中国赫鲁晓夫在广西的代理人”，“一小撮叛徒、特务、死不悔改的走资派”，“代表帝国主义、国民党反动派和地、富、反、坏、右利益的反动分子”和“伍（晋南）修集团”。10月上旬，自治区革委会在南宁召开批斗“伍修集团”大会。其后，又在全自治区组织进行巡回游斗。与“伍修集团”有关联的干部被审查隔离，其中部分干部被划为“历史反革命”“牛鬼蛇神”“三反分子”遭到批斗。从1968年10月起到1969年上半年，全自治区公社以上的国家机关、企事业单位各级领导干部，被揪斗的共有2.47万人。

二、开展“清理阶级队伍”

“清理阶级队伍”是“斗、批、改”运动的主要内容之一，要求把所谓“混入革命队伍”的“叛徒”“特务”“走资派”以及地主、富农、资本家、反革命分子、坏分子、右派分子等清理出来，做到“阶级阵线分明”。1968年8月，自治区和各地革委会分别成立相关机构“审查”干部队伍。

1969年1月初，自治区革委会第二次全体委员（扩大）会议提出，“斗、批、改结合清理阶级队伍，把叛徒、特务、走资本主义道路当权派和一切反革命分子清除出去”。在这次清理运动中，共有3300多名公社

① 即自留地、自由市场、自负盈亏、包产到户。

② 雇工自由、贸易自由、借贷自由、租地自由。

以上领导干部被当成“叛徒”“特务”“死不悔改的走资派”和“反革命分子”,清理出干部队伍。

解放前在广西坚持斗争的共产党组织(简称广西地下党)被认为混进了不少“叛徒”“特务”“托派”和“国民党分子”,1969年2月,自治区革委会把广西地下党作为“大案”“要案”,列为“斗、批、改”的主要任务。1969年2月初,成立了“清查广西地下党小组”,并在全自治区74个县(市)成立了地下党问题专案小组,进行全面审查。对广西地下党审查长达4年。原地下党员,特别是特支组织以上的领导成员,许多被扣上“叛徒”“特务”“托派”“民主革命派”①“三反分子”、走资派的罪名,受到迫害。据统计,全自治区共有5083名地下党员被审查、迫害。

1970年初,中央部署开展“一打三反”运动,即打击反革命分子破坏活动,反对贪污盗窃、投机倒把和铺张浪费的运动(也称“二五运动”)。2月9日,自治区革委会成立六人领导小组,下设“二五”运动办公室,于当晚召开电话会议,向各地传达中央有关“一打三反”的精神。当月,自治区革委会召开常委扩大会议,决定把“一打三反”作为中心任务,发出《关于贯彻中央“二五”指示的通知》,强调经济领域内阶级斗争的严重性,要求在全自治区范围内掀起大检举、大揭发、大批判、大清理的群众运动新高潮,坚持先党内后党外,先干部后群众,“帮助手脚不干净的人”“斗私批修”。此后,“一打三反”运动在广西开展,到当年年底,在全自治区大检举、大揭发、大批判、大清理运动中,共挖出了“反革命分子”两万多名,揭发了一批贪污、盗窃和铺张浪费案件。

1970年3月27日,中共中央发出《关于清查“五一六”反革命阴谋集团的通知》。4月,自治区革委会根据中央的要求,在重点地区和单位部署开展清查“‘五一六’反革命阴谋集团”②的试点工作。自治区和各地、市、县都成立了领导小组和办事机构。5月至8月间,自治区革委会党的核心小组举办革委会常委(扩大)毛泽东思想学习班,决定在南宁、

---

① 指只有民主革命思想、反对社会主义革命的老干部。

② “‘五一六’反革命阴谋集团”,原指1967年北京一度存在的“首都‘五一六’红卫兵团”的组织,后来被定性为反革命集团。1968年,中央成立清查“五一六”专案领导小组,清查斗争严重扩大化,许多反对中央文革,反对林彪、江青一伙的干部和群众被打成“五一六”分子。

柳州、桂林、梧州四市的部分重点单位进行清查“五一六”工作的试点。自治区党委[①]于1971年3月16日发出《关于清查“五一六”反革命阴谋集团的通知》。各专区、市、县普遍建立了专案队伍，清查运动全面展开。4月，自治区党委提出在南宁、桂林、柳州、梧州等市和柳州铁路局，以及中央驻桂、自治区直属机关和地区直属驻市机关、院校、企事业单位开展“清查‘五一六’工作，清查的对象是‘五一六’骨干分子和幕后操纵者”。整个清查运动从试点到结束历时三年半，共有2229人受到审查，致使一大批人受到迫害和错误处理。而实际上，1983年“处理‘文化大革命’遗留问题”时的清查结果表明，广西并没有“五一六”分子。

1972年，“清理阶级队伍”运动由干部队伍扩展到城镇街道。2月10日，自治区党委发出《关于在城市、县城的街道铺开社会清队工作的意见》，在城市、县城的街道铺开社会清队工作。在社会清队中，据梧州、柳州、北海、贺县、资源、都安、横县、天等、德保等20个市、县的不完全统计，共揪斗2.85万多人，定为“伪”（含日伪时期和国民党时期）、军、警、政、宪、特和地、富、反、坏、右等各类人员近9000人。由于乱怀疑、乱揪斗，造成不少冤假错案。

“清理阶级队伍”在“以阶级斗争为纲”指导下，使得阶级斗争扩大化，造成不少冤假错案。这些冤假错案，在党的十一届三中全会后开始进行平反。到广西处理“文化大革命”遗留问题时，得到彻底平反。

三、开展“教育革命”及城镇知识青年上山下乡运动

1966年5月，毛泽东在“五七指示”中提出：学制要缩短，教育要革命，资产阶级知识分子统治我们学校的现象，再也不能继续下去了。党的八届十一中全会通过的“十六条”指出，“改革旧的教育制度，改革旧的教学方针和方法，这是无产阶级文化大革命的一个极其重要的任务。在这场文化大革命中，必须彻底改变资产阶级知识分子统治我们学校的

---

① 1971年2月9日至16日，中共广西壮族自治区第三次代表会议在南宁召开，会议选举产生中共广西壮族自治区第三届委员会。

现象”。在“文化大革命”爆发后，毛泽东多次强调，“教育要革命”，“必须有工人阶级领导，必须有工人群众参加”。自治区革委会成立后，按照毛泽东的指示和“十六条”的要求，开展了“教育革命”。1971年1月30日，自治区革委会政工组举办第二期教育系统干部、教师毛泽东思想学习班，错误地提出“当前我区教育革命的主要矛盾，仍然是两个阶级、两条道路、两种世界观的斗争，集中表现在同资产阶级争夺领导权、争夺知识分子、争夺青少年一代的问题上”。教育改革受到“左”的错误思想的严重影响。

一是改革学校领导体制。向全自治区4.7万多所大、中、小学派驻工宣队13万多人。1968年下半年起，各级学校相继成立革委会，农村小学成立“贫下中农管理委员会”（简称贫管会），逐步恢复了对学校的管理，由贫下中农参加学校管理。城市学校，以工宣队队员为主体，吸收家长和师生参加，组成“三结合”的革命委员会，领导学校的“教育革命”。

二是下放学校，缩短学制。按照1968年11月《人民日报》推广的“侯王建议”[①]，自治区革委会把广西农村公办小学下放大队办，教师由拿工资、吃商品粮改为在生产队记工分。据54个县统计，到1969年2月，有3万多所农村公办小学下放到大队办，占学校总数的76%，读小学不出村。当年，自治区革委会又在全自治区掀起“读高中不出公社，读初中不出大队”的办学风，几年内，每个公社以及一些生产大队办起了高中。同时，打破“条条分割”，实行“块块管理”，下放、合并一批中等专业学校。从1969年秋季起，实行“小学五年一贯制”及“中学二二分段制”（即初中、高中学制各两年）。1970年6月，自治区革委会将16所中专学校下放给专区和市办，其他24所则被撤销。

三是改造教师队伍。中小学于1969年9月开始全面复课，教职员工被集中起来学习，开展“清队”工作。先后把25所大、中专学校教职员工集中到广西大学、广西农学院和广西财经学校，参加“毛泽东思想

---

① 1968年11月，《人民日报》刊登山东省嘉祥县马集公社小学教师侯振民、王庆余的来信，“建议所有（农村）公办小学下放到大队来办”。

学习班”；将近6000名大中专学校师生，以“徒步行军”的方式，派往农村、工厂和农场去接受“再教育”。对新中国成立后17年的“资产阶级反革命修正主义教育路线”展开批判，批判“师道尊严”“智育第一”“知识私有”“个人奋斗”“三中心”①，以及“高教六十条”“中学五十条”“小学四十条”，等等。随着中小学数量快速增长，教师数量严重不足，造成民办教师大量增加，不少地方出现小学教师未经培训就教初中、初中教师未经培训就教高中的情况。1969年7月，自治区革委会政工组文教小组提出：改造教师队伍，吸收“新鲜血液”，从工人、贫下中农、复员军人、下放干部和经过劳动锻炼的大中专毕业生中挑选师资，在学校中建立工农兵、革命技术人员和原有教师三结合的教师队伍。从工人、军宣队、贫管会、厂矿、场站、社办企事业、生产队和部队中聘请工农兵兼职教师，使不合格教师大量增加，教学质量严重下降。

四是改革大学招生制度。1970年6月27日，中央批准北大、清华关于招生（试点）的报告，高等院校开始招生复课，规定高等院校招生废除考试制度，“实行群众推荐、领导批准和学校复审相结合的办法”，招收“工农兵学员”，学制缩短为2—3年。在教学中，确定“工农兵学员”的任务是所谓“上大学、管大学，用毛泽东思想改造大学”。1970年11月23日，自治区革委会发出《关于高等学校招生的通知》，确定广西大学、广西民族学院、广西农学院、广西中医学院、广西医学院、广西艺术学院、桂林医专、百色医专八所院校开始招生。1971年2月，广西首届工农兵学员入学，此后，每年一批，直至1977年恢复高考。在招生中，片面强调学生的家庭出身、思想政治表现，忽视文化知识水平，很多学员入学时文化程度过低，加上业务、文化课程大量减少，使教学质量严重下降。教师被置于受改造的地位，正常的师生关系和教学秩序被打乱。

五是改革毕业分配制度。1968年4月4日，中共中央、国务院、中央军委、中央文革小组转发《黑龙江革命委员会关于大专院校毕业生分配工作的报告》，传达了毛泽东关于毕业生分配“面向农村，面向边疆，面向工矿，面向基层”的指示，分配对象不仅有大学，而且有中、小学

① 即以教师为中心，课堂为中心，教材为中心。

一切学龄已到毕业期限的学生。6月15日，中共中央、国务院、中央军委、中央文革小组四部门分别发出《关于1967年大专院校毕业生分配工作问题的通知》和《关于分配一部分大专院校毕业生到解放军农场去锻炼的通知》，要求毕业生分配坚持“四个面向”，与工农兵相结合的方针，规定1966年、1967年大专院校毕业生（包括研究生）一般都必须先当普通农民、普通工人，安排一部分毕业生到解放军农场去锻炼。同月，自治区革筹小组决定：广西1966年、1967年大专院校毕业生一般都必须先当普通农民、普通工人。根据这一决定，广西1966年、1967年大专院校毕业生有些到农村，有些到军垦农场，接受教育和锻炼，劳动满一年后分配工作。至1968年10月，广西已有近1000名大专院校毕业生到农场当农民，其余的有80%以上已经先后赴农村、工矿等基层单位劳动和工作。

由于大中专学校停止招生，工厂停止招工，商业活动大幅度萎缩，用工人数大减，导致大批初高中毕业生既无法升学，又不能就业，滞留城镇，成为严重的社会问题。1968年12月22日，《人民日报》以《我们也有两只手，不在城里吃闲饭》为题，报道了甘肃省部分城镇居民到农村安家落户的消息，并在编者按中发表了毛泽东发出的“知识青年到农村去，接受贫下中农的再教育，很有必要”的指示。从此，知识青年上山下乡运动在全国兴起。

1968年底，自治区革委会将安置城市知识青年下乡办公室改为安置业务组，在自治区革委会生产指挥组领导下，开展知识青年上山下乡工作。对“文化大革命”以来的城镇初高中毕业生，除已回乡、下乡和分配工作的外，全部动员上山下乡。人民公社一级非农业人口符合上山下乡条件的也动员下乡，由县统一组织安排。1968年12月20日前，广西玉林、南宁、百色、梧州、柳州等专区已有初中、高中、大专院校毕业生和城镇居民7.42万多人到农村人民公社生产队插队。1969年2月，《广西日报》报道了柳州、桂林、梧州有2300多名知识青年到农村落户的消息，号召知识青年到农村去接受锻炼。此后，广西各地开始掀起知识青年到农村去落户的高潮，据1971年1月统计，全自治区城镇知识青年上山下乡共10.46万人。对于知青上山下乡，自治区革委会采取了到人民公社插队为主的办法，一部分由自治区指定的地区安置，一部分由动员地区自己安置，把知青安置到全自治区 83 个县（市）的 3 万余个生产队。此后，每年有数万名城镇知识青年上山下乡。1969 年至 1977 年，广西共有约 39 万名知识青年上山下乡。

“文化大革命”时期知识青年上山下乡运动，是特殊历史条件下的产物。知识青年响应党的号召奔赴农村，参加各种艰苦的农业劳动，向农民群众学习各种生产知识，传播文化知识，不少人担任生产队干部和小学教员、“赤脚医生”等，在农村广阔天地里经受了锻炼，增长了才干，为促进农村发展作出了积极贡献，付出了宝贵的青春年华。后来，他们中间出现了一批建设人才，成为各条战线的骨干力量。但是，知识青年上山下乡，时间紧、规模大，许多组织和管理工作不到位。所到的农村地区条件艰苦，生产劳动任务重，分配收入低等，造成了知识青年生活困难等一系列问题。特别是广大知识青年在青春年华失去接受高等学校教育的机会，造成广西人才成长的断层，给广西乃至国家的现代化建设带来长远的危害。在此期间，国家及广西各级部门和各企事业单位为安置知识青年上山下乡支出了巨额经费，也给知识青年的家长和部分地区的农民增加了经济负担。到后期，因部分上山下乡的知识青年得不到妥善安排，引发了一些社会问题。

四、精简机构和干部下放劳动

自治区革委会成立后，大幅度精简机构，自治区直属机关原有 68 个部、委、办、厅、局和大多数科研单位等，全部被“砸烂”或撤销，自治区革委会成立四组（办事组、政工组、生产指挥组和保卫组）、一室（斗批改办公室）、一校（“五七”干校），分管 14 个服务公司、站，编制 1700 余人，机构减少三分之一，人员减少 80%。各地、市、县也依照办理。由于机构精简过度，很大一部分工作规范被“砍掉”，在很大程度上影响了各项工作的开展。

全面夺权后，随着各级党政机关、企事业单位、人民团体的瘫痪，大批机关干部“靠边站”。革委会成立后，少数干部被“结合”进入革委会，但是大部分仍然“靠边”。如何处置这些干部和知识分子，成了一个重要的问题。

1968年10月5日,《人民日报》在头版刊发了《柳河“五七”干校为机关革命化提供了新的经验》的报道,推荐黑龙江省革委会1968年5月在庆安县柳河办农场,组织大批机关干部下放劳动的做法,认为“‘五七’干校是改造和培养干部的好地方,是实现机关革命化,搞好斗批改的一种好办法”,并在编者按中发表了毛泽东的指示:“广大干部下放劳动,这对干部是一种重新学习的极好机会,除老弱病残者外都应这样做,在职干部也应分批下放劳动。”此后,全国各地纷纷在农村办起“五七”干校,党政机关、高等院校、科教文卫系统的大批干部、教师、医生、知识分子、文艺工作者被下放到农村,到“五七”干校参加体力劳动,接受贫下中农再教育。

10月10日,自治区革委会作出干部下放的决定,关于干部去留问题,提出4个去向:一是留革委会工作;二是参加宣传队下乡搞三分之一;三是去“五七”干校劳动锻炼;四是去武鸣壮校办学习班,搞专案审查。据不完全统计,全自治区有1.7万余名干部被下放基层,1.1万多名干部到“五七”干校劳动锻炼,3万多名干部组成“毛泽东思想宣传队”到厂矿企业或农村“蹲点”。

在原来的干部下放后,各单位又开始吸收“新生力量”进入机关。按照1971年8月自治区党委关于安置处理老、弱、病、残干部和吸收新干部问题给中央的请示报告中指出的:“自治区革委会成立后,我们进行了精简机构、下放科室人员,对干部进行了适当调整,初步统计约有七千名‘老弱病残’干部不宜分配,需要安置处理”,“关于吸收新干部问题,全自治区一千零一十六个公社,按每个公社吸收三至四名计算,即应吸收三千零四十八名至四千零六十四名。条件是:工人和贫下中农出身,政治历史清楚,家庭和社会关系无重大问题,有基层工作经验和一定组织能力,身体健康有培养前途,年龄在二十八岁以下”。在后来的实际操作中把不少“文化大革命”中的所谓“功臣”、派性严重的人拉进干部队伍,造成派性问题的发展。

和全国一样,广西的“斗、批、改”运动,受“左”倾错误和派性斗争的影响,造成党内矛盾和社会矛盾的紧张,伤害了大批干部群众,带来大量的遗留问题，对广西后来的发展产生消极的影响。

第二节　整党建党与中共广西壮族自治区第三次代表大会的召开

一、整党建党

新中国成立以来，党的建设一直是党中央高度关注的重大问题。“文化大革命”中，“踢开党委闹革命”，特别是经过1967年“一月夺权”风暴后，各级党组织陷入瘫痪。但是，毛泽东发动“文化大革命”的初衷，并非否定党的领导，而是要通过自下而上的群众运动，对党进行一次全面的、彻底的整顿，消除“黑暗面”，实现党“直接依靠广大革命人民群众”的理想。从1967年下半年起，“整党建党”的问题被重新提了出来。1967年10月，毛泽东在批示青海省革委会党的核心小组关于“成立了革命委员会的单位，可否恢复党的组织生活”的请示中提出：“党组织应是无产阶级先进分子所组成，应能领导无产阶级和革命群众对于阶级敌人进行战斗的朝气蓬勃的先锋队组织”。这个批示，后来被称为“五十字建党纲领”。当月，中央发出《关于已经成立了革命委员会的单位恢复党的组织生活的批示》。11月，毛泽东又作出指示：“我们的党要吸收新鲜血液。工人、农民、红卫兵中的积极分子要吸收到党里来”，“一个无产阶级的党也要吐故纳新，才能朝气蓬勃。不清除废料，不吸收新鲜血液，党就没有朝气”。“五十字建党纲领”和“吐故纳新”的思想，成为全党开展整党建党的指导思想。12月，中央下发《关于整顿、恢复、重建党的组织的意见和问题》，强调“决不是恢复无产阶级文化大革命以前的老样子，老一套”，而是“用毛泽东思想整顿、恢复、重建党的组织”，并要求各地在重建党的组织中，“吸收那些朝气蓬勃，富有无产阶级革命造反精神，勇于在阶级斗争中冲锋陷阵的无产阶级先进分子入党”。1968年元旦，《人民日报》《解放军报》以及《红旗》杂志（又称“两报一刊”）社论同时公开了“五十字建党纲领”,号召在新的一年里,“深入学习毛主席的无产阶级建党路线,彻底批判中国赫鲁晓夫的修正主义建党路线,纯洁和整顿党的组织”。

元旦社论发表以后,由于广西随后就陷入武斗和混乱当中,直到自治区革委会成立后,整党建党的工作才得以逐步开展。1968 年 10 月,党的八届十二中全会作出关于整党的决定,11 月初,自治区革委会对整党建党工作作出部署。提出:清理阶级队伍结合整党建党,吐故纳新;在整党、建党中发展工人、贫下中农、革命军人和其他积极分子入党。随即广西开始整党建党工作,大体上分为三个阶段。

第一阶段,从 1968 年底至 1969 年 4 月,是广西整党建党工作的试点阶段,主要是进行试点,总结经验。在工作中开展革命大批判,“斗私”“批修”,以提高阶级觉悟和路线斗争觉悟。1969 年 3 月下旬,自治区革委会召开组织工作会议,提出整党“要紧紧抓住阶级斗争这条纲,牢牢掌握斗争大方向,把斗争矛头始终指向混进党内的一小撮走资派等阶级敌人,而不能指向一般党员群众”。强调“在整党中,一方面要把那些已经揪出来的混进党内的一小撮阶级敌人当作‘活靶子’,进一步批深批透,斗倒斗臭;另一方面,还要依靠和发动广大党员、革命群众,继续深挖埋藏在党内的阶级敌人,把他们通通揪出来,使清理阶级队伍工作更加深入发展”。从此各单位通过“吐故纳新”,把大批老干部、老党员当作“叛徒”“特务”“走资派”“反革命”等清理出党,把在“文化大革命”中的一批“有功之臣”安排突击入党。

第二阶段,从 1969 年 4 月至 1970 年 4 月,是广西整党建党的全面铺开阶段。1969 年 4 月,中国共产党第九次全国代表大会召开,九大的政治报告全面系统地阐述了整党建党的方针。九大召开后,广西整党建党工作在全自治区范围内全面展开。

在这一阶段,广西的整党建党工作重点主要是在“开门整党”,并对已经整顿过的支部进行检查、补课。通过“开门整党”、群众评议,大部分老党员恢复了组织生活。同时,通过发展新党员,使党员的人数有了较大增加。但是,在“文化大革命”的特定历史条件下,在“吐故纳新”中采取群众运动的方式,发生了偏差。相当多的党组织都在非党“群众代表”参加、甚至有的还在非党“群众代表”主持下召开整党会议，对党员进行逐个审查，其结果是一批合乎条件的党员，特别是担任领导职务的老干部、老党员不能恢复组织生活，被“挂起来”不予登记，甚至被当作“叛徒”“特务”“走资派”“反革命分子”等“吐故”，开除党籍，严重伤害了党员、干部。而在发展新党员中，由于重数量轻质量，以及派性等问题的影响，一些靠造反起家的人和一些不符合党员条件的人则被“纳新”，其中有的人被“突击入党”“突击提干”后登上领导岗位。一批犯严重错误的人和严重违法乱纪分子钻入党内。到 1971 年全自治区 62 万名党员中，近 9 万人是 1967 年以后发展的新党员，占党员总数的 14%。

第三阶段，从 1970 年 4 月至 1971 年 2 月，是广西的整党建党进入恢复组织生活，并继续“吐故纳新”，发展新党员的阶段。

1970 年 3 月，自治区整党建党领导小组发出《关于建立县以下党委的意见（试行）》，要求各级整党建党领导小组，必须加强对建立新党委工作的领导；各专区要选择 1 个县和 2—3 个公社进行建立新党委试点，总结经验，推动全盘。4 月，经中央批准，自治区革委会党的核心小组成立，组长韦国清，副组长刘重桂，成员赵欣然、魏佑铸、焦红光、安平生、赵茂勋。接着，各专区、市、县革委会也先后成立了党的核心小组。此后，在核心小组的领导下，整党建党工作得到更快开展。到自治区第三次党代会召开时，全自治区有 90% 的党支部重新建立起来，有 82% 的公社、74% 的县建立了新党委，应该建立党委的企事业单位也有 31% 建立了新党委。

整党建党运动是在对广西各级党组织队伍的错误估计基础上进行的。整党非但没有达到预期目的，相反给党的建设带来了严重后果，造成党内思想、组织的严重不纯。但是，这次整党建党重新建立各级党组织，恢复党员的组织生活，对稳定局势，推进工农业生产起到了作用。

二、中共广西壮族自治区第三次代表大会的召开

1970 年 10 月底，中共中央发出召开地方各级党代表大会的通知，就有关具体问题作了规定。12 月 28 日至 1971 年 1 月 8 日，自治区革委会召开了党的核心小组扩大会议。会议决定召开自治区第三次党代

表大会,并酝酿自治区第三届党委委员候选人名单。

1971年2月9日至16日,中国共产党广西壮族自治区第三次代表大会在南宁召开。全自治区党员人数约62万人,参加大会的代表共853人。其中,工人代表222人,占26%;贫下中农代表204人,占23.9%;解放军代表174人,占20.4%;革命干部代表172人,占20.2%;革命知识分子代表43人,占5%;其他劳动人民代表38人,占4.5%。大会的主要议程:自治区革委会党的核心小组向大会作工作报告;选举中国共产党广西壮族自治区第三届委员会。

韦国清代表自治区革委会党的核心小组,向大会作《更高地举起毛泽东思想伟大红旗,沿着毛主席的革命路线乘胜前进》的报告。报告回顾了广西“文化大革命”以来的情况,提出在今后的工作中,认真搞好“斗、批、改”,要加强党对经济工作的全面规划和统一领导,进一步掀起“农业学大寨”“工业学大庆”的新高潮,以战斗的姿态,跃进的步伐,实现发展国民经济的第四个五年计划,把广西建设成为伟大社会主义祖国南疆的钢铁长城,做好反侵略战争的一切准备工作。

大会选举产生了中共广西壮族自治区第三届委员会,委员78名,候补委员16名。2月17日,经第三届委员会第一次全体会议选举产生,并报中共中央批准,韦国清(壮族)为第一书记,韦祖珍(壮族)为书记,刘重桂、安平生为副书记,赵欣然、焦红光、赵茂勋、陈开路、徐其海、许圣亭、乔晓光、覃应机(壮族)、宋治平为常委。至此,自治区党委机构在被夺权4年后重新建立起来。

自治区第三次党代会代表没有按照正常的民主程序选举产生,而是按照“充分民主协商,高度集中”的原则,听取“群众的意见”之后“推选”出来。所谓集中,就是集中到各级革委会。所谓的群众意见,主要是听取原两派群众组织的意见。这样“推选”出来的代表,主要是各级革委会的负责人、两派群众组织的头头和“支左”的解放军代表。原中共广西壮族自治区第二届委员会的委员、候补委员64名中只有16名参加了这届委员会,占原委员、候补委员的25%,其余大部分在“文化大革命”中被诬陷为“走资派”“叛徒”“特务”“历史反革命”或有其他历史问题的,还在被批斗、被审查之中。

在当时的历史条件下，自治区第三次党代会提出要以两个阶级、两条道路、两条路线斗争为纲，进一步巩固无产阶级专政等“左”的口号，把“文化大革命”的许多“左”的错误加以肯定。党代会选举产生的委员会，混进了一些“文化大革命”中的“功臣”和一些造反起家、严重违法乱纪的人。这次代表大会后至1971年6月，广西各专区、市、县和柳铁，先后召开党的代表大会，各级党委全部恢复。

第三节 “三五”计划后期的经济建设

经历了“文化大革命”的武斗内乱，广大干部群众人心思定，迫切希望结束动乱局面。党的九大以后，中央、毛泽东也要求稳定形势，发展生产。自治区革委会建立之后，采取各种措施，稳定局势，恢复秩序。自1969年起，广西局势相对稳定，国民经济逐步得到恢复和发展。

一、全民备战和三线建设全面铺开

广西腹地以山区丘陵为主，中部的盆地平原多在山地之间，有利于防御作战。加之广西地处祖国南大门，兼有海陆空边防，是军事上具有特殊的战略后方基地，是广州战区之西翼。广西水系发达，江河纵横，水陆交通比较便利，东出梧州沿西江而下，可支援广州地区作战，沿黎（塘）湛（江）铁路南下或由北部湾沿岸出海，可支援雷州半岛和海南岛作战，西出百色、田东可支援云南边界作战，湘桂、黔桂铁路直通战略纵深。在战争中，是防御敌人从海陆入侵，北犯中原的重要战略防御地带。随着1965年援越抗美战争的开始，广西成为一级战备区，是援越抗美前沿地区。

进入1969年以后，美国对越南南方的战争仍在继续。为应对美国飞机的空袭，广西继续组织力量，修建防空工事。1970年，南宁、柳州、桂林、梧州、北海5个市组织了建设防空工事大会战，使地道由一家一户到几个、几十个单位联片成网。根据战时城市人口和物资疏散方案，在南宁、凭祥、北海3市和东兴县城实行职工家属早期疏散措施，到1970年，全自治区260余万城镇市区人口中，疏散了20万人，并对南宁、柳州等市的石油等物资也作了适当疏散。与此同时，组建广西边防部队，加强民兵建设，全面开展民兵军事训练，以县为单位组建民兵独立团。1969年3月，苏联边防军侵入我国黑龙江珍宝岛事件发生后，中苏边界局势急剧恶化，我国面临南线抗美援越、北线抵御百万强敌的两线作战态势。为此，毛泽东发出了“备战、备荒、为人民”和“深挖洞，广积粮，不称霸”的号召。广西按要求开展全民备战。

起步于1965年的广西三线建设受到“文化大革命”的影响和冲击。1967年和1968年，由于夺权和动乱，不少领导干部被打倒或“靠边站”，地方财政收入大幅度下降，用于经济建设的资金连年缩减，1968年投入仅相当于1966年的52.04%，三线建设处于停顿和半停顿状态，三线建设遭受干扰破坏，每年都有一些建设项目不能按计划搬迁，扩建和新建、在建项目的施工进度也大受影响，由此造成大批三线建设项目无法按计划竣工。

1969年，中苏边境发生军事冲突，国际形势更趋紧张，国家在建设上强调要和“帝、修、反”抢时间，争速度，加快三线建设和包括各地自成体系的小三线建设。1970年国家大三线的范围有所扩大，按照国家计委关于“四五”纲要（草案）规定：全国大三线，一般说来，是在长城以南、京广线以西的广大地区。具体来说，西南的四川、贵州、云南，西北的陕西、青海、甘肃的大部分地区，中原的豫西、鄂西，华南的湘西、粤北、桂西北，华北的山西和冀西地区，是我国的大三线，即国家战略后方基地。广西的西北即河池地区列入了国家大三线的范围。

根据中央的部署以及1970年全国计划会议的安排，自治区革委会提出，要把对付国外敌人的突然袭击和大规模入侵当作压倒一切的中心任务，强调要集中力量建设三线战略后方。在“四五”期间把广西建成在外敌入侵、分割作战的情况下，能够独立作战，战而胜之的战略基地。要建成一批中小型钢铁企业；建成一批冶金、国防、机械、燃料动力、化学工业企业；建成比较强大的农业，到1975年，实现农业人口平均每人拥有一亩高产稳产农田，耕作机械化程度达到40%—50%；“五小”工业要有较大发展，形成为农业服务的地方工业体系；1972年煤炭要实现自给，扭转北煤南运状况；要大办机械工业，提高各行业自我武装的能力；轻工业产品要实现自给。强调工业建设要坚持大分散，小集中，工厂布点要“靠山、分散、隐蔽”，特殊、重要工厂的关键设备和车间要“进洞”。

自治区革委会制定并安排了三线建设的项目和指标。项目分为两类，第一类是战备项目，即为“省自为战”服务的军工厂（含为军工厂服务的项目）、公路、铁路等工程。第二类是调整工业布局，增强三线地区经济实力，有计划地把一批新建项目安排到三线地区建设；把南宁、柳州、桂林市一批现有企业一分为二搬迁到三线地区。以广西当时的经济能力，要开展如此浩大的工程建设是困难的，在中央的支持下，在紧张的战备氛围中，广西出现了又一次三线建设高潮。1969年以后，国家在桂西北地区安排建设的一批重要项目，陆续建成投产。

1969年1月，自治区革委会生产指挥组下达1969年的生产计划，强调要优先安排军工、三线建设项目和在建续建工程；把工业转到为农业、为战备服务的轨道上来，突出抓好钢铁、煤炭的生产建设。

自治区革委会贯彻“平战结合”的方针，坚持以三线建设带动工业建设，先后组织开展了以扩建柳钢为中心的钢铁会战、煤炭和电能会战；把建设化肥厂纳入三线建设总体规划，在恢复柳州化肥厂建设的基础上，新建一批小化肥厂；从1970年开始，利用两年左右时间每县建设一个小氮肥厂，列为战备工作和国民经济发展的一个重要指标，掀起大办化肥的高潮。把发展机械工业列为最迫切需要发展的基础产业之一，在各专区、县建立农械厂。把加强发展日用品工业列为保证军需民用的“不可忽视”的备战项目，特别是与军需直接有关的物资，要求增加生产，增加库存。

1971年2月，自治区第三次党代会提出，要把广西建设成为祖国南疆的钢铁长城，做好反侵略战争的一切准备工作。在中央的支持下，广西三线建设以更大的力度继续推进。这一时期投入三线建设的资金，每年都超过9亿元，占广西同期财政总支出的71%以上。广西三线建设项目主要分布在自然条件恶劣、交通设施落后的桂西北大石山区，三线建设以提高交通运输能力和为工矿企业配套为重点，全面展开铁路、公路建设和红水河航道整治等交通基础设施建设。1970年，国家批准建设枝柳（湖北枝城至广西柳州）铁路，确定三江侗族自治县水团至柳州段全长256公里由广西负责建设，自治区革委会于当年9月成立枝柳铁路会战指挥部，先后组织40多万民兵，配合铁道部的专业施工队进行工程作业。通过大会战，枝柳铁路于1974年9月开始分段办理临管营运，至1975年5月水团至柳江县洛满段通车。枝柳铁路的建设，对加强广西和华中地区的联系，促进经贸交流起到了重要作用。

为支持三线重点项目罗城煤矿、红山和茂兰煤矿基地建设，自治区革委会提出修建三（黔桂铁路宜山县三岔）罗（罗城县）、金（黔桂铁路金城江）红（环江县上朝）、洛（环江县洛阳）茂（贵州更班）三条通往矿区的铁路专用线。1969年2月7日，广西组成“6927工程”指挥部，负责修建三条专用线。从1970年到1976年，工程指挥部先后组织十几万民工施工，三条铁路及其配套线路相继建成。

经中央批准，中越边界靖西县龙邦至桂林市的国防公路于1966年开工，全长900余公里。这条公路有400公里为新建路段，穿越地势陡峻、气候恶劣的九万大山等桂西北大石山区。因受“文化大革命”的影响，工程进展一度缓慢。1970年以后，自治区有关部门组建工程指挥部，从河池、柳州、南宁、钦州、玉林、桂林、梧州等地区的数十个县，抽调上万名民兵、民工开展会战，突击修建了环江县东兴至融水苗族自治县三防、环江县华山至英豪等新建路段，在此期间，国家拨给一批筑路机械，派来大批技术人员、民工以及两个工兵团予以支援。这条公路1972年底竣工。龙邦至桂林国防公路的建成，可确保战时连接三线地区前后方公路运输，和平时期有助于桂西北地区经济的发展。

自治区还把整治红水河航道列为重要的战备项目，调集全自治区技术力量，从1970年开始疏通红水河忻城县红渡以下至象州县石龙三江口段240多公里航道工作。1972年基本完成恶滩（今乐滩）以下航道疏炸工程，1976年建成恶滩航运梯级，把红水河该河段建成沟通三线地区的水上要道。组织力量开展防城港扩建工程，到1975年3月建成广西第一个万吨级深水泊位。柳州铁路局也组织力量对黔桂铁路进行二次改造，以提高运输能力。

这一时期的广西三线建设取得了良好效果，有力推动了广西工业发展，进一步改变了工业的落后局面，使得广西的工业化建设取得重要成绩。三线建设向三线地区倾斜，改变了广西工业的布局，推动了桂西北经济发展尤其是工业的发展，为后来缩小广西区域发展差异创造了有利条件。广大干部、知识分子、工人和农民勤勤恳恳、兢兢业业地开展工作，从事生产，为生产秩序的恢复和三线建设的全面开展创造了良好的社会环境。在三线建设的推动下，在“三五”计划结束的1970年，广西工农业总产值有较大增长，再次实现了工业总产值超过农业总产值的历史性跨越，并在“四五”期间巩固了这一成果。但由于当时的特殊环境，三线建设也存在一些问题，如突出战备因素，忽视经济建设规律，投资比例不协调；过分强调“靠山、分散、进洞”原则，造成遗留问题。尽管如此，三线建设仍是广西经济建设特别是工业建设史上的重要篇章。

二、生产秩序的恢复和生产的发展

大力开展农田基本建设和对农业部分政策的调整。1968年9月，自治区革委会第一次全体（扩大）会议明确农业工作重点，提出“大办农业，大办粮食，实现粮食亩产跨《纲要》，平均每人有粮800斤”；要求大搞农田基本建设，实现每人有一亩旱涝保收、稳产高产农田。1969年12月4日，自治区革委会发出《给全区贫下中农社员和各级革命委员会的一封信》，要求全自治区开展“农业学大寨”，迅速掀起一个大办水利、造田造地的群众运动。从1969年起，每年冬春，广西都有几百万劳动力投入农田基本建设，并有占农村劳动力10%左右的专业队坚持常年施工。

1970年8月25日至10月5日，国务院召开北方地区农业会议，12月11日，中共中央转发了国务院关于北方地区农业会议的报告。报告精神之一，即为尽快实现《全国农业发展纲要》和第四个五年计划农业发展的规划，要求大搞农田基本建设。自治区革委会贯彻北方地区农业会议精神，再次强调要把大搞农田基本建设作为“农业学大寨”的一项重要内容来抓，在全自治区再次掀起一个农田基本建设的高潮。还要求1971年提前完成农田基本建设年度任务，新增旱涝保收农田200万亩，造田造地116万亩。

国务院北方地区农业会议重申了“农业六十条”关于农村人民公社现阶段的基本政策，提出继续坚持按劳分配，不搞平均主义，允许一定的自留地和家庭副业，还提出大搞农田基本建设、发展养猪等发展农业的若干措施。1970 年 12 月，自治区革委会按照中央有关政策规定，发出了《关于农村中若干经济政策问题的通知》，针对一些地区没收社员自留地的错误做法，重申自留地政策不变，已收归生产队的要退还给社员，并允许社员发展家庭副业和私人养猪。对生猪派购实行“购一留一”，即社员养猪，按年度计算，每养两头肉猪，卖一头给国家，一头自留。

开展农田水利基本建设和调整农业生产政策，为进一步促进农业发展创造了良好条件，全自治区粮食生产持续发展，集市贸易逐步恢复繁荣，农村多种经营和商品生产也得到发展，不仅解决了军民吃饭问题和战争储备，而且为工业发展奠定了坚实基础。

工业生产秩序的逐步恢复。在自治区革委会成立后，针对前段时间广西工业企业管理混乱状况，采取措施，着手进行整顿，逐步恢复工厂企业生产管理正常秩序。根据组织生产的需要，原来“靠边站”的不少领导干部，相继恢复了工作，有的进入了各级领导班子；科技人员开始发挥作用，厂矿企业逐步恢复正常生产。一批因动乱耽搁的建设项目重新上马，柳州钢铁厂等恢复生产，一批重点项目竣工并投产，开始发挥效益。1969 年，广西工业生产出现了较大幅度的增长，总产值达到 22.32 亿元，比历史最高水平的 1966 年增长 15.3%。

三、“三五”计划的基本完成和“四五”计划的制定

1966 年至 1970 年是第三个五年计划时期。由于“文化大革命”的冲击，尤其是 1967 年 1 月的夺权风暴，使党政机构陷入瘫痪，“三五”计划编制工作被迫停止。尽管如此，1966 年下半年的动乱，主要发生在文教系统，党政机关尚能开展工作，广大农村总体保持基本稳定，大多数企业还能保持正常生产，因而国民经济仍有所增长，1966 年，全自治区工农业生产总产值仍比上年增长 7.98%。动乱对经济工作造成严重破坏，1967—1968 年工业总产值连续下滑。1969 年后社会趋于稳定，经济得到恢复和发展。“三五”计划期末，自治区工农业总产值达 54.26

亿元(按当年价格算),其中农业总产值 26.85 亿元,工业总产值 27.41 亿元。

1969 年 2 月,周恩来主持召开了全国计划工作座谈会,发出《1969 年国民经济计划纲要(草案)》,要求结束两年来经济发展无政府、无计划状态,把国民经济重新置于计划轨道上来。按照中央的部署,广西从 1969 年开始恢复已中断的国民经济计划工作。此时,因自治区计委已被撤销,“四五”计划编制工作由自治区革委会生产指挥组负责,各行业先行规划。1970 年 4 月,自治区革委会召开自治区计划会议,贯彻全国计划会议精神,研究制定自治区 1970 年度计划和第四个五年计划。会后,由自治区革委会生产指挥组编制了《广西“四五”规划初步设想的汇报材料(草案)》。

《广西“四五”规划初步设想的汇报材料(草案)》提出,要进一步落实中央“备战、备荒、为人民”的战略思想,以两个阶级、两条道路、两条路线斗争为纲,全面执行“鼓足干劲,力争上游,多快好省地建设社会主义的总路线”和“以农业为基础、工业为主导”以及一整套两条腿走路的方针。要发扬自力更生、艰苦奋斗的革命精神,加强桂西北三线建设;大力发展农业,加强农业机械化进程,建立巩固的农业基础;狠抓钢、铁、煤、电等基础工业,提高机械制造能力和配套水平,积极发展轻纺工业和交通运输业,建立“小而全”的工业体系,打下“工业省(区)”的基础。提出了经济发展的总体目标和经济发展一系列具体指标,强调在全自治区建立强大的农业基础和“小而全”的工业体系,工农业全面赶上全国的先进水平。

为保证发展目标的实现,自治区革委会贯彻执行中央“促进国民经济新飞跃”的要求,在 1970 年 1 月革委会第四次委员(扩大)会议上,强调“搞小跃进不行,搞中跃进也不行,一定要搞全面大跃进”。1971 年 2 月召开的自治区第三次党代会上,这一工作思路被确立为广西发展国民经济的指导方针。盲目追求高速度、高积累的思想开始抬头,导致在制定第四个五年计划过程中存在盲目冒进,急于求成的倾向,一味追求生产上的高指标,而忽视经济效益和人民生活,严重地脱离了当时实际,以致许多计划指标后来都没有实现。

第二十一章

批判极左思潮和各项事业的曲折发展

1971年，根据中央的部署，广西先后开展“批陈整风”和“批林整风”运动，批判极左思潮，在一定程度上纠正了“文化大革命”以来的“左”的做法，解放了大批干部和知识分子，推动了各项工作的开展，保持了基本稳定的社会局面。在经济领域，通过整顿和集中力量开展“大会战”，广西的国民经济持续发展，带动了各项社会事业的恢复和发展。1974年1月起，中央发起“批林批孔”运动，纠“左”努力被迫中断。自治区党委在开展“批林批孔”运动中，坚持“业余闹革命”，努力消除动乱因素，广西局势没有出现大的反复，各项事业在曲折中发展。

第一节　批判极左思潮，落实党的各项政策

一、从“批陈整风”到“批林整风”运动

党的九大以后，林彪、江青两个集团的斗争更趋激烈，矛盾日益暴露和尖锐。1970年8月，在庐山召开的党的九届二中全会上，林彪集团的陈伯达、吴法宪等与江青集团的张春桥等围绕设不设国家主席等问题展开争斗，引起毛泽东的强烈不满和高度警惕。在全会闭幕会上，中央宣

布对陈伯达进行审查的决定。11 月 16 日，中共中央发出《关于传达陈伯达反党问题的指示》，“批陈整风”运动在全国范围内开展。1971 年 1 月 19 日，自治区革委会党的核心小组发出《关于认真学习、坚决贯彻毛主席批示“照发”的中共中央第三号文件的通知》，要求立即在全自治区党政机关开展一场反对骄傲自满、提倡谦虚谨慎的自我教育运动（即“反骄破满”运动）。在运动中，普遍开展学习济南军区的“三破三立”：破“一贯正确论”，立一分为二的世界观；破“领导高明论”，立群众是真正的英雄观念，破“骄傲有资本论”，立为人民要立新功的思想，整顿干部作风。2 月 23 日，自治区党委召开常委会，传达中央关于“批陈整风”工作会议精神，部署全自治区“批陈整风”工作。此后，各级各单位分期分批开展了“批陈整风”活动。4 月 29 日，中央发出通知，决定把“批陈整风”运动扩大到全国基层单位。5 月 10 日召开自治区党委常委扩大会议，进一步研究部署“批陈整风”运动，要求全自治区在工作中要狠抓根本，以“批陈整风”为中心，带动其他工作的开展。

在“反骄破满”运动中，自治区党委于 1971 年 11 月 15 日发出《关于学习韦江歌同志先进事迹的决定》，在全自治区组织开展学习韦江歌的活动。韦江歌是宜山县三岔公社果立大队人，曾是部队特等功臣、全国筑路模范。他复员回乡后，任大队党支部副书记，带领群众自力更生，艰苦奋斗。1969 年，他所在的生产队粮食亩产跨了《纲要》，成为“有功不自恃，栽树不乘凉”的先进典型。《广西日报》连续报道了韦江歌的英雄事迹。其后，《人民日报》《解放军报》《光明日报》和 19 个省（市、自治区）的党报转载了新华社采写的长篇通讯《劈山开路人——韦江歌》。韦江歌成为全国家喻户晓的英雄人物。

党的九届二中全会后，党中央和毛泽东采取一系列措施，削弱林彪集团的权势，使他们陷于被动境地。他们眼见形势不利，铤而走险，策划武装政变。阴谋败露后，林彪、叶群、林立果于 1971 年 9 月 13 日乘飞机外逃叛国，机毁人亡。这就是震惊中外的九一三事件。9 月 18 日，中共中央发出通知，向全党高级干部通报林彪九一三事件。毛泽东在周恩来的协助下，采取一系列措施，解决与这一事件有关的各种重要问题。党中央决定林彪集团主要成员黄永胜等离职审查；撤销军委办事组，成立由叶剑英主持的军委办公会议,负责军委日常工作。从12月起,党中央陆续批发粉碎林彪集团反革命政变阴谋斗争的三批材料,“批林整风”运动在全国开展。按照中央部署,自治区党委于10月11日召开常委扩大会议,26日、28日又先后召开两次常委会,传达贯彻中央有关林彪事件的文件。自治区县以上单位抽三分之二的干部深入基层,向广大干部群众层层传达中央文件精神。至11月上半月,传达工作完毕,使广大干部群众了解事件真相,稳定民心。

根据中央的部署,广西开展“批林整风”。自治区党委于1972年1月1日发出通知,要求认真学习、贯彻执行毛泽东“要搞马克思主义,不要搞修正主义;要团结,不要分裂;要光明正大,不要搞阴谋诡计”的指示。1月1日至7日举行的自治区革委会第六次全体委员(扩大)会议要求将“三要三不要”作为路线教育的主要内容。会后,在全自治区接连举办读书班,分批组织县以上领导干部学习《共产党宣言》《国家与革命》等著作,促进领导干部认真看书学习,弄通马克思主义。1月25日至2月4日,自治区党委召开三届三次全体委员(扩大)会议,学习中央文件。3月24日,自治区党委发出《关于学习〈毛主席在外地巡视期间同沿途各地负责同志的谈话纪要〉的通知》。3月29日至4月10日,自治区党委召开常委扩大会议,学习《毛主席在外地巡视期间同沿途各地负责同志的谈话纪要》等文件,传达讨论毛泽东在接见华南地区三省(区)部分负责同志的指示,按照“三要三不要”的基本原则和“惩前毖后,治病救人”的方针,开展“批林整风”。会议期间,自治区党委书记韦祖珍对自己在庐山会议期间所犯的“错误”作了检查,自治区党委和广西军区党委也对过去在宣传林彪问题上的错误作了检查。5月4日,自治区党委成立专案办公室,清查林彪、陈伯达反党集团在广西的反革命阴谋活动。在“批林整风”运动中,自治区党委错误地开展了对自治区党委书记韦祖珍的批判。在党的九届二中全会上,林彪搞突然袭击,发表称赞毛泽东是天才,反对所谓有人否认毛泽东是天才的讲话。陈伯达在小组会上吹捧林彪,坚持设国家主席。韦祖珍在华东大组会上的发言中也表示同意“要设国家主席”,同时对上海市委提意见,不指名地批评了张春桥。九一三事件发生后,韦祖珍于1971年10月13日给周恩来写了检讨。1972年3月底4月上旬召开自治区党委常委扩大会议开展批林整风时，批判韦祖珍在党的九届二中全会上所犯的“错误”。但是，这一批判无限上纲上线，将韦祖珍的“错误”上升到“上了林彪反党贼船”“来广西进行反革命夺权”“全盘否定广西社会主义革命和建设成就”的罪行。在7月4日至8月6日的自治区党委三届四次全体委员（扩大）会议上，继续对其进行批判。会后，对韦祖珍的批判扩大到全自治区范围。8月17日，自治区党委报请中共中央批准，免去韦祖珍自治区党委委员、常委、书记职务。在清查与林彪集团阴谋活动有关的人和事方面，8月12日，自治区党委专案办公室报告了1970年九届二中全会以后，林彪集团主要成员江腾蛟等人到广西活动情况。但据中央“林彪事件”专案组最后审查结果表明，广西没有林彪死党。

“批林整风”运动的开展，对于动员广大干部群众揭发批判林彪反革命集团罪行，深刻认识“左”倾错误危害性，克服极左思潮的干扰，恢复各方面工作的正常秩序，在客观上有其积极意义。但这场运动对“左”的东西采取回避的态度，加上长期以来普遍存在的阶级斗争扩大化气氛，一些地方在联系实际批林过程中，对某些问题无限上纲，导致运动出现了扩大化的后果。

二、纠正极左思潮和落实党的各项政策

毛泽东从林彪事件中受到很大震动，察觉到这场运动造成的一些严重问题，引发了他对这场运动的一些新思考，并在他认为必要的范围内着手纠正某些错误。

周恩来主张把批判林彪集团的罪行和批判极左思潮结合起来。在他的主持下，国务院及其所属各部委召开一系列专业会议。这些会议在不同程度上批判极左思潮和无政府主义，强调落实政策和恢复、发展生产。根据他的意见，国务院有关经济部门提出整顿企业和加强经济管理的具体制度和措施。在农村工作方面，党中央重申农村工作必须认真按照“农业六十条”的规定进行。党中央还作出关于人民公社分配问题的指示，解决当时农村普遍存在的分配不兑现、劳动计酬上的平均主义等严重挫伤农民生产积极性的问题。根据周恩来的指示，1972年10月6

日《光明日报》发表反驳教育、科技领域里极左思潮的一系列观点文章，产生很大影响。10 月 29 日，《人民日报》刊登有关文章，提出中学教育应“以课堂教学、学习书本知识为主”，对“教育革命”中的敏感问题表示不同意见，反映了广大科研人员和教师学生的迫切愿望。

在民族和统战工作方面。1972 年初，根据周恩来的指示，党中央、国务院在北京召开宁夏固原地区座谈会，会议要求：认真落实党的民族政策，在一切工作中坚持民族平等和民族团结；挑选懂得民族政策的同志到少数民族地区工作；尊重少数民族的宗教信仰和生活习惯，积极培养少数民族干部，满腔热情地帮助各少数民族得到发展和进步。经过一系列深入的工作，党的民族政策得到一定程度的恢复，受到严重破坏的民族关系得到改善。1972 年的整顿，还涉及宗教、文艺、科学技术、金融等各方面，都取得明显效果。

批判极左思潮在 1972 年达到高潮。根据周恩来指示精神，1972 年 10 月 14 日，《人民日报》发表三篇批判极左思潮和无政府主义的文章，揭露了“文化大革命”中盛行的“打倒一切”“砸烂一切”“群众运动天然合理”等谬论，特别告诫人们要警惕极左思潮的“重新出现”。这三篇文章在全国产生较大影响，受到广大干部、知识分子和工农兵群众的欢迎。

在这样的背景下，广西纠正极左思潮工作取得新进展。在农村工作方面，1971 年 12 月下旬，自治区党委转发中共中央《关于农村人民公社分配问题的指示》，要求按照中央的精神，贯彻“各尽所能，按劳分配”原则；从实际出发学习大寨劳动管理办法，不可生搬硬套；正确处理集体积累和社员分配的关系；划清多种经营同“金钱挂帅”的界限；不要把党的政策允许的多种经营当作资本主义倾向来批判；认真抓好人民公社的收益。这个指示下发后，受到农村干部群众的欢迎。1972 年 10 月 17 日，自治区党委和自治区革委会发出《关于农村中若干经济政策问题的通知》，纠正了一些在农村经济政策上“左”的做法。在工业战线，1972 年 7 月 19 日，自治区革委会召开全自治区工业生产、基本建设电话会议，强调加强企业管理，进一步掀起优质、低消耗、安全生产的新高潮。

1972 年 4 月间，《人民日报》发表社论，指出经过长期革命斗争锻炼的老干部都是革命的富贵财富，要正确执行党的干部政策。毛泽东亲自抓落实干部政策,在周恩来紧密配合和组织下,这一工作在短时间内取得相当进展。有关部门结束一些专案审查工作,恢复一些担任过重要领导职务的同志的名誉,并把一大批下放劳动或"靠边站"的各级党政军负责干部重新安置到领导岗位,一批专家、学者也得以重新回到工作岗位。尽管他们的处境仍然不好,但许多人都尽其所能,为社会主义的发展作出自己的努力。

根据中央的决策,自治区党委部署各级党委批判林彪反革命集团"打倒一切""大罢官"的谬论,落实干部和知识分子政策。1972 年上半年,全自治区"文化大革命"前任县委正、副书记以上的 1800 名干部中,获得解放并安排工作的有 1500 人。到 1973 年底,全自治区在"斗、批、改"中立案审查的 2 万多名干部,安排工作的有 1.9 万多人。另外,各级革委会中的两派头头也下放到基层接受锻炼。

根据中央的要求,经过实际的调查,1972 年 10 月 31 日,自治区党委向中央上报关于广西执行民族政策情况的报告,总结广西民族工作,检查在培养民族干部、尊重民族风俗习惯、改善民族关系、民族贸易和财经工作等方面存在的问题。此后,广西陆续出台相关政策。为加强民族贸易工作和特需商品生产和供应,1973 年 3 月 15 日,自治区革委会批转自治区商业局文件,明确凡民族贸易县及其他有少数民族聚居的公社所在地的供销社,设置或恢复民族特需商品供应专柜;在回民聚居的市、镇,保证回族副食品的供应和恢复回族饭店;各百货二级站、南宁百货大楼和桂林市设民族特需商品供应专柜。1973 年 6 月,自治区革委会恢复和建立民族师范学校,即恢复桂林、南宁两所民族师范学校,新建百色地区民族师范学校,增办河池地区巴马民族师范学校赐福分校,学制暂定三年。1973 年 12 月 25 日至 30 日,广西召开自治区统战民族工作会议,就民族政策教育、培养民族干部、民族地区经济建设等问题进行研究,印发《关于加强民族工作的意见》等三个文件,提出要尽快把边境少数民族山区的生产建设搞上去。

在侨务工作方面。1971 年 7 月以后,广西对归侨和侨眷出国定居的条件放宽,对于符合政策规定申请夫妻团聚或探望直系亲属的,或需要出境继承直系亲属产业的,或出国处理业务的,以及其他符合条件的,可经香港出境，转往国外定居。从此，原来怕被说有“海外关系”不敢申请出国团聚的，或怕被说是“资本家”不敢申请出国继承财产的人，才敢大胆提出申请。于是，广西获准出国或去港澳再转他国定居的人数逐年增加。在“文化大革命”运动中，侨汇政策被诬蔑为“侨汇挂帅”，凭侨汇券购买商品被批判为搞“特殊化”，侨汇收入被看成是“剥削钱”“腐蚀剂”，甚至“特务经费”，侨汇物资被取消，存在银行的侨汇有的被查抄、冻结、没收，许多侨汇户的侨汇中断，广西侨汇收入再度下降。1970 年和 1972 年，广西先后贯彻执行了国务院和中国人民银行总行的有关文件，侨汇又开始回升。1973 年广西侨汇收入达 80 多万美元，超过解放后广西收入侨汇最高的 1951 年的 76 万美元。1973 年 1 月 21 日，自治区革委会发出《关于越南华侨回国安置问题的通知》，要求对回国的越南华侨根据其政治条件和特长分配适当工作。6 月 30 日，自治区批转政工组《关于接待安置归侨的意见》，明确安置办法：对归侨按籍贯安置，面向农村，面向基层。对年老体弱和未满 16 岁的青少年，安置到有亲属的县（市）投亲；对技术工人、医生、教师和爱国华侨的积极分子，根据需要、个人政治条件和特长，分配适当工作。

在知识分子政策方面。1973 年 6 月 12 日，自治区党委发出《关于技术干部对口安排工作的通知》，针对有些单位对技术人员使用不当，让他们不适当地改行或者单纯顶班劳动，没有给他们提供必要的工作条件的情况，要求各级领导一定要加强政策观念，把技术干部的对口安排调整工作抓紧抓好。知识分子政策得到逐步落实，其中 7 所高等院校近 400 名讲师以上的知识分子中，安排使用的达到 86%。此外，对归侨中的医生、教师等知识分子，也根据需要、个人政治条件和特长，分配适当工作。但是，仍有一些干部继续被审查和“靠边站”，一些干部被下放，不少已经解放的干部还背着冤假错案的包袱或者留有待查问题的“尾巴”，在执行干部政策中，还存在派性倾向。

1973 年 7 月 18 日，自治区革委会规定，对知识青年上山下乡实行选派国家干部带队的办法，原则上 100 名左右的知青配备一名干部。带队干部要在当地党委的统一领导下，协助做好知青工作。8 月中下旬，广西知识青年上山下乡工作会议在南宁召开，检查存在的问题，制定统筹解决问题的措施，落实政策，关心和解决知识青年生活方面的实际问题。10 月，成立“知识青年上山下乡领导小组”，加强对知识青年上山下乡工作的领导。

在文艺工作方面。经过“斗、批、改”，不少剧团被撤销，在“重新组织阶级队伍”的口号下，建立毛泽东思想文艺宣传队或文艺工作团。到 1971 年，全自治区有专业艺术表演团体 106 个，全部属国营或地方国营，从业人员 4720 人。1973 年后，陆续调回“斗、批、改”中下放的演职人员。1973 年 2 月，自治区革委会要求以毛泽东《在延安文艺座谈会上的讲话》为指针，坚持政治和艺术两个标准，注意时代精神和民族、地方特点，组织全自治区中小型文艺节目调演。从 4 月 20 日开始，先后在梧州、柳州、南宁举行，历时 1 个半月，各地、市共 14 个专业文艺代表队的 1021 名文艺工作者参加了分片调演，演出节目有戏剧、歌舞、曲艺、器乐等 146 个，200 多名专业代表到会观摩和评论，自治区党委领导观看了南宁片的演出。

在体育工作方面。1971 年 12 月初，自治区革委会、广西军区召开全自治区体育工作会议，会后，把体育工作列入政府议事日程，大力开展体育运动，突出广西体育“短小灵巧”特色，在国内体育赛事中创造好成绩。1973 年 9 月，全国游泳比赛在南宁举行，广西运动员获得 100 米蛙泳冠军、女子 800 米自由泳冠军、女子 400 米个人混合泳冠军的好成绩。10 月，在全国手球邀请赛上，广西获得男子队冠军。

在环境保护方面。受“文化大革命”运动的影响，环境污染和自然生态破坏再一次加剧。1972 年 3 月至 7 月，自治区卫生防疫、地质水文、交通等部门对珠江水系广西段进行了水质化验及沿岸工业“三废”排放情况的调查，并对重点工厂的工业废水和排污口的水质作了化验分析，这是广西首次进行大规模的江河水质监测调查。在工业污染治理方面，一些厂家配备了污染治理设施。1973 年 8 月，国务院《关于保护和改善环境的若干规定（试行草案）》出台。为加强对环境保护工作的领导，1974 年 1 月，自治区决定环境保护工作领导小组，下设办公室。随后，全自治区各地、市也陆续建立起环境保护管理机构和科研、监测机构。一批管理干部和技术人员从国家机关、工交、农业、科研等部门调到环境保护岗位上，他们一面学习，一面工作，在极为困难的条件下艰苦创业，建立起工作的初步基础。广西环境保护事业开始创建。广西的工业废水治理最早为贵港甘蔗化工厂，于1970年1月兴建造纸黑液碱回收车间，1971年11月投入使用。其他工业废水治理如煤灰水治理开始进行，桂林市对煤灰水的治理开始于70年代初期，1971年桂林合成洗涤剂厂建造了煤灰水澄清池。1972年桂林市绢纺厂建造了处理煤灰水的平流式沉淀池。广西最早查处的环境污染事故，是1973年河池地区普钙厂产生的二氧化硫和三氧化硫造成的农田污染事故。

三、党政群组织机构的恢复及“三支两军”机构的撤销

工会、共青团、妇联等群众团体恢复活动。1967年1月下旬，自治区妇联等群众团体的领导被夺权，工作处于瘫痪状态。1969年11月，自治区妇联等被撤销，干部下放基层或到“五七”干校劳动。1971年下半年开始，广西开始恢复群众团体工作。1973年5月至7月，自治区共青团、工会和妇女代表大会先后召开，选举产生了新一届委员会。

1971年下半年至1972年2月，自治区革委政工组派遣工作组到桂平县进行试建团县委工作。1972年3月13日，工作组在桂平取得试建团县委工作的经验，自治区党委以桂发〔1972〕35号文批转桂平建团工作组的报告，要求各地、市、县、柳州铁路党委参照执行，搞好广西的整团建团工作。3月中旬至1973年初，广西大部分县已建立起团县委。1973年4月，广西12个地、市和柳铁均已成立团委。4月17日，自治区党委决定成立共青团广西壮族自治区第五次代表大会筹备领导小组。5月25日至31日，共青团广西壮族自治区第五次团员代表大会在南宁召开，出席正式代表1210人，列席代表92人，特邀代表11人。自治区党委第一书记韦国清、自治区党委书记刘重桂、安平生出席了会议，韦国清讲话，安平生代表自治区党委作了报告。选举产生第五届共青团广西壮族自治区委员会。选出委员82名，候补委员12名。书记梁吉泉、颜景堂。11月15日，经自治区党委同意，成立团广西壮族自治区委党组。

1973年5月成立自治区整顿健全工会领导小组。6月20日至26日，广西壮族自治区工会第四次代表大会在南宁召开。大会代表1237名，列席代表37名。大会选举产生自治区总工会第四届委员会。岑国荣为自治区总工会主任。地、市、县工会也先后成立。1974年1月重新成立自治区总工会党组。

1972年12月底，全自治区公社一级的妇女组织已基本建立，县一级已建立的有63个，占应建立的76.8%，公社一级妇女干部已经配齐，共1305名，县妇女干部已配178名，地、市已配28名。1973年5月28日，自治区党委批转自治区革委会政工小组《关于建立地、市妇女联合会的报告》。7月16日至21日，广西妇女第五次代表大会在南宁举行。大会听取和讨论自治区党委第一书记韦国清的讲话，总结妇女运动的经验，讨论确定今后的任务。大会选举产生自治区妇女联合会第一届委员会，主任曾小平。7月，自治区妇联重新恢复，设办公室、宣传部、城工部、农村部、福利部。11月，建立了自治区妇联党组。

由于错误路线的指导和当时存在的严重派性，这些大会通过的“工作报告”和“决议”，带着“文化大革命”运动“左”的烙印。一些靠造反起家的人被选入工、青、妇的领导班子。

在局势基本稳定下，“三支两军”完成了历史使命。1972年8月，中共中央发出《关于征询对三支两军问题的意见的通知》和《关于三支两军若干问题的决定（草案）》，规定在已经建立党委的地方和单位，撤销“三支两军”的机构和人员。由于援越抗美等原因，直到1973年7月8日，自治区党委才发出指示，要求各地遵照中央关于撤销“三支两军”机构和人员的精神，结合广西具体情况，分期分批撤销“三支两军”的机构和人员。此后，全自治区各地各单位的“三支两军”人员，除部分就地转业留在原“支左”单位任职外，大部分陆续撤回部队。7月9日，自治区革委会、广西军区发出《关于撤销军事管制的通知》，全自治区各地的公检法军事管制委员会和军事管制小组等机构陆续撤离。

从1967年3月至1973年7月，广西军区和驻桂部队共派出4000多名指战员参加“三支两军”工作，广大官兵在“文化大革命”十分混乱、复杂的情况下，在制止武斗、消除派性、保护干部、组织与支援工农业生产、维护群众相对正常的生产生活、恢复和维护地方党政领导机关履行职责等方面发挥了积极作用。在很大程度上遏制和减轻了“文化大革命”对广西造成的破坏。由于“文化大革命”是全局性错误，“支左”部队只能是执行“文化大革命”总的错误方针，在工作中难免发生这样那样的失误、错误，同时也给部队自身建设和军政军民关系带来一些消极影响。

1971 年 2 月，中共广西壮族自治区第三届委员会成立时，尚未单独建立自治区党委的工作机构。1973 年 8 月 8 日，自治区党委决定，撤销自治区革委会工作机构的办事组、政治工作组、生产指挥组、人民保卫组；建立自治区党委的主要工作机构“三部一厅”，即自治区党委组织部、宣传部、统战部、办公厅。自治区第三次代表大会后，广西逐步恢复建立健全自治区政权、统战工作机构及其党组（党委）。自治区革委会的工作机构的调整与增设情况：1971 年设立冶金工业局、交通局以及体育运动委员会等 18 个部门，撤销原设立的 14 个公司、局、站。1972 年增设科学技术局等 3 个部门。1973 年撤销四大组，设立办公厅、计划委员会、基本建设委员会、工交办公室、农业办公室、财贸办公室等 22 个部门。根据 1973 年 12 月 20 日自治区党委批转的《关于区直机关机构设置问题的报告》，自治区直属机关共设 10 条战线，52 个局、会、行、室，268 个处（室、部），3 个科。

第二节 “批林批孔”运动

一、开展“批林批孔”和“评法批儒”

各个领域清除极左思潮影响，落实政策，恢复生产、工作秩序，这些工作和取得的成绩，得到广大群众的拥护，却遭到江青等人的反对。毛泽东虽然从林彪事件中吸取了某些教训，但他并没有认识到“文化大革命”的全局性错误，仍然让江青等人在党和国家政治生活中起重要的作用。而批判极左思潮发展下去，必然会导致否定“文化大革命”。这是毛泽东所不能容忍的。当周恩来等一批领导干部同江青集团在批判极左思潮问题上发生尖锐对立的时候，毛泽东又错误地支持了江青、张春桥的主张。1972 年 12 月，批判极左思潮的正确方向发生逆转，“批林整风”运动的重点随之转变，周恩来等纠“左”的努力被打断。广西纠正极左思潮的工作也受到影响。

1973 年 8 月 24 日至 28 日，中国共产党第十次全国代表大会在北京召开。一些久经考验、在“文化大革命”中备受打击迫害的老干部，如邓小平、王稼祥、乌兰夫、李井泉、谭震林、廖承志等，被选为中央委员。但是追随江青反革命集团的骨干分子，更多地被选进了中央委员会。这次大会在政治上、思想上、组织上都继续了九大的错误。8 月 30 日，中国共产党十届一中全会在北京举行。全会选举了中央机构。毛泽东当选为中共中央委员会主席，周恩来、王洪文、康生、叶剑英、李德生当选为副主席。广西代表共有 23 人参加党的十大，其中韦国清当选为中共中央政治局委员，安平生、岑国荣为中央委员，盘美英、郭耀卿为候补中央委员。

党的十大召开以后，江青、张春桥、姚文元、王洪文结成“四人帮”，篡党夺权野心进一步膨胀。党的十大召开前后，毛泽东在多次谈话中提出要把批判林彪与批判孔子、儒家联系起来，借“批孔”进一步从思想根源上批判林彪。“四人帮”为了篡党夺权，以批判孔子为名，影射周恩来是“现代的大儒”，攻击周恩来主持中央日常工作中的纠“左”努力是“复辟倒退”，是“修正主义回潮”，掀起一场“评法批儒”的活动。1973 年 12 月初，自治区党委邀请中山大学教授杨荣国到南宁举行“批孔”报告会，要求各级党委把“批孔”作为“批林整风”的重要内容，“有准备、有步骤地发动群众”，“积极投入批孔斗争”。会后还把报告录音在各地层层播放，翻印成小册子广为发行。1974 年 1 月，中共中央下发当年一号文件，部署开展“批林批孔”运动，把江青等人策划编辑的《林彪与孔孟之道》的材料，作为附件转发全党。文件下发后，自治区党委召开“批林批孔”动员大会，要求在自治区城乡各条战线掀起“批林批孔”新高潮。1 月底至 2 月初，自治区党委在南宁举办“批林批孔”骨干学习班，提出要广泛发动群众，既要清查与林彪反革命集团阴谋有关的人和事，又要把注意力放到“大批判”上来。学习班结束后，全自治区抽调四万多名干部组成工作队，深入到城乡基层和厂矿企业，开展“批林批孔”运动，开展两个阶级、两条道路斗争。各地、市、县相继成立了“批林批孔办公室”，掀起“批林批孔”高潮。

在“批林批孔”运动中，对韦祖珍再次开展大批判。4月中旬，自治区党委在南宁体育馆召开“批林批孔”经验交流大会，错误地将韦祖珍当作“林彪死党”来批判。随后，自治区直属机关召开揭批韦祖珍的“反革命罪行”大会。各地市以及各高等院校相继召开“深揭狠批韦祖珍大会”。

在批判韦祖珍的同时，自治区党委还围绕批判孔子的“克己复礼”，联系批判林彪反革命集团搞军事政变，妄图“复辟资本主义”的“极右路线”。采取上挂下联的办法，批判各个部门的“复辟派”“守旧派”，给各个领域特别是文化、教育领域带来严重冲击。

在文化领域，以宣传、普及、捍卫“革命样板戏”之名，再次开展对“帝王将相”“才子佳人”的批判，批判新冒出来的所谓“大毒草”。许圣亭（广西军区副政委，自治区党委常委、宣传部部长）、张乃健（广西军区政治部副主任、自治区党委宣传部副部长）、江滨（自治区文化局副局长）对“样板戏”有不同意见。在1974年夏自治区直属文化系统开展的“大批判”活动中，有人为此贴出大字报，并向江青反映。8月18日，江青的批语称许圣亭等人“诬蔑攻击革命样板戏”，实质上是仇视毛主席的无产阶级革命路线（包括文艺路线），仇视我国的社会主义建设和无产阶级专政，将他们的言论在政治上上纲上线，认为这“不是一个孤立的现象，建议党中央重视两广的文艺界斗争，以点带面，推动全国”。许圣亭、张乃健、江滨受到了审查和错误批判，自治区党委给江滨作出了“在文艺工作方面所犯错误是严重”的结论。柳州市开关厂女职工、共产党员孙芷新，对中央和地方的报刊批判晋剧《三上桃峰》持不同意见，被扣上破坏“批林批孔”“为刘少奇歌功颂德”的“现行反革命”的罪名，被开除党籍。直到1978年这两个事件才获得平反。

在教育战线，各级各类学校广泛开展了批判孔子的“劳心者治人，劳力者治于人”，批判《三字经》《神童诗》和《增广贤文》，批判“智育第一”等。还把江青等人制造的所谓“马振扶公社中学事件”①，作为“批林批孔”运动中所谓“修正主义教育路线复辟回潮”的典型事件，在各学校中大张旗鼓地开展对“师道尊严”的批判，树立“反潮流英雄”的典型黄帅，给全国教育工作带来严重影响，广西学校的教学秩序再度混乱。

江青集团阴谋利用批孔来批判周恩来，导致有些省份重新出现混乱，再次出现揪斗老干部、拉山头、打派仗的情况，广西一些领域也出现了再次动乱的苗头。广大干部群众对广西“文化大革命”前几年动乱的情况仍然心有余悸，对“批林批孔”运动开展后出现的不安定情况忧心忡忡。为制止混乱局面的继续发展，中共中央于 1974 年 4 月发出通知，规定“批林批孔运动在党委统一领导下进行，不要成立战斗队一类群众组织，也不要搞跨行业跨地区一类串连”。自治区党委在贯彻中央通知时，以典型带动，维护稳定。南宁手扶拖拉机厂把“批林批孔”运动置于厂党委的领导下，坚持正常生产，把“批林批孔”放在业余时间进行；在批判中以车间为单位组织学习，不成立战斗队，大字报不上街，保证了正常的生产秩序。韦国清等领导先后到该厂进行调研，《广西日报》给予报道。

1974 年 7 月 1 日，中共中央发出《关于抓革命促生产的通知》，针对在“批林批孔”运动中，有的人既不“批林批孔”，也不遵守劳动纪律，继续搞跨行业、跨地区的串连，拉山头，打内战，还把这种行为说成是“反潮流”的革命行动；有的人煽动停工停产的情况，要求对于这些错误言论加以批驳。对于幕后操纵者，要发动群众进行揭发批判。自治区党委按照中央《通知》精神，在全自治区范围内对干部职工开展劳动纪律教育。规定任何人必须遵章守纪，不得擅离职守；组织职工学习毛泽东的有关论述，批驳那些把打“内战”、停工停产的行为称赞为“反潮流”“不为错误路线生产”的言论；开展形势教育，要求各级国民经济主管部门和企业全面检查生产建设的执行情况，制定增产节约的措施。10月中

① 1973 年 7 月，河南省唐河县马振扶公社中学发生一名女学生英语考试交白卷受到校方批评而自杀的事件，此事本已得到妥善处理，但江青等人抓住不放，在派人调查后，称此事是“修正主义教育路线进行复辟的严重后果”。

旬，自治区党委传达学习毛泽东关于“无产阶级文化大革命，已经八年，现在，以安定为好，全党全军要团结”的指示，在全自治区干部群众中开展以安定团结、把国民经济搞上去为中心内容的形势教育，引导干部群众从广西发展全局出发，敢于抓生产、抓管理，把经济搞上去。派性再次受到了批判，生产和社会秩序进一步好转，除了宣传和文教战线外，其他战线没有受到太大冲击。在此期间，针对外省一些造反派多次到桂林串连、鼓动“造反”的情况，自治区党委发出指示，要求采取坚决措施制止此类串连活动，把到广西串连的外省人员挡了回去，有效地防止了外省动乱对广西的冲击。

二、对“资本主义倾向”的批判

在1972年批判极左思潮的努力下，广西工农业生产逐步恢复和发展，轻工业品和农副产品日益增多，集市贸易日趋活跃，商品经济呈现良好发展势头。然而，这一良好局面很快发生改变。1972年10月，自治区党委批发了《广西农业学大寨会议讨论纪要——目前农村人民公社工作中提出的一些问题》（简称“农业学大寨十四条”），指出当前阶级斗争仍然很激烈，斗争的焦点是走社会主义道路还是走资本主义道路的问题，“有些同志在大好形势下看不到两个阶级、两条道路、两条路线斗争的严重性”，“这是一些地方农业学大寨运动不能深入开展，农业上不去，工作被动的首要原因”。1973年11月，自治区党委在常委扩大会讨论纪要中指出，“资本主义倾向”，农村有，城镇也有，集体经济内部有，国营企事业单位也有。农村中的资本主义活动，又往往同城镇一些单位的人和事牵连在一块。因此，批判“资本主义倾向”，必须城乡配合一起搞。由此，批判“资本主义倾向”就由农村扩大到城镇各个领域。全自治区上下结合，大批“资本主义倾向”。当年秋，自治区领导分批率领全自治区公社以上干部到大寨参观，各级领导干部对大寨大搞农田基本建设、实现粮食丰收的做法留下了深刻的印象，对大寨“堵住资本主义的路，迈开社会主义的步”等限制商品生产、提倡平均主义的“左”的做法较容易接受。11月底，自治区革委会召开了有自治区党委常委参加的第八次全体会议，讨论了继续开展“批林批孔”运动，进一步巩固发展广西大好形势的问题，强调要继续把开展“批林批孔”运动当作头等大事，从思想上、组织上、物质上做好准备，迎接国民经济的新跃进，夺取社会主义革命和社会主义建设新胜利。12月，自治区党委召开第二次贫下中农代表大会，邀请原大寨大队党支部书记、国务院副总理陈永贵和大寨大队党支部书记郭凤莲来广西参加会议，传授大寨经验。会议强调大寨的成就是抓阶级斗争、路线斗争抓出来的。自治区党委在大会报告中，历数了城乡范围内、国民经济各个领域中“资本主义倾向”的种种表现，提出“所有这一切，都充分说明，社会主义同资本主义这两条道路的斗争并没有结束”，“革命的谁胜谁负，要在一个很长的历史时期内才能解决。如果弄不好，资本主义复辟将是随时可能的”。这个报告表明，自治区党委对“资本主义倾向”的批判进一步升级。

第三节　各项建设在克服困难中发展

广西工农业生产在“文化大革命”遭受严重的冲击、干扰和破坏，但是在广大干部、工人、农民的积极努力下，这种损失得到一定程度上的减轻，加上国家投资的加大，广西各项建设在克服困难中得到发展。

一、“工业学大庆”和工业的发展

大庆油田是20世纪60年代中共中央在工业战线树立的一面旗帜。1973年2月11日，自治区党委、自治区革委会在南宁召开自治区工业学大庆会议，总结交流经验，推动深入开展工业学大庆运动；1975年4月上旬，自治区工业学大庆经验交流会在南宁召开，号召全自治区广大职工学习大庆“三老四严”的作风，即“对待革命事业，要当老实人，说老实话，办老实事；对待工作，要有严格的要求，严密的组织，严肃的态度，严明的纪律”的作风，把企业建设成大庆式的企业。

在“工业学大庆”运动中，广西先后组织了工业大会战和“五小工业”建设。根据自治区第三次党代会提出的要建立起为农业服务和为战备服务的小而全的工业体系，打下广西“工业省（区）”的基础的任务要求，在中央的支持下，广西先后组织开展了钢铁、煤炭、电能、农机、化肥五个大会战，全面建设“五小工业”。

钢铁会战。主要围绕加速柳州钢铁厂的扩建来展开。1970年，自治区革委会要求以加快扩建柳州钢铁厂为重点，建设独立的“小而全”的钢铁生产系统。当年5月成立柳钢基本建设大会战指挥部，动员和组织31个单位人员参加。柳钢第二期扩建工程投资5.8亿元，设计新增铁、钢、轧钢能力各20万吨。同期还兴建了桂林钢铁厂、河池雅脉钢铁厂、灵川钢铁厂和东风冶炼厂（后改名河池钢厂）等。到1973年，全自治区年产粗钢17.43万吨，铁近24万吨，达到历史最高水平。

煤炭会战。1969年2月，全国计划会议提出力争3—5年改变北煤南运的局面，煤炭工业部要求广西用煤基本自给。广西为此开展了煤炭会战。煤炭会战由地质勘探、修建铁路和设备制造3个会战组成。从1969年起，自治区革委会先后动员地质和煤炭两个部门的人员，重点进行了茂兰、合山、百色3个煤田地质勘探会战，发现了一批可供开发的煤田。从1969年至1976年，先后组织18万民工和大批解放军指战员，开展铁路专用线的建设会战，修建来（宾）合（山）、罗（罗城县城）桥（罗城县桥头）、马鞍、沙井等铁路，三（岔）罗（城）、金（城江）红（上朝）、洛（广西环江洛阳）茂（贵州更班）铁路也列入会战项目，这7条铁路有6条建成投入营运，还架设11万伏高压输电线路，解决了矿区的运输问题和用电问题。动员机械、煤炭行业各40多家农机制造厂开展设备制造会战，为煤炭中小型矿井制造成套设备和备品配件12万台（套），基本保证了煤炭工业发展的需要。

电能会战。除了续建西津水电站，还主要在桂江、龙江、融江、右江建设一批中小型水电站，在合山、田东、梧州、东笋、钦州等地建设一批中小型火电厂。水电建设方面，先后建成了六甲、拉浪、洛东、拔贡、麻石、那板、合面狮等一批中小型水电站。1975年，广西第一座大型水电站——大化水电站动工兴建。火电建设方面，继合山电厂后，1971年，又在新州煤矿坑口兴建田东火电厂。南宁、柳州电网先后扩展到河池、桂林、玉林、钦州等地区，形成了广西电网。

农机会战。根据中央提出的“1980年基本实现农业机械化”的要求，1973年3月，自治区革委会召开拖拉机会战会议，拉开了农机会战的序幕。6月，自治区党委三届五次全会提出，一定要在1980年实现农业机械化。1974年8月，自治区党委发出《关于加速实现农业机械化的通知》，再次要求各级领导明确对“在农业集体化的基础上实现农业机械化，是我们党在农业问题上的根本路线”的认识，组织区内主要机械加工厂为柳州拖拉机厂和南宁、玉林手扶拖拉机厂生产配套设备。到1976年，全自治区建成拖拉机厂3个，内燃机厂4个，插秧机厂2个，农机配件厂34个，形成年产中型拖拉机5000台、手扶拖拉机3万台、柴油机80万马力的生产能力。

化肥会战。1973年，自治区党委结合战备，提出“每个县都要建一个小氮肥厂”的目标，展开化肥会战。5月，自治区革委会发出《关于加速小化肥工业建设的通知》，成立“自治区建设小化肥厂领导小组”。当年组织54家机械厂开展生产15套年产3000吨合成氨成套设备大会战。与上海协作生产28套化肥厂设备，报请国家安排上海为广西制造20套年产5000吨合成氨成套设备。通过会战，全自治区化肥企业增加到87家，基本实现每县有一个化肥厂的目标。小化肥厂“遍地开花”，柳州化肥厂、广西氮肥厂（河池氮肥厂）、柳城磷肥厂、鹿寨化肥厂等中型化肥企业也相继建成投产。

“五小工业”建设。“五小工业”原指小化肥、小煤窑、小水泥、小机械和小钢铁五种工业行业，后来成为县、社办小型工业企业的统称。早在讨论广西“三五”计划时，自治区党委就提出，广西工业赶上全国平均水平的步骤是从小到大，要努力创造条件，自己设法搞小的，有了小的将来就会有大的。要提高机械工业的成套能力，特别是小水电、小化肥、小糖机、小水泥设备的成套能力。强调，城市工业要带动“五小工业”和乡镇企业的发展，进而推动整个广西经济的发展。广西的“四五”计划设想提出要积极发展县、社地方工业，大办小铁厂、小煤矿、小磷肥厂、小水泥厂、小水电站等。这一时期，“五小工业”建设在全自治区范围内开展起来。

1970年，自治区革委会提出要积极发展县、社地方工业，以小型为主,土法上马,发展比较快的主要是小化肥、小水泥、小水电。小化肥工业结合化肥会战,基本上每县建成1个小氮肥厂,各地还建成一批小磷肥厂。“五小工业”建设取得显著成绩,在“四五”计划完成建设后释放出巨大的生产能力,1976年广西合成氨产量由1965年的不到2000吨增加到近19万吨,化肥产量由不到4万吨增加到近23万吨。小水电站多在兴修水利时结合建设,实行地、县、社、队四级大办小水电,建设小电网。1970年初,除少数几个县外,各县就地取材,自力更生,办起一批年产几千吨到1万—2万吨的小水泥厂。1976年广西水泥产量由1965年43万吨增加到171万吨。“五小工业”的迅速发展,对促进广西工业发展发挥了重要作用。但是,“五小工业”由于受到资金、原材料、技术、管理等因素影响,经济效益普遍不高。

开展“五大会战”和“五小工业”建设,是自治区党委从广西实际出发,采取大会战的方式集中力量,力求在较短时间内加快工业发展的重要举措,有力推动了广西工业发展,加强了工业基础,增强了工业实力,初步形成了独立的地方工业体系。但是,“五大会战”和“五小工业”建设是在“文化大革命”的特殊历史条件下,以“新的全面大跃进”作为指导思想进行的,在建设过程中盲目发动群众“大干快上”,片面追求高速度,造成了一定的浪费和损失。

二、“农业学大寨”和农业的发展

“文化大革命”头两年,广西农业生产因为受到全面动乱的影响而出现较大滑坡,1968年广西农业的全面减产,对发展生产、供给生活,特别是广西正在进行的农业战备建设极为不利。全国局势基本稳定后,自治区革委会通过进一步开展“农业学大寨”,结合三线建设,大搞农田基本建设,以推动农业生产的发展。

对于处在援越抗美和战备前沿的广西,建设高产稳产农田,实现稳定、可靠的粮食供应有着更为重要的意义。全面开展援越抗美和战备工作伊始,自治区党委领导就多次指出:一打起仗来,很多事情都得靠地方自力更生来解决,特别是粮食,一定要有足够的储备。准备战争,援越抗美,绝不是上街游行举举拳头就行了,在物质方面最过硬的是粮食。三线建设开始后,自治区党委(革委会)一直把农田基本建设作为三线建设的重要工作来抓。为了实现三四年内在三线地区建成一批稳产高产农田,实现在全自治区做到农业人口一人一亩保水田和人均有粮400公斤的目标,形成可供养起数十万军队和后方机关人员的能力,从1966年起,广西就把大力兴修水利作为发展农业的首要任务。1968年自治区革委会成立后,在第一次全体(扩大)会议上,就号召要进一步"抓革命,促生产",迎接工农业生产新高潮。为了明确农业工作的重点,提出"大办农业,大办粮食,实现粮食亩产跨《纲要》,平均每人有粮800斤";"以'愚公移山、改造中国'的精神,重新安排河山,大搞农田基本建设,实现每人有一亩旱涝保收、稳产高产农田",并把它确定为一段时期内必须努力奋斗的一个重要目标,成为当时"农业学大寨"运动的一个主要内容。

在这个认识和思想的指导下,广西把大量的精力投入到农田基本建设中。1968年11月20日至29日,自治区党委在南宁召开农业工作会议,着重研究贯彻"农业学大寨"指示,传达山西省学大寨的事迹报告,要求加强农业学大寨的领导,掀起以兴修水利为主要内容的农田基本建设高潮。1968年冬,自治区革委会即组织开展以冬修水利为主要内容的农田基本建设高潮,强调要把大办水利列为加强战备工作的重要措施,摆在和发展钢铁、煤炭、电力、化肥同等位置上,切实抓好。1969年10月30日,自治区革委会在自力更生办小型水电站的先进单位陆川县召开自治区小型电力会议,号召全自治区各地农村因地制宜大办小水电站。12月4日,自治区革委会发出《给全自治区贫下中农社员和各级革命委员会的一封信》,要求全自治区农村坚决响应"农业学大寨"的号召,迅速掀起一个大办水利、造田造地的群众运动。号召向昔阳县学习,向广西钦州县飞跃大队学习。钦州县板城公社飞跃大队经过20个月的艰苦奋战,开荒造地,取得很大成绩,成为广西"农业学大寨"的一面红旗。自治区革委会还在1970年2月2日发出《关于学习飞跃生产大队的通知》。

1970年自治区革委会在贯彻中央召开的北方农业会议精神时,再次强调要把大搞农田基本建设作为"农业学大寨"的一项重要内容来抓,并在全自治区再次掀起一个农田基本建设的高潮。自治区第三次党代会提出,要“从大搞农田基本建设着手,全面贯彻农业‘八字宪法’,迅速发展农业生产”。为此,自治区党委和革委会对农田基本建设作出全面部署,强调要坚持以改土、治水为中心,山、水、田、林、路综合治理,专业队常年施工和农闲群众性突击相结合的方针,继续兴修水利,造田造地,加强水源林的维护和管理。搞好水利工程的除险加固和配套。抓好灌溉网建设,扩大灌溉面积,提高抗旱能力。充分利用库容发电,为发展水利电灌创造条件。实行“小型为主,配套为主,社队自办为主,当年见效为主”,大力推动地方水利项目建设。增加对农田基本建设的投入。坚持群众性的兴修,每年冬春都要组织群众参加农田水利基本建设。每年冬春季节,全自治区都有几百万劳动力投入农田基本建设,并有占农村劳动力 10% 左右的专业队坚持常年施工。大量资金投入农田基本建设。从 1971 年起,每年从自治区财政拨出 3000 万元,专项用于农田水利基本建设,加上国家投资和地方自筹资金,每年用于这方面的投入不少于 1 亿元。“三五”“四五”期间,广西投入农田水利基本建设资金 10.35 亿元,占同期自治区财政总支出的 12%。1970 年至 1974 年的 5 年中,全自治区新建中型水库 53 座,大型水库 1 座(合面狮水库),完成了澄碧河、旺盛江、大王滩、龟石、客兰、平龙、凤亭河等 7 座大型水库和 41 座中型水库的加固工程。通过延伸渠道,把灌区内的小型塘、库和引水工程连接起来,形成相互调节的灌溉网,提高了抗旱能力。经过几年的艰苦奋斗,全自治区旱涝保收面积增加了 702 万亩,造田造地 364 万亩。这一时期,对“大跃进”时期遗留下来不少“半拉子工程”和危坝险库,重新逐项勘测设计和施工,使这些农田水利工程有的开始投产,发挥效益。这些水利工程的陆续建成使用,极大地改善了农村发展条件,增强了抗击自然灾害能力,为提高农业生产能力,提高粮食产量发挥了重要作用。

为了调动农民的积极性,促进农业生产的发展,自治区革委会也逐步改变了“斗、批、改”运动开始后对农村“三自一包”等“资本主义倾向”的批判态度。1970 年下半年召开的北方地区农业会议,重申了“农业六十条”关于农村人民公社现阶段的基本政策,提出继续坚持按劳分配，不搞平均主义，允许一定的自留地和家庭副业，还提出大搞农田基本建设、发展养猪等发展农业的若干措施。根据中央的指示，自治区革委会发出了《关于农村若干经济政策的通知》，针对批判“三自一包”时一些地区没收社员自留地的错误做法，重申自留地政策不变，已收归生产队的发还给社员，并允许社员发展家庭副业和私人养猪，后来又制定了社员养猪卖给国家实行“两把刀”的政策，即对生猪派购买行“购一留一”，社员养猪一半按牌价卖给国家，供应城镇居民，另一半归社员自行处理。由于生产发展，政策放宽，农民手中的农副产品增加，集市贸易也得到了恢复。

由于农业部分政策的调整，加上“文化大革命”前建设、在经济调整中进行填平补齐、配套成龙的水利工程开始发挥效益，保证了这一时期粮食生产的持续稳定发展。从 1969 年起，广西农业生产出现了粮食产量持续增长、集市贸易逐步恢复繁荣的可喜现象。农业生产的恢复和发展，不仅解决了军民吃饭问题和战争储备，促进了农村多种经营和商品生产，而且为工业的发展奠定了基础。

三、交通事业的艰难发展

公路方面。国防公路发展较快，其中主要有 1966 年 8 月建成的南宁至武鸣县里建长达 60 公里的二级公路；新建、改建贯通桂境南北、跨越桂林、柳州、河池、百色 4 个地区的 0539 工程，从临桂县五通至靖西县龙邦的山区公路；修建靖西县新圩经那坡至云南富宁、资源县至湖南新宁、梧州至广东封开和贺县赖村至鹰阳关等通达邻省的断头路；建成崇左至龙州、崇左至宁明龙伯屯、北江至板烂、台马至防城港等边境地区的迂回公路。为配合农田水利建设，县乡公路也有较大的发展，建成了都安红渡大桥、融水贝江公路铁路两用桥等大型永久性桥梁，取消了一些大渡口。

铁路方面。由于广西铁路战线党员干部职工坚决贯彻周恩来、邓小平等国家领导人所采取的一系列措施，在极为困难的情况下抵制各种破坏活动，从而在一定程度上减少了动乱造成的损失，使铁路运输生产得以继续进行，并根据战备和开发广西矿产资源的需要，进行了焦柳铁路广西段和桂林至海洋、三岔至罗城、金城江至上朝、普洛至更班四条地方铁路等新线建设，并取得一定的成就。

民航方面。由于广大民航战线党员干部职工坚守岗位，期间仍保持空中航线的畅通，完成了以农林业为主的通用航空大量作业任务。1973年桂林对外开放旅游后，运输生产出现转机，以旅游为依托的航空客运市场开始起步，航空运输的重心也由南宁逐步移向桂林。1969年底，民航桂林站组建。1970年2月13日，广州—桂林—贵阳—重庆—成都航线开通。1973年国务院批准桂林市对境外人员开放旅游后，航线增多，客运量增长幅度很大。1973年全自治区航空旅客发运量19864人次。

水运事业方面，进行了右江综合整治大会战。1965年，由于援越抗美的需要，中央把右江列为战备工程项目，右江航道获得一次综合整治、提高航道等级的良机。自治区人民政府成立了“二〇一工程指挥部”，抽调全自治区航道部门最精干的施工队伍投入右江综合整治大会战。根据右江枯水流量小的实际，综合整治设计标准为国家六级航道，通航120吨级拖驳船队。经过1965年至1967年两个枯水施工期的艰苦努力，右江全线有100多处险滩进行了全面的整治，达到了原设计的航道尺度。竣工后，航道条件得到了根本改变，全线设立三等助航标志，常年日夜通航一拖四艘120吨的轮驳船队及200客位的客轮。拖驳船队往返一个航次只需5—7天，客轮只需4—5天，年货运量跃升到120万吨。期间进行了红水河第一个梯级——恶滩航运梯级的大会战，对邕梧、柳梧2条干流航道进行重点疏炸，航道治理在艰难中有所发展。

1968年以后，广西港口建设的重点工程有：防城港兴建工程，北海港外沙西港千吨级码头，梧州港大南作业区钢筋混凝土框架式码头，贵县港罗泊湾作业区扩建工程等。从1971年开始，广西水运货运量和货运周转量恢复到1965年水平。南宁航运分局运输生产于1970年出现转机，当年完成货运量为40.76万吨，基本恢复到1965年的水平；1972年达到60.65万吨；1973年至1975年都保持在50万吨左右；1976年58.88万吨。柳州航运办事处1968年货运量2.66万吨，柳州在西江水运中的地位日益重要。北海10年间承担水运的货运量216.9万吨，完成的客运量12.26万人。据1966年至1975年统计，广西水运固定资产投入 16448 万元,比前 10 年有较大的资金投入。

四、各项社会事业的曲折发展

科技工作的恢复和发展。“文化大革命”运动中,广西科技事业遭受严重挫折,许多老专家被当作“反动学术权威”“学阀”受到批判,自治区科委和许多科研单位被撤销。1972 年 2 月,自治区党委决定成立自治区革委会科技局,恢复被撤销的各级科委和科协机构,大批科技工作者重新走上科研岗位。

在科技工作中,自治区党委要求各级科研机构和科技人员要坚持科研与工农业生产相结合,为国民经济建设服务。从 1970 年起,恢复年度科技计划编制。抓好县、公社、大队、生产队四级农业科技网建设,建立了 18 万个农业科研组织,有近 100 万名专业和不脱产的农业技术人员。农业科研工作重点抓好山水田林路综合治理与综合开发研究,配合农业部门分别开展粮食、渔业、植物保护、甘蔗机械化及农业耕作制度改革等项目样板的建设。在工业方面,着重抓好支农工业和基础工业的科研,围绕发展钢、铁、煤、电、化肥以及农业机械化、资源综合利用、“三废”(即废气、废水、固体废弃物)治理等选择课题;机械科研围绕加速农业机械化进程,抓好水田耕作机械化,加快研制拖拉机、插秧机、拔秧机、收割机等农机产品;化工、轻工科研着重解决以劣质煤和粉煤为原料生产化肥、褐煤综合利用、“三废”综合利用等技术。医药卫生着重抓了常见病、多发病的防治、针灸麻醉技术的研究以及消灭麻风病、血吸虫病的研究等。

经过努力,广西科技工作取得了一批重要研究成果,其中包括:

粮食生产方面,广西水稻杂交优势利用协作组在全国杂交水稻联合协作攻关中,于 1973 年率先筛选出强恢复系,育成南优 2 号、南优 3 号等强优势组合,在世界上率先突破籼型杂交水稻“三系”配套。

机械制造方面,继 1966 年柳州工程机械厂研制成功国内首台轮式装载机——Z435 型轮式装载机后,1974 年桂林漓江机械厂研制成功国内第一代数字对流层散射通信机——107 型对流层散射通信机,填补了国防微波通信设备的一项空白。

新的科研成果得到广泛应用。1971 年,金城江水电设备厂研制成功 HL240—LJ—140 型混流式立轴水轮发电机组，这是国内首次采用可控硅励磁装置代替旋转直流励磁机；该厂又在大化水电站的建设中，设计、建造了国内承压最大的河床式厂房和国内最大承压的大度钢筋砼蜗壳机组。1973 年，金城江水电设备厂在全国首次采用了石松孢子、萤光素和示踪物的连通试验技术，查明了水库岩溶渗漏情况。

矿产勘探方面，广西冶金地质勘察公司 270 队根据“岩溶堆积型成矿”理论，于 1974 年在平果县境内找到了大型铝土矿，拉开了广西大规模铝业开发的序幕。

教育事业的曲折发展。“文化大革命”期间，教育战线是重灾区。从 1968 年下半年起，各级学校在工宣队、贫管会的领导下，开展“斗、批、改”运动，进行“教育革命”。1971 年 4 月至 7 月，中央召开全国教育工作会议，随后，中共中央批转了《全国教育会议纪要》，对新中国成立后 17 年的教育工作作出了“两个估计”的错误判断，即新中国成立后 17 年，“毛主席的无产阶级教育路线基本上没有得到贯彻执行”，“资产阶级专了无产阶级的政”；大多数教师和解放后培养的大批学生的“世界观基本上是资产阶级的”。从这“两个估计”出发，会议确定和重申了一整套政策，包括工宣队长期领导学校，让大多数知识分子到工农兵中接受再教育；选拔工农兵上大学、管大学、改造大学；缩短大学学制，将多数高等院校交由地方领导，等等。11 月，自治区召开教育工作会议，传达贯彻全国教育工作会议精神。《纪要》提出的“两个估计”，使广大教师乃至整个知识分子群体长期受到歧视，背负了沉重的精神枷锁，导致社会上普遍流行“读书无用论”的思想，给教育事业发展和人才培养带来了消极影响。在大力发展中小学和中等专业学校、稳定大专院校的同时，对提高教学质量等工作，也做了一些努力。在这样的环境中，广西教育事业曲折发展。

农村中小学分别下放到公社和生产大队管理后，许多地方发动群众维修、扩建校舍，添置桌凳，扩大招生，学校和学生数量大幅增长。1976 年和 1965 年相比，全自治区小学在校生由 400 万人上升到 540 万人，初中在校生由 18 万人上升到 153 万人，高中在校生由 3 万人上升到 57 万人。虽然办学质量受到影响，但是，使学龄青少年基本上都获得了接受教育的机会。中专院校也获得了一定发展,一批新的中等专业学校陆续开办。其间,1972 年成立广西药科学校,1974 年成立广西体育运动学校。1974 年,自治区革委会制定并实施普及小学的“四五”规划,全自治区师范学校迅速发展,1977 年达到 97 所。1974 年起,为适应农业机械化的需要,各地区均成立了农业机械化学校,大量培训农机人才。高等院校逐步恢复和发展。1970 年,广西大专院校恢复招生。在全国各农学院纷纷搬迁到农村的情形下,广西农学院没有跟风搬迁;在全国撤并民族学院的风潮中,广西民族学院也没有被撤并,这有利于广西高等教育的恢复和发展。广西民族学院 1971 年增设师训部,后又将师训部改为数理化系,将外语专修科改为外语系;1972 年 6 月,广西大学恢复和增设了一批专业,到 1974 年共设置 10 个系 21 个专业;广西师范学院 1973 年增设体育系。

针对“文化大革命”初期批判“分数挂帅”和取消考试制度造成的不良后果,1972 年 4 月,自治区革委会政工组副组长乔晓光在自治区教育工作座谈会上指出:教育质量长期不抓要犯路线错误。提出全自治区中小学的教育质量,第一步要求达到“文化大革命”前的水平,第二步要求超过“文化大革命”前的水平。会后,自治区教育局派工作组到各地抓教学质量,对恢复教学质量起到较好影响。针对当时以“学军”和劳动代替体育教学的错误思潮,1972 年 9 月,自治区革委会批转自治区教育局《关于开展学校体育运动的报告》,于 1973 年 5 月举行自治区中学生运动会,推动了学校体育工作正常开展。

医疗卫生事业的进展。自治区党委认真贯彻 1965 年 6 月 26 日毛泽东发出的关于“把医疗卫生工作的重点放到农村中去”的指示,大力促进农村医疗卫生事业发展。

一是抓好医疗卫生技术队伍建设。对县及县以上医疗卫生机构进行调整、合并、裁减,县卫生防疫站、妇幼保健站(所)一度与县医院合并,成立县卫生防治院。从 1969 年 10 月到 1970 年 8 月,天津市 1963 名医务工作者支援广西的医疗卫生事业,自治区革委会把他们派到县医院及公社卫生院工作,这些天津医务工作者为广西各族人民群众的健康作出了积极的贡献。结合干部下放农村,把区内部分医疗卫生技术人员充实到农村卫生机构，到1971年，全自治区共下放卫生技术人员5000人。加强对乡村医生的培训，要求全自治区各医药院校招收农村学生，并组织巡回医疗队，在下乡为农民服务的同时，培训农村半农半医技术人员。

二是建立健全农村合作医疗制度。采取公社办、社队联办、大队办、生产队联办等形式，普遍建立农村合作医疗制度，合作医疗基金通过社员投资或从生产队公益金中提取，赤脚医生实行亦医亦农。按照结合生产、自力更生、勤俭办医的原则，采取“三土”（即土方、土法、土药）、“四自”（即自采、自种、自制、自用）和“一根针”（即针灸）、“一把草”（即中草药）等办法，为农民群众防病治病。

三是加强药品自给和医疗装备。自治区党委于1971年1月发出通知，要求各地开展采、种、制、用中草药的群众运动，在有条件的县或公社兴办中草药加工厂和种植场。1972年，扩建了广西药用植物园。对解放后在“献方献宝”运动中征集到的民间验方进行整理，出版成书后为群众用药提供处方指导。县以上医院普遍办起了小药厂，大多数公社卫生院和部分大队卫生所开展了制药工作。同时，农村医疗卫生器械装备不断加强，部分城市医院能进行高难度医疗手术。

四是开展防治寄生虫病群众性运动。针对血吸虫病、丝虫病、钩虫病等寄生虫病严重的情况，全自治区各地掀起了消灭寄生虫病群众运动，通过推广科学防治措施、开展普查普治以及在农村中开展“两管五改”（即管水、管粪；改水井、改厕所、改畜圈、改炉灶、改环境）、大力改善农村环境卫生等办法，有力推动了寄生虫防治工作的开展，提高了农民群众健康水平。针对血吸虫病是危害范围最广、程度最深的地方性寄生虫病的情况，解放以后，省委（自治区党委）就大力开展了查螺灭螺和查病治病的工作，在“文化大革命”运动中，虽然受到动乱的影响，但自治区有关部门仍坚持每年都组织开展常规性的查螺灭螺防病治病工作，还把灭螺与水利建设结合起来。1972年广西消灭99%以上的有螺面积，治愈95%以上的病人、病牛，做到无新感染病人、病牛，阻断血吸虫病的传播，达到了国家规定的基本消灭血吸虫的标准。

但是，过多撤并县级以上医疗卫生机构和大量下放卫生技术人员，取消了一些行之有效的合理规章制度,医院实行“医护一条龙”的工作流程,打乱了医护分工,导致医护质量下降。卫生防疫工作由于防疫队伍被削弱,某些传染病发生流行时未能及时处理。广西各医学院校停止招生长达五年,出现医学人才断层、后继乏人的现象。

体育事业的恢复和发展。广西体育战线的广大党员干部、运动员排除各种干扰和重重困难,广西体育事业较早出现转机。1970 年底重新集训运动员,1972 年成立广西体育工作大队,各地业余体校也陆续恢复,学校重新开展体育活动,广西竞技体育快速发展。在这期间,广西成功举办了第 3 届区运会和全自治区中学生运动会,派运动员参加了第 3 届全运会和第 7 届亚运会、第 31、第 32、第 33 届世界乒乓球锦标赛。1973 年,广西男子手球队在全国手球邀请赛上夺得冠军;在 1975 年第 3 届全运会上获得团体总分第 6 名,其中水球队和技巧队分别获得冠军;乒乓球运动员梁戈亮是第 31、第 33 届世界乒乓球锦标赛男子团体冠军成员,是第 32 届混合双打冠军成员。广西进入了全国体育先进行列。

五、桂林对外开放旅游

1973 年 5 月,经国务院批准,桂林市正式成为我国首批对外开放旅游的城市。

早在 1960 年,桂林市就被确定为可控制性的开放旅游。1963 年 11 月,中共中央中南局第一书记陶铸到桂林视察,提出要把桂林市建设成为“东方的日内瓦”。根据这一要求,1964 年 3 月至 7 月,由国家建工部派来的工作组、中南局派来的中南工作组及自治区、桂林市建工部门和技术干部组成的桂林市规划设计工作组,结合桂林的实际情况,编制桂林 1965—1970 修建规划,拟将桂林市、桂林风景区、市政建设和风景绿化等方面的主要问题逐步加以解决,以具备对外开放的条件;确定把桂林市改造成为一个住宿舒适、交通方便、服务设施完善、市容整洁、环境卫生、风景优美的中国式的风景游览城市。

开放之初的桂林旅游业,曾一度出现了住宿难、乘车难、乘船难、吃饭难、接待能力不足等一系列问题。全市仅有一家旅游涉外饭店,248 张床位,档次低,设备陈旧,旅游客车加起来只有 10 辆,漓江游览船也只有 3 艘木船；直接从事旅游者不足 200 人；旅游环境和景点建设尚未起步，市内服务设施简陋，道路不平，电灯不明，房屋破旧，服务单一。

1973 年 10 月 15 日，中国国务院副总理邓小平陪同加拿大总理皮埃尔·埃利奥特·特鲁多乘专机到达桂林参观访问，这是桂林市迎来的实行对外开放旅游后的第一批国家级贵宾。特鲁多一行参观了被誉为大自然艺术之宫的芦笛岩、桂花盛开的七星公园和风景秀丽的漓江，对美丽迷人的风景赞不绝口，表示回去要向加拿大人民大力推荐桂林。之后，丹麦、刚果、比利时、美国、新加坡等国领导人相继慕名前来参观，“桂林山水甲天下”的金字招牌逐步被世人广为传颂，前来桂林旅游的游客逐年增多。桂林 1973 年全年接待旅游者 900 多人，1976 年随着“文化大革命”的结束，全年接待旅游者首次突破 1 万人。桂林作为国内首批最早接待入境游客的城市之一（北京、西安、上海、桂林、广州），为我国旅游业的发展作出了重要探索并积累了宝贵经验。

邓小平对桂林的旅游工作非常关心，陪同客人游览漓江结束后回到桂林市区，他听取了自治区和桂林市领导同志作的工作汇报。随后他来到解放桥一带，进一步考察桂林旅游工作。当他看到有几处污水口正在向漓江排放污水时，对随同的自治区和桂林市领导人说：桂林风景世界驰名，保护好桂林山水不受污染，是桂林的一项重要工作。不论是发展工农业也好，搞城市建设也好，都不要忘记这一点。如果你们为了发展生产，把漓江污染了，把环境破坏了，是功大于过呢，还是过大于功？搞不好，会功不抵过啊！邓小平回京后，亲自主持国务院会议，讨论了漓江的治理问题。不久，国务院颁发了《尽快恢复并很好保持桂林山水甲天下的风貌》的决定，国务院还责成广西应把治理漓江提上议事日程，予以高度重视，采取切实措施，尽快把漓江治理好。

根据邓小平的指示，自治区和桂林市组织人员对漓江和其他风景区受污染情况进行了调查研究，摸清情况，提出整治方案。1975 年 3 月 24 日，自治区革命委员会批转自治区环境保护领导小组《关于漓江污染情况和治理意见的报告》。《报告》提出，今后所有新建、扩建和改建的工业、科研等项目，必须把气、水、渣“三废”治理设施与主体工程同时设计、同时施工、同时投产，否则不准建设；对现有污染漓江的厂矿企业，必须订出规划,在三年内治理好。同年12月4日,自治区革委会向国务院呈送《关于治理桂林市环境污染问题的请求报告》,提出广西计划在几年内解决桂林市的环境污染问题,漓江污染治理工作拉开了帷幕。

在“文化大革命”的混乱情况下,在大多数人对于环境保护问题还感到陌生的时候,在邓小平的指示下,桂林就迈出治理漓江环境污染问题的步子,为广西乃至全国改革开放后的环境治理提供了重要经验。

第二十二章

从全面整顿到“文化大革命”的结束

1975年2月，在毛泽东的支持下，邓小平主持国务院的日常工作，后又于7月同时主持中央日常工作，果断地对被搞乱的各条战线进行整顿。按照中央的部署，广西的整顿取得明显成效。但是，随着“批邓、反击右倾翻案风”的展开，广西的整顿、恢复和发展局面出现波折。1976年10月，中央政治局采取果断措施，一举粉碎江青反革命集团，结束了“文化大革命”这场灾难。

第一节　1975年的全面整顿及其受挫

一、整顿逐步展开及其成效

1975年初，在“批林批孔”运动和“四人帮”的干扰破坏下，全国各方面的工作再次陷入严重混乱状态。受命于危难之际的邓小平以铁路运输为突破口，在全国进行大刀阔斧的整顿。1975年3月5日，中共中央发出1975年第9号文件《关于加强铁路工作的决定》，提出解决铁路问题的五项措施。一是全国所有铁路单位都必须贯彻执行安定团结的方针，掀起社会主义建设新高潮。二是全国铁路由铁道部统一管理，集中指挥；铁路职工由铁道部统一调配。三是各省、自治区、直辖市党委要对铁路单位的政治运动、地区性社会活动和思想政治工作继续抓紧抓好,对问题较多的铁路单位要采取措施限期解决。四是建立健全岗位责任制、技术操作规程、质量检验制及设备管理维修制,确保安全正点;铁路职工一切行动听指挥,做好本职工作;派性严重,经批评仍不改正的干部和派系头目要及时调离,对严重违法乱纪的要给以处分。五是整顿铁路秩序,任何人不得以任何借口妨碍正在进行指挥、调度和各种勤务的工作人员的正常工作,阻拦列车、中断运输、损坏列车和破坏铁路设施都是违法的,必须坚决制止,严重的要严肃处理。3 月 7 日,铁道部召开全国铁路电话会议,部署铁路整顿工作。2 月 25 日至 3 月 8 日,中共中央在北京召开解决铁路问题的各省、市、自治区主管工业的书记会议,推动了铁路整顿的进行。

在“文化大革命”中,广西铁路部门派系严重对立,派性斗争一直没有停息,正常的运输秩序遭到破坏,事故频发,效益低下,成为“重灾区”。1974 年,广西铁路的行车事故和重大事故分别比 1973 年增加 7% 和 33%。1975 年初,广西贯彻落实中央 9 号文件和两个会议文件精神,对铁路进行了全面整顿。在整顿中要求广大干部职工特别是领导干部必须讲党性、讲大局、讲团结、讲纪律;旗帜鲜明地批判派性行为,维护安定团结大局。大力整顿各级领导班子,切实解决领导班子中的“软、懒、散”问题,并从组织上进行调整和充实;整顿劳动纪律,加强企业经营管理,建立健全岗位责任制和各项规章制度,坚决克服纪律松弛、有章不循等现象;抓好政策落实工作,解放了大批在“文化大革命”中被揪斗、审查、迫害或“靠边站”的干部,以及被强加各种罪名的群众,使他们卸掉包袱,调动了他们的生产积极性,促进了安定团结。在广西党政部门和人民解放军的支持帮助下,柳州铁路局广泛发动群众,大力整顿铁路治安秩序,严厉打击各种刑事犯罪活动,确保铁路的畅通和货物运输安全。同年 8 月,各级公安机关会同铁路部门,以沿线城镇为重点,组织动员群众,城乡统一行动,连续集中开展整顿铁路治安秩序斗争,打击了一批刑事犯罪分子,清查了一批流窜犯,组织民兵巡逻,加强防范,制止了猖獗一时的哄抢、盗窃铁路运输物资行为;严格检查,防止无票上车、扒车等,使铁路治安秩序好转。经过整顿,1975 年上半年,柳州铁路局完成的货运量已超过全年任务的 50% 以上,比上一年同期增长了 14%。货车周转时间、停留时间、中转时间、净载重等主要运输指标，也都全面完成或超额完成了国家计划。经过整顿，30 个基层单位中，一类（好的）单位由 6 个上升为 15 个，三类（差的）单位由 12 个减到 3 个。到同年底，货运量计划兑现率为 104.6%，超额完成全年货运任务。

1975 年 4 月 1 日至 8 日，自治区党委在南宁召开了自治区工业学大庆经验交流会，号召广大职工进一步学习大庆“三老四严”的作风，把企业办成大庆式的企业。随后，工业企业开展讲大局、讲党性、讲团结、讲纪律的教育活动，再次对派性进行批判，建立健全以岗位责任制为中心的生产管理制度，不少企业生产秩序进一步好转。柳州钢铁厂领导班子改变领导作风，把“怕”字换成“敢”字，加强管理。厂党委成员和厂机关近三分之二的干部深入生产第一线，组织社会主义劳动竞赛，抓住关键，深挖生产潜力，提高产品质量，钢、铁等产品产量显著增长。桂林钢厂党委大力整顿作风，解决领导班子“软”的问题，保证了生产顺利进行，产量大幅上升。

按照中央的要求，整顿逐步扩展到财政、商业、农业以及文教、科技领域。1975 年 11 月，由于对邓小平的错误批判，全面整顿被迫终止。但是，经过九个月的整顿，在一定程度上扭转了铁路、工业等部门的混乱状况，一批党性强的党员干部和敢于斗争的群众站在反对派性、克服无政府主义思潮的前列，积极地贯彻各项整顿政策措施，建立规章制度，恢复正常的生产和社会秩序，促使生产形势逐步好转，各项工作出现良好发展势头。1975 年成为“文化大革命”以来广西国民经济发展较好的一年。

二、“批邓、反击右倾翻案风”运动导致整顿受挫

邓小平主持的全面整顿，使全国形势明显好转，社会秩序趋于稳定，国民经济回升。然而，全面整顿的深入开展，势必与“文化大革命”“左”的错误理论与实践产生矛盾，整顿的深入逐步表现出从根本上否定“文化大革命”的趋势。这种状况，既遭到“四人帮”的猖狂反对，也为毛泽东所不满。

1975 年 11 月，毛泽东听信“四人帮”的诬告，动摇了对邓小平的信

任，决定停止他大部分工作，发动了“反击右倾翻案风”运动。1976年元旦，“两报一刊”发表题为《世上无难事，只要肯登攀》的社论，要求认真学习毛泽东关于“以阶级斗争为纲”的指示。随后，《广西日报》以《以阶级斗争为纲，坚持教育革命的方向》为题，报道浦北县“教育革命的成果”，提出要“回击右倾翻案风”，把整顿教育、科技的主张作为“奇谈怪论”进行批判。

1976年1月8日，党和国家的主要领导人之一、中国人民解放军的主要创建人之一周恩来因病逝世。噩耗传来，广西各族干部群众沉浸在巨大的悲痛中。治丧期间，广大干部群众不顾“四人帮”的限制，自发以各种形式进行悼念。

2月25日，中共中央召开各省、市、自治区和各大军区负责人会议，发出《批判邓小平执行的“修正主义路线及纲领——‘三项指示为纲’”》[①]等文件，把批判邓小平的“修正主义错误路线”列为当时的重要工作。3月初，中央转发了由毛远新整理、点名批评邓小平的《毛主席重要指示》，“批邓、反击右倾翻案风”运动在全国开展起来。

3月中旬，自治区党委和自治区革委会分别召开全体扩大会议，传达中央关于“反击右倾翻案风”和“打招呼”会议精神，布置开展批判所谓的“修正主义路线”，回击“右倾翻案风”群众性运动。会后，各地各部门也相继召开会议，批判邓小平，批判“三项指示为纲”。

1976年清明节，北京发生了群众大规模悼念周恩来、支持邓小平、声讨“四人帮”的天安门事件。在“四人帮”操纵下，天安门事件被定性为反革命事件。4月7日，中共中央作出《关于任命华国锋为中共中央第一副主席、国务院总理的决议》《关于撤销邓小平党内外一切职务的决议》。根据中共中央部署，广西开展“批邓、反击右倾翻案风”运动。自治区党委多次召开专题“批邓”大会，召开的其他会议也都同“批邓”“批复辟”挂钩。自治区党委还把“批邓、反击右倾翻案风”和“批修

---

① “三项指示为纲”是1975年邓小平主持中央日常工作时提出的。5月29日，邓小平在讲话中说：“毛主席最近有三条重要指示，一条是关于理论问题的重要指示，要反修防修，再一条是关于安定团结的指示，还有一条把国民经济搞上去，这就是我们今后一个时期各项工作的纲。”其内容都是来源于毛泽东的指示，是毛泽东在不同的时期和不同的地点所作出的讲话和决定。

批资总体战”结合起来，“揭开阶级斗争盖子，解决领导权问题”，在全自治区掀起批判的高潮，一批干部遭受打击迫害。

周恩来逝世后，社会上开始流传“总理遗言”“三首长讲话”“毛主席对七同志的谈话”等议论，称颂周恩来的伟大功绩，肯定全面整顿，痛斥“四人帮”反党乱军罪行。天安门事件前后，“四人帮”多次下令追查这些“反革命政治谣言”。1976 年 5 月 7 日，自治区党委发出《关于彻底追查所谓总理遗言等反革命政治谣言的通知》，要求集中力量，务必在最短时间内查出结果。同日，自治区党委召开大会，动员追查所谓“反革命政治谣言”。一些人在追查活动中受到错误打击。

三、“批修批资总体战”

1974 年 12 月 26 日，毛泽东出于对国家经济生活中的“资本主义因素”和“搞资本主义”问题的忧虑，谈了关于无产阶级专政理论问题，提出“要多看点马列的书”。在 1975 年 1 月召开的党的十届二中全会上，周恩来传达了毛泽东关于理论问题的谈话。2 月 9 日，《人民日报》发表社论《学好无产阶级专政的理论》，公布毛泽东讲话的一部分内容，提出“我们的任务，是不断铲除滋生修正主义的土壤”，“同新产生的资产阶级作斗争”，“造成使资产阶级既不能存在，也不能再产生的条件”。2 月 22 日，《人民日报》发表张春桥、姚文元主持选编的《马克思恩格斯列宁论无产阶级专政》语录。随后，全国兴起一个“学习无产阶级专政理论”的运动。

1975 年 2 月初，自治区党委召开常委会，学习讨论《人民日报》社论《学好无产阶级专政的理论》，要求各级党组织和领导干部带头学，把巩固无产阶级专政的任务落实到每个基层。根据这一要求，各地各部门把学理论、批判“资本主义倾向”作为一项中心工作来抓。

为了推进理论学习，自治区党委于 3 月初召开学习无产阶级专政理论经验交流大会，对学习理论活动进行部署。3 月中旬，自治区党委抽调 5 万多名干部和 1800 余名高等院校师生，深入农村、工矿企业开展以学好无产阶级专政理论为中心的社会主义教育活动。

4 月 1 日，张春桥发表《论对资产阶级的全面专政》一文，提出要在

“一切领域”“一切阶段”实行“无产阶级的全面专政”。文章颠倒是非，无限上纲，把社会主义商品经济当作资本主义来批判。自治区党委于当月下旬召开学习理论经验交流会，提出要进一步提高理论学习的自觉性，联系实际调查研究，搞好“斗、批、改”。5月上旬，《广西日报》刊登了第一篇《评野马副业》，对农村副业的“资本主义倾向”开展批判。5月中旬，自治区党委又一次组织各地、市、县党委和自治区直属机关负责人，到大寨参观学习；随后，又召开会议，要求各地学习大寨彻底革命的精神以及抓路线教育、批修正主义、批资本主义法权观念的大寨经验。

6月15日，自治区党委召开常委扩大会议，部署开展“批修批资总体战”，批判修正主义、批判资本主义倾向、批判资产阶级法权思想。发出《关于学好无产阶级专政理论，把我区农业学大寨群众运动提高到一个新水平的决定》。自治区直属机关和地、市、县，抽调大批干部下乡到基层，分期分批搞“三分之一”，即一次在三分之一的社队或基层单位铺开，分三次搞完“批修批资总体战”的试点。

在“批修批资总体战”中，只准生产队搞种养为主的副业，不得让剩余劳动力到外地搞生产劳动；劳动力全部归集体安排，不准私自开荒，不准生产商品出售，有的地方再次取消自留地；生产队的评工记分和口粮分配要积极推行大寨的办法，缩小工分级差，特殊工种不准提高工分，不准按工分为主分配口粮，全自治区约占70%左右的生产队取消过去搞的定额、包工等经营管理办法，推行“大寨工分”，推广“大寨口粮”，扩大劳动计酬上的平均主义。粮食、油料等六种农副产品不准进入集市贸易，从7月起，农村集市贸易由原来的三天一圩改成七天一圩。

对所谓的“野马副业”进行重点批判。《广西日报》连续发表九篇批判“野马副业”的文章，把农村生产队派人外出搞副业说成是搞“野马副业”；把城镇企业雇请农民工叫作“长野草”“喂野马”，这样做“就是挖社会主义墙脚，为资本主义培土填泥”，“要拴住农村的野马，就必须锄掉城市的野草”。提出“资产阶级产生于商品生产中，在社会主义条件下，只要商品经济还活着，就不可避免地产生资产阶级。商品生产是产生资本主义和资产阶级的土壤。因此必须限制商品生产，限制集市贸易”。在这个思想指导下，各地大搞“割资本主义尾巴”“挖修正主义根子”的活动。一些地方对搞过一些小买卖或外出搞工副业的农民进行批判斗争，把从集市上没收来的一些农副产品、捕鱼捞虾的用具和做买卖的秤等作为“罪证”展览；少数农户用外出从事工副业的收入所得购买了自行车、缝纫机、手表和收音机（时称“三转一响”），生活水平高于其他农户，被称为“资本主义暴发户”，成为贫富“两极分化”典型。某个农户自养母猪、母鸡、母兔近百只，被称为“百母之家”，当作“资本主义典型”进行批判。不少地方派“宣传队”或组织民兵小分队拔掉社员自留地上的经济作物，砍掉社员房前屋后的果树。邕宁县那龙公社有种植香蕉的传统，但在这场“批修批资总体战”中被砍掉香蕉10万多株，使社员减少收入约200多万元。博白县生产队办的1500多个砖瓦窑被勒令下马，宾阳县社员办的砖瓦窑被全部封闭。

“批修批资总体战”把社会主义按劳分配和物质利益原则视为“资产阶级法权”，加以限制和批判，把发展商品经济视为“走资本主义道路”予以堵截，对有利于生产力发展的方针政策加以批判，既限制了农村集体生产的门路，又捆住了农民特别是能工巧匠的治穷致富的手脚；它否定了多劳多得的分配原则，压抑了群众的劳动积极性；对集市贸易加以限制，严重制约甚至梗塞了农副产品的流通，限制和打击了商品生产，使农村商品生产迅速萎缩。“批修批资总体战”在理论上背离了马克思列宁主义的基本原理，在实践上给农村生产乃至国民经济发展造成严重损害，造成农业生产滑坡，加上遭受了春冻等自然灾害的影响，1976年，广西粮食产量107.47亿公斤，比上年减产5.215亿公斤，下降了4.63%；农业总产值43.39亿元，比上年下降2.0%。市场萧条，某些农副产品供应较紧张，给群众生活带来一些困难。“批修批资总体战”继续坚持“以阶级斗争为纲”，把本来不属于阶级斗争的问题看成是阶级斗争，处分了一批党员、干部，造成了新的冤案。

四、“四五”计划的完成和“五五”计划的制定

“四五”计划时期，经过各族人民的艰苦奋斗，广西国民经济取得了较大成就，落后状况有所改变。1975年，自治区工农业总产值（按1970年不变价格计算）为96.59亿元，其中工业总产值52.31亿元，农业总

产值44.28亿元。工业方面,做到主要原料自治区内可以供应,轻纺产品基本实现自治区内自给,初步打下了“工业省(区)”的基础。农业方面,1969年至1975年,粮食连续7年增产,平均每年增加6亿多公斤。1975年,全自治区粮食产量达到112.6亿公斤,按农业人口计算,人均有粮391.5公斤。甘蔗、油料、黄红麻、烤烟、水果、茶叶等经济作物以及牲畜、水产品、林产品,都有较大幅度增产,市场供应比较充足。

《越美停战协定》签字后,印度支那形势趋向缓和。1974年8月,国家计委发出《关于拟定十年规划的通知》,广西开始着手编制“五五”(1976—1980年)计划,到1976年1月形成广西《“五五”计划的意见》。《意见》提出,继续大办农业,“以粮为纲,全面发展”,在1980年以前初步建立稳固的农业基础,大搞农田基本建设,基本实现农业机械化;工业“以钢为纲”,继续加强基础工业和支农工业,地方工业形成为农业服务、基本适应农业机械化要求的生产能力,除少数品种外,基本做到自给,加快工业交通发展步伐,改变工业基础薄弱状况;其他国民经济部门都要相应发展。《意见》提出,1980年工农业总产值指标为134亿元,平均每年增长8%,与“四五”计划平均每年增长10%相比,速度明显放缓,反而更加切合实际。《意见》提出,要大力发展轻工业,增加社队企业总收入,增加市场供应,扩大出口。同时,还要解决职工住宅、供排水和城市交通问题,完成普及小学五年教育,重点发展合作医疗。《意见》的思路和所作的安排表明,自治区党委把经济社会发展的思路和重点转移到发展生产,解决群众的吃、穿、用,改善人民生活上来。

第二节　援越抗美工作的完成

一、继续开展援越抗美工作

1972年5月9日,美国总统尼克松下令对越南北方沿海主要港湾、河道实施布雷封锁,并恢复轰炸、封锁越南北方的铁路、公路交通线,妄图以前所未有的战争升级,逼越南在战场上放弃攻势,在巴黎会谈中屈从美国的无理要求，签订城下之盟。于是，熄灭了三年多的战火又在越南北方重新燃起。

美军对越南北方沿海实施水雷封锁后，海上运输渠道中断，越南前后方油料全部告急。越南政府紧急请求中国帮助铺设野战输油管，经广西陆地边境向越南输油。根据中央指示，解放军派出工程部队到广西边境的凭祥—友谊关和防城港—滩散两线，执行铺管任务。两线输油管总长达160公里，由于时间紧、地形复杂，工作难度极大。为协助部队完成任务，自治区党委指挥组织民兵配合部队施工建起一批油库、泵油站和机务站，架设电话线100多公里。到1973年1月，越南北方的海上运输逐渐恢复正常，应越方要求，防城港输油管于当年8月停止输油，而凭祥线则一直继续工作到1976年6月才告停止。4年间，经这两线输油管向越方输送的油料总计近130万吨，约占越南抗美战争期间中国援越油料总量的一半多，有力地支援了越南抗美救国的斗争①。

美国实施布雷封锁后，应越南政府紧急请求，中国政府同意立即开通中越间海上隐蔽航线。1972年7月，中越两国政府签署《关于开辟两国间海上隐蔽航线的议定书》，决定即行开辟从中越海上隐蔽航线，由双方派船执行运输任务，费用由中国方面负担。越南在抗美救国战争中有两条著名的“胡志明小道”，其中一条就是中越海上隐蔽航线。为完成海上隐蔽航线的运输任务，1972年下半年，广西成立援越领导小组，由覃应机任组长，下设援越指挥部，由贺万华任指挥长。在这条航线上，广西先后投入运输的船舶达94艘。船员职工冒着敌机轰炸和触雷、触礁等危险，舍生忘死地为越南运送物资。为了快装快运，港口和船上的员工不断改进工作，开展劳动竞赛，使装货效率由每人每天平均4吨提高到8吨，最高的工班达到每天人均13.2吨，缩短了运输周转时间。中方“公字号”货轮，由开航初期一个航次平均7.2天缩短到4天，这条隐蔽航线，先后运送援越物资14.6万多吨。承担援越船舶修理任务的企沙、北海两个船厂，在技术、零配件、原材料缺乏的困难情况下，想方设法完

① 《中国人民解放军军史》编写组：《中国人民解放军军史》第6卷，军事科学出版社2011年版，第79—80页。

成任务,先后为这条航线修船267艘次。至1973年,越南战争结束后,中越海上隐蔽航行停运。这条航线为支援越南人民抗美救国战争的胜利作出了重大的贡献。

二、广西为援越抗美胜利作出的贡献

1973年1月27日,参加关于越南问题的巴黎会议四方在法国首都巴黎正式签署了《关于在越南结束战争、恢复和平的协定》(即“巴黎和平条约”)。随后两个月内,美国军队全部撤出越南,越南取得抗美斗争的胜利。

援越抗美期间,自治区党委组织、动员了大量人力、物力,保证了大量援越物资源源不断地输送到越南。从1965年4月起至1975年4月止,广西作为转运国际援越物资的主要通道,经广西铁路转运过境的国际援越物资共计179列、5750车皮。据不完全统计,仅1971年到1975年,经过凭祥铁路运往越南的各种物资就达600多万吨,为在物质上保证越南赢得战争的胜利和经济恢复、人民生活的急需,发挥了巨大作用。1973年,越南国会授予凭祥火车站等28家援越有功单位“一级抗战勋章”和“越南民主共和国二级红旗勋章”,以表彰这些单位所作出的巨大贡献。

自治区党委从广西地处祖国南大门的战略地位出发,自觉服从中央援越抗美的大局,为援越抗美斗争的胜利做了大量工作。援越抗美战略任务的胜利完成,使广西发展获得了一个较为缓和的外部环境,使自治区党委能够更加集中精力,进一步推进广西经济社会各领域的建设。

第三节　“文化大革命”的结束

一、粉碎“四人帮”标志着“文化大革命”的结束

1976年9月9日,中国共产党、中国人民解放军、中华人民共和国的主要缔造者,中国各族人民的伟大领袖毛泽东在北京逝世,广西各族

人民陷入巨大悲痛之中。10日，自治区党委向中央发出唁电，表达对毛泽东逝世极其沉痛的哀悼，自治区各地各部门组织群众收听广播、收看电视、召开座谈会，追思毛泽东的丰功伟绩。18日，全自治区有1700万各族群众在各地举行隆重的追悼大会，沉痛哀悼毛泽东。广大干部群众纷纷表示，要继承毛泽东遗志，化悲痛为力量，把社会主义各项事业向前推进。

毛泽东逝世后，“四人帮”加紧篡党夺权的步伐，他们公然伪造一个“按既定方针办”的所谓毛主席临终嘱咐，在报刊和广播中反复宣传，以党内“正统”自居。“四人帮”还指使他们的亲信在上海等地发放武器，加紧武装民兵，作为他们夺权的后盾。10月6日，华国锋、叶剑英代表中央政治局，执行党和人民的意志，对王洪文、张春桥、江青、姚文元及其在北京的帮派骨干实行审查。江青反革命集团在“文化大革命”中犯下的罪行罄竹难书。粉碎“四人帮”，实现了党和人民的共同意愿，是党和人民长期斗争的结果。它从危难中挽救了党，挽救了国家，挽救了中国的社会主义事业。

10月14日，党中央公布粉碎“四人帮”的消息。人们欣喜若狂，奔走相告，开怀畅饮，神州大地一片欢腾。10月下旬，自治区党委连续3天组织全自治区各地干部群众举行庆祝游行，共有2000万人次参加。这是新中国成立以来，全自治区最大规模的庆祝活动之一。在南宁市举行的庆祝游行中，自治区党委领导行进在队伍前列，表示对中央决定的衷心拥护。“四人帮”反革命集团被一举粉碎，标志着“文化大革命”的结束。党和人民在经历10年的磨难和挫折之后，终于结束了“文化大革命”这场灾难。

二、“文化大革命”内乱的严重危害

“文化大革命”是一场由领导者错误发动，被反革命集团利用，给党、国家和各族人民带来严重灾难的内乱。“文化大革命”对广西造成的危害是全面而严重的，在政治、思想、文化、经济、党的建设等方面都产生了灾难性的后果。

在政治上，由于极左思潮的影响和林彪、江青两个反革命集团的罪恶活动，党组织的政治生活遭到巨大的破坏，自治区各级党组织和政权机构受到损失，一大批领导干部被打倒、迫害甚至致死致残，民主法制遭到极大削弱，民族工作也受到破坏，社会陷入持续不断的动荡之中。

在思想上，由于“左”倾错误理论的影响，造成了人们思想的极大混乱，导致严重地混淆了敌我是非。在“无产阶级专政下继续革命的理论”的指导思想下，许多违反马克思主义的原则的错误的甚至荒谬的理论宣传泛滥成灾，加上混淆是非，混淆敌我，无限上纲，乱批乱斗，侮辱人格等，破坏了党风和社会风气，造成整个社会道德水准下降，极左思潮、无政府主义、极端个人主义、个人迷信以及各种错误的思想行为泛滥开来，给广西发展造成了很大的负面作用。

在文化上，“文化大革命”对自治区科学教育文化事业特别是优秀传统民族文化造成了极大破坏，一批优秀的民族文化作品被打成“毒草”，许多知识分子被打成“牛鬼蛇神”被关进“牛棚”或下放劳动，身心受到迫害和摧残，人才培养几陷于停滞，对各族群众科学文化素质的提高和社会主义现代化事业的发展产生了严重影响。

在经济上，由于“文化大革命”运动的影响，经济发展受到严重损失。在长期动乱冲击下，正常的生产秩序和经营活动很难维持。在“左”倾错误思想指导下，社会主义建设的许多正确原则受到批判，很多做法超越了当时广西社会生产力水平，不符合经济发展的实际情况，各地干部群众在实践中探索总结出来的成功做法和宝贵经验被批判、摒弃，生产受到极大制约，在1967年至1968年间经济损失尤为严重。

在党的建设上，自治区各级党组织遭到了极为严重的破坏和损失。“文化大革命”一开始，广大党员特别是各级领导干部普遍受到激烈冲击。动乱中，很多领导干部被当成“叛徒”“特务”“走资派”打倒，一批派性分子、造反派借此混进党组织，不少进入各级领导机构，造成党组织的严重不纯。在普遍的、严重的阶级斗争扩大化氛围中，假话、空话、套话成风，形式主义盛行，无政府主义、自由主义、极端个人主义、玩弄权术等各种歪风邪气泛滥开来。“文化大革命”搞乱了党的指导思想，严重地破坏了民主集中制，败坏了党的作风，破坏了党的纪律，降低了党的威信和凝聚力。

由于广西所处的地理位置和国际政治、军事斗争的需要，自治区革委会成立后,对社会矛盾和问题采取了“军管”的态势,一方面维护了广西这个国家援越抗美前沿阵地的稳定,保证了各项工作的开展,并成为广西工农业生产取得较大发展的社会基础;另一方面,“全面专政”又使得派性问题不断积累,矛盾长期得不到化解,在很长一段时期内给自治区党委背上了沉重的历史包袱。

实践证明,“文化大革命”不是也不可能是任何意义上的革命或社会进步。它根本不是“乱了敌人”而只是乱了自己,因而始终没有也不可能由“天下大乱”达到“天下大治”。在我国,在人民民主专政的国家政权建立以后,尤其是社会主义改造基本完成、剥削阶级作为阶级已经消灭以后,虽然社会主义革命的任务还没有最后完成,但是革命的内容和方法已经同过去根本不同。对于党和国家肌体中确实存在的某些阴暗面,当然需要作出恰当的估计并运用符合宪法、法律和党章的正确措施加以解决,但决不应该采取“文化大革命”的理论和方法。在社会主义条件下进行所谓“一个阶级推翻一个阶级”的政治大革命,既没有经济基础,也没有政治基础。它必然提不出任何建设性的纲领,而只能造成严重的混乱、破坏和倒退。“文化大革命”期间,广西的政治、经济、科学、文化、教育、卫生、体育等各项事业受到严重的破坏,给广西各族人民带来严重灾难,也留下深刻的历史教训。在我们进行社会主义建设的长时期里,值得从多方面不断地进行深刻的反思和总结。

第一,必须科学对待马克思列宁主义,准确把握广西基本区情,从实际出发,探索建设社会主义道路。“文化大革命”是中国共产党探索中国社会主义道路过程中发生的严重失误。由于对建设社会主义的长期性、复杂性缺乏认识,对“什么是社会主义,怎样建设社会主义”没有完全搞清楚,把社会主义条件下有利于生产力发展的一些认识和做法,当作“修正主义”或“资本主义”加以批判和反对,把已经不属于阶级斗争的问题仍然看作阶级斗争,照搬大规模急风暴雨式群众性斗争的旧方法和旧经验,导致阶级斗争的严重扩大化。“文化大革命”否定了解放以来(省委)自治区党委采取的正确方针政策和取得的巨大成就,实际上也就在很大程度上否定了党探索适合国情、省情的社会主义道路的正确认识。“文化大革命”从反面告诉我们,马克思列宁主义为我国的社会主义事业指出了方向，但是不能代替我们去思考和解决社会主义进程中的具体问题。必须准确把握广西基本区情和新的时代特征，从广西经济文化落后的实际出发，充分认识建设社会主义的长期性和复杂性，不断深化对马克思列宁主义的再认识，找到建设广西的正确道路。

第二，必须正确认识社会主义社会的主要矛盾和党的主要任务，集中力量发展生产力，而不能“以阶级斗争为纲”。在人民民主专政的政权建立以后，特别是社会主义制度建立以后，发展生产力，正确领导全自治区经济建设，是各级党委在社会主义建设时期的中心任务。对社会主义社会中一定范围内存在的阶级斗争，只能在党的领导下，主要依靠法制来进行，而不能把这种斗争简单地等同于全社会范围的阶级斗争，更不能将此引申为要进行一个阶级推翻一个阶级的“政治大革命”，搞全面夺权斗争。“以阶级斗争为纲”和以大搞群众运动的方法进行上层建筑的“革命”，只能给广西带来灾难性后果。

第三，必须发展社会主义民主政治，建立健全社会主义民主法制，而不能实行“大民主”和“造反有理”，要充分保障人民的基本权利和利益。“文化大革命”采取的自下而上的、彻底打破现有社会制度和秩序的“大民主”的做法，远远超越了社会发展的实际水平和人民的觉悟程度，造成无政府主义思潮的泛滥，运动迅速演变为失去控制的大动乱和争权夺利的大争斗。特别是在1966年至1968年持续两年多的动乱中，国家和人民的生命财产遭受重大损失。动乱造成了持续多年的遗留问题，严重制约了广西工作重点的转移和改革开放的步伐。

第四，必须制定党的建设的正确方针和政策，不断加强执政党的建设，而不能把阶级斗争作为加强党的建设的主要内容和主要方法，要始终保持党的建设的纯洁性。自治区革委会成立后，在“改革上层建筑”和“重新建党”的过程中，由于过于强调要与“革命群众”相结合，致使大批靠“造反”起家的人进入党委、革委会和各级党政机关。这些所谓“功臣”“新生力量”，许多人在掌握了党政机关的大权后，他们的所作所为，对广大干部、群众造成了非常恶劣的影响，社会主义理想和信念被削弱，法制观念和诚实信用的道德体系受到很大破坏，成为此后大量社会问题的根源。

三、“文化大革命”时期社会主义建设的若干进展

“文化大革命”期间,由于理论上的失误和林彪、“四人帮”两个反革命集团在各个领域的破坏,给经济建设和社会事业造成极大的损害。但在这十年中,广西广大党员干部和各族群众包括部队官兵,面对复杂局面和严峻形势,始终坚定社会主义信念和共产主义理想,对“左”倾错误和林彪、江青反革命集团进行了各种形式的抵制和抗争,尽量克服频繁政治运动的干扰,在经济建设上也取得若干进展,某些方面工作取得了突破。

在困难的情况下,各级党委仍然努力“抓革命,促生产”,广大干部和知识分子在逆境中竭尽可能地积极工作,各族群众发扬自力更生、艰苦奋斗精神,为建设事业付出了巨大的劳动。在这些因素的共同作用下,广西的各项建设事业没有中断。自治区革委会成立后,努力保持局势相对稳定,并能从当时的情况出发,大力抓经济和社会的发展,特别是三线建设的全面铺开,对广西的经济建设和各项工作起到了很大的推动作用。1969 年至 1976 年的 8 年中,国家对广西的投资达到 51.5 亿元,比“文化大革命”前 17 年的总投资还多 17.5 亿元,从而使广西在这一时期建成了一批重大项目,扩大了生产能力,使国民经济在十年动乱中仍然取得了一定进展。

经过大规模农田基本建设,以及支农工业体系的建立,广西的农业生产条件有了较大的改善。粮食生产保持比较稳定的增长。扩建新建了一批骨干工业,工业布局和结构有了改善。在原来工业接近空白的桂西北地区,建立了一批包括煤炭、电力、化肥、化学纤维、冶炼、机械制造、纺织和国防工业,促进了桂西北地区的经济发展;完成了枝柳铁路广西段的建设,进一步密切了广西与湖南、湖北腹地的经济联系;广西出海口防城港也开始施工进行建设。从 1966 年至 1976 年,广西工农业总产值由 39.29 亿元上升到 100.11 亿元,同比增长了约 236%,平均年递增 9.8%。其中,农业总产值达到 43.4 亿元,平均年递增 6.2%;工业总产值达到 56.71 亿元,增长 2.9 倍,平均年递增 13.8%。当然,这些并不是“文化大革命”的成果,如果没有“文化大革命”的干扰破坏,各项事业必将取得更大的成就。

第　四　编

在徘徊中前进和走向伟大的历史转折

（1976年10月—1978年12月）

1976年10月，中共中央一举粉碎“四人帮”，结束“文化大革命”。在中共中央的部署下，自治区党委开展了历时两年的揭批“四人帮”运动，开始进行拨乱反正，平反冤假错案，落实党的有关政策。但由于“文化大革命”和长期“左”倾错误造成的政治上、思想上的混乱不容易在短期内消除，“左”倾错误在一段时间内仍在延续，广西的许多工作呈现出在徘徊中前进的局面。1978年下半年，真理标准问题讨论在广西展开，给思想领域带来一次大解放。党的十一届三中全会召开后，自治区党委把工作重心转移到社会主义现代化建设上来，迈出了历史转折的新步伐。

第二十三章
揭批“四人帮”运动和初步拨乱反正

1976年10月,中共中央决定在全党全国开展揭发批判“四人帮”的斗争。按照中央的部署,自治区党委开始在全自治区范围内开展了历时两年的揭批“四人帮”的运动,努力把被颠倒的理论是非扭转过来,把被搅乱的经济、社会秩序恢复过来。在揭批“四人帮”的基础上,自治区党委着手拨乱反正,平反冤假错案,落实党的有关政策,恢复发展社会主义的民主政治。随着揭批“四人帮”斗争的深入,广西各方面的工作局面有了新的转变。

第一节　揭批“四人帮”运动的开展与工作局面的开始转变

一、揭批“四人帮”运动的开展

1976年10月7日至14日,中央政治局分批召开打招呼会议,向中央党政军机关、各省(市、自治区)和各大军区负责人通报了粉碎“四人帮”的情况,提出了既要解决问题、又要稳定局势的方针,并部署了在全党全国开展揭批“四人帮”斗争的工作。10月18日,自治区党委发出通知,要求采取逐步传达的办法,把打招呼会议的精神传达到党内和人民群众中。20日,《广西日报》头版头条刊登了《同篡改毛主席指示的人作坚决斗争》一文,实际上否定了之前“四人帮”炮制的“按既定方针办”。22日,《广西日报》头版套红热烈庆祝粉碎“四人帮”,把喜讯传达给了全自治区各族干部、群众。对于“四人帮”垮台,广大人民群众拍手称快,连续举行盛大的游行庆祝活动。仅南宁市22日就有15万军民举行庆祝游行,声讨“四人帮”。南宁及一些城市的群众自发燃放鞭炮,许多商店的瓶装酒被销售一空,人们沉浸在多年未有的欢庆之中。

10月18日,中央发出《关于王洪文、张春桥、江青、姚文元反党集团事件的通知》,号召全党紧密团结起来,对“四人帮”罪行进行揭发批判。10月30日,自治区党委转发了自治区党委宣传部关于揭发批判“四人帮”罪行的请示报告,指出:我们同王、张、江、姚反党集团的斗争是你死我活的斗争,要切实把它当作头等重要大事抓紧抓好;要集中火力,彻底揭发批判“四人帮”篡党夺权的滔天罪行和他们那条极右(实际应为极左)的反革命修正主义路线。自治区党委同时按照中央的部署,决定广西揭批“四人帮”的斗争分为三个战役进行:从1976年10月至1977年3月为第一战役,主要是揭批“四人帮”篡党夺权阴谋;1977年4月至9月为第二战役,主要揭批“四人帮”的反革命面目及其罪恶历史;1977年10月后转入第三战役,揭批“四人帮”反革命路线的实质及其在各方面的表现。11月上旬,自治区党委及各地、市、县党委和广大干部群众纷纷举行大会和座谈会,愤怒声讨“四人帮”,批判他们的反革命罪行。当月,区直宣传、文教战线和体委召开万人批判大会,揭发批判“四人帮”反党集团的罪行。农业、工交等战线也相继召开批判大会,批判“四人帮”破坏生产的罪行。

12月10日,中央下发《王洪文、张春桥、江青、姚文元反党集团罪证(材料之一)》,要求将材料“立即向全党全军和全国人民传达,并组织阅读和讨论,务必做到家喻户晓,人人明白”。材料下发后,自治区党委立即组织各地、各单位进一步召开批判大会。为了推动揭批“四人帮”运动的深入开展,自治区革委会于1977年1月在南宁召开第十一次全体委员会议,传达学习全国第二次农业学大寨会议精神,揭批“四人帮”插手广西进行干扰和破坏的罪行,要求各地以党员为先锋,以广大干部为骨干，带头投入大揭发、大批判活动。为加强领导，自治区党委还决定将各地的"批林批孔"办公室，改为"党的基本路线教育办公室"，并于1977年2月抽调五万名干部组成工作队深入田间地头、工厂班组、家庭院户，采取多种形式进行揭批，使广大群众充分了解开展这场斗争的性质、目的和意义。

为更好地指导揭批"四人帮"的斗争，自治区党委指示《广西日报》和各地、市报纸开辟各种专栏，有计划、有系统地揭批"四人帮"罪行。《广西日报》开辟"彻底揭发批判王、张、江、姚反党集团""'四人帮'反动谬论选批""彻底摧毁'四人帮'的帮派体系""打一场深揭猛批'四人帮'的人民战争"等专栏，刊登了机关、企事业单位大批判组、工人理论组撰写的大批判文章。这些专栏文章，对指导、促进全自治区干部、群众揭批"四人帮"的斗争起到了推动作用。

1977年3月6日，中央下发《王洪文、张春桥、江青、姚文元反党集团罪证（材料之二）》后，自治区党委随即组织干部、群众学习文件，把揭批"四人帮"的斗争引向深入。4月，自治区党委转发自治区党委组织部《关于地、市、县委整党整风方案的通知》，要求重点整顿思想，端正领导班子的思想政治路线，同时召开有1300多人参加的四级干部会议，总结与交流揭批斗争的经验。会后，领导干部带头、广大群众参与，开展了大讲"四人帮"罪恶活动的危害的斗争，以肃清其流毒。为了指导农村地区的揭批斗争，6月，自治区党委印发《在农村揭批"四人帮"斗争中需要弄清楚的十个问题》，要求在揭批中讲清楚要不要高举毛泽东树立的大寨红旗、要不要坚持党的基本路线教育、要不要坚持整党整风、要不要依靠贫下中农、要不要坚持上层建筑领域的社会主义革命、要不要坚持"抓革命，促生产"的方针、要不要"以粮为纲，全面发展"、要不要坚持搞好人民公社管理、要不要加速实现农村机械化、要不要坚持科学实验等10个问题，引导农村干部、群众划清农村、农业中重大问题的界限。

1977年9月23日，中央下发《王洪文、张春桥、江青、姚文元反党集团罪证（材料之三）》，要求各级党组织进一步从哲学、政治经济学、科学社会主义理论等方面，彻底批判"四人帮"的反革命政治纲领和反动谬论，揭露其路线的实质及表现。通过系统的揭发批判，使广大群众从实际到理论,进一步弄清“四人帮”散布的各种谬论的实质,思想认识大为提高。1978年5月,自治区党委宣传部召开关于“各尽所能、按劳分配”问题讨论会,参加会议的理论工作者强调现阶段实行“按劳分配”原则的必然性、必要性,指出它适应社会主义生产力的发展水平和人民群众的觉悟程度,批判了“四人帮”攻击“按劳分配”是“旧事物”,会导致“两极分化”的谬论。这次会议实现了思想认识上的一个突破。当月,在揭批“四人帮”斗争不断深入的基础上,自治区党委印发《关于落实党的干部政策的意见》和《关于落实党的知识分子政策的几点意见》两个文件。这是广西深入揭批“四人帮”和实行拨乱反正的重要举措,开始对“文化大革命”前后历次政治运动中的冤假错案进行甄别和平反,把揭批“四人帮”和实际工作相联系,对推进各项工作深入开展起了重要作用。

二、工作局面的开始转变

通过开展揭批“四人帮”的斗争,干部、群众中一些模糊的思想认识得到很大程度的澄清,促使各项工作局面不断好转。

按照自治区党委的部署,广西各地区、各部门、各单位通过宣讲江青反革命集团的罪恶材料和举办各种学习班,广大干部、工人、农民、知识分子和爱国民主人士,迅速掀起了揭、批、查(查与“四人帮”有牵连的人和事)斗争的群众运动高潮。根据自治区党委提出的要抓住受“四人帮”影响最深,造成危害最大的问题,批判“四人帮”路线的实质,大打“人民战争”,从各方面肃清其流毒的指示,各级党委抓住流毒深、危害大的问题,通过召开各种批判大会造成声势,又注意引导干部群众联系实际,广泛开展“四大讲”活动,即大讲“四人帮”对党的危害,对国家的危害,对单位的危害,对个人的危害;同时,以一人摆问题,大家分是非,一人肃流毒,大家受教育等方法,把“四人帮”颠倒了的路线是非、思想是非、理论是非纠正过来。

通过深入批判“四人帮”鼓吹的“老干部就是‘民主派’,‘民主派’就是走资派”的政治纲领,以及鼓吹“踢开党委闹革命”、煽动无政府主义思潮、煽动派性等罪行,批判了“怀疑一切,打倒一切”“宁左勿右,越左越革命”的思潮,批判了“矛头向上是大方向,矛头向下是整群众”的谬论,使各个领域的无政府主义思潮大为收敛。在工交、财贸战线中,干部逐步改变过去对生产不敢抓,对合理的规章制度不敢讲,对歪风邪气不敢管的状况,使生产效率得到提高。广大干部、工人以抓革命、促生产的实际行动,拥护党中央,批判“四人帮”,掀起生产新高潮。不少企业生产出现新面貌,1976 年 10 月,南宁绢纺厂超额完成总产值计划,总产量达到了历史最高水平,比 9 月份增长了 8.8%,全员劳动生产率比 9 月份提高了 7.8%,超过了历史最高水平;桂林液压元件厂至 10 月 28 日,提前 64 天超额 6% 全面完成了国家计划,与上年同期相比,增产 3.3 倍;梧州船运分局客运量超额 52.34%、货运量超额 4.02% 完成 10 月份生产任务,比 9 月份分别增长了 16.5% 和 16.39%,创造了客、货运输日产历史最高纪录。

在广大农村,经过批判“四人帮”攻击抓生产就是“唯生产力论”“宁要社会主义的草,不要资本主义的苗”等谬论,干部、群众树立起社会主义就是要大力发展生产力的思想,为农村经济的发展重新注入了活力。如在“批修批资总体战”中曾大砍香蕉的邕宁县那龙公社,干部组织社员联系砍蕉事件,批判“四人帮”攻击发展多种经营是“发展资本主义”的谬论,重新恢复香蕉生产。仅从 1977 年 2 月到 4 月初,全公社集体种蕉由残存的 3000 多蔸增加到 18 万多蔸,社员个人种蕉也由 500 多蔸增加到 6 万多蔸。许多地方撤销了那些自行制定的禁锢生产发展的“土政策”,在抓紧粮食生产的同时,积极支持社队集体和社员个人恢复发展多种经营。

教育战线在揭批“四人帮”中联系批判毒害广泛的“读书无用”“知识越多越反动”等谬论,清理过去“交白卷英雄”“反潮流英雄”带来的流毒,整顿纪律和校风。特别是推倒了“四人帮”炮制的“两个估计”,为教育战线拨乱反正起了重要作用。1977 年,随着大学、中专招生考试制度的恢复,自治区党委和革委会还提出要着手办好一批大、中、小学重点学校;并要求各类学校安排好主学与兼学的时间比例,确实保证大学和中学不少于 70%、小学不少于 80% 的文化课时间,从而使教育重新走上了正常轨道,尊重教师,遵守校规及自觉学习之风得以逐步恢复。

文化战线集中批判林彪、江青一伙鼓吹的“文化大革命”前 17 年是“文艺黑线专政”的谬论,重新肯定了新中国成立后广西文化战线各个方面所取得的成绩，在分清理论思想是非的基础上，决定让被诬为“大毒草”的《刘三姐》等一批优秀电影、戏剧再次与观众见面，许多文学作品获得解禁。

结合揭批“四人帮”的斗争，自治区党委开展了整党整风的工作。至 1976 年 11 月底，全自治区公社党委整党整风已经结束 329 个，占总数的 32%，正在进行的有 69 个公社，占总数的 6.7%。大队党支部整党整风已经结束的有 7975 个，占总数的 63.3%，正在进行的 1355 个，占总数的 10.8%。1976 年 12 月，全自治区整党整风经验交流会在玉林县召开，会议要求在深入揭发批判“四人帮”反党集团的斗争中，在深入开展农业学大寨、普及大寨县的运动中，继续抓紧抓好整党整风。1977 年 4 月，自治区党委转发了自治区党委组织部《关于地、市、县委整党整风方案的通知》，要求以毛泽东主席提出的“三要三不要”的基本原则和党中央的“抓纲治国”的战略决策为指导，以“加强党的集中统一领导，加强党的民主集中制，发扬党的优良作风”为中心内容开展整党整风，解决由于“四人帮”干扰破坏而造成的思想、组织、作风不纯的问题，重点是思想整顿，端正领导班子的思想政治路线。在安排上，先搞县委整党整风，后搞地委整党整风。地委要抓好先行试点，点面结合，逐步展开。此外自治区党委还部署各地各部门对与“四人帮”有牵连的人和事进行清查和处理，全自治区共查处这类人员 33 人。通过整党整风，各级领导班子提高了执行党的基本路线的自觉性，端正了思想政治路线，改变了工作作风，振奋了革命精神。

1977 年 2 月 7 日，《人民日报》《红旗》杂志以及《解放军报》发表题为《学好文件抓住纲》的社论，在强调揭批“四人帮”是“当前的纲”，要“抓纲治国”的同时，提出“凡是毛主席作出的决定，我们都坚决维护，凡是毛主席的指示，我们都始终不渝地遵循”的方针（后被称为“两个凡是”）。这一方针的推行，给揭批“四人帮”划定了界限，也给拨乱反正工作设置了障碍。

由于“两个凡是”的限制，揭批“四人帮”的斗争是在肯定“文化大革命”的前提下开展的，在揭批斗争中大量使用了“文化大革命”式的语言，这些都制约了思想解放和工作方式方法转变的进程。但是通过开展揭批“四人帮”的斗争，广大干部、群众认清了“四人帮”的真面目，分清了政治是非，提高了思想觉悟，从而极大地激发了政治热情和生产、工作积极性，促进了各项工作的整顿和开展。

三、“抓纲治国两年大见成效”任务的提出

粉碎“四人帮”后，广大干部群众长期被压抑的生产积极性得到解放，把被耽误的时间和造成的损失夺回来的愿望更加强烈，生产劳动热情更加高涨。但是，由于对过去经济建设中的经验教训没有进行认真总结，对经济形势好转估计过高，急于求成的思想再度滋长。粉碎“四人帮”后不久，中央发出“普及大寨县”号召，再次强调了1980年基本实现全国农业机械化的要求。工农业相关部门开始提出了发展的高指标。1977年全国工业学大庆会议期间，《人民日报》于4月19日发表了《抓纲治国推动国民经济新跃进》的社论，重新提出“跃进”的口号，中央也作出“国民经济的新的跃进局面正在出现”的乐观估计，提出了“一年初见成效，三年大见成效”的奋斗目标。

当时，自治区党委认为，自治区革委会成立后广西没有大的反复，在政治上比较安定团结，经济上稳步上升，似乎“文化大革命”在广西的破坏性没有其他地方那么严重，因而对过去的工作成绩估计过高，对经济好转形势过于乐观，在中央提出“抓纲治国”“三年大见成效”目标后，认为以广西的基础条件，经过自身的努力是可以提前实现的。因此，1977年6月12日至14日，自治区党委召开三届八次全体委员（扩大）会议，讨论制定了《广西壮族自治区落实大治天下八条标准，力争两年内大见成效的纲要（草案）》，提出要搞好整党整风、领导班子的建设，千方百计把农业搞上去，1980年达到全自治区人均有粮400公斤，把二分之一的县建成大寨县。

1977年11月中共广西壮族自治区第四次代表大会讨论通过的《广西壮族自治区落实抓纲治国八项战斗任务，力争在1978年做出显著成绩的纲要（草案）》，肯定了“抓纲治国，两年大见成效”的奋斗目标，提出了具体的建设指标：1978年基本建成支农工业体系，1980年工业总产值比1976年增长45%；钢产量达到30万吨，生铁50万吨，原煤1000

万吨;没有钢铁厂的地区至少办起1个小钢铁厂,力争在20世纪内达到300万吨至400万吨钢;水电装机容量达到500万千瓦至600万千瓦。农业方面,要求到1980年把全自治区二分之一的县建成“大寨县”;农田基本建设达到保持每人平均有1亩旱涝保收、稳产高产农田;1980年农、林、牧、副、渔主要作业70%以上实现机械化,各种拖拉机拥有量从7.2万台增加到18万台,机耕面积从1042万亩增加到3900万亩;先实现每人有粮400公斤,进而实现每人有粮500公斤等。

当时,在中央规划全国建设的120个大项目中,广西只有几项,其中有1个糖业基地,到1980年只安排建设2个糖厂,其他方面中央安排的投资也不多。广西本身的经济实力也制约了投资规模,要达到1978年基本建成广西支农工业体系,建成38个大寨县,旱涝保收面积达到耕地面积90%,1980年实现农、林、牧、副、渔的主要作业机械化这个目标,就必须实现工业25%、农业10%的年增长率。这些高指标超出了当时广西的经济承受能力,后来都没有能够实现。

第二节　中共广西壮族自治区第四次代表大会的召开和民主政治制度的恢复

一、中共广西壮族自治区第四次代表大会的召开

1977年8月12日至18日,党的第十一次全国代表大会召开。大会提出党在新的历史时期的根本任务是:为在本世纪内把我国建设成为伟大的社会主义现代化强国而奋斗。大会宣告“文化大革命”已经结束,但大会没有能够从根本上纠正“文化大革命”的错误。大会通过的新党章,对十大党章作了一些必要修改,把“在本世纪内,党要领导全国各族人民把我国建设成为农业、工业、国防和科学技术现代化的社会主义强国”写进总纲。1977年11月16日至21日,中共广西壮族自治区第四次代表大会在南宁召开。出席会议的代表共1074名,代表全自治区100多万党员,其中工农兵和其他劳动人民代表占72.98%,知识分子

代表占6.78%，干部代表占20.24%。大会的主要议程包括：乔晓光代表中共广西壮族自治区第三届委员会向大会作工作报告，中共广西壮族自治区第三届委员会向大会提出《广西壮族自治区落实抓纲治国八项战斗任务，力争在1978年做出显著成绩的纲要（草案）》，选举中共广西壮族自治区第四届委员会等。

乔晓光[①]代表第三届自治区党委向大会作工作报告，报告认为：自治区第三次党代会以来，全自治区广大干部、群众精神面貌发生了深刻的变化，抓革命、促生产、促工作、促战备的积极性空前高涨，工业学大庆、农业学大寨的群众运动一浪高过一浪。会议要求，必须坚持整党整风，加强党的各级领导班子建设；必须坚持贯彻执行党的阶级路线，全心全意依靠工人阶级和贫下中农；必须正确区分和处理两类不同性质的矛盾，团结一切可以团结的力量；必须全面贯彻“抓革命，促生产”的方针，努力把国民经济搞上去；必须切实加强党的一元化领导。大会提出本世纪内实现农业、工业、国防和科学技术现代化的奋斗目标，号召全自治区各级党组织、各族人民，更加紧密地团结起来，坚持党在整个社会主义历史阶段的基本路线，抓纲治国，力争在1978年做出显著成绩而努力奋斗。大会讨论通过《广西壮族自治区落实抓纲治国八项战斗任务，力争在1978年做出显著成绩的纲要（草案）》，肯定了“抓纲治国，两年大见成效”的奋斗目标，提出了广西具体的建设指标。大会选举产生了中共广西壮族自治区第四届委员会，委员79名，候补委员33名；选举产生纪律检查委员会，委员10名。11月21日，中共广西壮族自治区第四届委员会举行第一次全体会议，选举产生了第四届委员会常务委员17人，第一书记乔晓光，第二书记刘重桂，书记覃应机（壮族）、赵茂勋、杜易（壮族）、肖寒，岑国荣、张声震（壮族）、罗立斌、赵欣然、徐其海、郭鹏、梁吉泉（壮族）、梁华新（壮族）、曾小平（女）、廖生东、廖炜雄为常委。

这次大会总结了1971年2月以来广西在恢复发展工业和农业生产、科技、文教工作，维护社会治安方面的成绩和经验，提出了今后经济

① 1977年2月，中共中央对自治区党委进行调整，安平生调云南工作，乔晓光接任自治区党委第一书记、自治区革委会主任、广西军区第一政委。

建设计划。受“两个凡是”的影响，这次大会仍以“无产阶级专政下继续革命”的理论为指导，肯定“文化大革命”以及“以阶级斗争为纲”“批修批资总体战”等一系列“左”的方针、政策以及做法，认为自第三次党代会以来，广西“在全自治区范围内，基本上顶住了‘四人帮’的破坏，保持了正确的方向”。在干部问题上仍然把一些在“文化大革命”中造反起家的人、帮派思想严重的人、打砸抢分子和犯有严重错误的人提拔到领导班子中。

虽然自治区第四次党代会有着种种局限，但对动员广西各族人民进行现代化建设仍然起到了积极的作用。特别是一批在“文化大革命”中被打倒的久经考验的老干部被选进新一届自治区党委委员、候补委员中，使党政领导班子得到充实和加强，为后来拨乱反正创造了有利条件。

二、自治区党委纪律检查委员会的恢复

根据党的十一大通过的新党章，自治区党委四届一次全会选举产生了自治区党委纪律检查委员会（简称自治区党委纪委），书记赵茂勋（兼），副书记七名，委员十名。自治区党委纪委按照自治区第四次党代会提出的“抓纲治国，首先治党”的要求，认真开展各项工作。

首先是对党员进行纪律教育，切实端正党风。自治区党委纪委针对一些党员的违纪行为，从正反两个方面对广大党员进行教育。1978 年 2 月，自治区党委纪委在《广西日报》上发表了《共产党员必须遵守和维护党的纪律》一文，强调党员必须严格遵守和维护党的纪律。纪委领导成员在党课教育学习班上给区直机关新党员上纪律教育课，结合下乡指导工作给当地党员、干部作了党的纪律教育和党的传统教育的报告。同时，认真开展纠正不正之风工作。当年先后对个别县委以学习参观为名请客送礼、挪用国家支援农村人民公社机械化资金设“小金库”请客送礼等违纪案件进行通报，使各级党组织和广大党员引以为戒。

其次是抓好控告申诉的处理。1978 年 3 月，自治区党委纪委规定，对属于控告自治区党委管理的干部和重大问题的来信，要及时报告自治区党委，经自治区党委批准后迅速派人查处。转给下面和有关单位处理的，要催促处理结果。同时规定，对党员的申诉案件，应本着“有反必

肃，有错必纠”的原则，认真进行复查，对确实处理不当的要纠正过来。当年，自治区党委纪委收到申诉信 5500 件，处理控告信 340 余件，接待来访 1000 余人次。

三是加大案件复查平反力度。从 1978 年开始，自治区党委纪委本着实事求是、有错必纠的原则，对广西 1957 年到 1960 年党员中被定为“右派”分子、“右倾机会主义分子”的案件进行复查，给予平反改正。1978 年 5 月，自治区党委纪委提出对“四清”运动后期、“文化大革命”初期中小学教职工集训时处理的案件进行复查处理，复查重点是原定为敌我矛盾性质和受开除党籍、开除公职处分的案件，按人民内部矛盾问题处理，本人申诉要求复查的应予以复查；对确实处理错了的应予平反，定性不准的予以纠正，开除不当的能恢复工作的恢复工作，不能恢复工作的作退职、退休处理。

自治区党委纪委的成立，有力推进了拨乱反正和平反冤假错案工作的开展，对端正党风、恢复党的正常生活起到了良好的监督保障作用。

三、人民代表大会制度和政治协商制度的恢复

1977 年，按照中央的部署，自治区党委常委会决定筹备召开自治区第五届人民代表大会①第一次会议和政协广西第四届委员会第一次会议。这是自治区在“文化大革命”后逐步恢复民主政治制度的重大举措。

1977 年 12 月 10 日至 17 日，自治区第五届人民代表大会第一次会议在南宁召开。会议听取并通过了自治区革委会主任乔晓光作的《关于 1968 年 8 月广西壮族自治区革命委员会成立以来工作报告》，选举乔晓光为自治区革委会主任，刘重桂、覃应机（壮族）、杜易（壮族）、赵欣然、廖炜雄、徐其海、廖生东、周光春、黄荣（壮族）、贺亦然为副主任。选举自治区出席第五届全国人民代表大会代表 84 人。会议号召广西各族

---

① 1963 年 12 月，广西壮族自治区第三届人民代表大会召开，至 1967 年 1 月，机构瘫痪。“文化大革命”期间，1968 年 8 月 26 日广西壮族自治区革命委员会成立，代行广西党政军职能，根据 1978 年自治区党委决定，自治区革委会为第四届人民代表大会常务委员会。

人民坚决贯彻执行党的十一大路线，把揭批“四人帮”的斗争进行到底。调动一切积极因素，团结一切可以团结的力量，鼓足干劲，力争上游，多快好省地进行广西的社会主义建设，为实现“四个现代化”的宏伟目标作出贡献。此后，各地（市）、县也相继召开了人民代表大会，地方各级人大组织逐步恢复。

12月9日至16日，自治区政协第四届委员会第一次全体会议在南宁举行。大会主席团副主席钟枫代表第三届委员会常务委员会作工作报告。报告肯定了第三届常委会的工作成绩，提出此后工作的主要任务是继续推动各界爱国人士深入揭批“四人帮”罪行，推动各界人士掀起一个学习马列主义和毛主席著作新高潮，进行自我教育和自我改造；在中国共产党的领导下，根据各个时期的政治形势和任务，开展各种政治活动，团结一切可以团结的力量，调动一切积极因素，为建设社会主义服务。与会委员列席自治区第五届人民代表大会第一次会议。会议选举覃应机（壮族）为自治区政协第四届委员会主席，赵茂勋、钟枫、卢绍武（壮族）、黄一平、莫乃群、陆秀轩（壮族）、石兆棠、林克武、郑建宣（壮族）、黄松坚（壮族）、黄启汉（壮族）、叶培为副主席。自治区政协第四届委员会共有委员500人，包括27个界别，知识分子所占比重增大，有一半以上是教授、工程师、农艺师、讲师、医生、教师等科技文教工作者。设立学习、文史资料研究、调查研究工作、联络等4个委员会，还设立文化、科技、教育、卫生体育、工商、妇女、民族宗教、对台宣传、对外联络、政法、经济建设等11个工作组，因“文化大革命”动乱而停顿11年之久的自治区政协机构得到恢复。此后1年间，自治区政协召开2次常务委员会会议和10次主席会议，为广西各项工作献计献策。

自治区政协恢复工作后，除积极参政议政外，相继开展文史资料的征集整理和出版发行、对台宣传、信访等工作。针对许多民主人士在“文化大革命”中受迫害，对党的统一战线政策怀疑观望、有怨气等情况，自治区政协召开了座谈会，揭批林彪、“四人帮”反革命集团的罪行，使各界人士看到党改正自身错误的勇气和决心，恢复和共产党长期合作的信心。为了让各界人士舒缓精神、了解区内外发展新貌，1978年5月，自治区政协副主席林克武率领29人的参观团，前往梧州、玉林、桂平、陆川、岑溪等市县参观工业企业、水利设施以及农业科研和文教卫生事业单位，了解建设新成就。同年 10 月，林克武又率领包括莫乃群、石兆棠等民主人士在内的广西各界人士学习参观团一行 34 人到江西、湖南参观。通过参观活动，各界人士开阔了眼界，有助于他们放下思想包袱，增强建设社会主义现代化的信心。

1978 年 6 月，根据新《宪法》的规定和中央的指示，开始重建检察机关，自治区人大常委会先后任命了自治区人民检察院副检察长及其办公机构的领导成员，帮助、督促各地、市、县重建人民检察院。9 月，董以法被任命为自治区人民检察院检察长。至此，在“文化大革命”期间被“砸烂”的检察机关得以全面恢复。

自治区第四次党代会的召开和自治区各级人大、政协以及检察机关等组织机构的相继恢复，标志着在“文化大革命”中被打乱的政治生活秩序开始走上正常轨道，为推动伟大历史转折提供了有力保障。

第三节　干部政策的初步落实和真理标准问题的讨论

一、落实干部政策和平反冤假错案

1977 年 3 月，中央工作会议提出要“认真落实党的干部政策、知识分子政策、民族政策，调动党内外一切积极因素”。1977 年 8 月，党的十一大政治报告指出：“干部是我们党的宝贵财富。对过去审查干部中遗留的一些问题，应当严肃认真地尽快妥善处理。可以工作而没有分配工作的，要尽快分配适当工作。年老体弱不能工作的，也要妥善安排。少数人需要作出审查结论的，应尽快作出”。根据中央的指示精神，1978 年 5 月 4 日至 7 日，自治区党委召开四届二次全体（扩大）会议，讨论制定《关于认真落实党的干部政策的意见》（简称《意见》）等文件。《意见》要求，严肃认真地尽快妥善处理“文化大革命”中审干的遗留问题，“文化大革命”前历次政治运动中确属错案、假案、冤案的，也要认真处理。在案件复查中,要坚决贯彻“有反必肃、有错必纠”的方针,要坚持实事求是的精神,群众路线的工作方法,错多少纠正多少,部分错部分纠正,全部错全部纠正。《意见》要求,做好对一些干部的工作安排使用。对“文化大革命”中有政治历史问题受审查,或者犯有错误的干部,根据各人问题的大小、错误的轻重,现实表现、工作能力、身体状况,分别适当安排工作。对于具备对口条件的工业、农业、科技、文教、卫生等各类专业干部,凡本人有要求或工作需要的,有技术专长的,要尽快调整到对口专业岗位上去。《意见》要求,在揭批“四人帮”的斗争中整顿、建设好各级领导班子。认真解决好由于“四人帮”的干扰破坏造成的不同程度的思想不纯、组织不纯、作风不纯的问题。着重搞好思想整顿,提高路线觉悟和政策水平,改进领导作风。在各级领导班子中,要继续充分发挥老干部的核心骨干作用。要注意培养选拔中青年干部,注意培养选拔妇女干部和少数民族干部。随后,广西对在“文化大革命”中被错误处理仍“靠边站”的干部,给予重新恢复工作;仍下放在基层的干部调回安排相应职务;“四清”运动中被划为“走资本主义道路当权派”的干部一律摘掉帽子,按问题的性质和轻重重新处理。对在1974年遭受错误批判的许圣亭、张乃健、江滨3人,自治区党委给予彻底平反,并承担了对他们错误批判的责任。对“文化大革命”前后历次政治运动中的冤假错案,开始进行甄别与平反工作。与此同时,对各级领导班子进行了调整和充实,把在“文化大革命”中受迫害的一批领导干部陆续重新安排到领导岗位上,把一批优秀的中青年干部选拔进各级领导班子,一批科学技术干部重新调回技术岗位。到1978年7月底止,复查了90%左右的广西“文化大革命”中所判处的反革命案,其中属于因反对林彪、“四人帮”和为邓小平同志遭诬陷鸣不平而被定为反革命的案件,已全部复查完,冤案得到了昭雪,假案得到了平反,错案得到了纠正。另外,还复查了其他刑事案件。通过复查,全自治区总共纠正了冤、假、错案2667件,2854人。其余的冤、假、错案,在党的十一届三中全会前后,也陆续地获得解决。

1978年5月14日,自治区党委发出《关于落实党的知识分子政策的通知》,明确要求全面恢复工业、农业、科学、文教、卫生等各类专业人员职称,进行了“文化大革命”以来的第一次职称评定工作。到1978年

11 月，高等院校经评审晋升教授 17 名，副教授 76 名；区直农业战线晋升 107 名总工程师、副总工程师、副总技师、副研究员、工程师等，并于 11 月 21 日召开区直农业战线授予科技人员职称大会。此后，自治区党委组织部、自治区人事局在总结了全自治区 1 年多来恢复和晋升技术职称的工作后提出，确定和晋升技术职称要经过相应的学术评审组织评议，没有建立评审组织的要尽快建立，在大专院校可建立学术委员会，科研、设计、厂矿等单位可建立技术委员会，成员由领导干部和有代表性、有声望、有真才实学的科技骨干参加。1978 年，广西专业技术人员由 144249 人增至 153487 人。同年，广西人才研究会成立大会暨首届学术讨论会在南宁举行。大会通过了《广西人才研究会章程》《关于我区人才问题的十点建议》。

落实干部政策涉及诸多方面，整个工作有序进行。调查摸清知识分子的使用情况，适当调整工作岗位，便于知识分子专业对口、发挥专长，对当时全自治区约 3000 名专业不对口的人员，陆续作了调整。积极地有步骤地改善知识分子工作生活条件，解决一些实际问题和困难，增加了教学和科研经费，保证科技人员每周至少有六分之五的业务工作时间，组织他们开展学习和进修；搞好集体福利事业，逐步解决部分知识分子夫妻两地分居、工资偏低的问题。妥善处理审干中的遗留问题，对有遗留问题的专业人员，尽快作出正确的结论和适当安排。平反冤假错案，对被错误处理的知识分子恢复名誉，补发工资，归还在“文化大革命”中被查抄的财物和被挤占的住房。安排好三年经济困难时期被精简的知识分子的工作。尊重知识、尊重人才的风气逐步回归。以上政策的落实，使大批干部和知识分子从政治劫难中解脱出来，对进一步稳定广西局势和推进各项工作起了重要作用。

1978 年 4 月 5 日，中共中央决定全部摘掉右派分子的帽子，并于 9 月 17 日批发《关于全部摘掉右派分子帽子决定的实施方案》。按照中央文件规定，自治区党委成立领导小组，对过去错划了右派的人，坚持有错必纠的原则，给予改正，做好摘掉右派分子“帽子”的工作。到 11 月，“摘帽”工作全部完成。后来，又按照中央政策将“摘帽”改为纠正。经过甄别，认定在反右派斗争中广西所划的 1.43 万余名右派分子属于错划，全部给予纠正,解除了他们的精神负担,纠正工作到1980年基本结束。

二、开展真理标准问题的讨论

在揭批"四人帮"运动、发展国民经济、落实政策等工作中,解决"文化大革命"在思想、政治、组织、经济等方面问题的要求日益迫切。而要解决这些问题,必须首先解决指导思想问题。

1978年5月10日,中央党校内部刊物《理论动态》刊发了《实践是检验真理的唯一标准》的文章。次日,《光明日报》头版以"本报特约评论员"名义公开发表这篇文章,新华社发了通稿。随后,《人民日报》《解放军报》以及多家省报全文转载,各种重要媒体和各方面人士逐步参与进来,一场关于真理标准问题的大讨论在全国展开。

讨论开始时,从中央到地方,不少人对真理标准问题存在着不同看法,真理标准问题的讨论遇到很大阻力,自治区党委也有一些疑虑。6月2日,邓小平在全军政治工作会议的讲话中着重阐述了毛泽东关于实事求是的观点,强调"实事求是是毛泽东思想的出发点、根本点",号召"一定要肃清林彪、'四人帮'的流毒,拨乱反正,打破精神枷锁,使我们的思想来个大解放"。在邓小平讲话和全国真理标准问题大讨论形势的推动下,自治区党委从抓试点入手,组织社科界首先开展讨论。

从6月下旬开始,自治区党委为开展讨论做了准备工作。《广西日报》转载了《人民日报》的《关于真理的标准问题》和《解放军报》特约评论员文章《马克思主义的一个基本的原则》等文章。8月1日至3日,根据自治区党委的批示,广西社会科学研究所(简称广西社科所,今广西社会科学院)召开"关于真理标准问题的讨论会",与会的有区直机关和各地、市、柳铁、大专院校的理论工作者和机关工作人员89人。与会者围绕马克思主义能否作为判断是非的标准,它和检验真理的标准有无矛盾,如何对待毛泽东思想的问题,强调实践是检验真理的唯一标准会不会降低理论的指导作用等问题展开了讨论。很多人在发言中认为,肯定实践是检验真理的唯一标准,不但不会否定革命理论对实践的指导作用,相反正是肯定了革命理论对实践的指导作用;坚持用实践的标准和重视理论的指导作用,两者是一致的、统一的;马克思主义理论之所以能指导革命,是因为马克思主义理论是在革命实践中总结出来的,经过革命实践反复证明了的普遍真理,它还将在今后的革命实践中,继续接受检验,继续得到丰富和发展。讨论会对真理标准问题取得了共识,达成了一致结论。会议指出开展这场讨论不仅是一个基本理论问题,而且是一个重大的现实问题,有利于深入揭批“四人帮”,准确、完整地掌握毛泽东思想,有利于恢复和发扬党的实事求是优良传统,更好地理解和落实党在新时期的路线、方针和政策。

在此基础上,自治区党委开始部署在全自治区范围内进行群众性的真理标准问题大讨论。从8月5日起,《广西日报》陆续刊登有关真理标准问题的讨论文章。8月9日,《广西日报》报道了广西社科所真理标准讨论会的消息,转载了《光明日报》特约评论员文章《实践是检验真理的唯一标准》。自治区党委宣传部印发了《当前理论和实践问题讨论的一些情况》,把理论界关于实践是检验真理的唯一标准问题争论的起因、讨论的形成和发展、性质及意义,以及各地讨论的主要内容和观点,以简报形式下发各级宣传部。

从9月底至11月初,《广西日报》根据自治区党委的指示,开辟了“实践是检验真理的唯一标准”专版。专版刊登有关文章,摘编部分省市和部队以及学校学习、讨论这一问题的情况,组织刊登一批关于真理标准问题讨论的理论文章;发出“大家都来重视检验真理标准问题的讨论”的号召,指出这不仅仅是个理论问题,而是关系到高举毛主席伟大旗帜,正确对待马列主义、毛泽东思想的根本态度问题,讨论“使我们的同志受到了一次实际的辩证唯物主义的认识论的再教育”。专版还相继报道了各省、市、自治区和各大军区、各兵种的主要负责人支持“实践是检验真理的唯一标准”的观点和消息。

10月初,由自治区党委宣传部组织,广西社科所召开了第二次理论与实践问题讨论会。在第一次讨论会基础上,就一些重要问题,如实践是检验真理的唯一标准、理论(包括马克思主义理论)不能作为检验真理的标准、坚持实践是检验真理的唯一标准正是为了充分肯定理论的巨大指导作用、批判“四人帮”颠倒理论与实践的关系必须与批判林彪鼓吹的“天才论”联系起来等形成了更深入的认识。从理论与实践的结合上，进一步理解、论述、宣传实践是检验真理的唯一标准问题，取得了一定成果。此后，广西社科所新创刊的《学术论坛》发表了部分论文，扩大了真理标准问题讨论的影响。

10月16日，自治区党委召开常委扩大会议，认真学习和讨论关于实践是检验真理的唯一标准问题。乔晓光在会上就开展对这个问题的讨论发表了意见，指出，弄清楚实践是检验真理的唯一标准问题，对于进一步解放思想，坚持实事求是，落实政策，调动广大干部群众的积极性，加快实现四个现代化的步伐，都具有极重要的意义。我们要用马克思主义这一基本原则，检验我们的思想和工作，看哪些做对，哪些做错了。我们办事情一定要坚持唯物论，坚持辩证法，坚持实践第一观点。这个讲话明确表达了自治区党委支持真理标准问题讨论的态度。

紧接着，自治区党委召开干部大会，自治区和南宁地、市直属机关共5000人参加。自治区党委负责人强调，领导要带头，自觉地从路线、思想、政策、作风上带头拨乱反正；抓住主要问题，下工夫拨乱反正；实事求是地落实干部政策、知识分子政策、经济政策以及党的其他各项政策；强调要坚持实践是检验真理的唯一标准的观点，一切从实际出发。

自治区党委公开支持真理标准问题讨论的鲜明态度，促进了真理标准问题讨论在广西的开展。这场规模宏大、影响深远的全国性真理标准大讨论，为冲破“两个凡是”的严重束缚，推动思想解放奠定了理论基础，也给广西带来了解放思想的新风，打破了过去僵化、沉闷的局面。当然，受到“左”的思想长期影响，思想禁锢并非短期能完全解除，思想解放任重道远。

第二十四章

国民经济、社会事业的恢复发展和走向伟大的历史转折

粉碎“四人帮”后，人民群众被压抑多年的生产积极性得到释放，为实现四个现代化而努力生产成为全自治区干部群众的行动目标。自治区党委贯彻中央的工作部署，团结和带领全自治区各族人民继续开展农业学大寨和工业学大庆运动，推动工农业生产发展，调整经济政策，整顿科技、教育等社会事业，巩固和发展民族团结进步事业，在党的十一届三中全会以后，把工作重心转移到社会主义现代化建设上来，实现了伟大的历史转折。

第一节　农业的恢复和发展

一、继续开展农业学大寨运动

为了迅速扭转“文化大革命”对农村经济政策严重破坏的局面，广西继续开展农业学大寨运动，加快改变农业生产条件，贯彻农村经济政策，开始了农业生产的恢复工作。

1976年底中央召开第二次全国农业学大寨会议，号召全国人民在揭批“四人帮”的同时，要掀起一个“抓革命，促生产”的高潮，努力把国

民经济搞上去。自治区党委贯彻中央的工作部署,先后召开常委会、革委会全体委员会议,以及区直机关党员大会和各市、县的四级干部会议,传达第二次全国农业学大寨会议精神,真正做到了家喻户晓。1977 年 2 月以后,在全自治区范围内掀起更大规模的大搞农田基本建设、普及大寨县的高潮。四级干部会议后,在基层也掀起农田基本建设的新高潮。昭平县在县委常委的带动下,全县各公社 80% 以上的常委,大队 90% 的支委都深入工地,带头大干,20 天时间造田造地 11323 亩,超额 80% 完成地委分配的任务。为了推动农业学大寨的开展,当年 5 月,自治区党委组织部分大队党支部书记和有关部门的领导干部 1800 余人,由自治区党委和广西军区主要领导率领,分 3 批到大寨、昔阳参观学习。随后,自治区党委又不断召开工作会议,贯彻中央普及大寨县工作座谈会精神,研究如何加快“农业学大寨”“普及大寨县”等问题,并制定、下发了相关文件。

为了推进建设“大寨县”的工作,1978 年 2 月,自治区党委发出了《关于全面落实大寨县目前六条标准的具体要求》,明确“大寨县”的建设标准:县、社、队三级干部能够像昔阳县那样参加集体生产劳动,县委常委每年劳动达到 100 天;在农田基本建设、农业机械化和科学种田方面进展快,收效大;集体经济不断壮大,穷社穷队的生产收入达到或超过当地中等社队现在的水平;农林牧副渔各业全面发展,增产数量大,对国家贡献多,社员生活逐步有改善。为了严格对干部的要求,自治区党委同时还发出《关于各级领导干部参加集体生产劳动的决定》,要求县、社、队领导干部坚持执行“一、二、三”的制度,即县、公社、大队三级领导干部每年参加生产劳动时间平均达到 100 天、200 天、300 天。

由于对“文化大革命”的错误还有一个认识过程,自治区党委在继续组织开展农业学大寨中延续了“批资批修总体战”中一些“左”的做法。为了清理“野马”副业,“收回被侵占的集体土地”,巩固和发展集体经济,1977 年 2 月,自治区派出 5 万人的基本路线教育工作队下到基层,不仅继续限制和批判社员的“野马副业”,而且把集体经济从事的商品生产,也当作“资本主义”加以限制和批判,延续了“批修批资总体战”对经济发展的不利影响。

二、大力推进农田基本建设

在组织农业学大寨的过程中，自治区党委狠抓了农田基本建设。1977年1月后，结合学习贯彻第二次全国农业学大寨会议精神，广西农村掀起以治水改土为中心的冬季农田基本建设高潮，当年有560多万劳动大军奋战在2.4万多处农田基本建设工地上，全广西新增加灌溉面积19万亩，造田造地53万亩，建成“大寨田”33万亩。9月，区革委发文对大搞农田基本建设作出指示，要求必须把农田基本建设当作一项伟大的社会主义事业来办，落实好“备战、备荒、为人民”的战略方针。当年12月，自治区党委结合传达全国农田基本建设电话会议精神，又一次号召全自治区人民立即行动起来，大搞农田基本建设，要求各地做到领导力量、劳动力和必要的机械工具“三集中”，打好农田基本建设仗，为加快农业发展速度创造条件。当月，自治区党委组织1000多名机关干部参加的自治区农田基本建设工作队，分赴武鸣、合浦、贵县、宜山、柳城、田东、岑溪、临桂等8个县参加水利建设，掀起新一轮农田基本建设高潮。从当年冬到次年春，全自治区又新修和续修一批水利工程，完成砌石“三面光”渠道1600多公里，使灌溉面积增加近54万亩。到1980年，全自治区增加旱涝保收农田800万亩，稳产农田1800万亩，耕地面积达到4100余万亩，为农业生产的稳定发展夯实了基础。

三、农村经济政策的调整

在农村，结合批判“四人帮”诬蔑按劳分配是“扩大资产阶级法权”“会产生修正主义”的谬论，进一步整顿生产秩序。

1978年2月，《人民日报》先后发表《调动农民社会主义积极性的关键在落实政策》和《尊重生产队的自主权》等评论员文章，文章指出，调动农民社会主义积极性的关键在落实党在农村中各项政策，当前需要特别指出的一件大事是落实按劳分配政策。2月，自治区党委召开农村工作会议，研究加强人民公社经营管理等问题。会后，自治区革委会印发《关于加强农村人民公社经营管理若干问题的规定（草案）》，对生产队进行整顿,提出了贯彻按劳分配,加强劳动管理,搞好生产责任制,严禁乱摊派,减轻生产队负担,搞好分配,保证分配兑现等意见。针对许多生产队增产不增收,多劳不多得,分配不兑现的问题,要求推行大寨式评工记分办法时既要反对平均主义,又要防止“工分挂帅”,实行定额管理,建立严格的生产责任制,推行“四定到组”,并要求要使90%的社员年收入比上一年有所增加。这个《规定(草案)》对改善农村经营管理起了较好的作用。由于逐步实行了定额、小包工和底分活评等计酬办法,使农民的生产积极性和劳动效率得到提高,加上水利、化肥等农业基础条件进一步改善,农业继续向前发展。1978年全自治区农业总产值为46亿元,比上年增长1.8%,甘蔗、黄红麻、烤烟等产量都达到历史最高水平。

为促进生产的发展,自治区党委还逐步改变了对商品经济和贸易的限制。从1978年下半年开始,流通领域中的政策也逐步放宽,农贸市场恢复了三天一圩。此外,当年9月,自治区革委会批转了自治区工商局、粮食局《关于恢复季节性开放粮食市场的报告》,恢复了季节性的粮食市场。虽然还有种种限制,但是社队在完成粮食征购和“双超”任务后,可以在市场出售余粮。

1977年7月1日,自治区革委会转发自治区财办《关于建立蛋品生产基地的报告》,确定柳州、桂林、梧州市郊区及邕宁、武鸣、横县等20个县、市作为蛋品生产基地。从1977年7月15日起,基地县、市生产队集体每交售鲜蛋0.5公斤,国家奖售化肥0.5公斤;社员每交售鲜蛋0.5公斤,奖售原粮0.5公斤。到1978年,广西在农业方面建立商品粮、油料、蔗糖、花生、渔业生产基地的工作取得很大进展。1978年农业总产值达46.2亿元,比1976年增长6.4%,粮食总产量1082.3万吨,增长0.7%,其他经济作物产量均有所增长。

四、发展社队企业

为了更全面地发展农业和农村经济,自治区党委大力扶持社队企业的发展。1976年5月上旬,自治区革委会在南宁召开农村公社、大队工业会议。会议着重解决社、队工业的发展方向问题,要求在短期内社、队工业有较大发展。同年6月，自治区党委提出要积极地有计划地发展公社和大队企业。

1978年5月，召开广西社队企业会议，讨论发展社队企业的有关问题，提出要大力办好社队企业，社队企业的产、供、销要逐步纳入各级政府、各有关部门的计划。8月，自治区党委、革委会召开的自治区、地、县、公社四级干部会议，制定并通过了《关于整顿和加快发展社队企业的指示》等3个文件。1978年9月，广西成立人民公社企业局，在此前后，地、市、县也相继建立人民公社企业局。同月，自治区革委会发出《关于整顿和发展社队企业的指示》，要求各级革委会加强领导，从资金、物资、设备、技术等方面大力支持社队企业，认真落实党的农村经济政策，调动大办社队企业的积极性，力争1980年社队企业总收入占公社三级经济比重的30%左右，1985年达到50%以上，改变自治区社队企业经济比重低于全国平均水平的状况。到1978年，广西拥有各类社队企业39792个，企业人员80.73万人，总收入7.99亿元，比1974年增长4.02倍，平均每年增长49.72%，其发展速度和在农村经济中所占比重在全国各省、自治区、直辖市中居于中上水平，社队企业总收入绝对值列居第17位。

第二节　工业生产的恢复和发展

一、继续开展工业学大庆运动

1977年1月，中央发出《关于召开全国工业学大庆会议的通知》，动员全党、全国工人阶级，为普及大庆式企业而奋斗。广西再度掀起了“工业学大庆”、争创大庆式企业活动的热潮。2月底至3月初，自治区工业学大庆工作会议在南宁召开，大会授予45个企业（单位）为大庆式企业（单位），740个企业（单位）为学大庆先进企业（单位）；表彰工业学大庆先进集体652个，先进生产者299名，先进工作者112名。大会提出要加强企业领导班子和职工队伍建设，搞好企业管理，建立健全和严格执行岗位责任制为中心的 7 项主要制度,要求不断提高企业管理水平,大搞技术革新和技术革命,争取 1980 年把三分之一的厂矿企业单位建成大庆式企业。7 月,自治区党委组织由自治区党委常委肖寒率领的广西赴大庆学习参观团一行 800 余人,赴大庆学习。1977 年冬和 1978 年春,在全自治区进行了普及大庆式企业的大检查、大评比、大总结,各地、市先后召开了工业学大庆先进代表会。1978 年 6 月,自治区又召开工业学大庆会议,表彰一批学大庆的先进企业、先进集体及先进工作者。在工业学大庆运动中,仅柳州市经中央有关部门和自治区命名为大庆式的企业就有 19 个单位。1978 年柳州市经中央有关部门和自治区授予劳动模范称号有 5 位同志。

工交战线各企业结合工业学大庆活动,批判"四人帮"攻击抓生产是搞"唯生产力论"、执行合理的规章制度是搞"管、卡、压"、实行奖金制度是搞"物质刺激"等谬论,逐步恢复"文化大革命"以前行之有效的各种岗位责任制、经济核算制等规章制度。从 1977 年起,自治区党委和革委会对存在软、懒、散现象的企业领导班子进行了整顿,要求各级干部大胆抓工作,敢于拨乱反正。1978 年,在贯彻《中共中央关于加快工业发展若干问题的决定(草案)》(即"工业三十条")中,对一批关系全自治区国民经济大局的重点企业进行整顿。通过整顿,进一步加强对企业的计划、生产、技术、设备、物资、劳动、财务的管理,建立健全岗位责任制,提高企业经营管理水平。通过工业学大庆运动,一段时期以来被"四人帮"搞乱的生产秩序重新恢复,促进技术攻关开展,推动了这一时期广西工业的发展。

二、工业领域生产管理制度的调整

虽然在对发展速度的追求上又出现了急于求成的失误,但是同一时期,自治区党委为了促进国民经济更好地发展,也在不断调整、落实经济政策。在工交企业管理上,结合"工业学大庆",抓了工业企业扭亏增盈、恢复奖金和计件工资制度等工作。全自治区以合山、红茂矿务局、柳州钢铁厂等单位作为试点,实行奖励制度和计件工资,规定在全面完成国家计划的前提下,奖金总额(包括附加工资)的提取按国务院相关规定执行，其中柳州钢铁厂和自治区统配煤矿的奖金总额提取的比例可以适当提高，但最高不得超过标准工资的12%。1978年5月自治区革委会印发《关于在国营企业中试行计时工资加奖励的通知》后，广西各主要经济部门也逐步在面上推行计件、计时工资加奖励的办法。对其他不实行计件工资的企业和事业单位，则通过开展劳动竞赛，给予职工一次性的年终奖。年底，还给国家机关18级以下的干部和工勤人员发了一次性的年终奖金。在提高工人生产积极性的同时还注重抓提高产品质量的工作。当年9月，自治区工交办公室、自治区总工会等单位联合召开全自治区工交战线"质量月"广播电视大会，要求深入开展提高产品质量的竞赛活动。南宁罐头厂等9个单位介绍了经验，并向全自治区厂矿企业发出竞赛倡议。

通过进一步整顿和落实相关经济政策，企业的规章制度进一步恢复和完善，企业中的无政府状态进一步扭转，工人生产积极性提高，经营管理工作也有了改进和提高，不少长期亏损的企业改变了面貌，有的摘掉了长期亏损的帽子。平桂矿务局结合工业学大庆，加强企业管理，开展技术练兵，提高干部、工人的技术水平，1978年提前1个月完成全年生产计划，一举摘掉连续12年的亏损帽子。长期欠产亏损的柳州造纸厂通过工业学大庆，实行定任务、定消耗、定成本和厂、车间、班组三级核算等办法，使8项经济技术指标创历史最好水平，提前半个月完成1978年生产任务，也甩掉了亏损帽子。1978年全自治区工业总产值达到69.97亿元，比1976年增长23.4%，平均每年增长12%，大部分主要工业产品产量达到历史最高水平。加上在"四五"计划期间和"五五"计划的头3年，集中财力、物力建设了一批骨干工程，也于1977年至1978年陆续建成投产，广西的工业产能有了较大增长。

三、推进基础工业和优势产业的发展

1976年5月，自治区党委批转《全自治区1976年计划会议纪要》，提出重点发展交通、能源、原材料基础工业，在"五五"期间，钢、铁、钢材、煤炭、水电、支农产品和轻工产品等都要有大幅度增长。自治区计委把对广西经济社会发展具有重要作用的建设项目，包括大化水电站、防城港、南宁炼油厂、平果铝厂和柳州钢铁厂等,申请列入国家重点项目建设计划。

大化水电站装机容量40万千瓦,是当时广西最大的水电站,1975年10月正式开工,1985年建成投产。防城港在援越抗美结束后,建设了2个万吨级深水码头,使之成为“平战结合”、开展对外贸易的港口。该港口在1976年建成主体工程及部分配套设施后,又争取国家同意,扩建5个万吨级深水泊位及修建南宁至防城的铁路工程。柳州钢铁厂是广西大型骨干工业项目,动工建设后国家多年给予追加投资,进行技术改造,推动企业发展壮大。这些重点项目的建成投产,对拉动广西经济增长起了重要的作用。

1975年,国务院就把广西列为全国蔗糖生产的重要基地之一,发展蔗糖生产已经成为自治区党委加快广西工业发展的工作重点。粉碎“四人帮”以后,又制定了蔗糖生产发展规划和出台加快蔗糖发展的若干政策。1977年6月,自治区革委会作出《关于坚决把我区糖业生产搞上去的决定》,重点抓好糖业生产的规划和布局,要求1978年全自治区产糖35万吨以上,1980年60万吨,1985年100万吨;每年建成日处理能力500吨的糖厂10个;建立长期稳定的机糖原料蔗生产基地,基地种蔗面积应占耕地的50%左右;对机蔗区粮食实行减购增销政策,保证蔗农口粮;对原料蔗实行定产定购、超产奖励。1978年2月召开的自治区糖业生产会议,提出有机榨糖厂的51个县、市都要建立甘蔗生产基地,全自治区安排100万亩好田好地种蔗;核定机蔗生产基地需要减购增销的粮食。至1978年,新建迁江等16家糖厂,扩建伶俐等15家糖厂,成为解放以来广西建糖厂数量最多、新增生产能力最高的一年。

这一时期,自治区党委对广西的产业布局和区域分工也作了规划。1978年5月,自治区党委召开城市工作会议,研究城市生产建设的问题,初步确定:南宁市以轻化工业、柳州市以重工业为主,桂林以轻工、电子和为旅游服务的土特产加工工业为主,梧州市以出口加工的轻化工业为主,把北海市建设成为渔业基地。

总之,由于实行上述措施,广西工业生产得到了一定的恢复和发展。1978年全自治区工业总产值达到69.97亿元,比1976年增长23.4%,平均每年增长12%,大部分主要工业产品产量达到历史最高水平。加上在“四五”计划期间和“五五”计划的头3年,集中财力、物力建设了一批骨干工程,也于1977年至1978年陆续建成投产,广西的工业产能有了较大增长。随着经济发展和财政收入增加,1978年,城镇职工有40%增加了工资,生活有所改善。

第三节　各项社会事业的初步恢复和发展

1977年7月,党的十届三中全会在北京召开,会议决定全部恢复邓小平在1976年“反击右倾翻案风”时被撤销的职务。邓小平再次复出后,大刀阔斧地进行拨乱反正工作。在教科领域,“两个估计”被推倒,科技工作重新受到重视,高考制度重新恢复,广大知识分子深受鼓舞。

一、科学技术事业的恢复和发展

党中央领导和推动科技领域拨乱反正,全国科技界确定了向科学技术现代化进军的目标。中国科学院第一次科技工作会议后,1977年7月9日,自治区党委召开向科学技术进军广播动员大会,号召各族人民和广大科技人员向科技进军。14日,自治区党委成立了自治区科技领导小组。10月15日至21日召开自治区科技工作会议,会议宣布区党委关于成立自治区科学技术委员会的决定,并提出要尽快筹建广西科学院,恢复科学技术协会和各种专门学会。各地、市、县也要成立科学技术委员会。区直和地、市、县有关战线、局以及高等院校等,要建立相应的科技管理机构。至1977年10月,据自治区科研机构人员统计表数据显示,全自治区科研机构数为300个,职工总数有15444人,其中研究技术人员3495人,管理和其他业务人员2459人,工人9490人。区直科研机构有45个,职工总数为8464人,包括研究技术人员2470人,管理和其他业务人员1555人,工人4439人。全自治区科技管理机构数为114个,职工人数605人,其中包括区、地(市)、县三级、柳铁、区直有关战线、局、大专院校的科技管理机构。全自治区自然科学专业机构数为297个,科技人员有3291人,工人有9079人。1977年,广西专业技术人员为144249人,1978年专业技术人员为153487人。

1978年3月,中共中央、国务院在北京隆重召开了全国科学大会,中共中央副主席、国务院副总理邓小平作了重要讲话,强调四个现代化的关键是科学技术的现代化,阐述科学技术是生产力这个马克思主义观点,明确我国的知识分子绝大多数已经是工人阶级和劳动人民自己的知识分子,已经是工人阶级的一部分,是我们党的一支依靠力量,号召“树雄心,立大志,向科学技术现代化进军”。大会表彰了科技工作先进集体、先进科技工作者和优秀科技成果的完成单位和个人。广西有134项科技成果获奖,完成的单位和个人受到大会的表彰。1978年5月28日至6月6日,自治区科学大会在南宁召开,出席大会代表和特邀代表共1503人。自治区党委第一书记、革委会主任乔晓光到会讲话。会议要求贯彻落实全国科学大会精神,动员全自治区各族人民和全体科技工作者向科学技术现代化进军。大会奖励了新中国成立28年以来广西科技成果1197项,表彰了258个先进集体、188名先进工作者;通过了《广西壮族自治区1978—1985年科学技术发展规划纲要》。会后《广西日报》发表了《认真落实党的知识分子政策——欢呼全区科学大会胜利闭幕》的社论。科学大会的召开,开创了广西科技领域的春天,对社会主义现代化建设产生深远影响。此后,广大科技工作者受到重视,科学技术事业的发展受到全社会的关注。在科学大会的推动下,广西科技管理机构和科研机构有了发展,科技队伍有了增加,科技条件大有改善。自治区增加了2000名科技人员指标,增拨了一笔经费。依据1977年9月中共中央《关于召开全国科学大会的通知》关于恢复技术职称的规定,广西有关部门陆续开展这项工作,1978年5月,自治区建委召开大会,授予自治区综合设计院93位工程技术人员技术职称。自治区领导很重视综合设计院的经验,要求推广到其他部门和单位。自治区党委组织部及时发出了《广西壮族自治区科学技术人员定职升职批准权限的暂行规定》。1978年8月和11月,自治区工交战线和农业战线,分别召开授予科技人员职称大会。广西撤销了自治区和各地、市、县科学技术局,恢复成立自治区和各地、市、县科学技术委员会,增建了自治区科技干部局。自治区直属各委办厅局建立或充实科技管理机构,增加了科技管理干部的编制。到1979年7月,广西地、市、县科委干部增至755人。

二、教育事业的恢复和发展

1977年8月8日,邓小平主持召开全国科学和教育工作座谈会。邓小平在会上他指出,“今年就要下决心恢复从高中毕业生中直接招考学生,不要再搞群众推荐。从高中直接招生,我看可能是早出人才、早出成果的一个好办法”。10月,广西文教办印发《邓副主席在科教工作座谈会结束时的讲话》。11月,广西召开有各条战线共四万名干部、教师参加的批判“两个估计”的大会,揭开了批“两个估计”的序幕。

为取得实践经验,探索恢复高考可能遇到的问题,教育部定以广西百色地区作为全国恢复高考制度的试点单位。在全国招生会议结束之后,立即成立恢复高考试点工作组,来到广西百色地区,经自治区革委会批准,以百色市为试点单位。试点工作组一部分人在南宁负责了解高中教学情况,为高考试点单位的命题、印题评卷等做准备,一部分人到百色市与地区教育局研究招生对象、条件,报名时间、手续,文化考试科目、时间,政审、体检办法以及宣传发动等项具体工作。要求试点工作一个月完成。经过试点工作组的周密安排和各方面的配合,百色试点至1977年12月6日结束,取得圆满成功。一是广大干部、群众拥护高校招生实行文化考试和择优录取,中间没有任何风波。二是符合录取标准的学生中,比百色市1976年推荐上学的人数还多,录取的新生中其家庭多是工、农、兵,而且总分都在300分以上。试点说明,干部、群众对恢复高考是拥护的,在这样贫困的民族地区,报考者仍很多,特别是工、农、兵子弟也能考上。百色试点遇到的各种情况实时上报教育部,作为指导全国高考的依据。

1977年10月12日,国务院批转教育部《关于1977年高等学校招生工作的意见》,正式恢复高校招生进行文化考试和择优录取的制度。11月,召开全自治区高校、中专招生工作会议,部署招生工作。根据中央指示精神，从当年 11 月起，全自治区大、中、小学的“工宣队”陆续撤离所进驻的学校。12 月 9 日，自治区“革委会”发出《关于 1977 年高等学校、中等专业学校招生工作的通知》（附有招生简章），在招生对象、条件和办法等方面作了重大改革，坚持德、智、体全面衡量，择优录取的原则；实行自愿报名、统一考试、地市初选、学校录取、自治区批准的办法。下达招生计划中，规定招收应届高中毕业生的比例占招生总数的 20%—30%，允许历届生报考，减少对考生出身、成分以及年龄的限制。12 月 15 日至 16 日，进行了统一文化考试，广西共有 45 万名考生参加。高等院校和中等专业学校分别择优录取新生 8500 人和 1.28 万人。1977 年后，广西高校的录取人数逐年上升。

为了促进民族地区教育工作的发展，1976 年根据区党委决定，追加少数民族教育补助费。此项经费列入教育事业用，是补助性质的。安排在少数民族自治县、边境少数民族较集中、群众生产、生活以及教育事业发展比较困难的地方。以适当解决这些地区目前在发展教育事业中的特殊困难。由各地区分配的部分，有重点地安排使用。广西为了发展高等教育，1978 年创办南宁师范学院（今南宁师范大学）、桂林冶金地质学院（属国家冶金部，原桂林冶金地质学校改建）和南宁师范专科学校、河池地区师范专科学校等大专院校。通过一系列措施，调动了广大教育工作者的积极性，促进了教学质量提高，推动了自治区高等教育和中小学教育事业的发展。

三、文化事业及其他事业的恢复和发展

1976 年下半年粉碎“四人帮”后，由于仍受“左”的思想束缚，广西文艺界处于徘徊阶段。在分清理论思想是非的基础上，决定把被诬为“大毒草”的《刘三姐》等一批优秀电影、戏剧重新推出来与观众见面。1978 年 3 月，经自治区党委批准，同意恢复文联和各协会的工作和活动，并成立自治区文联活动筹备小组。5 月，为批判错了的《美丽的南方》《元宵夜曲》等八个优秀作品平反。1978 年 3 月，广西文联恢复活动小组，全面领导广西文艺界和文学创作工作。

1977 年，中国文艺界迎来了春天。自治区美术展览办公室和自治

区文化局等单位在一年内举办了“全区揭批‘四人帮’篡党夺权阴谋罪行漫画展览”“柳钢、桂钢、平桂、合山、南宁冶矿厂、梧州文印厂、柳铁麻尾机务段七厂工业学大庆工人画展览”“庆祝中国人民解放军建军五十周年全区美术作品展览”等大型展览。在全国美术作品展(“双庆”画展)上,广西有九件作品入选。1976年后,编印了《桂剧传统剧目选》《彩调传统剧目选》《广西粤剧剧目选》等。1977年10月9日至1978年1月7日,中国广西艺术团访问非洲加蓬、圣多美和普林西比、加纳、毛里塔尼亚、尼日尔、乍得、中非等7国。11月11日至24日,自治区总工会、自治区文化局在南宁联合举行全自治区职工文艺会演。

广西的文博、卫生等事业也得到发展。1978年,自治区人民政府拨款240多万元,在南宁市民族大道东头兴建1.2万平方米的广西博物馆陈列大楼。1977年6月24日,全自治区卫生工作会议在南宁召开。出席会议的有各地、市、县主管卫生工作的领导等共350人。到1977年,全自治区农村卫生院由1965年的52所增至1011所,卫生院病床由1965年的969张增至16360张,专业卫生人员由1965年的921人增至20888人。1977年自治区边境、沿海地区卫生防疫工作会议在凭祥市召开。会议交流总结了边境、沿海地区卫生防疫和国境卫生检疫工作的经验,研究和分析了世界特别是与广西接壤国家的疫情,提出了加强边境和沿海地区的卫生防疫和国境卫生检疫工作的意见。1978年11月10日,经自治区文教办批准,恢复广西壮族自治区结核病防治研究所和广西壮族自治区皮肤病防治研究所。1978年4月24日在全国科学大会上,广西医学科学研究的先进集体1个、先进单位25个、先进个人1个、科研成果24项受到表彰奖励。

第四节　民族团结进步局面的巩固和发展

一、民族工作的恢复

在“文化大革命”中,广西的民族工作受到严重冲击。林彪、“四人帮”及其追随者诬蔑一些少数民族是所谓“黑线”制造的“假民族”，民族区域自治是“搞分裂”“闹独立王国”，还诬蔑广西壮族自治区是“人为造出来的”。“文化大革命”结束后，“四人帮”攻击民族工作的种种谬论仍有相当影响。在对待边远山区少数民族工作的认识上，部分人认为这些地方“人少、田少、产量少”（所谓“三少”），无关大局。因而思想上忽视，工作上少抓。把边远山区当作“包袱”背，埋怨少数民族落后，埋怨山区落后等。另外，在工作中忽视民族地区差别，搞“一刀切”等问题依然存在。

粉碎“四人帮”以后，自治区党委把搞好民族工作作为拨乱反正、“抓纲治国”的一项重要内容，逐步开展清除民族工作中“左”的错误，恢复和发展民族区域自治的各项工作。1977 年 2 月，自治区党委统战部召集八个地委统战部门领导，就民族工作召开座谈会，研究 1977 年民族工作任务。会议要求对边远山区民族工作重大意义要加深认识，重视和加强对山区民族工作的领导。提出 1977 年的民族工作在各级党委领导下，配合全自治区中心工作，着重抓好五个方面，即配合抓好边远少数民族山区的工作，使这些地区迅速赶上全自治区大好形势的发展，首先是要深入开展揭批“四人帮”的伟大群众运动；进行无产阶级的民族政策教育，批判“四人帮”挑拨民族关系，制造民族分裂，破坏民族团结的罪行，正确处理好各民族关系，增强各民族的团结；抓好边远山区少数民族基层干部培训，通过办学习班，组织参观，座谈会学习等各种方式，大力培养边远山区少数民族基层干部；努力发展边远山区少数民族山区社会主义建设，在自力更生的基础上，积极做好少数民族山区的支援扶助各种工作，山区的农田基本建设、人畜饮水、农业机械化、半机械化、公路、机耕道等，每年都要安排解决一批；为迎接自治区成立 20 周年，配合做好有关工作。

加大培养少数民族干部力度。在十年“文化大革命”内乱中，全自治区少数民族干部出现了“三个下降”：少数民族干部在全自治区干部总数中的比例下降；少数民族干部在各级政权班子中的比例下降；各级行政机关和企事业单位少数民族干部占本民族人口比例下降。如 1973 年自治区直属机关正副厅局长中少数民族干部仅占 9.7%，比 1958 年自治区成立时下降了 18 个百分点。针对这种情况，自治区党委要求各级党委把培养少数民族干部当作一项重要任务来抓，各级领导班子都要配备一定数量的少数民族干部，广西民族学院招生，少数民族要占 95%，其他大专院校招生，少数民族也要占一定的比例，为壮大少数民族干部队伍创造有利条件。1977 年，继续抓好培训边远少数民族基层干部的工作，其中，广西民族干部学校培训了 1217 名，有关地区培训 3742 名。从工农中吸收少数民族干部 7100 名，占这个时期全自治区吸收干部总数的 30.5%。从少数民族补助费中拨出专款，由少数民族地区医院负责办短训班，专门培训边远少数民族山区大队赤脚医生，到 1977 年末培训赤脚医生约 300 名。至 1978 年 9 月，全自治区少数民族干部占干部总数的 27.6%，比“文化大革命”前的 1965 年增加了 73.4%。少数民族聚居的南宁、柳州、百色、河池 4 个地区，少数民族干部占 55%，比 1965 年增加 79.7%。

民族政策再教育活动的开展。从 1978 年下半年起，自治区党委部署开展了民族政策再教育活动。当年 7 月，《广西日报》发表了《民族政策通俗讲话》。《讲话》用通俗的形式，分八个专题，宣传了党在民族平等和民族团结、民族区域自治、少数民族干部的培养、少数民族地区经济文化事业的建设、少数民族语言文字的使用和发展、少数民族风俗习惯的保持与改革等方面的政策。《讲话》发表后，在广大干部群众中产生了较大反响，对清除“四人帮”对民族工作的负面影响，巩固和发展广西各民族团结与进步的局面起了很大作用。

二、自治区成立 20 周年庆祝活动的开展

1978 年是广西壮族自治区成立 20 周年，为了巩固和发展广西的社会主义新型民族关系，加快经济、社会各项事业建设，自治区党委认真组织开展了自治区成立 20 周年庆祝活动的各项筹备工作。

在筹备工作中，自治区党委作出了变更自治区成立纪念日和庆祝日期的决定。广西于 1977 年以情况简报的形式报请中央：考虑到 12 月 11 日是邓小平、张云逸领导百色起义的纪念日，又是广西解放的纪念日，为激励各族人民继承和发扬光荣的革命传统，自治区党委决定把广

西壮族自治区成立纪念日由原定的3月15日改为12月11日。该请示得到了中央的批准。当年12月，自治区党委和革委会宣布：12月11日为邓小平、张云逸1929年领导的百色起义纪念日和1949年广西解放的日子，自治区党委和革委会决定从本年起，定每年12月11日为自治区成立纪念日。

1978年12月11日，广西各族人民以喜悦的心情，庆祝自治区成立20周年华诞。这一天，自治区首府南宁各族各界群众20万人在"七一"广场（今民族广场）召开庆祝大会，热烈庆祝自治区成立20周年。全自治区各民族都派代表到南宁参加庆祝活动，会后举行了盛大的游行。以中共中央政治局委员、全国人大常委会副委员长、解放军总政治部主任韦国清为团长，王震、杨静仁、李达、天宝、卓琳、李步新、欧致富、布赫为副团长的中央代表团到会祝贺。中央代表团团长韦国清和自治区党委第一书记、自治区革委会主任、广西军区第一政委乔晓光在会上先后讲话，指出，我国的社会主义革命和社会主义建设正处在一个伟大的历史转折关头，我们要在新时期总路线和总任务的指引下，把工作的着重点转移到社会主义现代化建设上来，同心同德，鼓足干劲，全力以赴，为加快我国社会主义现代化而奋斗。大会宣读了全国人大常委会、国务院庆祝广西壮族自治区成立20周年的贺电，中央代表团向广西壮族自治区赠送贺幛。

在广西参加庆祝活动期间，韦国清、卓琳受邓小平的委托，分别会见和慰问了红七军、红八军老战士及革命烈士的亲属。代表团团长、副团长还分别接见了自治区党委、革委会和各部门、各团体、广西军区和南宁驻军的负责人，以及自治区各地（市）组成的民族代表团的全体成员，召开了少数民族座谈会。庆祝大会后，中央代表团分成五路慰问各族人民，其中第一路赴百色、龙州壮族地区、革命老根据地；第二路赴都安、东兰右江农民运动发源地和韦拔群烈士的故乡；第三路赴北海市；第四路赴柳州市和融水、三江、龙胜三个自治县；第五路赴玉林、梧州、桂平、贵县。

中央十分关心广西的发展，中央代表团在参加广西壮族自治区成立20周年庆祝活动后，留下工作组，深入河池、柳州地区调查研究，并向自治区党委作了汇报,提出了重要建议。同时,在经历“文化大革命”十年浩劫百废待兴的时候,国家对广西的基础设施建设给予很大的支持。广西也以庆祝自治区成立20周年活动为契机,加大了基础设施建设力度,在南宁市兴建10项重点工程:毛泽东接见广西各族人民纪念馆、毛泽东冬泳邕江的冬泳纪念馆、自治区博物馆、自治区展览馆扩建工程、南宁火车站、南湖桥、南宁饭店13层大楼、北大路立交桥、南宁棉纺厂第一期5万锭工程和“七一”广场,另外还在一些地、市、县兴建了一批关系国计民生的项目,如县城的供水设施、城建设施以及新建公路、公路干线柏油化等交通设施建设。这些项目的建设,对改善基础条件,促进广西发展发挥了重要作用。

通过开展自治区成立20周年庆祝和宣传活动,使广大人民群众更加清楚地看到了新中国成立以来、特别是自治区成立以来,在党的领导下广西在各方面所发生的翻天覆地的变化和取得的辉煌成就,极大地鼓舞了各族群众共同走社会主义道路的信心和决心。

第五节　走向伟大的历史转折

1978年12月18日至22日,党的十一届三中全会在北京召开。在邓小平和其他老一辈无产阶级革命家支持下,会议开始全面认真纠正“文化大革命”及其以前“左”倾错误,彻底否定“两个凡是”的方针,明确必须完整、准确地掌握毛泽东思想的科学体系,高度评价了关于真理标准问题的讨论,确定了解放思想、开动脑筋、实事求是、团结一致向前看的指导方针,果断停止使用“以阶级斗争为纲”的口号,作出了把党和国家工作中心转移到经济建设上来、实行改革开放的历史性决策。全会提出,要根据新的历史条件和实践经验,采取一系列新的重大的经济措施,对经济管理体制和经营管理方法着手认真地改革,在自力更生的基础上积极发展同世界各国平等互利的经济合作。全会确认了中央工作会议关于为一系列重大错案平反和重新评价一些重要领导人功过是非的决定，重申了实事求是、有错必纠的解决历史遗留问题的原则。

1979 年 1 月 8 日至 14 日，自治区党委在南宁召开四届三次全会（扩大），传达贯彻党的十一届三中全会精神，讨论如何把党的工作重点转移到社会主义现代化建设上来。自治区党委领导在会上讲话指出，要实现工作重点转移，首先要进一步解放思想，开动机器。其次要利用各种方式大力宣传党的十一届三中全会精神，使全自治区党员和干部群众做到统一思想、统一行动，把主要精力集中到社会主义建设上来。第三要抓紧解决历史遗留问题，落实党的各项政策，纠正错误政策，解决妨碍团结的因素，调整那些有必要调整的领导班子，以保持政治局势的稳定。会议通过了《关于批准“以陈再励为首的党内右派集团问题的复查报告”的决定》，对陈再励等 6 人予以平反，并为所谓中右、有右派言论而受处分的 9704 名干部进行甄别平反；撤销自治区自 1975 年、1976 年形成的有关“反击右倾翻案风”的有关文件。会议讨论安排了 1979 年、1980 年广西国民经济计划，讨论通过了《关于贯彻执行〈中共中央关于加快农业发展若干问题的决定〉（草案）的意见》《积极利用外资，加快四个现代化的步伐的意见》等文件。会议根据党的十一届三中全会精神和干部群众的意见，宣布全自治区停止“批修批资总体战”，撤销有关“总体战”的文件和领导人的讲话。

随后在部署各地开展学习贯彻党的十一届三中全会精神的活动中，自治区党委又多次召开由县以上领导干部参加的工作会议，进一步学习十一届三中全会精神和中共中央工作会议文件。努力解放思想，转变观念，研究部署广西工作重点转移的具体措施。

经历了 29 年社会主义革命和建设的艰难探索之后，以党的十一届三中全会为标志，党和国家进入了以改革开放和社会主义现代化建设为主要任务的新时期，历史翻开了崭新的一页。以学习贯彻党的十一届三中全会精神为引领，自治区党委团结带领全体党员干部和各族人民解放思想、实事求是，开启了广西以经济建设为中心、实行改革开放的新时期，迈出了伟大历史转折的新步伐。

结束语

党领导广西各族人民进行社会主义革命和建设的伟大成就和主要经验

从1949年中华人民共和国成立到1978年党的十一届三中全会召开，广西走过了29年波澜壮阔的发展历程，取得了社会主义革命和建设的伟大成就和宝贵经验。

1981年中共中央《关于建国以来党的若干历史问题的决议》指出："中国共产党在中华人民共和国成立以后的历史，总的说来，是我们党在马克思列宁主义、毛泽东思想指导下，领导全国各族人民进行社会主义革命和社会主义建设并取得巨大成就的历史。"这是对于党在这个时期历史的主题和主线、本质和主流所做的科学概括。党在探索适合中国情况的社会主义建设道路的过程中，也出现过一些挫折和失误，主要是在1958年开始的"大跃进"尤其是1966年开始的"文化大革命"时期，曾经犯过严重错误，但是从总体上说来，党取得的成就还是巨大的，党在社会主义建设中取得的独创性理论成果和巨大成就，为新的历史时期开创中国特色社会主义提供了宝贵经验、理论准备、物质基础。

2021年《中共中央关于党的百年奋斗重大成就和历史经验的决议》指出："社会主义革命和建设时期，党面临的主要任务是，实现从新民主主义到社会主义的转变，进行社会主义革命，推进社会主义建设，为实现中华民族伟大复兴奠定根本政治前提和制度基础。""从新中国成立到改革开放前夕，党领导人民完成社会主义革命，消灭一切剥削制度，实现了中华民族有史以来最为广泛而深刻的社会变革，实现了一穷二白、人口众多的东方大国大步迈进社会主义社会的伟大飞跃。在探索过程中，虽然经历了严重曲折，但党在社会主义革命和建设中取得的独创性理论成果和巨大成就，为在新的历史时期开创中国特色社会主义提供了宝贵经验、理论准备、物质基础。”

一、伟大成就

在这29年时间里，广西省委、自治区党委坚持以马克思列宁主义、毛泽东思想为指导，在党中央的坚强领导下，团结带领广大党员干部和各族人民，在取得新民主主义革命胜利的基础上进行社会主义革命和建设，经过艰辛的探索取得了重大成就，从根本上改变了广西各族人民的前途命运，开启了社会主义现代化进程，为当代广西发展进步奠定了坚实基础。这个时期取得的历史性的巨大成就，主要表现在以下几个方面：

第一，全面确立社会主义的基本制度。

在新民主主义革命胜利的基础上，建立了社会主义政治制度，即工人阶级（经过共产党）领导的、以工农联盟为基础的人民民主专政；确立了民主集中制的人民代表大会制度；实行了民族区域自治制度；中国共产党领导的多党合作和政治协商制度。经过生产资料私有制的社会主义改造，确立了以公有制为基础的社会主义基本经济制度。社会主义基本制度的全面确立，实现了广西历史上最伟大、最深刻的社会变革和空前巨大的历史飞跃，巩固了人民解放的成果，而且为当代广西后来的一切发展、进步创造了政治前提、奠定了制度基础。

第二，开始全面建设社会主义，取得历史性的重大进展。

一是在“一穷二白”的基础上建立了独立的、比较完整的地方工业体系和国民经济体系。从“一五”计划时期开始，广西省委、自治区党委团结带领全省、自治区各族人民，坚持从实际情况出发，积极探索符合广西实际的社会主义建设道路，在中央和兄弟省区市的支持帮助下，发扬自力更生、艰苦奋斗的精神，逐步建成了门类比较齐全的基础工业项目，涉及冶金、机械、煤炭、电力、通信、化学等领域，为国民经济的进一步发展打下了基础。从“一五”时期起到“四五”时期，国家基本建设投入大量资金；在铁路、交通运输等基础设施建设方面，也有明显的进展。从1964年开始的三线建设，不仅增强了国防力量，而且改善了广西工业布局。同时，通过兴修水利、开展农田基本建设、培育推广良种、提倡科学种田，较大幅度地提高了粮食生产水平和抵御自然灾害的能力。经过几个五年计划的艰苦努力，建立了独立的、比较完整的地方工业体系和国民经济体系，改变了“一穷二白”的落后面貌，为广西经济的持续发展奠定了牢固的物质技术基础。

二是尽管经过了两次大的起伏，广西经济的发展，从总体上看，是相当快的。从经济发展的速度来看，从1950年到1978年，国内生产总值年均增长7.2%，其中工业年均增长10.2%。从主要工业产品的产量来看，1950年广西还没有钢产业和煤产业，但1978年的钢、煤产量分别达到19.02万吨、0.08亿吨，发电量从1950年的0.22亿度发展到1978年的49.47亿度。从广西经济实力增强的情况来看，按当年价格计算，1950年国内生产总值为9.40亿元人民币，1978年增加到75.85亿元，增长了7倍。人均国内生产总值从1950年的51元增加到1978年的225元。这个数字虽然还不高，但在原有基础上的增长是很明显的。

三是人民物质生活和文化生活水平逐步提高。党和人民政府始终把满足人民基本生活需要作为发展经济的根本目的。随着建设事业的进展，广大人民群众的物质、文化生活水平逐步得到提高。广西总人口从1950年的1875万人增长到1978年的3402万人。同期粮食的人均占有量从231公斤增加到318公斤。就是说，增产的粮食不仅多养活了1527万人，而且使3402万人的人均占有粮食量比1875万人时增加了87公斤。广西居民的人均可支配收入明显提高。农村居民从1956年的58.69元增加到1978年的120元，城镇居民从1957年的185.04元增加到1978年的289.20元，消费水平不断提高。在各族人民节衣缩食支援工业化基础建设的情况下，尽管人民群众生活逐年改善的增幅不大，但初步满足了人口的基本生活需求，这在当时是一个重要的成就。

四是教育事业得到长足发展。从1950年到1978年，小学在校生从49万人发展到511.69万人；中学在校生从4.07万人发展到225.74万人；高等学校在校生从0.10万人发展到2.09万人。学龄儿童入学率达到90%。劳动者的整体素质得到了很大提高。广西经济文化建设等方面的骨干力量大批地成长起来。医疗事业也得到蓬勃发展。1950年广西拥有医院108家，到1978年发展到1205家。20世纪50年代后期，农村普遍建立了县、区（社）两级医疗卫生机构，60年代又在绝大多数生产大队建立了农村基层医疗卫生机构。这个时期，广西人口的死亡率从1954年的15.15%下降到1978年的5.79%。居民平均预期寿命随之显著延长。群众性体育活动广泛开展，国民素质提高，在国际比赛中，仅1978年，广西运动员就获得17枚奖牌。

广西取得了过去几百年、几千年所没有取得过的进步。这些进步，是在中国共产党的领导下取得的，是广西各族人民共同奋斗的成果，是社会主义制度具有巨大优越性的初步而有力的显现。

第三，建立和发展了社会主义平等、团结的民族关系。在这29年里，广西省委、自治区党委团结带领广西各族人民，认真贯彻落实党的民族政策，彻底废除了历代统治者实行的民族压迫，坚决反对任何形式的民族歧视，特别是通过建立民族自治区，使党的民族区域自治制度得到有效实施，建立并发展了平等、团结、互助的社会主义新型民族关系，确保了各族人民当家作主的合法权利，巩固和发展了民族团结进步事业，极大地增强了各族人民的凝聚力和向心力。

第四，弘扬了国际主义和爱国主义精神。在这29年里，广西省委、自治区党委团结带领广西各族人民，坚决贯彻执行中央的战略决策，自觉服从国家大局，响应保家卫国的号召，积极开展抗美援朝运动，谱写爱国主义的光荣篇章；支持援越抗法、援越抗美斗争，为维护祖国南疆安全、服务国家外交战略、弘扬国际主义精神，付出了重大牺牲，作出了重大贡献，有效地维护了祖国主权和安全。

第五，党的自身建设在社会主义革命和社会主义建设中得到加强。在这29年里，广西省委、自治区党委团结带领广西各族人民，高度重视加强各级党组织的自身建设，切实抓好对广大党员干部的教育，认真解决党员干部队伍存在的问题，党组织和党员队伍不断发展壮大，成为推动广西社会主义革命和建设的中流砥柱。同时，注重总结在艰辛探索社会主义建设道路过程中的经验教训，坚持真理、实事求是，最终纠正了“以阶级斗争为纲”的“左”倾错误，开辟了社会主义现代化建设的新局面。

新中国成立以来的29年，广西各级党组织以及广大党员干部和各族人民，经历了刻骨铭心的磨难，进行了艰辛的探索和感天动地的奋斗，创造了彪炳史册的伟业。虽然在这期间，由于国内外局势的复杂多变，由于缺乏社会主义建设的现成经验，也犯过一些错误，走过不少弯路，但还是在很短时间内取得历史上从来没有过的发展进步，值得倍加珍惜。

二、主要经验

在探索适合中国情况、广西情况的社会主义建设道路方面，在党中央的指导下，广西省委、自治区党委在实践中探索中国的社会主义建设必须具有中国特点、广西特点的思想和必须实行马克思主义与中国实际“第二次结合”的基本原则、社会主义社会矛盾的学说以及调动一切积极因素建设社会主义的基本方针。按照党对社会主义的发展阶段问题初步的正确的论述，以及中国实现四个现代化的目标、两步走的发展战略，遵循并实践党关于社会主义建设的若干重要原则。

在社会主义经济建设方面，广西省委、自治区党委坚持实行以农业为基础、以工业为主导的方针，正确处理重工业、轻工业和农业的关系，以农、轻、重为序发展国民经济；在优先发展重工业的条件下，坚持工业和农业并举、重工业和轻工业并举、中央工业和地方工业并举、大中小企业并举等“两条腿”走路的方针；发展社会主义商品生产，利用价值规律；正确解决好综合平衡的问题，处理好积累和消费、生产和生活的问题，处理好国家、集体和个人的关系，统筹兼顾，适当安排。

在社会主义民主政治建设方面，广西省委、自治区党委坚持把“造成一个又有集中又有民主，又有纪律又有自由，又有统一意志、又有个人心情舒畅、生动活泼，那样一种政治局面”作为努力的目标；把正确处理人民内部矛盾作为国家政治生活的主题，坚持人民民主，尽可能团结一切可以团结的力量；处理好中国共产党同各民主党派的关系，坚持“长期共存、互相监督”的方针，巩固和扩大爱国统一战线；切实保障人民当家作主的各项权利，尤其是人民参与国家和社会事务管理的权利；建设社会主义法制，保护劳动人民利益，保护社会主义经济基础，保护社会生产力。

在社会主义文化建设方面，广西省委、自治区党委坚持马克思主义的指导地位，实行“百花齐放，百家争鸣”的方针，对古今中外的优秀文化实行“古为今用、洋为中用、百花齐放、推陈出新”的方针；思想政治工作是经济工作和其他一切工作的生命线，要实行政治和经济的统一、政治和技术的统一、又红又专的方针；知识分子在革命和建设中具有重要作用，建设一支工人阶级知识分子队伍；发展科学事业，坚持独立自主、自力更生、奋发图强。

在执政条件下加强共产党自身建设方面，为防止帝国主义“和平演变”战略的危险，警惕党在执政以后可能产生的种种消极现象，广西省委、自治区党委坚持加强党的作风建设，以共产主义的远大理想教育全体共产党员，教育党员干部继续地保持谦虚、谨慎、不骄、不躁的作风，继续保持艰苦奋斗的作风；各级领导干部必须自觉地运用人民赋予的权力为人民服务，依靠人民群众行使这个权力，并接受人民群众的监督；必须以普通劳动者的姿态出现，平等待人；必须防止在共产党内、在干部队伍中形成特权阶层，坚决地反对党内和干部队伍中的腐败现象。

三、重要启示

广西省委、自治区党委在领导广西各族人民进行社会主义革命和建设的探索实践中，走过了极其艰辛的曲折发展历程，积累了正反两方面的宝贵经验教训，为广西未来发展提供了重要的启示。

一是必须坚持党对一切工作的领导。中国共产党是社会主义革命和建设事业的核心。正是在广西省委、自治区党委的集中统一领导下，实现了在广西确立社会主义基本制度，建立广西壮族自治区、开启社会主义新广西的伟大征程，才能成功应对一系列重大曲折、克服无数艰难险阻，才能有力战洪水、抗干旱、化危机，才能始终紧跟党中央，坚定不移走社会主义的康庄大道。广西各级党组织和广大共产党员,以自身的实际行动和实践成果,雄辩证明了党不愧为领导广西各族人民不断开创事业,发展新局面的核心力量。

二是必须坚持不断实现人民对于经济文化迅速发展的需要。广西29年社会主义革命和建设的实践启示我们:必须以广大人民最根本利益为广西一切工作的根本出发点和落脚点,顺应民心、尊重民意、关注民情、致力民生。其间,广西省委、自治区党委建立人民政权实现人民当家作主、开展土地改革实现“耕者有其田”、成立广西壮族自治区实行民族区域自治、发展国民经济改善人民生活、组织开展“刘三姐”文艺汇演促进城乡文化大发展等正确的路线方针政策,带领广西各族人民前进,又从广西各族人民的实践创造和发展要求中获得前进动力,用广西各族人民社会主义革命和建设成果,激励广西各族人民更加自觉地投身建设广西的社会主义事业。

三是必须坚持在实践中不断丰富和发展马克思主义。以科学理论为指导是社会主义建设事业不断推向前进并取得胜利的根本保证。新中国成立后,广西与全国一样,面临着如何进行社会主义革命和建设的崭新课题,没有现成的答案可以照搬。在党中央的坚强领导下,广西各族人民对此进行了艰辛探索和不懈实践,积累了宝贵经验,但也犯过不少错误甚至遇到严重挫折,其根本原因就在于对马克思主义存在片面或教条式的理解,导致指导思想脱离了当时实际。历史告诉我们,理论上的与时俱进是行动上锐意进取的前提,马克思主义从来不是空洞、僵硬、刻板的教条,而是必须随着实践不断丰富和发展,任何固守本本、漠视实践、超越或落后于实际的做法都不会取得成功。要坚持以发展着的马克思主义回答实践提出的新课题和新挑战,为社会主义建设提供科学指导。

四是必须坚持以经济建设为中心不动摇。生产力是人类社会发展的根本动力。在社会主义改造基本完成以后,社会的主要矛盾是人民日益增长的物质文化需要同落后的社会生产之间的矛盾,社会主义的根本任务是解放和发展生产力。解放后,面对千疮百孔、百业凋敝、“一穷二白”的广西,大力解放和发展生产力,加快经济社会发展,迅速改变贫困落后面貌，显得更加紧迫而重要。必须深刻吸取“以阶级斗争为纲”的沉痛教训，坚持社会主义生产关系的变革和完善必须适应生产力的状况，始终把发展作为最大的政治、最硬的道理、最紧迫的任务，坚定不移地以经济建设为中心，把发挥社会主义优越性落实到发展先进生产力上来，不断为广西发展进步和各族人民幸福安康提供物质基础。

五是必须坚持从区情实际出发逐步实现社会主义现代化。只有准确把握广西发展阶段性特征，才能做到从区情特点出发，制定正确的方针政策，更好地推动经济社会发展。广西作为少数民族聚居地区，受地理位置、自然条件、历史因素等多方面影响，是在生产力非常落后的条件下进入社会主义的，社会主义初级阶段特征更为明显，需要经历一个相当长的历史时期才能实现社会主义现代化。必须把社会主义初级阶段基本区情作为推进改革、谋划发展的根本依据，认清社会主义建设的长期性、复杂性和艰巨性，坚持解放思想与实事求是相统一、立足当前与着眼长远相统一，遵循社会主义建设客观规律，既要反对保守思想，也要克服急躁冒进情绪，有步骤、分阶段地实现社会主义现代化发展目标。

六是必须坚持推进社会主义民主政治建设。人民民主是中国共产党始终高扬的光辉旗帜。没有人民民主，就没有人民当家作主，就没有社会主义现代化。在“文化大革命”时期，广西与全国一样，社会主义民主法制遭到肆意践踏，导致了社会动乱，留下了惨痛教训。必须深刻总结发展社会主义民主政治的正反两方面经验，大力推进社会主义民主政治建设，进一步把社会主义民主政治制度化、规范化、程序化，把社会主义制度优越性充分发挥出来，为广西社会主义现代化建设提供坚强有力的法制保障。

七是必须坚持完善民族区域自治制度。民族区域自治制度是中国的一项基本政治制度。广西是中国少数民族人口最多的自治区。新中国成立后，党中央根据广西各族人民的愿望，在彻底消除了历代统治者的民族压迫和歧视的基础上，实行民族区域自治制度，建立了广西壮族自治区，各族人民自主管理本民族本地方事务，参与管理国家事务，成为真正的主人。实践证明，实行民族区域自治，把国家的集中、统一与广西各民族的自主、平等结合起来，把党和国家总的路线方针政策与广西壮族自治区的具体实际、特殊情况结合起来，为推动各民族团结进步奠定了坚实基础、产生了深远影响。必须认真贯彻落实党的民族政策，牢牢把握“共同团结进步、共同繁荣发展”的主题和“促进民族团结，实现共同进步”的根本任务，始终坚持和不断完善民族区域自治制度，大力推动民族团结进步事业，巩固和发展平等、团结、互助、和谐的社会主义民族关系。

八是必须坚持加强和改进党的建设。办好中国的事情，关键在党。在社会主义革命和建设时期，在党中央的坚强领导下，广西各级党组织和广大共产党员，以自身的实际行动和实践成果，雄辩证明了党不愧为领导广西各族人民不断开创事业发展新局面的核心力量。但是，同时也要看到，在此时期广西各级党组织自身建设存在一些问题，特别是在“文化大革命”期间，党的建设遭受空前破坏，给党和人民事业造成严重损失。为此，必须不断加强和改进党的建设。要始终坚持马克思主义的指导地位，以科学态度对待马克思主义，坚持正确的思想路线。要坚持解放思想，实事求是，坚持真理，修正错误，始终保持开拓前进的精神动力。要坚持为了人民、依靠人民，诚心诚意为人民谋利益，从人民群众中汲取智慧和力量，始终保持党同人民群众的血肉联系。要大力推进党的制度建设，坚持以党章为根本，以民主集中制为核心，坚持和完善党的领导，改善和完善党的领导方式和执政方式，发展党内民主，保障党员主体地位和民主权利。要坚持党要管党、从严治党，正视并及时解决党组织内部存在的问题，始终保持各级党组织的肌体健康，更好地团结带领广西各族人民，奋力开创社会主义现代化建设新局面，不断创造幸福美好的新生活。

附　录

中共广西壮族自治区（省）委员会领导人名单

（1949年9月—1978年12月）

广西省委员会书记、副书记、常委[①]

（1949年9月—1956年7月）

书　　　记:张云逸(1949.9—1956.7[②],1952年8月后称第一书记)
陶　铸(代理,1951.2—11)
陈漫远(代理,1953.5—1956.7,称代理第一书记)
李天佑(1953.5—1956.7,实为第一书记下的书记)
第 二 书 记:陈漫远(1952.8—1953.5)
第 三 书 记:李天佑(1952.8—1953.5)
第一副书记:陈漫远(1949.9—1952.8)
乔晓光(1952.8—1953.5)
郝中士(1953.5—1956.7)
韦国清(壮族,1955.8,未到职)
第二副书记:莫文骅(1949.9—1951.6)
谢扶民(壮族,1952.8—1953.5)

---

① 书记、副书记均为常委,在常委中不再列。

② 1951年2月后张云逸留职休养。

伍晋南(1954.6—1956.7)
第三副书记:何　伟(1949.9—1952.7)
第四副书记:李楚离(1949.9—1951.6)
肖一舟(1955.8—1956.7)
常　　委:黄永胜(1950.3—1951.6)
雷经天(1950.3—1951.6)
李天佑(1951.6—1952.8)
刘随春(1951.6—1952.8)
乔晓光(1951.6—1952.8)
曾国华(1951.6—1952.8)
肖一舟(1952.7—1955.8)
覃应机(壮族,1952.8—1956.7)
贺亦然(1952.8—1956.7)
谭甫仁(1952.8—1956.7)
卢绍武(壮族,1952.8—1956.7)
王大中(1954.5—1956.7)
田　坪(1954.11—1955.10)
陈再励(1954.12—1956.7)
王梦周(1955.4—1956.7)
李殷丹(1955.4—1956.7)

第一届省委(自治区党委①)书记、书记处书记、常委

(1956.7—1962.10)

第一书记:陈漫远(1956.7—1957.6)

① 1958年3月5日,广西壮族自治区成立,15日,中共广西省委员会改为中共广西壮族自治区委员会,中共广西省第一届委员会改称中共广西壮族自治区第一届委员会。

刘建勋(1957.6—1961.7)
韦国清(壮族,1960.4—10代理;1961.7—1962.10)
第二书记:韦国清(壮族,1960.10—1961.7)
常务书记:乔晓光(1961.7—1962.10)
书　　记:韦国清(壮族,1956.7—1957.6)
郝中士(1956.7—1957.6)
伍晋南(1956.7—1957.6)
肖一舟(1956.7—1957.6)
书记处书记:韦国清(壮族,1956.7—1960.10)
伍晋南(1956.7—1962.10)
覃应机(壮族,1957.4—1962.10)
贺希明(1957.6—1962.10)
李友九(1959.9—1962.9)
安平生(1961.7—1962.10)
常　　委:覃应机(壮族,1956.7—1957.4)
陈再励(1956.7—1958.3)
贺亦然(1956.7—1961.11)
李殷丹(1956.7—1962.10)
卢绍武(壮族,1956.7—1962.10)
王梦周(1956.7—1958.3)
石　堂(1956.7—1962.10)
钟　枫(1956.7—1962.10)
霍　泛(1958.7—1962.10)
葛　震(1958.7—1962.10)
覃士冕(壮族,1958.7—1961.12)

第二届自治区党委书记、书记处书记、常委

(1962.10—1967.1[①])

第 一 书 记:韦国清(壮族,1962.10—1966.8)
乔晓光(代理,1966.9—1967.1)
第 二 书 记:乔晓光(1965.5—1966.9)
常 务 书 记:乔晓光(1962.10—1965.5)
书记处书记:伍晋南(1962.10—1967.1)
贺希明(1962.10—1967.1)
覃应机(壮族,1962.10—1967.1)
安平生(1962.10—1967.1)
候 补 书 记:霍 泛(1964.5—1967.1)
常 委:霍 泛(1962.10—1967.1)
欧致富(壮族,1962.10—1967.1)
傅雨田(锡伯族,1962.10—1967.1)
李殷丹(1962.10—1967.1)
卢绍武(壮族,1962.10—1967.1)
钟 枫(1962.10—1967.1)
石 堂(1962.10—1964.5)
葛 震(1962.10—1965.2)
尚 持(1965.11—1967.1)
段远钟(1965.11—1967.1)
黄一平(1965.11—1967.1)
刘世昌(1965.11—1967.1)

1970年4月,经中共中央批准,成立了广西壮族自治区革命委员会

① 因"文化大革命"冲击,自治区党委于1967年1月下旬至1971年2月上旬中断工作。

党的核心小组，组长韦国清，副组长刘重桂。

第三届自治区党委书记、副书记、常委

（1971.2—1977.11）

第一书记：韦国清（壮族，1971.2—1975.10）
安平生（1975.10—1977.2）
乔晓光（1977.2—11）
第二书记：乔晓光（1975.10—1977.2）
刘重桂（1977.4—11）
书　　记：韦祖珍（壮族，1971.2—1973.8）
刘重桂（1973.8—1977.4）
安平生（1973.8—1975.10）
乔晓光（1973.8—1975.10）
覃应机（壮族，1973.8—1977.11）
赵茂勋（1975.10—1977.11）
杜　易（壮族，1975.10—1977.11）
副 书 记：刘重桂（1971.2—1973.8）
安平生（1971.2—1973.8）
常　　委：赵欣然（1971.2—1977.10）
焦红光（1971.2—1977.11）
赵茂勋（1971.2—1975.10）
陈开路（1971.2—1977.11）
徐其海（1971.2—1977.11）
许圣亭（1971.2—1977.11）
乔晓光（1971.2—1973.8）
覃应机（壮族，1971.2—1973.8）
宋治平（1971.2—1977.11）
梁吉泉（壮族，1973.8—1977.11）

曾小平（女，1973.8—1977.11）
杜　易（壮族，1973.8—1975.10）
肖　寒（1973.8—1977.11）
廖炜雄（1973.8—1977.11）
岑国荣（1975.10—1977.11）
廖生东（1975.10—1977.11）
郭　鹏（1977.4—11）
梁华新（壮族，1977.4—11）

第四届自治区党委书记、副书记、常委

（1977.11—1985.6）

第一书记：乔晓光（1977.11—1985.6）
第二书记：刘重桂（1977.11—1980.12）
常务书记：肖　寒（1981.12—1983.3）
书　　记：覃应机（壮族，1977.11—1983.3）
赵茂勋（1977.11—1983.3）
杜　易（壮族，1977.11—1981.2）
肖　寒（1977.11—1981.12）
周光春（1978.8—1983.3）
刘重桂（1980.12—1983.3）
副 书 记：韦纯束（壮族，1983.3—1985.6）
周光春（1983.3—1984.4）
黄　云（1983.3—1985.6）
金宝生（瑶族，1983.3—1985.6）
陈辉光（1983.3—1985.6）
陶爱英（壮族，1985.1—6）
常　　委：岑国荣（1977.11—1980.12）
张声震（壮族，1977.11—1985.6）

罗立斌（1977.11—1982.7）
赵欣然（1977.11—1979.8）
徐其海（1977.11—1982.11）
郭　鹏（1977.11—1978.8）
梁吉泉（壮族，1977.11—1980.12）
梁华新（壮族，1977.11—1983.3）
曾小平（女，1977.11—1980.12）
廖生东（1977.11—1983.3）
廖炜雄（1977.11—1980.12）
张序登（1979.8—1983.3）
贺亦然（1980.12—1983.3）
黄　云（1980.12—1983.3）
刘毅生（1980.12—1983.3）
王祝光（1980.12—1985.6）
黄　荣（壮族，1980.12—1983.3）
覃应机（壮族，1983.3—1985.6）
侯德彭（1983.3—1985.6）
区济文（1983.6—1985.6）
李新良（1983.7—1985.6）
李振潜（1985.1—6）
何友嘉（1985.1—6）

后 记

《中国共产党广西历史第二卷(1949—1978)》(以下简称《广西党史二卷》)反映的是自1949年12月广西解放到1978年12月党的十一届三中全会召开29年间,中国共产党团结带领广西各族人民进行社会主义革命和建设的历史过程。

《广西党史二卷》的编写,坚持以马克思列宁主义、毛泽东思想、邓小平理论、"三个代表"重要思想、科学发展观、习近平新时代中国特色社会主义思想为指导,以中共中央《关于若干历史问题的决议》《关于建国以来党的若干历史问题的决议》为准绳,以历史事实为依据,实事求是地总结正反两方面的经验,着力体现广西特色。

《广西党史二卷》的编写是在自治区党委的领导和支持下进行的。在编写过程中,历任自治区党委书记和分管党史工作的副书记都十分关心、直接指导和把关定向,自治区党委办公厅做了大量协调推动工作。

《广西党史二卷》的编写工作,得到中央党史和文献研究院和原中央党史研究室的大力支持与帮助,张启华、郑谦、张化、黄一兵、傅颐、邢和明等同志对编写工作给予了精心指导。

《广西党史二卷》是自治区党委党史研究室集体的成果。从2004年以来,历届室领导班子高度重视《广西党史二卷》的编写,列为重大项目和重点工作,由征研二处具体承担。

2004年8月至2005年5月,覃文成同志牵头,徐念农同志具体负责,樊东方、黄莺、莫细细、刘绍卫、阙伟光等同志参加,启动《广西党史二卷》编写准备工作。

2005年5月至2011年6月,王福琨同志牵头,徐念农、邓群、韦秀康同志先后具体负责，樊东方、黄莺、农丕泽、刘绍卫、向济萍、覃坚谨、林苹、吕子民、刘肇贵、师小玲、潘兆宏、李伟宁、李艺等同志参加撰写，形成4编15章35万字的初稿。

2011年7月至2016年9月，陈平同志牵头，韦秀康、蓝永信、谢林城同志先后具体负责，李艺、农丕泽、林苹、李伟宁等同志参加，根据有关领导、专家和部分老同志的意见，对初稿进行修改补充。

2016年9月至2017年12月，陈立生同志牵头，李艺、林苹、李伟宁、洪克宇等同志参加，继续对初稿进行修改补充。

2017年12月开始，李振唐同志牵头，李艺、林苹、洪克宇、李伟宁等同志继续对初稿进行集体修改完善。2019年7月至8月，刘绍卫、覃世进、梁宝渭等同志也参加了部分书稿的修改工作。2019年11月，形成4编24章约60万字的送审稿。

在《广西党史二卷》编写过程中，自治区党委、自治区人大常委会、自治区人民政府、自治区政协以及区直机关部门的负责同志、担任过副省级以上领导职务的老同志和区内部分党史专家学者提出了宝贵意见和建议。韦纯束、区济文、黄嘉、刘毅生、张声震、丘文懿、赵明坚、钟家佐、黄保尧、张光皓、何忌、韦鼎桓等老同志以及何龙群、王士威、何绍榜、曹平、唐秀玲、黄铮、徐方治、乌尼日、卢尚纯、冼少华等专家学者审读过初稿并提出意见。在书稿终审阶段，何龙群、覃文成、吴忠才、韦秀康、樊东方、庾新顺、江虹、陈欣德等老专家先后参加四次集体修改会议，并对送审稿进行审读。

在编写过程中，自治区档案馆提供了大量档案资料，自治区统计局对有关统计数据进行了核对。

中共党史出版社对本书的出版给予了大力支持和帮助。

对所有关心、支持和帮助本书编写出版工作的单位和个人，我们在此一并表示衷心的感谢！

由于编写者的学识、水平及所掌握的资料有限，书中难免存在一些不妥和不足之处，恳请广大读者批评指正。

中共广西壮族自治区委员会党史研究室

2019年12月

丛书后记

历史是最好的教科书。党的十八大以来，以习近平同志为核心的党中央高度重视党史和文献工作。全国党史和文献部门深入贯彻落实习近平总书记关于党史和文献工作的一系列重要论述，扎实开展党史研究和编写工作，推出系列党史编研成果，充分发挥了以史鉴今、资政育人的作用。

为庆祝中国共产党成立100周年，中央党史和文献研究院组织各省(自治区、直辖市)党史和文献部门编写和修订本地区新民主主义革命时期的中国共产党历史基本著作，由中共党史出版社推出《中国共产党历史(地方卷)集成·新民主主义革命时期》(简称"一卷集成")，为开展党史学习教育和"四史"宣传教育提供了重要读本，受到社会各界的好评。

为迎接党的二十大胜利召开，深入贯彻落实中共中央办公厅《关于推动党史学习教育常态化长效化的意见》，"推动正确党史观更深入、更广泛地树立起来，让正史成为全党全社会的共识"，中央党史和文献研究院组织《中国共产党历史(地方卷)集成·社会主义革命和建设时期》(简称"二卷集成")编写出版工作，用党的光辉历程和伟大成就鼓舞斗志、明确方向，用党的光荣传统和优良作风坚定信念、凝聚力量，用党的实践创造和历史经验启迪智慧、砥砺品格，为实现中华民族伟大复兴的中国梦提供不竭精神动力。

"二卷集成"编写出版工作，坚持以习近平新时代中国特色社会主义思想和习近平总书记关于党史、文献工作的重要论述为指导，以党的第二个历史决议、第三个历史决议为遵循，注重吸收最新研究成果。中央党史和文献研究院院务会高度重视此项工作，曲青山院长给予大力指导。各地党史和文献部门积极配合，26个省(自治区、直辖市)完成了“二卷集成”的编写出版任务。“二卷集成”的出版，是全国党史和文献部门向党的二十大献上的一份厚礼！

党有所需，史有所为。编写出版中央和地方党史基本著作，是党中央赋予全国党史和文献部门的重要职责。我们将继续做好后续集成丛书的编写出版工作，全面系统讲好党的历史，修好红色家谱，为广大党员干部群众在新时代新征程深入学习党史、从党史中汲取前进的智慧和力量，不断作出新的贡献。

中央党史和文献研究院第七研究部

2022年9月